威高集团重点产品介绍

TPE输液器

威高集团与中科院长春应用化学研究所共同研发的聚烯烃热塑弹性体的制备及其在一次性医用材料领域上的应用项目经过两院院士等专家鉴定，成果的整体水平达到国际先进水平，用该材料制作的TPE输液器优于、并可取代传统的以聚氯乙烯（PVC）为原料的一次性输液器。洁瑞牌TPE输液器具有独立知识产权，已经申请了两项中国发明专利和一项实用新型专利。

经国家权威检测机构检测和质量认证，新型TPE一次性输液器的各项技术指针与现行的PVC制备的输液器相比，有显著的优越性：1. 不使用任何化学添加剂，完全无毒；2. 材料具有非极性，对药物无吸附，保证了用药的准确性和治疗效果；3. 具有操作可靠、使用安全、不含有任何对患者的健康造成潜在危害或使患者在治疗过程中增添新的致病隐患的小分子化合物或添加剂。

联系人：宋修山 0631-5620798　邮箱：songxiushan@weigaogroup.com

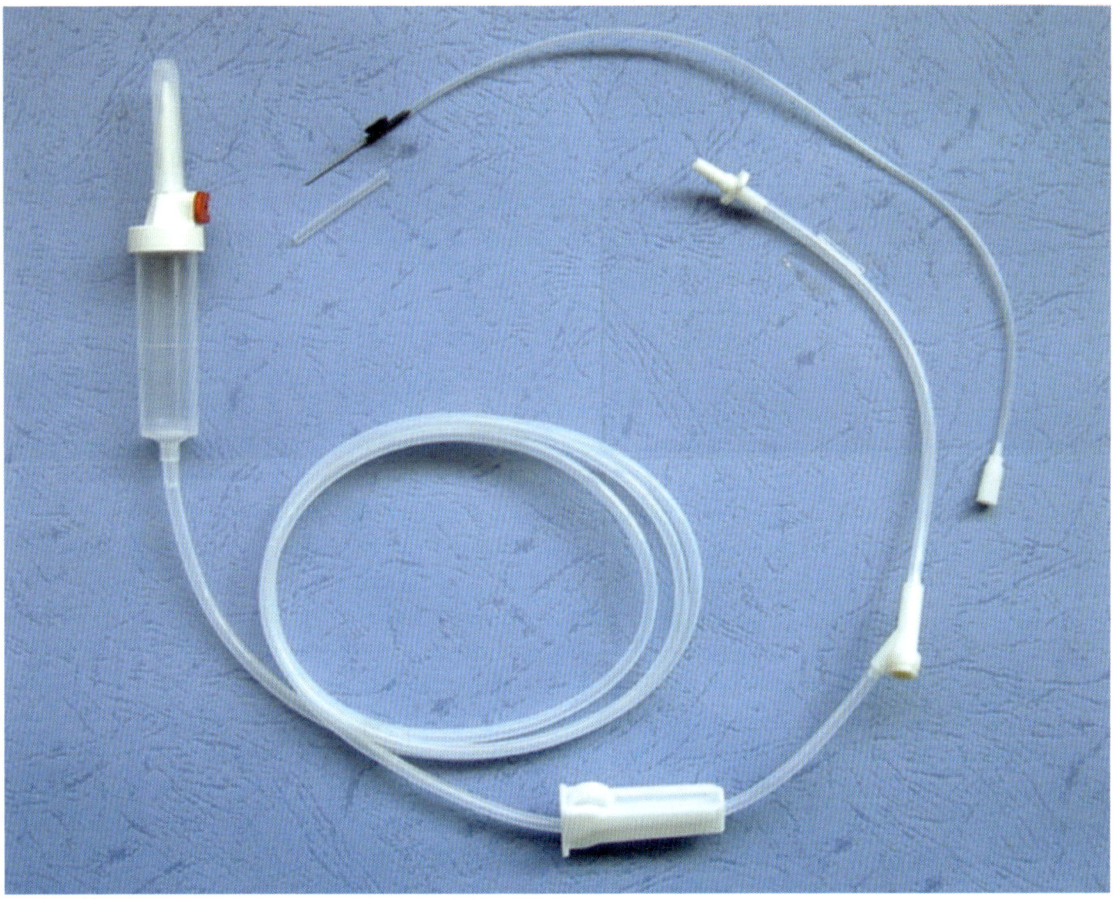

药物心脏涂层支架系统

该产品是治疗冠心病的高科技产品，采用最先进的可降解药物涂层技术，通过介入手术把药物涂层支架传输到病变部位，支撑狭窄的血管。其突出优势是，在用以扩充病人血管的支架涂上一种药物，而药物释放的抗生素能抑制不正常细胞的生长，避免血管被细胞阻塞，防止血管会变窄。产品的创新性在于，其用药由喷层变成了涂层，术后释放药物疗效显著，能有效防止心血管冠脉的再狭窄。而在药物涂层支架问世前，医生给接受心脏血管扩张术的患者使用非药物支架治疗，很多人在术后半年还会面临血管变窄的问题，产生很多细胞，将血管阻塞，而导致他们由于再狭窄而再次接受介入治疗。

联系人：王吉成 0631－3650299　邮箱：jack@jwmsgrp.com

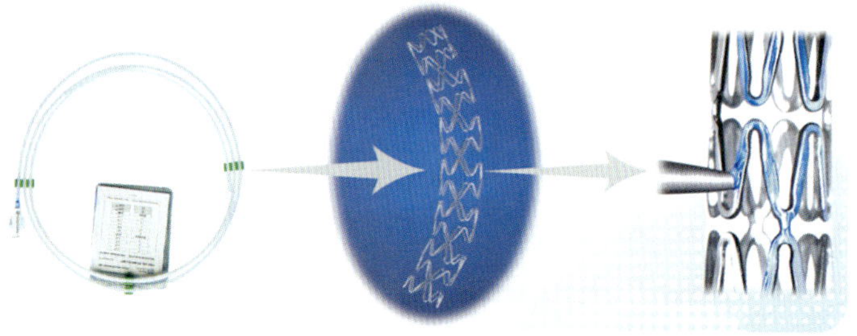

雷帕霉素药物涂层心脏支架系统
(Sirolimus-Eluting Stent System)

静脉留置针

威高生产的静脉留置针适用于需要静脉穿刺的患者。该产品经过前期临床试用，经过半年的市场运作，使用效果很好。与传统静脉穿刺针比较，传统的医用针需要反复穿刺，给病人造成较大的痛苦。静脉留置针可以留在人体静脉内，留置时间最长可达7至15天，一般留置时间为3至7天，输液时只需要从留置在体外的通道接入输液器即可，再次输液时注意消毒。留置针的材质特别柔软，对血管的损伤和刺激极小，不会出现普通输液针容易挑破血管的现象。尤其适合儿童和老年人使用，避免了多次穿刺的痛苦和心理恐惧。

与国外同类产品比较，威高生产的静脉留置针具有显著的优势。其一，该产品的制作材料较先进，密封件为热塑性弹性体，便于加工制作，且无毒；套管材料为聚氨酯，能随着体温、套管软硬发生变化，生物兼容性好。其二，该产品是密闭式单翼的，其使用比国外开放式双翼产品更方便，更适合国内市场，适合护士的操作习惯。其三，该产品各项技术达到国外同类产品先进水平，但是价格比国外产品大幅度降低，更适合中国收入水平不高的大多数患者。

联系人：张德海 0631-5660578 邮箱：zhang-dehai@tom.com

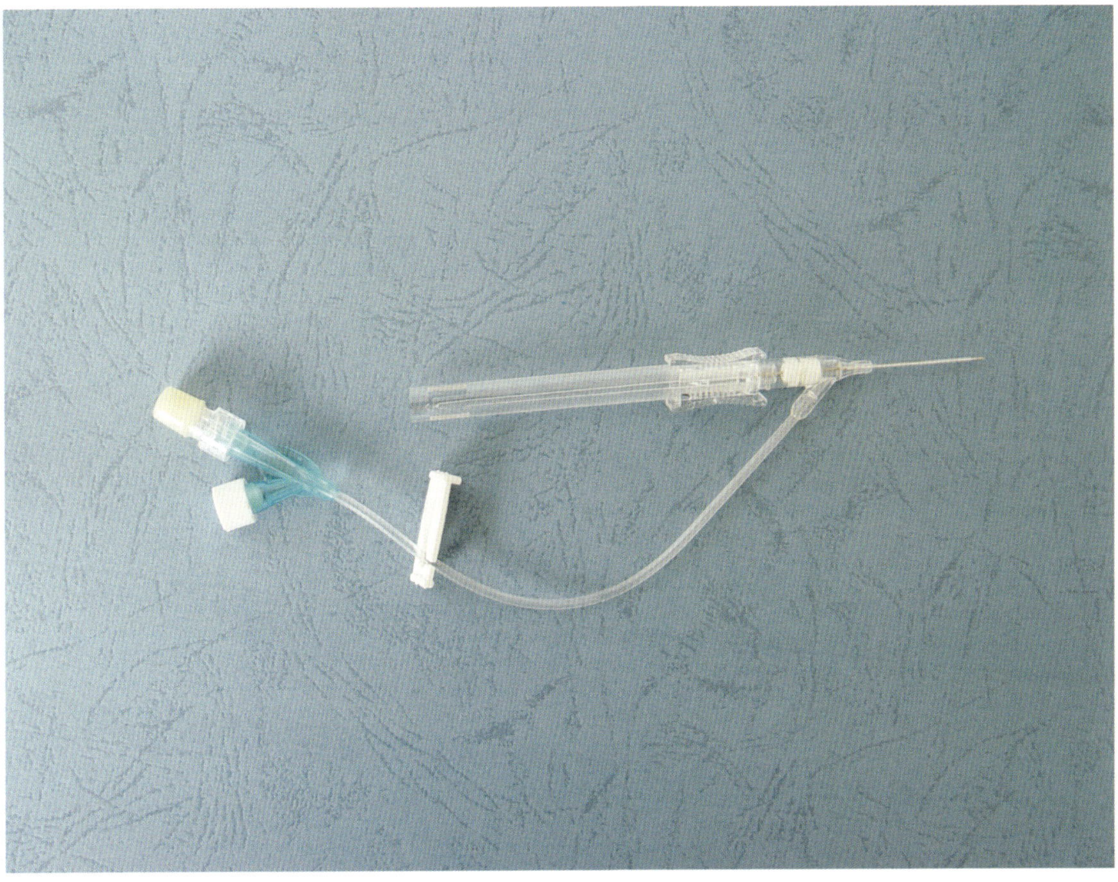

骨科材料

威高骨科拥有从美国、德国、日本进口的百台进口加工、自动纵切中心。采用进口原材料加工，遵守美国FDA医疗器械生产标准生产，产品质量达到欧美先进水平。目前，拥有脊柱系列产品、常规创伤系列产品、锁定板系列类产品、人工关节系列产品、骨科专用工具系列产品。目前，新型医用金属：多功能钛合金已经通过国家局注册认证，将改变骨科植入物历史。与美敦力公司将加强在技术和市场等方面上开展合作，利用美敦力在全球一流的技术地位，研发骨科系列新产品，将极大地提高威高骨科的技术开发能力。

联系人：张晓丽 0631-5788927 邮箱：lesley@wegortho.com

预充式注射器

预充式注射器是一种更高级别的药包材，作为药物包装系统组成。它把液体药物直接装入注射器中保存，使用时简单方便，同时注射器本身具有很好的密封性，药品可以长期储存。目前，在注射用药物包装领域，其正快速取代传统型玻璃安瓿和西林瓶，既方便了使用，又安全，避免了把药液抽入注射器的麻烦和可能带来的二次污染。

威高的预充式注射器产品分为带针和不带针两种，由威高股份控股公司威高药品包装材料有限公司生产。为向市场提供高质量的产品，公司购进了国际上先进的生产线，主要原材料来自美、法、爱尔兰等国供应商。公司建立了完善的质量控制系统，产品在一万级净化车间生产。

该产品广泛应用于医药工程、生物工程、基因工程，以及干扰素、疫苗、人生长激素、重组肿瘤坏死因子、促卵激素麻醉药品等领域。

联系人：宋修山 0631-5620798 邮箱：songxiushan@weigaogroup.com

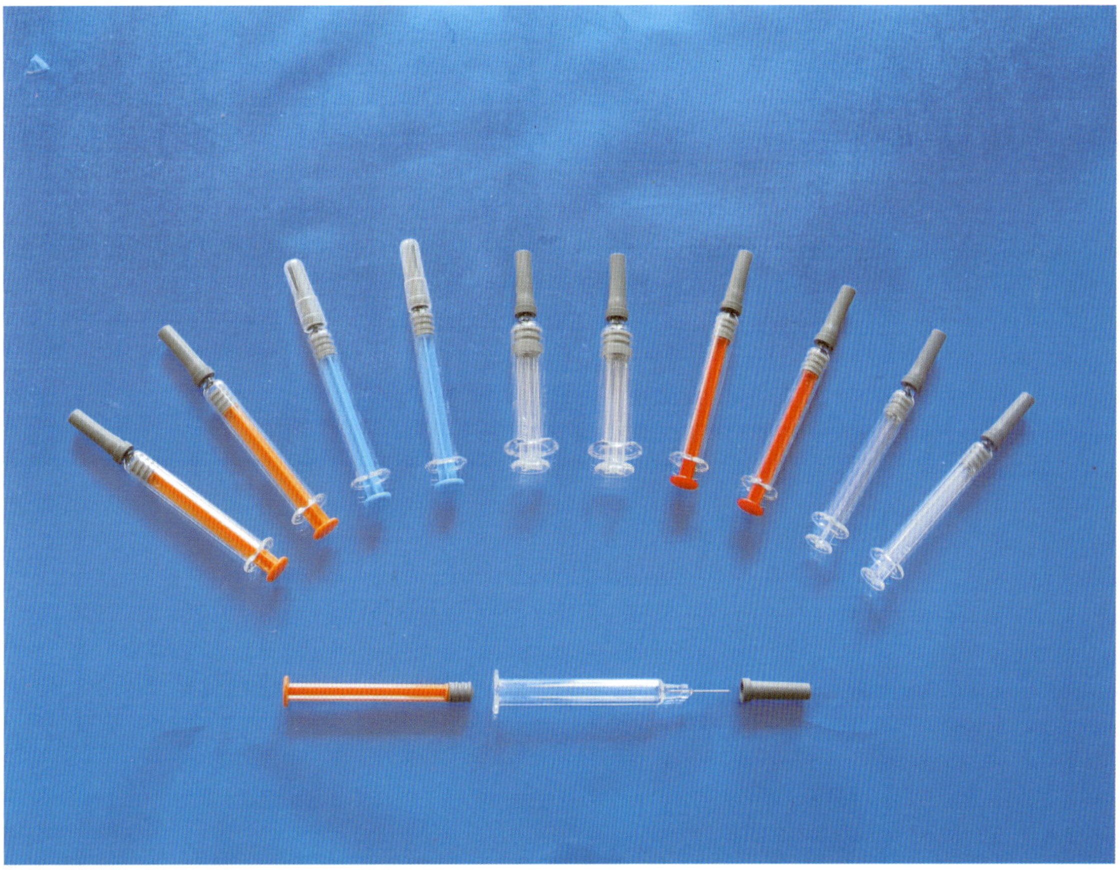

聚砜膜透析器

威高开发研制的合成膜透析器是利用构成透析器的空心纤维半透膜，通过超滤、渗透与弥散的作用，消除血液中的尿素、肌酐等代谢类产物，以代替患者的肾脏功能。该产品经山东省科技厅鉴定，技术上处于国际先进水平，具有自主知识产权，是目前国内唯一的血液透析器自主品牌产品。

“聚砜膜”透析器是一个两端带有血液入口和出口的塑料管状器材，器材内装满了类似白色棉线的纤维膜。透析器内的纤维膜是空心的，患者的血液被空心纤维“过滤”后，血液中的尿素、肌酐等代谢类产物将被滤出留存在纤维膜上，过滤净化后的血液再输入患者体内。整个过程中，“聚砜膜”透析器起到了代替患者肾脏排毒的功能。“聚砜膜”透析器俗称“人工肾”，可以替代人肾脏的大部分功能。

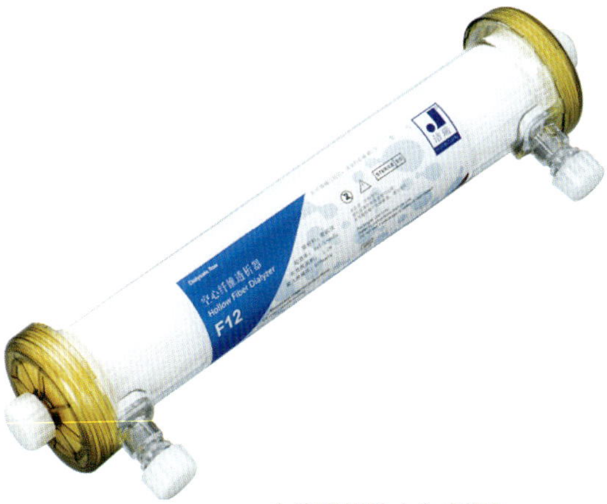

血液透析器（合成膜）
Dialyzer (PSU Membrane)

2009年11月1日，商务部部长陈德铭（中）、广东省省长黄华华（左）在中国医药保健品进出口商会倪如林会长（右）的陪同下视察第106届广交会医药及保健品、医疗器械、耗材、敷料展区，并与部分企业代表进行了交谈。

2011年6月20日，商务部部长助理仇鸿（左八）在2011“中国与世界”医药高峰会上见证医药企业发布《提升医药外贸商品质量倡仪书》

2010健尔康·中国医用敷料大会于2010年8月8日－9日在江苏省溧阳市举行，来自国内92家单位以及英国、芬兰、马来西亚、新加坡和中国台湾等地的各界人士约160人参加了会议。

2011年2月22日，2011蒙发利·中国按摩器具行业领袖峰会在厦门举办，会上向2010年为我国按摩器具出口做出突出贡献的企业授予出口十强荣誉称号，并颁发奖牌表彰。

2011 中国医疗器械贸易年鉴

2011
总第1期

中国医药保健品进出口商会
北京华通人商用信息有限公司 编

中国商务出版社

图书在版编目(CIP)数据

2011中国医疗器械 贸易年鉴 / 中国医药保健品进出口商会，北京华通人商用信息有限公司编. —北京：中国商务出版社，2011.7

ISBN 978-7-5103-0528-3

Ⅰ. ①2… Ⅱ. ① 中… ②北… Ⅲ. ①医疗器械–进出口贸易–中国 – 2011 – 年鉴 Ⅳ. ① F752.653–54

中国版本图书馆CIP数据核发字（2011）第153221号

2011中国医疗器械贸易年鉴

2011 ZHONGGUO YILIAO QIXIE MAOYI NIANJIAN

中国医药保健品进出口商会

北京华通人商用信息有限公司 编

出 版：中国商务出版社

发 行：北京中商图出版物发行有限责任公司

社 址：北京市东城区安定门外大街东后巷28号

邮 编：100710

电 话：010–64269744（编辑室）

010–64283818（发行部）

网 址：www.cctpress.com

邮 箱：cctp@cctpress.com

照 排：北京富中文化发展有限公司

印 刷：北京国瑞印刷有限公司

开 本：890毫米×1168毫米 1/16

印 张：67

字 数：490千字

版 次：2011年7月第1版 2011年7月第1次印刷

书号：ISBN 978-7-5103-0528-3

定价：680.00元

ISBN 978-7-5103-0528-3

9 787510 305283 >

ISBN 978-7-5103-0528-3

编写说明

《2011中国医疗器械贸易年鉴》是由中国医药保健品进出口商会与北京华通人商用信息有限公司（ACMR）共同协作完成，数据主要来源于国家统计局、卫生部、中国海关总署和GTA（Global Trade Atlas）数据库。对于全面系统地了解和掌握国内外医疗器械产品的贸易发展轨迹、指导下一年度的医疗器械生产贸易、促进医疗器械行业发展，具有较大的参考价值。

《中国医疗器械贸易年鉴》是医疗器械行业纪年性、资料性的大型工具书，每年出版一部，各部分内容更新并保持连续。2011年卷为总第1卷。

本卷分上、下两篇，主要内容包括：

上篇，中国医疗器械贸易状况。包括五个部分，介绍了医疗器械行业贸易整体情况、分地区贸易情况、各主要产品的贸易情况，以及中国医疗器械行业状况。数据主要来源于国家统计局和中国医药保健品进出口商会医疗器械部根据中国海关数据整理。

下篇，国际医疗器械贸易市场。包括四个部分，第一部分为主要国家医疗器械相关政策法规；第二部分为国际主要医疗器械市场的贸易情况，数据主要来源于GTA数据库、中国医药保健品进出口商会医疗器械部；第三部分为2010年医疗器械产品贸易摩擦回顾及企业应对策略探讨，主要来源于中国医药保健品进出口商会及相关企业；第四部分总结了我国医疗器械经历过的贸易摩擦并对企业发展贸易做出了建议。

本年鉴数据合计数或相对数由于单位取舍不同而产生的计算误差均未做调整。

在本期年鉴的组稿、编辑、出版过程中，各地医疗器械主管部门、医疗器械协会、学会和广大医疗器械企业给予了大力支持和积极配合，在此一并表示衷心感谢。

为使《2011中国医疗器械贸易年鉴》更好地为各级政府、行业组织、科研院所、高等院校、医疗机构、生产制造企业、经销商以及关联产品企业和专业媒体、投融资机构的广大读者提供信息支持，诚请各界读者对本期年鉴中的不足之处予以批评、指正。

《2011中国医疗器械贸易年鉴》编委会

2011年6月

序

进入21世纪以来，随着经济社会的发展、人民群众生活质量的提高、人口老龄化加剧以及慢性疾病发病率上升，人们用于诊断、治疗和监测慢性疾病的医疗器械需求越来越大，有力地推动了全球医疗器械市场的快速发展。过去几年，我国医疗器械产值年均增幅20%以上，且创新能力不断增强。截至2010年年底，我国有医疗器械生产企业1.4万多家，而且产品门类基本齐全。

当前，我国医疗器械工业还处于吸收创新发展阶段，自主创新医疗器械品牌多数集中在中低端产品市场，自主研发能力相对薄弱，核心技术和关键部件依赖国外进口的局面还没有根本扭转。在此大形势下，我国医疗器械产业必须更加注重自主创新，加大研发创新投入，抓住时机，不断推出更加安全有效、质优价廉的新产品，为广大人民群众和医务人员提供更多选择，同时占有更多市场份额。

未来几年，全球医疗器械市场的竞争将进一步加剧。由于汇率、人工成本和原材料等因素，一些科技含量不高和附加值较低的医疗器械将会面临巨大的竞争压力。但由于全球医疗需求的不断增长，医疗器械市场的机遇将会大于挑战。那些技术含量高、使用方便、更加安全有效的医疗器械新产品将有更多的机会和市场。

为了方便医疗器械行业的朋友查阅我国有关医疗器械贸易方面的资料，中国医药保健品进出口商会和北京华通人商用信息有限公司做了一件非常有益的工作。他们组织有关专家、学者广泛收集资料，编辑了《2011中国医疗器械贸易年鉴》。这本年鉴比较详细地记载、分析了我国医疗器械贸易状况，也介绍了国内外医疗器械产品、企业和市场的有关情况。该年鉴对从事医疗器械研发、生产和经营的朋友有较高的参考价值。

该年鉴首次编辑出版，缺少经验，缺点错误在所难免，望读者提出宝贵意见，以便日趋完善。

国家食品药品监督管理局
医疗器械监管司

2011年7月

目 录

上篇　中国医疗器械贸易状况

下篇　国际医疗器械贸易市场

附录

表目录

图目录

CONTENT

Chapter Ⅰ International trade pattern of China's medical device

Chapter Ⅱ Medical device world trade markets

APPENDIX

专　文

中国医疗器械扩大出口的思考

中国医药保健品进出口商会

近年来，中国医疗器械行业已经成为一个产品门类比较齐全、创新能力不断增强、国内外市场需求十分旺盛的朝阳产业，其市场规模已占中国医药市场总规模的14%，但与全球医疗器械市场规模占国际医药市场总规模的42%相比，中国医疗器械行业仍然存在巨大的发展空间。通过扩大出口拉动中国医疗器械行业加快发展，势在必行。

一、加大新产品新技术的研发力度

要加强产学研合作，把学术机构的研究成果尽快转化。只有加大新产品新技术的研发力度，企业才能在国际市场竞争中立于不败之地，对于医学影像、放射治疗、微创介入、外科植入、体外诊断试剂等产品的核心部件和关键技术要加速推进国产化的进程。对于市场需求量较大、价格较高的介入导管、肾透析机等高端产品的研发与生产必须加大投入，开发出国内外市场急需的高端产品，出口才能从中低端市场向高端市场突破。

二、向规模化集约化方向发展

对量大面广的医疗器械，特别是一次性消耗产品，亟待改变“多、小、散、乱、差”的局面，行业整合和集中度的提升是大势所趋。要以规模经营为目标，向规模化、集约化方向发展，鼓励优势企业跨地区、跨所有制进行兼并重组联合，促进品种、技术、渠道等资源向优势企业集中，淘汰一批规模小、素质低的生产和经营企业，使医疗器械出口企业数量明显减少，形成一批具有国际竞争力和对医疗器械行业发展具有示范带动作用的大型医疗器械企业集团，促进全行业的健康发展。

三、大力开拓非洲等发展中国家市场

非洲等发展中国家市场准入门槛相对较低，中国多数企业有能力进入，目前非洲市场仅占中国医疗器械出口比重的3.05%，扩大中国医疗器械对非洲出口潜力巨大。在这些市场要改变过去以价格为主要竞争手段的做法，要以质取胜，下大力气创品牌，提高中国医疗器械在非洲等发展中国家的认知度和知名度。要学习借鉴外资企业的做法，组建海外营销队伍，做好客户的开发和维护工作，把产品打进营销主渠道，与目标市场的大型医疗器械流通企业建立合作关系，通过他们广泛的销售网络扩大销量。

四、要积极实施“走出去”战略

有实力的医疗器械企业要积极走出去，到境外投资办厂或并购当地企业，利用发达国家的先进设备、研发能力和优秀人才，或者是利用发展中国家丰富的自然资源和低廉的人力资源，生产出适销对路的医疗器械产品，直接面向终端用户，从而规避一些国家的贸易壁垒，也可享受其优惠政策，还可以尽快拓宽销售渠道。同时，要积极借助政府经济和外交等平台，通过参与中国政府援外项目的招标采购、随国家领导人出访的企业家高访团等活动，千方百计扩大出口。

五、完善医疗器械出口运行监测体系

行业商（协）会要加强对企业生产经营和投资决策提供信息指导，要建立和完善对医疗器械出口运行监测体系的建设，密切跟踪出口趋势的变化，

决策提供信息指导，要建立和完善对医疗器械出口运行监测体系的建设，密切跟踪出口趋势的变化，研究解决出现的新问题，及时发布行业进出口信息。目前，医保商会已初步建立了中国唯一涉及医疗器械进出口贸易发展的评价指数——中国医疗器械进出口价格指数，下一步，还会不断扩大指数涵盖范围，逐步建立分类产品、区分市场的医疗器械进出口价格指数，这对于深入分析研究和及时掌握中国医疗器械进出口贸易运行状况具有重要意义。

我们有理由相信，未来十年，中国医疗器械行业与国际市场的关联度将会越来越高，中国众多医疗器械产品的生产规模和出口规模都将位列世界首位，随着国际医疗器械产业的加速转移，中国有望成为世界医疗器械生产和出口大国。

优化进出口结构，促进医疗器械产业国际化发展

商务部机电和科技产业司

新中国成立以来，特别是改革开放以来，随着医药卫生事业的发展、医药卫生体制改革的深入、覆盖城乡居民的基本医疗保障制度的建立和全民健康水平的提高，医疗器械产业与贸易的发展在国民经济发展中的重要性日益显著。

“十一五”期间，我国医疗器械进出口快速增长，从2006年的105.52亿美元增长到2010年的226.56亿美元，总额翻了一番；在全球医疗器械贸易中的地位不断上升，占比从2006年的3.62%上升到2010年的5.74%，排名从第7位上升到第3位。2010年，我国医疗器械出口总额为146.99亿美元，占全球出口的8.02%，排名为第3位；进口总额为79.57亿美元，占全球进口的4.56%，排名为第7位。

一、“十一五”期间医疗器械进出口的主要特点

一是进出口产品种类齐全，进口和出口各有侧重。“十一五”期间，医疗器械进出口共涉及47大类、5000个品种、30000余个规格的医疗器械产品，我国已成为全球医疗器械的主要生产和进出口基地。从产品的技术水平看，进口和出口产品各有侧重。进口以高端医疗器械为主，如计算机X线断层摄影机（CT）、核磁共振摄影机（MRI）、心脏起搏器、血管支架、血液透析机、介入导管、人工关节等；出口以中低端医疗器械为主，如病床、注射器、血压计、监护仪、呼吸机、麻醉机等，出口产品技术含量和附加值偏低。

二是国际市场不断扩大，新兴市场比重有所增加。美国、日本和欧盟是我国医疗器械进出口的三大传统市场，“十一五”期间，对以上地区的进出口占比一直保持在50%以上。同时，印度、阿拉伯国家和东盟等新兴市场逐步扩大，占比从2006年的8.41%增加至2010年的10.55%。

三是区域集中度高，东部沿海地区增长较快。我国医疗器械进出口主要集中在上海、广东、江苏、北京和浙江等五省市。从2006年到2010年，以上五地一直依次占据我国医疗器械进出口的前五位，累计占比保持在70%以上。2010年，以上五地的医疗器械进出口占比分别为22.2%、19.39%、13.64%、12%和10.07%，累计占进出口总额的77.3%。

四是进出口队伍不断壮大，外资企业进出口额占比近半。“十一五”期间，从事医疗器械进出口企业数量从2006年的26184家增加至2010年的33448家，增长了近三成。2010年，从事医疗器械进出口的外资企业为9487家，占企业总数的28.36%。外资企业医疗器械进出口总额为100.67亿美元，占进出口总额的44.43%，成为医疗器械进出口的主要力量。

二、“十二五”期间医疗器械进出口面临新的机遇和挑战

“十二五”时期，世界多极化、经济全球化深入发展，世界经济格局继续发生深刻复杂变化。新一轮世界经济结构调整为我国医疗器械进出口带来了新的机遇和挑战。

随着全球人口老龄化加剧，国际市场对医疗器械的刚性需求继续增加。据美国人口调查局统计，到2050年，全球65岁以上人口将增至15.3亿，占全球总人口比重的16%；同时，美国新医改政策将扩大保险所覆盖的人群和医疗项目。德国对全民医疗保健系统投入的年均涨幅约为1.4%。英国从2009年至2011年连续3年投入上千亿美元建设国民健康服务体系。东盟也积极鼓励进口医疗保健产品，将中国98%的医药保健品列入零关税清单。各国医疗保健政策的调整将进一步推动医疗器械市场的发展。

“十二五”时期，国内对先进医疗器械的需求将进入快速增长期。根据卫生部测算数据显示，目前我国2000余所县医院装备配置平均缺口30%，西部

地区甚至超过50%。未来五年，在加强基层医疗机构建设等政策的推动下，填补上述市场缺口的需求将更加迫切。

“十二五”期间经济社会的不断发展，将推动国内医疗服务从传统的院内服务向院外服务、由治疗服务向预防服务转变，更多的医疗器械将进入家庭，国内消费的活跃将带动医疗器械国际贸易发展。与此同时，国家对医疗器械领域创新和成果产业化不断加大支持力度，为医疗器械产业的发展提供了有力支撑；作为生物产业的重要领域之一，先进医疗设备行业将受益于加快培育和发展战略性新兴产业等有关重大决策的贯彻实施，实现加快发展；民营企业和社会资本对医疗器械产业的投入不断增加，研发水平不断提高，医疗器械产品在国际市场的竞争力将不断增强。

但是也应看到，国际金融危机影响深远，世界经济和贸易仍将延续缓慢复苏和增长的势头，不稳定不确定因素仍然较多。美欧日等主要医疗器械市场短期内难以恢复成为医疗器械出口的重要制约因素；全球贸易环境趋紧，贸易保护主义抬头，针对中国的贸易保护和贸易摩擦将进一步增多；以高科技为核心的国际竞争日趋激烈，对医疗器械出口形成越来越大的压力。

从国内看，医疗器械行业研发和创新能力较弱，缺乏自主知识产权和核心技术，品牌打造和国际营销体系建设滞后，仍然以同质低价竞争为主，高端医疗器械出口占比偏低。同时，国际医疗器械产业向国内快速转移，也带来了更加激烈的竞争压力。为此，要科学判断和准确把握国内外趋势，充分利用各种有利条件，促进医疗器械产业持续健康发展。

三、积极促进医疗器械产业国际化发展

“十二五”期间，推动医疗器械产业国际化发展，需要从以下方面营造良好环境。

（一）利用全球创新资源，提升产业创新能力。大力支持境内外医疗器械企业联合研发共性关键技术、开发新产品以及完成科技成果向现实生产力转化。同时鼓励企业积极参与医疗器械产品国际标准的制定，支持企业采用国际标准，取得相关认证；推动实现质量标准和认证认可等的多双边互认。

（二）继续开拓国际市场，优化医疗器械进出口结构。根据国内医疗器械产业的发展水平，结合不同市场需求，加强对重点市场分类指导。重点支持对亚洲、非洲、拉美等新兴市场的开拓。对国家鼓励的重点高端医疗器械进出口在贸易便利化等方面研究给予支持。

（三）鼓励先进医疗设备制造企业“走出去”，建立海外研发、生产和营销体系。鼓励企业通过自建、并购、合资、合作、参股等多种方式在海外设立研发中心和投资建厂；鼓励有条件的企业针对不同国际市场，采取自建、与渠道商合作等方式建立完善海外营销体系。

（四）加大扶持力度，完善支撑保障体系。加大高端医疗器械进出口信贷和出口信用保险支持力度。引导企业增强风险意识，积极利用政策性出口信用保险和海外投资保险。充分发挥行业组织作用，引导和鼓励医疗器械行业组织在企业开拓国际市场过程中加强协调指导。

中国医疗器械监督管理之回顾与展望

中国医药国际交流中心　常永亨

医疗器械与药品一样，承担着为人类治病救命的重要使命，但人类对医疗器械监督管理重要性的认识，却晚于针对药品的监督管理重要性的认识，因而，人类对医疗器械实施现代意义上的监督管理的历史晚于针对药品实施的相同意义上的管理。在这一点上，各发达国家如此，中国也不例外。

比之在1985年即发布了第一部《中国（保税区）药品管理法》的情况，中国在2000年才由国务院发布了《医疗器械监督管理条例》（以下或简称“条例”），而《条例》至今仍是中国医疗器械监督管理的最高级别法规，尚未上升到“法”。

实际上，研究探讨发达国家的医疗器械监督管理制度和法规，尝试在中国实施与国际接轨的现代医疗器械监督管理制度，开始于上世纪90年代。在此之前，在中国的计划经济体制下，医疗器械尚未有统一的定义，而是根据类别的不同，按照不同大类的工业产品由相关的工业部门分别管理。90年代初，随着改革开放的不断深入，国家医药管理部门陆续派出考察组，到美国、欧洲调研、学习，开始在中国实施医疗器械市场准入性质的新产品鉴定、登记制度。1996年，原国家医药管理局发布了《医疗器械产品注册管理办法》（16号令），第一次以部门规章的形式启动了中国的医疗器械市场准入注册制度，采用了与发达国家基本一致的医疗器械统一定义和按照风险等级划分的管理类别。

2000年，随着中国从计划经济向市场经济的转变、政府机构的改革、中国社会向法制化管理的不断迈进，中国医疗器械监管史上的一个里程碑《医疗器械监督管理条例》诞生了。为贯彻实施《条例》，国家药品监督管理局随之发布了一系列配套规章，与《条例》一起构成了一套基本完整的医疗器械监督管理法规体系。《条例》的诞生使中国的医疗器械监管依据从部门规章上升到了国务院法规的层次，标志着中国走上了依法规范化监管医疗器械的新阶段。

中国是一个发展中的大国，历史、文化、经济、法律制度等方面的背景与西方大不相同，中国各地区的发展差异也很大。在学习国外先进和有益经验的同时，中国政府历来强调，国外的经验必须与中国的具体国情、具体实践相结合，实事求是、因地制宜地建立和制定符合中国国情的监管制度和法律法规，采取相应的监督管理措施。因此，中国的医疗器械监督管理，从最初的试产注册与准产注册之分，到始终执行的产品标准编制和强制性注册检测，都体现了中国特色的监管做法和措施。尽管随着时间的推移、中国的不断发展，有些管理措施也会发生变化，但实践证明，与本国的具体国情相结合，实事求是地吸收和采纳国外制度中对中国有益的医疗器械监督管理措施，而不是不加分析地完全照搬国外的做法，是一条正确的道路。中国不仅今天是这样，今后也还会坚持走这一条道路。

尽管如此，中国的改革开放在不断深入，中国在不断地向国际化靠拢。从上世纪90年代至今，中国越来越多地派团参加全球医疗器械法规协调组织（GHTF）的会议、有关医疗器械标准的国际会议、亚洲医疗器械法规协调组织（AHWP）的会议，等等。中国医疗器械监管部门与美国、欧盟、加拿大、澳大利亚等国家和地区医疗器械监管部门之间的交流、合作与培训项目越来越多。从2008年底开始，中国是亚洲医疗器械法规协调组织的轮值主席国，国家食品药品监督管理局医疗器械监管司司长亲自担任轮值主席，认真履行职务，有声有色地开展工作，积极主动地推进各成员经济体医疗器械法规的建立、协调和发展。2010年，国家食品药品监督管理局批准中国医药国际交流中心举办了医疗器械监督管理国际论坛，中国已经从被动参加有关医疗器械法规的国际会议和活动转变为主动参与和组织国际会议和活动。中国的发展、中国在本国的医疗器械法规建设、在国际医疗器械法规的协调和发展方面所做的工作、在学习和借鉴国际先进经验方面所具有的诚意是显而易见的。

目前，中国正在根据当前的国情，总结《条例》发布实施10年来的医疗器械监管经验和存在的问题，对现行《条例》及其配套规章进行修订。展望未来，国家食品药品监督管理局在党中央和国务院的正确领导下，深入贯彻落实科学发展观，大力践行科学监管理念，更加深入地研究中国的国情、学习和借鉴国际先进经验，必将使中国的医疗器械监督管理制度和法规在既符合中国的实际又不断向国际先进做法靠拢方面向前发展，不断提高。中国的医疗器械监督管理事业必将不断进步、日臻完善。

中国医疗器械监管领域的差距识别和优先发展研究

中国科学院上海高等研究院纳米医学研究中心，上海理工大学医疗器械与食品学院　宓现强

医疗器械涉及的范围很广，涵盖从压舌板到血透机在内的设备。如同药物和其他卫生技术，医疗器械对病人的诊治是必不可少的。2000 年，市场上大约有 150 万不同的医疗器械，代表了超过 1450 亿美元的市场。随着技术的创新和进步，医疗器械成为增长最快的产业之一。

随着设备的大量进口，发展中国家深受影响，并暴露于风险之中。政府在医疗器械方面支付了大量成本，但是许多国家难以获得符合需要的高质量的医疗器械。对缺乏卫生技术评估和几乎没有监管控制的发展中国家，更是如此。因此，政府需要通过适当的政策，解决从高质量、可支付的医疗设备产品的获取到其安全适宜的使用直至其报废过程中所有环节出现的问题。卫生技术寿命周期图阐明了需要建立的政策过程（附图）。然而政策只有转化为国家监管法规，成为整个国家卫生系统整体的一部分才算成功。

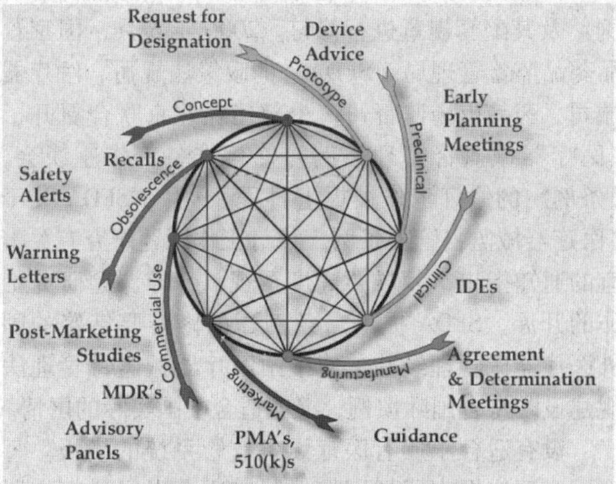

附图　医疗器械监管的生命周期

（David W. Feigal，Total Product Life Cycle http：//www. fda. gov/cdrh/strategic/presentations/tplc. html）

药物、医疗器械和卫生保健产品的质量需要依靠国家层面的有效管理。许多国家的药监当局在药品监管的实践中，获得了不同程度的成功。监管当局的责任很广泛，包括认证、生产控制、进口、出口、销售、批发、经营和广告；临床试验的监管和控制；产品的安全性、功效和质量的评估；上市后监督和不良事件监测；制造商、进口商、批发商和分销商的不定期检查；为专业人员和公众提供公正的信息。尽管医疗器械的购置意味着卫生保健系统的大笔投资，奇怪的是，医疗器械没有同药物一样受到足够重视。目前发展中国家对医疗器械的监管控制比较薄弱。例子包括对用过的注射器非法再处理和包装后进行再销售；市场上充斥着未能满足最低质量和安全标准的设备；没有对已销售出去的医疗设备进行追溯。

1992 年，在相互承认协议（Mutual recognition agreements，MRA）基础上，欧共体（EU）与美国、日本、加拿大及澳大利亚的医疗器械产业界和政府监督管理部门代表召开了首次全球医疗器械协调工作组会议。GHTF 的目标是在医疗器械管理体系的发展过程中，减少监管障碍，鼓励全球水平的趋同，以便促进贸易，维护参加成员的权利，通过最适宜的管理方式处理保障公众健康的问题。近 20 年来，围绕此目标，虽然已取得了巨大进步，但 90% 医疗器械需要进口的发展中国家，在该过程中，仍然处于边缘化状态。原因很大程度上是由于缺乏获得知识和最佳实践指南的途径。

为了弥补医疗器械监管中的这种差距，WHO 出版了一份指南，提供了医疗器械（从概念到废弃）整个寿命周期的一个矩阵，以及管理寿命周期每一阶段的合适政策。对基础薄弱和资源有限的国家，推荐了优先发展主题及如何建设一个更有效系统的建议，该指南涵盖的几个主要问题总结如下：

（1）安全。患者安全是政府授权医疗器械进行市场销售的优先主题。所有医疗器械必须给患者带

来益处。同时，需要考虑与益处相比，医疗器械存在的潜在危害。按潜在的风险分类，风险越高，越应严格控制。

（2）监管控制的阶段。监管控制的3个阶段是：上市前阶段确保销售的产品满足安全和性能的标准；投放市场阶段确保产品标识和广告的准确；上市后确保在用产品的持续安全和效果。

（3）国际标准。所有医器械的质量和安全都应该满足公认的国际标准，理解不同的标准制定体系、标准开发过程及其在符合性评价中的作用对建立医疗器械监管是必要的。这不是一件简单的工作，因为有很多类型标准指导产品、程序和服务。自从2003年医疗器械引入新的质量体系，掌握自愿性或强制性标准及其使用上的的差别变得尤为重要。

（4）优先性主题：可以根据国家需要和资源分阶段进行监管项目的开发．依据政策和涉及的政府、制造厂商、销售商、用户和患者，核心的项目应该包含①有关授权政府禁止销售并撤回不安全产品，惩罚欺诈性广告等内容的基本立法；②培训海关人员，防止不符合标准的设备进入国家；③支持主动性分享信息的网络；④设备和供应商的清单。经销商有责任保留经营记录，从而在需要的时候能找到类似的产品；⑤采纳国际认可的医疗设备命名系统，促进医疗器械准确的被追溯和比较。

WHO支持全球医疗器械协调组织（GHTF）进行的全球医疗器械监管协调的努力。希望能基于WHO的药品质量认证框架的原则开发一套统一的医疗器械认证过程，增加在用设备的安全。

2007年5月，世界卫生组织（WHO）基本卫生服务司（Department of Essential Health Technologies，EHT）开展了“医疗器械优先”项目（PMD）。此项目的目标是帮助成员国评价预防、诊断、治疗和辅助医疗器械的拥有性和适宜性，识别可解决重大疾病或伤残负担的“优先”的医疗器械。简言之，这个项目希望找到医疗器械拥有性和适宜性，临床数据和医疗器械使用培训中的差距，医疗器械在使用和传播中的障碍以及医疗器械创新的障碍。

目前，中国的医疗器械工业正以高速度发展。医疗器械产值年增长率一直保持在18%左右，到2010年中国医疗器械规模企业总产值超过了1000亿。中国医疗器械市场已跃升至世界第二位，全国从事医疗器械生产的企业已达14000多家，生产47大类、5000多个品种、3万余个规格的医疗器械产品。

伴随中国医疗器械产业以及中国国民经济的发展，中国医疗器械监督管理走过了坎坷而曲折的路程，经历了从解放初期到文化大革命前的计划管理起步阶段，从文化大革命到改革开放之前的计划监管阶段，改革开放后的市场监管形成时期阶段，以及走上法制化监管阶段等四个阶段。1991年，中国发布了第一个医疗器械政府规章。2000年1月4日，朱镕基总理签发国务院令第276号，正式颁布了《医疗器械监督管理条例》。这是医疗器械监督管理法制建设的重大突破，标志着中国的医疗器械监督管理进入依法行政和依法监管的新阶段。在国家食品药品监督管理局的领导下，医疗器械监督管理工作取得了一系列成果。主要表现在制订了有关的医疗器械法规及系列的配套法规；加强了医疗器械注册监管及标准化工作；加强了执法力度及医疗器械上市后监督管理；加强了执法队伍和检测机构的建设，初步建立了一支高水平的技术监督队伍。

随着医疗器械产业的发展和监管工作的不断深入，各级监管部门在具体的监管过程中积累了相当多的经验，同时中国医疗器械管理中也不断暴露出一些存在的问题。如目前的法律、法规建设仍然远远不能适应目前医疗器械产业发展的需要；不少伪劣产品进入市场，危害人民身体健康和安全。

目前，中国正在对现行《医疗器械监督管理条例》及其配套规章进行修订。2006年6月，国家食品药品监督管理局（SFDA）的政策法规司、医疗器械司、药品市场监督司三个部门在北京联合召开了《医疗器械监督管理条例》修订准备工作座谈会，《条例》的修订工作被提上日程。9月，SFDA关于《医疗器械监督管理条例》修订工作课题研究有关事宜的通知指出，领导要高度重视，督导课题研究工作的开展。SFDA提出《条例》的修订要借鉴的国外医疗器械管理经验，使中国医疗器械监督管理法规建设既符合国际惯例，又能适合中国实际的国情。

没有适合于所有医疗设备监管系统的模板。每个国家要依据本国的国情，制定适合本国的医疗器械管理模式。中国虽然初步建立了医疗器械管理的基本框架，但在实施过程中，仍然和国际先进国家和地区存在一定的差距。检索文献可见，围绕中国医疗器械监督管理模式，医疗器械监管中的基本问题（医疗器械定义、分类、命名、唯一识别码）、医疗器械安全性评价与管理、医疗器械上市前符合性评价、医疗器械上市后监督管理、医疗器械临床实验管理、卫生技术评估在医疗器械管理中的应用、医疗器械领域中的创新、医疗器械专业人才培训与教育等问题展开深入调研，探讨中国医疗器械管理和国外差距，提出中国医疗器械优先发展建议方面的研究非常缺乏。有限的研究往往集中在某一特定问题，理论研究远远跟不上现实需要。

因此，在中国医疗器械法规不断完善的发展时期，通过学习先进经济体的医疗器械管理经验，结合中国医疗器械产业的现状，依据中国国情，找到中国医疗器械管理领域与发达国家的差距．提出中国医疗器械的优先发展建议，越来越变得必要和紧迫。

为找到中国与世界发达国家医疗器械管理上的差距，提出中国医疗器械管理的优先发展建议，从而形成政策建议，为中国医疗器械管理法规的制定提供参考，本研究组通过 WHO“医疗器械优先”中国预调查项目提供的专家问卷调查表，对中国医疗器械管理的基本情况及糖尿病、结核病和道路交通创伤三种疾病涉及的医疗器械的拥有性、适宜性和可获得性等情况进行调研。在此基础上，围绕着医疗器械寿命周期，选取了中国医疗器械管理中的一些重要问题，即医疗器械管理模式、医疗器械监管中的基本问题（医疗器械定义、分类、命名、唯一识别码）、医疗器械安全性评价与管理、医疗器械上市前符合性评价、医疗器械上市后监督管理、医疗器械临床实验管理、卫生技术评估在医疗器械管理中的应用、医疗器械领域中的创新、医疗器械专业人才培训与教育、医疗器械管理领域中的标准问题、质量问题以及伴随现代科技发展出现的纳米生物医疗器械，组合式医疗器械等新兴医疗器械技术的管理问题等等问题展开深入调研，并与国外情况进行了比较分析。

本研究组仅仅对中国医疗器械监管领域的差距识别和优先发展问题，进行了一些初步探索。需要在将来的研究工作中，围绕着医疗器械生命周期各个环节存在的各种问题，进行更全面深入的研究，找到中国目前医疗器械管理中存在的不足以及与先进国家之间的差距。争取将研究结果转化为政策建议，在法规制定中采纳，在实施中验证。这将有助于中国医疗器械管理体系的完善，医疗器械产业的健康发展，最终有助于为人民生命健康提供安全、有效、质量优良的产品。

全球医疗器械市场发展趋势

中国医药保健品进出口商会　医疗器械部

随着人们对生活质量要求的提高，世界各国医疗保健的需求越来越大，使得世界医疗器械市场的不断扩大。虽受世界经济衰退影响，医疗器械市场增长速度在过去的几年里有所放缓，但因人口老龄化、人们生活方式变化和新兴市场崛起等因素，使得世界医疗器械市场稳定发展。据GTA统计，世界医疗器械贸易从2006年的2571.13亿美元发展到2010年3576.22亿美元，五年间年复合增长率为6.82%，预计未来几年全球医疗器械市场仍将会保持增长态势。

因健康医疗水平提高导致人类高龄化趋势明显，世界各国对医治老龄化疾病认识也不断提高，使得用于诊疗、监测与慢性疾病相关的医疗器械需求越来越大，同时众多的医疗器械制造企业和经销商投入了大量资金，以广告的方式来影响消费者的医疗保健意识，进一步推动了各国医疗器械市场的发展。

而且，随着全球工业化进程的加速发展带来的世界各国生活水平提高，将导致人们生活方式有了重大的变化，越来越多的人们面临着与工作、学习、生活相关的疾病困扰，如糖尿病、心脑血管疾病和肌肉骨骼疾病等，大大增加了人们对血糖仪、胰岛素泵、电子血压计、心脏起搏器、血管支架、骨科植入物等相关器械的需求。

但自2008年后，美国、英国、德国和法国等发达国家经济持续低迷，使得这些国家在公共医疗费用上缩水，从而对一些类别的医疗器械市场造成冲击，特别反映在对新的昂贵的大型医疗设备领域。

近年来，阿拉伯国家、东盟、巴西、南非、印度等新兴医疗器械市场越来越受到其他各国医疗器械企业的关注。这些国家的医疗器械产业发展处于起步阶段，大部分医疗器械产品都从其他国家进口，因此，今后几年他们的医疗器械市场会有较大的发展空间。近几年，印度大力发展旅游医疗经济新产业，使印度成了国际旅游医疗胜地，促进了该国医疗器械市场的发展，特别是对大型医学影像设备的需求不断增加。

科技进步引导新材料、新工艺广泛应用而全面提振了医疗器械的产品质量，加之各国企业在研发投入不断加大的前提下，势必对全球医疗器械市场带来诸多挑战，越来越多的医疗器械企业将同台竞技，争夺原有市场的同时不断开拓新的市场。回顾我国医疗器械行业“十一五”期间发展历程，我国医疗器械对外贸易在全球贸易的占比和排名不断上升，贸易额占比从2006年的3.62%上升到2010年的5.74%，排名从第七名上升到第三名。但随着国内外宏观经济形势变化，尤其货币汇率风险、涨薪潮和能源及基础原料上涨等诸多不确定性因素影响，一些科技含量不高和附加值较低类别的医疗器械将会面临巨大的竞争压力。由于各国医疗器械市场准入体系的不断完善，使得越来越多新的产品能很快进入市场，因此，世界医疗器械市场的机遇将会大于挑战。

疝修补材料现状和发展趋势

北京大学前沿交叉学科研究院生物医用材料与组织工程研究中心　奚廷斐
北京大学工学院　陈艳梅

腹壁疝是常见的外科疾病之一，各国人群的发病率一直较高，约为12%。特别是切口疝，由于会引起局部慢性疼痛、腹胀不适，以及绞窄性肠梗阻、肠穿孔等严重的并发症，往往会长期影响着患者的生活质量，甚至会威胁到患者的生命。

早期切口疝的修补方法是将腹壁缺损直接缝合，但是术后高复发率一直困扰着外科医师。随着人工合成修补材料的应用，术后复发率明显降低，改善了手术治疗效果，提高了患者的生活质量。临床上常用的补片应该具有与筋膜和肌腱相近或一致的密度和坚韧度，有较强的张力强度、抗感染能力，在组织液中不发生物理性质紊乱，不引起变态反应和过敏，能够制成所需的形状，可被消毒灭菌，以及与宿主细胞的亲和力，同时还要有柔软性和敷贴性。目前，临床上应用的补片主要是人工合成材料（聚丙烯补片和膨化聚四氟乙烯补片），主要供应企业有贝朗、强生、赫美、巴德、戈尔等国外公司，以及北京天助畅运医疗技术股份有限公司等8个国内公司。目前每片市场价为1000－3500元，2010年销量达4亿多元；按现在增长率，5年后将达12亿－15亿元。

但是目前所用的人工合成材料会不同程度的引起一些并发症。聚丙烯补片会与腹腔内组织产生严重的粘连、消化道梗阻甚至肠瘘。膨化聚四氟乙烯补片修补后的牢固性和抗感染能力较差，一旦发生感染必须去除修补材料才能控制感染。聚羟基乙酸网、聚乳酸羟基乙酸网等可吸收材料具有较好的抗感染能力，可促进胶原的增殖。聚丙烯与膨化聚四氟乙烯以及与可吸收材料相结合的复合型疝修补材料既能使组织很好的长入，又能防止与内脏的粘连。但是，这些高分子补片置入腹内后仅仅起到阻挡作用，不能机体组织有机结合，同时，作为异物，置入后会引起局部组织炎症以及感染。而未来的疝修补材料的发展方向是防粘连、抗微生物的生物活性补片，材料性能和结构更符合生理需求，质量更轻，并发症更少，可以用于腹腔内的移植，用于被污染或有被污染风险的伤口，用于优化疤痕形成过程。这种新型补片具有仿生细胞外基质的三维框架结构，能够通过内源性组织再生对缺损组织进行修复。与高分子补片组织修补过程相比，这种内源性组织再生过程更接近于生命组织的自然修复过程，修复后的组织没有过量的瘢痕组织，没有聚合物异物存留在体内而发生的长期慢性炎症过程。目前，已经得到美国药品和食品监督管理局（FDA）批准并适用于临床的生物活性材料有人体真皮、猪的小肠粘膜下层、猪的真皮、胚胎牛的真皮。但是这种取自同种或异种组织的生物材料应用在临床的费用较高。

一百多年前外科学家Billroth曾预言，将发明一种如同筋膜或肌腱样的人工材料，完全治愈疝。疝外科的发展历程印证了这位科学家的预言。近年来随着生物材料学的发展，各种疝修补材料已应用于临床中。而中国较大规模的使用补片也已经有十多年，而且，补片的需求量也在逐渐增加。但是，国内临床上大量使用的补片主要依靠进口，这在无形中便提高了国人的医疗费用。因此，进一步研发能够实现内源性组织再生的生物活性材料，提高国内的医疗水平，改善治疗效果，降低国内的医疗费用，成为疝修补材料领域的一个重要方向。

生物医用材料是发展医疗器械的物质基础。加强生物医用材料的研发无论从经济发展还是从社会发展角度看都极其重要。近年来，随着材料学和生物医学技术的迅猛发展，研发和制备结构性能仿生的生物医用材料成为该领域的重要研究方向。大多数生命过程发生在纳米尺度上或介于纳米与微米的尺度上，天然细胞外基质中胶原蛋白也主要以纳米纤维的形式存在并构成纳米纤维多孔网架。细胞外基质在细胞的生长过程中起着至关重要的调控作用。细胞的分化程度与纤维的直径有关，细胞在纳米级纤维上的分化率明显高于微米级纤维。因此，构建具有类细胞外基质结构和功能的纳米纤维结构支架，可以为细胞在体外的生长、发育和细胞间通讯提供理想的微环境，实现与肌体组织的完全整合。仿生生物材料的设计与构建必须达到纳米尺度，在纳米尺度构建的材料，其性能将显著有异于微米材料，并呈现纳米效应。纳米纤维具有高的比表面积、高的表面能、小尺寸效应和表面效应，具有与天然细胞外基质相似的结构，是理想的细胞生长支架。纳米纤维层层堆积而成的结构也确保了支架具有良好的孔道连通性，为细胞的生存提供了良好的微环境，有利于细胞的黏附、分化、增殖和分泌细胞外基质。未来疝修补补片材料的一个重要发展方向就是研发仿生纳米生物材料，使补片与组织能够有机结合，促进组织的自然修复。

上　篇

中国医疗器械贸易状况

本篇概要

本篇详细介绍了2006－2010年中国医疗器械进出口贸易情况和医疗器械行业现状。

第一章介绍了中国医疗器械行业“十一五”发展成果，医疗器械产品贸易取码依据和范围。

第二、第三章分别从进口和出口两方面介绍了贸易状况，包括贸易金额、数量、企业、产品类别、来源地/目的地、贸易方式、省区市和价格指数等内容。

第四章介绍了中国医疗器械行业22种主要产品2006－2010年对外贸易情况，包括贸易金额、数量、市场、省区市、经营企业等内容。

第五章介绍了中国医疗器械行业现状，包括行业经济运行状况、重点领域发展状况、相关政策法规、不良事件监测等内容。

简要说明

1. 在对2010年中国医疗器械进口来源地统计时（2.5小节），统计了进口金额在3000美元以上的国家和地区。

2. 在对2010年中国医疗器械出口目的地统计时（3.5小节），统计了出口金额在100万美元以上的国家和地区。

3. 在做主要产品的进出口贸易统计时，进口来源地/出口目的地我们选取了进出口金额在前50名的国家和地区，进出口企业选取了金额在前100名的企业。

4. 在做同比分析时，上一年为零时同比增长用“－”表示。

在金额占比中，比例在0.01%以下的用“0”表示。

1　中国医疗器械贸易总体情况

1.1　医疗器械行业“十一五”对外贸易发展成果分析

“十一五”期间，中国医疗器械行业对外贸易经受了国际金融危机考验，实现了持续、稳定增长且质量和效益有了一定提高，部分医用敷料和医用耗材类产品成为全球最重要的产品来源地，推动了中国医疗器械产品从数量低附加值向质量高附加值转变。五年间，中国医疗器械增长幅度波动较大，年增速逐年放慢，但仍高于同期的世界医疗器械贸易增速。

在“十二五”期间，随着我国整体技术水平提高，以及新材料、新工艺广泛应用，我国医疗设备产品将从中端向次高端档次转移，个别产品在自主研发与创新上将有新的突破，行业整体规模和效益得到提升，企业在降低成本并保持有效的市场竞争力方面得到进一步的提升。

1.1.1　“十一五”期间中国医疗器械对外贸易基本情况

五年来，中国医疗器械进出口市场活跃，保持着高速增长态势。进出口总额从2006年的105.52亿美元增长到了2010年的226.56亿美元，年复合增长率为21.05%。

国内外综合因素促进了中国医疗器械贸易快速增长

“十一五”期间，中国医疗器械出口额增幅均保持两位数，从2006年的出口额68.71亿美元到2010年的146.99亿美元，年复合增幅16.43%，占世界医疗器械出口贸易的比重从4.28%升至6.19%。医疗器械进口额从36.81亿美元增长到79.57亿美元，年复合增长16.67%，占世界医疗器械进口贸易的比重从2.43%升至3.56%。医疗器械贸易占世界医疗器械贸易比重从3.34%上升至4.93%。

2008年全球金融危机导致发达国家公共卫生费用缩水，中国医疗器械产品质优价廉成为替代品，加之近年世界范围内突发公共卫生事件，促进了中国制造的医疗器械产品的大量出口，尤其是医用耗材类和医用敷料类产品出口，成为国际市场上60%－70%的主要来源地。

表1－1　“十一五”期间中国医疗器械贸易与经济环境情况

	“十五”末	2006	2007	2008	2009	2010	“十一五”总体情况
GDP增长（%）	9.8	12.7	14.2	9.6	9.2	10.3	年均11.1
出口退税政策	下调	下调	下调	上调	稳定	稳定	下调转稳定
年均汇率（人民币/美元）	8.192	7.971	7.604	6.945	6.831	6.770	升值21.0%
出口总额（亿美元）	53.46	68.71	84.19	110.67	122.45	146.99	增1.75倍
出口增长率（%）	22.29	28.54	22.52	31.46	10.64	20.05	16.43
进口总额（亿美元）	36.41	36.81	42.82	52.16	61.05	79.57	增1.18倍
进口增长率（%）	14.21	1.09	16.33	21.81	17.03	30.35	16.67

	"十五"末	2006	2007	2008	2009	2010	"十一五"总体情况
顺差（亿美元）	17.05	31.9	41.36	58.51	61.40	67.42	增2.95倍
顺差/出口（%）	31.89	46.42	49.13	52.87	50.14	45.87	先升后降

资料来源：《中国统计年鉴》、《中国商务年鉴》、GTA、中国医保商会根据中国海关数据整理

国际市场占有率有所提升

"十一五"期间，我国医疗器械工业制造水平提高，产品质量得到保障，出口势头良好，对外贸易占世界贸易的比重逐年上升，但升幅有限。金融危机后提高尤为明显，显示出口保持了较强的竞争力。期间，我国医疗器械进出口贸易在全球贸易的占比和排名不断上升，比重从2006年的3.62%上升到2010年的5.74%，排名从第七名上升到第三名。其中，出口比重从2006年的5.3%上升到2010年的8.02%，排名为第三名，进口比重从2006年的2.89%上升到2010年的4.56%，排名为第七名。

表1-2　中国医疗器械在全球贸易中的比重、位次

	2005	2006	2007	2008	2009	2010	"十一五"变化
世界出口额（亿美元）	1178.76	1296.66	1482.94	1717.61	1695.03	1832.25	增0.55倍
中国出口额（亿美元）	53.46	68.71	84.19	110.67	122.45	146.99	增1.75倍
世界进口额（亿美元）	1156.73	1274.47	1458.9	1682.31	1628.59	1743.97	增0.51倍
中国进口额（亿美元）	36.41	36.81	42.82	51.16	61.05	79.57	增1.19倍
出口占世界出口比重（位次）	4.54%（8）	5.3%（5）	5.68%（4）	6.44%（4）	7.22%（3）	8.02%（3）	提高3.48点 前进五位
进口占世界进口比重（位次）	3.15%（9）	2.89%（10）	2.94%（10）	3.04%（9）	3.75%（9）	4.56%（7）	提高1.41点 前进二位

注：2010年世界出口额和进口额缺印度、毛里求斯、玻利维亚同期数据。　数据来源：GTA

优势产品出口稳定增长

"十一五"期间，中国医疗器械产品出口增长步入快速稳定期，但与"十五"相比，增长速度明显回落。总体看，医疗器械类产品在"十五"和"十一五"保持了两位数的年均增长。其中，低附加值的医用耗材类、医用敷料类产品增势平稳，占比平缓下降；次高端的诊疗设备类、口腔设材类产品占比缓慢上升。口腔设材类产品增长比较明显，与其总额较低有关。

表1-3　"十一五"期间中国医疗器械出口产品增长速度及占比

	2005年占比（%）	"十五"年均增长（%）	2010年金额（亿美元）	2010年占比（%）	"十一五"年均增长（%）
医疗器械类	100.0	22.29	146.99	100.0	16.43
诊疗设备	28.78	23.88	47.52	32.33	17.57
医用耗材	15.84	23.96	22.42	15.25	15.29
医用敷料	34.12	20.29	46.11	31.37	15.62
口腔设材	1.16	28.51	2.89	1.96	27.22

	2005 年占比（%）	“十五”年均增长（%）	2010 年金额（亿美元）	2010 年占比（%）	“十一五”年均增长（%）
康复用品	28.78	22.08	28.06	19.09	15.97

资料来源：中国医保商会根据中国海关数据整理

企业国际化程度增强，产品结构有所改善

自 2006 年以来，从事医疗器械对外贸易的企业由 26184 家增加到 33448 家，年复合增长率 5.12%。五年来，国内企业参与国际化竞争势头不减，营销模式随之改变，从最初的 OEM 向 ODM→OBM 过渡，具备了一定的国际化战略目标和策略，在实施“走出去”战略同时纷纷创建自有品牌，但市场份额尚待提高。以往，低附加值的产品和中低端产品为中国主要出口产品。分析近年海关数据，中国诊疗设备等次高端产品出口额比重上升两个百分点左右。其中，医用敷料类和医用耗材类产品占据市场产量的 60% –70%，成为世界主要来源地，而且企业应对国际市场变化能力普遍提高。

境内外融资上市并建立营销网络

“十一五”期间，中国医疗器械企业国际化步伐加快，有实力的企业分别在美国、香港和内地上市。其中，康辉医疗、深圳迈瑞、稳健医疗和敖华医疗在美国上市；创生控股、微创医疗、威高股份在中国香港上市；鱼跃医疗、乐普医疗、宏达高科、红日药业、阳普医疗、九安医疗在内地上市。此外，国内一些外向型企业分别在境外建立分公司，逐步形成境外营销网络和售后服务技术支持基地。未来五年，国内企业通过兼并重组，促使医疗器械相关的技术、资本、人才和渠道等资源将向优势企业集中，从而淘汰一批规模小、素质低的企业，新的企业将更具国际竞争力，促进中国医疗器械进出口贸易的健康发展。

进口高端产品仍占据主要地位

“十一五”期间，中国医疗器械产业发展上一个新台阶，但行业整体技术水平仍然依赖跨国公司的技术转移和海归学者回国创业，多数产品自主创新仍处于起步和仿创吸收阶段，可喜的是电子耳蜗技术达到了世界先进水平。海关数据显示，中国进口产品中 80% 以上为高端诊疗设备，部分跨国公司在华企业生产次高端医疗设备弥补了中国部分品种的产品空白。

表 1 –4　2006 –2010 年中国医疗器械进口商品所占份额情况

单位：%

分　类	2010	2009	2008	2007	2006
医疗器械类	100	100	100	100	100
诊疗设备	81.98	82.13	81.96	83.34	82.87
医用耗材	11.64	11.79	11.5	10.18	10.15
医用敷料	2.57	2.67	3.1	3.18	3.16
口腔设材	1.92	2.06	1.9	1.7	1.55
康复用品	1.89	1.34	1.55	1.59	2.27

资料来源：中国医保商会根据中国海关数据整理

在华三资企业出口额占据半壁江山

“十一五”期间，我国医疗器械出口年复合增长率为 16.43%，高于世界医疗器械贸易增长率近一倍，使得贸易顺差从 2006 年的 31.90 亿美元扩大到 2010 年的 67.42 亿美元，年复合增长率为 20.57%。贸易顺差增加的原因主要由在华三资企业出口额增长而增加。据海关数据分析，2006 年三资企业出口额占比最高为

56.25%，经营出口企业占比仅为20.59%，其后逐年有所收缓，但所占出口比重仍然占据半壁江山，表明三资企业出口增加是医疗器械贸易顺差主要来源。标志着由中国制造的医疗器械产品质量有所提高，在满足国内市场的同时也达到了国际市场的标准和要求。

表1-5 2006-2010年中国医疗器械经营企业数量与出口额占比统计

		2010	2009	2008	2007	2006
企业数量占比（%）	三资企业	19.60	19.60	21.20	20.98	20.59
	民营企业	73.44	71.62	69.79	68.85	67.22
	国有企业	6.95	8.00	9.01	10.17	12.19
出口额占比（%）	三资企业	51.60	51.62	53.92	56.00	56.25
	民营企业	36.61	35.81	32.08	29.10	26.09
	国有企业	11.79	12.57	14.00	14.90	17.67

资料来源：中国医保商会根据中国海关数据整理

1.1.2 “十一五”间中国医疗器械行业面临的主要问题

低附加值产品占主体，产品结构有待优化

中国现有医疗器械企业1.4万多家，企业普遍研发投入少、创新能力弱，这一直是妨碍行业跨越式发展的关键问题。由于一些关键性技术没有突破，制约了企业向高端产品领域延伸的能力和机遇。最终导致目前中国出口产品以低附加值为主，对行业可持续发展和环境保护带来了巨大的威胁。

企业国际竞争力有待增强

中国现有医疗器械企业普遍规模有限、产业集群度低。2010年经营医疗器械出口的3.3万家企业，仅有247家出口额超过千万美元，其中合资企业、生产企业和外贸企业各占1/3。与发达国家的跨国公司相比，产品集中度普遍较低，无法形成核心竞争力和拥有自己的国际品牌。此外，中国众多企业国际化经验不足，在企业文化、管理能力、人才培养、融资并购等诸多领域方面都缺乏足够的经验，尤其在知识产权保护方面更加缺乏应有的方法和措施。

1.1.3 “十二五”期间中国医疗器械企业应关注的问题

随着国际化进程的不断深入和中国市场经济的不断成熟，中国企业在关注本土市场的基础上，如何进一步参与国际市场竞争，成为未来五年重要的课题。

逐步建立国际市场技术服务体系

售后技术服务已成为当前医疗器械商家竞争的主题之一，尤其对电气类产品更显关键。在很多情况下，完善的维修维护服务将是客户选择供应商的主要因素之一。如果购买了某产品后，使用中出现问题或需要保养时，却难以找到必要的零备件和人力进行即时维修维护，这样的事件将严重影响企业产品在市场上的竞争力，降低企业的声誉和销售量。此外，维修维护中必要收取零备件更换费用，这也将成为企业重要利润来源之一。2010年数据显示，需要维护维修的医疗设备类产品达到78亿美元，涉及56%本土企业制造的产品。

现阶段，中国医疗产品出口企业多为中小企业，因资金不足、人力制约和语言障碍等原因，造成了中国医疗设备类产品海外售后技术服务的突出问题。但出口企业在现有的条件下并不能做出更好的改善措施。“十二五”期间，如有企业（在政府鼓励和支持下）建立海外技术服务网络，将会促进中国医疗设备产品的出口，提高中国产品在海外市场的信誉。

逐步完善境外知识产权保护体系

中国医疗器械出口企业多数在境外进行了商标注册，但注册的力度仍然有限，有些企业对此还没有上升到一定的高度进行关注。有些知名企业的商标在境外被知情人士进行了抢注，对中国企业产品的出口形成了新的竞争压力。

此外，中国部分企业开拓国际市场时，对产品的保护力度不够，缺乏在国际市场上对自我产品的保护意识。此点，中国企业应向跨国公司多多学习，学习其在进入新兴市场时对自身的产品知识产权首先进行必要的注册，从而形成了对自我知识产权保护体系，以便更好地开拓市场。

尽管经历三十多年的市场经济发展，我们取得了一定的成绩和发展，但我们也承担了较大的代价。因此，建议有关企业进入新兴市场时，必须对自身的知识产权进行有效的注册，应向“百年”企业方向努力，就能建立完整的知识产权保护体系。

1.1.4 “十二五”期间中国医疗器械对外贸易展望

“十二五”期间，中国要培育具有较强国际竞争力的企业和拥有自主知识产权的产品体系，向医疗器械强国迈进打下坚实的基础。

未来五年，中国医疗器械产品出口额将超过315亿美元，其中，次高端医疗设备和高附加值产品份额要占2/3以上，占世界医疗器械贸易比重达到10%－12%左右，成为世界第二大市场。在国际市场拥有二十个以上的自主品牌。其中，诊疗设备中将有超过十个品种的产品出口额超过一亿美元，医用耗材和医用敷料类高附加值产品将成为世界主流产品。

过去五年间，中国与三大主要贸易伙伴欧盟、美国和日本的贸易继续增长并保持基本稳定。未来五年，中国与新兴经济体和发展中国家贸易将实现较快增长，如东盟、印度、巴西、南非、俄罗斯、非洲及中东等，将成为新的增长点。

未来五年至十年，中国医疗器械产业与世界医疗器械市场的关联度将越加紧密，对中国的医疗器械制造工艺、新材料应用、研发水平、营销网络势必产生巨大影响，促使中国医疗器械产品从中低端向高附加值的高端产品转化。广东、浙江、江苏、上海、北京将继续引领行业并成为产业优势集群区。重点产品如影像、免疫、疫苗、生化、血透、监护、高端耗材与植入及家庭康复用品等，研发与投入突破“瓶颈”制约。优势企业顺势跨越“拐点”完成重组或整合，初步形成一家过500亿、十家超过100亿元、五十家步入50亿元、百家走进20亿元销售额的核心企业俱乐部。国内市场销售额也将突破万亿元，占据医药市场的40%以上的份额。企业如能从国际市场环境、国内市场政策及自身发展战略三者联动过程中抢占先机，必将成为历史的佼佼者。

1.2 医疗器械产品贸易分类范围

在医疗器械五类产品中，我们对产品遴选依据是外贸经营者常规报关所选择的编码、报关行通常选取的报关编码及中国（保税区）海关进出口税则编委会编辑的《中国（保税区）海关进出口税则》和中国海关总署关税征管司编辑的《进出口税则——商品及品目注释》，对整个医疗器械产品进行了分类，下边分别是医疗器械五类产品分类范围。

诊疗设备类产品范围如下：

表 1－6　诊疗设备类产品范围

序号	货品名称	单位
1	血型试剂	千克
2	X 光检查造影剂；用于病人的诊断试剂	千克
3	可确定用于造口术的用具	千克
4	非零售包装的医用杀菌剂	千克
5	医用消毒剂	千克
6	制成的供微生物（包括病毒及类似品）或植物，人体，动物细胞生长或维持用的培养基	千克
7	附于衬背上的诊断或实验用试剂	千克
8	其他不论是否附于衬背上的诊断或实验用配制试剂，但税目 30.02 及 30.06 的货品除外	千克
9	熔融石英或其熔融硅石制实验室、卫生及配药用的玻璃器	千克
10	温度 0℃至 300℃时线膨胀系数不超过 5X10－6／开尔文的其他制实验室、卫生及配药用玻璃器	千克
11	其他实验室、卫生及配药用的玻璃器	千克
12	不锈钢制洗涤槽及脸盆的卫生器具	千克
13	铸铁制，不论是否搪瓷浴缸的卫生器具	千克
14	其他钢铁制浴缸的卫生器具	千克
15	其他钢铁制卫生器具，包括零件	千克
16	铜制卫生器具及其零件	千克
17	铝制卫生器具及其零件	千克
18	医用或实验室用消毒器具	台
19	医疗车	辆
20	立体显微镜	台
21	其他显微镜	台
22	复式光学显微镜零件、附件	千克
23	显微镜，但光学显微镜除外；衍射设备	台
24	显微镜零件、附件，但光学显微镜除外	千克
25	心电图记录仪	台/千克
26	B 型超声波诊断仪	台/千克
27	彩色超声波诊断仪	台/千克
28	其他超声波扫描装置	台/千克
29	磁共振设备（MRI）	台/千克
30	闪烁摄影装置	台/千克
31	病员监护仪	台/千克

序号	货品名称	单位
32	听力计	台/千克
33	其他听力诊断装置	台/千克
34	其他电气诊断装置（包括功能检查或生理参数检查用装置）	台/千克
35	紫外线及红外线装置	台/千克
36	眼科用其他仪器及器具	千克
37	听诊器	个/千克
38	血压测量仪器及器具	个/千克
39	内窥镜	台/千克
40	肾脏透析设备（人工肾）	台/千克
41	透热疗法设备	台/千克
42	输血设备	台/千克
43	麻醉设备	台/千克
44	宫内节育器	个/千克
45	其他仪器及器具	台/千克
46	臭氧治疗器、氧气治疗器、喷雾治疗器、人工呼吸器及其他治疗用呼吸器具	台/千克
47	人工关节	千克/套
48	其他人造的人体部分	千克
49	助听器，不包括零件、附件	个
50	心脏起搏器，不包括零件、附件	个
51	X 射线断层扫描仪（CT）	台
52	其他，医疗、外科或兽医用 X 射线的应用设备	台
53	医用直线加速器	台
54	其他医疗或兽医用 X 射线应用设备	台
55	医疗、外科、牙科或兽用 α 射线、β 射线、γ 射线的应用设备（包括射线照相或射线治疗设备）	台
56	X 射线管	个
57	X 射线影像增强器	个/千克
58	编号 9022 所列其他设备及零件（包括高压发生器、控制板及控制台、荧光屏等）	千克
59	液体温度计，可直接读数	个
60	红外线人体测温仪	个
61	使用光学射线（紫外线、可见光、红外线）的分光仪、分光光度计及摄谱仪	台
62	使用光学射线（紫外线、可见光、红外线）的其他仪器及装置	台
63	其他医疗、外科、牙科或兽医用家具（例如手术台、检查台、带机械装置的病床、牙科用椅）	千克

医用敷料类产品范围如下：

表1-7　医用敷料类产品范围

序号	货品名称	单位
1	橡皮膏	千克
2	其他胶粘敷料及有胶粘涂层的其他物品	千克
3	药棉、纱布、绷带	千克
4	其他软填料及类似物品，经过药物浸涂或制成零售包装提供医疗、外科、牙科或兽医用	千克
5	无菌外科肠线、类似的无菌缝合材料（包括外科或牙科用无菌可吸收缝线）及外伤创口闭合用的无菌粘合胶布；无菌昆布及无菌昆布塞条；外科或牙科用无菌吸收性止血材料；外科或牙科用无菌抗粘连阻隔材料，不论是否可吸收	千克
6	漂白全棉医用纱布（每平方米重≤100g，含棉量≥85%）	米/千克
7	未漂白全棉医用纱布（每平方米重≤100g，含棉量≥85%）	米/千克
8	棉絮胎制的卫生巾及止血塞等（包括婴儿尿布或尿布垫及类似卫生用品）	千克
9	絮胎制的卫生巾及止血塞等（包括婴儿尿布或尿布垫及类似卫生用品）	千克
10	棉或麻一次性或医用无纺织物服装	件/千克
11	化纤制一次性或医用无纺织物服装	件/千克
12	其他材料制一次性或医用无纺织物服装	件/千克
13	棉制手术用巾及其他毛巾	千克

医用耗材类产品范围如下：

表1-8　医用耗材类产品范围

序号	货品名称	单位
1	急救药箱、药包	千克
2	专用于人类或作兽药用的凝胶制品，作为外科手术或体检时躯体部位的润滑剂，或者作为躯体和医疗器械之间的耦合剂	千克
3	避孕套	千克
4	其他硫化橡胶（硬制橡胶除外）制的卫生及医疗用品	千克
5	硫化橡胶制外科用手套	双/千克
6	硫化橡胶制其他分指、连指及露指手套	双/千克
7	硫化橡胶制医疗用衣着用品及附件	千克
8	纸卫生巾及止血塞、婴儿纸尿布、尿布、尿布衬里及类似的卫生用品	千克
9	科研、医疗专用卤钨灯	只
10	其他科研医疗专用白炽灯，功率不超过200W，但额定电压超过100伏	只

序号	货品名称	单位
11	科研、医疗专用其他白炽灯泡	只
12	科研、医疗专用热阴极荧光灯	只
13	其他科研、医疗专用放电灯管，但紫外线灯管除外	只
14	注射器，不论是否装有针头	个/千克
15	管状金属针头	千克
16	缝合用针	千克
17	其他注射器、针、导管、插管及类似品	个/千克

口腔设备及材料类产品范围如下：

表 1－9　口腔设备及材料类产品范围

序号	货品名称	单位
1	牙科粘固剂及其他牙科填料；骨骼粘固剂	千克
2	清洁牙缝用纱线（牙线）	千克
3	其他口腔及牙齿清洁剂，包括假牙模膏及粉	千克
4	牙科用蜡及造型膏	千克
5	以熟石膏为基本成分的牙科用其他制品	千克
6	其他牙科塑型用膏	千克
7	牙钻机，不论是否与其他牙科设备组装在同一底座上	台/千克
8	装有牙科设备的牙科用椅	台/千克
9	其他牙科用仪器及器具	台/千克
10	假牙	千克
11	其他牙齿固定器件	千克
12	其他，牙科用 X 射线应用设备	台
13	其他牙科及类似用途的椅及其零件	个/千克

保健康复用品类产品范围如下：

表 1－10　保健康复用品类产品范围

序号	货品名称	单位
1	视力矫正眼镜用变色镜片坯件	千克
2	其他视力矫正眼镜用玻璃	千克
3	体重计，包括婴儿秤；家用秤	千克
4	非机械驱动残疾人用车	辆
5	其他残疾人用车	辆

序号	货品名称	单位
6	隐形眼镜片	片
7	其他矫正视力、保护眼睛或其他用途的眼镜、挡风镜及类似品	副
8	按摩器具	台/千克
9	其他机械疗法器具；心理功能测验装置	台/千克
10	矫形或骨折用器具	千克
11	其他矫形器具	千克
12	人工耳蜗植入装置	千克
13	其他弥补生理缺陷、残疾用器具等（包括穿戴、携带或植入人体内的器具及零件）	千克

2 中国医疗器械产品进口贸易情况

2.1 2006－2010 年中国医疗器械进口特点

由于发达国家高端医疗器械研制起步较早，产品质量较高、工艺性能好，与之相比我国在部分高端医疗器械产品方面尚有一定的差距，国内医疗器械进口市场规模持续扩大。

进口金额规模持续增长，数量变化不大

据 2006－2010 年中国海关总署数据统计分析，我国医疗器械进口金额持续增长，但数量变化不大，单品价格上升趋势明显。2006 年进口总额为 36.81 亿美元，到 2010 年达到了 79.57 亿美元，短短 4 年增加了 50%以上。

2010 年医疗器械进口数量下降幅度较大，进口总量为 5.82 亿件，同比下降了 58.45%。由于进口总额大幅增长，进口价格呈现大幅度增涨的趋势，其中 2010 年进口单价为 13.66 美元，同比增长了 213.72%。

我国医疗器械进口金额大幅增长，进口产品数量萎缩与进口的产品种类和规格有一定关系。国内生产的医疗器械已经基本能满足市场需求，但在高端产品上需要进一步提高，因此进口产品也集中在科技含量高的产品和常规产品的高端规格上，这些产品一般价格较高。

诊断和治疗设备是主要进口产品

我国医疗器械进口产品主要集中在诊疗设备上，其在进口金额中所占比例最大，每年都在 80%以上。2010 年，我国进口的医疗器械产品中，医院诊断与治疗产品进口金额为 65.23 亿美元，占进口总额的 81.98%；紧随其后的是医用耗材，占进口总额的 11.64%；医用敷料、口腔设备材料和保健康复用品进口金额占比较小，分别为 2.57%、1.92%和 1.89%。

进口来源地区域性强

我国医疗器械的进口来源区域集中度高，美国、德国和日本是我国医疗器械的主要进口国家。2010 年我国进口的医疗器械产品共来自 116 个国家和地区，从美国、日本和德国这三个国家总进口金额比例就达到了 63.89%，显示出较高的集中度。其中从美国进口金额最多，进口 23.84 亿美元，进口比例达到了 29.96%；从日本和德国分别进口 13.89 亿美元和 13.11 亿美元，所占比例分别为 17.45%和 16.48%。

北京、上海、广东和江苏是医疗器械主要进口省市

我国医疗器械进口地区主要集中在东部及沿海经济发达区域，而且集中度较高。从进口金额来看，2010 年上海、北京和广东进口金额排在全国前三，这三个省市进口总额比例占到了 70.89%。2010 年上海进口金额为 28 亿美元，占全国进口总额的 35.19%，北京和广东进口金额分别为 19.7 亿美元和 8.7 亿美元，进口金额比例分别为 24.76%和 10.94%。

从进口数量来看，2010 年，我国医疗器械进口数量前三名为上海、广东和江苏。特别是上海市，进口量遥遥领先于其它省市，进口数量比例达到了41.13%。江苏和广东的进口比例分别为20%和9.96%。

进口企业集中度低，贸易方式集中度高

2010年我国经营医疗器械进口企业有11749家，前十名企业进口金额占总体的13.12%，进口企业十分分散。其中排在前三位的分别是美敦力医疗用品技术服务（上海）有限公司、上海三凯进出口有限公司和上海东松国际贸易有限公司，进口金额分别为1.93亿美元、1.52亿美元和1.02亿美元，所占总进口额比例分别为2.42%、1.92%和1.28%。

医疗器械进口贸易方式主要为一般贸易。2010年一般贸易进口金额为55.19亿美元，占到总进口金额的69.36%。其次是保税区仓储转口货物和加工贸易，分别占总金额16.6%和7.42%。

2.2 2006－2010年中国医疗器械进口总额

表2－1 2006－2010年中国医疗器械进口金额

单位：亿美元，%

年份	进口总额	同比
2010	79.57	30.35
2009	61.05	17.03
2008	52.16	21.81
2007	42.82	16.33
2006	36.81	1.09

资料来源：中国医保商会根据中国海关数据整理

表2－2 2006－2010年中国医疗器械进口数量

单位：个（件、台、只等），%

年份	进口总量	同比
2010	582319028	－58.45
2009	1401518104	－16.48
2008	1678001785	34.52
2007	1247432759	－15.08
2006	1468994031	65.25

资料来源：中国医保商会根据中国海关数据整理

表2－3 2006－2010年中国医疗器械进口平均价格

单位：美元/个（件、台、只等），%

年份	进口平均价格	同比
2010	13.66	213.72
2009	4.36	40.12
2008	3.11	－9.44

年份	进口平均价格	同比
2007	3.43	36.99
2006	2.51	-38.82

资料来源：中国医保商会根据中国海关数据整理

2.3 2006-2010年中国医疗器械进口企业统计

表2-4 2006-2010年中国医疗器械进口企业数量

单位：家,%

年份	进口企业数量	同比
2010	11749	10.34
2009	10648	-3.81
2008	11070	4.44
2007	10599	2.01
2006	10390	7.03

资料来源：中国医保商会根据中国海关数据整理

表2-5 2006-2010年中国医疗器械不同性质企业进口金额

单位：万美元

序号	企业性质	2010	2009	2008	2007	2006
1	国有企业	228342.89	200701.83	169515.6	155480.19	141497.05
2	三资企业	312512.82	219824.28	204349.18	163367.27	140389.09
	中外合作企业	696.87	801.92	746.65	1728.54	1374.1
	中外合资企业	52518.05	40673.19	39160.59	35459.6	29999.93
	外商独资企业	259297.9	178349.17	164441.94	126179.13	109015.06
3	民营企业	253131.1	187862.94	145702.43	108130.56	85187.19
	集体企业	10108.52	8202.29	8884.68	5819.14	4094.48
	私人企业	243022.58	179660.65	136817.75	102311.42	81092.71
4	个体工商户	22.54	1.61	25.94	6.53	78.14
5	其他企业	1711.88	2073.71	2029.63	1228.33	964.76
	合计	795721.22	610464.38	521622.78	428212.88	368116.23

资料来源：中国医保商会根据中国海关数据整理

表2-6 2006-2010年中国医疗器械不同性质企业进口金额占比

单位：%

序号	企业性质	2010	2009	2008	2007	2006
1	国有企业	28.7	32.88	32.5	36.31	38.44

序号	企业性质	2010	2009	2008	2007	2006
2	三资企业	39.27	36.01	39.18	38.15	38.14
	中外合作企业	0.09	0.13	0.14	0.4	0.37
	中外合资企业	6.6	6.66	7.51	8.28	8.15
	外商独资企业	32.59	29.22	31.53	29.47	29.61
3	民营企业	31.81	30.77	27.93	25.25	23.14
	集体企业	1.27	1.34	1.7	1.36	1.11
	私人企业	30.54	29.43	26.23	23.89	22.03
4	个体工商户	0	0	0	0	0.02
5	其他企业	0.22	0.34	0.39	0.29	0.26
	合计	100	100	100	100	100

资料来源：中国医保商会根据中国海关数据整理

表 2-7　2006-2010 年中国医疗器械不同性质企业进口产品数量

单位：个（件、台、只等）

序号	企业性质	2010	2009	2008	2007	2006
1	国有企业	70699366	125534816	142129025	176295096	282561759
2	三资企业	362310192	478922103	568142170	494292849	422109516
	中外合作企业	327796	961200	3144440	5605957	6235660
	中外合资企业	72031311	95837623	95480783	88337249	110588679
	外商独资企业	289951085	382123280	469516947	400349643	305285177
3	民营企业	148985381	796604805	967572355	574885312	704038950
	集体企业	5057275	11494643	7048921	5120168	61383417
	私人企业	143928106	785110162	960523434	569765144	642655533
4	个体工商户	24492	6061	20297	1802651	60190977
5	其他企业	299597	450319	137938	156851	92829
	合计	582319028	1401518104	1678001785	1247432759	1468994031

资料来源：中国医保商会根据中国海关数据整理

表 2-8　2006-2010 年中国医疗器械不同性质企业进口平均价格

单位：美元/个（件、台、只等）

序号	企业性质	2010	2009	2008	2007	2006
1	国有企业	32.3	15.99	11.93	8.82	5.01
2	三资企业	8.63	4.59	3.6	3.31	3.33
	中外合作企业	21.26	8.34	2.37	3.08	2.2
	中外合资企业	7.29	4.24	4.1	4.01	2.71

序号	企业性质	2010	2009	2008	2007	2006
	外商独资企业	8.94	4.67	3.5	3.15	3.57
3	民营企业	16.99	2.36	1.51	1.88	1.21
	集体企业	19.99	7.14	12.6	11.37	0.67
	私人企业	16.88	2.29	1.42	1.8	1.26
4	个体工商户	9.2	2.66	12.78	0.04	0.01
5	其他企业	57.14	46.05	147.14	78.31	103.93
	合计	13.66	4.36	3.11	3.43	2.51

资料来源：中国医保商会根据中国海关数据整理

2.4 2006－2010 年中国医疗器械进口产品类别统计

表 2－9 2006－2010 年中国医疗器械进口商品结构金额所占份额

单位:%

分类	2010	2009	2008	2007	2006
医疗器械类	100	100	100	100	100
诊疗设备	81.98	82.13	81.96	83.34	82.87
医用耗材	11.64	11.79	11.5	10.18	10.15
医用敷料	2.57	2.67	3.1	3.18	3.16
口腔设材	1.92	2.06	1.9	1.7	1.55
康复用品	1.89	1.34	1.55	1.59	2.27

资料来源：中国医保商会根据中国海关数据整理

表 2－10 2006－2010 年中国医疗器械进口商品结构金额

单位：万美元

分类	2010	2009	2008	2007	2006
医疗器械类	795721.22	610464.38	521622.78	428212.88	368116.23
诊疗设备	652305.29	501397.33	427500.33	356886.07	305053.2
医用耗材	92613.69	71965.83	59982.05	43609.95	37358.54
医用敷料	20487.36	16305.37	16173.42	13631.94	11645.61
口腔设材	15293.93	12601.27	9892.27	7263.8	5716.85
康复用品	15020.95	8194.58	8074.72	6821.12	8342.03

资料来源：中国医保商会根据中国海关数据整理

表 2-11　2006-2010 年中国医疗器械进口商品结构数量

单位：个

分类	2010	2009	2008	2007	2006
医疗器械类	582319028	11401518104	1678001785	1247432759	1468994031
医用耗材	403203565	1281731623	1562784123	1136638984	1366823492
康复用品	120587058	78870079	74163003	64365376	43449112
医用敷料	32711751	20110017	20891964	19399833	18852700
诊疗设备	20850356	15835742	16464966	23757393	36704597
口腔设材	4966298	4970643	3697729	3271173	3164130

资料来源：中国医保商会根据中国海关数据整理

表 2-12　2006-2010 年中国医疗器械进口商品结构价格

单位：美元/个（件、台、只等）

分类	2010	2009	2008	2007	2006
医疗器械类	13.66	4.36	3.11	3.43	2.51
康复用品	1.25	1.04	1.09	1.06	1.92
口腔设材	30.8	25.35	26.75	22.21	18.07
医用耗材	2.3	0.56	0.38	0.38	0.27
医用敷料	6.26	8.11	7.74	7.03	6.18
诊疗设备	312.85	316.62	259.64	150.22	83.11

资料来源：中国医保商会根据中国海关数据整理

2.5　2010 年中国医疗器械进口来源地统计

表 2-13　2010 年中国医疗器械主要进口来源地

单位：个（件、台、只等），万美元,%

	来源地	进口数量	数量同比	进口金额	金额同比
	合计	582319028	-58.45	795721.22	30.35
1	美国	92626828	23.67	238365.32	27.34
2	德国	21898463	1.51	138855.44	32.04
3	日本	36230297	-1.63	131128.44	27.98
4	瑞士	2912600	96.7	28380.67	26.6
5	韩国	43215409	26.22	25067.43	40.72
6	荷兰	510675	-39.71	22873.38	19.55
7	爱尔兰	60720423	108.92	22558.85	69.78
8	法国	6429125	-36.24	21850.57	36.51
9	中国（保税区）	18689259	-35.71	17344.21	79.08

	来源地	进口数量	数量同比	进口金额	金额同比
10	英国	24497473	38.32	16649.41	29.69
11	墨西哥	8864568	74.77	12063.48	75
12	奥地利	4633585	309.44	11544.02	90.07
13	新加坡	21264929	-15.11	10741.99	15.92
14	意大利	66745462	286.35	10180.24	4.97
15	瑞典	1698635	305.58	9929.5	29.3
16	中国台湾	41085994	19.13	8842.74	32.17
17	以色列	965936	-33.48	8542.55	15.31
18	丹麦	782001	-48.68	7248.1	15.08
19	马来西亚	16685468	-97.71	6481.5	24.38
20	澳大利亚	325263	-73.22	6194.63	23.89
21	印度	18914434	116.99	5520.73	18.76
22	加拿大	1409126	87.8	5161.27	2.46
23	芬兰	46828536	33.44	4379.3	45.3
24	西班牙	1701065	-90.94	3901.68	15.74
25	挪威	17478	0.92	3154.43	50.03
26	泰国	9271698	-92.84	2988.27	-0.15
27	巴西	8773651	16.37	2617.36	-28.54
28	中国香港	712412	-9.41	2386.5	19.96
29	捷克	155649	337.07	2152.87	59.16
30	多米尼加共和国	136384	13.23	1404.54	370.77
31	越南	425243	-96.43	1079.47	3.99
32	印度尼西亚	3473817	-96.27	956.5	87.12
33	比利时	12061302	12.77	839.31	48.08
34	菲律宾	635796	-41.38	805.2	13.04
35	波兰	2247720	-72.11	411.96	-45.29
36	匈牙利	180832	13.82	342.48	64.42
37	新西兰	55252	36.58	297.17	29.38
38	俄罗斯	3768	-21.66	281.56	11.95
39	乌克兰	438	236.92	273.44	433.02
40	巴巴多斯	149	140.32	266.85	92.39
41	巴基斯坦	1944048	185.86	226.21	23.51
42	哥斯达黎加	72090	-64.55	187.17	-53.52
43	波多黎各	88537	-33.76	181.17	31.32
44	列支敦士登	14910	696.47	160.64	834.9

	来源地	进口数量	数量同比	进口金额	金额同比
45	突尼斯	3759	-58.86	156.28	65.71
46	斯里兰卡	243610	-89.86	144.29	123.27
47	罗马尼亚	454	137.7	110.12	-0.53
48	哥伦比亚	286454	18.87	53.42	48.95
49	乌拉圭	5048	-1.1	45.64	-4.35
50	斯洛伐克	41533	107.13	44.55	328.06
51	土耳其	1217072	1564.3	43.09	180.79
52	爱沙尼亚	16849	50.16	41.8	26.2
53	斯洛文尼亚	22	-99.85	37.42	-35.99
54	阿拉伯联合酋长国	1064	-70.03	32.39	267.57
55	马耳他	174509	1316.81	31.79	175.58
56	白俄罗斯	155	-33.48	28.17	42.64
57	尼泊尔	40694	34.64	24.53	113.03
58	摩洛哥	48	–	23.46	827.23
59	希腊	12582	-33.33	22.5	-30.06
60	立陶宛	230	596.97	7.96	192.54
61	冰岛	388	-4.43	6.45	81.95
62	毛里求斯	741	1546.67	4.37	960.22
63	埃及	1507	107.29	4.35	112.09
64	南非	25795	4712.5	4.3	24.9
65	阿根廷	95	-77.91	3.7	208.29
66	葡萄牙	457	120.77	2.91	-24.32
67	保加利亚	511	-1.73	2.85	-54.14
68	中国澳门	9359	184.64	2	395.7
69	前南斯拉夫马其顿	2166	–	1.78	–
70	朝鲜	13336	1468.94	1.7	808.07
71	伊朗	280106	27743.54	1.51	2182.78
72	卢森堡	115	721.43	1.5	11493.8
73	智利	531	1461.76	0.99	2407.11
74	沙特阿拉伯	339	216.82	0.89	1505.43
75	安道尔	25	–	0.76	–
76	克罗地亚	317	1168	0.49	190.85
77	阿富汗	27	–	0.47	–
78	秘鲁	908	30166.67	0.46	2390.16
79	乌干达	418	31.45	0.34	56.36

	来源地	进口数量	数量同比	进口金额	金额同比
80	喀麦隆	110	–	0.32	–

资料来源：中国医保商会根据中国海关数据整理

2.6 2010年中国医疗器械产品进口贸易方式统计

表2-14 2010年中国医疗器械不同贸易方式进口金额

单位：万美元,%

序号	贸易方式	进口金额	同比	占比
1	一般贸易	551949.18	28.78	69.36
2	保税区仓储转口货物	132102.83	45.49	16.6
3	加工贸易	59045.17	17.75	7.42
4	保税仓库进出境货物	41825.37	33.79	5.26
5	外商投资企业作为投资进口的设备、物品	6060.01	23.94	0.76
6	出口加工区进口设备	2124.56	44.31	0.27
7	其他境外捐赠物资	576.38	-44.15	0.07
8	加工贸易进口设备	195.35	-17.16	0.02
9	国家间、国际组织无偿援助和赠送的物资	50.50	117.12	0.01
10	其它	1781.81	-11.19	0.22
	合计	795721.22	30.35	100

资料来源：中国医保商会根据中国海关数据整理

表2-15 2010年中国医疗器械不同贸易方式进口数量

单位：个（件、台、只等),%

序号	贸易方式	进口数量	同比	占比
1	一般贸易	391366703	-63.72	67.21
2	加工贸易	126903879	-36.22	21.79
3	保税区仓储转口货物	51636647	-29.24	8.87
4	保税仓库进出境货物	9873060	-49.75	1.70
5	其它	2198649	-92.51	0.38
6	其他境外捐赠物资	240761	-45.03	0.04
7	边境小额贸易	44519	51.09	0.01
8	出口加工区进口设备	43981	-96.44	0.01
9	外商投资企业作为投资进口的设备、物品	8967	-90.84	0.00
10	国家间、国际组织无偿援助和赠送的物资	1862	-84.22	0.00
	合计	582319028	51.09	100.00

资料来源：中国医保商会根据中国海关数据整理

2.7 2010 年中国医疗器械产品进口省区市统计

表 2 - 16 2010 年中国各省区市进口医疗器械金额

单位：万美元，%

序号	地区	进口金额	同比	占比
1	上海	280011.86	27.55	35.19
2	北京	197032.67	34.5	24.76
3	广东	87025.17	30.76	10.94
4	江苏	51679.92	34.39	6.49
5	浙江	25493.53	39.68	3.2
6	山东	20885.46	34.09	2.62
7	辽宁	20493.45	15.81	2.58
8	天津	15591.51	36.34	1.96
9	福建	11767.96	13.82	1.48
10	重庆	10275.93	50.48	1.29
11	湖北	9711	60.28	1.22
12	安徽	9255.7	30.52	1.16
13	四川	6447.11	3.74	0.81
14	河南	6199.21	17.84	0.78
15	河北	6036.67	75.08	0.76
16	黑龙江	5744.67	25.21	0.72
17	陕西	5687.68	14.42	0.71
18	云南	4498.5	28.82	0.57
19	新疆	4031.64	70.35	0.51
20	吉林	3817.05	-9.77	0.48
21	湖南	3434.18	23.95	0.43
22	江西	3246.51	20.83	0.41
23	山西	1807.66	3.46	0.23
24	内蒙古	1606.72	115.35	0.2
25	海南	1042.23	33.75	0.13
26	贵州	1035.36	-43.58	0.13
27	甘肃	1008.08	149.12	0.13
28	广西	721.68	77.16	0.09
29	宁夏	94.76	-19.02	0.01
30	青海	24.06	-22.73	0

序号	地区	进口金额	同比	占比
31	西藏	13.31	-77.01	0
	合计	610464.38	17.03	100

资料来源：中国医保商会根据中国海关数据整理

表 2-17　2010 年中国医疗器械各省区市进口数量

单位：个（件、台、只等），%

序号	地区	进口数量	同比	占比
1	上海	239520600	-20.29	41.13
2	江苏	116456909	45.37	20
3	广东	58002345	-91.92	9.96
4	北京	52708382	-9.18	9.05
5	山东	38037750	-29.94	6.53
6	天津	31985312	3.12	5.49
7	浙江	12645107	-59.11	2.17
8	辽宁	7776727	65.65	1.34
9	福建	7041270	-45.36	1.21
10	黑龙江	6342002	1721.86	1.09
11	湖北	3918031	-55.01	0.67
12	安徽	2913603	-45.37	0.5
13	海南	1627844	-95.87	0.28
14	江西	1612690	-93.93	0.28
15	重庆	316627	343.49	0.05
16	吉林	280466	-95.29	0.05
17	河北	265501	236.78	0.05
18	广西	234844	-98.88	0.04
19	贵州	172119	106.5	0.03
20	陕西	126130	-78.23	0.02
21	河南	123648	-95.65	0.02
22	四川	71924	-69.22	0.01
23	西藏	41007	35.85	0.01
24	湖南	29110	230.46	0
25	宁夏	28783	11892.92	0
26	甘肃	22863	634.91	0
27	新疆	7555	443.13	0
28	云南	5470	-12.13	0

序号	地区	进口数量	同比	占比
29	内蒙古	2134	9.66	0
30	山西	1186	-11.16	0
31	青海	1089	411.27	0
	合计	582319028	-58.45	100

资料来源：中国医保商会根据中国海关数据整理

2.8 中国医疗器械产品进口价格指数

中国医疗器械进出口价格指数模型是反映一定时期内中国医疗器械商品进口或出口贸易价格的变动趋势及影响程度的动态相对数，用于观察中国医疗器械进出口市场走势。该模型采用费氏指数体系编制，价格和进/出口值均按美元计价和计值；进出口商品的数量单位均采用《中国（保税区）海关统计商品目录》中规定的计量单位；医疗器械进出口价格指数涵盖了医疗器械119类产品。

进口价格指数的计算按到岸价格（CIF）计算。2010年，中国医疗器械进口价格指数为134.3，比2009年上升29.7个点。预计2011年价格指数会有所减缓，预测值为123.7，较2010年下降10.6个点，分析其变化的因素主要有：(1) 通货膨胀因素；(2) 跨国公司在华采购增加；(3) 二级以上医院更新减缓；(4) 产品质量与制造水平提高。

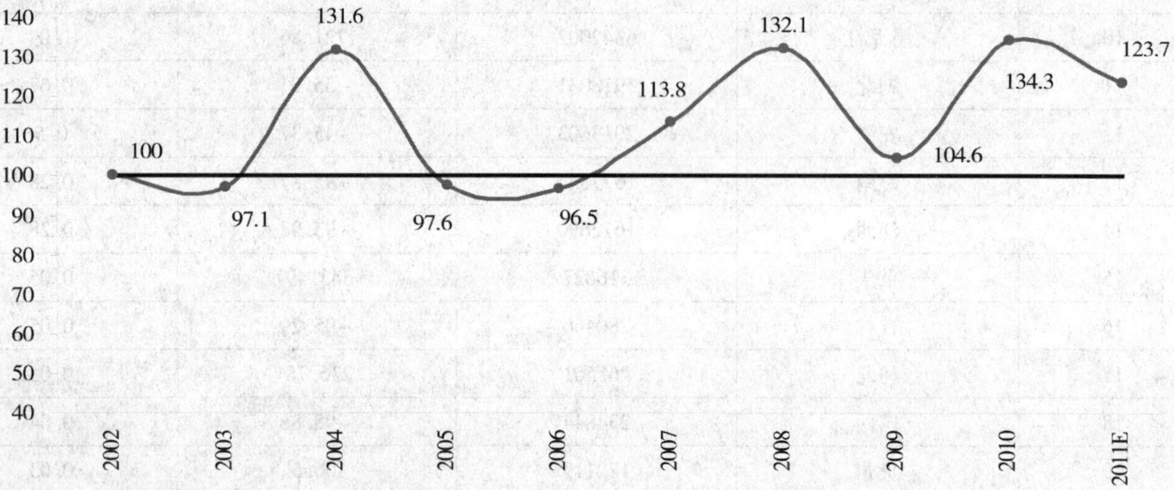

资料来源：医保商会，华通数据

图2-1 2002-2010年中国医疗器械进口价格指数

3 中国医疗器械产品出口贸易情况

3.1 2006－2010 年中国医疗器械出口特点

随着科技的发展，中国医疗器械行业整体水平逐步提高，国家每年投入到医疗器械行业的研发资金逐年上升，医疗器械产业也进入了高科技工业系列，产品质量的提升促进了中国医疗器械出口贸易，2006－2010年出口年复合增长率为20.94%，高于医疗保健行业平均水平。

出口市场规模持续扩大

近年来，我国医疗器械行业出口一直保持高速发展。根据中国海关数据整理分析，近五年来，我国医疗器械出口额持续增长，2006年出口额为68.71亿美元，2010年出口额为146.99亿美元，年复合增长率达到了20.94%。我国医疗器械出口企业数量由2006年的1.81万家迅速发展到2010年的2.46万家。

从出口市场看，2010年我国医疗器械出口到216个国家和地区，出口额在1000万美元以上的市场逐年增加，2006年为50个，2010年增加到85个，包括美国、日本、德国、中国香港、英国、越南、荷兰、意大利、韩国和法国等出口十大市场，所占比重达64.68%。从出口地域看，我国医疗器械出口主要目的地是亚洲、非洲和欧洲，2010年我国对三大洲出口额的占比分别为33.29%、26.88%和23.76%。

区域集聚发展态势日趋明显

2010年，我国医疗器械出口额排名前五位的省市依次是广东省、江苏省、上海市、浙江省和福建省，占全国医疗器械出口额比重达77.77%，显示了我国医疗器械出口行业较高的地域集中度的特点。排名第六至第十位的省市依次为北京市、山东省、辽宁省、湖北省和天津市。排名前十位的省市占全国的比重达92.97%。医疗器械出口集中区域与我国长三角、渤海湾、珠三角等三个医疗器械产业优势地区的分布基本吻合。据不完全统计，这三大区域医疗器械总产值之和占全国总产值的80%以上。目前，这些区域纷纷抓紧培育医疗器械工业新的经济增长点，深圳、广州等珠三角地区已提出要把医疗器械作为新的支柱产业加以扶持，北京等地的医疗器械企业也在崛起，有的省市已开始着手建设医疗器械专业园区，区域集聚发展态势日趋明显，对调整医疗器械产品结构和转变增长方式起到巨大的推动作用。

三资企业出口占据半壁江山

三资企业已占据了我国医疗器械出口额的半壁江山，其出口额在2010年占全国医疗器械出口额比重的51.6%，三资企业凭借其自主知识产权和品牌渠道等优势，已经成为我国医疗器械出口的主力军。随着国际医疗器械产业的加速转移，国外先进技术和资本还会继续采用合资合作、技术输出等形式进入国内，部分原先依赖进口的仪器设备正逐步实现国产替代进口，我国已是全球医疗器械重要的生产和研发基地。

贸易方式集中度高

医疗器械出口贸易方式主要为一般贸易和加工贸易，2010年这两种贸易方式出口金额占总出口额的

95.14%。2010年一般贸易出口金额为88.18亿美元，占到总出口额的60%。其次是加工贸易，出口金额占总出口额的35.15%。

3.2 2006－2010年中国医疗器械出口总额

表3－1 2006－2010年中国医疗器械出口金额

单位：亿美元，%

年份	出口总额	同比
2010	146.99	20.05
2009	122.45	10.64
2008	110.67	31.46
2007	84.19	22.52
2006	68.71	28.54

资料来源：中国医保商会根据中国海关数据整理

表3－2 2006－2010年中国医疗器械出口数量

单位：个（件、台、只等），%

年份	出口数量	同比
2010	23006051096	－4.52
2009	24094327279	4.7
2008	23012868772	16.17
2007	19808906897	24.79
2006	15873193007	22.71

资料来源：中国医保商会根据中国海关数据整理

表3－3 2006－2010年中国医疗器械平均出口价格

单位：美元/个（件、台、只等），%

年份	出口平均价格	同比
2010	0.64	25.73
2009	0.51	5.68
2008	0.48	13.16
2007	0.42	－1.82
2006	0.43	4.75

资料来源：中国医保商会根据中国海关数据整理

3.3 2006－2010 年中国医疗器械出口企业统计

表 3－4 2006－2010 年中国医疗器械出口企业数量

单位：家,%，万美元

年份	出口企业数量	同比	出口金额	企业平均出口金额
2010	24605	8.55	1469947.69	59.74
2009	22666	6.47	1224479.6	54.02
2008	21289	5.76	1106686.9	51.98
2007	20129	11.03	841853.15	41.82
2006	18130	36.48	687121.72	37.90

资料来源：中国医保商会根据中国海关数据整理

表 3－5 2006－2010 年中国医疗器械不同性质企业出口金额所占比重

单位：%

序号	企业性质	2010	2009	2008	2007	2006
1	国有企业	11.79	12.57	14	14.9	17.67
2	三资企业	51.6	51.62	53.92	56	56.25
	中外合作企业	0.46	0.66	0.91	1	1.14
	中外合资企业	14.17	14.14	15.04	15.36	16.3
	外商独资企业	36.97	36.82	37.96	39.63	38.8
3	民营企业	36.5	35.66	31.89	28.94	25.95
	集体企业	2.6	2.84	3.63	4.61	6.26
	私人企业	33.9	32.82	28.26	24.33	19.69
4	个体工商户	0.1	0.14	0.18	0.15	0.12
5	其他企业	0.01	0.01	0.02	0	0.02
	合计	100	100	100	100	100

资料来源：中国医保商会根据中国海关数据整理

表 3－6 2006－2010 年中国医疗器械不同性质企业出口金额

单位：万美元

序号	企业性质	2010	2009	2008	2007	2006
1	国有企业	173325.17	153937.4	154965.71	125443.91	121382.79
2	三资企业	758463.06	632058.41	596673.55	471410.36	386478.15
	中外合作企业	6782.28	8092.54	10099.97	8420.91	7855.03
	中外合资企业	208218.27	173105.02	166441.62	129349.68	111990.14
	外商独资企业	543462.51	450860.86	420131.96	333639.76	266632.98

序号	企业性质	2010	2009	2008	2007	2006
3	民营企业	536471.29	436702.39	352902.2	243667.74	178293.96
	集体企业	38221.53	34804.85	40132.47	38833.48	42990.22
	私人企业	498249.76	401897.53	312769.74	204834.26	135303.74
4	个体工商户	1503.43	1706.51	1966.8	1301.14	808.95
5	其他企业	184.76	74.9	178.67	30	157.87
	合计	1469947.69	1224479.61	1106686.93	841853.15	687121.72

资料来源：中国医保商会根据中国海关数据整理

表 3－7　2006－2010 年中国医疗器械不同性质企业出口数量

单位：个（件、台、只等）

序号	企业性质	2010	2009	2008	2007	2006
1	国有企业	1984710264	2223201562	2619471379	2682460538	2794530605
2	三资企业	6876133821	9039059663	8523555127	7221012639	5702878219
	中外合作企业	14995392	76565393	145658965	191859148	197797475
	中外合资企业	2288796198	3753683147	3567249449	3261825572	2535732733
	外商独资企业	4572342231	5208811123	4810646713	3767327919	2969348011
3	民营企业	13862415070	12792872572	11803689217	9871841663	7358695420
	集体企业	2912612748	3265939079	3253348969	3256204576	2996066742
	私人企业	10949802322	9526933493	8550340248	6615637087	4362628678
4	个体工商户	282769998	39187933	66132301	33587244	17080931
5	其他企业	21943	5549	20748	4813	7832
	合计	23006051096	24094327279	23012868772	19808906897	15873193007

资料来源：中国医保商会根据中国海关数据整理

表 3－8　2006－2010 年中国医疗器械不同性质企业平均出口价格

单位：美元/个（件、台、只等）

序号	企业性质	2010	2009	2008	2007	2006
1	国有企业	0.87	0.69	0.59	0.47	0.43
2	三资企业	1.1	0.7	0.7	0.65	0.68
	中外合作企业	4.52	1.06	0.69	0.44	0.4
	中外合资企业	0.91	0.46	0.47	0.4	0.44
	外商独资企业	1.19	0.87	0.87	0.89	0.9
3	民营企业	0.39	0.34	0.3	0.25	0.24
	集体企业	0.13	0.11	0.12	0.12	0.14
	私人企业	0.46	0.42	0.37	0.31	0.31

序号	企业性质	2010	2009	2008	2007	2006
4	个体工商户	0.05	0.44	0.3	0.39	0.47
5	其他企业	84.2	134.97	86.11	62.33	201.57
	合计	0.64	0.51	0.48	0.42	0.43

资料来源：中国医保商会根据中国海关数据整理

3.4 2006－2010 年中国医疗器械出口产品类别统计

表 3－9 2006－2010 年中国医疗器械出口商品结构金额所占比重

单位：%

	2010	2009	2008	2007	2006
医疗器械类	100	100	100	100	100
医用敷料	31.37	33.78	28.13	28.58	32.47
诊疗设备	32.33	30.8	32.68	32.63	30.78
康复用品	19.09	17.72	20.63	20.14	19.47
医用耗材	15.25	15.68	16.75	16.93	16.02
口腔设材	1.96	2.02	1.81	1.72	1.26

资料来源：中国医保商会根据中国海关数据整理

表 3－10 2006－2010 年中国医疗器械出口商品结构金额

单位：万美元

	2010	2009	2008	2007	2006
医疗器械类	1469947.69	1224479.61	1106686.93	841853.15	687121.72
医用敷料	461064.17	413601.66	311325.15	240584.68	223122.67
诊疗设备	475163.4	377109.9	361637.76	274722.18	211487.2
康复用品	280624.22	216942.16	228256.28	169518.55	133789.97
医用耗材	224213.93	192037.07	185415.05	142542.84	110055.15
口腔设材	28881.97	24788.82	20052.69	14484.91	8666.72

资料来源：中国医保商会根据中国海关数据整理

表 3－11 2006－2010 年中国医疗器械出口商品结构数量

单位：个（件、台、只等）

	2010	2009	2008	2007	2006
医疗器械类	23006051096	24094327279	23012868772	19808906897	15873193007
医用耗材	17603182782	19372505817	19118622461	16435375484	13082996003
诊疗设备	2147296755	2306845919	2178350711	1851941776	1418622970

	2010	2009	2008	2007	2006
医用敷料	1881923237	1407897183	828991204	724447317	721056529
康复用品	1319686451	922355506	796686782	693590024	606681906
口腔设材	53961871	84722854	90217614	103552296	43835599

资料来源：中国医保商会根据中国海关数据整理

表 3－12　2006－2010 年中国医疗器械出口商品结构价格

单位：美元/个（件、台、只等），%

	2010	2009	2008	2007	2006
医疗器械类	0. 64	0. 51	0. 48	0. 42	0. 43
医用敷料	2. 45	2. 94	3. 76	3. 32	3. 09
口腔设材	5. 35	2. 93	2. 22	1. 4	1. 98
康复用品	2. 13	2. 35	2. 87	2. 44	2. 21
诊疗设备	2. 21	1. 63	1. 66	1. 48	1. 49
医用耗材	0. 13	0. 1	0. 1	0. 09	0. 08

资料来源：中国医保商会根据中国海关数据整理

3. 5　2010 年中国医疗器械出口目的地统计

表 3－13　2010 年中国医疗器械主要目的地出口金额

单位：个（件、台、只等），万美元，%

	目的地	出口数量	数量同比	出口金额	金额同比
	合计	23006051096	－4. 52	1469947. 69	20. 05
1	美国	4516226780	－8. 62	405716. 59	24. 57
2	日本	972161462	－26. 77	152828. 87	－11. 62
3	德国	1426088291	3. 28	87487. 48	15. 15
4	中国香港	238756199	－12. 76	62600. 2	4. 14
5	英国	431171396	－19. 3	53271. 47	20. 73
6	越南	465561017	69. 4	50003. 05	106. 68
7	荷兰	226780466	－11. 22	40264. 34	13. 53
8	意大利	606513075	7. 09	34343. 15	23. 11
9	韩国	1318953950	－31. 01	33518. 77	37. 32
10	法国	175847592	－30. 57	30790. 26	1. 77
11	俄罗斯	659506139	17. 91	26834. 37	45. 08
12	澳大利亚	149990835	－22. 01	26766. 42	34. 72
13	印度	414434167	72. 19	22006. 56	50. 11

	目的地	出口数量	数量同比	出口金额	金额同比
14	比利时	114973845	-15.06	21240.73	26.62
15	西班牙	196610671	-8.24	20117.74	-0.22
16	加拿大	272606224	-20.94	19983.71	18.92
17	新加坡	82782214	-14.9	19667.71	7.99
18	巴西	629816351	-49.99	18430.8	30.2
19	土耳其	570814909	42.96	16299.14	50.85
20	中国台湾	170395784	-6.63	14484.97	13.36
21	马来西亚	146329164	-15.81	14138.39	19.29
22	泰国	179669705	38.47	12321.74	23.25
23	伊朗	253766750	-8.07	11107.29	57.08
24	波兰	80052392	-0.26	9914.22	56.07
25	南非	220678752	-8.44	9873.37	35.7
26	沙特阿拉伯	316976489	-28	9766.27	13.01
27	阿拉伯联合酋长国	119580594	-33.76	9494.93	34.79
28	菲律宾	153959534	-7.04	9482.79	44.15
29	丹麦	77402574	11.61	9275.52	2.13
30	印度尼西亚	203909905	30.59	9240.03	36.59
31	墨西哥	175924455	14.82	8320.5	14.51
32	委内瑞拉	395955216	44.49	7713.67	49.09
33	瑞典	39673534	-4.81	7059.95	32.46
34	乌克兰	295565738	2.64	6647.26	25.28
35	智利	194260390	7.14	6328.21	23.92
36	巴基斯坦	457639723	-7.29	6295.21	17.34
37	瑞士	9763325	5.46	6202.43	17.54
38	哥伦比亚	338675313	45.89	6102.99	50.65
39	埃及	252658003	25.87	5878.86	12.72
40	以色列	115939695	1.81	5512.94	33.72
41	爱尔兰	4504690	-66.2	5284.25	53.49
42	阿根廷	150667426	-42.57	5262.98	36.23
43	尼日利亚	325613382	13.89	4984.53	25.92
44	芬兰	73096563	-21.17	4845.47	22.87
45	哥斯达黎加	25229498	75.36	4054.55	769.67
46	希腊	146682721	26.75	3984.15	-2.36
47	秘鲁	188048013	-2.95	3890.96	23.66
48	孟加拉国	71950307	-44.93	3820.62	59.11

	目的地	出口数量	数量同比	出口金额	金额同比
49	捷克	14673947	21. 29	3756. 09	30. 9
50	加纳	70294813	-3. 55	3711. 11	58. 28
51	摩洛哥	86365784	-9. 33	3045. 14	51. 75
52	新西兰	26953869	30. 15	2737. 78	17. 28
53	阿尔及利亚	77295087	62. 47	2727. 63	25. 29
54	罗马尼亚	129441525	16. 22	2679. 26	13. 4
55	奥地利	11117954	167. 79	2669. 86	25. 81
56	挪威	9290576	-65. 06	2669. 44	29. 72
57	古巴	75337772	-37. 31	2658. 9	-22. 98
58	肯尼亚	75817882	-9. 14	2592. 55	48. 09
59	哈萨克斯坦	299157924	57. 69	2577. 56	24. 06
60	巴拿马	51676707	-1. 69	2536. 07	39. 82
61	伊拉克	186175882	118. 67	2495. 14	101. 27
62	匈牙利	65737350	211. 22	2476. 21	48. 72
63	缅甸	228592649	105. 8	2463. 89	33. 34
64	赞比亚	4441519	-62. 94	2448. 52	1092. 32
65	安哥拉	70849336	34. 17	2176. 04	46. 29
66	葡萄牙	35050134	55. 68	2053. 36	11. 62
67	厄瓜多尔	107755192	55. 1	2052	27. 9
68	约旦	97182232	-8. 95	2007	7. 79
69	乌兹别克斯坦	413195638	18. 88	1866. 06	1. 96
70	斯里兰卡	77649287	42. 54	1779. 5	29. 74
71	中国澳门	1212890	-46. 56	1771. 21	224. 53
72	黎巴嫩	35062455	-7. 57	1767. 53	41. 09
73	也门共和国	159268320	-11. 53	1739. 84	17. 66
74	叙利亚	119638663	-18. 41	1727. 15	-11. 45
75	斯洛伐克	7121913	2. 24	1650. 86	211. 23
76	苏丹	147584084	62. 63	1556. 56	46. 26
77	斯洛文尼亚	13231127	42. 56	1521. 54	45. 79
78	乌拉圭	62212327	8. 23	1508. 07	13. 06
79	利比亚	28957884	26. 92	1418. 46	35. 82
80	科威特	50490037	-6. 06	1355. 91	8. 19
81	爱沙尼亚	4246748	-61. 29	1154. 87	115. 97
82	多米尼加共和国	77894391	12. 83	1140. 93	25. 05
83	突尼斯	21763102	27. 52	1098. 66	63. 66

	目的地	出口数量	数量同比	出口金额	金额同比
84	拉脱维亚	64364573	8. 8	1039. 37	20. 72
85	立陶宛	49289045	-9. 37	1033. 24	-5. 96
86	莫桑比克	17543538	-3. 48	974. 2	51. 82
87	保加利亚	25994388	-30. 63	962. 87	-29. 57
88	牙买加	9158678	11. 43	943. 67	53. 07
89	危地马拉	83636600	46. 25	930. 76	15. 25
90	坦桑尼亚	51124177	-6. 33	897. 62	39. 13
91	巴拉圭	33743046	17. 11	869. 71	18. 56
92	吉尔吉斯斯坦	73066542	23. 17	844. 68	12. 19
93	克罗地亚	19062443	78. 2	804. 76	20. 69
94	朝鲜	18559062	334. 71	775. 73	348. 41
95	埃塞俄比亚	43407943	12. 28	769. 55	71. 37
96	吉布提	58944546	-36. 19	726. 54	23. 14
97	蒙古	8337457	43. 25	710. 1	-32. 76
98	乌干达	23851616	5. 27	654. 87	104. 47
99	波多黎各	37158298	158. 75	631. 29	17. 29
100	卡塔尔	10601307	-24. 18	628. 38	35. 44
101	喀麦隆	41891464	27. 09	612. 6	22. 85
102	民主刚果	53628397	52. 31	604. 27	36. 3
103	巴布亚新几内亚	24169763	228. 68	600. 87	41. 09
104	洪都拉斯	64628683	4. 01	591. 88	13. 6
105	萨尔瓦多	49332853	28. 79	569. 88	20. 67
106	白俄罗斯	5169929	-77. 84	520. 37	-10. 98
107	多哥	18525617	62. 25	511. 93	5. 07
108	格鲁吉亚	32187338	31. 05	501. 97	42. 24
109	毛里求斯	26316104	168. 5	490. 82	30. 99
110	塞内加尔	19313743	-31. 83	475. 03	-1. 98
111	塞尔维亚	9334738	21. 56	457. 23	96. 07
112	毛里塔尼亚	10128138	-49. 11	454. 37	-23. 61
113	贝宁	7889535	-50. 81	451. 53	33. 62
114	科特迪瓦共和国	22604340	87. 36	437. 49	30. 41
115	尼加拉瓜	30605711	-35. 72	415. 82	-4. 56
116	几内亚	15619826	-29. 15	402. 3	122. 7
117	阿尔巴尼亚	15865532	-12. 68	356. 73	-5. 23
118	柬埔寨	16364259	7. 69	343. 95	-12. 25

	目的地	出口数量	数量同比	出口金额	金额同比
119	特立尼达和多巴哥	6550920	98.76	339.41	67.71
120	阿塞拜疆	25601261	92.06	338.68	59.54
121	玻利维亚	9654329	-14.89	328.39	11.18
122	阿曼	8907850	49.8	325.74	-0.38
123	尼泊尔	3228385	77.78	298.82	25.53
124	塞浦路斯	5399751	86.04	260.47	-26.16
125	刚果	2758570	-22.44	256.6	94.3
126	津巴布韦	13510271	387.45	245.95	231.24
127	巴林	4270339	-29.34	214.91	-1.1
128	斐济	1387796	64.29	204.59	89.65
129	苏里南	2043245	-29.28	204.22	36.89
130	马里	15572755	175.59	195.67	108.22
131	马拉维	15998235	304.05	192.54	401.9
132	亚美尼亚	13007472	95.77	184.1	114.8
133	阿富汗	8608425	-73.73	182.82	-54.2
134	马达加斯加	11683932	94.35	175	49.42
135	利比里亚	7101227	94.86	171.26	105.84
136	布基纳法索	22485661	71.34	159.43	39.86
137	布隆迪	2399651	-52.15	152.14	156.49
138	塔吉克斯坦	38752347	39.38	152.1	-30.09
139	土库曼斯坦	8891034	-65.36	146.09	-57.96
140	塞拉利昂	4180606	1.68	142.38	146.63
141	冈比亚	3026014	95.67	141.1	105.91
142	黑山	10349608	-38.44	140.65	-12.22
143	海地	2847717	82.3	138.94	66.18
144	前南斯拉夫马其顿	3204071	-12.79	138.17	7.21
145	马耳他	3301315	524.64	137.24	8.74
146	老挝	1926234	22.05	135.75	24.58
147	加蓬	1988212	37.41	125.03	157.78
148	佛得角	121301	68.71	119.1	1010.17
149	卢旺达	9590381	1045.22	113.64	41.71
150	文莱	623552	319.84	112.36	64.66
151	纳米比亚	4069824	-40.28	101.7	-43.6

资料来源：中国医保商会根据中国海关数据整理

3.6 2010年中国医疗器械出口贸易方式统计

表3－14 2010年中国医疗器械不同贸易方式出口金额

单位：万美元，%

序号	贸易方式	出口金额	同比	占比
1	一般贸易	881836.72	19.24	59.99
2	加工贸易	516643.94	20.1	35.15
3	保税区仓储转口货物	27953.69	52.09	1.9
4	保税仓库进出境货物	18510.77	－12.41	1.26
5	边境小额贸易	3389.18	11.98	0.23
6	国家间、国际组织无偿援助和赠送的物资	1720.11	37.16	0.12
7	对外承包工程出口货物	657.74	26.02	0.04
8	其它	19219.39	83.73	1.31
	合计	1469947.69	20.05	100

资料来源：中国医保商会根据中国海关数据整理

表3－15 2010年中国医疗器械不同贸易方式出口数量

单位：个（件、台、只等），%

序号	贸易方式	出口金额	同比	占比
1	一般贸易	18692855929	3.67	100.00
2	国家间、国际组织无偿援助和赠送的物资	285736	－97.82	81.25
3	加工贸易	3904518188	－30.34	0.00
4	边境小额贸易	90373942	－19.14	15.04
5	对外承包工程出口货物	164648	－16.48	0.39
6	保税仓库进出境货物	79963916	－4.62	0.00
7	保税区仓储转口货物	74548931	－33.77	0.35
8	其它	163339806	19.14	0.32
	合计	23006051096	－4.52	100

资料来源：中国医保商会根据中国海关数据整理

3.7 2010年中国医疗器械出口省区市统计

表3-16 2010年中国各省区市医疗器械出口金额

单位：万美元,%

序号	地区	出口金额	同比	占比
1	广东	352371.28	22.26	23.97
2	江苏	257423.68	19.26	17.51
3	上海	222968.26	7.03	15.17
4	浙江	202590.45	23.52	13.78
5	福建	107845.69	27.93	7.34
6	北京	74743.99	30.57	5.08
7	山东	58962.08	33.67	4.01
8	辽宁	44007.72	16.84	2.99
9	湖北	23619.04	-28.06	1.61
10	天津	22136.36	7.43	1.51
11	河北	19620.72	27.93	1.33
12	江西	17535.19	90.77	1.19
13	安徽	16255.77	9.57	1.11
14	四川	12741.63	180.4	0.87
15	陕西	8246.42	36.3	0.56
16	黑龙江	6964.51	42.83	0.47
17	广西	5849.31	11.74	0.4
18	云南	5212.01	156.01	0.35
19	河南	2637.64	-16.86	0.18
20	重庆	2637.43	149.92	0.18
21	湖南	1731.16	43.29	0.12
22	新疆	895.31	-6.28	0.06
23	甘肃	863.17	5038.01	0.06
24	山西	595.1	45.19	0.04
25	吉林	449.98	-31.58	0.03
26	内蒙古	399.34	-54.95	0.03
27	西藏	292.87	119.46	0.02
28	青海	159.24	276.46	0.01
29	贵州	84.02	-83.01	0.01
30	海南	65.19	-49.94	0

序号	地区	出口金额	同比	占比
31	宁夏	43.13	36.61	0
	合计	1469947.69	20.05	23.97

资料来源：中国医保商会根据中国海关数据整理

表3－17　2010年中国各省区市医疗器械出口数量

单位：万个（件、台、只等），%

序号	地区	出口数量	数量同比	数量占比
1	广东	1909414899	29.1	8.30
2	江苏	5664950849	－7.73	24.62
3	上海	3156672759	－1.17	13.72
4	浙江	2921250955	4.82	12.70
5	福建	519494697	8.64	2.26
6	北京	1249771260	4.36	5.43
7	山东	3195598190	－19.47	13.89
8	辽宁	502145854	70.66	2.18
9	湖北	98610882	－45.41	0.43
10	天津	796663473	－37	3.46
11	河北	927890431	－36.61	4.03
12	江西	571983118	50.19	2.49
13	安徽	804907711	1.19	3.50
14	四川	193313303	96.19	0.84
15	陕西	73556516	28.47	0.32
16	黑龙江	49487607	31.55	0.22
17	广西	31076933	－33.21	0.14
18	云南	100706029	7.95	0.44
19	河南	55390327	33.31	0.24
20	重庆	33376920	157.13	0.15
21	湖南	103145224	129.63	0.45
22	新疆	16723734	－7.58	0.07
23	甘肃	7378766	22592.72	0.03
24	山西	4308407	79.95	0.02
25	吉林	4799689	－59.91	0.02
26	内蒙古	1673012	－37.63	0.01
27	西藏	1505059	77.76	0.01
28	青海	486535	3908.69	0.0021

序号	地区	出口数量	数量同比	数量占比
29	贵州	101866	-62.78	0.0004
30	海南	320829	-40.48	0.0014
31	宁夏	9345262	480.43	0.04
	合计	23006051096	-4.52	100

资料来源：中国医保商会根据中国海关数据整理

3.8 中国医疗器械出口价格指数

出口价格指数的计算按离岸价格（FOB）计算。2010年中国医疗器械出口价格指数为139.5，比2009年上升27.4个点。预计2011年，中国医疗器械出口价格指数将出现下降态势为121.3点，比2010年下降18.2个点，分析指数变化的主要因素有：（1）通胀、汇率因素影响；（2）价格优势下降、质量风险增大；（3）发达国家资金缩水其他新兴地区替代；（4）新兴市场需求减缓。

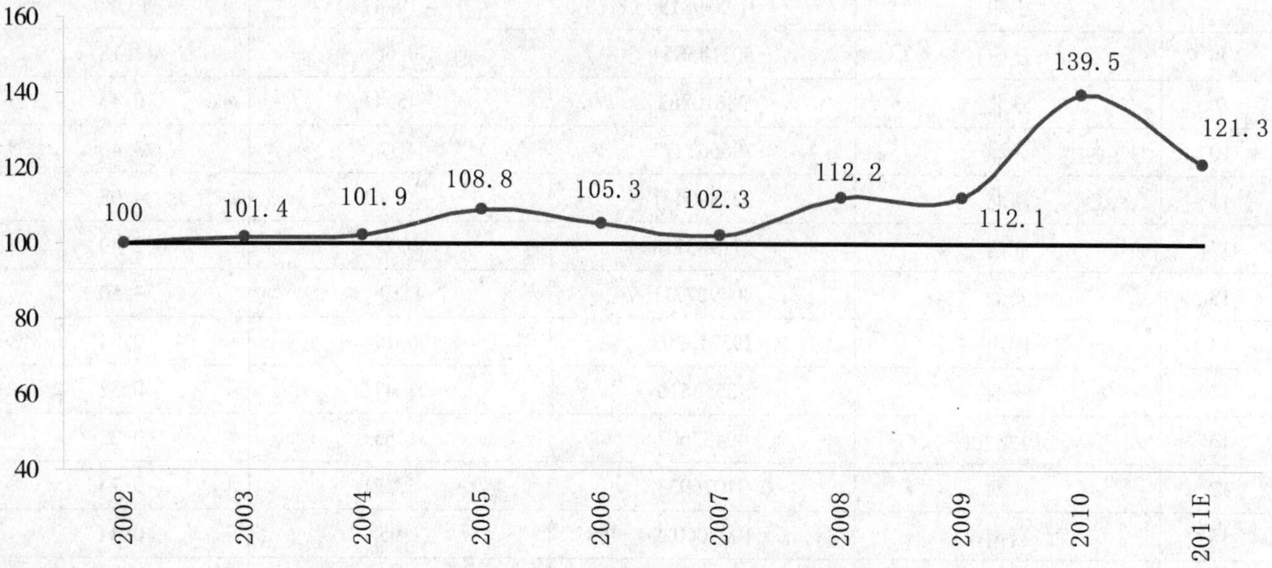

资料来源：医保商会，华通数据

图3-1　2002-2010年中国医疗器械出口价格指数

4　主要医疗器械产品贸易情况

4.1　X 射线断层扫描仪（CT）

海关 HS 编码：90221200

CT 作为一种快速、有效并具有较高空间分辨率和密度分辨率的影像学检查方法，在疾病诊断中被广泛应用，因而 CT 贸易市场交易活跃，已经形成一个稳定的贸易市场。

CT 是中国医疗器械主要进口产品之一。另外随着中国医疗器械科技含量的增加，中国 CT 产品出口市场也不断扩大，2006 年出口量仅 531 台，2010 年达到了 1791 台，增长了 237%。

4.1.1　进口

表 4－1　2006－2010 年中国 CT 进口情况

单位：台，%，万美元

年份	进口数量	数量同比	进口金额	金额同比
2010	622	27.72	50302.12	44.66
2009	487	26.49	34771.76	36.76
2008	385	－2.04	25425.98	4.35
2007	393	－14.57	24366.63	21.63
2006	460	－38.75	20033.57	－9.10

资料来源：中国医保商会根据中国海关数据整理

表 4－2　2010 年中国 CT 主要进口来源地

单位：台，%，万美元

排名	来源地	进口数量	数量同比	进口金额	金额同比	金额占比
	合计	622	27.72	50302.12	44.66	100
1	日本	237	15.61	18112.23	26.02	36.01
2	美国	202	42.25	17039.67	73.89	33.87
3	德国	114	44.3	13280.23	75.57	26.4
4	奥地利	8	－	800.82	－	1.59
5	法国	30	30.43	405.07	79.47	0.81
6	以色列	4	－86.21	314.45	－87.62	0.63

排名	来源地	进口数量	数量同比	进口金额	金额同比	金额占比
7	荷兰	3	200	149.11	144.44	0.3
8	西班牙	1	–	116.61	–	0.23
9	新加坡	1	–	40	–	0.08
10	中国（保税区）	9	–	26.29	–	0.05
11	芬兰	1	-66.67	9	-37.77	0.02
12	中国香港	12	–	8.64	–	0.02

资料来源：中国医保商会根据中国海关数据整理

表4-3　2010年中国CT主要进口企业名单

排名	企业名称	排名	企业名称
1	中国医疗器械技术服务公司	26	五矿国际招标有限责任公司
2	青岛美赫尔国际贸易有限公司	27	中国远东国际招标公司
3	宁波康导进出口有限公司	28	福建中航技经贸发展有限公司
4	中国科学器材进出口总公司	29	中科器进出口武汉有限公司
5	安徽亚美亚进出口贸易有限公司	30	北京中成海达进出口有限公司
6	江苏省科技发展有限公司	31	浙江国贸进出口有限公司
7	重庆市中基进出口有限公司	32	江苏省苏科国际技术贸易有限公司
8	中建材集团进出口公司	33	广州华炜实业有限公司
9	山东东岳国际经贸合作股份有限公司	34	大庆石油国际工程公司
10	上海东松国际贸易有限公司	35	成都佳士实业进出口贸易有限公司
11	中仪国际招标公司	36	广东省医药保健品进出口公司
12	中国医药对外贸易公司	37	广东白马医疗器械有限公司
13	中国仪器进出口（集团）公司	38	北京协和医药进出口有限公司
14	广东南方富达进出口有限公司	39	浙江省对外服务公司
15	北京中润伟业投资有限公司	40	东方国际招标有限责任公司
16	中技国际招标公司	41	乌鲁木齐高新技术产业开发区金海怡贸易公司
17	中招国际招标公司	42	湖南省招标有限责任公司
18	江苏海外集团国际技术工程有限公司	43	天津天狮环球国际贸易有限公司
19	湖北桦升国际贸易有限公司	44	江苏苏美达国际技术贸易有限公司
20	江西华盛贸易有限公司	45	北京普路达国际贸易有限公司
21	河南博奥贸易有限公司	46	北京中汽怡合进口汽车零部件物流有限公司
22	江苏舜天国际集团机械进出口股份有限公司	47	中国新兴进出口总公司
23	内蒙古奥晨进出口贸易有限公司	48	东方国际集团上海荣恒国际贸易有限公司
24	中国技术进出口总公司	49	天津港保税区中成国际贸易有限公司
25	深圳市格尚科技发展有限公司	50	中国机械进出口（集团）有限公司

资料来源：中国医保商会根据中国海关数据整理

表4-4　2010年中国CT各省区市进口情况

单位：台,%，万美元

排序	地区	进口数量	数量同比	进口金额	金额同比	金额占比
合计		622	27.72	50302.12	44.66	100
1	北京	177	58.04	16667.93	102.72	33.14
2	广东	64	18.52	4195.09	30.02	8.34
3	山东	40	53.85	4056.04	42.4	8.06
4	浙江	68	25.93	4045.89	68.03	8.04
5	江苏	39	-2.5	3452.46	15.87	6.86
6	上海	33	-13.16	2520.3	-25.5	5.01
7	安徽	31	72.22	1859.16	60.5	3.7
8	湖北	15	66.67	1385.56	123.26	2.75
9	河南	14	-26.32	1337.01	-13.26	2.66
10	河北	13	-7.14	1323.19	76.1	2.63
11	重庆	16	166.67	1126.03	156.93	2.24
12	新疆	10	233.33	1104.68	343.17	2.2
13	天津	8	-27.27	976.02	25.27	1.94
14	黑龙江	8	-42.86	876.49	-17.92	1.74
15	四川	10	25	744.2	26.55	1.48
16	湖南	11	-21.43	641.4	15.23	1.28
17	福建	8	-33.33	639.3	-17.6	1.27
18	江西	11	10	603.91	-27.27	1.2
19	云南	10	-9.09	507.96	-22.09	1.01
20	陕西	5	150	473.9	110.81	0.94
21	内蒙古	3	200	453.45	456.38	0.9
22	辽宁	16	1500	427.62	300.23	0.85
23	吉林	4	-42.86	291.8	-66.67	0.58
24	甘肃	3	-	281.2	-	0.56
25	山西	3	-	190.5	-	0.38
26	海南	1	-	92.5	-	0.18
27	贵州	1	-66.67	28.5	-93	0.06

资料来源：中国医保商会根据中国海关数据整理

4.1.2 出口

表 4－5 2006－2010 年中国 CT 出口情况

单位：台,％，万美元

年份	出口数量	数量同比	出口金额	金额同比
2010	1791	18.06	26878.71	15.25
2009	1517	－7.73	23322.38	2.49
2008	1644	38.50	22756.8	49.36
2007	1187	123.54	15236.19	142.52
2006	531	53.47	6282.56	83.63

资料来源：中国医保商会根据中国海关数据整理

表 4－6 2010 年中国 CT 主要出口目的地

单位：台,％，万美元

排名	目的地	出口数量	数量同比	出口金额	金额同比	金额占比
	合计	1791	18.06	26878.71	15.25	100
1	美国	403	－20.36	6535.32	－21.97	24.31
2	日本	234	30	3140.94	25.45	11.69
3	法国	186	38.81	3013.97	22.01	11.21
4	德国	132	34.69	1670.95	22.14	6.22
5	荷兰	88	158.82	1570.55	188.6	5.84
6	印度	120	44.58	1477.37	45.12	5.5
7	巴西	74	48	1004.29	51.37	3.74
8	韩国	51	45.71	795.97	44.93	2.96
9	意大利	39	25.81	653.6	2.4	2.43
10	印度尼西亚	43	126.32	566.26	121.6	2.11
11	澳大利亚	34	3.03	527.24	－5.47	1.96
12	西班牙	27	58.82	456	20.92	1.7
13	波兰	23	228.57	428.17	188.32	1.59
14	土耳其	29	－32.56	363.35	－22.36	1.35
15	沙特阿拉伯	19	46.15	329.54	61.56	1.23
16	英国	13	116.67	251.67	76.78	0.94
17	越南	18	5.88	247.99	25.88	0.92
18	菲律宾	16	33.33	224.53	59.07	0.84
19	阿拉伯联合酋长国	12	300	223.82	313.33	0.83
20	新加坡	14	－6.67	208.4	－11.82	0.78
21	埃及	17	142.86	196.74	146.56	0.73

排名	目的地	出口数量	数量同比	出口金额	金额同比	金额占比
22	秘鲁	13	44.44	195.12	30.77	0.73
23	比利时	10	900	177.36	485.61	0.66
24	匈牙利	9	125	170.02	120.39	0.63
25	伊朗	6	-60	151.6	-53.96	0.56
26	希腊	8	33.33	141.23	11.08	0.53
27	南非	9	-10	141	-18.99	0.52
28	朝鲜	16	–	140.79	–	0.52
29	泰国	8	60	107.53	32.48	0.4
30	委内瑞拉	6	100	96.42	148.82	0.36
31	哥伦比亚	7	-22.22	90.93	-19.85	0.34
32	墨西哥	4	300	76.82	564.24	0.29
33	苏丹	2	100	69.53	253.6	0.26
34	厄瓜多尔	6	50	67.87	17.08	0.25
35	阿尔及利亚	6	-25	63.69	-13.22	0.24
36	以色列	4	33.33	61.31	3.41	0.23
37	中国台湾	4	-50	57.09	-60.64	0.21
38	也门共和国	3	50	57.05	66.1	0.21
39	瑞士	3	–	54.82	–	0.2
40	刚果	2	–	54.33	–	0.2
41	马来西亚	3	–	53.06	–	0.2
42	加蓬	2	–	50.03	–	0.19
43	安哥拉	2	–	47.99	–	0.18
44	孟加拉国	19	46.15	47.81	-53.37	0.18
45	肯尼亚	3	200	47.35	40.08	0.18
46	特立尼达和多巴哥	1	–	44.58	–	0.17
47	阿根廷	4	0	43.98	-20.15	0.16
48	尼泊尔	2	–	38.96	–	0.14
49	萨尔瓦多	2	–	35.9	–	0.13
50	尼日利亚	3	–	34.03	–	0.13

资料来源：中国医保商会根据中国海关数据整理

表4-7　2010年中国CT主要出口企业名单

排名	企业名称	排名	企业名称
1	上海西门子医疗器械有限公司	3	东软飞利浦医疗设备系统有限责任公司
2	航卫通用电气医疗系统有限公司	4	沈阳东软医疗系统进出口有限公司

排名	企业名称	排名	企业名称
5	中国医药保健品有限公司	11	伟创力电子科技（上海）有限公司
6	中国医疗卫生对外技术合作公司	12	四川省纺织品进出口公司
7	中国医药对外贸易公司	13	广州市越神仪器有限公司
8	中国水电建设集团国际工程有限公司	14	珲春市智强科技有限公司
9	深圳市玛丽斯贸易有限公司	15	无锡世盟贸易有限公司
10	南京罗凯国际贸易有限公司		

资料来源：中国医保商会根据中国海关数据整理

表 4-8　2010 年中国 CT 各省区市出口情况

单位：台，%，万美元

排名	地区	出口数量	数量同比	出口金额	金额同比	金额占比
合计		1791	18.06	26878.71	15.25	100
1	北京	875	14.23	13554.48	5.73	50.43
2	上海	664	12.54	9443.9	14.86	35.14
3	辽宁	227	87.6	3853.5	75.08	14.34
4	广东	5	-37.5	14	-48.63	0.05
5	江苏	18	-10	11.88	21.46	0.04
6	四川	1	-75	0.65	-86.45	0
7	吉林	1	-	0.3	-	0

资料来源：中国医保商会根据中国海关数据整理

4.2　B 型超声波诊断仪

海关 HS 编码：90181210

B 型超声波诊断仪即通常所说的黑白超，由于中国新医改的持续推进，数以千计的乡镇卫生院以及偏远地区医院将在政府的支持下完成超声诊断设备的采购或者升级，这一需求将强力支持低端的黑白超市场。同时，政府招标项目也吸引了一些外资企业通过积极调整产品线以及销售渠道，来更好地竞争低端市场。

在 B 型超声波诊断仪贸易市场中，中国出口量和出口金额要远远大于进口量和进口金额，为医疗器械出口主力产品之一。2010 年中国 B 型超声诊断仪出口到 155 个国家，出口金额为 1.51 亿美元，同比增长 23.56%。

4.2.1　进口

表 4-9　2006-2010 年中国 B 型超声波诊断仪进口情况

单位：台，%，万美元

年份	进口数量	数量同比	进口金额	金额同比
2010	726	-14.39	2583.5	7.89

年份	进口数量	数量同比	进口金额	金额同比
2009	848	-16.78	2394.64	1.82
2008	1019	-24.74	2351.77	6.62
2007	1354	40.17	2205.78	4.19
2006	966	-42.77	2116.99	-31.95

资料来源：中国医保商会根据中国海关数据整理

表4-10 2010年中国B型超声波诊断仪主要进口来源地

单位：台,%，万美元

排名	来源地	进口数量	数量同比	进口金额	金额同比	金额占比
	合计	726	-14.39	2583.5	7.89	100
1	日本	517	19.12	1317.66	21.36	51
2	中国（保税区）	7	-72	404.38	3.16	15.65
3	美国	48	-66.9	257.42	-27.4	9.96
4	韩国	18	-80	193.13	-10.38	7.48
5	奥地利	2	-	134.27	31.23	5.2
6	加拿大	3	-	72.17	-	2.79
7	挪威	1	-	56.64	11.27	2.19
8	印度	106	-21.48	50.43	-56.8	1.95
9	荷兰	10	-9.09	12.01	-44.48	0.46
10	西班牙	1	-	8.07	-	0.31
11	中国香港	5	-	7.34	-	0.28
12	丹麦	1	0	3.99	11.53	0.15
13	法国	7	40	2.88	13.03	0.11

资料来源：中国医保商会根据中国海关数据整理

表4-11 2010年中国B型超声波诊断仪主要进口企业名单

排名	企业名称	排名	企业名称
1	上海阿洛卡医用仪器有限公司	9	中国技术进出口总公司
2	上海工业投资（集团）有限公司	10	中仪英斯泰克进出口公司
3	东芝医疗系统（中国）有限公司	11	朝日电器（苏州）有限公司
4	高千穗贸易（大连保税区）有限公司	12	日立医疗（广州）有限公司
5	富士医疗器材（上海）有限公司	13	深圳市信利康实业有限公司
6	深圳市星海纳实业有限公司	14	无锡祥生医学影像有限责任公司
7	东方国际集团上海市对外贸易有限公司	15	深圳市怡亚通供应链股份有限公司
8	波科国际医疗贸易（上海）有限公司	16	东芝大连有限公司

排名	企业名称	排名	企业名称
17	通用电气医疗系统（中国）有限公司	34	宁波东诚进出口有限公司
18	上海上实外联发进出口有限公司	35	捷普科技（上海）有限公司
19	国药集团联合医疗器械有限公司	36	广东省医药保健品进出口公司
20	大连保税区诚海贸易有限公司	37	东芝物流（大连）有限公司
21	重庆市中基进出口有限公司	38	河南中经进出口有限责任公司
22	中仪国际招标公司	39	松江商贸（烟台）有限公司
23	上海东松国际贸易有限公司	40	中国医药对外贸易公司
24	中信国际招标有限公司	41	通用电气医疗系统贸易发展（上海）有限公司
25	北京新时代环球进出口公司	42	福建中航技经贸发展有限公司
26	中国医药保健品有限公司	43	济南吉星润达科技有限公司
27	辽宁鸿运浩源国际贸易有限公司	44	河南省科学器材进出口公司
28	唐人神集团股份有限公司	45	内蒙古元原科贸发展有限公司
29	上海外高桥进出口贸易有限公司	46	中成运国际贸易（北京）有限公司
30	深圳市开立科技有限公司	47	河南粮油食品进出口集团裕德科贸有限公司
31	中技国际招标公司	48	武汉日进国际商贸有限公司
32	北京普路达国际贸易有限公司	49	深圳市富森进出口有限公司
33	中机国际招标公司	50	徐州市凯信电子设备有限公司

资料来源：中国医保商会根据中国海关数据整理

表4-12　2010年中国B型超声波诊断仪各省区市进口情况

单位：台，%，万美元

排序	地区	进口数量	数量同比	进口金额	金额同比	金额占比
合计		726	-14.39	2583.5	7.89	100
1	上海	110	-10.57	1262.45	13	48.87
2	广东	112	-37.43	551	11.75	21.33
3	辽宁	5	66.67	315.92	-15.75	12.23
4	北京	287	-22.64	315.79	11.05	12.22
5	江苏	189	35	67.35	-1.1	2.61
6	湖北	2	-	44.6	-	1.73
7	重庆	1	-50	9	202.42	0.35
8	湖南	4	-	4.44	-	0.17
9	河南	8	33.33	3.29	-8.81	0.13
10	浙江	2	-71.43	3.18	-77.59	0.12
11	黑龙江	1	0	2.45	62.58	0.09
12	山东	4	100	2.36	112.23	0.09

排序	地区	进口数量	数量同比	进口金额	金额同比	金额占比
13	内蒙古	1	–	0.75	–	0.03

资料来源：中国医保商会根据中国海关数据整理

4.2.2 出口

表 4－13 2006－2010 年中国 B 型超声波诊断仪出口情况

单位：台，%，万美元

年份	出口数量	数量同比	出口金额	金额同比
2010	30348	－15.44	15132.85	23.56
2009	35891	25.10	12246.95	12.49
2008	28690	－6.81	10887.48	5.88
2007	30786	61.77	10282.88	14.76
2006	19031	36.26	8960.54	40.75

资料来源：中国医保商会根据中国海关数据整理

表 4－14 2010 年中国 B 型超声波诊断仪主要出口目的地

单位：台，%，万美元

排名	目的地	出口数量	数量同比	出口金额	金额同比	金额占比
	合计	30348	－15.44	15132.85	23.56	100
1	日本	2321	－11.38	4289.9	23.02	28.35
2	美国	1493	－10.01	2380.84	40.51	15.73
3	中国香港	2327	23.51	1330.4	134.3	8.79
4	德国	1611	32.05	637.97	18.51	4.22
5	印度	1559	28	533.13	28.41	3.52
6	埃及	2336	20.66	432.58	19	2.86
7	韩国	724	100.55	350.94	60.46	2.32
8	委内瑞拉	857	86.71	328.82	86.78	2.17
9	新加坡	679	63.61	268.52	36.3	1.77
10	巴西	1064	52.65	251.38	38.95	1.66
11	俄罗斯	411	34.31	181.2	30.05	1.2
12	秘鲁	497	21.81	177.38	14.48	1.17
13	波兰	396	－17.33	175.55	4.88	1.16
14	巴基斯坦	1732	24.16	174.12	10.37	1.15
15	阿根廷	611	85.15	173.99	62.66	1.15
16	土耳其	560	334.11	172.53	185.11	1.14
17	挪威	20	900	167.33	120.95	1.11

排名	目的地	出口数量	数量同比	出口金额	金额同比	金额占比
18	孟加拉国	693	－0. 29	125. 92	－33. 94	0. 83
19	意大利	359	－95. 86	122. 29	－27. 49	0. 81
20	荷兰	667	－39. 14	120. 84	－47. 73	0. 8
21	尼日利亚	622	－14. 44	116. 44	－35. 18	0. 77
22	西班牙	414	19. 31	109. 94	16. 53	0. 73
23	南非	448	25. 84	93. 93	17. 71	0. 62
24	叙利亚	456	－18. 72	89. 54	－6. 21	0. 59
25	墨西哥	437	6. 07	88. 66	－9. 11	0. 59
26	法国	240	21. 83	85. 51	35. 8	0. 57
27	丹麦	289	63. 28	84. 64	35. 86	0. 56
28	印度尼西亚	273	－32. 26	81. 61	－14. 61	0. 54
29	澳大利亚	183	－43. 69	71. 33	－46. 59	0. 47
30	加拿大	122	－81. 11	62. 64	0. 21	0. 41
31	也门共和国	302	51. 76	61. 52	48. 87	0. 41
32	菲律宾	184	34. 31	60. 13	17. 45	0. 4
33	摩洛哥	268	44. 09	59. 95	－8. 04	0. 4
34	越南	190	－30. 91	59. 39	－41. 23	0. 39
35	多米尼加共和国	103	22. 62	57. 42	68. 43	0. 38
36	英国	172	－37	57. 28	－30. 57	0. 38
37	乌拉圭	172	56. 36	54. 01	51. 08	0. 36
38	阿尔及利亚	110	1. 85	53. 28	16. 88	0. 35
39	哥伦比亚	161	147. 69	52. 04	80. 91	0. 34
40	伊朗	165	－14. 95	50. 67	－25. 6	0. 33
41	厄瓜多尔	172	21. 13	50. 28	9. 08	0. 33
42	以色列	37	－48. 61	47. 78	57. 81	0. 32
43	比利时	163	2. 52	45. 19	4. 5	0. 3
44	罗马尼亚	188	11. 24	44. 38	－9. 48	0. 29
45	马来西亚	134	－4. 29	42. 82	－18. 76	0. 28
46	利比亚	225	221. 43	41. 22	72. 95	0. 27
47	泰国	120	2. 56	40. 96	0. 56	0. 27
48	奥地利	87	－53. 48	40. 86	－38. 79	0. 27
49	阿拉伯联合酋长国	165	70. 1	36. 76	45. 56	0. 24
50	保加利亚	121	68. 06	36. 23	13. 57	0. 24

资料来源：中国医保商会根据中国海关数据整理

表4－15　2010年中国B型超声波诊断仪主要出口企业名单

排名	企业名称	排名	企业名称
1	深圳迈瑞生物医疗电子股份有限公司	26	旭电（苏州）科技有限公司
2	上海阿洛卡医用仪器有限公司	27	东芝物流（大连）有限公司
3	东芝大连有限公司	28	四川旭康医疗电器有限公司
4	上海爱培克电子科技有限公司	29	镇江市汉华进出口有限公司
5	上海西门子医疗器械有限公司	30	上海工业投资（集团）有限公司
6	深圳市开立科技有限公司	31	深圳市华南国际物流有限公司
7	深圳市威尔德医疗电子股份有限公司	32	徐州市创新医学仪器有限公司
8	无锡祥生医学影像有限责任公司	33	武汉市天怡电子有限公司
9	通用电气医疗系统（中国）有限公司	34	深圳市勤辉投资开发有限公司
10	深圳市理邦精密仪器有限公司	35	昆山扬皓光电有限公司
11	深圳市金运达国际物流有限公司	36	四川绵阳灵通电子设备有限责任公司
12	深圳市恩普电子技术有限公司	37	广濑拓普康（东莞）电子有限公司
13	徐州市凯信电子设备有限公司	38	徐州泰昊商贸有限公司
14	捷普科技（上海）有限公司	39	中国医药保健品有限公司
15	深圳市蓝韵实业有限公司	40	深圳市银宝山新实业发展有限公司
16	荣顺电子（无锡）有限公司	41	南京创普进出口有限公司
17	深圳市凯沃尔电子有限公司	42	上海鹿得国际贸易有限公司
18	上海麦迪逊医疗器械有限公司	43	南京普田医疗器械有限公司
19	深圳中外运物流有限公司	44	江苏舜天汉唐贸易有限公司
20	秦皇岛市康泰医学系统有限公司	45	日立医疗（广州）有限公司
21	北京天惠华数字技术有限公司	46	南京美腾进出口实业有限公司
22	贝莱胜电子（厦门）有限公司	47	中仪英斯泰克进出口公司
23	深圳市邦健电子有限公司	48	中国医药对外贸易公司
24	卓越（北京）机电设备有限公司	49	深圳市锦瑞电子有限公司
25	天津市索维电子技术有限公司	50	成都伟格科技有限公司

资料来源：中国医保商会根据中国海关数据整理

表4－16　2010年中国B型超声波诊断仪各省区市出口情况

单位：台，%，万美元

排序	地区	出口数量	数量同比	出口金额	金额同比	金额占比
合计		30348	－15.44	15132.85	23.56	100
1	广东	20264	11.65	7704.32	16.47	50.91
2	上海	2427	3.81	3758.74	36.51	24.84
3	辽宁	12	300	1592.75	24.47	10.53

排序	地区	出口数量	数量同比	出口金额	金额同比	金额占比
4	江苏	5066	17.32	1483.64	18.15	9.8
5	北京	273	148.18	166.91	169.86	1.1
6	河北	547	15.89	102.66	73.37	0.68
7	福建	47	-95.07	63.84	74.93	0.42
8	黑龙江	2	-85.71	59.6	3617.75	0.39
9	湖北	601	76.76	49.73	79.07	0.33
10	四川	439	27.25	46.58	6.8	0.31
11	天津	532	30.39	42.48	-14.48	0.28
12	重庆	7	-58.82	26.83	176.48	0.18
13	山东	48	-99.42	9.53	-31.96	0.06
14	云南	4	-83.33	8.89	-63.71	0.06
15	浙江	56	229.41	7.41	110.43	0.05
16	安徽	13	-23.53	5.69	72.51	0.04
17	新疆	5	25	1.8	21.95	0.01
18	甘肃	3	-	1	-	0.01
19	江西	1	-	0.3	-	0
20	吉林	1	-75	0.14	-79.9	0

资料来源：中国医保商会根据中国海关数据整理

4.3 彩色超声波诊断仪

海关 HS 编码：90181291

从长期需求来看，越来越多的黑白超将最终被彩超所取代。目前已经有多家国内企业有能力提供彩超，彩超的进出口贸易市场非常活跃。

彩超产品科技含量高，中国彩超进口产品多是高端产品，进口单价在 5－7 万美元/台之间。中国彩超产品的进口量总体呈现增长的趋势，2006 年进口量为 4607 台，到 2010 年进口量达到了 8735 台，四年增长了 89%，进口金额增长幅度要远高于进口量增长幅度，从 2006 年的 26576.21 万美元增长至 58251.8 万美元，增长幅度为 119%，说明进口单价有所上涨。其中美国、日本和韩国是中国彩超主要的进口来源地。

中国彩超产品的出口市场也同样活跃，但产品附加值还比较低，出口单价在 1.5 万美元/台，远远低于中国进口彩超产品的价格。2006 年到 2010 年出口量从 4320 台增长至 16315 台，增长了 277.66%。其中美国、荷兰和德国是中国彩超出口主要目的地。

4.3.1 进口

表 4-17 2006-2010 年中国彩超进口情况

单位：台,%，万美元

年份	进口数量	数量同比	进口金额	金额同比
2010	8735	28.06	58251.8	26.23
2009	6821	-0.47	46149.04	8.57
2008	6853	49.50	42504.67	43.87
2007	4584	-0.50	29542.78	11.16
2006	4607	20.57	26576.21	3.62

资料来源：中国医保商会根据中国海关数据整理

表 4-18 2010 年中国彩超主要进口来源地

单位：台,%，万美元

排名	来源地	进口数量	数量同比	进口金额	金额同比	金额占比
合计		8735	28.06	58251.8	26.23	100
1	美国	1871	31.21	22503.67	21.86	38.63
2	日本	1816	15.08	11355.08	19.77	19.49
3	韩国	2576	65.55	6723.08	28.25	11.54
4	奥地利	566	65.5	6714.75	62.97	11.53
5	挪威	185	46.83	2803.67	48.09	4.81
6	意大利	337	73.71	1664.48	33.15	2.86
7	中国（保税区）	44	340	1489.24	82.69	2.56
8	印度	384	-11.72	1100.45	-8.92	1.89
9	荷兰	622	-34.04	991.2	-35.69	1.7
10	以色列	126	63.64	829.55	56.45	1.42
11	加拿大	23	-43.9	263.95	42.61	0.45
12	丹麦	68	-1.45	245.89	-2.81	0.42
13	法国	76	533.33	201.32	187.99	0.35
14	德国	8	33.33	90.63	24.61	0.16
15	墨西哥	3	-	33.06	119.16	0.06
16	中国台湾	7	-	32.07	72.81	0.06
17	西班牙	2	-33.33	28.59	-23.68	0.05
18	马来西亚	20	-	27.97	-86.1	0.05
19	捷克	1	-	6.38	-	0.01

资料来源：中国医保商会根据中国海关数据整理

表 4－19　2010 年中国彩超主要进口企业名单

排名	企业名称	排名	企业名称
1	深圳市怡亚通供应链股份有限公司	26	厦门建发股份有限公司
2	中国医药保健品有限公司	27	陕西信华国际贸易有限公司
3	东软飞利浦医疗设备系统有限责任公司	28	通用电气医疗系统贸易发展（上海）有限公司
4	阿洛卡国际贸易（上海）有限公司	29	重庆繁盛机电技术进出口有限公司
5	上海东松国际贸易有限公司	30	东芝医疗系统（中国）有限公司
6	百胜（深圳）医疗设备有限公司	31	深圳迈瑞生物医疗电子股份有限公司
7	北京中润伟业投资有限公司	32	中建材集团进出口公司
8	中国医药对外贸易公司	33	广州华炜实业有限公司
9	广东省医药保健品进出口公司	34	日立医疗系统（苏州）有限公司
10	中外运·敦豪保税仓储（北京）有限公司	35	中国远东国际招标公司
11	河南博奥贸易有限公司	36	山东益佳进出口有限公司
12	福建中航技经贸发展有限公司	37	广州浦惠医疗器械有限公司
13	通用电气医疗系统（中国）有限公司	38	中仪国际招标公司
14	宁波东诚进出口有限公司	39	江苏苏美达国际技术贸易有限公司
15	江苏省科技发展有限公司	40	上海西门子医疗器械有限公司
16	中国医疗器械技术服务公司	41	江苏省苏科国际技术贸易有限公司
17	北京东方天旭国际贸易有限公司	42	江苏海外集团国际技术工程有限公司
18	深圳市星海纳实业有限公司	43	山东东岳国际经贸合作股份有限公司
19	青岛美赫尔国际贸易有限公司	44	江苏舜天国际集团机械进出口股份有限公司
20	安徽亚美亚进出口贸易有限公司	45	中国医疗卫生器材进出口公司
21	重庆市中基进出口有限公司	46	中信国际招标有限公司
22	深圳市信利康实业有限公司	47	中国机械工业成套工程总公司
23	北京新时代环球进出口公司	48	吉林省机械电子进出口长春有限公司
24	上海阿洛卡医用仪器有限公司	49	中国技术进出口总公司
25	河北机械进出口有限公司	50	江苏苏美达仪器设备有限公司

资料来源：中国医保商会根据中国海关数据整理

表 4－20　2010 年中国彩超各省区市进口情况

单位：台，%，万美元

排序	地区	进口数量	数量同比	进口金额	金额同比	金额占比
合计		8735	28.06	58251.8	26.23	100
1	北京	2165	12.41	15220.85	50.16	26.13
2	广东	2130	21.64	11808.47	24.29	20.27
3	上海	2186	54.49	8375.51	10.19	14.38

排序	地区	进口数量	数量同比	进口金额	金额同比	金额占比
4	江苏	492	43.86	3997.36	33.93	6.86
5	辽宁	214	118.37	3776.1	16.11	6.48
6	浙江	310	48.33	2478.39	19.98	4.25
7	山东	156	23.81	1940.16	33.25	3.33
8	福建	109	32.93	1628.53	34.7	2.8
9	河南	146	-25.89	1046.78	-11.41	1.8
10	重庆	138	45.26	1046.35	55.14	1.8
11	河北	137	73.42	1021.3	90.51	1.75
12	黑龙江	130	83.1	740.54	-19.52	1.27
13	陕西	66	-12	713.18	9.64	1.22
14	安徽	54	17.39	686.4	12.08	1.18
15	新疆	49	-5.77	658.05	8	1.13
20	云南	65	-35	582.96	-22.3	1
21	湖南	46	119.05	467.4	103.14	0.8
22	天津	33	13.79	430.93	26.35	0.74
23	吉林	21	-16	386.92	0.95	0.66
24	四川	22	46.67	349.17	74.23	0.6
25	江西	23	155.56	302.17	88.13	0.52
26	湖北	24	14.29	281.26	163.63	0.48
27	内蒙古	8	33.33	155.48	276.47	0.27
28	海南	4	100	61.36	92.23	0.11
29	贵州	3	-75	45.35	-84.51	0.08
30	甘肃	3	-25	33.93	-27.46	0.06
31	山西	1	-80	16.9	-77.47	0.03

资料来源：中国医保商会根据中国海关数据整理

4.3.2 出口

表4-21 2006-2010年中国彩超出口情况

单位：台,%，万美元

年份	出口数量	数量同比	出口金额	金额同比
2010	16315	30.81	27354.5	37.27
2009	12472	12.96	19927.79	-2.06
2008	11041	38.13	20347.18	51.51
2007	7993	85.02	13429.87	103.29
2006	4320	31.79	6606.15	45.7

资料来源：中国医保商会根据中国海关数据整理

表4－22　2010年中国彩超主要出口目的地

单位：台,%，万美元

排名	目的地	出口数量	数量同比	出口金额	金额同比	金额占比
合计		16315	30.81	27354.5	37.27	100
1	美国	2509	82.74	4960.43	99.57	18.13
2	荷兰	3749	35.73	4185.32	16.89	15.3
3	德国	2332	22.09	2183.56	8.23	7.98
4	印度	1122	66.72	1785.61	63.29	6.53
5	日本	1079	－8.79	1580.61	－9.79	5.78
6	韩国	97	－1.02	1262.77	30.18	4.62
7	俄罗斯	595	73.98	1199.51	84.21	4.39
8	奥地利	18	－30.77	1009.98	30.41	3.69
9	委内瑞拉	482	237.06	863.84	247.15	3.16
10	意大利	263	22.33	816.95	75.78	2.99
11	中国香港	714	－31.35	784.88	16.28	2.87
12	新加坡	114	54.05	708.86	49.8	2.59
13	巴西	334	－7.22	458.26	－29.03	1.68
14	土耳其	330	90.75	421.86	68.96	1.54
15	波兰	211	62.31	419.44	73.79	1.53
16	挪威	4	33.33	387.6	299.28	1.42
17	以色列	10	－23.08	216.74	－3.55	0.79
18	澳大利亚	155	12.32	213.98	34.97	0.78
19	印度尼西亚	151	81.93	192.05	96.45	0.7
20	南非	81	97.56	153.52	114.57	0.56
21	西班牙	63	－28.41	138.34	－9.68	0.51
22	墨西哥	78	6.85	136.73	3.22	0.5
23	马来西亚	74	－25.25	127.08	－5.15	0.46
24	法国	47	－18.97	100.44	9.42	0.37
25	秘鲁	53	1.92	97.81	－1.06	0.36
26	捷克	55	－1.79	95.79	2.11	0.35
27	哥伦比亚	43	0	94.74	3.48	0.35
28	智利	47	27.03	89.91	52.1	0.33
29	阿拉伯联合酋长国	46	27.78	88.27	33.88	0.32
30	越南	46	－22.03	87.88	－17.68	0.32
31	哈萨克斯坦	45	104.55	84	94.58	0.31

排名	目的地	出口数量	数量同比	出口金额	金额同比	金额占比
32	阿根廷	47	27.03	80.5	14.81	0.29
33	芬兰	40	37.93	80.22	26.74	0.29
34	希腊	46	53.33	78.36	39.88	0.29
35	罗马尼亚	41	70.83	78	57.73	0.29
36	比利时	34	6.25	75.63	22.84	0.28
37	埃及	48	-14.29	72.58	-24.63	0.27
38	英国	33	-19.51	71.24	0.74	0.26
39	菲律宾	41	2.5	70.77	-15.1	0.26
40	伊朗	39	44.44	67.89	53.97	0.25
41	叙利亚	33	13.79	67.15	24.75	0.25
42	波多黎各	33	312.5	65.36	242.37	0.24
43	沙特阿拉伯	29	93.33	62.62	107.27	0.23
44	摩洛哥	36	-30.77	59.11	-23.09	0.22
45	伊拉克	34	209.09	58.87	192.23	0.22
46	瑞士	37	19.35	57.11	4.91	0.21
47	阿尔及利亚	23	9.52	50.36	34.62	0.18
48	加拿大	66	17.86	48.88	-1.84	0.18
49	缅甸	13	550	47.89	1534.28	0.18
50	肯尼亚	32	357.14	46.89	303.28	0.17

资料来源：中国医保商会根据中国海关数据整理

表 4-23　2010 年中国彩超主要出口企业名单

排名	企业名称	排名	企业名称
1	通用电气医疗系统（中国）有限公司	13	深圳市威尔德医疗电子股份有限公司
2	深圳迈瑞生物医疗电子股份有限公司	14	阿洛卡国际贸易（上海）有限公司
3	东软飞利浦医疗设备系统有限责任公司	15	深圳市蓝韵实业有限公司
4	捷普科技（上海）有限公司	16	北京天惠华数字技术有限公司
5	深圳市开立科技有限公司	17	中化广东公司
6	上海阿洛卡医用仪器有限公司	18	深圳市德力凯电子有限公司
7	无锡祥生医学影像有限责任公司	19	奥林巴斯贸易（上海）有限公司
8	美迪森（上海）医疗器械有限公司	20	中国医药保健品有限公司
9	深圳市金运达国际物流有限公司	21	北京东方天旭国际贸易有限公司
10	新美亚电子（深圳）有限公司	22	深圳市华南国际物流有限公司
11	杭芝机电有限公司	23	中国医药对外贸易公司
12	深圳中外运物流有限公司	24	深圳市玉洁鑫贸易有限公司

排名	企业名称	排名	企业名称
25	中国医疗卫生对外技术合作公司	38	徐州市凯信电子设备有限公司
26	徐州泰昊商贸有限公司	39	江苏安惠国际贸易有限公司
27	无锡琵玛贸易有限公司	40	上海昌军进出口贸易有限公司
28	沈阳东软医疗系统进出口有限公司	41	武汉思创电子有限公司
29	南京普田医疗器械有限公司	42	中国航空技术进出口深圳公司
30	深圳市乐融贸易有限公司	43	昆山扬皓光电有限公司
31	通用电气医疗系统贸易发展（上海）有限公司	44	上海西门子医疗器械有限公司
32	中外运·敦豪保税仓储（北京）有限公司	45	深圳市美方园进出口有限公司
33	内蒙古布日德贸易有限责任公司	46	南京美腾进出口实业有限公司
34	深圳市利美通贸易有限公司	47	重庆润洋进出口贸易有限公司
35	东莞市对外加工装配服务公司	48	航空电子（吴江）有限公司
36	富士医疗器材（上海）有限公司	49	上海亚东盛进出口有限公司
37	北京东方惠尔图像技术有限公司	50	丹东忠达贸易有限公司

资料来源：中国医保商会根据中国海关数据整理

表 4－24　2010 年中国彩超各省区市出口情况

单位：台，%，万美元

排序	地区	出口数量	数量同比	出口金额	金额同比	金额占比
合计		16315	30. 81	27354. 5	37. 27	100
1	广东	8177	31. 55	11757. 95	46. 03	42. 98
2	江苏	5228	42. 45	7631. 1	23. 71	27. 9
3	辽宁	2137	29. 99	4192. 51	25. 69	15. 33
4	上海	623	－16. 26	3332. 86	58. 78	12. 18
5	浙江	71	24. 56	227. 35	25. 65	0. 83
6	北京	64	326. 67	193. 43	222. 76	0. 71
7	黑龙江	6	–	14. 54	–	0. 05
8	内蒙古	1	–	3. 22	–	0. 01
9	湖北	7	－93. 97	1. 05	－93. 99	0
10	重庆	1	–	0. 5	－33. 63	0

资料来源：中国医保商会根据中国海关数据整理

4.4 磁共振设备（MRI）

海关 HS 编码：90181300

磁共振成像技术是一种非介入探测技术，相对于 X－射线透视技术和放射造影技术，磁共振成像对人体没有辐射影响，相对于超声探测技术，磁共振成像更加清晰，磁共振成像技术在疾病诊断中被广泛应用，因而贸易市场交易活跃。

MRI 是中国医疗器械主要进口产品之一，2010 年进口金额为 4.30 亿美元，同比增长 54.23%。另外，磁共振成像装置出口市场同样态势良好，2006 年到 2010 年，出口金额从 6688.29 万美元增至 20017.82 万美元，四年时间增长幅度高达 200%。

4.4.1 进口

表 4－25　2006－2010 年中国 MRI 进口情况

单位：台，%，万美元

年份	进口数量	数量同比	进口金额	金额同比
2010	925	171.26	43035.7	54.23
2009	341	111.8	27904.13	20.01
2008	161	2.55	23250.60	14.02
2007	157	－26.64	20391.81	32.99
2006	214	16.94	15333.64	－29.77

资料来源：中国医保商会根据中国海关数据整理

表 4－26　2010 年中国 MRI 主要进口来源地

单位：台，%，万美元

排名	来源地	数量	数量同比	进口金额	金额同比	金额占比
	合计	925	171.26	43035.7	54.23	100
1	德国	72	33.33	13597.4	59.19	31.6
2	美国	485	156.61	12819.42	29.85	29.79
3	荷兰	72	60	8406.65	94.19	19.53
4	日本	273	534.88	5678.34	52.73	13.19
5	英国	16	220	1117.18	86.27	2.6
6	中国（保税区）	1	－50	392.12	9.16	0.91
7	奥地利	1	－	209.59	6174.26	0.49
8	瑞士	2	100	203.73	22.99	0.47
9	意大利	2	100	120.95	229.99	0.28
10	以色列	1	－	105.52	3131.28	0.25

资料来源：中国医保商会根据中国海关数据整理

表 4－27　2010 年中国 MRI 主要进口企业名单

排名	企业名称	排名	企业名称
1	西门子迈迪特（深圳）磁共振有限公司	26	新疆金怡进出口有限责任公司
2	安徽亚美亚进出口贸易有限公司	27	湖北桦升国际贸易有限公司
3	江苏省科技发展有限公司	28	浙江国贸进出口有限公司
4	北京中润伟业投资有限公司	29	江苏苏美达仪器设备有限公司
5	中国医疗卫生器材进出口公司	30	中国医药对外贸易公司
6	深圳市格尚科技发展有限公司	31	安徽省技术进出口股份有限公司
7	宁波康导进出口有限公司	32	浙江省对外服务公司
8	青岛美赫尔国际贸易有限公司	33	珠海市星远科技有限公司
9	中外运·敦豪保税仓储（北京）有限公司	34	上海工业投资（集团）有限公司
10	重庆市中基进出口有限公司	35	中国仪器进出口（集团）公司
11	江苏海外集团国际技术工程有限公司	36	五矿国际招标有限责任公司
12	中仪国际招标公司	37	浙江信盛实业有限公司
13	中建材集团进出口公司	38	山东朗利经贸有限公司
14	上海东松国际贸易有限公司	39	江西省通用技术进出口有限公司
15	北京科苑新创技术有限公司	40	厦门建发股份有限公司
16	通用电气医疗系统贸易发展（上海）有限公司	41	上海西门子医疗器械有限公司
17	北京东方天旭国际贸易有限公司	42	广东南方富达进出口有限公司
18	江苏舜天国际集团机械进出口股份有限公司	43	江苏省苏科国际技术贸易有限公司
19	中国医疗器械技术服务公司	44	重庆五矿机械进出口有限公司
20	上海科学器材有限公司	45	广东省中科进出口有限公司
21	成都佳士实业进出口贸易有限公司	46	福建华闽进出口有限公司
22	河南博奥贸易有限公司	47	江苏苏美达国际技术贸易有限公司
23	江西华盛贸易有限公司	48	山东东岳国际经贸合作股份有限公司
24	黑龙江省东恒贸易有限公司	49	中国教学仪器设备总公司
25	中国石油物资装备（集团）总公司	50	云南信亿进出口贸易有限公司

资料来源：中国医保商会根据中国海关数据整理

表 4－28　2010 年中国 MRI 各省区市进口情况

单位：台，%，万美元

排序	地区	进口数量	数量同比	进口金额	金额同比	金额占比
合计		925	171.26	43035.7	54.23	100
1	北京	293	405.17	12865.44	45.54	29.89
2	广东	21	5	5153.53	56.2	11.98
3	江苏	33	200	4264.5	192.3	9.91

排序	地区	进口数量	数量同比	进口金额	金额同比	金额占比
4	浙江	28	55.56	2701.61	112.96	6.28
5	上海	16	60	2551.26	-0.77	5.93
6	山东	14	100	2033.02	128.17	4.72
7	安徽	20	33.33	1975.97	24.42	4.59
8	黑龙江	11	57.14	1474.08	151.89	3.43
9	重庆	5	25	1104.11	21.48	2.57
10	湖北	6	50	1076.78	95.28	2.5
11	河南	4	-20	769	7.99	1.79
12	福建	4	-97.2	766.59	-12.61	1.78
13	四川	27	200	756.51	-22.95	1.76
14	江西	6	500	708.89	912.7	1.65
15	湖南	3	200	656.48	59.64	1.53
16	辽宁	3	0	550.67	22.42	1.28
17	天津	411	4010	546.85	-23.68	1.27
18	新疆	2	0	524.25	138.89	1.22
19	云南	4	33.33	521.3	84.66	1.21
20	山西	4	0	485.27	47.75	1.13
21	陕西	3	200	407.04	233.64	0.95
22	贵州	3	50	332.6	-2.29	0.77
23	吉林	1	-	319.6	-	0.74
24	内蒙古	1	0	221.08	4.28	0.51
25	河北	1	-50	157.6	-27.87	0.37
26	海南	1	-	111.68	-	0.26

资料来源：中国医保商会根据中国海关数据整理

4.4.2 出口

表 4-29 2006-2010 年中国 MRI 出口情况

单位：台，%，万美元

年份	出口数量	数量同比	出口金额	金额同比
2010	403	-6.28	20017.82	35.97
2009	430	1.18	14721.77	-6.6
2008	425	-38.23	15761.7	79.76
2007	688	245.73	8768.1	31.1
2006	199	1.53	6688.29	22.35

资料来源：中国医保商会根据中国海关数据整理

表 4－30　2010 年中国 MRI 主要出口目的地

单位：台,%，万美元

排名	目的地	出口数量	数量同比	出口金额	金额同比	金额占比
	合计	403	－6.28	20017.82	35.97	100
1	美国	36	－70.25	3214.61	23.78	16.06
2	日本	78	16.42	2935.78	43.45	14.67
3	德国	9	－43.75	1873.55	32.37	9.36
4	韩国	36	227.27	1380.38	219.7	6.9
5	印度	49	145	1254.71	103.35	6.27
6	巴西	35	45.83	1120.01	28.87	5.6
7	新加坡	8	300	746.4	42.01	3.73
8	俄罗斯	20	33.33	736.67	23.35	3.68
9	荷兰	0	－100	573.61	220.81	2.87
10	土耳其	13	－27.78	445.51	－39.86	2.23
11	澳大利亚	8	300	437.69	369.33	2.19
12	英国	1	－96.3	437.61	59.74	2.19
13	西班牙	7	16.67	365.07	48.84	1.82
14	伊朗	9	200	356.44	161.13	1.78
15	中国香港	4	－	321.22	178.25	1.6
16	墨西哥	4	100	270.01	206.31	1.35
17	意大利	3	－50	259.81	2.13	1.3
18	法国	7	40	236.51	21.09	1.18
19	越南	7	133.33	228.79	86.65	1.14
20	埃及	3	－57.14	198.39	1.63	0.99
21	哈萨克斯坦	5	400	171.66	452.36	0.86
22	波兰	2	－	146.99	921.23	0.73
23	马来西亚	4	－	136.27	－	0.68
24	哥伦比亚	3	－40	135.5	－40.31	0.68
25	阿拉伯联合酋长国	4	33.33	129.84	67.13	0.65
26	黎巴嫩	3	50	110.77	49.36	0.55
27	尼日利亚	3	50	107.37	10.82	0.54
28	以色列	1	－	98.1	4687.03	0.49
29	卡塔尔	3	50	86.31	18.65	0.43
30	菲律宾	2	0	77.34	6.56	0.39
31	秘鲁	2	0	72.18	－8.3	0.36
32	委内瑞拉	2	－60	71.96	－70.34	0.36

排名	目的地	出口数量	数量同比	出口金额	金额同比	金额占比
33	阿塞拜疆	2	–	70.75	–	0.35
34	阿曼	1	0	70.29	45	0.35
35	印度尼西亚	1	−66.67	69.43	−41.02	0.35
36	孟加拉国	2	100	56.41	−17.55	0.28
37	阿根廷	2	0	54.79	−27.95	0.27
38	埃塞俄比亚	2	–	54.16	–	0.27
39	摩洛哥	2	−33.33	54.03	−61.26	0.27
40	科威特	1	0	50.25	5.5	0.25
41	芬兰	1	–	49.33	3943.74	0.25
42	加拿大	0	–	48.02	894.99	0.24
43	苏丹	1	–	44.38	–	0.22
44	刚果	1	–	43.62	–	0.22
45	塞舌尔	1	–	43.04	–	0.22
46	多米尼加共和国	1	–	40.69	–	0.2
47	吉尔吉斯斯坦	1	–	37.5	–	0.19
48	约旦	1	–	37	–	0.18
49	巴基斯坦	1	–	35.44	–	0.18
50	乌克兰	1	−66.67	30.77	−64.51	0.15

资料来源：中国医保商会根据中国海关数据整理

表4－31　2010年中国MRI主要出口企业名单

排名	企业名称	排名	企业名称
1	西门子迈迪特（深圳）磁共振有限公司	14	北京万东医疗装备股份有限公司
2	日立医疗系统（苏州）有限公司	15	中化广东公司
3	捷普科技（上海）有限公司	16	西安商泰进出口有限公司
4	沈阳东软医疗系统进出口有限公司	17	北京东方天旭国际贸易有限公司
5	通用电气医疗系统（中国）有限公司	18	贝莱胜电子（厦门）有限公司
6	宁波鑫高益磁材有限公司	19	上海西门子医疗器械有限公司
7	上海森松压力容器有限公司	20	奥泰医疗系统有限责任公司
8	航卫通用电气医疗系统有限公司	21	丹纳赫西特传感工业控制（天津）有限公司
9	米沃（番禺）电线有限公司	22	上海辰光医疗科技有限公司
10	西安商泰机械制造有限公司	23	上海工业投资（集团）有限公司
11	新奥博为技术有限公司	24	北京信邦电子有限公司
12	深圳安科高技术股份有限公司	25	深圳市三地工贸有限公司
13	宁波健信机械有限公司	26	卓越（北京）机电设备有限公司

排名	企业名称	排名	企业名称
27	宁波中包进出口有限公司	36	郑州纺织机械股份有限公司
28	辽宁汇明国际贸易有限公司	37	深圳市宝安外经发展有限公司
29	深圳市威宸商贸有限公司	38	绥芬河贺翔经贸有限责任公司
30	美律科技（深圳）有限公司	39	丹沙物流（上海）有限公司
31	深圳市金驰贸易有限公司	40	东莞瑞智电子有限公司
32	深圳中外运物流有限公司	41	通用电气医疗系统贸易发展（上海）有限公司
33	深圳市华南国际物流有限公司	42	北京通用电气华伦医疗设备有限公司
34	中外运·敦豪保税仓储（北京）有限公司	43	深圳市美方园进出口有限公司
35	日立医疗器械（北京）有限公司		

资料来源：中国医保商会根据中国海关数据整理

表 4-32　2010 年中国 MRI 各省区市出口情况

单位：台,%，万美元

排序	地区	出口数量	数量同比	出口金额	金额同比	金额占比
合计		403	-6.28	20017.82	35.97	100
1	广东	239	23.83	11228.78	25.07	56.09
2	北京	82	74.47	2365.25	34.38	11.82
3	上海	10	233.33	2175.28	94.65	10.87
4	江苏	17	54.55	1806.46	57.37	9.02
5	辽宁	24	4.35	912.37	8.34	4.56
6	浙江	16	220	572.68	43.86	2.86
7	陕西	0	-100	404.44	80.11	2.02
8	河北	7	133.33	283.62	131.99	1.42
9	福建	6	-95.16	88.4	-22.65	0.44
10	黑龙江	1	–	62.42	16355.42	0.31
11	四川	1	–	61.67	9668.87	0.31

资料来源：中国医保商会根据中国海关数据整理

4.5　内窥镜

海关 HS 编码：90189030

内窥镜在临床上有着广泛的应用，贸易市场活跃。2010 年中国进口内窥镜 9653 台，进口金额达到了 22239.67 万美元，同比增长 31.45%，日本和德国是中国内窥镜主要进口来源国。随着中国二三级市场需求的增长，中国对内窥镜的需求量会进一步扩大，预计进口量仍然会保持增长。

中国内窥镜在 2008 年后受经济危机影响出口市场有所萎缩，2010 年随着全球经济逐渐恢复，出口市场呈现好转趋势，2010 年中国出口内窥镜 45225 台，出口金额为 2262.65 万美元，同比增长 42.3%。

4.5.1 进口

表 4-33 2006-2010 年中国内窥镜进口情况

单位：台,%，万美元

年份	进口数量	数量同比	进口金额	金额同比
2010	9653	16.6	22239.67	31.45
2009	8279	99.98	16918.25	33.98
2008	4140	-17.37	12627.83	27.63
2007	5010	-8.07	9893.84	-1.4
2006	5450	-17.35	10034.42	2.17

资料来源：中国医保商会根据中国海关数据整理

表 4-34 2010 年中国内窥镜主要进口来源地

单位：台,%，万美元

排名	来源地	进口数量	数量同比	进口金额	金额同比	金额占比
	合计	9653	16.6	22239.67	31.45	100
1	日本	1899	84.37	11878.61	38.86	53.41
2	德国	2009	25.09	6720.28	46.72	30.22
3	美国	2228	69.43	2238.33	-29.53	10.06
4	墨西哥	0	-100	960.59	127.99	4.32
5	中国台湾	328	32700	80.8	24062.08	0.36
6	以色列	1133	118.73	72.59	119.46	0.33
7	加拿大	60	50	71.01	131.33	0.32
8	瑞士	3	0	65.5	1365.69	0.29
9	英国	1616	-19.72	36.51	14.78	0.16
10	法国	78	14.71	32.04	110.52	0.14
11	韩国	280	351.61	23.48	-39.12	0.11
12	澳大利亚	2	100	21.69	1543.89	0.1
13	芬兰	9	-	10.63	-	0.05
14	爱尔兰	0	-	9.25	-47.31	0.04
15	中国香港	2	0	6.38	7.23	0.03
16	奥地利	2	-	5.15	-	0.02
17	巴基斯坦	0	-	4.06	47.35	0.02
18	中国（保税区）	4	-33.33	2.71	-3.62	0.01
19	马来西亚	0	-	0.02	500	0
20	乌克兰	0	-	0.02	-	0

排名	来源地	进口数量	数量同比	进口金额	金额同比	金额占比
21	越南	0	–	0.01	–	0
22	新加坡	0	–	0.01	–	0
23	比利时	0	–	<0.01	–	0

资料来源：中国医保商会根据中国海关数据整理

表4－35　2010年中国内窥镜主要进口企业名单

排名	企业名称	排名	企业名称
1	奥林巴斯贸易（上海）有限公司	26	安徽省技术进出口股份有限公司
2	上海金桥（集团）有限公司	27	浙江中欣医疗设备有限公司
3	富士医疗器材（上海）有限公司	28	浙江顺达进出口贸易有限公司
4	上海三凯进出口有限公司	29	上海外高桥进出口贸易有限公司
5	重庆市中基进出口有限公司	30	中国电子国际经济贸易公司
6	上海东松国际贸易有限公司	31	中国医疗器械技术服务公司
7	广东省医药保健品进出口公司	32	上海国际科学技术有限公司
8	上海协谷进出口贸易有限公司	33	北京天和天乐科技发展有限公司
9	永裕（上海）医药物流营运有限公司	34	北京新时代环球进出口公司
10	富士胶片（中国）投资有限公司	35	武汉恒星经贸有限公司
11	吉林省机械电子进出口长春有限公司	36	江苏舜天国际集团机械进出口股份有限公司
12	江苏省苏科国际技术贸易有限公司	37	上海紫江国际贸易有限公司
13	山东东岳国际经贸合作股份有限公司	38	广东省中科进出口有限公司
14	中国技术进出口总公司	39	安徽亚美亚进出口贸易有限公司
15	上海中艺励安进出口有限公司	40	中化建国际招标有限责任公司
16	上海科学器材有限公司	41	中国远东国际招标公司
17	中仪国际招标公司	42	航天长城贸易有限责任公司
18	深圳市松琛实业发展有限公司	43	中建材集团进出口公司
19	青岛美赫尔国际贸易有限公司	44	福建中航技经贸发展有限公司
20	江苏省科技发展有限公司	45	江苏苏美达国际技术贸易有限公司
21	长春机械设备进出口有限责任公司	46	广州市翌华贸易有限公司
22	广州华炜实业有限公司	47	中顺国际商贸有限公司
23	成都巨新实业有限公司	48	成都佳士实业进出口贸易有限公司
24	山东益佳进出口有限公司	49	山东美赫尔国际贸易有限公司
25	美敦力医疗用品技术服务（上海）有限公司	50	中技国际招标公司

资料来源：中国医保商会根据中国海关数据整理

表 4－36　2010 年中国内窥镜各省区市进口情况

单位：台，%，万美元

排序	地区	进口数量	数量同比	进口金额	金额同比	金额占比
合计		9653	16.6	22239.67	31.45	100
1	上海	3960	0.25	13425.09	33.14	60.37
2	北京	3387	27.14	2742.28	54.43	12.33
3	广东	1277	39.11	1416.24	1.27	6.37
4	重庆	23	－41.03	881.03	69.9	3.96
5	山东	180	71.43	691.54	21.23	3.11
6	江苏	56	47.37	661.56	127.94	2.97
7	吉林	29	11.54	405.71	71.37	1.82
8	浙江	107	－29.14	307.06	－25.16	1.38
9	四川	66	－13.16	253.76	－14.7	1.14
10	安徽	65	32.65	209.08	36.4	0.94
11	新疆	22	－35.29	184.1	3.65	0.83
12	黑龙江	23	35.29	166.87	－14.2	0.75
13	河北	13	30	113.02	－2.65	0.51
14	山西	9	200	95.94	762.23	0.43
15	福建	9	－79.55	95.59	－16.2	0.43
16	陕西	33	32	93.68	－6.4	0.42
17	江西	9	200	92.41	80.57	0.42
18	湖北	15	－51.61	88.87	33.99	0.4
19	贵州	9	－50	83.97	9.48	0.38
20	天津	325	8025	58.28	193.37	0.26
21	河南	6	500	53.94	1546.49	0.24
22	湖南	10	－56.52	46.77	－49.58	0.21
23	内蒙古	4	0	30.28	－27.3	0.14
24	辽宁	10	－61.54	23.54	－60.39	0.11
25	云南	5	－58.33	17.38	－56.75	0.08
26	青海	1	－	1.67	－	0.01

资料来源：中国医保商会根据中国海关数据整理

4.5.2 出口

表 4－37 2006－2010 年中国内窥镜出口情况

单位：台,%，万美元

年份	出口数量	数量同比	出口金额	金额同比
2010	45225	33.4	2262.65	42.3
2009	33902	－65.63	1590.09	22.05
2008	98630	283.21	1302.8	－12.78
2007	25738	147.15	1493.7	44.87
2006	10414	64.26	1031.05	34.98

资料来源：中国医保商会根据中国海关数据整理

表 4－38 2010 年中国内窥镜主要出口目的地

单位：台,%，万美元

排名	目的地	出口数量	数量同比	出口金额	金额同比	金额占比
	合计	45225	33.4	2262.65	42.3	100
1	中国香港	164	37.82	764.29	21.82	33.78
2	美国	2816	－52.6	251.61	378.66	11.12
3	德国	1405	32.17	196.36	189.97	8.68
4	印度	2110	2.88	106.97	18.36	4.73
5	意大利	304	－31.38	72.4	39.85	3.2
6	韩国	1453	－2.87	52.64	6.49	2.33
7	英国	91	－52.85	51.77	69.06	2.29
8	巴西	138	－92.55	48.83	－12.28	2.16
9	荷兰	24009	56.02	45.5	343.35	2.01
10	土耳其	862	194.2	45.41	33.77	2.01
11	伊朗	151	104.05	41.84	21.11	1.85
12	俄罗斯	70	－13.58	40.96	134.6	1.81
13	佛得角	8	－	38.77	－	1.71
14	日本	276	300	27.74	271.3	1.23
15	越南	146	－18.89	24.45	70.39	1.08
16	新加坡	152	25.62	21.18	57.23	0.94
17	墨西哥	175	2.94	19.86	－21.49	0.88
18	印度尼西亚	24	71.43	19.14	94.57	0.85
19	波兰	333	74.35	17.74	2.26	0.78

排名	目的地	出口数量	数量同比	出口金额	金额同比	金额占比
20	秘鲁	38	40.74	17.36	64.54	0.77
21	泰国	84	154.55	17.33	210.64	0.77
22	斯洛伐克	58	-3.33	16.83	19.62	0.74
23	沙特阿拉伯	5038	5259.57	16.55	75.57	0.73
24	阿根廷	558	96.48	14.02	-61.34	0.62
25	澳大利亚	207	263.16	13.23	335.51	0.58
26	突尼斯	24	-14.29	13.15	299.7	0.58
27	古巴	63	3050	11.85	1204.15	0.52
28	阿拉伯联合酋长国	79	-4.82	11.58	38.96	0.51
29	西班牙	45	-87.87	10.54	-32.07	0.47
30	中国台湾	220	-25.93	10.36	-19.47	0.46
31	叙利亚	188	32.39	10.12	69.98	0.45
32	加拿大	1314	630	9.29	67.65	0.41
33	罗马尼亚	72	-43.75	9.15	-26.07	0.4
34	厄瓜多尔	56	300	8.56	344.77	0.38
35	尼泊尔	566	56500	8.22	26598.05	0.36
36	比利时	5	-	8.17	15522.37	0.36
37	科特迪瓦共和国	26	-	8.09	-	0.36
38	法国	36	-55	7.95	9.21	0.35
39	津巴布韦	8	-	7.4	-	0.33
40	埃及	86	-62.11	7.11	-51.42	0.31
41	利比亚	6	-66.67	6.72	-2.71	0.3
42	阿富汗	2	-50	6.02	1057.23	0.27
43	尼日利亚	31	-31.11	5.97	-46.12	0.26
44	莫桑比克	17	-	5.85	-	0.26
45	菲律宾	98	-59.34	5.18	-11.29	0.23
46	捷克	35	40	4.87	7.16	0.22
47	摩洛哥	123	310	4.6	377.8	0.2
48	巴基斯坦	105	94.44	4.5	-27.4	0.2
49	阿尔及利亚	52	-17.46	4.32	-67.49	0.19
50	智利	123	-56.69	3.82	-53.27	0.17

资料来源：中国医保商会根据中国海关数据整理

表 4－39　2010 年中国内窥镜主要出口企业名单

排名	企业名称	排名	企业名称
1	奥林巴斯贸易（上海）有限公司	26	上海申航进出口有限公司
2	锐珂（上海）医疗器材有限公司	27	南京创普进出口有限公司
3	上海澳华光电内窥镜有限公司	28	深圳市华南国际物流有限公司
4	杭州好克光电仪器有限公司	29	永裕（上海）医药物流营运有限公司
5	上海埃尔顿医疗器械有限公司	30	上海天坛国际贸易有限公司
6	上海延顺内窥镜配件有限公司	31	广西凭祥市金志进出口有限公司
7	富士医疗器材（上海）有限公司	32	上海诚然实业有限公司
8	辽宁省国际经济技术合作集团有限责任公司	33	杭州市桐庐医疗光学仪器总厂
9	杭州桐庐尖端内窥镜有限公司	34	北京谊安医疗系统股份有限公司
10	上海晨通国际贸易有限公司	35	怡得乐安瑞医疗器械（杭州）有限公司
11	北京爱合康国际贸易有限公司	36	上海美狄科实业有限公司
12	南京春辉科技实业有限公司	37	哈尔滨机械进出口有限公司
13	杭州光典医疗器械有限公司	38	深圳市宝安外经发展有限公司
14	上海超诚物流有限公司	39	宁波名亿德进出口有限公司
15	中轻阳光进出口有限公司	40	上海凯贺国际贸易有限公司
16	浙江苏嘉医疗器械股份有限公司	41	江苏省医药保健品进出口（集团）公司
17	中国医疗卫生对外技术合作公司	42	深圳龙岗区对外经济发展有限公司
18	宁波蓝野医疗器械有限公司	43	上海凯兴实业公司
19	中国医药对外贸易公司	44	上海祖泉进出口有限公司
20	中国医药保健品股份有限公司	45	西诺德牙科设备（佛山）有限公司
21	中国江西国际经济技术合作公司	46	张家港永安建材有限公司
22	佛山市顺德区岷巨进出口贸易有限公司	47	上海飞锐光电技术有限公司
23	上海匡衡进出口有限公司	48	成都格瑞特进出口贸易有限责任公司
24	杭州三泰电子技术有限公司	49	上海医疗器械进出口有限公司
25	沈阳沈大内窥镜有限公司	50	上海联铁进出口有限公司

资料来源：中国医保商会根据中国海关数据整理

表 4－40　2010 年中国内窥镜各省区市出口情况

单位：台，%，万美元

排名	地区	出口数量	数量同比	出口金额	金额同比	金额占比
合计		45225	33.4	2262.65	42.3	100
1	上海	5842	54.47	1598.36	49.19	70.64
2	浙江	4052	1.38	206.92	－0.62	9.15
3	广东	30571	37.07	118.48	83.45	5.24

排名	地区	出口数量	数量同比	出口金额	金额同比	金额占比
4	辽宁	2107	13.71	90.68	58.64	4.01
5	北京	468	107.08	82.28	132.76	3.64
6	重庆	139	34.95	51.84	-8.97	2.29
7	江苏	524	-44.26	46.59	9.02	2.06
8	天津	565	219.21	37.74	28.62	1.67
9	江西	566	-	8.22	-	0.36
10	山东	58	-56.39	6.62	70.34	0.29
11	广西	119	21.43	4.3	97.71	0.19
12	黑龙江	4	33.33	3.43	-27.92	0.15
13	四川	36	12.5	2	-12.97	0.09
14	安徽	2	-77.78	1.66	-50	0.07
15	湖北	13	-91.5	1.24	-60.26	0.05
16	河北	9	125	1.17	379.38	0.05
17	福建	142	-	0.92	400	0.04
18	河南	8	60	0.18	76.06	0.01

资料来源：中国医保商会根据中国海关数据整理

4.6 治疗器、人工呼吸器等

海关 HS 编码：90192000

治疗器、人工呼吸器是临床抢救和治疗各种原因引起的呼吸衰竭的不可缺少的重要工具，在临床应用上有着广阔的前景。

2006-2010 年中国治疗器、人工呼吸器出口金额稳步增长，从 2006 年的 6083.24 万美元增长至 17736.88 万美元，年复合增长率达到了 30.67%，这个增长水平要远远高于中国医疗器械行业的平均增长速度。另外，中国出口治疗器、人工呼吸器的企业较多，2010 年出口企业达 753 家。

4.6.1 进口

表 4-41 2006-2010 年中国治疗器、人工呼吸器等进口情况

单位：台，%，万美元

年份	进口数量	数量同比	进口金额	金额同比
2010	1250577	-15.28	17736.88	34.74
2009	1476065	86.67	13164.22	28.27
2008	790714	-68.61	10262.55	28.06
2007	2518804	203.49	8013.82	31.74
2006	829959	279.54	6083.24	-0.03

资料来源：中国医保商会根据中国海关数据整理

表 4-42 2010 年中国治疗器、人工呼吸器等主要进口来源地

单位：台,%，万美元

排名	来源地	进口数量	数量同比	进口金额	金额同比	金额占比
	合计	1250577	-15.28	17736.88	34.74	100
1	德国	775335	-40.26	4690.84	49.29	26.45
2	美国	120688	500.05	3678.96	28.77	20.74
3	爱尔兰	1923	-4.47	2779.4	38.61	15.67
4	瑞典	3185	62.17	2130.86	35.7	12.01
5	瑞士	563	-18.05	1353.48	63.69	7.63
6	澳大利亚	5800	17.55	670.6	26.79	3.78
7	意大利	149350	955.03	360.08	-1.75	2.03
8	日本	11987	130.65	312.76	91.93	1.76
9	法国	45586	77.02	249.04	-33.85	1.4
10	中国台湾	111913	126.55	235.74	12.33	1.33
11	新西兰	2864	10.84	212.28	37.97	1.2
12	以色列	1057	-96.63	176.52	92.8	1
13	英国	6489	125.86	175.56	-13.54	0.99
14	中国（保税区）	2217	-70.12	158.71	30.62	0.89
15	加拿大	617	-28	149.34	-13.55	0.84
16	荷兰	217	-58.11	149.06	-32.52	0.84
17	墨西哥	1887	-32.68	103.97	69.76	0.59
18	西班牙	7398	-	28.77	5183.18	0.16
19	奥地利	6	-	25.98	-	0.15
20	中国香港	1121	-63.34	23.56	69.8	0.13
21	韩国	115	-56.77	20.54	52.02	0.12
22	挪威	4	-87.1	17.44	4247.31	0.1
23	新加坡	120	-91.26	10.95	-72.54	0.06
24	丹麦	78	-55.17	10.42	15.72	0.06
25	巴西	17	0	5.37	0	0.03
26	芬兰	3	-	3.05	2695.32	0.02
27	泰国	36	350	1.68	320	0.01
28	波兰	1	-	0.04	-	0

资料来源：中国医保商会根据中国海关数据整理

表 4－43　2010 年中国治疗器、人工呼吸器等主要进口企业名单

排名	企业名称	排名	企业名称
1	德尔格医疗设备（上海）有限公司	26	广州华炜实业有限公司
2	中国医药保健品有限公司	27	达南美克（苏州）电子高科有限公司
3	迈柯唯（上海）医疗设备有限公司	28	上海东松国际贸易有限公司
4	上海博茂进出口有限公司	29	中国医疗器械技术服务公司
5	深圳长城开发科技股份有限公司	30	江苏舜天国际集团机械进出口股份有限公司
6	江苏苏美达国际技术贸易有限公司	31	欧姆龙（大连）有限公司
7	上海瀚而普国际贸易有限公司	32	中国医药对外贸易公司
8	东方国际招标有限责任公司	33	广东省医药保健品进出口公司
9	中建材集团进出口公司	34	西安远东进出口有限公司
10	北京凯南倍德科技有限公司	35	广东省科学器材进出口公司
11	北京普路达国际贸易有限公司	36	北京世纪正和国际贸易有限公司
12	中国医疗卫生器材进出口公司	37	上海铁联国际储运有限公司
13	宁波东诚进出口有限公司	38	捷普科技（上海）有限公司
14	上海外高桥医药分销中心有限公司	39	上海客为尊机电进出口有限公司
15	中国仪器进出口（集团）公司	40	河北恒业进出口服务有限公司
16	上海市医药保健品进出口公司	41	安徽省技术进出口股份有限公司
17	上海中科鑫欣国际贸易有限公司	42	湖南省粮油食品进出口集团有限公司
18	上海乾昶仪器设备国际贸易有限公司	43	上海凯恩国际物流有限公司
19	费雪派克医疗保健（广州）有限公司	44	四川尚艺商贸有限公司
20	杭州胜安科技有限公司	45	天航工业进出口公司
21	天卓睿丰医疗科技（北京）有限公司	46	上海中致仪器设备有限公司
22	中山康健医疗用品有限公司	47	上海紫江国际贸易有限公司
23	中化广东公司	48	中仪国际招标公司
24	北京克雷迪进出口贸易有限公司	49	广东省中科进出口有限公司
25	中国远东国际招标公司	50	中设（苏州）机械设备进出口公司

资料来源：中国医保商会根据中国海关数据整理

表 4－44　2010 年中国治疗器、人工呼吸器等各省区市进口情况

单位：台，%，万美元

排序	地区	进口数量	数量同比	进口金额	金额同比	金额占比
合计		1250577	－15.28	17736.88	34.74	100
1	上海	233296	1152.53	7013.55	30.93	39.54
2	北京	911912	－33.96	5464.94	25.4	30.81
3	广东	14345	－61.16	2300.17	122.14	12.97

排序	地区	进口数量	数量同比	进口金额	金额同比	金额占比
4	江苏	41620	393.13	1036.62	23.94	5.84
5	浙江	20752	272.3	594.71	105.56	3.35
6	福建	1384	-88.04	214.88	42.52	1.21
7	辽宁	1336	316.2	200.45	-7.12	1.13
8	陕西	721	32.54	183.53	-23.73	1.03
9	河北	624	-12.61	114.77	-21.72	0.65
10	四川	284	23.48	103.2	-19.14	0.58
11	湖北	315	117.24	91.86	53.11	0.52
12	湖南	162	43.36	89.5	49.67	0.5
13	安徽	22	-33.33	74.87	55.95	0.42
14	山东	5298	249.7	60.36	-21.32	0.34
15	重庆	872	1679.59	54.34	12.44	0.31
16	黑龙江	11266	66170.59	47.02	887.68	0.27
17	天津	203	-97.64	36.1	70.25	0.2
18	河南	22	-12	23.85	-21.33	0.13
19	云南	44	-27.87	12.93	-41.46	0.07
20	江西	5883	17727.27	7.09	-16.43	0.04
21	广西	82	-	4.03	65.19	0.02
22	吉林	131	627.78	3.26	59.27	0.02
23	甘肃	3	-96.59	2.73	-87.83	0.02

资料来源：中国医保商会根据中国海关数据整理

4.6.2 出口

表4-45 2006-2010年中国治疗器、人工呼吸器等出口情况

单位：台，%，万美元

年份	出口数量	数量同比	出口金额	金额同比
2010	26365157	42.93	24698.72	27.33
2009	18445836	13.47	19396.97	24.03
2008	16256118	-27.4	15638.98	39.12
2007	22390642	48.05	11241.13	34.91
2006	15123330	33.68	8332.37	93.5

资料来源：中国医保商会根据中国海关数据整理

表 4－46　2010 年中国治疗器、人工呼吸器等主要出口目的地

单位：台，%，万美元

排名	目的地	出口数量	数量同比	出口金额	金额同比	金额占比
	合计	26365157	42.93	24698.72	27.33	100
1	美国	5418994	10.77	6772.79	－9.48	27.42
2	澳大利亚	295505	198.65	3743.3	506.33	15.16
3	德国	1773165	37.41	1756.15	24.4	7.11
4	新加坡	233095	69.45	1519.13	327	6.15
5	俄罗斯	1267007	339.07	1466.57	167.5	5.94
6	荷兰	482875	45.51	1402.78	13.23	5.68
7	丹麦	947589	－54.02	705.13	16.45	2.85
8	英国	3066657	7.24	638.46	－39.48	2.58
9	日本	281245	－15.65	572.25	－12.3	2.32
10	中国香港	529113	121.77	542.2	－43.24	2.2
11	印度	332152	44.17	473.34	74.99	1.92
12	意大利	1892154	151.44	337.77	－19.9	1.37
13	土耳其	2302293	2472.31	335.22	46.64	1.36
14	菲律宾	364408	159.52	305.65	50.83	1.24
15	中国台湾	312266	24.73	258.24	19.25	1.05
16	委内瑞拉	311402	788.83	230.23	273.33	0.93
17	哥伦比亚	49376	－8.67	208.71	293.03	0.85
18	沙特阿拉伯	1040818	337.35	188.18	－24.46	0.76
19	巴基斯坦	92463	51.54	163.53	122.75	0.66
20	南非	141401	－27.83	157.07	64.16	0.64
21	伊朗	25643	68.89	139.73	192.69	0.57
22	泰国	70020	－89.23	138.63	－36.07	0.56
23	以色列	180154	177.91	127.16	109.24	0.51
24	阿拉伯联合酋长国	653620	307.86	124.81	72.58	0.51
25	马来西亚	97404	5.28	124.23	76.06	0.5
26	芬兰	21246	1410.02	122.96	8.98	0.5
27	波兰	35859	97.97	95	－2.3	0.38
28	加拿大	375356	－22.72	93.02	33.97	0.38
29	乌克兰	15446	106.55	90.44	64.39	0.37
30	越南	32235	－21.19	85.01	38.04	0.34
31	埃及	154645	518.06	84.63	62.18	0.34
32	墨西哥	21222	126.13	76.74	218.92	0.31

排名	目的地	出口数量	数量同比	出口金额	金额同比	金额占比
33	科威特	1858070	62.9	76.07	-19.63	0.31
34	立陶宛	81	-87.93	74.96	-53.65	0.3
35	巴西	14116	-73.68	71.64	226.69	0.29
36	瑞典	11965	247.21	63.56	144.92	0.26
37	印度尼西亚	40715	-51.43	60.11	-3.87	0.24
38	智利	71270	-67.76	58.98	-0.72	0.24
39	比利时	32500	144.75	58.36	-57.36	0.24
40	西班牙	30114	-41.34	55.34	-17.56	0.22
41	法国	72671	50.35	52.12	-52.67	0.21
42	孟加拉国	49443	452.87	48.15	162.6	0.19
43	叙利亚	91142	431.07	45.17	-15.9	0.18
44	尼日利亚	4931	58.25	42.54	42.54	0.17
45	韩国	25594	1.68	40.49	18.35	0.16
46	白俄罗斯	24732	365.41	38.93	406.14	0.16
47	约旦	51922	-4.06	38.05	27.22	0.15
48	利比亚	251182	271.33	37.51	115.42	0.15
49	爱尔兰	144302	3196.07	37.39	91.9	0.15
50	黎巴嫩	33788	201.19	31.5	34.63	0.13

资料来源：中国医保商会根据中国海关数据整理

表 4-47　2010 年中国治疗器、人工呼吸器等主要出口企业名单

排名	企业名称	排名	企业名称
1	深圳长城开发科技股份有限公司	14	上海德尔格医疗器械有限公司
2	欧姆龙（大连）有限公司	15	龙飞集团进出口有限公司
3	中山康健医疗用品有限公司	16	北京谊安医疗系统股份有限公司
4	安保（厦门）塑胶工业有限公司	17	泛太医疗器械（珠海）有限公司
5	英维康医疗器械（苏州）有限公司	18	深圳敬航电子制品有限公司
6	东莞市对外加工装配服务公司	19	雅博（昆山）医疗器械有限公司
7	昆山金利商标股份有限公司	20	上海鹿得国际贸易有限公司
8	江苏鱼跃医疗设备股份有限公司	21	达南美克（苏州）电子高科有限公司
9	崇仁（厦门）医疗器械有限公司	22	威尔德塑胶制品（东莞）有限公司
10	博义医疗器材（上海）有限公司	23	宁波圣宇瑞医疗器械有限公司
11	富利凯医疗用品（东莞）有限公司	24	宁波贝斯美德医用器械有限公司
12	中山荣杰医疗器材工业有限公司	25	保定市珠安科贸有限公司
13	东莞永胜医疗制品有限公司	26	广州市韦士泰医疗器械有限公司

排名	企业名称	排名	企业名称
27	上海维力医疗用品进出口有限公司	39	皇基（厦门）塑胶工业有限公司
28	捷普科技（上海）有限公司	40	上海黎仓物流有限公司
29	佛山广鹰电子有限公司	41	佛山市南海凯洋医疗设备有限公司
30	深圳中外运物流有限公司	42	广州市康哥信医疗器械有限公司
31	东莞中一机械制造有限公司	43	上海锦江国际贸易有限公司
32	爱安德电子（深圳）有限公司	44	天长市创普电子厂
33	余姚佳华医疗器械有限公司	45	宁波开普电子仪表有限公司
34	江苏富林医疗设备有限公司	46	杭州健桥环保设备科技有限公司
35	沈阳昌泰医疗科技有限公司	47	江苏省新时代工贸公司
36	佛山市南海盐步美事达美容器材有限公司	48	杭州京泠医疗器械有限公司
37	狮莱恩精密器械（昆山）有限公司	49	深圳市金运达国际物流有限公司
38	北京高新华康科技有限公司	50	上海固康进出口有限公司

资料来源：中国医保商会根据中国海关数据整理

表 4-48　2010 年中国治疗器、人工呼吸器等各省区市出口情况

单位：台，%，万美元

排名	地区	出口数量	数量同比	出口金额	金额同比	金额占比
合计		26365157	42.93	24698.72	27.33	100
1	广东	14361496	51.78	9316.34	75.88	37.72
2	江苏	1182594	124.64	4631.88	2.73	18.75
3	福建	3759248	-28.37	2569.08	18.41	10.4
4	辽宁	887401	59.76	2048.18	60.09	8.29
5	山东	299190	3.8	1867.07	-18.89	7.56
6	上海	1302907	195.99	1514	2.21	6.13
7	浙江	4413131	149.25	1216.53	57.12	4.93
8	北京	20774	-71.37	1032.1	27.69	4.18
9	黑龙江	22125	176.15	150.22	894.47	0.61
10	河北	4540	104.14	138.32	61.41	0.56
11	四川	29403	1010.39	64.51	318.13	0.26
12	安徽	35604	112.88	42.52	60.62	0.17
13	河南	161	-35.08	23.19	-62.2	0.09
14	云南	3763	2.56	19.63	28.14	0.08
15	海南	0	-	12.07	-5.44	0.05
16	江西	7045	4445.16	10.52	36.14	0.04
17	天津	27242	-21.18	9.4	90.56	0.04

排名	地区	出口数量	数量同比	出口金额	金额同比	金额占比
18	湖北	1	-99.96	8.25	-37.55	0.03
19	吉林	4652	2115.24	6.99	-78.16	0.03
20	甘肃	2185	>100000	6.17	2492.1	0.02
21	广西	1031	-84.19	5.92	-72.71	0.02
22	重庆	6	500	3.09	1690.26	0.01
23	陕西	495	-89.48	1.71	-84.63	0.01
24	湖南	156	-23.15	0.8	136.82	0
25	新疆	1	-96.88	0.22	-94.7	0
26	内蒙古	6	500	0.02	-98.7	0

资料来源：中国医保商会根据中国海关数据整理

4.7 矫形骨科植入器具

海关 HS 编码：90211000

随着科技的发展和医疗技术的进步，矫形骨科植入器具被越来越多的患者接受和使用，目前人口老龄化已是世界趋势，许多老年人在骨骼等方面的老化直接影响其生活质量，需要辅助器具的帮助。随着人们对骨骼、肌肉及其疾患本质的深入研究，矫形骨科植入器具得到了迅速发展，并形成了稳定的贸易市场。

中国矫形骨科植入器具进口金额稳步增长，从2006年的5255.06万美元增长至2010年的14943.48万美元，年均增长率在29.86%，主要进口来源地是瑞士和美国。2010年中国出口金额为9097.75万美元，同比增长了50.44%，但出口量却同比下降了10.4%，说明中国出口的矫形骨科植入器具产品的价值逐渐提高，产品逐步走向次高端市场。

4.7.1 进口

表4-49 2006-2010年中国矫形骨科植入器具进口情况

单位：千克,%，万美元

年份	进口数量	数量同比	进口金额	金额同比
2010	216647	25.06	14943.48	17.79
2009	173238	3.21	12686.28	28.31
2008	167844	15.18	9887.34	44.25
2007	145725	-15.26	6854.16	30.43
2006	171962	54.03	5255.06	11.66

资料来源：中国医保商会根据中国海关数据整理

表4－50　2010年中国矫形骨科植入器具主要进口来源地

单位：千克，万美元，%

排名	来源地	进口数量	数量同比	进口金额	金额同比	金额占比
	合计	216647	25.06	14943.48	17.79	100
1	瑞士	39103	48.91	6347.11	11.28	42.47
2	美国	73874	24.4	4728.11	21.06	31.64
3	德国	27651	13.18	1205.35	-0.54	8.07
4	墨西哥	10417	55.85	1031.84	90.67	6.9
5	法国	14681	46.24	571.53	-5.2	3.82
6	日本	14600	15.66	522.1	23.43	3.49
7	意大利	2884	1122.03	188.38	1606.36	1.26
8	韩国	17431	68.76	102.47	87.78	0.69
9	中国台湾	5259	-50.74	83.7	60.16	0.56
10	芬兰	276	475	37.97	378.81	0.25
11	中国（保税区）	3817	62.56	31.93	344.29	0.21
12	英国	1329	-6.67	26.07	-65.95	0.17
13	澳大利亚	807	-21.19	20.09	1.99	0.13
14	中国香港	151	-52.81	13.68	115.61	0.09
15	荷兰	76	-79.89	7.63	-59.23	0.05
16	以色列	99	-40.72	6.99	33.35	0.05
17	土耳其	261	770	4.84	1225.03	0.03
18	奥地利	64	-41.82	2.99	-35.75	0.02
19	匈牙利	61	-86.56	1.93	-90.82	0.01
20	泰国	3115	-31.19	1.85	-37.02	0.01
21	波兰	224	-12.16	0.92	4.06	0.01
22	马来西亚	2	-	0.69	-	0
23	挪威	139	-86.28	0.67	-78.71	0
24	瑞典	47	-11.32	0.48	10.52	0
25	爱尔兰	6	-87.5	0.39	-63.26	0
26	摩洛哥	7	-	0.29	-	0
27	爱沙尼亚	220	-	0.26	-	0
28	丹麦	18	-90.72	0.12	-69.09	0
29	印度	17	-	0.08	-	0
30	俄罗斯	2	-	0.05	-	0
31	智利	9	-	0.04	-	0

资料来源：中国医保商会根据中国海关数据整理

表 4－51　2010 年中国矫形骨科植入器具主要进口企业名单

排名	企业名称	排名	企业名称
1	辛迪思（上海）医疗器械贸易有限公司	26	深圳市松琛实业发展有限公司
2	上海三凯进出口有限公司	27	常州奥斯迈医疗器械有限公司
3	美敦力医疗用品技术服务（上海）有限公司	28	上海嘉泰进出口有限公司
4	强生（上海）医疗器材有限公司	29	上海铁联国际储运有限公司
5	永裕（上海）医药物流营运有限公司	30	上海九仓物流有限公司
6	上海协谷进出口贸易有限公司	31	东方国际集团上海荣恒国际贸易有限公司
7	捷迈（上海）医疗国际贸易有限公司	32	艾文泰（上海）商业有限公司
8	珠海港康达医疗器材有限公司	33	迈柯唯（上海）医疗设备有限公司
9	托博正畸器械（无锡）有限公司	34	普鲁斯外科植入物（北京）有限公司
10	深圳市普天阳实业发展有限公司	35	上海申钧进出口有限公司
11	施乐辉医用产品国际贸易（上海）有限公司	36	天津仁盛国际贸易有限公司
12	中国国发投资公司	37	北京中贸联进出口有限公司
13	上海中智科技应用发展公司	38	上海玫洛国际贸易有限公司
14	明尼苏达矿业制造（上海）国际贸易有限公司	39	宝泰欧（北京）假肢矫形器商业有限公司
15	上海久隆电力（集团）有限公司	40	北京恒通基业进出口有限公司
16	北京奥托博克假肢矫形器工业有限公司	41	展富物流（上海）有限公司
17	广东省中科进出口有限公司	42	上海东经进出口有限公司
18	上海盖博进出口有限公司	43	山东威高骨科材料有限公司
19	小精密工具有限公司	44	天津天士力进出口贸易有限公司
20	上海徽商对外贸易有限公司	45	中国医疗卫生器材进出口公司
21	长沙德迈医疗器械有限公司	46	上海市医药保健品进出口公司
22	上海霖克进出口贸易有限公司	47	浙江中大技术进口有限公司
23	山东冠龙医疗用品有限公司	48	上海中科鑫欣国际贸易有限公司
24	大连航太医疗设备有限公司	49	阿玛格（北京）医疗器械有限公司
25	上海医疗器械进出口有限公司	50	广东省医药保健品进出口公司

资料来源：中国医保商会根据中国海关数据整理

表 4－52　2010 年中国矫形骨科植入器具各省区市进口情况

单位：千克，万美元，%

排序	地区	进口数量	数量同比	进口金额	金额同比	金额占比
合计		216647	25.06	14943.48	17.79	100
1	上海	139711	23.03	12676.19	25.63	84.83
2	北京	39552	40.26	872.78	－3.05	5.84
3	广东	8974	45.33	699.33	－22.31	4.68

排序	地区	进口数量	数量同比	进口金额	金额同比	金额占比
4	江苏	6899	10.49	374.29	-5.78	2.5
5	山东	320	-15.12	77.09	138.55	0.52
6	湖南	136	-61.58	59.94	-19.61	0.4
7	辽宁	2980	-21.41	55.17	-2.14	0.37
8	天津	1036	-12.65	48.29	-68.35	0.32
9	四川	626	-20.05	21.68	100.37	0.15
10	河南	7583	54.66	19.22	48.01	0.13
11	浙江	5182	70.97	13.71	27.98	0.09
12	吉林	122	-79.36	10.28	-71.62	0.07
13	福建	3129	20.44	7.94	43.24	0.05
14	重庆	380	-	5.13	-	0.03
15	云南	17	-37.04	2.42	97.3	0.02

资料来源：中国医保商会根据中国海关数据整理

4.7.2 出口

表 4-53　2006-2010 年中国矫形骨科植入器具出口情况

单位：千克，%，万美元

年份	出口数量	数量同比	出口金额	金额同比
2010	5336039	-10.4	9097.75	50.44
2009	5955287	-22.51	6047.26	-8.05
2008	7685093	70.2	6576.93	86.72
2007	4515266	-7.38	3522.43	31.98
2006	4875277	50.88	2668.92	45.77

资料来源：中国医保商会根据中国海关数据整理

表 4-54　2010 年中国矫形骨科植入器具主要出口目的地

单位：千克，万美元，%

排名	目的地	出口数量	数量同比	出口金额	金额同比	金额占比
	合计	5336039	-10.4	9097.75	50.44	100
1	美国	3380757	-23.85	5578.3	46.07	61.32
2	德国	334607	29.9	460.83	64.51	5.07
3	法国	232298	30.79	278.51	42.25	3.06
4	英国	82729	96.78	168.12	67.81	1.85
5	西班牙	34316	7.41	164.91	268.12	1.81
6	土耳其	18882	89.18	161.7	57.27	1.78

排名	目的地	出口数量	数量同比	出口金额	金额同比	金额占比
7	哥伦比亚	12579	25.66	151.21	271.22	1.66
8	荷兰	91642	96.39	147.46	132.71	1.62
9	日本	113767	-4.12	137.25	13.15	1.51
10	中国香港	81278	6.02	128.5	24.67	1.41
11	巴西	4179	49.89	114.65	185.15	1.26
12	澳大利亚	43996	3.38	114.64	90.79	1.26
13	沙特阿拉伯	71958	165.77	105.02	257.51	1.15
14	伊朗	17642	157.13	88.66	47.19	0.97
15	泰国	14806	-23.29	88.46	370.61	0.97
16	印度	57036	161.73	86.34	76.06	0.95
17	瑞士	8303	58.67	84.25	-25.93	0.93
18	阿拉伯联合酋长国	8259	-42.79	67.32	-55.01	0.74
19	墨西哥	27610	31.34	62.39	134.11	0.69
20	越南	7897	185.5	52.2	70.86	0.57
21	俄罗斯	78200	66.56	49.75	82.24	0.55
22	委内瑞拉	7755	169.18	49.52	546.17	0.54
23	韩国	61832	27.96	47.19	42.29	0.52
24	智利	23679	110.63	46.65	163.8	0.51
25	中国台湾	23542	132.33	37.98	182	0.42
26	埃及	21907	90.53	34.14	-0.38	0.38
27	希腊	35927	141.66	33	195.09	0.36
28	南非	36132	696.21	32.02	385.08	0.35
29	意大利	26145	-51.38	30.93	-8.24	0.34
30	约旦	31657	479.8	25.84	586.06	0.28
31	巴拿马	1292	-28.22	25.67	51.49	0.28
32	乌克兰	34874	99.19	25.49	136.07	0.28
33	黎巴嫩	8805	356.22	23.37	857.4	0.26
34	新加坡	7980	-53.84	21.02	-11.56	0.23
35	马来西亚	12042	-54.02	20.4	-4.87	0.22
36	瑞典	3609	-63.97	18.96	-48.31	0.21
37	加拿大	21169	-62.34	18.57	-18.86	0.2
38	古巴	4629	13.29	18.27	-49.94	0.2
39	阿根廷	16629	-0.92	15.72	30.99	0.17
40	捷克	4576	69.61	14.82	-39.7	0.16
41	苏丹	1789	997.55	13.53	175.23	0.15

排名	目的地	出口数量	数量同比	出口金额	金额同比	金额占比
42	菲律宾	20894	9.15	13.29	36.6	0.15
43	巴基斯坦	3122	32.18	13.2	333.37	0.15
44	摩洛哥	3640	17.8	12.67	56.55	0.14
45	芬兰	19889	-2.9	12.38	-27.35	0.14
46	印度尼西亚	17364	-20.06	11.6	-1.08	0.13
47	孟加拉国	23947	-6.04	10.7	14.08	0.12
48	拉脱维亚	2853	-25.12	8.93	75.13	0.1
49	比利时	4803	-66.69	8.45	-37.28	0.09
50	叙利亚	1034	-74.25	8.21	35.19	0.09

资料来源：中国医保商会根据中国海关数据整理

表4-55　2010年中国矫形骨科植入器具主要出口企业名单

排名	企业名称	排名	企业名称
1	常州奥斯迈医疗器械有限公司	23	北京世纪兴苑盛商贸有限公司
2	挪度医疗器械（苏州）有限公司	24	惠阳区对外加工装配服务公司
3	得泰医疗卫生用品（苏州）有限公司	25	厦门骏冠塑料制品有限公司
4	大卫医疗产品（苏州）有限公司	26	山东威高骨科材料有限公司
5	托博正畸器械（无锡）有限公司	27	四川中电华龙有限责任公司
6	东莞欧克运动用品有限公司	28	厦门外运物流有限公司
7	广州福妮格医疗用品有限公司	29	佛山市东方医疗设备厂有限公司
8	罗信精密零件（上海）有限公司	30	浙江科惠医疗器械有限公司
9	天津怡龙赫进出口有限公司	31	深圳中外运物流有限公司
10	上海埃蒙迪材料科技有限公司	32	广州开发区工业进出口贸易有限公司
11	创生医疗器械（江苏）有限公司	33	苏州艾迪尔医疗器械有限公司
12	广州科莱瑞迪医疗器材有限公司	34	青岛天衣锦服装进出口有限公司
13	北京圣玛特科技有限公司	35	上海东浩工艺品股份有限公司
14	北京奥托博克假肢矫形器工业有限公司	36	昆山六二丰塑胶电子有限公司
15	宇科塑料（厦门）有限公司	37	深圳市金运达国际物流有限公司
16	中星婴儿用品（东莞）有限公司	38	广东天耀进出口贸易有限公司
17	永胜（东莞）电子有限公司	39	常州华森医疗器械有限公司
18	佛山市南海凯洋医疗设备有限公司	40	嘉兴泰龙医疗用品有限公司
19	苏州欣荣博尔特医疗器械有限公司	41	东莞普克运动用品有限公司
20	厦门象屿太平综合物流有限公司	42	江门市熙源发展有限公司
21	中山荣南机械工业有限公司	43	江苏瑞克健身用品有限公司
22	小精密工具有限公司	44	无锡竹虎护理用品有限公司

排名	企业名称	排名	企业名称
45	厦门外代仓储有限公司	48	中国纺织物资（集团）总公司
46	深圳嘉里盐田港物流有限公司	49	上海盟通物流有限公司
47	深圳市西部物流有限公司	50	上海欣宇创业进出口有限公司

资料来源：中国医保商会根据中国海关数据整理

表 4-56　2010 年中国矫形骨科植入器具各省区市出口情况

单位：千克，万美元

排名	地区	出口数量	数量同比	出口金额	金额同比	金额占比
合计		5336039	-10.4	9097.75	50.44	100
1	江苏	1332527	19.19	4936.71	85.09	54.26
2	广东	2526795	-32.48	1578.13	-8.04	17.35
3	福建	620192	32.91	846.3	39.27	9.3
4	上海	171730	124.31	543.65	212.05	5.98
5	浙江	204510	30.71	415.92	74.62	4.57
6	北京	104729	-3.07	328.34	13.04	3.61
7	天津	319991	33.15	247.69	85.5	2.72
8	山东	17312	2.49	94.87	-25.67	1.04
9	四川	2215	164	54.46	3.65	0.6
10	辽宁	5461	133.78	11.87	169.38	0.13
11	黑龙江	5745	-53.45	11.06	39.41	0.12
12	河北	9323	2475.41	9.99	1573.67	0.11
13	陕西	331	442.62	5.67	128.32	0.06
14	湖南	2569	6.95	4.13	-10.35	0.05
15	江西	8097	17.95	4.08	54.99	0.04
16	山西	506	-28.53	1.77	-36.25	0.02
17	广西	1647	-21.72	0.89	-31.41	0.01
18	新疆	186	-88.79	0.53	-92.36	0.01
19	安徽	595	-	0.51	-	0.01
20	河南	97	-	0.43	-	0
21	云南	1400	2233.33	0.4	-92.87	0
22	湖北	81	-72.16	0.34	-19.94	0

资料来源：中国医保商会根据中国海关数据整理

4.8 血液透析设备

海关 HS 编码：90189040

目前，慢性肾衰竭的发病率在世界范围内呈持续增高趋势。2007 年，全球肾病患者已超过 5 亿，其中，慢性肾病已经成为全球性公共健康问题。2000 年，美国有 37 万尿毒症患者，至 2010 年，预计将达到 68 万人。中国作为人口大国，近几年慢性肾衰竭患者人群也在不断增加。血液透析设备（人工肾）主要用于治疗肾功能衰竭和尿毒症，在中国医疗器械分类目录中，多属于第三类高风险产品。因此血液透析设备（人工肾）在临床上应用的安全性和有效性越来越高，所以其市场需求也越来越大。

2010 年，中国血液透析设备（人工肾）进口金额达 12861.43 万美元，同比增长 27.22%。从进口市场上看、德国、日本和瑞典是中国血液透析设备（人工肾）主要进口来源地。从进口省市上看，上海和北京是中国进口血液透析设备（人工肾）的主要省市。

2010 年，中国血液透析设备（人工肾）出口金额为 319.61 万美元，同比增长 54.14%。从出口市场上看，以印度尼西亚、日本和蒙古等亚洲国家为主要贸易伙伴。从出口省市上看，广东和上海是中国出口脏透析设备（人工肾）的主要省市。

4.8.1 进口

表 4－57　2006－2010 年中国血液透析设备进口情况

单位：台，万美元，%

年份	进口数量	数量同比	进口金额	金额同比
2010	12148	26.82	12861.43	27.22
2009	9579	37.16	10109.44	28.44
2008	6984	－60.42	7870.64	48.87
2007	17646	347.41	5287.07	29.47
2006	3944	17.17	4083.71	13.48

资料来源：中国医保商会根据中国海关数据整理

表 4－58　2010 年中国血液透析设备主要进口来源地

单位：台，万美元，%

排名	来源地	进口数量	数量同比	进口金额	金额同比	金额占比
合计		12148	26.82	12861.43	27.22	100
1	德国	6278	29.36	6651.63	28.77	51.72
2	日本	3227	12.71	3025.43	11.58	23.52
3	瑞典	2333	33.09	2817.2	34.19	21.9
4	意大利	288	166.67	317.47	158.92	2.47
5	瑞士	22	–	40.27	1921.05	0.31

资料来源：中国医保商会根据中国海关数据整理

表 4－59　2010 年中国血液透析设备主要进口企业名单

排名	企业名称	排名	企业名称
1	费森尤斯医药用品（上海）有限公司	15	中国远东国际招标公司
2	金宝肾护理产品（上海）有限公司	16	深圳市原位实业有限公司
3	上海日机装医疗器械贸易有限公司	17	中仪国际招标公司
4	杏泰国际贸易（上海）有限公司	18	中化建国际招标有限责任公司
5	中国医药对外贸易公司	19	中国医药保健品有限公司
6	上海中昶国际贸易有限公司	20	上海中智科技应用发展公司
7	百特医疗用品贸易（上海）有限公司	21	五矿国际招标有限责任公司
8	上海市机械设备成套（集团）有限公司	22	上海蓝十字医疗有限公司
9	上海博翱进出口有限公司	23	广州今溢贸易有限公司
10	中国新兴进出口总公司	24	中机国际招标公司
11	上海那亚进出口有限公司	25	中信国际商贸有限公司
12	上海雷威进出口贸易有限公司	26	江苏省科技发展有限公司
13	中技国际招标公司	27	丹沙物流（上海）有限公司
14	安徽省技术进出口股份有限公司	28	东莞王氏港建电子有限公司

资料来源：中国医保商会根据中国海关数据整理

表 4－60　2010 年中国血液透析设备各省区市进口情况

单位：台，万美元，%

排序	地区	进口数量	数量同比	进口金额	金额同比	金额占比
合计		12148	26.82	12861.43	27.22	100
1	上海	11505	30.49	12092.42	28.96	94.02
2	北京	605	－8.05	659.37	12.94	5.13
3	广东	5	25	51.03	82.45	0.4
4	安徽	19	216.67	42.78	96.52	0.33
5	福建	10	400	9.18	349.54	0.07
6	江苏	1	－98.04	2.89	－95.19	0.02
7	山东	3	－	2.63	－	0.02

资料来源：中国医保商会根据中国海关数据整理

4.8.2　出口

表 4－61　2006－2010 年中国血液透析设备出口情况

单位：台，万美元，%

年份	出口数量	数量同比	出口金额	金额同比
2010	905	－17.73	319.61	54.14

年份	出口数量	数量同比	出口金额	金额同比
2009	1100	-92. 83	207. 35	-23. 7
2008	15340	3605. 31	271. 77	63. 87
2007	414	-27. 5	165. 84	-83. 4
2006	571	622. 78	999. 32	1588. 96

资料来源：中国医保商会根据中国海关数据整理

表 4-62　2010 年中国血液透析设备主要出口目的地

单位：台，万美元，%

排名	目的地	出口数量	数量同比	出口金额	金额同比	金额占比
	合计	905	-17. 73	319. 61	54. 14	100
1	印度尼西亚	127	32. 29	87. 07	37. 93	27. 24
2	蒙古	17	-	29. 92	186. 03	9. 36
3	哥伦比亚	48	-	19. 56	-	6. 12
4	中国香港	3	-87. 5	16. 57	-2. 88	5. 18
5	印度	35	150	15. 28	70. 53	4. 78
6	土耳其	22	0	14. 45	-5. 72	4. 52
7	巴基斯坦	26	-	11. 64	-	3. 64
8	秘鲁	8	-66. 67	6. 86	-60. 99	2. 15
9	哈萨克斯坦	6	-	6. 56	-	2. 05
10	尼日利亚	7	133. 33	6. 17	62. 25	1. 93
11	菲律宾	66	842. 86	5. 01	-4. 52	1. 57
12	南非	508	-	3. 92	-	1. 23
13	新加坡	5	400	3. 79	411. 49	1. 19
14	塞拉利昂	2	-	3. 09	-	0. 97
15	波兰	3	50	2. 48	10. 19	0. 78
16	沙特阿拉伯	3	-99. 62	2. 44	244. 15	0. 76
17	比利时	1	-	2. 19	-	0. 69
18	黎巴嫩	3	-	2. 16	-	0. 68
19	埃及	3	-	2. 06	166. 12	0. 64
20	委内瑞拉	2	-	1. 94	-	0. 61
21	马来西亚	3	-96. 74	1. 5	1. 11	0. 47
22	毛里求斯	1	-	1. 05	-	0. 33
23	俄罗斯	1	-	0. 86	-	0. 27
24	拉脱维亚	1	-	0. 82	-	0. 26
25	厄瓜多尔	1	-	0. 81	-	0. 25

排名	目的地	出口数量	数量同比	出口金额	金额同比	金额占比
26	突尼斯	1	–	0.59	–	0.18
27	巴西	1	–	0.4	–79.22	0.13
28	伊朗	1	–	0.29	–	0.09

资料来源：中国医保商会根据中国海关数据整理

表4－63　2010年中国血液透析设备主要出口企业名单

排名	企业名称	排名	企业名称
1	广州市暨华医疗器械有限公司	10	广东省医药保健品进出口公司
2	东莞王氏港建电子有限公司	11	广州市康哥信医疗器械有限公司
3	深圳市蓝韵实业有限公司	12	重庆天海医疗设备有限公司
4	深圳中外运物流有限公司	13	威海威高血液净化制品有限公司
5	中国医药保健品有限公司	14	上海康诺国际贸易有限公司
6	丹沙物流（上海）有限公司	15	浙江省机械设备进出口有限责任公司
7	中山市登盈精密注塑有限公司	16	江苏邦特生物科技有限公司
8	广东省商业贸易进出口公司	17	浙江升升进出口有限公司
9	深圳中电投资股份有限公司		

资料来源：中国医保商会根据中国海关数据整理

表4－64　2010年中国血液透析设备各省区市出口情况

单位：台，万美元，%

排名	地区	出口数量	数量同比	出口金额	金额同比	金额占比
合计		905	–17.73	319.61	54.14	100
1	广东	868	321.36	252.27	75.42	78.93
2	上海	18	1700	50.28	286.68	15.73
3	重庆	17	466.67	11.13	420.13	3.48
4	北京	2	–	3.09	127.65	0.97

资料来源：中国医保商会根据中国海关数据整理

4.9　X光检查造影剂及诊断试剂

海关HS编码：30063000

近年来，随着各种疾病的发病率的上升，推动了与之配套的X光检查造影剂及诊断试剂及用于患者的诊断试剂产品的大量使用，X光造影剂双边贸易市场活跃。中国对进口X光检查造影剂及诊断试剂量在2007－2009年进口量出现萎缩之后，2010年重新回升，同比增长了47.62%，进口量达478吨。在进口量大幅增长的情况下，进口金额达到了5901.18万美元，同比增长41.57%。中国从事X光检查造影剂及诊断试剂的经营企业并不多，2010年仅14家。

中国X光检查造影剂及诊断试剂的出口市场势头良好。除2009年受经济危机影响出口量有所下降外，

2006 年至 2010 年出口规模总体上呈现出大幅度增长趋势，2006 年出口量为 1668734 千克，2010 年达到了 4372602 千克，年平均增长率达 75.8%。

4.9.1 进口

表 4-65　2006-2010 年中国 X 光检查造影剂及诊断试剂进口情况

单位：千克,%，万美元

年份	进口数量	数量同比	进口金额	金额同比
2010	478053	47.62	5901.18	41.57
2009	323845	-17.13	4168.33	-6.85
2008	390806	0.50	4474.99	19.90
2007	388875	-15.14	3732.26	8.64
2006	458258	29.30	3435.40	32.29

资料来源：中国医保商会根据中国海关数据整理

表 4-66　2010 年中国 X 光检查造影剂及诊断试剂主要进口来源地

单位：万美元,%

排名	来源地	进口数量	数量同比	进口金额	金额同比	金额占比
合计		478053	47.62	5901.18	41.57	100
1	德国	253463	681.45	2228.99	369.64	37.77
2	法国	95031	40.1	1469.19	56.26	24.9
3	加拿大	60596	-39.67	1190.78	-15.98	20.18
4	爱尔兰	65561	-46.17	766.34	-36.58	12.99
5	瑞士	744	34.78	132.97	33.54	2.25
6	美国	2098	316.27	110.24	414.57	1.87
7	意大利	560	-	2.66	-	0.05

资料来源：中国医保商会根据中国海关数据整理

表 4-67　2010 年中国 X 光检查造影剂及诊断试剂主要进口企业名单

排名	企业名称	排名	企业名称
1	拜耳医药保健有限公司	6	上海博莱科信谊药业有限责任公司
2	通用电气药业（上海）有限公司	7	先锋医药股份有限公司
3	中国医药工业有限公司	8	上海申威实业有限公司
4	中国医药对外贸易公司	9	上海集士达国际仓储贸易有限公司
5	上海外高桥医药分销中心有限公司	10	北京水木华国际贸易有限公司

资料来源：中国医保商会根据中国海关数据整理

表 4－68　2010 年中国 X 光检查造影剂及诊断试剂各省区市进口情况

单位：千克，万美元

排序	地区	进口数量	数量同比	进口金额	金额同比	金额占比
合计		478053	47.62	5901.18	41.57	100
1	北京	368626	115.2	4307.96	76.64	73.00
2	上海	107329	－29.41	1482.98	－13.18	25.13
3	海南	2098	316.27	110.24	414.57	1.87

资料来源：中国医保商会根据中国海关数据整理

4.9.2　出口

表 4－69　2006－2010 年中国 X 光检查造影剂及诊断试剂出口情况

单位：千克，万美元，%

年份	出口数量	数量同比	出口金额	金额同比
2010	4372602	2.03	28529.15	2.6
2009	4285500	－45.64	27807.47	48.20
2008	7883607	59.88	18763.01	39.53
2007	4930875	195.49	13447.01	37.10
2006	1668734	49.31	9808.32	87.04

资料来源：中国医保商会根据中国海关数据整理

表 4－70　2010 年中国 X 光检查造影剂及诊断试剂主要出口目的地

单位：万美元，%

排名	目的地	出口数量	数量同比	出口金额	金额同比	金额占比
合计		4372602	2.03	28529.15	2.6	100
1	美国	2214869	7.4	19715.04	2.64	69.1
2	爱尔兰	357757	85.56	3680.13	117.53	12.9
3	加拿大	140200	－29.89	1222.55	－7.3	4.29
4	澳大利亚	125108	2.04	807.52	46.61	2.83
5	巴西	181005	244.8	715.44	210.58	2.51
6	印度	88745	47.66	428.29	474.72	1.5
7	新西兰	52166	－2.52	320.34	32.95	1.12
8	中国香港	112171	－7.54	294.65	20.3	1.03
9	马来西亚	25173	－63.69	220.51	17.07	0.77
10	新加坡	131218	－4.17	212.95	62.55	0.75
11	印度尼西亚	64088	－11.69	191.97	41.96	0.67
12	韩国	14577	－92.95	158.09	－95.2	0.55
13	泰国	24760	－72.65	98.15	12.67	0.34
14	阿尔及利亚	287955	－	52.54	－	0.18

排名	目的地	出口数量	数量同比	出口金额	金额同比	金额占比
15	伊朗	57832	9.26	30.8	-44.96	0.11
16	阿拉伯联合酋长国	9661	-32.36	28.74	116.23	0.1
17	孟加拉国	5381	-15.35	27.88	50.04	0.1
18	英国	3328	116.95	23.72	84.88	0.08
19	奥地利	540	-	22.76	-	0.08
20	越南	138113	2.46	21.65	-6.39	0.08
21	乌拉圭	2415	22.78	17.72	-0.46	0.06
22	土耳其	39067	839.79	15.39	400.62	0.05
23	埃及	26489	377.88	14.19	27.86	0.05
24	巴基斯坦	16214	44.16	13.8	163.88	0.05
25	沙特阿拉伯	47800	304.81	13.22	3.61	0.05
26	俄罗斯	5615	12.75	12.84	26.1	0.05
27	德国	1992	-78.42	12.44	-25.99	0.04
28	捷克	1005	-68.7	12.08	-67.54	0.04
29	古巴	5840	1669.7	12.02	9565.59	0.04
30	委内瑞拉	2772	-78.63	9.95	61.79	0.03
31	加纳	5740	582.52	8.59	148.61	0.03
32	菲律宾	8297	-81.03	8.39	-24.49	0.03
33	罗马尼亚	43532	16838.52	6.98	2370.21	0.02
34	苏丹	28175	13577.18	6.59	1122.57	0.02
35	法国	3945	-54.46	5.16	-38.91	0.02
36	荷兰	810	-	4.98	-	0.02
37	多米尼加共和国	1379	-11.32	4.56	4.45	0.02
38	也门共和国	2226	28.08	4.2	-21.79	0.01
39	科威特	2116	181.38	3.74	238.98	0.01
40	秘鲁	338	-93.04	3.49	-51.64	0.01
41	阿塞拜疆	1575	-76.09	3.45	-81.5	0.01
42	尼加拉瓜	4337	2891.03	3.3	1480.16	0.01
43	巴拉圭	5236	621.21	2.97	593.13	0.01
44	约旦	1764	1160	2.85	679.37	0.01
45	老挝	1577	-	2.76	-	0.01
46	前南斯拉夫马其顿	972	386	2.73	284.75	0.01
47	巴拿马	8774	-35.15	2.66	-14.25	0.01
48	哥伦比亚	11291	971.25	2.39	123.15	0.01
49	斯里兰卡	13009	943.22	2.35	-15.73	0.01
50	利比亚	440	-97.48	2.08	-33.75	0.01

资料来源：中国医保商会根据中国海关数据整理

表 4－71　2010 年中国 X 光检查造影剂及诊断试剂主要出口企业名单

排名	企业名称	排名	企业名称
1	通用电气药业（上海）有限公司	26	桂林优利特医疗电子有限公司
2	上海博莱科信谊药业有限责任公司	27	南京普田医疗器械有限公司
3	北京万泰生物药业有限公司	28	深圳市锦瑞电子有限公司
4	深圳市雷诺华科技实业有限公司	29	深圳市潮恩贸易有限公司
5	万华普曼生物工程有限公司	30	宁波银泰对外经济贸易有限公司
6	郑州安图绿科生物工程有限公司	31	上海先迈进出口有限公司
7	路嘉博泰科技（北京）有限公司	32	中山市天龙贸易有限公司
8	湖南远泰生物技术有限公司	33	上海瀚尔升进出口有限公司
9	江苏开元国际集团盛世进出口有限公司	34	安徽省惠康医药保健品进出口有限公司
10	中国大恒（集团）有限公司	35	深圳市新浩宇贸易有限公司
11	原子高科股份有限公司	36	北京嘉力恒业国际贸易有限公司
12	深圳市金运达国际物流有限公司	37	辛集市爱尔兹经贸有限公司
13	中国医药保健品有限公司	38	云南省潞西市新正进出口有限公司
14	天津瑞泰科技发展有限公司	39	天津外总集团纤源进出口有限公司
15	山东卓越科学仪器有限责任公司	40	陕西斯克赛德贸易有限责任公司
16	北京林科特科技发展有限公司	41	深圳市联欣发贸易有限公司
17	深圳中外运物流有限公司	42	合肥市外商投资贸易服务有限责任公司
18	宁波富春国际贸易有限公司	43	江苏广达医用材料有限公司
19	上海华冠生物芯片有限公司	44	深圳市维成得实业有限公司
20	南京神州英诺华医疗科技有限公司	45	江苏舜天国际集团机械进出口股份有限公司
21	同江长兴经贸有限公司	46	绍兴港峰进出口有限公司
22	山东先达化工有限公司	47	天津莱特进出口有限公司
23	石家庄凯发化工医药有限公司	48	深圳市华南国际物流有限公司
24	浙江新景进出口有限公司	49	宁波桑麦贸易有限公司
25	河南松鹤医药进出口有限公司	50	深圳市快腾达贸易有限公司

资料来源：中国医保商会根据中国海关数据整理

表 4－72　2010 年中国 X 光检查造影剂及诊断试剂各省区市出口情况

单位：千克，万美元

排名	地区	出口数量	数量同比	出口金额	金额同比	金额占比
合计		4372602	2.03	28529.15	2.6	100
1	上海	3197544	9.56	27702.72	2.72	97.1
2	北京	148312	43.2	427.6	22.72	1.5
3	广东	892815	74.5	149.28	49.54	0.52

排名	地区	出口数量	数量同比	出口金额	金额同比	金额占比
4	河南	21145	838.94	83.23	1841.41	0.29
5	湖南	–	–	53	-55.69	0.19
6	江苏	27822	-95.79	48.36	-60.86	0.17
7	浙江	12807	112.81	15.62	83.62	0.05
8	山东	40797	-13.53	13.88	-76.17	0.05
9	天津	16154	97.24	12.15	26.13	0.04
10	黑龙江	1686	1773.33	7.61	351.5	0.03
11	河北	6788	-54.69	4.63	-63.08	0.02
12	安徽	3451	11032.26	4.17	63.66	0.01
13	广西	717	–	2.57	–	0.01
14	吉林	97	870	1.16	3648.71	0
15	云南	590	47.5	1.14	40.48	0
16	陕西	785	-92.86	0.97	-97.97	0
17	四川	168	236	0.51	167.89	0
18	湖北	698	–	0.32	–	0
19	辽宁	17	88.89	0.22	9.62	0
20	江西	209	–	0.04	–	0

资料来源：中国医保商会根据中国海关数据整理

4.10 临床监护设备

海关 HS 编码：90181930

临床监护设备产品经过几十年的发展和市场的充分竞争，在技术不断进步的推动下，现已进入产品更新换代的重要时期。目前，中国的临床监护设备的市场容量很大，正处于需求不断上升的阶段。

2006－2010 年中国进口临床监护设备产品总体上呈现出上升趋势，但上升幅度不是很大，从 2006 年的 15974 台增长至 2010 年的 30052 台，年复合增长率仅为 17.1%。

中国临床监护设备的出口情况喜人，2006－2010 年出口数量和金额都大幅度增长，出口数量从 2006 年的 53891 台增长至 140327 台，年复合增长率为 27%，其中 2010 年同比增长为 17%，北美洲、亚洲和欧洲是主要的出口地区。

4.10.1 进口

表 4－73 2006－2010 年中国临床监护设备进口情况

单位：台,%，万美元

年份	进口数量	数量同比	进口金额	金额同比
2010	30052	36.69	13743.36	32.13
2009	21986	20.54	10401.2	7.12

年份	进口数量	数量同比	进口金额	金额同比
2008	18240	-15.2	9710.24	27.36
2007	21510	34.66	7624.24	-9.13
2006	15974	-8.81	8390.22	4.39

资料来源：中国医保商会根据中国海关数据整理

表4-74 2010年中国临床监护设备主要进口来源地

单位：万美元，%

排名	来源地	进口数量	数量同比	进口金额	金额同比	金额占比
	合计	30052	36.69	13743.36	32.13	100
1	美国	12113	13.35	6075.44	41.76	44.21
2	德国	10127	50.52	3478.84	7.44	25.31
3	日本	3048	26.79	922.41	24.68	6.71
4	中国（保税区）	2041	3418.97	750.58	148.68	5.46
5	墨西哥	372	37100	584.18	199.11	4.25
6	芬兰	418	14.52	497.44	16.16	3.62
7	瑞典	80	515.38	278.56	-34.37	2.03
8	以色列	62	148	191.81	32.04	1.4
9	奥地利	131	–	175.5	3284.39	1.28
10	英国	366	77.67	140.15	149	1.02
11	马来西亚	93	745.45	119.72	7271.07	0.87
12	法国	135	275	68.27	227.29	0.5
13	菲律宾	7	–	50.12	77.89	0.36
14	印度	132	169.39	44.1	69.87	0.32
15	荷兰	25	150	37.6	246.83	0.27
16	韩国	456	-23.36	34.25	-37.61	0.25
17	瑞士	101	-47.12	22.92	-58.68	0.17
18	爱尔兰	328	-21.34	15.56	-3.48	0.11
19	中国台湾	1	-99.24	10.91	22.17	0.08
20	澳大利亚	3	0	7.08	362.57	0.05
21	意大利	2	–	1.96	471.5	0.01
22	匈牙利	3	-57.14	1.04	-68.2	0.01
23	丹麦	2	-86.67	1	-94.97	0.01
24	巴西	1	0	0.25	294.59	0
25	埃及	4	–	0.18	–	0
26	阿拉伯联合酋长国	1	–	0.06	–	0

资料来源：中国医保商会根据中国海关数据整理

表 4－75　2010 年中国临床监护设备主要进口企业名单

排名	企业名称	排名	企业名称
1	深圳迈瑞生物医疗电子股份有限公司	26	江苏苏美达国际技术贸易有限公司
2	中化广东公司	27	北京东方锦泰科技有限公司
3	通用电气医疗系统贸易发展（上海）有限公司	28	上海欧宣国际贸易有限公司
4	中国医药对外贸易公司	29	安徽省技术进出口股份有限公司
5	中建材集团进出口公司	30	安徽亚美亚进出口贸易有限公司
6	德尔格医疗设备（上海）有限公司	31	爱德华（上海）医疗用品有限公司
7	中外运·敦豪保税仓储（北京）有限公司	32	中机国际招标公司
8	中国医药保健品有限公司	33	中仪国际招标公司
9	中国医疗器械技术服务公司	34	上海工业投资（集团）有限公司
10	广东省医药保健品进出口公司	35	上海近铁国际物流有限公司
11	通用电气医疗系统（中国）有限公司	36	百多力（北京）医疗器械有限公司
12	苏州乔阳医学科技有限公司	37	席尔勒国际贸易（上海）有限公司
13	中国医疗卫生器材进出口公司	38	新疆金怡进出口有限责任公司
14	上海博茂进出口有限公司	39	美敦力医疗用品技术服务（上海）有限公司
15	中仪英斯泰克进出口公司	40	上海东松国际贸易有限公司
16	上海国际科学技术有限公司	41	广州越秀金信贸易有限公司
17	捷普科技（上海）有限公司	42	中国远东国际招标公司
18	广州市鑫驹科贸发展有限公司	43	北京瑞之来科技发展有限责任公司
19	深圳市怡亚通供应链股份有限公司	44	湖北良友畜禽有限公司
20	强生（上海）医疗器材有限公司	45	成都佳士实业进出口贸易有限公司
21	中国电子进出口北京公司	46	厦门建发股份有限公司
22	上海兴皓敏国际贸易有限公司	47	江苏舜天国际集团机械进出口股份有限公司
23	中智上海经济技术合作公司	48	新美亚电子（深圳）有限公司
24	杭州步步行贸易有限公司	49	上海协谷进出口贸易有限公司
25	中国技术进出口总公司	50	重庆市中基进出口有限公司

资料来源：中国医保商会根据中国海关数据整理

表 4－76　2010 年中国临床监护设备各省区市进口情况

单位：台，万美元，%

排序	地区	进口数量	数量同比	进口金额	金额同比	金额占比
合计		30052	36.69	13743.36	32.13	100
1	北京	10960	63.24	4151.98	60.37	30.21
2	上海	8296	14.71	4061.06	17.92	29.55
3	广东	8546	91.14	3917.26	61.56	28.5

排序	地区	进口数量	数量同比	进口金额	金额同比	金额占比
4	江苏	586	-14.2	727.7	31.92	5.29
5	安徽	242	90.55	178.51	127.21	1.3
6	浙江	273	-18.51	145.52	-20.23	1.06
7	新疆	136	37.37	82.35	104.13	0.6
8	湖北	136	-48.48	64.89	-54.81	0.47
9	河北	107	-61.79	60.39	-46.97	0.44
10	福建	87	-13.86	58.76	33.32	0.43
11	云南	109	87.93	52.12	19.25	0.38
12	黑龙江	68	112.5	42.71	384.77	0.31
13	山东	57	-69.84	40.58	-52.29	0.3
14	四川	84	-54.1	40.25	-62.75	0.29
15	重庆	103	-62.41	32.64	-57.4	0.24
16	辽宁	63	-21.25	26.54	-58.11	0.19
17	天津	125	-72.35	22.01	-89.18	0.16
18	河南	29	-32.56	18.56	-39.63	0.14
19	陕西	25	-90.88	11.3	-90.72	0.08
20	广西	20	-9.09	8.22	-19.92	0.06

资料来源：中国医保商会根据中国海关数据整理

4.10.2 出口

表 4-77 2006-2010 年中国临床监护设备出口情况

单位：台,%，万美元

年份	出口数量	数量同比	出口金额	金额同比
2010	140327	17.51	26278.27	40.68
2009	119418	16.91	18680.05	20.95
2008	102146	-9.48	15444.68	26.39
2007	112846	109.4	12219.68	62.31
2006	53891	93.77	7528.8	70.04

资料来源：中国医保商会根据中国海关数据整理

表 4-78 2010 年中国临床监护设备主要出口目的地

单位：台,%，万美元

排名	目的地	出口数量	数量同比	出口金额	金额同比	金额占比
	合计	140327	17.51	26278.27	40.68	100
1	美国	40339	26.14	11530.09	61.37	43.88

排名	目的地	出口数量	数量同比	出口金额	金额同比	金额占比
2	印度	14586	32.19	1592.96	12.14	6.06
3	中国香港	8169	2.94	1100.55	41.04	4.19
4	德国	4833	63.33	957.61	48.73	3.64
5	荷兰	4382	6.36	899.87	48.3	3.42
6	土耳其	4229	7.06	637.55	35.38	2.43
7	巴西	7036	169.58	622.6	63.64	2.37
8	波兰	1792	19.63	500.01	48.03	1.9
9	新加坡	1730	67.15	419.56	152.61	1.6
10	意大利	2689	-18.86	418.27	-8.57	1.59
11	俄罗斯	1796	-2.07	378.53	10.02	1.44
12	委内瑞拉	1968	80.38	361.23	56.9	1.37
13	哥伦比亚	2520	161.41	342.69	66.65	1.3
14	英国	1053	-85.52	341.8	-7.45	1.3
15	墨西哥	1146	-38.32	316.61	10.46	1.2
16	爱尔兰	129	-24.56	295.61	234.88	1.12
17	南非	2024	-2.03	276.15	8.17	1.05
18	瑞典	133	146.3	264.02	836.55	1
19	沙特阿拉伯	1461	-26.88	262	10.61	1
20	马来西亚	2516	120.9	209.94	64.85	0.8
21	法国	4265	27.09	200.71	21.37	0.76
22	澳大利亚	1945	164.63	189.46	39.99	0.72
23	芬兰	230	15.58	185.79	-42.4	0.71
24	西班牙	2078	49.17	183.85	84.17	0.7
25	埃及	1555	5.93	169	-8.98	0.64
26	阿根廷	1043	-48.34	156.97	-26.5	0.6
27	泰国	1423	-11.78	153.02	-2.82	0.58
28	智利	1024	46.08	141.12	21.51	0.54
29	捷克	1076	34.5	132.77	-2.38	0.51
30	韩国	1313	11.55	132.06	3.58	0.5
31	伊朗	940	142.89	131.31	46.75	0.5
32	秘鲁	581	-6.14	110.41	44.26	0.42
33	巴拿马	629	-47.67	100.2	-30.23	0.38
34	摩洛哥	560	-1.58	98.85	10.3	0.38
35	厄瓜多尔	615	103.64	95.42	50.48	0.36
36	葡萄牙	665	66.25	87.17	29.66	0.33

排名	目的地	出口数量	数量同比	出口金额	金额同比	金额占比
37	肯尼亚	272	83.78	84.1	478.32	0.32
38	印度尼西亚	961	-39.02	83.7	-36.59	0.32
39	巴基斯坦	636	15.22	78.15	-16.19	0.3
40	比利时	224	7.69	76.87	55.9	0.29
41	菲律宾	1028	69.64	70.27	18.86	0.27
42	乌兹别克斯坦	476	23700	67.73	16785.49	0.26
43	斯里兰卡	480	136.45	66.54	84.12	0.25
44	突尼斯	287	34.74	64.05	68.49	0.24
45	奥地利	196	161.33	58.91	282.27	0.22
46	巴拉圭	521	210.12	58.73	141.64	0.22
47	危地马拉	360	0.56	58.26	28.17	0.22
48	阿拉伯联合酋长国	764	64.66	57.86	-31.93	0.22
49	叙利亚	365	98.37	55.87	133.75	0.21
50	乌克兰	646	476.79	55.36	450.84	0.21

资料来源：中国医保商会根据中国海关数据整理

表 4-79　2010 年中国临床监护设备主要出口企业名单

排名	企业名称	排名	企业名称
1	深圳迈瑞生物医疗电子股份有限公司	18	深圳市科曼医疗设备有限公司
2	捷普科技（上海）有限公司	19	深圳市安普康科技有限公司
3	旭电（苏州）科技有限公司	20	新美亚电子（深圳）有限公司
4	深圳市理邦精密仪器有限公司	21	上海三埃弗电子有限公司
5	通用电气医疗系统（中国）有限公司	22	深圳市科瑞康实业有限公司
6	深圳市尤迈医疗用品有限公司	23	深圳市邦健电子有限公司
7	秦皇岛市康泰医学系统有限公司	24	深圳市元和电子材料有限公司
8	苏州乔阳医学科技有限公司	25	深圳市和心重典医疗设备有限公司
9	深圳市美的连电子科技有限公司	26	上海科学器材有限公司
10	深圳市金运达国际物流有限公司	27	深圳市凯沃尔电子有限公司
11	深圳中外运物流有限公司	28	北京海世德科技发展有限公司
12	北京超思电子技术有限责任公司	29	广州三瑞医疗器械有限公司
13	武汉思创电子有限公司	30	上海东松国际贸易有限公司
14	珠海市国腾科技发展有限公司	31	徐州天荣医疗通讯设备有限公司
15	上海德尔格医疗器械有限公司	32	维德世医学仪器系统（北京）有限公司
16	深圳市中豪生物电子有限公司	33	北京荣瑞世纪科技有限公司
17	深圳市杰纳瑞医疗仪器有限公司	34	深圳市勤辉投资开发有限公司

排名	企业名称	排名	企业名称
35	中国医药保健品有限公司	43	山西洁瑞医疗器械有限公司
36	广州开发区工业进出口贸易有限公司	44	宁波富春国际贸易有限公司
37	深圳市正生技术有限公司	45	北京麦邦光电仪器有限公司
38	中国医药对外贸易公司	46	上海外高桥医药分销中心有限公司
39	广州市星澜医疗科技有限公司	47	保定市珠安科贸有限公司
40	徐州市科诺医学仪器设备有限公司	48	江苏省医药保健品进出口（集团）公司
41	中国医疗卫生对外技术合作公司	49	天津服装进出口股份有限公司
42	深圳市华南国际物流有限公司	50	辽宁省国际经济技术合作集团有限责任公司

资料来源：中国医保商会根据中国海关数据整理

表4-80　2010年中国临床监护设备各省区市出口情况

单位：台，万美元

排名	地区	出口数量	数量同比	出口金额	金额同比	金额占比
合计		140327	17.51	26278.27	40.68	100
1	广东	99783	19.64	16017.56	26.12	60.95
2	上海	8496	-40.79	4741.07	20.86	18.04
3	江苏	15673	66.89	4200.06	305.76	15.98
4	河北	7304	83.61	528.78	74.34	2.01
5	北京	5673	11.32	471.35	12.68	1.79
6	湖北	2048	78.55	218.77	61.03	0.83
7	浙江	432	65.52	28.3	13.15	0.11
8	辽宁	82	164.52	15.43	378.68	0.06
9	黑龙江	132	560	14.44	664.02	0.05
10	天津	191	-77.04	14.03	-65.64	0.05
11	山西	231	29.05	13.05	209.69	0.05
12	山东	101	71.19	5.56	18.95	0.02
13	广西	76	850	4.24	510.15	0.02
14	新疆	15	-70	1.8	-81.64	0.01
15	四川	14	-39.13	1.12	-58.84	0
16	安徽	67	67.5	0.99	-57.7	0
17	福建	4	-	0.45	-	0
18	湖南	4	-	0.35	-	0
19	甘肃	1	0	0.08	-41.89	0

资料来源：中国医保商会根据中国海关数据整理

4.11 人工关节

海关 HS 编码：90213100

庞大的人口基数和老龄化趋势使中国对人工关节的需求量较大。中国人工关节置换技术水平已经可以满足患者需要，精密度和灵活性均有了质的飞跃。

中国人工关节进口量总体上呈上升趋势，但增长幅度与整个医疗器械行业比相对较小。2006 年中国进口人工关节 76732 千克，2010 年为 138461 千克，年复合增长率仅为 15.9%。对国外产品依赖度的降低也说明了中国人工关节技术发展已经成熟，国内产品已经能逐步满足市场需求。

中国人工关节的出口市场蒸蒸日上，从 2006 年的出口金额 665.3 万美元增长至 2010 年的 4365.55 万美元，增长了近 5.6 倍。欧洲是中国人工关节出口的主要市场，2010 年中国向欧洲出口人工关节金额占出口总额的 82.06%。

4.11.1 进口

表 4-81 2006-2010 年中国人工关节进口情况

单位：千克，%，万美元

年份	进口数量	数量同比	进口金额	金额同比
2010	138461	42.58	10591.3	50.15
2009	97113	-5.72	7053.59	-10.52
2008	103008	26.30	7882.66	29.34
2007	81560	6.29	6094.39	27.16
2006	76732	-9.59	4792.68	-5.99

资料来源：中国医保商会根据中国海关数据整理

表 4-82 2010 年中国人工关节主要进口来源地

单位：千克，万美元，%

排名	来源地	进口数量	数量同比	进口金额	金额同比	金额占比
	合计	138461	42.58	10591.3	50.15	100
1	美国	62556	24.43	4576.66	30.02	43.21
2	德国	20137	220.35	1892.92	278.86	17.87
3	瑞士	11417	21.44	1221.03	19.43	11.53
4	中国台湾	15880	59.65	935.63	43.07	8.83
5	爱尔兰	9773	93.52	839.48	138.22	7.93
6	英国	11250	5.78	603.78	11.47	5.7
7	法国	6202	62.48	373.99	58.22	3.53
8	意大利	354	-54.62	62.6	-48.31	0.59
9	西班牙	494	1.65	61.02	9.94	0.58
10	日本	74	469.23	14.41	70.05	0.14
11	荷兰	195	343.18	6.19	141.49	0.06

排名	来源地	进口数量	数量同比	进口金额	金额同比	金额占比
12	韩国	101	20.24	2.09	-47.23	0.02
13	奥地利	19	72.73	0.77	81.53	0.01
14	冰岛	4	-	0.54	-	0.01
15	瑞典	3	-97.3	0.12	-89.96	0
16	中国（保税区）	1	-	0.03	16.81	0
17	中国香港	1	-98.73	<0.01	-99.99	0

资料来源：中国医保商会根据中国海关数据整理

表4-83　2010年中国人工关节主要进口企业名单

排名	企业名称	排名	企业名称
1	捷迈（上海）医疗国际贸易有限公司	26	北京安可国际货运代理有限公司
2	强生（上海）医疗器材有限公司	27	美精技医疗器械（上海）有限公司
3	北京威联德骨科技术有限公司	28	德林义肢矫形康复器材（武汉）有限公司
4	强生（苏州）医疗器材有限公司	29	上海东经进出口有限公司
5	永裕（上海）医药物流营运有限公司	30	联合医疗仪器有限公司
6	普鲁斯外科植入物（北京）有限公司	31	上海申钧进出口有限公司
7	上海协谷进出口贸易有限公司	32	科园信海（北京）医疗用品贸易有限公司
8	东方国际集团上海荣恒国际贸易有限公司	33	上海东松国际贸易有限公司
9	上海徽商对外贸易有限公司	34	中国上海外经（集团）有限公司
10	北京医药股份有限公司	35	天津外总集团日用品有限公司
11	上海三凯进出口有限公司	36	西安高新技术产业开发区进出口公司
12	贝朗医疗（上海）国际贸易有限公司	37	北京世纪东方国际贸易有限公司
13	上海福本达国际贸易有限公司	38	中国机械工业成套工程总公司
14	浙江国贸进出口有限公司	39	宝泰欧（北京）假肢矫形器商业有限公司
15	广州今溢贸易有限公司	40	上海搏韩进出口有限公司
16	上海晟炻投资有限公司	41	深圳市志锋源贸易有限公司
17	大昌洋行（上海）有限公司	42	西安金易达商贸有限公司
18	北京圣才科贸公司	43	重庆市中基进出口有限公司
19	德林义肢矫型康复器材（深圳）有限公司	44	奥索假肢矫形康复器材（上海）有限公司
20	北京奥托博克假肢矫形器工业有限公司	45	云南凯云科工贸有限公司
21	中国医疗卫生器材进出口公司	46	史赛克（北京）医疗器械有限公司
22	上海易恒进出口有限公司	47	深圳市雨禾田商贸有限公司
23	德林义肢康复器材（上海）有限公司	48	上海外联发进出口有限公司
24	科润医疗产品（上海）有限公司	49	北京携亿欣彩国际贸易有限公司
25	施乐辉医用产品国际贸易（上海）有限公司	50	西安安泰叶片技术有限公司

资料来源：中国医保商会根据中国海关数据整理

表 4 -84　2010 年中国人工关节各省区市进口情况

单位：千克，万美元，%

排序	地区	进口数量	数量同比	进口金额	金额同比	金额占比
合计		138461	42.58	10591.3	50.15	100
1	上海	85772	30.83	6576.91	42.08	62.1
2	北京	27256	113.09	2772.07	94.6	26.17
3	江苏	17452	87.7	764.45	114.64	7.22
4	广东	2524	56.38	172.41	35.61	1.63
5	四川	3026	250.64	131.69	136.7	1.24
6	浙江	1027	13.11	108.97	39.26	1.03
7	湖北	579	98.29	24.13	53	0.23
8	陕西	586	-87.74	21.73	-92.56	0.21
9	天津	117	-77.41	12.47	-44.68	0.12
10	山东	30	76.47	3.65	153.15	0.03
11	海南	18	1700	1.31	1332.13	0.01
12	云南	65	490.91	0.91	-35.39	0.01
13	重庆	8	-	0.59	-	0.01
14	福建	1	-	0.01	-	0

资料来源：中国医保商会根据中国海关数据整理

4.11.2　出口

表 4 -85　2006 -2010 年中国人工关节出口情况

单位：千克，%，万美元

年份	出口数量	增长率	出口金额	增长率
2010	47516	116.05	4365.55	83.93
2009	21993	14.9	2373.4	93.51
2008	19141	102.83	1226.5	219.9
2007	9437	-35.58	383.4	-42.37
2006	14650	112.87	665.3	514.45

资料来源：中国医保商会根据中国海关数据整理

表 4 -86　2010 年中国人工关节主要出口目的地

单位：千克，万美元，%

排名	目的地	出口数量	数量同比	出口金额	金额同比	金额占比
合计		47516	116.05	4365.55	83.93	100.00
1	比利时	25888	389.28	3284.56	162.16	75.24

排名	目的地	出口数量	数量同比	出口金额	金额同比	金额占比
2	美国	12198	24. 99	604. 24	23. 31	13. 84
3	英国	2131	450. 65	207. 16	428. 93	4. 75
4	中国台湾	1198	1. 61	62. 87	-19. 68	1. 44
5	瑞士	704	55. 07	47. 97	58. 06	1. 1
6	韩国	833	2280	42. 16	1246. 95	0. 97
7	德国	704	115. 95	33. 66	76. 91	0. 77
8	土耳其	453	36. 86	17. 59	118. 56	0. 4
9	巴西	1140	665. 1	13. 11	101. 93	0. 3
10	古巴	474	-58. 09	8. 62	-59. 84	0. 2
11	委内瑞拉	129	–	5. 82	–	0. 13
12	泰国	182	167. 65	5. 71	258. 31	0. 13
13	格鲁吉亚	97	–	5. 22	–	0. 12
14	爱尔兰	61	-96. 36	3. 55	-99. 06	0. 08
15	南非	88	-22. 12	2. 75	77. 92	0. 06
16	伊朗	160	-14. 89	2. 65	-61. 32	0. 06
17	巴基斯坦	128	96. 92	2. 32	116. 7	0. 05
18	吉尔吉斯斯坦	95	850	2. 14	332. 83	0. 05
19	澳大利亚	8	-77. 78	1. 94	-84. 17	0. 04
20	日本	18	-83. 93	1. 72	-80. 64	0. 04
21	新加坡	7	-84. 78	1. 42	26. 75	0. 03
22	印度	46	-44. 58	1. 37	-30. 58	0. 03
23	苏丹	78	–	1. 1	–	0. 03
24	中国香港	14	-62. 16	0. 99	-67. 2	0. 02
25	黎巴嫩	340	88. 89	0. 99	52. 31	0. 02
26	墨西哥	42	–	0. 89	–	0. 02
27	印度尼西亚	24	–	0. 87	–	0. 02
28	马来西亚	6	-83. 33	0. 66	45. 29	0. 02
29	阿根廷	20	–	0. 57	–	0. 01
30	菲律宾	3	–	0. 27	–	0. 01
31	朝鲜	110	–	0. 27	–	0. 01
32	塞尔维亚	59	–	0. 1	–	0
33	奥地利	3	–	0. 1	–	0
34	法国	6	50	0. 07	641. 11	0
35	埃及	55	-49. 54	0. 05	-98. 44	0
36	利比亚	8	–	0. 03	–	0

排名	目的地	出口数量	数量同比	出口金额	金额同比	金额占比
37	肯尼亚	6	–	0.02	–	0

资料来源：中国医保商会根据中国海关数据整理

表 4－87　2010 年中国人工关节主要出口企业名单

排名	企业名称	排名	企业名称
1	强生（苏州）医疗器材有限公司	13	北京百慕航材高科技股份有限公司
2	西安安泰叶片技术有限公司	14	强生（上海）医疗器材有限公司
3	宝鸡华钛机电制造有限责任公司	15	贝朗医疗（上海）国际贸易有限公司
4	联合医疗仪器有限公司	16	苏州欣荣博尔特医疗器械有限公司
5	普鲁斯外科植入物（北京）有限公司	17	上海嘉定对外贸易有限公司
6	捷迈（上海）医疗国际贸易有限公司	18	江苏弘业股份有限公司
7	北京蒙太因医疗器械有限公司	19	美精技医疗器械（上海）有限公司
8	上海外联发进出口有限公司	20	福建省富兴工业进出口公司
9	上海三凯进出口有限公司	21	深圳市红日世纪进出口有限公司
10	上海申钧进出口有限公司	22	深圳市培誉进出口有限公司
11	上海康诺国际贸易有限公司	23	深圳市滋讯通信技术有限公司
12	河南益隆进出口有限公司		

资料来源：中国医保商会根据中国海关数据整理

表 4－88　2010 年中国人工关节各省区市出口情况

单位：千克，万美元，%

排名	地区	出口数量	数量同比	出口金额	金额同比	金额占比
合计		47516	116.05	4365.55	83.93	100.00
1	江苏	29900	399.58	3600.76	177.24	82.48
2	陕西	10751	－6.24	474.62	－43.83	10.87
3	北京	3679	221.87	138.08	131.46	3.16
4	上海	1639	－34.04	111.84	－26.87	2.56
5	天津	763	757.3	31.23	1545.59	0.72
6	河南	435	－10.68	5.41	－43.65	0.12
7	福建	159	16.06	2.46	26.44	0.06
8	广东	23	－87.7	0.79	－78.09	0.02
9	黑龙江	110	685.71	0.27	224.82	0.01
10	浙江	57	–	0.1	–	0

资料来源：中国医保商会根据中国海关数据整理

4.12 植入式心脏起搏器

海关 HS 编码：90215000

植入式心脏起搏器在临床的应用已有 40 余年的历史，随着科学技术的进步，起搏器的结构日益精密，功能日趋完善，心脏起搏技术已经成为现代心脏病学的重要组成部分。中国植入式心脏起搏器的进口市场远远大于出口市场，国内生产技术还有待进一步提高。

随着市场需求的不断扩大，中国植入式心脏起搏器进口规模稳步增长，2006 年中国进口量仅 27147 个，到 2010 年达到了 64464 个，年复合增长率为 24.14%。进口金额增长幅度更大，从 2006 年 2908.71 万美元增长至 2010 年的 8101.69 万美元，年复合增长率达到了 29.18%。中国植入式心脏起搏器的主要进口来源地是瑞士、美国和德国。

中国植入式心脏起搏器的出口市场还未形成规模，2010 年仅出口 4 个，出口金额为 1.03 万美元。

4.12.1 进口

表 4－89 2006－2010 年中国植入式心脏起搏器进口情况

单位：个，%，万美元

年份	进口数量	数量同比	进口金额	金额同比
2010	64464	22.55	8101.69	17.24
2009	52601	36.59	6910.43	42.44
2008	38509	11.23	4851.51	27.28
2007	34620	27.53	3811.69	31.04
2006	27147	6.88	2908.71	7.76

资料来源：中国医保商会根据中国海关数据整理

表 4－90 2010 年中国植入式心脏起搏器主要进口来源地

单位：个，万美元，%

排名	来源地	进口数量	数量同比	进口金额	金额同比	金额占比
合计		64464	22.55	8101.69	17.24	100.00
1	瑞士	26369	13.12	3369.37	0.88	41.59
2	美国	15602	70.7	2077.87	53.87	25.65
3	德国	11982	21.78	1661.16	27.75	20.5
4	瑞典	8818	－10.84	648.45	－25.06	8
5	爱尔兰	1543	327.42	334.84	523.95	4.13
6	西班牙	150	–	10	–	0.12

资料来源：中国医保商会根据中国海关数据整理

表 4－91　2010 年中国植入式心脏起搏器主要进口企业名单

排名	企业名称	排名	企业名称
1	美敦力医疗用品技术服务（上海）有限公司	5	百多力（北京）医疗器械有限公司
2	圣犹达医疗用品（上海）有限公司	6	东方国际招标有限责任公司
3	陕西秦明医学仪器股份有限公司	7	北京飞机维修工程有限公司
4	波科国际医疗贸易（上海）有限公司	8	东方航空进出口有限公司

资料来源：中国医保商会根据中国海关数据整理

表 4－92　2010 年中国植入式心脏起搏器各省区市进口情况

单位：个，万美元，%

排序	地区	进口数量	数量同比	进口金额	金额同比	金额占比
合计		64464	22.55	8101.69	17.24	100
1	上海	52329	22.42	6429.97	14.83	79.37
2	北京	5837	41.06	958.13	42.12	11.83
3	陕西	6148	7.54	703.6	10.51	8.68
4	浙江	150	–	10	–	0.12

资料来源：中国医保商会根据中国海关数据整理

4.12.2　出口

表 4－93　2006－2010 年中国植入式心脏起搏器出口情况

单位：个，%，万美元

年份	出口数量	数量同比	出口金额	金额同比
2010	4	0	1.03	83.92
2009	4	－84.62	0.56	－97.41
2008	26	62.5	2.2	－15.45
2007	16	23.08	2.6	94.35
2006	13	－23.53	1.34	－92.8

资料来源：中国医保商会根据中国海关数据整理

表 4－94　2010 年中国植入式心脏起搏器主要出口目的地

单位：个，万美元，%

排名	目的地	出口数量	数量同比	出口金额	金额同比	金额占比
合计		4	0	1.03	1711.78	100
1	德国	2	–	0.56	–	54.32
2	朝鲜	1	–	0.44	–	42.34
3	美国	1	－75	0.03	－39.54	3.34

资料来源：中国医保商会根据中国海关数据整理

表 4 -95　2010 年中国植入式心脏起搏器主要出口企业名单

排名	企业名称	排名	企业名称
1	北京飞机维修工程有限公司	2	东方航空进出口有限公司

资料来源：中国医保商会根据中国海关数据整理

表 4 -96　2010 年中国植入式心脏起搏器各省区市出口情况

单位：个，万美元

排名	地区	出口数量	数量同比	出口金额	金额同比	金额占比
合计		4	0	1.03	1711.78	100
1	北京	2	–	0.56	–	54.32
2	辽宁	1	–	0.44	–	42.34
3	上海	1	-75	0.03	-39.54	3.34

资料来源：中国医保商会根据中国海关数据整理

4.13　麻醉设备

海关 HS 编码：90189070

麻醉设备是临床手术所依赖的设备之一，在进行诊断性检查操作时可以为患者消除疼痛、保障患者安全、创造良好的手术条件，目前麻醉设备贸易市场稳定而活跃。

2010 年中国麻醉设备进口数量为 3461 台，同比下降了 41.38%，但进口金额却增长了 38.13%。美国和德国是中国进口麻醉设备的主要国家，2010 年这两个国家进口麻醉设备占进口总额的 55.71% 和 25.97%。

国产麻醉设备质量和工艺已经接近发达国家水平，产品出口到世界 134 个国家，并有扩大规模的趋势。2006 年中国出口麻醉设备 3347 台，到 2010 年出口量达到了 9857 台，增长接近两倍。

4.13.1　进口

表 4 -97　2006 -2010 年中国麻醉设备进口情况

单位：台，%，万美元

年份	进口数量	数量同比	进口金额	金额同比
2010	3461	-41.38	4940.1	38.13
2009	5904	-23.15	3576.41	17.03
2008	7682	337.22	3055.88	17.31
2007	1757	18.72	2604.92	5.93
2006	1480	-11.96	2459.01	-22.02

资料来源：中国医保商会根据中国海关数据整理

表 4-98　2010 年中国麻醉设备主要进口来源地

单位：台，万美元，%

排名	来源地	数量	数量同比	进口金额	金额同比	金额占比
	合计	3461	-41.38	4940.1	38.13	100
1	美国	2480	174.64	2752.36	51.63	55.71
2	德国	710	10.76	1283.01	15.17	25.97
3	英国	84	-73.42	375.94	12.8	7.61
4	芬兰	77	20.31	104.05	-20.24	2.11
5	奥地利	12	-	78.26	-	1.58
6	中国（保税区）	22	266.67	27.92	-53.17	0.57
7	韩国	54	5.88	26.83	-13.58	0.54
8	西班牙	4	-	15.3	-	0.31
9	丹麦	3	-	3.73	8140.62	0.08
10	法国	10	-9.09	0.98	-69.13	0.02
11	加拿大	2	-	0.3	167.59	0.01
12	意大利	1	-99.94	0.29	-83.26	0.01
13	马耳他	1	-	0.27	-41.78	0.01
14	日本	1	-50	0.13	3.14	0

资料来源：中国医保商会根据中国海关数据整理

表 4-99　2010 年中国麻醉设备主要进口企业名单

排名	企业名称	排名	企业名称
1	德尔格医疗设备（上海）有限公司	15	江苏海外集团国际技术工程有限公司
2	中国医疗器械技术服务公司	16	中国医疗器械工业公司
3	通用电气医疗系统（中国）有限公司	17	上海精福物流有限公司
4	深圳迈瑞生物医疗电子股份有限公司	18	河南博奥贸易有限公司
5	上海东松国际贸易有限公司	19	上海德尔格医疗器械有限公司
6	中智上海经济技术合作公司	20	上海市医药保健品进出口公司
7	上海兴皓敏国际贸易有限公司	21	深圳市怡亚通供应链股份有限公司
8	上海铁联国际储运有限公司	22	北京永正佳业商贸有限公司
9	中国医药保健品有限公司	23	通用电气医疗临床系统（无锡）有限公司
10	厦门建益达有限公司	24	通用电气医疗系统贸易发展（上海）有限公司
11	安徽省技术进出口股份有限公司	25	国药集团药业股份有限公司
12	广州越秀金信贸易有限公司	26	五矿国际招标有限责任公司
13	中仪国际招标公司	27	福建华闽进出口有限公司
14	北京中润伟业投资有限公司	28	成都巨新实业有限公司

排名	企业名称	排名	企业名称
29	中国远东国际招标公司	40	上海中致仪器设备有限公司
30	北京中成海达进出口有限公司	41	新疆金怡进出口有限责任公司
31	中信国际招标有限公司	42	上海森历实业有限公司
32	中仪英斯泰克进出口公司	43	中国医药对外贸易公司
33	中技国际招标公司	44	重庆市中基进出口有限公司
34	陕西华星进出口有限责任公司	45	北京恒润泰医药科技有限公司
35	北京谊安医疗系统股份有限公司	46	上海近铁国际物流有限公司
36	上海工业投资（集团）有限公司	47	中外运国际贸易公司
37	广东省医药保健品进出口公司	48	北方国际集团天津医药保健品进出口有限公司
38	北京中联海进出口有限公司	49	深圳市昌邦货运代理有限公司
39	川崎振华物流（天津）有限公司	50	上海科学器材有限公司

资料来源：中国医保商会根据中国海关数据整理

表4－100　2010年中国麻醉设备各省区市进口情况

单位：台，万美元

排序	地区	进口数量	数量同比	进口金额	金额同比	金额占比
	合计	3461	－41.38	4940.1	38.13	100
1	上海	840	－67.68	1822.32	17.1	36.89
2	北京	2027	－31.89	1468.69	44.84	29.73
3	广东	166	104.94	524.96	72.19	10.63
4	江苏	60	900	443.09	87.48	8.97
5	福建	95	9.2	193.9	14.98	3.93
6	安徽	30	900	105.1	1094.98	2.13
7	云南	47	－11.32	89.88	－5.82	1.82
8	辽宁	45	50	65.3	46.97	1.32
9	河南	26	85.71	53.68	45.93	1.09
10	四川	25	1150	46.95	2567.61	0.95
11	新疆	22	340	42.86	409.07	0.87
12	河北	21	－	27.5	－	0.56
13	陕西	9	－59.09	20.03	－52.06	0.41
14	天津	4	0	17.38	－22.11	0.35
15	重庆	5	66.67	7.38	5.77	0.15
16	吉林	2	－75	3.73	－73.38	0.08
17	山东	3	－40	3.6	－65.04	0.07
18	湖北	4	－	2.57	－	0.05

排序	地区	进口数量	数量同比	进口金额	金额同比	金额占比
19	浙江	2	-33.33	1.17	-33.2	0.02
20	黑龙江	28	2700	0.01	-98.79	0

资料来源：中国医保商会根据中国海关数据整理

4.13.2　出口

表 4-101　2006-2010 年中国麻醉设备出口情况

单位：台,%，万美元

年份	出口数量	数量同比	出口金额	金额同比
2010	9857	-53.28	6112.75	34.82
2009	21098	140.38	4534.03	27.61
2008	8777	-53.65	3552.99	64.36
2007	18937	465.79	2161.67	82.35
2006	3347	-10.75	1185.42	18.42

资料来源：中国医保商会根据中国海关数据整理

表 4-102　2010 年中国麻醉设备主要出口目的地

单位：万美元,%

排名	目的地	出口数量	数量同比	出口金额	金额同比	金额占比
合计		9857	-53.28	6112.75	34.82	100
1	德国	2363	-46.65	2119.27	22.59	34.67
2	美国	676	-40.12	1348.2	56.2	22.06
3	土耳其	356	43.55	374.95	34.78	6.13
4	印度	559	-92.67	272.29	57.39	4.45
5	俄罗斯	139	-87.91	116.93	37.01	1.91
6	菲律宾	190	42.86	108.5	146.62	1.77
7	意大利	62	51.22	108.16	53.92	1.77
8	肯尼亚	78	225	98.52	303.6	1.61
9	澳大利亚	52	100	91.91	129.2	1.5
10	南非	375	1288.89	88.57	121.5	1.45
11	委内瑞拉	79	618.18	86.5	497.31	1.42
12	日本	53	5200	65.96	84	1.08
13	葡萄牙	39	225	58.18	247.33	0.95
14	埃及	215	112.87	57.69	82.74	0.94
15	芬兰	65	-38.1	56.45	-40.78	0.92
16	泰国	51	75.86	54.71	137.38	0.9

排名	目的地	出口数量	数量同比	出口金额	金额同比	金额占比
17	法国	90	36.36	44.16	37.48	0.72
18	西班牙	63	46.51	41.72	-3.79	0.68
19	墨西哥	49	-31.94	41.37	-25.68	0.68
20	新加坡	42	0	40.28	-8.73	0.66
21	英国	18	-58.14	36.95	-35.37	0.6
22	尼日利亚	109	43.42	36.92	40.75	0.6
23	秘鲁	60	5.26	36.26	21.05	0.59
24	波兰	22	-24.14	33.35	7.84	0.55
25	哥伦比亚	51	183.33	29.89	132.48	0.49
26	荷兰	50	117.39	29.33	55.11	0.48
27	中国香港	37	117.65	28.8	9.69	0.47
28	印度尼西亚	79	-61.08	27.1	-33.16	0.44
29	苏丹	30	150	26.41	239.61	0.43
30	巴西	25	25	25.48	317.75	0.42
31	越南	14	-41.67	21.17	-45.62	0.35
32	伊拉克	31	106.67	21.14	1558.01	0.35
33	厄瓜多尔	31	6.9	20.95	41.22	0.34
34	阿拉伯联合酋长国	23	-43.9	20.51	-32.43	0.34
35	罗马尼亚	18	157.14	18.73	271.84	0.31
36	也门共和国	40	-16.67	18	14.77	0.29
37	巴基斯坦	33	-13.16	17.05	-18.97	0.28
38	孟加拉国	49	53.12	14.37	10.8	0.24
39	巴拿马	29	26.09	14.15	2.04	0.23
40	埃塞俄比亚	25	733.33	13.26	1437.31	0.22
41	阿根廷	22	10	12.99	707.22	0.21
42	多米尼加共和国	50	1566.67	12.85	136.95	0.21
43	马来西亚	1261	-60.77	12.48	57.88	0.2
44	津巴布韦	10	-	12.42	-	0.2
45	缅甸	33	-88.04	11.31	-22.19	0.19
46	韩国	23	76.92	11.28	142.05	0.18
47	阿尔及利亚	12	-	10.55	-	0.17
48	洪都拉斯	9	80	10.29	126.59	0.17
49	吉尔吉斯斯坦	3	-	9.78	-	0.16
50	加纳	20	185.71	9.29	348.03	0.15

资料来源：中国医保商会根据中国海关数据整理

表 4-103　2010 年中国麻醉设备主要出口企业名单

排名	企业名称	排名	企业名称
1	上海德尔格医疗器械有限公司	26	上海科学器材有限公司
2	深圳迈瑞生物医疗电子股份有限公司	27	深圳市海特精密科技有限公司
3	北京谊安医疗系统股份有限公司	28	南京创普进出口有限公司
4	通用电气医疗系统（中国）有限公司	29	宁波富春国际贸易有限公司
5	佰电科技（苏州）有限公司	30	浙江省瓯海对外贸易公司
6	贝莱胜电子（厦门）有限公司	31	江苏汇鸿国际集团针棉织品进出口
7	深圳市金运达国际物流有限公司	32	浙江伏尔特医疗器械有限公司
8	通用电气医疗临床系统（无锡）有限公司	33	中国成套设备进出口上海公司
9	北京航天长峰股份有限公司	34	广州市名加医疗器械制造有限公司
10	西安商泰机械制造有限公司	35	江苏省医药保健品进出口（集团）公司
11	南京普田医疗器械有限公司	36	北京建发实业有限公司
12	上海东松国际贸易有限公司	37	辽宁省国际经济技术合作集团有限责任公司
13	西安商泰进出口有限公司	38	南京美腾进出口实业有限公司
14	中国医疗器械工业公司	39	云南省保山市医药商行
15	中国医药保健品有限公司	40	深圳市大印正踏贸易有限公司
16	北京宏润达科技发展有限公司	41	浙江五矿裕达进出口有限公司
17	深圳中外运物流有限公司	42	上海蓝豹实验仪器有限公司
18	杭州三泰电子技术有限公司	43	天津莱舒特进出口有限公司
19	广州开发区工业进出口贸易有限公司	44	成都格瑞特进出口贸易有限责任公
20	南京永蕾医疗用品进出口贸易有限公司	45	广州市星澜医疗科技有限公司
21	中国医疗卫生对外技术合作公司	46	瑞安市新潮进出口贸易有限公司
22	深圳晨伟电子有限公司	47	江苏省粮油食品进出口集团股份有限公司
23	中国医药对外贸易公司	48	深圳市亿达泰实业发展有限公司
24	德尔格医疗设备（上海）有限公司	49	北方国际集团天津康兴医药保健品进出口有限公司
25	中山市路华贸易有限公司	50	北京通用电气华伦医疗设备有限公司

资料来源：中国医保商会根据中国海关数据整理

表 4-104　2010 年中国各省区市麻醉设备出口情况

单位：台，万美元

排名	地区	出口数量	数量同比	出口金额	金额同比	金额占比
合计		9857	-53.28	6112.75	34.82	100
1	上海	2420	-6.06	2019.73	18.78	33.04
2	江苏	2539	51.85	1563.58	29.55	25.58
3	北京	1886	-28.59	1147.24	21.26	18.77

排名	地区	出口数量	数量同比	出口金额	金额同比	金额占比
4	广东	884	32.53	1113.94	104.04	18.22
5	福建	1	-99.95	135.01	148.72	2.21
6	浙江	2068	-81.97	32.57	97.53	0.53
7	天津	8	166.67	3.21	127.03	0.05
8	安徽	12	50	3.1	69.68	0.05
9	云南	12	-20	2.73	-9.62	0.04
10	山东	10	66.67	2.64	-40.67	0.04
11	辽宁	3	-	2.43	-	0.04
12	四川	2	100	1.43	-58.2	0.02
13	湖南	5	-	0.86	-	0.01
14	广西	6	500	0.82	214.17	0.01
15	甘肃	1	0	0.78	37.65	0.01

资料来源：中国医保商会根据中国海关数据整理

4.14 助听器

海关 HS 编码：90214000

中国老龄化来势迅猛，发展速度已居全球首位。这为老年健康产业带来了难得的机遇。老年人群较其他年龄段人群发病率高，其中听力损失在很多国家被列为严重影响老年人生活质量的主要慢性疾病。中国老年人听力损失人群是一庞大的患者群，这是开发国内助听器市场的基础。

中国助听器出口市场大于进口市场，主要是由于国际先进企业均在中国建立工厂，不仅满足了国内市场的需要，还出口到世界各地满足国际市场需要。2010 年助听器出口市场有所萎缩，出口量为 7717678 个，出口金额 24410.38 为万美元，同比分别下降 9.5% 和 1.45%。

4.14.1 进口

表 4-105 2006-2010 年中国助听器进口情况

单位：个,%，万美元

年份	进口数量	数量同比	进口金额	金额同比
2010	918953	0.9	4680.48	-2.54
2009	910753	-31.62	4802.27	-31.2
2008	1331950	1.38	6979.63	5.69
2007	1313848	5.78	6604.1	-3.41
2006	1242066	-13.02	6837.3	2.8

资料来源：中国医保商会根据中国海关数据整理

表 4－106　2010 年中国助听器主要进口来源地

单位：个，万美元，%

排名	来源地	进口数量	数量同比	进口金额	金额同比	金额占比
	合计	918953	0.9	4680.48	－2.54	100
1	新加坡	396037	－2.76	1920.52	－21.39	41.03
2	中国（保税区）	444599	－0.55	1756.51	6.03	37.53
3	丹麦	43629	34.37	512.34	8.85	10.95
4	瑞士	6203	63.37	187.48	182.45	4.01
5	越南	18366	36.15	142.73	29.46	3.05
6	澳大利亚	100	–	88.00	–	1.88
7	墨西哥	6117	61.7	52.96	49.96	1.13
8	美国	624	165.53	10.24	58.32	0.22
9	中国台湾	2240	37.76	6.28	47.32	0.13
10	日本	10	－60	0.29	1144.68	0.01
11	加拿大	46	820	0.2	181.28	0
12	意大利	6	–	0.17	–	0
13	挪威	3	–	0.11	–	0
14	韩国	29	–	0.03	–	0
15	印度	17	–	0.03	–	0
16	德国	1	－99.8	0.01	－99.86	0
17	中国香港	1	–	0.01	–	0

资料来源：中国医保商会根据中国海关数据整理

表 4－107　2010 年中国助听器主要进口企业名单

排名	企业名称	排名	企业名称
1	西门子听力仪器（苏州）有限公司	10	利荣医疗仪器（北京）有限公司
2	优利康听力技术（苏州）有限公司	11	瑞声达听力技术（中国）有限公司
3	峰力听力技术（上海）有限公司	12	北京温阳建鑫经贸有限公司
4	上海客为尊机电进出口有限公司	13	上海协源国际贸易有限公司
5	唯听助听器（上海）有限公司	14	易力声科技（深圳）有限公司
6	浙江惠灵对外贸易有限责任公司	15	欧仕达听力科技（厦门）有限公司
7	斯达克听力技术（苏州）有限公司	16	厦门新声科技有限公司
8	中设（苏州）机械设备进出口公司	17	大北欧通讯设备（中国）有限公司
9	同科林医疗仪器（上海）有限公司	18	厦门格拉克听力技术有限公司

资料来源：中国医保商会根据中国海关数据整理

表 4－108　2010 年中国助听器各省区市进口情况

单位：个，万美元,%

排序	地区	进口数量	数量同比	进口金额	金额同比	金额占比
合计		918953	0.9	4680.48	－2.54	100
1	江苏	851310	16.69	3759.44	－1.13	80.32
2	上海	62147	30.95	810.66	33.27	17.32
3	浙江	100	–	88	–	1.88
4	福建	2850	－97.84	11.22	－97.05	0.24
5	北京	2250	38.38	6.92	62.27	0.15
6	广东	296	256.63	4.24	－22.47	0.09

资料来源：中国医保商会根据中国海关数据整理

4.14.2　出口

表 4－109　2006－2010 年中国助听器出口情况

单位：个,%，万美元

年份	出口数量	数量同比	出口金额	金额同比
2010	7717678	－9.5	24410.38	－1.45
2009	8527393	23.84	24770.01	6.59
2008	6885786	－12.54	23239.23	13.32
2007	7872958	51.59	20508.46	2.7
2006	5193522	5.33	19969.31	19.15

资料来源：中国医保商会根据中国海关数据整理

表 4－110　2010 年中国助听器主要出口目的地

单位：个，万美元,%

排名	来源地	出口数量	数量同比	出口金额	金额同比	金额占比
合计		7717678	－9.5	24410.38	－1.45	100
1	美国	1863001	－26.89	5824.83	0.86	23.86
2	新加坡	1071246	－8.48	3679.36	－28.34	15.07
3	丹麦	833945	－9.22	3222.47	－13.36	13.2
4	瑞士	589408	43.66	3121.89	28.7	12.79
5	英国	530859	7.87	2465.39	－1.47	10.1
6	德国	428489	63.94	2019.59	24.9	8.27
7	法国	135595	36.14	783.98	17.23	3.21
8	加拿大	160853	33.13	688.54	－2.12	2.82
9	澳大利亚	103218	143.4	499.53	103.16	2.05

排名	来源地	出口数量	数量同比	出口金额	金额同比	金额占比
10	瑞典	96265	81.56	354.51	52.12	1.45
11	日本	227259	43.38	342	168.96	1.4
12	荷兰	67361	63.31	286.35	6.99	1.17
13	意大利	38514	70.26	179.84	30.03	0.74
14	比利时	29635	23.53	160.64	9.6	0.66
15	中国香港	1044538	-33.84	155.15	-59.23	0.64
16	新西兰	26398	48.24	131.77	6.77	0.54
17	西班牙	254137	-23.15	97.74	204.13	0.4
18	奥地利	14348	32.17	78.64	0.74	0.32
19	印度	38506	-19.88	58.47	15.38	0.24
20	古巴	3800	-24.23	54.12	-8.1	0.22
21	越南	8195	-84.76	41.9	-82.52	0.17
22	土耳其	2815	-1.4	21.8	17.38	0.09
23	南非	3913	46.06	15.26	-4.08	0.06
24	俄罗斯	12400	-8.15	14.71	46.54	0.06
25	挪威	2012	110.24	12.92	99.13	0.05
26	阿拉伯联合酋长国	9210	-74.5	12.69	103.02	0.05
27	匈牙利	913	-	7.84	-	0.03
28	韩国	4990	114.62	6	32.63	0.02
29	泰国	4948	-11.48	5.43	260.33	0.02
30	黎巴嫩	657	-	5.17	-	0.02
31	智利	721	-83.79	5.11	7.81	0.02
32	以色列	18404	114.22	5.02	75.25	0.02
33	巴基斯坦	15546	5879.23	4.98	501.17	0.02
34	保加利亚	699	94.17	4.74	54.88	0.02
35	沙特阿拉伯	4015	719.39	4.05	7.78	0.02
36	墨西哥	12882	84.03	3.58	156.31	0.01
37	希腊	647	5781.82	3.29	1181.25	0.01
38	玻利维亚	354	-7.81	2.65	21.43	0.01
39	也门共和国	312	31.65	2.62	34.35	0.01
40	叙利亚	185	120.24	2.34	182.84	0.01
41	中国台湾	13290	1291.62	2.15	73.58	0.01
42	突尼斯	350	133.33	2.14	132.44	0.01
43	伊拉克	299	-97.46	1.87	-59.48	0.01
44	巴拿马	3185	-78.77	1.82	43.12	0.01

排名	来源地	出口数量	数量同比	出口金额	金额同比	金额占比
45	捷克	7350	–	1.32	–	0.01
46	斯里兰卡	611	171.56	1.25	250.92	0.01
47	埃及	200	28.21	1.23	31.98	0.01
48	科威特	84	–58	1.18	18.04	0
49	乌克兰	4615	–	0.92	–	0
50	印度尼西亚	1300	–5.87	0.89	–11.62	0

资料来源：中国医保商会根据中国海关数据整理

表4－111　2010年中国助听器主要出口企业名单

排名	企业名称	排名	企业名称
1	优利康听力技术（苏州）有限公司	26	深圳市盐田港出口货物监管仓有限公司
2	瑞声达听力技术（中国）有限公司	27	深圳龙岗区对外经济发展有限公司
3	西门子听力仪器（苏州）有限公司	28	宁波嘉福塑胶电器有限公司
4	斯达克听力技术（苏州）有限公司	29	宁波中天基业进出口有限公司
5	厦门新声科技有限公司	30	深圳市成翰实业有限公司
6	深圳市宝安外经发展有限公司	31	惠城区对外加工装配服务公司
7	中国医药保健品有限公司	32	深圳市健联贸易有限公司
8	深圳市金运达国际物流有限公司	33	杭州世合贸易有限公司
9	丽声助听器（福州）有限公司	34	深圳市华南国际物流有限公司
10	惠州三华工业有限公司	35	深圳市港安进出口有限公司
11	深圳嘉里盐田港物流有限公司	36	宁波高祥国际贸易有限公司
12	建光达电子（深圳）有限公司	37	深圳市金明利进出口贸易有限公司
13	佛山市顺德区蚬华多媒体制品有限公司	38	飞迅科技（苏州）有限公司
14	欧仕达听力科技（厦门）有限公司	39	南京美迪进出口有限公司
15	唐德电子（中国）有限公司	40	宁海万欧国际贸易有限公司
16	港芝（东莞）电子制造厂有限公司	41	淮安市禾田国际贸易有限公司
17	易力声科技（深圳）有限公司	42	厦门格拉克听力技术有限公司
18	深圳中外运物流有限公司	43	宁波亚虎进出口有限公司
19	峰力听力技术（上海）有限公司	44	宁波宁电进出口有限公司
20	厦门市嘉晟对外贸易有限公司	45	深圳市兴宝工贸有限公司
21	深圳市鸿基出口监管仓库有限公司	46	宁波云隆进出口有限公司
22	珲春中俄互市贸易服务有限公司	47	宁波天荣进出口有限公司
23	东莞全策电器有限公司	48	南京罗凯国际贸易有限公司
24	连云港石林国际贸易有限公司	49	泰兴市中兴进出口贸易有限公司
25	东莞市对外加工装配服务公司	50	四川微迪数字技术有限公司

资料来源：中国医保商会根据中国海关数据整理

表 4-112　2010 年中国助听器各省区市出口情况

单位：个，万美元，%

排名	地区	出口数量	数量同比	出口金额	金额同比	金额占比
合计		7717678	-9.5	24410.38	-1.45	100
1	江苏	3781226	16.91	17625.7	-0.86	72.21
2	福建	1578409	3.59	6192.91	2.96	25.37
3	广东	1841984	-48.92	472.65	-46.38	1.94
4	北京	3800	-31.84	54.12	-10.17	0.22
5	浙江	113846	28.58	20.66	20.65	0.08
6	黑龙江	318940	6190.73	12.6	1123.42	0.05
7	上海	2368	-31.54	11.06	685.29	0.05
8	四川	25617	35.48	7.83	152.9	0.03
9	吉林	1030	-	5.6	-	0.02
10	江西	8610	-63.36	4.31	-38.93	0.02
11	云南	21730	-	2.43	-	0.01
12	广西	8850	-47.94	0.31	-93.98	0
13	安徽	10588	-	0.17	-	0
14	西藏	680	-	0.03	-	0

资料来源：中国医保商会根据中国海关数据整理

4.15　血压测量仪器及器具

海关 HS 编码：90189020

血压测量仪是中国医疗器械主要出口产品之一，2006-2008 年中国血压测量仪的出口量保持四千万台以上，2009 年受经济危机影响，出口量有所下滑；2010 年出口市场有所恢复，达到 4149 万台，出口金额为 41755.13 万美元，同比增长 18.76%。

2006-2010 年中国进口血压测量仪的数量逐年减少，2006 年进口量为 5897423 台，2010 年进口量为 570461 台，不到 2006 年的十分之一，说明国内血压测量仪的技术水平已经居于世界前列，对进口产品的依赖度越来越低。

4.15.1　进口

表 4-113　2006-2010 年中国血压测量仪器进口情况

单位：台，%，万美元

年份	进口数量	数量同比	进口金额	金额同比
2010	539332	-5.46	3650.21	14.33
2009	570461	-71.64	3192.66	21.83

年份	进口数量	数量同比	进口金额	金额同比
2008	2011395	-39.85	2620.60	10.93
2007	3344111	-43.3	2362.49	1.22
2006	5897423	11.66	2333.99	-16.39

资料来源：中国医保商会根据中国海关数据整理

表4-114 2010年中国血压测量仪器主要进口来源地

单位：台，万美元,%

排名	来源地	进口数量	数量同比	进口金额	金额同比	金额占比
合计		539332	-5.46	3650.21	14.33	100
1	日本	149966	11.58	2356.43	19.89	64.56
2	多米尼加共和国	6050	-87.9	274.84	61.54	7.53
3	美国	29168	297.06	192.59	22.47	5.28
4	中国（保税区）	139437	-30.42	182.62	-27.8	5
5	德国	8803	211.28	155.12	68.23	4.25
6	印度尼西亚	107560	387.42	151.12	177.36	4.14
7	新加坡	96940	-35.81	143.06	-13.08	3.92
8	中国台湾	846	3.93	88.87	88.46	2.43
9	瑞典	42	27.27	26.27	420.92	0.72
10	越南	10	-68.75	24.39	-72.93	0.67
11	匈牙利	281	32.55	20.12	0.14	0.55
12	韩国	36	-96.31	10.82	-46.57	0.3
13	荷兰	2	–	4.49	–	0.12
14	澳大利亚	2	-60	2.33	-68.81	0.06
15	英国	20	233.33	2.01	-98.06	0.06
16	法国	164	–	1.63	–	0.04
17	加拿大	3	–	0.44	–	0.01
18	中国香港	1	-98.33	0.3	-97.5	0.01
19	利比亚	1	–	0.02	–	0

资料来源：中国医保商会根据中国海关数据整理

表4-115 2010年中国血压测量仪器主要进口企业名单

排名	企业名称	排名	企业名称
1	欧姆龙（大连）有限公司	4	北京松下电工有限公司
2	欧姆龙工贸（大连）有限公司	5	日通国际物流（上海）有限公司
3	爱德华（上海）医疗用品有限公司	6	优盛医疗电子（上海）有限公司

排名	企业名称	排名	企业名称
7	大连保税区佐藤总研工贸有限公司	29	中国仪器进出口（集团）公司
8	中国电子进出口北京公司	30	中建材集团进出口公司
9	东莞得康医疗制品有限公司	31	山东基因司电子有限公司
10	东明仓储（深圳）有限公司	32	北京五洲东方科技发展有限公司
11	上海那亚进出口有限公司	33	北京永延国际运输代理有限公司
12	深圳市锐讯实业发展有限公司	34	深圳市汇邦进出口有限公司
13	爱安德电子（深圳）有限公司	35	江苏新海天国际贸易有限公司
14	泰尔茂医疗产品（杭州）有限公司	36	北京永安吉信科技有限公司
15	北京嘉平世东国际贸易有限公司	37	上海蒙巴顿进出口有限公司
16	中国医药保健品有限公司	38	文登伊乐世电子有限公司
17	深圳市英捷迅实业发展有限公司	39	东方国际集团上海荣恒国际贸易有限公司
18	松屋科技发展（大连）有限公司	40	中国科学器材进出口总公司
19	圣犹达医疗用品（上海）有限公司	41	中仪国际招标公司
20	上海兴皓敏国际贸易有限公司	42	航天物流中心
21	北京瑞而士进出口有限责任公司	43	中国医疗器械技术服务公司
22	北京嘉和汇成贸易有限公司	44	北京中联海进出口有限公司
23	保赫曼（上海）有限公司	45	上海日机装医疗器械贸易有限公司
24	上海亘古国际仓储有限公司	46	江苏海外集团国际技术工程有限公司
25	兴明成电子设备科技（深圳）有限公司	47	北京仁和盛业国际经济贸易有限公司
26	北京软隆科技有限责任公司	48	北京市海森医药进出口有限公司
27	上海市医药保健品进出口公司	49	苏州乔阳医学科技有限公司
28	宏国电子（深圳）有限公司	50	士隆医疗器材（上海）有限公司

资料来源：中国医保商会根据中国海关数据整理

表4-116　2010年中国血压测量仪器各省区市进口情况

单位：台，万美元，%

排序	地区	进口数量	数量同比	进口金额	金额同比	金额占比
合计		539332	-5.46	3650.21	14.33	100
1	辽宁	84726	-0.12	1710.16	8.76	46.85
2	上海	146306	26.81	806.55	68.1	22.1
3	北京	41073	554.55	493.56	58.62	13.52
4	广东	162704	-20.71	402.01	-4.75	11.01
5	山东	96821	-36.74	166.95	-17.56	4.57
6	江苏	793	-66.51	37.83	-77.98	1.04
7	浙江	6820	110.1	30.25	56.23	0.83

排序	地区	进口数量	数量同比	进口金额	金额同比	金额占比
8	天津	83	45.61	1.27	21.22	0.03
9	四川	1	-94.74	1.22	67.35	0.03
10	湖北	1	-	0.3	-	0.01
11	重庆	4	100	0.11	-92.56	0

资料来源：中国医保商会根据中国海关数据整理

4.15.2 出口

表 4-117　2006-2010 年中国血压测量仪器出口情况

单位：台,%，万美元

年份	出口数量	数量同比	出口金额	金额同比
2010	41493931	21.01	41755.13	18.76
2009	34290483	-19.78	35159.66	-11.89
2008	42747559	-8.65	39902.14	11.94
2007	46794252	5.43	35645.72	14.73
2006	44383697	17.7	31070.54	18.17

资料来源：中国医保商会根据中国海关数据整理

表 4-118　2010 年中国血压测量仪器主要出口目的地

单位：台，万美元,%

排名	目的地	出口数量	数量同比	出口金额	金额同比	金额占比
	合计	41493931	21.01	41755.13	18.76	100
1	美国	8855669	21.83	9789.63	18.49	23.45
2	中国香港	5467981	38.6	5395.4	32.52	12.92
3	日本	2836393	1.24	5337.25	7.24	12.78
4	荷兰	3383377	4.36	4045.46	15.91	9.69
5	俄罗斯	3908458	45.84	3691.27	49.44	8.84
6	德国	3071597	-12.37	2860.5	-10.85	6.85
7	巴西	2133396	112.57	1198.61	120.14	2.87
8	新加坡	812651	-2.72	1153.33	6.66	2.76
9	意大利	1189031	20.84	917.34	18.21	2.2
10	土耳其	690232	83.48	577.78	74.99	1.38
11	越南	400773	-53.57	561.2	-48.33	1.34
12	印度尼西亚	301032	-22.26	374.91	48.7	0.9
13	乌克兰	674205	296.19	372.33	318.14	0.89

排名	目的地	出口数量	数量同比	出口金额	金额同比	金额占比
14	比利时	390901	69.53	351.35	71.44	0.84
15	英国	368634	-30.03	336.8	-38.15	0.81
16	伊朗	558958	155.06	297.43	158.03	0.71
17	波兰	312516	96.94	273.99	124.11	0.66
18	阿根廷	520791	23.12	273.44	31.52	0.65
19	中国台湾	209071	-7.25	264.09	-2.62	0.63
20	法国	320992	33.77	251	33.86	0.6
21	韩国	183401	-31.95	244.22	48.36	0.58
22	加拿大	200592	-14.12	239.8	-24.51	0.57
23	印度	251375	48.21	188.72	64.47	0.45
24	菲律宾	338691	46.73	138.04	33.19	0.33
25	巴基斯坦	322362	15.46	136.37	20.17	0.33
26	西班牙	136544	-20.51	124.68	-27.09	0.3
27	墨西哥	212054	15.88	118.72	24.58	0.28
28	南非	110213	27.91	94.26	22.17	0.23
29	阿拉伯联合酋长国	124620	44.89	93.92	21.67	0.22
30	尼日利亚	202028	61.41	93.13	41.54	0.22
31	希腊	156789	63.89	92.96	66.32	0.22
32	巴拉圭	138852	89.65	92.46	105.98	0.22
33	哥伦比亚	155627	85.08	91.91	68.1	0.22
34	埃及	119192	73.12	88.63	126.31	0.21
35	巴拿马	144455	298.18	80.49	254.01	0.19
36	爱尔兰	85100	53.83	80.31	77.18	0.19
37	哈萨克斯坦	151580	21.74	76.23	24.99	0.18
38	澳大利亚	93372	-21.49	69.04	-44.53	0.17
39	乌拉圭	77066	47.67	68.54	109.31	0.16
40	马来西亚	81588	-24.11	64.37	-9.98	0.15
41	智利	97851	48.02	61.11	64.45	0.15
42	葡萄牙	53278	49.2	57.72	54.39	0.14
43	伊拉克	107404	95.29	57.7	26.26	0.14
44	保加利亚	85857	23.46	48.83	31.62	0.12
45	约旦	51372	-24.25	45.28	-11.78	0.11
46	丹麦	39577	-32.7	44	-22.65	0.11

排名	目的地	出口数量	数量同比	出口金额	金额同比	金额占比
47	乌兹别克斯坦	66980	-1.35	42.8	1.15	0.1
48	泰国	32296	0.07	42.22	-10.33	0.1
49	沙特阿拉伯	41097	7.57	41.55	45.19	0.1
50	缅甸	95178	33.09	41.22	36.2	0.1

资料来源：中国医保商会根据中国海关数据整理

表 4-119　2010 年中国血压测量仪器主要出口企业名单

排名	企业名称	排名	企业名称
1	欧姆龙（大连）有限公司	26	杭州世佳电子有限公司
2	爱安德电子（深圳）有限公司	27	豪展医疗科技（吴江）有限公司
3	鸿邦电子（深圳）有限公司	28	深圳市宝安外经发展有限公司
4	合世医疗电子（苏州）有限公司	29	宁波迪爱尔电子有限公司
5	优盛医疗电子（上海）有限公司	30	深圳深远贸易有限公司
6	北京松下电工有限公司	31	温州市鸿顺工贸公司
7	西铁城精电科技（江门）有限公司	32	江苏舜天国际集团机械进出口股份有限公司
8	上海鹿得国际贸易有限公司	33	东明仓储（深圳）有限公司
9	东莞市对外加工装配服务公司	34	温州康特进出口有限公司
10	泰尔茂医疗产品（杭州）有限公司	35	宁波银泰对外经济贸易有限公司
11	温州市博康仪表有限公司	36	深圳迈瑞生物医疗电子股份有限公司
12	上海康盈国际贸易有限公司	37	上海市医药保健品进出口公司
13	温州五洲进出口有限公司	38	麦迪凯尔仪器仪表（无锡）有限公司
14	杭州凯迪仪表有限公司	39	石家庄市麦迪科工贸有限公司
15	士隆医疗器材（上海）有限公司	40	温州越泰对外贸易有限公司
16	山东基因司电子有限公司	41	全成电子（增城）有限公司
17	苏州日精仪器有限公司	42	南京美迪进出口有限公司
18	上海勒道克电子制造有限公司	43	上海麦迪芬医疗保健器材有限公司
19	日通国际物流（上海）有限公司	44	无锡红光医疗器械有限公司
20	东莞得康医疗制品有限公司	45	深圳市金运达国际物流有限公司
21	深圳中外运物流有限公司	46	东方海外物流（大连保税物流园区）有限公司
22	苏州中部电子有限公司	47	正广电子（惠州）有限公司
23	松屋科技发展（大连）有限公司	48	亚电电子（东莞）有限公司
24	金马医疗器械（无锡）有限公司	49	青岛世贸中心（集团）德荣贸易发展有限公司
25	信利仪器（汕尾）有限公司	50	宁波桑麦贸易有限公司

资料来源：中国医保商会根据中国海关数据整理

表 4-120　2010 年中国血压测量仪器各省区市出口情况

单位:%，台，万美元

排名	地区	出口数量	数量同比	出口金额	金额同比	金额占比
合计		41493931	21.01	41755.13	18.76	100
1	辽宁	9013134	3.78	13172.55	8.61	31.55
2	广东	11161416	30.97	11694.76	23.16	28.01
3	江苏	6558510	37.29	5040.11	39.13	12.07
4	上海	5269606	48.99	4010.77	38.22	9.61
5	天津	3051419	-0.98	3053.85	1.68	7.31
6	浙江	4253905	7.3	2428.92	6.37	5.82
7	北京	661133	29.15	1050.62	11.22	2.52
8	山东	648971	8.14	613.4	13.17	1.47
9	河南	97984	407.82	335.79	1470.55	0.8
10	四川	172467	613.29	141.67	7329.82	0.34
11	河北	184573	-11.96	64.03	7.24	0.15
12	安徽	94847	25.1	37.55	23.01	0.09
13	江西	124364	1925.47	32.89	837.56	0.08
14	福建	58401	-65.05	31.03	-58.59	0.07
15	云南	54586	703.33	15.3	150.92	0.04
16	黑龙江	19320	-64.4	13.18	-38.34	0.03
17	湖北	14900	-47.2	6.74	-39.42	0.02
18	广西	26166	799.79	5.85	308.15	0.01
19	陕西	5000	-28.82	2.2	-29.38	0.01
20	甘肃	17024	-	1.73	-	0
21	湖南	1850	-	0.7	-	0
22	海南	1000	-	0.49	-	0
23	吉林	460	-69.35	0.37	-13.56	0
24	新疆	1200	-	0.36	-	0
25	西藏	1445	-	0.18	-	0
26	重庆	240	-96.79	0.07	-95.92	0
27	山西	10	-50	<0.01	-49.45	0

资料来源：中国医保商会根据中国海关数据整理

4.16　按摩器具

海关 HS 编码：90191010

2010 年，中国按摩器具进口金额 3054.83 万美元，同比增长 1.07%。从进口市场上看，日本、德国和意大利是中国按摩器具三大进口来源地。从进口省市上看，上海、北京和广东是进口按摩器具的主要省市。

2010年，中国按摩器具出口金额为109083.35万美元，同比增长17.65%。从出口市场上看，日本、美国和中国香港为主要出口贸易伙伴。从出口省市上看，广东、福建和浙江是出口按摩器具的主要省市。

4.16.1 进口

表4-121 2006-2010年中国按摩器具进口情况

单位：台，万美元,%

年份	进口数量	数量同比	进口金额	金额同比
2010	899260	109.48	3054.83	1.07
2009	429287	42.33	3022.59	6.88
2008	301612	-21.14	2827.94	4.03
2007	382471	13.53	2718.36	-22.16
2006	336888	-36.05	3492.15	1.71

资料来源：中国医保商会根据中国海关数据整理

表4-122 2010年中国按摩器具主要进口来源地

单位：台，万美元,%

排名	来源地	进口数量	数量同比	进口金额	金额同比	金额占比
	合计	899260	109.48	3054.83	1.07	100
1	日本	34925	21.27	1408.19	-23.43	46.1
2	德国	3358	31.84	323.25	69.49	10.58
3	中国（保税区）	617085	204.1	223.86	8.03	7.33
4	意大利	801	-88.49	214.63	85.31	7.03
5	荷兰	626	-54.93	149.97	-21.95	4.91
6	美国	5773	-27.61	140.37	48.81	4.6
7	韩国	15213	54.97	129.8	94.99	4.25
8	印度尼西亚	40606	-	125.9	-	4.12
9	中国台湾	14832	-38.12	81.57	-50.09	2.67
10	比利时	709	283.24	64.05	5578.46	2.1
11	中国香港	159140	48.18	60.09	130.76	1.97
12	新加坡	5033	-84.22	32.58	-65.79	1.07
13	波兰	176	351.28	22.15	336.97	0.73
14	法国	90	-55.45	20.67	125.8	0.68
15	泰国	94	168.57	14.57	176.76	0.48
16	加拿大	150	782.35	13.32	345.21	0.44
17	西班牙	101	248.28	12.91	414.82	0.42
18	新西兰	15	650	5.05	575.58	0.17

排名	来源地	进口数量	数量同比	进口金额	金额同比	金额占比
19	瑞典	6	-98.91	3.96	994.77	0.13
20	墨西哥	7	-	2.77	-	0.09
21	澳大利亚	4	33.33	1.95	37.99	0.06
23	土耳其	5	400	0.78	221.18	0.03
24	以色列	6	-	0.42	-	0.01
25	芬兰	1	-	0.37	-	0.01
26	丹麦	192	6300	0.34	148.9	0.01
27	中国澳门	1	-	0.2	-	0.01
28	爱沙尼亚	1	0	0.18	0	0.01
29	俄罗斯	2	-	0.02	-	0
30	越南	1	-	0.02	-	0
31	马来西亚	1	-99.89	0.02	-93.3	0
32	斯洛文尼亚	1	-	0.02	-	0
33	印度	305	-	0.01	-	0

资料来源：中国医保商会根据中国海关数据整理

表4-123　2010年中国按摩器具主要进口企业名单

排名	企业名称	排名	企业名称
1	上海三凯进出口有限公司	18	广州新地储运有限公司
2	松下电工（中国）有限公司	19	上海申航进出口有限公司
3	上海雅衡进出口贸易有限公司	20	广州交易会进出口有限公司
4	三洋电机国际贸易有限公司	21	上海法戈贸易有限公司
5	上海恩诺物流有限公司	22	上海中红龙贸易有限公司
6	发美利健康器械（上海）有限公司	23	玛花纤体（上海）健身有限公司
7	斯腾爽健贸易（上海）有限公司	24	美标（江门）水暖器材有限公司
8	丽舍生活贸易（上海）有限公司	25	联想进出口有限公司
9	上海法戈国际贸易有限公司	26	上海汉德精竣进出口有限公司
10	深圳市巨润达实业发展有限公司	27	广东美梦思床具有限公司
11	中国电子进出口浙江公司	28	山东外贸集团瑞丰有限公司
12	北京市太平惠民科技发展有限公司	29	江苏弘业股份有限公司
13	珠海双安世诚进出口有限公司	30	天津开发区嘉宏实业有限公司
14	上海琅轩企业发展有限公司	31	中国电子器件工业有限公司
15	北京中联海进出口有限公司	32	长青机械科技（昆山）有限公司
16	北京瑞而士进出口有限责任公司	33	东莞其兴电子有限公司
17	乐家洁具（佛山）有限公司	34	京都电工（东莞）有限公司

排名	企业名称	排名	企业名称
35	上海中艺励安进出口有限公司	43	上海黎仓物流有限公司
36	广州经济技术开发区广保顺景软胶制品公司	44	东莞市金马经贸有限公司
37	上海葛丝蕾贸易有限公司	45	上海亚东盛进出口有限公司
38	山东康泰实业有限公司	46	航天长城贸易有限责任公司
39	天津鑫桥物流有限公司	47	中国电子进出口宁波有限公司
40	上海广阔电子部件有限公司	48	东莞市对外加工装配服务公司
41	广州市华侨商品供应有限公司	49	北京中北万兴国际贸易有限公司
42	富源国际经贸有限责任公司	50	利华泰建材贸易（深圳）有限公司

资料来源：中国医保商会根据中国海关数据整理

表4－124　2010年中国按摩器具各省区市进口情况

单位：台，万美元，%

排序	地区	进口数量	数量同比	进口金额	金额同比	金额占比
合计		899260	109.48	3054.83	1.07	100
1	上海	233101	37.07	1884.43	－10.47	61.69
2	北京	29411	36.97	420.82	26.22	13.78
3	广东	604420	194.11	303.46	111.04	9.93
4	重庆	950	104.74	142.94	112.76	4.68
5	浙江	14380	266.09	115.58	－14.11	3.78
6	辽宁	5675	197.74	65.6	989.77	2.15
7	江苏	5212	－34.72	63.17	－28.04	2.07
8	山东	2686	57.91	20.08	－24.11	0.66
9	天津	608	－95.3	16.71	－80.17	0.55
10	湖南	1104	7.71	11.71	6.29	0.38
11	福建	1075	66.93	5.31	－26.49	0.17
12	河南	11	－60.71	1.85	－42.26	0.06
13	黑龙江	4	－97.73	0.98	－77.71	0.03
14	广西	3	200	0.64	113.26	0.02
15	湖北	549	－	0.55	－	0.02
16	海南	1	－75	0.49	－75.78	0.02
17	吉林	10	－99.3	0.03	－99.41	0
18	新疆	60	－	0.01	－	0

资料来源：中国医保商会根据中国海关数据整理

4.16.2 出口

表 4－125 2006－2010 年中国按摩器具出口情况

单位：台，万美元，%

年份	出口数量	数量同比	出口金额	金额同比
2010	86735208	17.67	109083.35	17.65
2009	73707969	－10.26	92718.51	－11.44
2008	82131816	－18.41	104690.31	8.89
2007	100668236	－6.08	96143.35	28.67
2006	107187269	27.84	74718.54	21.94

资料来源：中国医保商会根据中国海关数据整理

表 4－126 2010 年中国按摩器具主要出口目的地

单位：台，万美元，%

排名	目的地	出口数量	数量同比	出口金额	金额同比	金额占比
	合计	86735208	17.67	109083.35	17.65	100
1	日本	8429846	52.98	20374.38	38.57	18.68
2	美国	20527537	15.2	16896.13	5.66	15.49
3	中国香港	18429371	2.21	5851.31	2.19	5.36
4	德国	5758293	－12.95	5411.53	7.11	4.96
5	韩国	639911	81.2	4421.78	79.54	4.05
6	荷兰	3407438	35.19	3964.72	45.56	3.63
7	中国台湾	1208543	77.75	3849.7	64.52	3.53
8	西班牙	1718586	22.87	3662.61	－38.95	3.36
9	意大利	2220369	116.74	3553.99	62.09	3.26
10	英国	2741795	7.82	3438.92	22.44	3.15
11	马来西亚	881909	112.81	2897.05	17.29	2.66
12	法国	1517155	21.13	2620.36	23.16	2.4
13	澳大利亚	737028	－28.14	2501.53	2.94	2.29
14	俄罗斯	1347386	7.17	2019.5	16.29	1.85
15	加拿大	1749371	16.74	2018.26	－2.88	1.85
16	瑞典	1269430	29.69	1657.79	20.74	1.52
17	新加坡	465697	64	1492.97	14.69	1.37
18	比利时	1001293	－7.37	1492.23	18.7	1.37
19	波兰	1496698	103.77	1150.39	45.38	1.05

排名	目的地	出口数量	数量同比	出口金额	金额同比	金额占比
20	墨西哥	1132583	-10.32	1072.67	3.38	0.98
21	阿拉伯联合酋长国	494578	-2.73	932.73	4.64	0.86
22	土耳其	773982	85.93	925.39	64.08	0.85
23	伊朗	435498	36.6	885.74	59.66	0.81
24	巴西	845561	67.62	884.23	72.94	0.81
25	印度	391961	-3.56	863.49	-2.76	0.79
26	阿根廷	279777	10.14	824.91	301.27	0.76
27	越南	248280	-8.36	817.12	-5.78	0.75
28	印度尼西亚	428918	109.21	812.94	37.82	0.75
29	泰国	145106	-36.92	768.97	13.67	0.7
30	沙特阿拉伯	139449	80.47	658.35	33.98	0.6
31	芬兰	1129893	93.38	572.06	23.51	0.52
32	丹麦	572576	38.22	545.88	-0.28	0.5
33	斯洛文尼亚	538952	83.71	488.84	35.08	0.45
34	挪威	57591	-9.16	488.38	11.99	0.45
35	以色列	128296	-39.05	469.52	25.57	0.43
36	菲律宾	185632	55.08	429.84	-4.02	0.39
37	南非	340853	33.58	417.45	15.66	0.38
38	乌克兰	338336	10.47	385.31	-22.5	0.35
39	新西兰	47838	-52.93	338.21	17.19	0.31
40	捷克	112090	24.57	335.26	-6.12	0.31
41	尼日利亚	19363	19.16	326.41	23.14	0.3
42	智利	179394	165.82	322.53	82.43	0.3
43	匈牙利	148235	-21.61	277.41	-37.51	0.25
44	瑞士	98458	99.03	269.55	-27.22	0.25
45	罗马尼亚	33814	39.37	269.31	0.65	0.25
46	委内瑞拉	304761	50.74	254.53	11.81	0.23
47	哥伦比亚	257644	182.93	213.13	37.98	0.2
48	奥地利	40317	-17.54	206.65	-25.85	0.19
49	希腊	303523	57.67	189.1	-30.23	0.17
50	葡萄牙	76590	-21.2	159.6	-3.83	0.15

资料来源：中国医保商会根据中国海关数据整理

表4-127　2010年中国按摩器具主要出口企业名单

排名	企业名称	排名	企业名称
1	厦门蒙发利科技（集团）股份有限公司	26	广州健之杰洁具有限公司
2	大东傲胜保健器（苏州）有限公司	27	阿波罗（中国）有限公司
3	发美利健康器械（上海）有限公司	28	浙江国华家具有限公司
4	深圳市凯得克科技有限公司	29	广州市明捷电子有限公司
5	上海荣泰健身科技发展有限公司	30	祥利电器制品（深圳）有限公司
6	安徽久工科技实业有限责任公司	31	添美（台山）电器制品有限公司
7	积美实业（深圳）有限公司	32	宁波博力特机电有限公司
8	东莞威德电子科技有限公司	33	广东省南海轻工业品进出口有限公司
9	山东康泰实业有限公司	34	深圳中外运物流有限公司
10	浙江省永康百舸进出口贸易有限公司	35	东莞市对外加工装配服务公司
11	翰墨高科技玩具（苏州工业园区）有限公司	36	雅博（昆山）医疗器械有限公司
12	瑞安市天伦健身器材有限公司	37	东莞澳利电器制品有限公司
13	佛山市高明粤华卫生洁具有限公司	38	深圳市利尚电子科技有限公司
14	东莞赛诺家居用品有限公司	39	宁波龙富电器工具有限公司
15	广东爵仕泳池水疗设备有限公司	40	深圳市轻松科技股份有限公司
16	嘉兴市舒福德电动床有限公司	41	上海经贸山九物流有限公司
17	安吉特克能电器有限公司	42	福安市博捷电子有限公司
18	苏州市凯丽保姆电器有限公司	43	深圳中电投资股份有限公司
19	福建怡和电子有限公司	44	青岛康顿钢塑制品发展有限公司
20	宁波康福特健身器械有限公司	45	深圳市宝安外经发展有限公司
21	东莞华唯塑胶制品有限公司	46	佛山市南海勤丰贸易有限公司
22	浙江金拓机电有限公司	47	东莞市新技术进出口有限公司
23	浙江博泰家具有限公司	48	东莞台欣电子有限公司
24	广州互动创新贸易经济合作有限公司	49	文登世承电子有限公司
25	厦门康奥实业有限公司	50	青岛茂河电子有限公司

资料来源：中国医保商会根据中国海关数据整理

表4-128　2010年中国按摩器具各省区市出口情况

单位：台，万美元，%

排名	地区	出口数量	数量同比	出口金额	金额同比	金额占比
合计		86735208	17.67	109083.35	17.65	100
1	广东	43049116	8.05	31126.2	14.56	28.53
2	福建	12384286	33.21	24548.4	49.68	22.5
3	浙江	25654920	26.66	24460.21	5.21	22.42

排名	地区	出口数量	数量同比	出口金额	金额同比	金额占比
4	江苏	2548567	19.97	14220.99	14.62	13.04
5	上海	1115029	48.91	8785.63	3.22	8.05
6	山东	439181	93.78	2796.25	14.91	2.56
7	安徽	338772	135.82	1959.51	24.06	1.8
8	辽宁	821338	6.85	555.44	48.55	0.51
9	黑龙江	271208	100.94	155.07	5.43	0.14
10	北京	2963	-94.58	127.53	2.91	0.12
11	山西	9168	31.4	93.23	77.94	0.09
12	天津	41628	-33.57	78.88	-4.39	0.07
13	湖北	282	-81.35	52.58	22.77	0.05
14	河南	4108	-1.44	25.69	9.4	0.02
15	河北	441	-44.94	22.5	45.82	0.02
16	广西	17051	14599.14	22.07	364.6	0.02
17	新疆	338	97.66	16.64	84.88	0.02
18	江西	4160	-82.95	12.69	46.23	0.01
19	四川	17561	1351.32	9.77	-85.16	0.01
20	陕西	14236	84.26	8.76	139.5	0.01
21	湖南	101	-73.77	3.09	28.08	0
22	重庆	126	-74.9	1.05	54.01	0
23	海南	2	-71.43	0.8	-21.73	0
24	云南	1	-99.9	0.29	-93.79	0
25	吉林	625	-	0.07	-	0

资料来源：中国医保商会根据中国海关数据整理

4.17 缝合用针

海关 HS 编码：90183220

缝合用针广泛的应用在医疗手术中，中国缝合用针的出口量要远远大于进口量。

2006－2010 年中国缝合用针的出口数量和金额都呈现出增长趋势。2010 年中国出口缝合用针 655 吨，同比增长了 30.55%，出口金额为 2067.08 万美元，同比增长 13.16%。

缝合用针的进口量总体呈下降趋势，2006 年进口量为 7748 千克，2010 年降至 3900 千克，下降比例接近 50%。

4.17.1 进口

表 4－129 2006－2010 年中国缝合用针进口情况

单位：千克,%，万美元

年份	进口数量	数量同比	进口金额	金额同比
2010	3900	－3.75	352.48	－6.3
2009	4052	－51.7	376.19	－4.79
2008	8389	33.2	395.12	18.94
2007	6298	－18.71	332.21	－16.74
2006	7748	－18.12	399	－6.9

资料来源：中国医保商会根据中国海关数据整理

表 4－130 2010 年中国缝合用针主要进口来源地

单位：万美元,%

排名	来源地	进口数量	数量同比	进口金额	金额同比	金额占比
	合计	3900	－3.75	352.48	－6.3	100
1	日本	204	37.84	108.34	17.22	30.74
2	法国	701	－42.11	63.31	－52.57	17.96
3	中国台湾	968	780	55.17	184.19	15.65
4	德国	160	－8.05	50.6	33.34	14.36
5	波多黎各	249	255.71	31.68	458.48	8.99
6	美国	1266	－43.96	30.23	－60.99	8.58
7	巴西	8	－38.46	8.42	－1.17	2.39
8	印度	46	155.56	1.9	672.33	0.54
9	比利时	264	8700	1.19	32081.08	0.34
10	以色列	12	–	0.79	–	0.22
11	丹麦	18	260	0.46	280.02	0.13
12	墨西哥	4	–	0.38	306.11	0.11

资料来源：中国医保商会根据中国海关数据整理

表 4－131 2010 年中国缝合用针主要进口企业名单

排名	企业名称	排名	企业名称
1	青岛耐丝克医材有限公司	6	淮阴医疗器械有限公司
2	上海三凯进出口有限公司	7	北京优恩特科贸有限公司
3	郑州爱波视觉科技有限公司	8	成都品高实业有限公司
4	佳合医材（苏州）有限公司	9	江西 3L 医用制品集团有限公司
5	亚克医用制品（北京）有限公司	10	南通华尔康医疗用品有限公司

排名	企业名称	排名	企业名称
11	上海天清生物材料有限公司	19	东方国际商业（集团）有限公司
12	威海威高富森医用材料有限公司	20	中智上海经济技术合作公司
13	北京华美赛光贸易有限公司	21	美敦力医疗用品技术服务（上海）有限公司
14	陕西华星进出口有限责任公司	22	广东省科学器材进出口公司
15	上海申钧进出口有限公司	23	珠海港康达医疗器材有限公司
16	河南宇宙人工晶状体研制有限公司	24	北京东方伟确医疗设备有限公司
17	上海科技进出口有限公司	25	沈阳兆隆商贸有限公司
18	江苏鱼跃医疗设备股份有限公司	26	浙江省医药保健品进出口有限责任公司

资料来源：中国医保商会根据中国海关数据整理

表 4－132　2010 年中国缝合用针各省区市进口情况

单位：千克，万美元，%

排序	地区	进口数量	数量同比	进口金额	金额同比	金额占比
合计		3900	－3.75	352.48	－6.3	100
1	上海	2142	77.02	81	63.77	22.98
2	山东	145	13.28	80.74	－5.43	22.91
3	江苏	682	－40.95	62.92	－55.2	17.85
4	北京	518	－62.52	46.37	－29.3	13.15
5	河南	45	28.57	28.57	51.17	8.11
6	浙江	60	185.71	14.82	1128.73	4.2
7	四川	98	78.18	13.87	69.66	3.94
8	江西	108	800	12.54	480.18	3.56
9	广东	89	81.63	8.27	197.87	2.35
10	陕西	13	160	3.36	59.99	0.95

资料来源：中国医保商会根据中国海关数据整理

4.17.2　出口

表 4－133　2006－2010 年中国缝合用针出口情况

单位：千克，%，万美元

年份	出口数量	数量同比	出口金额	金额同比
2010	655960	30.55	2067.08	13.16
2009	502448	－20.02	1826.72	－11.75
2008	628206	18.13	2069.97	29.29
2007	531776	1.3	1601.06	－4.49
2006	524933	5.19	1676.37	15.89

资料来源：中国医保商会根据中国海关数据整理

表 4 -134　2010 年中国缝合用针主要出口目的地

单位：千克，万美元,%

排名	目的地	出口数量	数量同比	出口金额	金额同比	金额占比
合计		655960	30.55	2067.08	13.16	100
1	美国	32795	32.15	174.31	14.75	8.43
2	德国	43182	144.26	171.84	169.11	8.31
3	土耳其	22435	22.74	123.51	55.34	5.98
4	日本	26953	147	109.45	-0.95	5.3
5	巴西	24766	5.78	108.7	2.9	5.26
6	尼日利亚	59124	137.86	80.9	96.89	3.91
7	苏丹	14558	159.09	75.44	204.74	3.65
8	肯尼亚	19504	23.81	70.82	112.36	3.43
9	比利时	28661	5.44	60.69	-8.21	2.94
10	印度尼西亚	28707	14.46	59.35	14.63	2.87
11	巴基斯坦	30741	46.32	53.52	-25.88	2.59
12	古巴	29345	11.9	52.12	-9.36	2.52
13	澳大利亚	14736	-22.47	50.12	-24.88	2.42
14	叙利亚	13159	-40.24	37.71	-27.49	1.82
15	荷兰	7613	-0.96	36.65	-4.01	1.77
16	伊朗	8133	237.89	29.71	75.5	1.44
17	印度	14362	9.32	29.42	43.91	1.42
18	危地马拉	5332	-27.76	25.15	2.73	1.22
19	希腊	3798	11.18	24.78	-8.02	1.2
20	安哥拉	11352	191.45	24.73	168.41	1.2
21	埃塞俄比亚	4131	40.89	23.87	68.81	1.15
22	加纳	6192	-32.59	23.74	16.05	1.15
23	孟加拉国	10572	19.12	23.26	33.82	1.13
24	新加坡	2073	-5	22.14	-16.19	1.07
25	菲律宾	12752	21.38	21.28	28.58	1.03
26	加拿大	11639	25764.44	21.2	6098.16	1.03
27	也门共和国	8750	-23.71	20.76	-46.26	1
28	南非	18537	1091.32	20.57	495.07	1
29	英国	16832	688.38	20.22	278.72	0.98
30	白俄罗斯	828	-56.31	20.01	-40.9	0.97
31	民主刚果	9660	146.05	19.62	47.56	0.95
32	秘鲁	1185	13.51	16.97	-25.45	0.82

排名	目的地	出口数量	数量同比	出口金额	金额同比	金额占比
33	以色列	2286	19.37	16.83	-7.52	0.81
34	泰国	952	-46.43	16.75	-24.83	0.81
35	缅甸	6176	14.75	15.74	6.45	0.76
36	马来西亚	7030	390.24	15.45	277.04	0.75
37	伊拉克	6647	10.07	15.14	36.95	0.73
38	波兰	2244	115.36	14.37	417.38	0.7
39	塞内加尔	2902	137.29	13.76	37.79	0.67
40	马拉维	3790	838.12	12.96	201.29	0.63
41	埃及	1592	23.79	12.16	54.83	0.59
42	格鲁吉亚	2912	265.83	12.02	306.48	0.58
43	阿尔巴尼亚	1639	-4.15	11.37	11.94	0.55
44	摩洛哥	2513	4.32	10.76	-13.33	0.52
45	约旦	3769	-69.68	10.19	-52.41	0.49
46	巴布亚新几内亚	948	79.89	10.17	599.3	0.49
47	吉布提	2001	21.27	9.79	515.6	0.47
48	罗马尼亚	2402	86.93	9.45	89.39	0.46
49	墨西哥	191	11.7	9.39	56.18	0.45
50	乌干达	2023	5.15	8.81	122.72	0.43

资料来源：中国医保商会根据中国海关数据整理

表 4-135　2010 年中国缝合用针企业主要出口企业名单

排名	企业名称	排名	企业名称
1	淮阴医疗器械有限公司	14	南京美腾进出口实业有限公司
2	上海科技进出口有限公司	15	亚克医用制品（北京）有限公司
3	青岛耐丝克医材有限公司	16	南京美迪进出口有限公司
4	上海浦东金环医疗用品有限公司	17	江苏省医药保健品进出口（集团）公司
5	威海威高富森医用材料有限公司	18	绍兴申美医疗用品有限公司
6	上海康诺国际贸易有限公司	19	山东圣美国际贸易有限公司
7	安徽省康宁实业（集团）有限公司	20	菏泽圣美高分子塑料制品有限公司
8	浙江省医药保健品进出口有限责任公司	21	中技贸易股份有限公司
9	淮安昊阳国际贸易有限公司	22	上海对外经济贸易实业有限公司
10	上海柯安憬国际贸易有限公司	23	淮安市万佳医用器械有限公司
11	淮安市麦迪科医疗用品有限公司	24	盐城威迪进出口有限公司
12	淮安市安洁医疗用品有限公司	25	上海市医药保健品进出口公司
13	中国医药保健品有限公司	26	浙江五矿裕达进出口有限公司

排名	企业名称	排名	企业名称
27	安徽省惠康对外贸易有限公司	39	宁波宁电进出口有限公司
28	青岛凯福莱国际贸易有限公司	40	上海瀚尔升进出口有限公司
29	江苏舜天扬州苏迈克斯进出口有限公司	41	上海昌军进出口贸易有限公司
30	天津杰众国际贸易有限公司	42	上海浦东进出口有限公司
31	浙江省工艺品进出口有限公司	43	嘉兴市天和制药有限公司
32	盐城市蒂菱医疗器械有限公司	44	广东省医药保健品进出口公司
33	东方国际集团上海荣恒国际贸易有限公司	45	上海大枫贸易有限公司
34	上海神永进出口有限公司	46	江西华盛贸易有限公司
35	山东威高集团医用高分子制品股份有限公司	47	上海美狄科实业有限公司
36	安徽省新龙图贸易进出口有限公司	48	宁波罗斯迪克进出口有限公司
37	上海稳图瑞进出口有限公司	49	山东博通物资有限公司
38	石家庄市麦迪科工贸有限公司	50	淮安市禾田国际贸易有限公司

资料来源：中国医保商会根据中国海关数据整理

表4－136　2010年中国缝合用针各省区市出口情况

单位：千克，万美元，%

排名	地区	出口数量	数量同比	出口金额	金额同比	金额占比
合计		655960	30.55	2067.08	13.16	100
1	江苏	246563	23.73	700.18	21.25	33.87
2	上海	178589	31.56	541.85	－0.73	26.21
3	山东	39744	102.14	322.59	59.85	15.61
4	浙江	91244	58.98	207.24	35.02	10.03
5	北京	22279	0.16	119.4	－2.76	5.78
6	安徽	43744	34.78	105.88	21.24	5.12
7	天津	4578	－51.02	18.53	－51.35	0.9
8	广东	18131	48.13	17.26	－25.73	0.84
9	河北	5343	45.11	16.68	66.47	0.81
10	江西	3326	114.58	7.55	400.75	0.37
11	湖北	1743	－70.28	6.81	－37.64	0.33
12	辽宁	284	846.67	1.52	848.5	0.07
13	河南	219	265	0.9	785.98	0.04
14	陕西	80	－	0.41	－	0.02
15	福建	59	－72.69	0.16	－77.79	0.01
16	宁夏	30	－95.67	0.1	－91.09	0
17	四川	4	－	0.02	－	0

资料来源：中国医保商会根据中国海关数据整理

4.18 非机械驱动残疾人用车

海关 HS 编码：87131000

随着中国非机械驱动残疾人用车需求的增加以及技术的进步，近几年与之相关的核心生产技术应用与研发也取得了迅猛的发展。一方面，国内生产企业核心技术不断进步，市场的对外依存度在逐渐降低，另一方面，行业的市场竞争力在不断增强，企业的出口力度也有所增加。

2009 年中国非机械残疾人用车进口量有所下降，2010 年回暖，进口量大幅度增长，2010 年进口量为 10994 辆，同比增长了 190.23%，进口金额为 175.36 万美元，同比增长了 125.42%。

与进口市场相比，中国非机械驱动残疾人用车的出口市场要大得多，出口量一直保持着较为平稳的发展态势。2010 年中国出口非机械驱动残疾人用车 3620941 辆，同比增长 27.35%，出口金额为 24487.35 万美元，同比增长 28.65%。日本和美国是中国主要的非机械驱动残疾人用车出口国家，中国向上述两个国家出口的非机械驱动残疾人用车金额之和占比接近 40%。

4.18.1 进口

表 4-137 2006-2010 年中国非机械驱动残疾人用车进口情况

单位：辆，%，万美元

年份	进口数量	数量同比	进口金额	金额同比
2010	10994	190.23	175.36	125.42
2009	3788	-29.29	77.79	-59.21
2008	5357	7.01	190.74	123.03
2007	5006	30.23	85.52	-13.07
2006	3844	28.91	98.38	86.76

资料来源：中国医保商会根据中国海关数据整理

表 4-138 2010 年中国非机械驱动残疾人用车主要进口来源地

单位：辆，万美元，%

排名	来源地	进口数量	数量同比	进口金额	金额同比	金额占比
合计		10994	190.23	175.36	125.42	100
1	中国香港	4752	1394.34	69.38	2306.83	39.56
2	中国台湾	3175	160.89	43.38	96.2	24.74
3	泰国	1155	33.68	13.62	81.5	7.76
4	德国	136	580	12.91	141.86	7.36
5	日本	456	162.07	8.89	22.42	5.07
6	美国	262	-46.53	8.07	-31.21	4.6
7	中国（保税区）	113	-72.57	5.57	2.41	3.18
8	波兰	600	29900	3.96	6794.77	2.26
9	澳大利亚	164	16300	2.36	21384.55	1.35

排名	来源地	进口数量	数量同比	进口金额	金额同比	金额占比
10	瑞典	9	-55	1.74	-8.83	0.99
11	英国	17	-51.43	1.61	117.04	0.92
12	西班牙	8	700	1.29	9485.93	0.74
13	墨西哥	67	346.67	1	484.06	0.57
14	丹麦	5	150	0.46	342.23	0.26
15	比利时	8	0	0.31	-65.38	0.18
16	意大利	8	14.29	0.27	-74.03	0.16
17	加拿大	8	-77.14	0.16	-96.21	0.09
18	越南	5	-	0.15	-	0.09
19	新加坡	2	-	0.1	-	0.06
20	法国	2	0	0.06	26.32	0.03
21	荷兰	1	-	0.04	-	0.02
22	立陶宛	1	0	0.02	-12.89	0.01
23	阿拉伯联合酋长国	40	-	<0.01	-	0

资料来源：中国医保商会根据中国海关数据整理

表4-139　2010年中国非机械驱动残疾人用车主要进口企业名单

排名	企业名称	排名	企业名称
1	上海杰开扬医疗器械有限公司	18	深圳市恒佳经贸有限公司
2	北京奥托博克假肢矫形器工业有限公司	19	卫美恒（苏州）医疗器械有限公司
3	上海思沛机电制品有限公司	20	博越锦程国际物流（北京）有限公司
4	英维康医疗器械（苏州）有限公司	21	恩比尔（厦门）机械制造有限公司
5	汕头市德邦国贸有限公司	22	英科金属制品（镇江）有限公司
6	深圳嘉里盐田港物流有限公司	23	中山荣杰医疗器材工业有限公司
7	北京合利兄弟商贸有限责任公司	24	云南物产进出口股份有限公司
8	北京舒特投资顾问有限公司	25	浙江飞神车业有限公司
9	上海市医药保健品进出口公司	26	深圳市祥隆海贸易有限公司
10	美利驰医疗器械（苏州）有限公司	27	深圳市屹卓进出口有限公司
11	天津国际经济贸易展览中心有限公司	28	无锡国联进出口有限公司
12	厦门东洋之窗工贸有限公司	29	佛山市南海良润医疗运动器材有限公司
13	天津国润电气进出口贸易有限公司	30	东山县新发贸易有限公司
14	北京德宇技术服务有限责任公司	31	中国乡镇企业总公司
15	江苏省化建贸易有限公司	32	佛山市顺德区杰扬五金制品有限公司
16	厦门太古飞机工程有限公司	33	八乐梦床业（中国）有限公司
17	进永办公家具（上海）有限公司	34	丹阳市巨贸康健器材有限公司

排名	企业名称	排名	企业名称
35	北京维翔鹏飞商贸中心	43	杭州萧山钱鸿交通器材有限公司
36	德嘉汽车配件（上海）有限公司	44	龙荧（苏州）康复器材有限公司
37	广州市力登进出口贸易有限公司	45	深圳市友立平贸易有限公司
38	上海顺隆康复器材有限公司	46	漳州立泰医疗康复器材有限公司
39	上海泛商实业有限公司	47	昆山好孩子百瑞康健康用品有限公司
40	上海巨鲸康复器材有限公司	48	莆田市兴发贸易公司
41	美国西北航空公司北京办事处	49	上海六祥进出口有限公司
42	上海协源国际贸易有限公司	50	青岛盛史泰西科技贸易有限公司

资料来源：中国医保商会根据中国海关数据整理

表 4－140　2010 年中国非机械驱动残疾人用车各省区市进口情况

单位：辆，万美元，%

排序	地区	进口数量	数量同比	进口金额	金额同比	金额占比
合计		10994	190.23	175.36	125.42	100
1	天津	4963	1140.75	75.08	838.49	42.81
2	上海	4056	99.12	58.87	71.15	33.57
3	北京	348	159.7	18.99	80.38	10.83
4	江苏	1179	414.85	13.63	57.12	7.77
5	广东	417	－46.05	5.76	－17.43	3.29
6	福建	16	－83.51	2.04	－50.58	1.16
7	黑龙江	2	–	0.28	–	0.16
8	山东	3	－89.66	0.26	－76.47	0.15
9	浙江	4	－66.67	0.16	－94.83	0.09
10	陕西	5	–	0.15	–	0.09
11	云南	1	–	0.14	–	0.08

资料来源：中国医保商会根据中国海关数据整理

4.18.2　出口

表 4－141　2006－2010 年中国非机械驱动残疾人用车出口情况

单位：辆，%，万美元

年份	出口数量	数量同比	出口金额	金额同比
2010	3620941	27.35	24487.35	28.65
2009	2843324	－5.8	19033.41	－2.79
2008	3018439	5.38	19579.65	25.29
2007	2864305	6.14	15628	13.75
2006	2698685	5.3	13739.05	23.65

资料来源：中国医保商会根据中国海关数据整理

表 4－142　2010 年中国非机械驱动残疾人用车主要出口目的地

单位：辆，万美元，%

排名	目的地	出口数量	数量同比	出口金额	金额同比	金额占比
合计		3620941	27. 35	24487. 35	28. 65	100
1	日本	338286	14. 35	5185. 8	30. 67	21. 18
2	美国	778071	26. 74	4396. 56	23. 86	17. 95
3	德国	319752	24. 76	2042. 24	34. 36	8. 34
4	英国	152013	6. 14	1017. 09	1. 5	4. 15
5	俄罗斯	123399	64. 19	779	57. 4	3. 18
6	比利时	63903	50. 36	692. 72	40. 85	2. 83
7	意大利	87427	38. 31	651. 13	44. 57	2. 66
8	荷兰	94123	29. 25	643. 78	28. 44	2. 63
9	沙特阿拉伯	129704	50. 44	608. 83	51. 59	2. 49
10	墨西哥	125330	62. 84	601. 14	51. 8	2. 45
11	西班牙	63749	16. 97	483. 91	21. 4	1. 98
12	法国	62432	51. 91	420. 69	60. 51	1. 72
13	印度	79943	42. 57	346. 95	37. 35	1. 42
14	澳大利亚	44205	46. 33	307. 95	58. 47	1. 26
15	巴基斯坦	72811	200. 77	303. 58	182. 12	1. 24
16	马来西亚	61555	22. 21	291. 08	24. 61	1. 19
17	韩国	35134	－8. 7	286. 28	2. 79	1. 17
18	中国台湾	54717	54. 93	250. 03	19. 83	1. 02
19	加拿大	54682	31. 79	236. 89	72. 33	0. 97
20	泰国	43805	47. 78	232. 3	42. 64	0. 95
21	丹麦	7692	10. 74	227. 04	7. 66	0. 93
22	阿根廷	39529	134. 04	225. 54	120. 4	0. 92
23	厄瓜多尔	25973	1. 04	210. 76	48. 15	0. 86
24	菲律宾	47366	20. 29	206. 74	13. 59	0. 84
25	智利	39429	29. 88	182. 6	21. 37	0. 75
26	印度尼西亚	39938	－2. 53	172. 34	1. 93	0. 7
27	中国香港	19494	7. 48	168. 59	12. 31	0. 69
28	波兰	15853	230. 2	160. 2	343. 98	0. 65
29	伊朗	27869	－16. 07	147. 5	－11. 31	0. 6
30	越南	32464	2. 51	143. 58	－0. 02	0. 59
31	土耳其	26314	104. 71	131. 34	96. 87	0. 54
32	南非	21979	6. 38	130. 37	1. 68	0. 53

排名	目的地	出口数量	数量同比	出口金额	金额同比	金额占比
33	新加坡	18122	50.24	120.12	62.63	0.49
34	埃及	27911	-6.46	118.81	-12.46	0.49
35	伊拉克	25726	175.14	111.01	156.22	0.45
36	瑞典	23282	129.88	101.47	107.72	0.41
37	哥伦比亚	20945	51.49	101.15	43.33	0.41
38	古巴	13783	0.78	98.9	-1.21	0.4
39	阿拉伯联合酋长国	18504	-32.63	95.44	-31.55	0.39
40	约旦	19072	64.56	87.24	56.3	0.36
41	委内瑞拉	19410	321.77	83.26	237.71	0.34
42	乌克兰	11820	-21.43	82.71	-11.68	0.34
43	孟加拉国	16167	16.65	78.12	16.16	0.32
44	希腊	13915	3.58	77.96	0.59	0.32
45	以色列	11034	57.43	70.1	60.85	0.29
46	阿尔及利亚	11260	-7.48	69.97	7.87	0.29
47	芬兰	11520	19.3	67.68	19.81	0.28
48	斯里兰卡	11293	-16.15	59.36	-8.84	0.24
49	挪威	3407	-30.03	57.21	-46.75	0.23
50	葡萄牙	7299	23.52	51.8	25.02	0.21

资料来源：中国医保商会根据中国海关数据整理

表4-143　2010年中国非机械驱动残疾人用车主要出口企业名单

排名	企业名称	排名	企业名称
1	佛山市顺德区安爱工业有限公司	14	丹阳市巨贸康健器材有限公司
2	松永福利器具制造（上海）有限公司	15	中山荣南机械工业有限公司
3	佛山市南海凯洋医疗设备有限公司	16	广州开发区工业进出口贸易有限公司
4	三贵康复器材（上海）有限公司	17	龙荧（苏州）康复器材有限公司
5	漳州立泰医疗康复器材有限公司	18	江苏康欣医疗设备有限公司
6	美利驰医疗器械（苏州）有限公司	19	英科金属制品（镇江）有限公司
7	丹阳市华一医疗器械有限公司	20	恩比尔（厦门）机械制造有限公司
8	佛山市东方医疗设备厂有限公司	21	昆山好孩子百瑞康健康用品有限公司
9	上海顺隆康复器材有限公司	22	中山安泰医疗器材工业有限公司
10	卫美恒（苏州）医疗器械有限公司	23	深圳信隆实业股份有限公司
11	佛山市顺德区杰扬五金制品有限公司	24	世同金属（昆山）有限公司
12	广州市力登进出口贸易有限公司	25	上海巨鲸康复器材有限公司
13	广州纺织品进出口集团有限公司	26	上海互邦医疗器械有限公司

排名	企业名称	排名	企业名称
27	湖州生力工业制造有限公司	39	上海陆沣医疗器材有限公司
28	佛山市创玮经贸有限公司	40	佛山嘉益实业有限公司
29	北京奥托博克假肢矫形器工业有限公司	41	丹阳中美电器有限公司
30	中山市隆成日用制品有限公司	42	丹阳真辉康复设备有限公司
31	平湖艾斯比电子科技有限公司	43	广东省南海食品进出口有限公司
32	佛山市南海裕天贸易进出口有限公司	44	青岛盛史泰西科技贸易有限公司
33	中国纺织机械和技术进出口有限公司	45	荣邦机械（昆山）有限公司
34	上海中丝东方经贸有限公司	46	东莞市石碣镇经济发展总公司
35	昆山康维择医疗器材有限公司	47	中山市粤粮经贸进出口有限公司
36	佛山市南海良润医疗运动器材有限公司	48	惠州安东五金塑胶电子有限公司
37	佛山市南海新华丰医疗设备有限公司	49	上海昌军进出口贸易有限公司
38	上海联众医疗器械有限公司	50	佛山市南海区对外贸易总公司

资料来源：中国医保商会根据中国海关数据整理

表4－144　2010年中国非机械驱动残疾人用车各省区市出口情况

单位：辆，万美元，%

排名	地区	出口数量	数量同比	出口金额	金额同比	金额占比
合计		3620941	27.35	24487.35	28.65	100
1	广东	1697473	21.71	9180.78	21.41	37.49
2	江苏	1031562	39.67	7442.6	38.85	30.39
3	上海	464670	33.14	4393.79	35.14	17.94
4	福建	174775	14.49	2183.93	20.39	8.92
5	浙江	150816	－1.87	649.66	－0.25	2.65
6	北京	35281	564.8	274.47	114	1.12
7	山东	11699	13.76	103.76	68.35	0.42
8	天津	9128	－4.51	80.56	－8.14	0.33
9	四川	11071	424.44	38.5	558.78	0.16
10	广西	4836	－21.34	27.38	－13.6	0.11
11	江西	7344	3891.3	21.33	3737.88	0.09
12	西藏	2020	1246.67	18.99	5664.19	0.08
13	湖北	3679	－16.65	13.82	－18.18	0.06
14	黑龙江	2806	－47.66	13.49	－13.7	0.06
15	河南	3270	－1.06	8.62	5.6	0.04
16	云南	3845	1207.82	8.57	417.01	0.03
17	安徽	1518	207.29	8.06	203.16	0.03

排名	地区	出口数量	数量同比	出口金额	金额同比	金额占比
18	辽宁	1536	89.86	5.91	147.72	0.02
19	重庆	387	-55	3.68	374.83	0.02
20	内蒙古	1090	83.19	2.62	126.85	0.01
21	新疆	244	-79.62	2.35	-81.82	0.01
22	甘肃	1439	-	1.82	-	0.01
23	海南	200	233.33	1.38	365.31	0.01
24	河北	173	-95.08	0.91	-94.24	0
25	湖南	59	353.85	0.26	246.24	0
26	陕西	20	-	0.11	-	0

资料来源：中国医保商会根据中国海关数据整理

4.19 医用家具

海关 HS 编码：94029000

随着医疗事业的发展，医院对家具的要求越来越高，医用家具贸易市场也越来越活跃。2010 年中国进口医用家具 42.16 吨，比 2009 年进口量降低了 5.03 个百分点；进口金额达 8334.01 万美元，同比增长了 30.3%。中国医用家具进口来源地主要是德国、中国台湾和美国。

中国医用家具出口远远大于进口，2010 年出口数量为 3151.66 吨，出口金额达到了 2.88 亿美元，同比增长了 22.26%。中国医用家具主要出口目的地是美国、英国和日本。

4.19.1 进口

表 4-145 2006-2010 年中国医院家具进口情况

单位：千克，%，万美元

年份	进口数量	数量同比	进口金额	金额同比
2010	42158	-5.03	8334.01	30.3
2009	44392	-43.75	6395.95	3.6
2008	78913	-89.44	6173.96	14.6
2007	746954	-59.12	5387.54	33.41
2006	1827156	-11.26	4038.37	-28.8

资料来源：中国医保商会根据中国海关数据整理

表 4-146 2010 年中国医院家具主要进口来源地

单位：千克，%，万美元

排名	来源地	进口数量	数量同比	进口金额	金额同比	金额占比
	合计	42158	-5.03	8334.01	30.3	100

排名	来源地	进口数量	数量同比	进口金额	金额同比	金额占比
1	德国	17759	79.62	3932.73	42.11	47.19
2	中国台湾	10878	-54.91	1585.81	30.27	19.03
3	美国	5731	129.52	971	33.22	11.65
4	法国	664	264.84	483.46	78.83	5.8
5	日本	2323	50.55	316.9	5.12	3.8
6	中国（保税区）	1718	408.28	155.95	40.81	1.87
7	英国	571	-72.12	132.62	-34.44	1.59
8	瑞士	89	229.63	129.62	4.67	1.56
9	波兰	290	11.54	106.1	19.94	1.27
10	意大利	833	22.5	96.58	-49.64	1.16
11	澳大利亚	126	65.79	61.05	33.92	0.73
12	匈牙利	13	1200	56.28	8.22	0.68
13	韩国	181	-74.33	55.16	1.92	0.66
14	加拿大	36	-7.69	44.62	38.77	0.54
15	捷克	113	145.65	38.89	319.35	0.47
16	荷兰	59	-93.5	35.53	-42.62	0.43
17	马来西亚	100	100	28.22	39.74	0.34
18	丹麦	178	513.79	17.52	69.07	0.21
19	瑞典	39	0	14.62	-15.85	0.18
20	芬兰	27	-3.57	14.15	7.48	0.17
21	墨西哥	51	2450	13.53	3323.41	0.16
22	奥地利	19	375	11.57	8337.93	0.14
23	西班牙	20	-86.93	10.08	-2.96	0.12
24	爱尔兰	257	-30.54	10	77.01	0.12
25	斯洛伐克	16	-57.89	2.53	112	0.03
26	印度	8	-87.5	1.55	-76.52	0.02
27	新加坡	19	111.11	1.46	49.67	0.02
29	挪威	1	-92.31	1.36	-81.78	0.02
30	土耳其	8	-	0.75	-	0.01
31	泰国	11	-85.9	0.74	-77.75	0.01
32	比利时	3	-95	0.54	-97.38	0.01
33	罗马尼亚	1	-	0.46	-	0.01
34	香港	7	75	0.46	-91.03	0.01
36	以色列	1	-50	0.15	-97.68	0
37	南非	3	50	0.11	-88.76	0

排名	来源地	进口数量	数量同比	进口金额	金额同比	金额占比
40	乌克兰	1	–	0.06	–	0
41	白俄罗斯	3	–	0.05	–	0
42	肯尼亚	1	–	0.01	–	0

资料来源：中国医保商会根据中国海关数据整理

表 4－147　2010 年中国医院家具主要进口企业名单

排名	企业名称	排名	企业名称
1	中国技术进出口总公司	26	上海博茂进出口有限公司
2	德尔格医疗设备（上海）有限公司	27	上海中科鑫欣国际贸易有限公司
3	上海科学器材有限公司	28	中丝顺发进出口有限公司
4	迈柯唯（上海）医疗设备有限公司	29	安徽省技术进出口股份有限公司
5	迈柯唯医疗设备（苏州）有限公司	30	上海东松国际贸易有限公司
6	史赛克（北京）医疗器械有限公司	31	江苏省科技发展有限公司
7	云南省医药保健品进出口公司	32	珠海市丽朗商贸有限公司
8	宁波东诚进出口有限公司	33	广州致正贸易有限公司
9	宁波康导进出口有限公司	34	北京威联德骨科技术有限公司
10	江苏海外集团国际技术工程有限公司	35	中仪国际招标公司
11	大庆石油国际工程公司	36	深圳市昌邦货运代理有限公司
12	中国医疗卫生器材进出口公司	37	广州市东方科苑进出口有限公司
13	八乐梦床业（中国）有限公司	38	中国远东国际招标公司
14	上海浦东进出口有限公司	39	北京温阳建鑫经贸有限公司
15	河源固德机械科技有限公司	40	江苏苏美达仪器设备有限公司
16	通快医疗设备（太仓）有限公司	41	北京嘉平世东国际贸易有限公司
17	奥林巴斯贸易（上海）有限公司	42	通用电气医疗系统贸易发展（上海）有限公司
18	深圳市锐讯实业发展有限公司	43	腾德脚轮（苏州）有限公司
19	安徽亚美亚进出口贸易有限公司	44	青岛美赫尔国际贸易有限公司
20	安堡罗（上海）仓储有限公司	45	上海乾昶仪器设备国际贸易有限公司
21	杭州瀚森进出口有限公司	46	广州飞誉商贸有限公司
22	上海外高桥医药分销中心有限公司	47	东方科学仪器进出口集团有限公司
23	杭州步步行贸易有限公司	48	广东省中科进出口有限公司
24	无锡天亿国际贸易有限公司	49	中轻物流有限公司
25	中安集团经贸有限责任公司	50	北京灵迪科贸有限公司

资料来源：中国医保商会根据中国海关数据整理

表4－148　2010年中国医院家具各省区市进口情况

单位：千克，%，万美元

排序	地区	进口数量	数量同比	进口金额	金额同比	金额占比
合计		42158	－5.03	8334.01	30.3	100
1	江苏	12952	90.08	1045.1	－19.11	12.54
2	广东	2482	－88.55	862.53	29.25	10.35
3	上海	5940	－23.28	2482.85	2.89	29.79
4	浙江	1348	31.9	571.45	－1.88	6.86
5	福建	169	－75.89	187.26	42.02	2.25
6	河北	9951	889.17	84.88	6858.26	1.02
7	北京	7940	108.89	2231.66	144.71	26.78
8	山东	172	42.15	152.42	82.31	1.83
9	天津	82	－84.93	19.4	12.6	0.23
10	安徽	154	234.78	139.26	294.71	1.67
11	黑龙江	170	233.33	189.89	288.28	2.28
12	四川	14	－73.08	22.21	－15.85	0.27
13	辽宁	320	3.23	33.3	－29.98	0.4
14	湖南	48	860	14.33	765.36	0.17
15	湖北	73	151.72	47.57	154.54	0.57
16	云南	284	121.88	224.86	345.3	2.7
17	重庆	9	－72.73	16.14	－48.63	0.19
18	陕西	10	－92.59	3.7	－10.76	0.04
19	新疆	2	－	1.05	－	0.01
20	山西	2	－	0.15	－	0
21	吉林	29	26.09	3.82	－69.76	0.05
22	海南	7	250	0.18	－96.26	0
23	江苏	12952	90.08	1045.1	－19.11	12.54
24	广东	2482	－88.55	862.53	29.25	10.35
25	上海	5940	－23.28	2482.85	2.89	29.79
26	浙江	1348	31.9	571.45	－1.88	6.86
27	福建	169	－75.89	187.26	42.02	2.25
28	河北	9951	889.17	84.88	6858.26	1.02
29	北京	7940	108.89	2231.66	144.71	26.78

资料来源：中国医保商会根据中国海关数据整理

4.19.2 出口

表4-149 2006-2010年中国医院家具出口情况

单位：千克,%，万美元

年份	出口数量	数量同比	出口金额	金额同比
2010	3151662	-44.75	28819.3	22.26
2009	5704857	-67.59	23572.92	1.48
2008	17603955	14.71	23228.39	20.5
2007	15346510	-48.37	19277.28	127.86
2006	29722998	38.78	8460.32	37.93

资料来源：中国医保商会根据中国海关数据整理

表4-150 2010年中国医院家具主要出口目的地

单位：千克,%，万美元

排名	目的地	出口数量	数量同比	出口金额	金额同比	金额占比
	合计	3151662	-44.75	28819.3	22.26	100
1	美国	1351408	6.53	7825.48	17.93	27.15
2	英国	183216	5.87	2372.59	27.28	8.23
3	日本	156551	6.6	2065.12	16.49	7.17
4	德国	114385	-22.4	1407.9	45.46	4.89
5	法国	294488	-81.93	1256.75	7.77	4.36
6	意大利	91323	-32.36	840.75	34.31	2.92
7	澳大利亚	68134	31.02	637.3	37.28	2.21
8	比利时	42867	-91.55	610.11	12.24	2.12
9	中国香港	20039	-15.37	595.69	29.36	2.07
10	沙特阿拉伯	35727	7.21	540.01	40.3	1.87
11	印度	45285	-21.08	504.86	31.04	1.75
12	墨西哥	23328	43.64	479.17	116.32	1.66
13	西班牙	39263	-2.11	463.19	46.01	1.61
14	尼日利亚	59305	9.29	390.42	7.07	1.35
15	俄罗斯联邦	18905	-32.56	388.62	36.33	1.35
16	韩国	19016	-95.52	373.74	-16.7	1.3
17	南非	21838	57.44	372.38	85.24	1.29
18	埃及	12396	-50.95	335.33	25.43	1.16
19	荷兰	29904	-17.92	327.4	-26.84	1.14

排名	目的地	出口数量	数量同比	出口金额	金额同比	金额占比
20	加拿大	30939	-82.1	325.47	24.49	1.13
21	中国台湾	14694	-90.54	307.21	-39.61	1.07
22	阿尔及利亚	22898	-6.14	283.33	-0.78	0.98
23	印度尼西亚	20867	31.58	281.37	44.98	0.98
24	委内瑞拉	13658	20.84	246.31	55.78	0.85
25	泰国	15556	57.21	245.68	25.92	0.85
26	摩洛哥	9028	36.85	244.22	343.85	0.85
27	智利	10426	7.02	226.85	126.89	0.79
28	菲律宾	20082	-21.45	213.5	70.23	0.74
29	哥伦比亚	13831	79.51	209.58	65.86	0.73
30	新加坡	17150	-45.33	202.71	12.09	0.7
31	瑞典	13716	58.38	192.23	66.02	0.67
32	土耳其	11783	-44.5	179.1	48.01	0.62
33	巴西	13745	1209.05	178.94	430.28	0.62
34	阿拉伯联合酋长国	14258	-51.94	176.31	-19.59	0.61
35	马来西亚	18448	-30.39	167.45	14.74	0.58
36	波多黎各	9367	7.08	157.04	13.49	0.54
37	伊朗	15770	-6.77	153.57	17.03	0.53
38	波兰	15024	-41.64	151.22	-0.84	0.52
39	肯尼亚	10322	135.82	134.21	145.76	0.47
40	利比亚	7975	-42.49	90.88	-12.81	0.32
41	秘鲁	4070	138.99	89.23	374.75	0.31
42	乌兹别克斯坦	793	19725	87.5	18660.18	0.3
43	也门共和国	6679	11.8	86.58	45.41	0.3
44	芬兰	10666	-6.35	82.04	7.83	0.28
45	乌克兰	5697	-10.85	81.43	117.12	0.28
46	约旦	8959	-12.36	81.34	-0.84	0.28
47	孟加拉国	2903	5.6	76.78	30.42	0.27
48	以色列	13035	-0.05	76.34	-8.6	0.26
49	厄瓜多尔	4051	-20.33	74.84	5.02	0.26
50	丹麦	7350	-73.51	71.51	5.36	0.25

资料来源：中国医保商会根据中国海关数据整理

表4－151　2010年中国医院家具主要出口企业名单

排名	企业名称	排名	企业名称
1	迈柯唯医疗设备（苏州）有限公司	26	中国纺织物资（集团）总公司
2	河源固德机械科技有限公司	27	上海西门子医疗器械有限公司
3	厦门纬嘉运动器材有限公司	28	上海市医药保健品进出口公司
4	八乐梦床业（中国）有限公司	29	佛山市南海良润医疗运动器材有限公司
5	上海医科达放疗设备有限公司	30	东莞龙潭机电工业有限公司
6	上海顺隆康复器材有限公司	31	鑫东森集团有限公司
7	河北普康医疗设备有限公司	32	江门市新会华翔进出口有限公司
8	美利驰医疗器械（苏州）有限公司	33	宁波海文进出口有限公司
9	中山荣南机械工业有限公司	34	上海市五金矿产进出口公司
10	卫美恒（苏州）医疗器械有限公司	35	浙江华茂国际贸易有限公司
11	宁波禾采医疗器械有限公司	36	东莞保斯医疗器材有限公司
12	常州永丰医疗家具有限公司	37	宁波宁电进出口有限公司
13	厦门名世工艺家私有限公司	38	张家港青尼罗河曼迪科机械有限公司
14	上海爱建进出口有限公司	39	太仓信隆车料有限公司
15	捷普科技（上海）有限公司	40	上海医疗器械进出口有限公司
16	中山荣杰医疗器材工业有限公司	41	上海雅博医疗器械有限公司
17	江苏日新医疗设备有限公司	42	广东省顺德纺织品进出口有限公司
18	佛山市南海凯洋医疗设备有限公司	43	天津佳拿皮革制品有限公司
19	广州市誓必好机电电子产品装配有限公司	44	奥林巴斯贸易（上海）有限公司
20	上海思沛机电制品有限公司	45	东莞赛诺家居用品有限公司
21	通快医疗设备（太仓）有限公司	46	中山市健康科技产业基地发展有限公司
22	中山市广勤贸易有限公司	47	上海盟通物流有限公司
23	联兴金属工业（昆山）有限公司	48	中山市天博商贸有限公司
24	深圳信隆实业股份有限公司	49	中山凯美日用品有限公司
25	东莞市对外加工装配服务公司	50	江苏鱼跃医疗设备股份有限公司

资料来源：中国医保商会根据中国海关数据整理

表4－152　2010年中国医院家具各省区市出口情况

单位：千克，%，万美元

排名	地区	出口数量	数量同比	出口金额	金额同比	金额占比
	合计	3151662	－44.75	28819.3	22.26	100
1	江苏	669754	28.32	8152.34	27.1	28.29
2	广东	976625	－18.69	7726.2	24.85	26.81
3	上海	382981	6.52	5288.89	20.23	18.35

排名	地区	出口数量	数量同比	出口金额	金额同比	金额占比
4	浙江	495212	57.11	2505.7	27.17	8.69
5	福建	289302	-47.69	2364.57	-0.34	8.2
6	河北	44065	-97.86	794.27	36.86	2.76
7	北京	207091	76.89	547.38	32.23	1.9
8	山东	20024	-50.82	248.82	73.72	0.86
9	天津	10010	-97.93	241.38	-12.35	0.84
10	安徽	23297	-11.23	169.48	-1.92	0.59
11	黑龙江	6284	-7.18	153.08	42.1	0.53
12	四川	1469	-53.54	106.57	34.65	0.37
13	辽宁	2429	-63.73	96.8	21.58	0.34
14	江西	1841	-14.37	95.9	186.11	0.33
15	广西	1053	-34.31	75.17	90.09	0.26
16	湖南	7537	1201.73	56.57	172	0.2
17	西藏	127	-78.22	50.58	805.96	0.18
18	湖北	7292	582.13	43.77	84.82	0.15
19	云南	2989	13.69	29.39	-34.98	0.1
20	重庆	219	160.71	16.93	2.46	0.06
21	陕西	655	330.92	16.04	133.32	0.06
22	新疆	523	-64.9	15.63	-63.06	0.05
23	河南	52	-95.03	12.84	-88.06	0.04
24	内蒙古	497	641.79	9.35	1697.15	0.03
25	山西	82	49.09	0.82	59.18	0
26	甘肃	250	-	0.63	-	0
27	吉林	2	-99.45	0.21	-99.38	0

资料来源：中国医保商会根据中国海关数据整理

4.20 医用敷料

医用敷料从“原始医用敷料阶段”利用树叶、黏土、动物皮毛等天然物品作为伤口覆盖物，成为了医用敷料的雏形。随着护理理论、临床实践及纺织技术的发展，医用敷料经历了“传统医用敷料阶段”和“现代医用敷料阶段”。

棉纺织品由于轻、薄、透气性好、能够吸收伤口渗液和防止伤口被异物污染而被用于伤口护理，这标志着医用敷料进入了“传统医用敷料阶段”。

随着医疗实践经验的积累，欧、美国家的医护人员对医用敷料安全愈加重视。纯绵产品无法有效阻隔细菌及液体，病人术后的感染率较高，且布面绒毛脱落还会形成伤口的另一感染源。非织造布技术、现代湿性敷料和伤口护理理论的推出，彻底改变了上百年来手术室一直使用纯棉机织布的局面，给手术室用品及伤口护理市场带来巨大变革。此时，医用敷料进入了“现代医用敷料阶段”。

全球新型医用敷料的主要市场在美国、欧洲、日本等国家和地区，每年以10%以上的速度增长。随着抗菌性材料和生物材料的应用，国外市场传统创面敷料产品将逐渐减少，而功能性医用敷料将逐渐增多。

表4－153　医用敷料产品包括种类

种　　类	海关HS编码
未漂白全棉医用纱布（每平方米重量不超过100克，含棉85%及以上）	5208110070
药棉、纱布、绷带（经药物浸涂或制成零售包装，供医疗、外科、牙科或兽医用）	3005901000
其他胶粘敷料及有胶粘涂层的其他物品（经药物浸涂或制成零售包装，供医疗、外科、牙科或兽医用）	3005109000
无菌外科肠线、类似的无菌缝合材料，无菌昆布及其塞条（无菌吸收性止血材料，无菌抗粘连阻隔材料，外伤创口闭合用无菌粘合胶布）	3006100000
其他软填料及类似物品（经药物浸涂或制成零售包装，供医疗、外科、牙科或兽医用）	3005909000
急救药箱、药包	3006500000
棉制手术用巾及其他毛巾	6307900051
橡皮膏（制成零售包装供医疗、外科、牙科或兽医用）	3005101000
漂白全棉医用纱布（每平方米重量不超过100克，含棉85%及以上）	5208210060

资料来源：中国医保商会根据中国海关数据整理

4.20.1　整体进出口情况

4.20.1.1　进口

从2006年至2010年，中国医用敷料进口额以平均14%的速度进行增长。中国进口的医用敷料主要来来源于欧洲、美国和亚洲三个区域，进口需求省市主要是以上海、广东、北京、江苏为主，占到全国进口需求的85%。

表4－154　2006－2010年中国医用敷料进口情况

单位：千克，%，万美元

年份	进口数量	数量同比	进口金额	金额同比
2010	32843418	62.5	20776.8	25.63
2009	20110017	－3.74	16305.37	0.82
2008	20891964	7.69	16173.42	18.64
2007	19399833	2.9	13631.94	17.06
2006	18852700	8.79	11645.61	8.31

资料来源：中国医保商会根据中国海关数据整理

表4－155　2010年中国医用敷料主要进口来源地

单位：千克，%，万美元

排名	来源地	进口数量	数量同比	进口金额	金额同比	金额占比
	合计	32843418	62.5	20776.8	25.63	100

排名	来源地	进口数量	数量同比	进口金额	金额同比	金额占比
1	美国	1077446	−1.95	6575.46	35.69	31.65
2	韩国	3332755	134.89	2681.18	22.7	12.9
3	日本	1497138	−9.92	1847.57	9.52	8.89
4	中国（保税区）	3698224	−26.59	1477.05	−20.94	7.11
5	中国台湾	1086949	9.66	998.07	13.37	4.8
6	法国	127125	53.06	885.82	54.73	4.26
7	德国	695590	294.76	838.48	37.88	4.04
8	英国	175183	5.14	754.65	14.33	3.63
9	芬兰	28390	95.82	748.28	55.31	3.6
10	墨西哥	61969	52.42	583.5	105.21	2.81
11	印度	17796268	137.57	574.42	185.14	2.76
12	瑞士	24983	−69.28	429.41	29.07	2.07
13	丹麦	35783	−10.05	375.26	0	1.81
14	意大利	302399	396.14	307.48	118.81	1.48
15	爱尔兰	3246	−23.28	236.35	56.95	1.14
16	西班牙	18723	3.79	215.32	−16.17	1.04
17	泰国	71837	−38.62	122.74	49.64	0.59
18	越南	241965	−41.12	120.31	−48.59	0.58
19	巴基斯坦	1473581	143.31	117.36	92.51	0.56
20	荷兰	45297	−60.2	104.46	41.82	0.5
21	多米尼加共和国	3784	67.88	101.78	38.88	0.49
22	印度尼西亚	340082	11.58	99.8	56.06	0.48
23	捷克	74985	2571.36	86.74	2588.22	0.42
24	比利时	52017	480.61	78.65	256.15	0.38
25	香港	68887	13.27	68.22	−44.18	0.33
26	瑞典	49635	246.4	66.37	78.29	0.32
27	马来西亚	169583	179.85	59.76	129.5	0.29
28	新加坡	14305	−7.55	37.18	−3.47	0.18
29	加拿大	135246	647.3	33.23	21.94	0.16
30	爱沙尼亚	9021	111.56	19.33	100.17	0.09
31	奥地利	7365	−25.68	12.96	−47.94	0.06
32	波兰	2945	−9.1	11.25	16.4	0.05
33	土耳其	5523	900.54	10.74	705.29	0.05
34	突尼斯	3712	−54.42	10.13	9.82	0.05
35	尼泊尔	39353	33.56	8.66	33.89	0.04

排名	来源地	进口数量	数量同比	进口金额	金额同比	金额占比
36	澳大利亚	4428	-61.96	8.33	-24.9	0.04
37	菲律宾	14747	78.64	8.14	-78.31	0.04
38	俄罗斯联邦	330	197.3	7.15	1570.61	0.03
39	挪威	4443	-38.84	7.14	-34.66	0.03
40	斯里兰卡	6302	3148.45	6.96	3394.68	0.03
41	匈牙利	806	848.24	6.68	818.16	0.03
42	巴西	8017	6212.6	5.66	11.62	0.03
43	斯洛伐克	2805	311.89	4.45	236.72	0.02
44	毛里求斯	741	1584.09	4.37	3787.47	0.02
45	新西兰	11986	33194.44	4.24	6800.33	0.02
46	罗马尼亚	404	146.34	1.97	119.26	0.01
47	澳门	9323	186.16	1.8	360.89	0.01
48	希腊	34	-83.89	1.44	93.42	0.01
49	以色列	325	-81.69	1.34	-84.42	0.01
50	前南斯拉夫马其顿	2165	-	1.29	-	0.01

资料来源：中国医保商会根据中国海关数据整理

表4-156　2010年中国医用敷料主要进口企业名单

排名	企业名称	排名	企业名称
1	上海三凯进出口有限公司	17	上海易路实业有限公司
2	上海申钧进出口有限公司	18	深圳市康哲药业有限公司
3	明尼苏达矿业制造（上海）国际贸易有限公司	19	中国仪器进出口（集团）公司
4	中国永裕新兴医药有限公司	20	上海东舟实业有限公司
5	泰科医疗器材国际贸易（上海）有限公司	21	广州中轻进出口公司
6	北京天颐恒基科技发展有限公司	22	上海美华医疗器具股份有限公司
7	上海浦东金环医疗用品有限公司	23	北京万迅国际物流有限公司
8	贝朗医疗（上海）国际贸易有限公司	24	杏林白十字医疗卫生材料用品有限公司
9	保赫曼（青岛）医用器材有限公司	25	中国医疗器械技术服务公司
10	美欣医用材料（苏州）有限公司	26	华晨宝马汽车有限公司
11	大昌洋行（上海）有限公司	27	威海威高富森医用材料有限公司
12	淮阴医疗器械有限公司	28	上海中垦进出口公司
13	北京泰德制药有限公司	29	施乐辉医用产品国际贸易（上海）有限公司
14	泰尔茂医疗产品（上海）有限公司	30	北京市海森医药进出口有限公司
15	广东南方医药对外贸易有限公司	31	沈阳嘉晟医药有限公司
16	艾博生物医药（杭州）有限公司	32	保赫曼（上海）有限公司

排名	企业名称	排名	企业名称
33	苏州医疗用品厂有限公司	42	南通长圣纱布有限公司
34	枝江奥美医疗用品有限公司	43	广东省医药进出口公司
35	上海外高桥医药分销中心有限公司	44	中美天津史克制药有限公司
36	东方国际招标有限责任公司	45	上海徽商对外贸易有限公司
37	美敦力医疗用品技术服务（上海）有限公司	46	强生（上海）医疗器材有限公司
38	绍兴振德医用敷料有限公司	47	郑州凯斯特医疗器械有限公司
39	珠海市利晨医药有限公司	48	山东威高集团医用高分子制品股份有限公司
40	上海联雍国际贸易有限公司	49	泉州鲤城区新鲤对外加工服务有限公司
41	深圳市宝安外经发展有限公司	50	浙江省医药保健品进出口有限责任公司

资料来源：中国医保商会根据中国海关数据整理

表 4－157　2010 年中国医用敷料各省区市进口情况

单位：千克，%，万美元

排序	地区	进口数量	数量同比	进口金额	金额同比	金额占比
合计		32843418	62.5	20776.8	25.63	100
1	浙江	4889025	89.04	439.94	8.78	2.12
2	江苏	3296135	－46.46	1727.85	30.91	8.32
3	广东	6929965	－5.65	3302.89	－11.35	15.9
4	上海	1813436	1.62	9987.77	36.21	48.07
5	福建	485792	40.16	686.98	20.11	3.31
6	山东	11391472	3703.18	796.26	48.39	3.83
7	湖北	2476238	373.97	72.27	163.27	0.35
8	安徽	17759	－88.67	13.69	－64.07	0.07
9	四川	1468	－81.78	46.63	－3.28	0.22
10	江西	50193	－7.64	54.25	8.14	0.26
11	陕西	2361	－7.3	5.44	－59.77	0.03
12	河北	19237	1021.04	6.64	486.39	0.03
13	天津	551120	75.72	363.96	111.82	1.75
14	北京	449430	19.71	2706.33	46.16	13.03
15	云南	550	－11.15	3.03	26.85	0.01
16	黑龙江	308	－88.28	2.31	234.83	0.01
17	辽宁	305433	61.34	419.46	16.12	2.02
18	广西	1257	495.73	3.19	381.59	0.02
19	河南	46044	70.46	39.17	60.65	0.19
20	重庆	48326	4831.22	24.86	132.86	0.12

排序	地区	进口数量	数量同比	进口金额	金额同比	金额占比
21	湖南	19072	983.64	19.38	471.8	0.09
22	甘肃	1	-96.43	0.01	-97.86	0
23	新疆	15	0	1.02	-71.58	0
24	内蒙古	0	-100	0.01	-95.77	0
25	西藏	39356	33.57	9.07	40.19	0.04
26	贵州	249	8200	9.83	56416.09	0.05
27	吉林	8549	24.06	30.42	2.41	0.15

资料来源：中国医保商会根据中国海关数据整理

4.20.1.2　出口

从2006年至2010年，中国医用敷料出口额以平均21%的速度进行增长。中国出口的医用敷料市场主要在欧洲、美国和亚洲三个区域，出口省市主要是以浙江、江苏、广东、上海、福建为主，占到全国出口额的78%。

表4-158　2006-2010年中国医用敷料出口情况

单位：千克，%，万美元

年份	出口数量	数量同比	出口金额	金额同比
2010	1895570375	34.64	468750.68	13.33
2009	1407897183	69.83	413601.66	32.85
2008	828991204	14.43	311325.15	29.40
2007	724447317	0.47	240584.68	7.83
2006	721056529	12.96	223122.67	22.31

资料来源：中国医保商会根据中国海关数据整理

表4-159　2010年中国医用敷料主要出口目的地

单位：千克，%，万美元

排名	目的地	出口数量	数量同比	出口金额	金额同比	金额占比
合计		1895570375	34.64	468750.68	13.33	100
1	美国	291492809	29.22	144057.74	27.89	30.73
2	日本	81612928	-35.19	46519.17	-48.53	9.92
3	越南	378851068	95.71	44945.24	141.15	9.59
4	德国	60051337	37.69	25577.27	17.07	5.46
5	英国	32624226	16.56	19352.86	25.66	4.13
6	意大利	65627173	0.55	13460.31	15.55	2.87
7	韩国	76603688	10.32	10968.62	26.82	2.34
8	法国	23565579	9.11	10555.85	-18.1	2.25
9	荷兰	23397181	9.19	10158.76	14.19	2.17

排名	目的地	出口数量	数量同比	出口金额	金额同比	金额占比
10	中国香港	43565687	32.21	9543.41	11.24	2.04
11	比利时	26067228	21.26	8848.29	9.33	1.89
12	澳大利亚	18279320	18.86	8840.44	16.1	1.89
13	加拿大	16524934	24.2	8161.1	12.88	1.74
14	西班牙	21910710	12.5	7373.18	6.02	1.57
15	泰国	62071910	16.97	6486.44	21.91	1.38
16	土耳其	42579148	91.12	4630.88	113.88	0.99
17	阿拉伯联合酋长国	17832065	34.9	4070.75	44.33	0.87
18	马来西亚	16046621	-29.88	3436.07	-16.26	0.73
19	南非	10806641	125.24	3152.7	64.78	0.67
20	沙特阿拉伯	27778967	-13.97	3073.36	-1.42	0.66
21	俄罗斯联邦	6496918	26.89	3051.42	14.7	0.65
22	菲律宾	28994406	166.66	2974.37	105.92	0.63
23	波兰	17334005	190.6	2942.42	44.48	0.63
24	中国台湾	7481767	-10.79	2931.38	-9.56	0.63
25	新加坡	13644255	-46.34	2758.88	-25.45	0.59
26	巴西	19276987	44.33	2592.04	82.06	0.55
27	印度尼西亚	23808745	81.05	2502.2	104.55	0.53
28	瑞典	4466733	19.83	2330.93	23.77	0.5
29	印度	8119781	33.78	2316.61	39.53	0.49
30	伊朗	7561726	116.28	2016.28	80.35	0.43
31	丹麦	3315499	21.58	2015.06	25.16	0.43
32	乌克兰	76632577	97.69	1693.15	6.21	0.36
33	智利	12052619	60.86	1682.7	18.01	0.36
34	捷克	4077697	21.57	1660.44	59.43	0.35
35	希腊	14353558	103.95	1612.09	-5.85	0.34
36	以色列	11994417	7.72	1597.43	28.43	0.34
37	摩洛哥	6817765	291.28	1373.4	118.14	0.29
38	墨西哥	3859189	-44.34	1252.2	-35.4	0.27
39	芬兰	2341314	70.12	1252.07	68.73	0.27
40	委内瑞拉	5155709	0.52	1250.58	44.28	0.27
41	哥伦比亚	7792420	166.4	1115.39	32.41	0.24
42	阿尔及利亚	22168211	8	1037.57	4.9	0.22
43	埃及	5293996	48.47	1024.02	13.26	0.22
44	尼日利亚	5757290	145.27	1013.4	50.33	0.22
45	新西兰	2038113	-5.18	997.42	12.7	0.21
46	瑞士	1646821	-18.26	994.88	-2.1	0.21

排名	目的地	出口数量	数量同比	出口金额	金额同比	金额占比
47	伊拉克	3574116	53.41	994.13	114.76	0.21
48	挪威	1457403	9.47	909.59	20.29	0.19
49	爱沙尼亚	1273061	166.54	837.85	213.35	0.18
50	缅甸	8410657	-0.58	832.38	5.25	0.18

资料来源：中国医保商会根据中国海关数据整理

表4-160　2010年中国医用敷料主要出口企业名单

排名	企业名称	排名	企业名称
1	稳健实业（深圳）有限公司	26	常州市南方卫生器材厂有限公司
2	深圳市奥美迪贸易发展有限公司	27	江苏永泰大唐医用材料有限公司
3	绍兴振德医用敷料有限公司	28	天津市普光医用高分子制品有限公司
4	枝江奥美医疗用品有限公司	29	湖北省潜江市江赫医用材料有限公司
5	江苏省健尔康医用敷料有限公司	30	苏州舜康商贸有限公司
6	保赫曼（青岛）医用器材有限公司	31	九江华达医用材料有限公司
7	美欣医用材料（苏州）有限公司	32	苏州苏勋医疗用品有限公司
8	上海强生有限公司	33	上海华舟压敏胶制品有限公司
9	江苏广达医用材料有限公司	34	上海东沅贸易有限公司
10	常州华联保健敷料有限公司	35	丹阳市尚美医材有限公司
11	上海亚澳医用保健品有限公司	36	上海轻工国际发展有限公司
12	绍兴港峰医用品有限公司	37	上海兰生鞋业有限公司
13	苏州铃兰卫生用品有限公司	38	江苏省医药保健品进出口（集团）公司
14	武汉杰怡工贸有限公司	39	上海东浩工艺品股份有限公司
15	绍兴福清卫生用品有限公司	40	义乌市开颜进出口有限公司
16	上海铃兰卫生用品有限公司	41	江苏洁乐医用敷料有限公司
17	绍兴易邦医用品有限公司	42	湖北唯美医疗用品有限公司
18	武汉帝元医用材料有限公司	43	绍兴申美医疗用品有限公司
19	苏州恒祥进出口有限公司	44	北京凯泰佳贸易发展有限公司
20	中国医药保健品股份有限公司	45	连云港瑞康卫生敷料有限公司
21	上海昌军进出口贸易有限公司	46	上海市医药保健品进出口公司
22	苏州艾旺纺织品有限公司	47	湖北崇阳中健医疗卫生用品有限公司
23	揭阳市康美日用制品有限公司	48	荆门新立纺织用品有限公司
24	江苏利康进出口有限公司	49	烟台新兴医用品有限公司
25	武汉高远贸易有限公司	50	上海万弘国际贸易有限公司

资料来源：中国医保商会根据中国海关数据整理

表 4-161　2010 年中国医用敷料各省区市出口情况

单位：千克，%，万美元

排名	地区	出口数量	数量同比	出口金额	金额同比	金额占比
合计		1895570375	34.64	468750.68	13.33	100
1	浙江	359077188	61.01	96147.68	26.15	20.51
2	江苏	259913962	35.13	90651.91	13.11	19.34
3	广东	355606923	37.41	83240.6	18.78	17.76
4	上海	137500401	-5.38	53564.11	-14.4	11.43
5	福建	229142807	12.26	42334.95	22.73	9.03
6	山东	158606172	51.81	25903.44	23.29	5.53
7	湖北	73423213	-4.36	21924.76	-29.68	4.68
8	安徽	19984730	6.76	8506.72	4.38	1.81
9	四川	42623619	269.68	8364.15	231.75	1.78
10	江西	81587362	298.62	8116.06	137	1.73
11	陕西	50898102	-3.21	4983.61	39.98	1.06
12	河北	16084145	35.03	4313.82	-8.18	0.92
13	天津	12564189	19.13	4030.25	1.46	0.86
14	北京	46427319	1.97	3285.12	-15.52	0.7
15	云南	19558322	150.92	3067.26	325.04	0.65
16	黑龙江	5859496	-21.12	2589.42	5.58	0.55
17	辽宁	4671689	-52.82	2054.91	-40.51	0.44
18	广西	8045359	259.16	1641.89	4.97	0.35
19	河南	3073340	-61.42	1141.01	-50.36	0.24
20	重庆	4097198	136.26	870.45	215.19	0.19
21	湖南	1784079	55.07	674.82	9.2	0.14
22	甘肃	1537004	10782.99	517.89	4865.53	0.11
23	新疆	1715556	72.59	251.84	-44.35	0.05
24	内蒙古	1204436	-20.12	237.25	-64.27	0.05
25	西藏	366594	176.44	156.02	85.06	0.03
26	贵州	100291	48.54	68.32	136.2	0.01
27	吉林	45458	-26.38	53.14	57.91	0.01

资料来源：中国医保商会根据中国海关数据整理

4.20.2　药棉、纱布、绷带

海关 HS 编码：30059010

药棉、纱布和绷带产品附加值低，中国出口要远远大于进口。2010 年进口量为 1429 吨，主要来源于美国和日本。2010 年出口量为 11. 36 万吨，同比下降了 40%，是进口量的 79. 5 倍，总金额达到了 6. 59 亿美元。亚洲、欧洲和北美洲是主要出口市场。

4. 20. 2. 1　进口

从 2006 年至 2010 年，药棉、纱布、绷带进口额以平均 17% 的速度进行稳步增长。中国进口的药棉、纱布、绷带主要来源于美国、日本、韩国、捷克市场，进口省市主要是以江苏、上海、浙江、广东为主，占到全国药棉、纱布、绷带进口额的 78%。

表 4 – 162　2006 – 2010 年中国药棉、纱布、绷带进口情况

单位：千克，%，万美元

年份	进口数量	数量同比	进口金额	金额同比
2010	1429323	6. 44	1256. 08	26. 53
2009	1342841	– 14. 82	992. 74	– 3. 97
2008	1576551	11. 48	1033. 75	8. 16
2007	1414194	19. 68	955. 77	28. 13
2006	1181688	5. 87	745. 92	28. 14

资料来源：中国医保商会根据中国海关数据整理

表 4 – 163　2010 年中国药棉、纱布、绷带主要进口来源地

单位：千克，万美元，%

排名	来源地	进口数量	数量同比	进口金额	金额同比	金额占比
	合计	1429323	6. 44	1256. 08	26. 53	100
1	美国	382514	– 11. 15	562. 56	17. 67	44. 79
2	日本	75294	39. 07	212. 7	46. 86	16. 93
3	韩国	299848	42. 21	94. 97	25. 04	7. 56
4	捷克	71449	2631. 23	85. 99	3140. 18	6. 85
5	德国	66915	– 8. 83	53. 12	– 22. 47	4. 23
6	英国	16425	– 69. 61	36. 82	18. 12	2. 93
7	印度尼西亚	248506	– 11. 82	36. 28	– 8. 97	2. 89
8	中国（保税区）	45648	38. 87	29. 43	132. 69	2. 34
9	比利时	26572	14744. 69	23. 68	591. 39	1. 89
10	法国	35051	147. 19	20. 92	172. 79	1. 67
11	意大利	9988	– 35. 62	16. 92	– 32. 5	1. 35
12	泰国	11890	156. 64	11. 53	189. 38	0. 92
13	巴基斯坦	32035	– 64. 74	9. 76	– 59. 83	0. 78
14	加拿大	4342	96. 83	9. 11	149. 91	0. 73
15	尼泊尔	39353	33. 56	8. 66	33. 89	0. 69
16	马来西亚	17040	16. 2	7. 14	14. 79	0. 57

排名	来源地	进口数量	数量同比	进口金额	金额同比	金额占比
17	西班牙	798	23.15	6.38	19.63	0.51
18	越南	17807	40370.45	6.38	10095.37	0.51
19	印度	12084	13631.82	4.6	3800	0.37
20	巴西	7305	–	3.86	–	0.31
21	荷兰	114	–13.64	3.47	1396.98	0.28
22	澳大利亚	1186	520.94	2.8	794.75	0.22
23	波兰	1312	97.89	2.45	138.2	0.2
24	中国台湾	264	–98.75	1.62	–87.51	0.13
25	新加坡	1449	93.2	1.35	135.31	0.11
26	菲律宾	346	–93.46	0.69	–98.01	0.05
27	墨西哥	25	–	0.65	–	0.05
28	以色列	35	3400	0.58	1334.33	0.05
29	斯洛伐克	279	6.9	0.55	–8.08	0.04
30	芬兰	2291	76266.67	0.4	433.6	0.03
31	瑞典	674	–	0.37	–	0.03
32	丹麦	337	501.79	0.11	110.94	0.01
33	哥斯达黎加	2	–	0.11	–	0.01
34	葡萄牙	120	2300	0.05	–53.43	0
35	土耳其	25	150	0.04	86.24	0

资料来源：中国医保商会根据中国海关数据整理

表4–164　2010年中国药棉、纱布、绷带企业主要进口企业名单

排名	企业名称	排名	企业名称
1	美欣医用材料（苏州）有限公司	13	惠东县对外加工装配服务公司
2	泰尔茂医疗产品（上海）有限公司	14	稳健实业（深圳）有限公司
3	艾博生物医药（杭州）有限公司	15	昆山得意塑胶有限公司
4	上海美华医疗器具股份有限公司	16	湖北金士达医用产品有限公司
5	杏林白十字医疗卫生材料用品有限公司	17	上海欧宣国际贸易有限公司
6	深圳市宝安外经发展有限公司	18	上海群华国际贸易有限公司
7	保赫曼（上海）有限公司	19	宁波晶圆贸易有限公司
8	郑州凯斯特医疗器械有限公司	20	东莞奥美医疗用品有限公司
9	泉州鲤城区新鲤对外加工服务有限公司	21	北京天颐恒基科技发展有限公司
10	明辉实业（深圳）有限公司	22	艾康生物技术（杭州）有限公司
11	明尼苏达矿业制造（上海）国际贸易有限公司	23	绍兴托美医疗用品有限公司
12	浙江优特格尔医疗用品有限公司	24	深圳市志美实业有限公司

排名	企业名称	排名	企业名称
25	赛斯电子（无锡）有限公司	38	北方国际集团天津同鑫进出口有限公司
26	北京新华国康科技有限公司	39	枝江奥美医疗用品有限公司
27	枰和卫生用品（上海）有限公司	40	北京中原合聚经贸有限公司
28	上海亚东盛进出口有限公司	41	大连保税区新时代国际工贸有限公司
29	绍兴福清卫生用品有限公司	42	上海壬锋医疗用品有限公司
30	保赫曼（青岛）医用器材有限公司	43	南通长圣纱布有限公司
31	大连航太医疗设备有限公司	44	葛兰素史克（天津）有限公司
32	北京诚茂兴业生物技术有限公司	45	上海霓荣贸易有限公司
33	中国医疗卫生器材进出口公司	46	广州越秀金信贸易有限公司
34	上海天啸物流有限公司	47	上海涛闻进出口有限公司
35	大连库利艾特医疗制品有限公司	48	天津外总集团纤源进出口有限公司
36	绍兴港峰进出口有限公司	49	北京奥托博克假肢矫形器工业有限公司
37	湖北唯美医疗用品有限公司	50	拉萨太阳商贸有限责任公司

资料来源：中国医保商会根据中国海关数据整理

表 4－165　2010 年中国药棉、纱布、绷带各省区市进口情况

单位：千克，万美元，%

排序	地区	进口数量	数量同比	进口金额	金额同比	金额占比
合计		1429323	6.44	1256.08	26.53	100
1	江苏	214156	108.5	405.52	107.97	32.28
2	上海	203449	－21.63	307.05	3.71	24.45
3	浙江	118781	－46.2	148.2	－27.03	11.80
4	广东	533770	10.29	114.66	5.69	9.13
5	北京	10341	33.66	76.27	29.37	6.07
6	天津	82497	－30.43	73.42	58.03	5.85
7	福建	68576	27.32	36.6	61.26	2.91
8	河南	40523	64.3	31.91	51.68	2.54
9	辽宁	75780	277.84	29.46	60.64	2.35
10	湖北	33388	411.15	17.93	577.55	1.43
11	西藏	39353	33.56	8.66	33.89	0.69
12	山东	8669	－40.81	6.27	0.66	0.50
13	四川	4	－96.97	0.04	－99.35	0.00
14	湖南	5	–	0.04	–	0.00
15	陕西	4	－33.33	0.02	－91.99	0.00
16	河北	15	－48.28	0.02	－89.7	0.00

排序	地区	进口数量	数量同比	进口金额	金额同比	金额占比
17	黑龙江	12	–	0.01	–	0.00

资料来源：中国医保商会根据中国海关数据整理

4.20.2.2　出口

从2006年至2010年，药棉、纱布、绷带出口额以平均10%的速度进行稳步增长。中国出口的药棉、纱布、绷带主要市场在美国、日本、德国，出口省市主要是以江苏、浙江、广东、湖北、上海为主，占到全国药棉、纱布、绷带进口额的83%。

表4-166　2006-2010年中国药棉、纱布、绷带出口情况

单位：千克，%，万美元

年份	出口数量	数量同比	出口金额	金额同比
2010	113638686	-0.4	65860.66	10.07
2009	114089866	-16.18	59833.57	-15.56
2008	136105661	15.95	70860.41	32.35
2007	117383961	11.48	53540.17	15.85
2006	105296889	3.33	46216.32	8.18

资料来源：中国医保商会根据中国海关数据整理

表4-167　2010年中国药棉、纱布、绷带主要出口目的地

单位：千克，万美元，%

排名	目的地	出口数量	数量同比	出口金额	金额同比	金额占比
合计		113638686	-0.4	65860.66	10.07	100
1	美国	24694061	12.34	14980.75	21.15	22.75
2	日本	8735564	-8.41	7652	-2.63	11.62
3	德国	6410682	-1.35	5307.36	9.74	8.06
4	比利时	4386869	32.28	2953.57	27.54	4.48
5	意大利	5418062	-10.46	2771.93	-4.03	4.21
6	法国	4346743	12.84	2715.58	11.26	4.12
7	英国	3279572	13.9	2227.04	19.13	3.38
8	韩国	3800719	-2.44	1960.88	20.91	2.98
9	西班牙	2582188	-15.36	1515.36	-17.15	2.3
10	中国台湾	2242702	0.68	1144.1	19.38	1.74
11	澳大利亚	1404595	19.03	1054.47	29.93	1.6
12	加拿大	1708873	-3.3	1050.29	1.37	1.59
13	波兰	1454297	35.02	1042.38	52.16	1.58
14	沙特阿拉伯	1744874	-27.03	874.76	-27.09	1.33

排名	目的地	出口数量	数量同比	出口金额	金额同比	金额占比
15	委内瑞拉	1364769	45.91	804.09	67.34	1.22
16	南非	1511764	−0.79	749.84	3.06	1.14
17	马来西亚	1439432	13.89	685.52	19.73	1.04
18	荷兰	983229	2.89	657.99	13.39	1
19	中国香港	1196885	−1.94	626.73	11.22	0.95
20	希腊	932372	−26.41	546.01	−18.34	0.83
21	泰国	968774	33.18	514.42	35.73	0.78
22	菲律宾	1424754	−46.35	464.38	−19.06	0.71
23	伊拉克	1245532	48.85	463.1	109.57	0.7
24	捷克	649726	36.19	456.73	44.26	0.69
25	俄罗斯	1137303	−9.89	437.46	3.11	0.66
26	阿拉伯联合酋长国	1084227	5.17	409.18	25.84	0.62
27	以色列	808389	−19.58	405.32	−0.32	0.62
28	智利	603421	−32.35	370.97	−15.01	0.56
29	科威特	734775	−21.73	368.24	9.61	0.56
30	尼日利亚	987941	−2.61	360.59	−2.02	0.55
31	利比亚	718759	44.81	355.72	78.36	0.54
32	约旦	785569	−16.31	335.6	2.9	0.51
33	瑞典	485219	17.77	326.95	28.44	0.5
34	哥伦比亚	577824	5.17	324.24	16.71	0.49
35	罗马尼亚	576357	−8.06	289.91	14.49	0.44
36	新加坡	582678	25.8	284.51	22.98	0.43
37	古巴	1247389	−13.73	271.23	−30.47	0.41
38	摩洛哥	664127	−11.47	262.31	−18.17	0.4
39	肯尼亚	555959	−11.39	249.13	12.42	0.38
40	黎巴嫩	445541	−9.36	244.98	20.85	0.37
41	土耳其	686743	8.1	238.57	44.29	0.36
42	瑞士	239128	−10.37	230.03	8.93	0.35
43	印度	581015	27.15	213.7	51.71	0.32
44	苏丹	498300	92.77	208.45	191.55	0.32
45	巴拿马	437500	7.3	208.36	39.21	0.32
46	丹麦	380238	54.83	207.39	57.31	0.31
47	秘鲁	490132	76.48	200.64	135.89	0.3
48	加纳	436826	−19.08	183.29	9.74	0.28
49	斯洛文尼亚	297980	11.52	178.84	32.55	0.27

排名	目的地	出口数量	数量同比	出口金额	金额同比	金额占比
50	匈牙利	235347	6.29	174.18	25.7	0.26

资料来源：中国医保商会根据中国海关数据整理

表 4－168　2010 年中国药棉、纱布、绷带主要出口企业名单

排名	企业名称	排名	企业名称
1	稳健实业（深圳）有限公司	26	荆门新立纺织用品有限公司
2	绍兴振德医用敷料有限公司	27	苏州舜康商贸有限公司
3	深圳市奥美迪贸易发展有限公司	28	绍兴申美医疗用品有限公司
4	保赫曼（青岛）医用器材有限公司	29	海安县美佳卫生用品有限公司
5	枝江奥美医疗用品有限公司	30	烟台通用纺织卫生材料有限公司
6	苏州铃兰卫生用品有限公司	31	湖北崇阳中健医疗卫生用品有限公司
7	武汉杰怡工贸有限公司	32	苏州美迪斯医疗运动用品有限公司
8	绍兴易邦医用品有限公司	33	泰州市百盛进出口贸易有限公司
9	上海铃兰卫生用品有限公司	34	江苏利康进出口有限公司
10	揭阳市康美日用制品有限公司	35	苏州恒祥进出口有限公司
11	江苏省健尔康医用敷料有限公司	36	黄冈市黄州祥辉纺织有限公司
12	绍兴港峰医用品有限公司	37	安吉县慧峰医用敷料有限责任公司
13	上海昌军进出口贸易有限公司	38	湖北唯美医疗用品有限公司
14	苏州艾旺纺织品有限公司	39	苏州大和医用材料有限公司
15	江苏永泰大唐医用材料有限公司	40	泰州市美康卫生用品厂
16	绍兴福清卫生用品有限公司	41	姜堰永宏医用敷料有限公司
17	上海东沅贸易有限公司	42	上海市医药保健品进出口公司
18	江苏洁乐医用敷料有限公司	43	九江市丰林医用材料有限公司
19	上海亚澳医用保健品有限公司	44	武汉高远贸易有限公司
20	湖北省潜江市江赫医用材料有限公司	45	武汉天成贸易有限公司
21	连云港瑞康卫生敷料有限公司	46	卓尔服饰（张家港）有限公司
22	江苏广达医用材料有限公司	47	泰州市锦宏医疗用品有限公司
23	江苏省医药保健品进出口（集团）公司	48	上海瀚尔升进出口有限公司
24	九江华达医用材料有限公司	49	大连市甘井子区佳林木制品厂
25	烟台新兴医用品有限公司	50	南通长盛国际贸易有限公司

资料来源：中国医保商会根据中国海关数据整理

表 4-169　2010 年中国药棉、纱布、绷带各省区市出口情况

单位：千克，万美元，%

排名	地区	出口数量	数量同比	出口金额	金额同比	金额占比
合计		113638686	-0.4	65860.66	10.07	100
1	江苏	26350813	-4.23	14655.63	4.59	22.25
2	浙江	24505068	1.81	13364.52	11.98	20.29
3	广东	18951190	-15.03	11204.73	7.72	17.01
4	湖北	13395716	-1.9	8542.27	2.46	12.97
5	上海	9001649	-2.23	6613.41	4.75	10.04
6	山东	5790443	4	5501.19	20.55	8.35
7	江西	2695404	53.82	1221.59	57.68	1.85
8	四川	2848384	146.11	827.65	273.08	1.26
9	北京	1287055	-19.98	626.96	-5.58	0.95
10	辽宁	1563345	-2.13	566.84	18.6	0.86
11	安徽	1323539	-17.42	555.4	0.29	0.84
12	天津	714538	18.78	538.57	24.09	0.82
13	云南	1555645	2943.18	464.08	2026.43	0.7
14	福建	1086976	21.29	382.33	-13.68	0.58
15	河南	398096	-29.06	187.09	-20.02	0.28
16	河北	269804	15.82	167.97	16.22	0.26
17	黑龙江	723307	-45.83	121.14	-46.55	0.18
18	甘肃	343429	-	100.78	-	0.15
19	广西	373531	229.82	82.09	323.98	0.12
20	重庆	198857	255.39	70.11	743.33	0.11
21	西藏	82268	313.76	22.38	398.14	0.03
22	湖南	70460	9195.51	18.85	48599.48	0.03
23	陕西	39338	17.23	9.48	16.09	0.01
24	新疆	27484	114.75	7.78	24.03	0.01
25	吉林	13670	-59.65	5.47	-50.25	0.01
26	内蒙古	28164	-71.83	1.96	-86.99	0
27	海南	513	-	0.4	-	0

资料来源：中国医保商会根据中国海关数据整理

4.20.3　胶粘敷料及其他有胶粘涂层的物品

海关 HS 编码：30051090

2010 年，中国进口胶粘敷料产品 729.8 吨，保持较高的增长趋势，同比增幅达 21.14%，进口金额为

3250.67万美元，同比增长率高达39.07%。中国胶粘敷料产品进口主要来源地是美国、芬兰、丹麦、德国和英国。

中国胶粘敷料制品的出口量远远大于进口量。2010年出口数量为17045吨，出口金额达到了1.51亿美元，同比增长38.57%。中国出口胶粘敷料制品主要目的地是美国、英国、日本、德国和澳大利亚。

4.20.3.1　进口

从2006年至2010年，胶粘敷料制品进口额以平均23%的速度进行增长，特别是到近三年，胶粘敷料制品的进口需求量有较大幅度的提高。中国进口的胶粘敷料制品主要来源于美国、芬兰、丹麦、德国和英国市场，进口省市主要是以北京和上海为主，占到全国胶粘敷料制品进口额的94%。

表4-170　2006-2010年中国胶粘敷料进口情况

单位：千克,%，万美元

年份	进口数量	数量同比	进口金额	金额同比
2010	729800	21.14	3250.67	39.07
2009	602434	15.03	2337.45	37.08
2008	523736	27.4	1705.11	42.3
2007	411080	-34.38	1198.28	-2.2
2006	626498	-8.55	1225.23	-2.18

资料来源：中国医保商会根据中国海关数据整理

表4-171　2010年中国胶粘敷料主要进口来源地

单位：千克,%，万美元

排名	来源地	进口数量	数量同比	进口金额	金额同比	金额占比
	合计	729800	21.14	3250.67	39.07	100.00
1	美国	244291	27.87	849.49	44.51	26.13
2	芬兰	25295	98.27	742.71	56.23	22.85
3	丹麦	28139	167.3	346.67	157.36	10.66
4	德国	68740	70.71	298.72	58.69	9.19
5	英国	79720	116.51	290.89	96.91	8.95
6	法国	43612	13.69	269.66	30.81	8.3
7	日本	87353	-33.45	212.29	-42.86	6.53
8	韩国	79527	3.95	94.86	-14.47	2.92
9	泰国	30590	41.52	82.79	62.36	2.55
10	中国台湾	12671	-30.62	31.81	54.51	0.98
11	中国（保税区）	13942	1010.03	12.32	34.18	0.38
12	荷兰	4167	5.76	6.35	1.84	0.2
13	加拿大	10704	14.8	4.37	33.89	0.13
14	奥地利	350	-24.24	3.57	-14.24	0.11
15	爱尔兰	80	900	1.92	2131.08	0.06

排名	来源地	进口数量	数量同比	进口金额	金额同比	金额占比
16	比利时	83	–	1.3	–	0.04
17	以色列	201	–58.9	0.45	–94.22	0.01
18	新加坡	5	–44.44	0.15	1697.67	0
19	墨西哥	84	–	0.14	–	0
20	瑞典	1	–99.69	0.11	–96.42	0
21	马来西亚	215	–	0.06	–	0
22	意大利	30	–99.57	0.04	–99.57	0

资料来源：中国医保商会根据中国海关数据整理

表4－172　2010年中国胶粘敷料主要进口企业名单

排名	企业名称	排名	企业名称
1	明尼苏达矿业制造（上海）国际贸易有限公司	8	上海联雍国际贸易有限公司
2	中国永裕新兴医药有限公司	9	贝朗医疗（上海）国际贸易有限公司
3	北京天颐恒基科技发展有限公司	10	广东省医药进出口公司
4	上海三凯进出口有限公司	11	3M中国有限公司
5	北京泰德制药有限公司	12	中国医药对外贸易公司
6	施乐辉医用产品国际贸易（上海）有限公司	13	绍兴托美医疗用品有限公司
7	沈阳嘉晟医药有限公司		

资料来源：中国医保商会根据中国海关数据整理

表4－173　2010年中国胶粘敷料各省区市进口情况

单位：千克，%，万美元

排序	地区	进口数量	数量同比	进口金额	金额同比	金额占比
合计		729800	21.14	3250.67	39.07	100
1	北京	188580	94.11	1637.26	74.21	50.37
2	上海	391730	46.18	1411.79	59.92	43.43
3	辽宁	56553	–0.31	60.23	10.98	1.85
4	广东	49393	–63.65	59.48	–84.89	1.83
5	江苏	12301	–50.67	34.15	75.15	1.05
6	浙江	22964	127.59	33.05	5.8	1.02
7	山东	2273	–62.99	8.48	–27.15	0.26
8	河南	4416	–	3.55	–	0.11
9	四川	481	–	1.02	–	0.03
10	福建	180	–91.65	0.78	–54.3	0.02
11	天津	375	–53.3	0.48	–78.33	0.01

排序	地区	进口数量	数量同比	进口金额	金额同比	金额占比
12	重庆	60	–	0.15	–	0
13	黑龙江	136	-43.57	0.12	-19.24	0
14	河北	215	–	0.06	–	0
15	湖北	135	1400	0.05	-68.93	0
16	吉林	7	–	0.02	–	0
17	青海	1	–	<0.01	–	0

资料来源：中国医保商会根据中国海关数据整理

4.20.3.2　出口

从2006年至2010年，胶粘敷料制品出口额以平均48%的速度进行增长。中国出口的胶粘敷料制品主要在美国、英国、日本、德国市场，出口省市主要是以江苏、上海、广东、浙江为主，占到全国胶粘敷料制品出口额的89%。

表4-174　2006-2010年中国胶粘敷料出口情况

单位：千克，%，万美元

年份	出口数量	数量同比	出口金额	金额同比
2010	17044962	20.57	15113.26	38.57
2009	14137393	-32.27	10906.58	-12.32
2008	20873089	102.53	12439.02	86.11
2007	10306232	76.72	6683.82	69.07
2006	5831856	49.23	3953.32	56.28

资料来源：中国医保商会根据中国海关数据整理

表4-175　2010年中国胶粘敷料主要出口目的地

单位：千克，%，万美元

排名	目的地	出口数量	数量同比	出口金额	金额同比	金额占比
合计		17044962	20.57	15113.26	38.57	100
1	美国	5888156	23.82	4712.76	22.2	31.18
2	英国	1305171	47.51	2512.26	127.1	16.62
3	日本	1808709	-17.93	1561.8	6.69	10.33
4	德国	1163860	62.32	1333.84	108.85	8.83
5	澳大利亚	461290	7.33	673.42	28.16	4.46
6	中国香港	303928	7.64	318.05	15.89	2.10
7	加拿大	371944	-3.28	293.02	15.99	1.94
8	意大利	319764	29.76	263.99	20.26	1.75
9	芬兰	351932	305.09	203.05	379.72	1.34

排名	目的地	出口数量	数量同比	出口金额	金额同比	金额占比
10	伊朗	289849	55. 95	157. 69	35. 91	1. 04
11	缅甸	74103	1. 66	148. 59	-8. 45	0. 98
12	沙特阿拉伯	164097	-22. 76	133. 51	-22. 87	0. 88
13	荷兰	166103	-9. 68	117. 79	23. 06	0. 78
14	南非	143764	56. 2	113. 83	99. 69	0. 75
15	俄罗斯联邦	98162	75. 81	104. 06	101. 92	0. 69
16	马来西亚	216572	133. 95	100. 69	75. 26	0. 67
17	波兰	153987	70. 47	98. 3	25. 35	0. 65
18	印度	147362	-16. 21	85. 38	4. 38	0. 56
19	越南	118779	7. 98	84. 36	17. 85	0. 56
20	印度尼西亚	157351	192. 01	83. 9	129. 32	0. 56
21	希腊	123141	-4. 96	83. 27	-3. 11	0. 55
22	菲律宾	110203	-3. 57	72. 52	50. 58	0. 48
23	乌克兰	148775	338. 13	71. 05	352. 06	0. 47
24	墨西哥	106131	2. 73	70. 66	28. 75	0. 47
25	阿尔及利亚	97122	177. 06	69. 52	242. 39	0. 46
26	中国台湾	94197	21. 56	68. 9	54. 06	0. 46
27	阿拉伯联合酋长国	94271	-28. 01	66. 56	-10. 22	0. 44
28	以色列	152985	15. 37	64. 05	29. 35	0. 42
29	智利	144206	-30. 25	63. 83	-3. 74	0. 42
30	西班牙	112980	-16. 39	62. 13	-13. 75	0. 41
31	约旦	95791	78. 89	58. 76	265. 44	0. 39
32	法国	59486	-21. 57	57. 23	12. 05	0. 38
33	泰国	72956	249. 81	56. 52	174. 84	0. 37
34	瑞典	72110	3. 95	53. 23	10. 33	0. 35
35	秘鲁	48852	123. 28	49. 87	89. 5	0. 33
36	伊拉克	116270	194. 02	47. 46	524. 4	0. 31
37	比利时	91905	105	46. 56	41. 36	0. 31
38	土耳其	57220	151	39. 54	54. 53	0. 26
39	丹麦	61392	233. 6	38. 05	92. 76	0. 25
40	拉脱维亚	24032	131. 9	36. 3	388. 25	0. 24
41	孟加拉国	87817	170. 48	36. 24	76. 98	0. 24
42	罗马尼亚	48738	50. 09	36. 04	49. 29	0. 24
43	韩国	47382	60. 26	33. 19	29. 22	0. 22
44	也门共和国	72973	55. 9	31. 46	75. 07	0. 21

排名	目的地	出口数量	数量同比	出口金额	金额同比	金额占比
45	瑞士	30552	42.39	29.75	41.02	0.20
46	新加坡	43063	54.08	29.43	10.55	0.19
47	多米尼加共和国	33908	294.05	29.22	247.85	0.19
48	巴基斯坦	48083	33.84	28.8	49.66	0.19
49	哥伦比亚	55072	3.72	28.75	4.53	0.19
50	黎巴嫩	70204	58.94	27.2	162.22	0.18

资料来源：中国医保商会根据中国海关数据整理

表4－176 2010年中国胶粘敷料主要出口企业名单

排名	企业名称	排名	企业名称
1	上海强生有限公司	26	嘉兴泰龙医疗用品有限公司
2	常州华联保健敷料有限公司	27	绍兴振德医用敷料有限公司
3	上海华舟压敏胶制品有限公司	28	上海真彤国际贸易有限公司
4	扶桑帝药（青岛）有限公司	29	广州市保科力贸易公司
5	曼秀雷敦（中国）药业有限公司	30	上海市医药保健品进出口公司
6	丹阳市尚美医材有限公司	31	上海诺熙国际贸易有限公司
7	义乌市开颜进出口有限公司	32	合肥精诚塑料制品有限公司
8	中山朋德实业有限公司	33	上海昌军进出口贸易有限公司
9	上海万弘国际贸易有限公司	34	明尼苏达矿业制造医用器材（上海）有限公司
10	东莞椿田医用包装材料有限公司	35	常州美杰医疗用品有限公司
11	广州市卫信工贸有限公司	36	江门市新会区飞马进出口有限公司
12	常州市南方卫生器材厂有限公司	37	常州大华进出口（集团）有限公司
13	苏州舜康商贸有限公司	38	江西3L医用制品集团有限公司
14	山东东华医疗科技有限公司	39	南京东沛国际贸易集团有限公司
15	上海惠龙医用卫生材料有限公司	40	宁波新海威进出口有限公司
16	施洁医疗技术（上海）有限公司	41	常州大亚进出口有限公司
17	四川省乐至贵均卫生材料有限公司	42	杭州江南世家药业有限公司
18	上海亚澳医用保健品有限公司	43	江西三欣实业有限公司
19	苏州恒祥进出口有限公司	44	温州东博贸易有限公司
20	广州市医药进出口公司	45	深圳中外运物流有限公司
21	稳健实业（深圳）有限公司	46	扬州康瑞国际贸易有限公司
22	东方国际集团上海市对外贸易有限公司	47	重庆华伦医疗器械有限公司
23	上海小林日化有限公司	48	苏州工业园区志得进出口贸易有限公司
24	浙江凯博进出口有限公司	49	云南省潞西市新正进出口有限公司
25	3M中国有限公司	50	江苏省医药保健品进出口（集团）公司

资料来源：中国医保商会根据中国海关数据整理

表 4－177　2010 年中国胶粘敷料各省区市出口情况

单位：千克,%，万美元

排名	地区	出口数量	数量同比	出口金额	金额同比	金额占比
合计		17044962	20.57	15113.26	38.57	100
1	江苏	4950540	24.87	5938.23	85.28	39.29
2	上海	4325065	24.65	4060.37	18.56	26.87
3	广东	2408481	8.83	1722.5	19.94	11.4
4	浙江	2561091	49.69	1674.87	30.58	11.08
5	山东	827685	－24.29	673.32	－4.74	4.46
6	四川	365555	86.92	230.8	30.35	1.53
7	江西	231603	80.74	128.34	32.98	0.85
8	安徽	352219	－13.46	114.89	－1.6	0.76
9	北京	75343	－37.69	80.97	25.01	0.54
10	云南	185118	226.84	78.17	134.97	0.52
11	福建	200773	85.94	70.18	43.45	0.46
12	广西	52000	－6.22	69.75	9.69	0.46
13	湖北	60418	－56.07	62.08	－26.71	0.41
14	辽宁	106040	48.14	40.04	173.41	0.26
15	重庆	51268	86.26	39.1	56.02	0.26
16	天津	76152	－33.98	35.28	41.95	0.23
17	河北	45496	794.53	30.04	609.18	0.2
18	黑龙江	90747	－27.93	29.91	5.71	0.2
19	河南	21824	73.44	11.18	－67.91	0.07
20	甘肃	34110	–	11.04	–	0.07
21	陕西	11028	－89.39	8.35	－73.29	0.06
22	西藏	4791	–	1.38	–	0.01
23	湖南	4589	–	0.81	–	0.01
24	吉林	1098	－51.42	0.75	－2.54	0
25	新疆	1837	–	0.56	–	0
26	青海	41	–	0.34	–	0
27	内蒙古	50	－99.59	<0.01	－99.91	0

资料来源：中国医保商会根据中国海关数据整理

4.20.4　急救药箱、药包

海关 HS 编码：30065000

中国急救药箱、药包的出口要远远大于进口。2006 年出口量为 3771 吨，到 2010 年出口量达 13647 吨，四年增加了3.62倍，出口额从2006年1625.42万美元增至7686.51万美元。中国急救药箱、药包的主要出口市场是德国、美国和英国，向这三个国家出口金额占比分别为20.29%、17.64%和14.24%。

与出口量相比，急救药箱、药包的进口量较小。2010年进口量为131.7吨，同比增长29.58%，进口金额为289.44万美元，同比增长24.13%。

4.20.4.1 进口

从2006年至2010年，急救药箱、药包出口额以平均76%的速度进行增长。中国进口的急救药箱、药包主要来源于德国、美国、印度市场，进口省市主要是以北京、辽宁、上海、广东为主，占到全国急救药箱、药包进口额的73%。

表4-178 2006-2010年中国急救箱包进口情况

单位：千克，%，万美元

年份	进口数量	数量同比	进口金额	金额同比
2010	131667	29.58	289.44	24.13
2009	101610	71.66	233.18	39.21
2008	59191	145.49	167.5	94.06
2007	24111	3.02	86.31	22.19
2006	23404	347.58	70.64	200.67

资料来源：中国医保商会根据中国海关数据整理

表4-179 2010年中国急救箱包主要进口来源地

单位：万美元，%

排名	来源地	进口数量	数量同比	进口金额	金额同比	金额占比
	合计	131667	29.58	289.44	24.13	100
1	德国	40075	51.22	105.78	28.03	36.55
2	美国	25925	-31.34	102.61	57.47	35.45
3	印度	7255	-	22.82	-	7.88
4	中国（保税区）	37652	224.33	20.27	208.22	7.00
5	英国	3222	-71.54	10.67	17.47	3.69
6	加拿大	264	3200	9.95	30238.11	3.44
7	新加坡	141	12.8	5.18	5.41	1.79
8	新西兰	11280	-	3.34	>100000	1.15
9	荷兰	444	286.09	2.06	274.22	0.71
10	法国	4883	>100000	1.91	24374.36	0.66
11	丹麦	74	-99.42	1.6	-97.4	0.55
12	爱尔兰	9	-	1.34	-	0.46
13	意大利	189	170	0.72	144.22	0.25
14	南非	15	66.67	0.3	79.86	0.1

排名	来源地	进口数量	数量同比	进口金额	金额同比	金额占比
15	奥地利	25	-28.57	0.24	-16.06	0.08
16	日本	102	500	0.19	178.8	0.07
17	澳大利亚	6	-99.26	0.1	-82.09	0.04
18	中国香港	16	60	0.1	16.25	0.03
19	比利时	33	-83.74	0.07	-70.91	0.02
20	瑞典	19	90	0.07	48.34	0.02
21	韩国	26	-	0.05	-	0.02
22	瑞士	3	-	0.03	-	0.01
23	马来西亚	2	-	0.02	-	0.01
24	泰国	1	-95.65	0.01	-95.3	0
25	墨西哥	4	-69.23	0.01	-83.16	0
26	挪威	2	-	0.01	-	0

资料来源：中国医保商会根据中国海关数据整理

表 4-180　2010 年中国急救箱包主要进口企业名单

排名	企业名称	排名	企业名称
1	华晨宝马汽车有限公司	20	山东航空股份有限公司
2	北京奔驰-戴姆勒克莱斯勒汽车有限公司	21	维金救生设备贸易（上海）有限公司
3	东方航空进出口有限公司	22	常德达门船舶有限公司
4	国药集团药业股份有限公司	23	北京市海森医药进出口有限公司
5	广州飞机维修工程有限公司	24	中国船舶重工国际贸易有限公司
6	东莞奥美医疗用品有限公司	25	北京索福特安全防护设备有限公司
7	成都国航集团进出口有限公司	26	中国澳门航空公司北京办事处
8	枝江奥美医疗用品有限公司	27	广东省医药保健品进出口公司
9	厦门太古飞机工程有限公司	28	中航油进出口有限责任公司
10	苏州钡泰材料科技有限公司	29	苏州恒瑞进出口有限公司
11	厦门港务物流保税有限公司	30	云南天星航空有限公司
12	上海航空进出口有限公司	31	渤海船舶重工有限责任公司
13	国航进出口有限公司	32	皇加力（中国）商业有限公司
14	上海吉祥航空有限公司	33	新疆南方航空进出口贸易有限责任公司
15	中国南方航空进出口贸易公司	34	上海凯昌船务有限公司
16	绍兴福清卫生用品有限公司	35	上海添力仓储有限公司
17	沈阳南方航空进出口贸易有限公司	36	上海外文图书公司
18	海南海航航空进出口有限公司	37	欧时电子元件（上海）有限公司
19	春秋航空有限公司	38	上海新星进出口有限公司

排名	企业名称	排名	企业名称
39	上海飞机制造厂	45	大众进口汽车销售有限公司
40	上海外航服务公司	46	伍尔特（天津）国际贸易有限公司
41	中国航空器材上海公司	47	优利多船舶设备（上海）有限公司
42	上海易恒进出口有限公司	48	厦门国贸船舶进出口有限公司
43	深圳市今健科技有限公司	49	恩德（银川）风电设备制造有限公司
44	广州广船国际股份有限公司	50	上海涛闻进出口有限公司

资料来源：中国医保商会根据中国海关数据整理

表 4－181　2010 年中国急救箱包各省区市进口情况

单位：千克，万美元，%

排序	地区	进口数量	数量同比	进口金额	金额同比	金额占比
合计		131667	29.58	289.44	24.13	100
1	北京	13741	－31.18	63.51	－28.96	21.94
2	辽宁	24332	33.15	62.86	16.93	21.72
3	上海	3389	1.99	45.9	110.56	15.86
4	广东	29497	－14.98	39.39	13.3	13.61
5	福建	20641	2546.28	25.94	798.41	8.96
6	四川	273	21.33	11.88	38.86	4.1
7	湖北	19956	74.62	10.56	91.13	3.65
8	贵州	249	–	9.83	–	3.4
9	江苏	7231	370.46	7.55	164.41	2.61
10	浙江	11279	15.29	3.34	－23.67	1.15
11	海南	285	1257.14	3.03	196.72	1.05
12	山东	84	265.22	2.06	139.57	0.71
13	湖南	197	657.69	1.45	946.75	0.5
14	云南	12	－72.73	0.7	－46.35	0.24
15	新疆	4	－42.86	0.57	494.08	0.2
16	天津	183	－20.78	0.55	－49.54	0.19
17	宁夏	265	278.57	0.16	299.51	0.06
18	河北	12	－88.79	0.07	－54.77	0.02
19	吉林	30	650	0.04	270.19	0.01
20	黑龙江	3	50	0.03	1030.43	0.01
21	山西	3	－57.14	<0.01	－61.29	0
22	陕西	1	－99.89	<0.01	－99.99	0

资料来源：中国医保商会根据中国海关数据整理

4.20.4.2　出口

从2006年至2010年，急救药箱、药包出口额以平均58%的速度进行增长。中国急救药箱、药包的主要出口市场是德国、美国和英国，向这三个国家出口金额占比分别为20.29%、17.64%和14.24%。出口省市主要是以江苏、浙江、广东、湖北为主，占到全国急救药箱、药包出口额的81%。

表4－182　2006－2010年中国急救箱包出口情况

单位：千克，%，万美元

年份	出口数量	数量同比	出口金额	金额同比
2010	13647138	45.83	7686.51	50.26
2009	9358339	－8.96	5115.49	－5.86
2008	10279126	56.57	5433.83	83.34
2007	6565052	74.11	2963.75	82.34
2006	3770681	81.2	1625.42	81.1

资料来源：中国医保商会根据中国海关数据整理

表4－183　2010年中国急救箱包主要出口目的地

单位：千克，万美元，%

排名	目的地	出口数量	数量同比	出口金额	金额同比	金额占比
	合计	13647138	45.83	7686.51	50.26	100
1	德国	3131618	18.51	1559.8	13.74	20.29
2	美国	2344911	40.4	1355.81	45.06	17.64
3	英国	2038301	57.55	1094.83	50.05	14.24
4	澳大利亚	959291	163.12	672.54	152.89	8.75
5	捷克	1067993	14239.33	576.31	16072.93	7.5
6	荷兰	746512	35.24	399.56	43.32	5.2
7	斯洛伐克	340065	6124.88	234.66	6970.92	3.05
8	丹麦	262638	－25.01	180.44	－22.17	2.35
9	阿拉伯联合酋长国	235253	33.04	121.34	58.31	1.58
10	马来西亚	178367	102.56	106.57	126.78	1.39
11	沙特阿拉伯	190167	－21.78	102.98	1.85	1.34
12	瑞典	111315	252.88	84.39	185.37	1.1
13	新西兰	136039	69.02	81.48	36.82	1.06
14	比利时	114864	－27.23	78.29	－17.47	1.02
15	加拿大	150788	105.18	74.45	100.96	0.97
16	法国	90622	14.39	68.8	13.41	0.9
17	波兰	116096	－33.8	66.95	－37.28	0.87
18	芬兰	77168	24.37	63.25	27.41	0.82

排名	目的地	出口数量	数量同比	出口金额	金额同比	金额占比
19	泰国	83593	-12.82	55.05	7.8	0.72
20	中国香港	77980	-33.44	50.96	-2.68	0.66
21	新加坡	81779	24.86	45.91	19.05	0.6
22	缅甸	104012	44.23	44.47	90.6	0.58
23	南非	78293	-1.28	40.77	20.43	0.53
24	挪威	57900	36.59	38.61	44.14	0.5
25	越南	54797	5288.1	35.06	3269.97	0.46
26	日本	20470	36.41	31.75	76.18	0.41
27	以色列	51872	121.56	28.44	114.42	0.37
28	利比亚	29229	441.08	25.72	624.37	0.33
29	爱尔兰	32016	2.56	23.1	7.22	0.3
30	西班牙	39892	-61.24	20.81	-48.46	0.27
31	智利	30896	19.98	19.19	67.33	0.25
32	巴拿马	46002	11.4	18.25	44	0.24
33	匈牙利	27983	33.93	17.85	12.63	0.23
34	奥地利	29124	59.3	16.65	87.27	0.22
35	肯尼亚	31304	87.58	16.56	113.45	0.22
36	斯洛文尼亚	55858	35.25	14.17	-22.04	0.18
37	尼日利亚	27518	-11.53	13.74	-1.18	0.18
38	立陶宛	19022	-	12.16	-	0.16
39	塞浦路斯	31490	-18.48	9.85	-18.39	0.13
40	朝鲜	33118	>100000	9.59	34134.64	0.12
41	希腊	17280	-44.71	9.39	-55.8	0.12
42	埃及	15044	-	9.38	-	0.12
43	卡塔尔	14690	-3.96	8.69	9.56	0.11
44	伊朗	11071	-1.32	8.16	18.57	0.11
45	中国台湾	16861	8.44	7.43	53.05	0.1
46	保加利亚	11327	-35.54	7.4	-27.3	0.1
47	巴林	11779	-23.7	7.34	-21.07	0.1
48	哥斯达黎加	20123	-47.42	7.26	-57.71	0.09
49	意大利	15453	-78.86	6.09	-79.96	0.08
50	拉脱维亚	11592	157.6	5.93	104.64	0.08

资料来源：中国医保商会根据中国海关数据整理

表 4-184　2010 年中国急救箱包主要出口企业名单

排名	企业名称	排名	企业名称
1	苏州苏勋医疗用品有限公司	26	杭州市对外经济贸易服务有限公司
2	武汉高远贸易有限公司	27	义乌市开颜进出口有限公司
3	稳健实业（深圳）有限公司	28	广州市富施达贸易有限公司
4	东莞奥美医疗用品有限公司	29	温州金州集团外贸实业有限公司
5	上海亚澳医用保健品有限公司	30	浙江华茂国际贸易有限公司
6	枝江奥美医疗用品有限公司	31	绍兴港峰医用用品有限公司
7	绍兴振德医用敷料有限公司	32	浙江汇信进出口股份有限公司
8	绍兴福清卫生用品有限公司	33	上海吉尚汽车旅游用品有限公司
9	泉州鲤城区新鲤对外加工服务有限公司	34	浙江远大进出口有限公司
10	苏州恒发进出口有限责任公司	35	北京诚信国贸科技有限公司
11	厦门港务物流保税有限公司	36	深圳中外运物流有限公司
12	艾悉斯医疗用品（苏州工业园区）有限公司	37	浙江嘉炜进出口有限公司
13	佛山市福莱茵医疗用品有限公司	38	泰州市中润进出口有限公司
14	上海美华医疗器具股份有限公司	39	宁波新世纪进出口有限公司
15	浙江富春公司	40	深圳市北方实业发展有限公司
16	苏州恒润进出口有限公司	41	金华市大卫急救用品有限公司
17	苏州舜康商贸有限公司	42	武汉杰怡工贸有限公司
18	上海万弘国际贸易有限公司	43	青岛平兴和新型装饰装修材料有限公司
19	佛山市朗琛经贸有限公司	44	厦门金裕达进出口有限公司
20	绍兴莱福医用敷料有限公司	45	苏州工业园区德士耐进出口有限公司
21	上海贝津洋珩医用品有限公司	46	安徽省威迪进出口贸易有限公司
22	上海壬锋医疗用品有限公司	47	浙江凯博进出口有限公司
23	宁波联合集团进出口股份有限公司	48	深圳市金运达国际物流有限公司
24	泰州市惠中贸易有限公司	49	宁波海田国际贸易有限公司
25	常州市南方卫生器材厂有限公司	50	宁波市宁海县国际贸易有限公司

资料来源：中国医保商会根据中国海关数据整理

表 4-185　2010 年中国急救箱包各省区市出口情况

单位：千克，万美元，%

排名	地区	出口数量	数量同比	出口金额	金额同比	金额占比
合计		13647138	45.83	7686.51	50.26	100
1	江苏	4173648	70.18	2227.14	73.34	28.97
2	浙江	2829278	16.06	1553.4	18.47	20.21
3	广东	2318528	1.38	1432.46	9.75	18.64

排名	地区	出口数量	数量同比	出口金额	金额同比	金额占比
4	湖北	1978129	68.3	986.52	50.77	12.83
5	上海	1150303	166.4	724.73	169.23	9.43
6	福建	643448	76.93	418.08	159.1	5.44
7	黑龙江	307826	677.18	184.5	618.52	2.4
8	北京	61598	183.31	38.19	187.41	0.5
9	江西	38015	889.2	28.14	3071.61	0.37
10	安徽	36974	-43.76	25.88	-35.64	0.34
11	山东	27291	39.32	24.83	14.48	0.32
12	辽宁	35083	235.27	10.3	262.36	0.13
13	天津	21953	-27.62	9.24	-32.88	0.12
14	广西	11557	224.09	9.08	334.44	0.12
15	云南	6752	88.81	5.27	519.35	0.07
16	海南	162	285.71	3.41	266.67	0.04
17	湖南	2308	-	1.88	-	0.02
18	内蒙古	2300	2200	1.48	49366.67	0.02
19	河北	493	4830	1.46	22057.58	0.02
20	四川	1490	-56.23	0.53	-80.52	0.01
21	山西	2	-	<0.01	-	0

资料来源：中国医保商会根据中国海关数据整理

4.21 医用高分子制品

医用高分子制品包括以下六类。如下表所示。

2006-2010年中国医用高分子制品进口金额呈现出持续增长趋势，2010年进口金额达60303.25万美元，同比增长20.18%，进口来源地主要是美国和日本。

2006-2010年医用高分子制品出口金额也呈现出高增长趋势，2010年出口金额达到120208.84万美元，同比增长了13.12%。浙江、江苏、广东和上海是出口医用高分子制品的前四个省市，这四个省市占总出口金额的58.91%。

表4-186 医用高分子制品包括种类

包括种类	海关HS编码
其他针、导管、插管及类似品（含输液器）	90183900
注射器，不论是否装有针头	90183100
硫化橡胶制外科用分指、连指及露指手套	40151100
硫化橡胶制避孕套	40141000

包括种类	海关 HS 编码
硫化橡胶制其他卫生及医疗用品	40149000
硫化橡胶制医疗用衣着用品及附件	40159010

资料来源：中国医保商会根据中国海关数据整理

4.21.1 整体进出口情况

4.21.1.1 进口

表 4－187 2006－2010 年中国医用高分子制品进口情况

单位：千克，%，万美元

年份	进口数量	数量同比	进口金额	金额同比
2010	340120303	－25.44	60303.25	20.18
2009	456181613	－34.61	50175.66	26.99
2008	697586214	21.75	39512.35	36.27
2007	572950301	1.35	28996.6	18.59
2006	565293307	42.87	24450.35	9.83

资料来源：中国医保商会根据中国海关数据整理

表 4－188 2010 年中国医用高分子制品主要进口来源地

单位：千克，%，万美元

排名	来源地	进口数量	数量同比	进口金额	金额同比	金额占比
	合计	340120303	－25.44	60303.25	20.18	100
1	美国	70758564	26.01	22738.65	17.8	37.71
2	日本	18775994	－14.76	10113.31	38.66	16.77
3	德国	16337241	－2.67	4316.66	27.39	7.16
4	新加坡	18097706	－15.98	2834.43	23.47	4.7
5	马来西亚	9156073	－94.08	2629.23	15.12	4.36
6	爱尔兰	2088662	－9.02	1929.99	27.77	3.2
7	丹麦	465490	－64.57	1819.41	－21.48	3.02
8	墨西哥	7470735	174.78	1610.4	48.2	2.67
9	法国	5724222	－39.03	1598.29	47.91	2.65
10	意大利	63871724	290.02	1562.66	－7.82	2.59
11	瑞士	1500044	31	1482.61	13.78	2.46
12	泰国	4839232	－52.91	1297.86	－23.5	2.15
13	英国	16436826	57.92	1096.48	87.47	1.82

排名	来源地	进口数量	数量同比	进口金额	金额同比	金额占比
14	多米尼加共和国	125646	85.79	1007.83	2103.26	1.67
15	韩国	7994959	21.77	771.13	23.18	1.28
16	荷兰	293529	-23.51	661.87	-8.48	1.1
17	西班牙	1565090	-91.6	654.71	25	1.09
18	中国台湾	21815008	23.42	625.29	18.71	1.04
19	中华人民共和国	3698131	-76.94	504.85	-21.88	0.84
20	比利时	11907519	13.77	173.89	19.16	0.29
21	印度尼西亚	178253	-98.67	116.88	49.53	0.19
22	中国香港	50996	17.81	110.63	-51.36	0.18
23	印度	822758	-10.48	99.69	0.05	0.17
24	芬兰	46786765	33.43	89.6	-14	0.15
25	以色列	868643	-35.59	81.06	-9.33	0.13
26	奥地利	4600640	320.51	70.31	181.37	0.12
27	加拿大	28035	112.24	54.98	-17.17	0.09
28	波兰	2193800	-72.24	49.54	-37.41	0.08
29	瑞典	150632	-39.13	30.7	-28.46	0.05
30	马耳他	174400	1335.39	30.69	226.46	0.05
31	澳大利亚	130898	-35.54	22.78	-34.29	0.04
32	新西兰	27385	248.32	21.56	170.99	0.04
33	匈牙利	118940	11.03	19.41	32.29	0.03
34	哥斯达黎加	30009	-63.33	18.3	-66.89	0.03
35	土耳其	92774	28.09	17.37	129.93	0.03
36	巴西	449400	10.83	12.48	20.12	0.02
37	越南	39032	-11.53	7.09	1.92	0.01
38	希腊	6780	-60.12	6.98	-67.46	0.01
39	立陶宛	45	80	3.08	32.72	0.01
40	波多黎各	1670	-97.24	2.2	-97.91	0
41	南非	25737	-	1.64	-	0
42	伊朗	280000	-	1.43	-	0
43	阿拉伯联合酋长国	160	-80.86	1.28	-81.21	0
44	捷克	180	542.86	1.21	2806.02	0
45	菲律宾	134400	30.23	0.82	24.75	0
46	巴基斯坦	200	51.52	0.64	1329.31	0

排名	来源地	进口数量	数量同比	进口金额	金额同比	金额占比
47	卢森堡	100	–	0.51	–	0
48	挪威	17	-57.5	0.41	93.13	0
49	黎巴嫩	5000	–	0.25	–	0
50	智利	250	–	0.1	–	0

资料来源：中国医保商会根据中国海关数据整理

表 4-189　2010 年中国医用高分子制品主要进口企业名单

排名	企业名称	排名	企业名称
1	上海协谷进出口贸易有限公司	26	深圳市今健科技有限公司
2	上海欧宜国际贸易有限公司	27	北京中联海进出口有限公司
3	诺和诺德（中国）制药有限公司	28	广州市康宜贸易有限公司
4	概腾国际贸易（上海）有限公司	29	百特医疗用品贸易（上海）有限公司
5	中国牧工商（集团）总公司	30	特亮（中山）乳胶制品有限公司
6	美敦力医疗用品技术服务（上海）有限公司	31	中国科学器材进出口总公司
7	波科国际医疗贸易（上海）有限公司	32	纽迪希亚贸易（上海）有限公司
8	伟创力实业（深圳）有限公司	33	北京佳农医疗器械有限公司
9	碧迪医疗器械（上海）有限公司	34	上海紫江国际贸易有限公司
10	山东吉威医疗制品有限公司	35	中国上海外经（集团）有限公司
11	上海铁联国际储运有限公司	36	立合斯顿科技（无锡）有限公司
12	国药集团联合医疗器械有限公司	37	费森尤斯卡比（中国）投资有限公司
13	天津仁盛国际贸易有限公司	38	广东省中科进出口有限公司
14	泰尔茂医疗产品（杭州）有限公司	39	中国家用电器进出口公司
15	贝朗医疗（上海）国际贸易有限公司	40	中国医疗器械工业公司
16	北京市海森医药进出口有限公司	41	礼来国际贸易（上海）有限公司
17	山东威高集团医用高分子制品股份有限公司	42	北京吉萌科贸有限公司
18	深圳市业聚实业有限公司	43	圣犹达医疗用品（上海）有限公司
19	上海申钧进出口有限公司	44	广东宏远集团有限公司
20	泰科医疗器材国际贸易（上海）有限公司	45	辽宁汇明国际贸易有限公司
21	通化东宝进出口有限公司	46	大连 JMS 医疗器具有限公司
22	上海东松国际贸易有限公司	47	上海嘉蓝仪器设备有限公司
23	泰尔茂医疗产品（上海）有限公司	48	爱德华（上海）医疗用品有限公司
24	天津市商业对外储运公司	49	上海申宏津汇进出口有限公司
25	深圳市万生堂实业有限公司	50	中国青年实业发展总公司

资料来源：中国医保商会根据中国海关数据整理

表 4－190　2010 年中国医用高分子制品各省区市进口情况

单位：千克，%，万美元

排序	地区	进口数量	数量同比	进口金额	金额同比	金额占比
合计		340120303	－25.44	60303.25	20.18	100
1	上海	120832529	－15.1	26185.03	18.43	43.42
2	北京	25429155	－31.93	13359.53	20.88	22.15
3	广东	21965185	－83.11	6963.72	10.46	11.55
4	天津	25011988	14.94	5186.91	60.77	8.6
5	山东	24112473	－41.94	2275.59	17.57	3.77
6	江苏	98471387	473.22	1531	－15.74	2.54
7	浙江	3473906	－86.1	1263.47	38.2	2.1
8	湖北	1364638	－83.24	1215.27	15.14	2.02
9	辽宁	3619038	139.78	994.8	36.04	1.65
10	吉林	227664	－96.05	696.56	1.84	1.16
11	江西	1512436	－26.88	146.98	12.02	0.24
12	河北	157430	8185.79	137.53	＞100000	0.23
13	四川	13954	－39.21	71.91	532.03	0.12
14	重庆	229592	18179.62	61.17	244.11	0.1
15	陕西	21835	－95.64	59	31.46	0.1
16	黑龙江	6172610	1930.32	48.4	86.7	0.08
17	福建	4454272	5456.38	37.69	6.38	0.06
18	安徽	2846097	－44.44	37.17	317.53	0.06
19	新疆	2	－99	11.73	475.01	0.02
20	贵州	169585	135.5	7.68	219.03	0.01
21	湖南	3	－40	5.8	36823.57	0.01
22	河南	25005	－99.11	1.94	－87.76	0
23	海南	3013	75.48	1.7	－80.47	0
24	内蒙古	1801	3298.11	1.45	7186.43	0
25	广西	4380	－99.97	0.93	－97.65	0
26	云南	325	6.21	0.29	－86.29	0

资料来源：中国医保商会根据中国海关数据整理

4.21.1.2 出口

表 4-191 2006-2010 年中国医用高分子制品出口情况

单位：千克,%，万美元

年份	出口数量	数量同比	出口金额	金额同比
2010	17342049461	-0.68	120208.84	13.12
2009	17461609981	3.6	106263.75	6.82
2008	16854720488	20.21	99480.6	32.08
2007	14021405951	24.74	75316.7	25.11
2006	11240705106	27.62	60199	24.6

资料来源：中国医保商会根据中国海关数据整理

表 4-192 2010 年中国医用高分子制品主要出口目的地

单位：千克,%，万美元

排名	目的地	出口数量	数量同比	出口金额	金额同比	金额占比
	合计	17342049461	-0.68	120208.84	13.12	100
1	美国	3284185618	0.19	22785.72	32.67	18.96
2	日本	529459534	0.12	16408.55	10.35	13.65
3	德国	1086834731	12.33	7830.96	9.93	6.51
4	意大利	478270445	15.27	3299.87	39.51	2.75
5	俄罗斯联邦	565513303	35.89	3123.37	36.2	2.6
6	巴西	565137931	-51.42	2852.11	-29.32	2.37
7	土耳其	486358467	47.41	2813.9	33.6	2.34
8	英国	155073532	-40.59	2677.17	-0.02	2.23
9	中国香港	31461246	-20.3	2546.16	-6.63	2.12
10	荷兰	123539734	-8.52	2076.39	-58.01	1.73
11	巴基斯坦	435119477	-5.08	1856.97	6.94	1.54
12	韩国	1088773236	-33.25	1809.45	5.18	1.51
13	委内瑞拉	366001139	53.29	1793.66	38.9	1.49
14	西班牙	136211907	-11.39	1689.11	24.46	1.41
15	马来西亚	85920462	-30.34	1660.58	21.57	1.38
16	印度	366277107	81.54	1645.46	51.22	1.37
17	加拿大	149395907	-28.27	1561.95	105.09	1.3
18	伊朗	216614402	-13.34	1553.29	8.59	1.29
19	哥伦比亚	307010953	41.35	1525.77	44.91	1.27

排名	目的地	出口数量	数量同比	出口金额	金额同比	金额占比
20	南非	185451563	-6.77	1475.78	-4.21	1.23
21	沙特阿拉伯	266153590	-29.49	1455.77	-10.38	1.21
22	新加坡	50068964	38.29	1445.81	119.15	1.2
23	尼日利亚	301142385	11.97	1172.53	23.15	0.98
24	乌兹别克斯坦	411864196	19.75	1140.76	-0.51	0.95
25	哈萨克斯坦	285913420	55.72	1038.75	41.91	0.86
26	秘鲁	159223702	-11.16	1006.17	-6.55	0.84
27	比利时	63414619	10.03	954.07	57.28	0.79
28	埃及	228947427	27.04	933.59	19.42	0.78
29	缅甸	218485701	115.34	929.89	74.03	0.77
30	乌克兰	194831025	-5.31	926.16	25.06	0.77
31	波兰	36964146	1.73	881.85	70.36	0.73
32	澳大利亚	50369617	-40.42	859.28	-2.83	0.71
33	阿根廷	129440908	-44.4	845.18	-6	0.7
34	中国台湾	124546049	1.84	842.81	0.56	0.7
35	智利	158533027	15.83	831.75	15.65	0.69
36	菲律宾	102277687	-21.73	817.45	21.83	0.68
37	泰国	79427432	78.5	804.05	24.72	0.67
38	印度尼西亚	154511723	42.91	793.11	21.26	0.66
39	法国	66552368	-29.78	724.16	-10.19	0.6
40	罗马尼亚	116560946	17.59	684.94	30.1	0.57
41	越南	78025716	9.94	682.75	2.82	0.57
42	墨西哥	136067978	31.91	679.34	25.15	0.57
43	希腊	121984364	30.85	668.52	12.11	0.56
44	匈牙利	60992174	328.54	636.15	493.13	0.53
45	厄瓜多尔	100355546	59.62	510	52.07	0.42
46	阿拉伯联合酋长国	70128064	-48.49	446.94	25.38	0.37
47	伊拉克	177089669	125.03	428.45	149.9	0.36
48	摩洛哥	73559058	-17.09	419.62	3.38	0.35
49	孟加拉国	40615500	-22.37	417.43	-2.06	0.35
50	也门共和国	150853594	-8.91	409.28	-1.32	0.34

资料来源：中国医保商会根据中国海关数据整理

表 4-193　2010 年中国医用高分子制品主要出口企业名单

排名	企业名称	排名	企业名称
1	泰尔茂医疗产品（杭州）有限公司	26	浙江省医药保健品进出口有限责任公司
2	石家庄鸿欣橡胶制品有限公司	27	浙江双鸽贸易有限公司
3	伟创力实业（深圳）有限公司	28	青岛双蝶集团股份有限公司
4	诺和诺德（中国）制药有限公司	29	北京汇诚橡塑制品有限公司
5	山东淄博山川医用器材有限公司	30	江苏邦特生物科技有限公司
6	上海康德莱企业发展集团有限公司	31	广州市韦士泰医疗器械有限公司
7	上海翔茂企业有限公司	32	青岛伦敦杜蕾斯有限公司
8	江苏康华医疗器材有限公司	33	上海维力医疗用品进出口有限公司
9	镇江苏惠乳胶制品有限公司	34	贝恩医疗设备（广州）有限公司
10	天津哈娜好医材有限公司	35	浙江拱东医用塑料厂
11	尼普洛（上海）有限公司	36	桂林乳胶厂
12	克林尼科医疗器械（南昌）有限公司	37	安徽亿维医疗用品有限公司
13	张家港大裕橡胶制品有限公司	38	特亮（中山）乳胶制品有限公司
14	康乐保（中国）有限公司	39	微创医疗器械（上海）有限公司
15	大连 JMS 医疗器具有限公司	40	张家港欣达乳胶制品有限公司
16	石家庄鸿业塑胶制品有限公司	41	江西洪达医疗器械集团有限公司进出口公司
17	上海美华医疗器具股份有限公司	42	温州市康莱方医用塑料有限公司
18	大连库利艾特医疗制品有限公司	43	山东玉源乳胶手套有限公司
19	温州五洲进出口有限公司	44	安徽豪杰塑胶制品有限公司
20	山东侨牌集团有限公司	45	金宝医疗器材（上海）有限公司
21	张家港宏裕乳胶手套有限公司	46	上海华新医材有限公司
22	山东威高集团医用高分子制品股份有限公司	47	常州市回春医疗器材有限公司
23	业聚医疗器械（深圳）有限公司	48	湛江嘉力手套制品有限公司
24	江阴妙洁胶乳有限公司	49	常州市通达医疗器材有限公司
25	唐山中红普林集团有限公司	50	淮安市恒春医疗器材有限公司

资料来源：中国医保商会根据中国海关数据整理

表 4-194　2010 年中国医用高分子制品各省区市出口情况

单位：千克，%，万美元

排名	地区	出口数量	数量同比	出口金额	金额同比	金额占比
	合计	17342049461	-0.68	120208.84	13.12	100
1	浙江	1996471444	-1.18	20074.28	13.49	16.7
2	江苏	4461058505	11.83	19075.43	-3.9	15.87
3	广东	760202933	45.92	16027.04	32.84	13.33

排名	地区	出口数量	数量同比	出口金额	金额同比	金额占比
4	上海	2589368070	21.3	15637.9	4.12	13.01
5	河北	906418742	-36.99	11858.13	38.53	9.86
6	山东	2997623503	-17.25	11304.97	4.91	9.4
7	天津	761876135	-34.45	7986.3	15.56	6.64
8	江西	442857335	30.14	4929.08	20.92	4.1
9	辽宁	125134490	4.06	3919.49	19.64	3.26
10	安徽	648847663	8.07	2630.06	19.44	2.19
11	北京	1066800947	12.89	2433.63	14.28	2.02
12	福建	145635913	-6.33	1107.27	35.56	0.92
13	广西	14227689	-62.76	939.04	-2.75	0.78
14	湖南	99034989	130.94	405.02	81.87	0.34
15	四川	110010993	49.58	347.89	3.3	0.29
16	陕西	21490114	564.29	347.79	480.19	0.29
17	云南	60457375	-27.62	276.19	-40.76	0.23
18	河南	49657181	52.16	256.49	97.95	0.21
19	湖北	18742387	-80.29	217.32	-24.8	0.18
20	黑龙江	12343338	40.52	126.92	70.99	0.11
21	吉林	2682154	-34.32	101.68	2.28	0.08
22	新疆	12285458	-16.81	97.06	-10.19	0.08
23	重庆	24885057	147.9	78.45	-35.6	0.07
24	宁夏	9289600	486.35	16	171.28	0.01
25	山西	3726930	71.21	6.51	67.31	0.01
26	甘肃	417576	2683.84	4.59	95600	0
27	内蒙古	380940	-43.29	2.23	-43.81	0
28	西藏	114000	-78.71	2	-74.64	0
29	海南	8000	4900	0.1	6246.67	0

资料来源：中国医保商会根据中国海关数据整理

4.21.2 医用导管和插管

海关 HS 编码：90183900

医用导管和插管类产品主要包括：①心胸、脑系及泌尿科、妇科、儿科等外科手术用中心静脉导管及各种插管。②治疗及护理用各种监护营养注入、排污用管。③诊断及介入治疗用各种导管，如冠状动脉导管，漂浮导管，冠状动脉扩展管，球囊导管，测压测温导管，造影导管等，在中国医疗器械分类目录中，多属于第二、三类产品。医用导管和插管在临床上有着广泛的应用，市场需求极大。

2010 年，中国医用导管和插管进口金额达到了 44078.74 万美元，同比增长 23.54%。从进口市场上看，美、日、德是中国医用导管和插管主要进口来源国。

2010 年，中国医用导管和插管出口也同样可观，出口金额为 62192.97 万美元，同比增长 4.75%。从出口市场上看，日、美、德是中国医用导管和插管主要贸易伙伴。

4.21.2.1　进口

表 4-195　2006-2010 年中国医用导管和插管进口情况

单位：个（只），%，万美元

年份	进口数量	数量同比	进口金额	金额同比
2010	275602106	38.77	44078.74	23.54
2009	198604774	-36.05	35680.24	28.4
2008	310577387	25.57	27789.14	38.23
2007	247327527	39.3	20103.99	19.1
2006	177556164	-1.66	16880.04	3.27

资料来源：中国医保商会根据中国海关数据整理

表 4-196　2010 年中国医用导管和插管主要进口来源地

单位：个（只），%，万美元

排名	来源地	进口数量	数量同比	进口金额	金额同比	金额占比
	合计	275602106	38.77	44078.74	23.54	100
1	美国	53295959	30.65	17619.17	22.97	39.97
2	日本	8972336	-42.61	8781.47	35.75	19.92
3	德国	5280194	-14.1	2455.27	-2.56	5.57
4	新加坡	11695976	121.7	2245.42	13.43	5.09
5	爱尔兰	1885958	-11.66	1881.11	26.04	4.27
6	墨西哥	7200815	173.1	1478.3	47.07	3.35
7	意大利	59642347	384.07	1403.08	-12.39	3.18
8	法国	5668478	-38.89	1077.97	49.88	2.45
9	多米尼加共和国	124766	86.3	1007.32	2116.06	2.29
10	英国	16350555	58.46	956	93.54	2.17
11	瑞士	402446	72.61	730.73	44.14	1.66
12	马来西亚	5372699	-9.35	694.92	14.37	1.58
13	荷兰	286842	-24.36	640.72	-9.1	1.45
14	韩国	1211239	33.21	628.25	21.68	1.43
15	中国台湾	21129579	19.92	557.88	18.79	1.27

排名	来源地	进口数量	数量同比	进口金额	金额同比	金额占比
16	泰国	4141672	24.9	445.21	-0.65	1.01
17	中国（保税区）	3529977	-36.71	336.06	-23.24	0.76
18	丹麦	49967	-95.7	293.54	18.94	0.67
19	比利时	11799398	13.82	173.09	19.33	0.39
20	中国香港	19501	-51.99	93.63	-58.22	0.21
21	芬兰	46786765	34.85	89.6	-13.23	0.2
22	西班牙	955129	-39.16	88.66	62.63	0.2
23	以色列	866138	-35.61	73.63	-7.21	0.17
24	奥地利	4593017	320.79	67.27	181.28	0.15
25	波兰	2193800	-72.24	49.54	-37.41	0.11
26	印度	743096	-10.9	31.37	12.6	0.07
27	马耳他	174400	1335.39	30.69	226.46	0.07
28	瑞典	150542	-17.04	30.57	-22.88	0.07
29	加拿大	21782	84.42	27.74	-52.52	0.06
30	哥斯达黎加	30009	-63.33	18.3	-66.89	0.04
31	土耳其	92774	28.09	17.37	129.93	0.04
32	匈牙利	118000	10.18	16.22	28.35	0.04
33	巴西	449400	10.91	12.48	20.36	0.03
34	越南	39032	-10.64	7.09	17.48	0.02
35	希腊	6780	-60.12	6.98	-67.46	0.02
36	澳大利亚	3050	-92.11	2.51	-83.97	0.01
37	波多黎各	1670	-97.24	2.18	-97.93	0
38	南非	25737	-	1.64	-	0
39	伊朗	280000	-	1.43	-	0
40	阿拉伯联合酋长国	160	-80.86	1.28	-81.21	0
41	捷克	95	-	1.04	-	0
42	新西兰	5000	-	0.65	-	0
43	挪威	17	-39.29	0.41	95.35	0
44	黎巴嫩	5000	-	0.25	-	0
45	乌克兰	9	-	0.07	-	0

资料来源：中国医保商会根据中国海关数据整理

表 4-197　2010 年中国医用导管和插管主要进口企业名单

排名	企业名称	排名	企业名称
1	上海协谷进出口贸易有限公司	26	泰尔茂医疗产品（上海）有限公司
2	上海欧宜国际贸易有限公司	27	深圳市今健科技有限公司
3	概腾国际贸易（上海）有限公司	28	北京中联海进出口有限公司
4	波科国际医疗贸易（上海）有限公司	29	广州市康宜贸易有限公司
5	中国牧工商（集团）总公司	30	百特医疗用品贸易（上海）有限公司
6	美敦力医疗用品技术服务（上海）有限公司	31	纽迪希亚贸易（上海）有限公司
7	巴德医疗科技（上海）有限公司	32	北京佳农医疗器械有限公司
8	山东吉威医疗制品有限公司	33	上海紫江国际贸易有限公司
9	汾沃大华医疗科技（上海）有限公司	34	中国上海外经（集团）有限公司
10	上海铁联国际储运有限公司	35	中国科学器材进出口总公司
11	国药集团联合医疗器械有限公司	36	费森尤斯卡比（中国）投资有限公司
12	天津仁盛国际贸易有限公司	37	莱凯医疗器械（北京）有限公司
13	科安比司特血液技术产品贸易（上海）有限公司	38	贝朗爱敦（上海）贸易有限公司
14	泰尔茂医疗产品（杭州）有限公司	39	中国医疗器械工业公司
15	北京市海森医药进出口有限公司	40	中国家用电器进出口公司
16	深圳市业聚实业有限公司	41	北京吉萌科贸有限公司
17	库克（中国）医疗贸易有限公司	42	辽宁汇明国际贸易有限公司
18	上海申钧进出口有限公司	43	大连 JMS 医疗器具有限公司
19	泰科医疗器材国际贸易（上海）有限公司	44	爱德华（上海）医疗用品有限公司
20	贝朗医疗（上海）国际贸易有限公司	45	上海申宏津汇进出口有限公司
21	北京空港宏远物流有限公司	46	北京空港宏远物流有限公司
22	上海东松国际贸易有限公司	47	北京市中美特新医疗用品有限责任公司
23	弘图盛大（天津）科技发展有限公司	48	北京东方锦泰科技有限公司
24	高玛医疗器械（北京）有限公司	49	中国青年实业发展总公司
25	史密斯医疗器械（北京）有限公司	50	东方国际招标有限责任公司

资料来源：中国医保商会根据中国海关数据整理

表 4-198　2010 年中国医用导管和插管各省区市进口情况

单位：个（只），%，万美元

排序	地区	进口数量	数量同比	进口金额	金额同比	金额占比
合计		275602106	38.77	44078.74	23.54	100
1	上海	89258919	2.35	22043.98	31.1	50.01
2	北京	18631483	-20.51	12229.28	18.66	27.74

排序	地区	进口数量	数量同比	进口金额	金额同比	金额占比
3	广东	14022088	-11.2	3311.8	3.82	7.51
4	天津	22749817	10.06	1908.77	42.37	4.33
5	山东	18792763	-15.71	1447.15	4.72	3.28
6	浙江	2618604	-77.28	1050.52	37.49	2.38
7	江苏	97519087	1353.1	880.68	-14.98	2
8	辽宁	2303847	159.49	768.77	30.25	1.74
9	湖北	135470	-43.4	109.69	28.05	0.25
10	江西	1258189	31.28	71.08	13.54	0.16
11	河北	30711	-	66.84	-	0.15
12	重庆	229550	18190.84	61.04	304.88	0.14
13	陕西	17477	-96.49	48.25	18.06	0.11
14	黑龙江	542707	78.89	25.84	11.18	0.06
15	安徽	2845108	-44.43	25.05	878.66	0.06
16	福建	4436661	7291.85	14.86	874.06	0.03
17	贵州	168385	133.84	7.62	216.51	0.02
18	河南	25000	-99.11	1.93	-81.4	0
19	四川	10068	-53.81	1.71	-81.61	0
20	湖南	1	-	1.51	-	0
21	内蒙古	1801	-	1.45	-	0
22	广西	4370	-	0.92	-	0

资料来源：中国医保商会根据中国海关数据整理

4.21.2.2 出口

表4-199 2006-2010年中国医用导管和插管出口情况

单位：个（只），%，万美元

年份	出口数量	数量同比	出口金额	金额同比
2010	7712025014	-0.01	62192.97	4.75
2009	7712968322	-7.31	59373	6
2008	8321657025	31.01	56013.76	36.35
2007	6352147641	18.24	41081.19	23.06
2006	6352147641	18.24	41081.19	23.06

资料来源：中国医保商会根据中国海关数据整理

表 4-200　2010 年中国医用导管和插管主要出口目的地

单位：个（只），%，万美元

排名	目的地	出口数量	数量同比	出口金额	金额同比	金额占比
合计		7712025014	-0.01	62192.97	4.75	100
1	日本	508735662	2.23	16018.55	10.16	25.76
2	美国	2241820904	14.81	8407.61	28.23	13.52
3	德国	344460612	28.9	4952.82	5.27	7.96
4	中国香港	22291468	-4.21	2076.44	-9.16	3.34
5	土耳其	189282540	53.27	1910.08	27.44	3.07
6	意大利	196246315	-8.07	1697.5	11.59	2.73
7	荷兰	69618755	-0.26	1456.39	-67.67	2.34
8	韩国	1087377038	-32.71	1454.13	18.06	2.34
9	巴西	222539479	-23	1433.24	-20.34	2.3
10	俄罗斯	155475943	-3.92	1159.1	16.58	1.86
11	西班牙	91129352	-5.16	990.65	-6.09	1.59
12	沙特阿拉伯	117494197	-13.92	973.21	-2.67	1.56
13	印度	238071012	59.35	922.73	16.17	1.48
14	新加坡	30074613	4.12	851.09	41.62	1.37
15	巴基斯坦	96563508	-13.18	829.57	6.06	1.33
16	委内瑞拉	92626857	65.65	818.12	93.53	1.32
17	伊朗	105808285	-14.9	793.7	3.05	1.28
18	泰国	70461551	74.72	677.22	13.28	1.09
19	马来西亚	53084281	9.99	646.1	6.75	1.04
20	中国台湾	119533065	8.61	613.41	-6.32	0.99
21	英国	44977038	-1.64	552.84	-4.51	0.89
22	匈牙利	58721643	386.94	545.77	449.19	0.88
23	澳大利亚	27587549	153.02	517.69	-19.59	0.83
24	越南	51480558	-3.03	440.86	4.09	0.71
25	哥伦比亚	36783488	-26.5	395.69	9.96	0.64
26	尼日利亚	59544288	26.14	394.87	17.23	0.63
27	埃及	91021081	-2.16	390.42	13.28	0.63
28	乌克兰	57820518	-17.7	372.1	46.11	0.6
29	哈萨克斯坦	53213550	71.51	371.49	52.52	0.6
30	菲律宾	42876737	-19.78	362.81	17.66	0.58
31	南非	35226712	-29.02	354.03	-14.23	0.57
32	印度尼西亚	30066099	-12.46	347.05	-7.64	0.56

排名	目的地	出口数量	数量同比	出口金额	金额同比	金额占比
33	智利	36791839	14.62	339.14	8.58	0.55
34	比利时	13837769	53.31	315.1	17.64	0.51
35	阿拉伯联合酋长国	36889704	-60.18	310.73	64.38	0.5
36	波兰	26303910	38.14	263.63	39.99	0.42
37	法国	40505202	33.03	259.62	0.07	0.42
38	秘鲁	18461613	-18.29	255.6	-14.67	0.41
39	罗马尼亚	33087726	17.41	251.9	24.88	0.41
40	乌兹别克斯坦	34658238	-6.3	249.98	-21.67	0.4
41	墨西哥	30806830	-5.58	247.99	-9.22	0.4
42	加拿大	78044239	-28.25	242.67	6.1	0.39
43	丹麦	45777252	203.63	240.68	251.24	0.39
44	芬兰	35989384	17.23	233.17	13.86	0.37
45	希腊	22048255	-5.16	228.69	1.56	0.37
46	立陶宛	21020076	-16.43	219.55	-28.53	0.35
47	阿根廷	17509830	26.18	202.63	30.02	0.33
48	乌拉圭	8667527	29.76	190.04	9.48	0.31
49	以色列	20756662	-20.65	186.03	-15.15	0.3
50	摩洛哥	19727445	-0.44	170.13	23.22	0.27

资料来源：中国医保商会根据中国海关数据整理

表4-201　2010年中国医用导管和插管主要出口企业名单

排名	企业名称	排名	企业名称
1	泰尔茂医疗产品（杭州）有限公司	14	贝恩医疗设备（广州）有限公司
2	天津哈娜好医材有限公司	15	上海康德莱企业发展集团有限公司
3	尼普洛（上海）有限公司	16	浙江拱东医用塑料厂
4	克林尼科医疗器械（南昌）有限公司	17	山东侨牌集团有限公司
5	康乐保（中国）有限公司	18	微创医疗器械（上海）有限公司
6	大连JMS医疗器具有限公司	19	浙江省医药保健品进出口有限责任公司
7	上海美华医疗器具股份有限公司	20	温州市康莱方医用塑料有限公司
8	大连库利艾特医疗制品有限公司	21	广州阳普医疗科技股份有限公司
9	山东淄博山川医用器材有限公司	22	山东威高集团医用高分子制品股份有限公司
10	业聚医疗器械（深圳）有限公司	23	金宝医疗器材（上海）有限公司
11	江苏邦特生物科技有限公司	24	江苏康华医疗器材有限公司
12	广州市韦士泰医疗器械有限公司	25	浙江优特格尔医疗用品有限公司
13	上海维力医疗用品进出口有限公司	26	潍坊嘉华医疗产品有限公司

排名	企业名称	排名	企业名称
27	江苏苏云医疗器材有限公司	39	深圳市益心达医学新技术有限公司
28	法福来（厦门）医疗器具有限公司	40	费森尤斯卡比（广州）医疗用品有公司
29	杰普莱斯医疗器械（北京）有限公司	41	美舒医疗器械贸易（上海）有限公司
30	安徽亿维医疗用品有限公司	42	东莞永胜医疗制品有限公司
31	苏州伟康医疗器械有限公司	43	淮安市恒春医疗器材有限公司
32	青岛世运医疗器具有限公司	44	广州洁特生物过滤制品有限公司
33	温州五洲进出口有限公司	45	山东吉威医疗制品有限公司
34	江西洪达医疗器械集团有限公司进出口公司	46	南京美迪进出口有限公司
35	纽迪希亚制药（无锡）有限公司	47	宁波天益医疗器械有限公司
36	宁波冠克贸易有限公司	48	上海元堃医疗器械有限公司
37	苏州市晶乐高分子医疗器械有限公司	49	北京乐运达国际贸易有限公司
38	美昕医疗器械（上海）有限公司	50	苏州碧迪医疗器械有限公司

资料来源：中国医保商会根据中国海关数据整理

表 4－202　2010 年中国医用导管和插管各省区市出口情况

单位：个，%，万美元

排名	地区	出口数量	数量同比	出口金额	金额同比	金额占比
合计		7712025014	－0.01	62192.97	4.75	100
1	浙江	962393492	－4.95	15821	13.54	25.44
2	上海	1282426431	33.96	10669.7	－3.26	17.16
3	广东	608033647	84.94	9168.29	35.61	14.74
4	江苏	1063604879	2.1	7454.86	－26.67	11.99
5	山东	1389146921	－25.23	5147.56	－2.19	8.28
6	天津	725727179	－34.81	3487.99	3.62	5.61
7	江西	140743513	34.34	3091.42	1.65	4.97
8	辽宁	67707642	16.77	2991.03	18.15	4.81
9	北京	1029777363	22.69	1486.94	43.14	2.39
10	安徽	174087228	－27.93	791.78	－1.99	1.27
11	福建	61193625	98.65	781.85	107.03	1.26
12	河北	83724539	391.09	240.51	221.83	0.39
13	湖南	31859538	25.04	229.42	40.52	0.37
14	四川	37290010	21.64	203.31	－13.99	0.33
15	陕西	2853253	39.65	114.96	103.2	0.18
16	吉林	1566838	－10.37	97.5	17.1	0.16

排名	地区	出口数量	数量同比	出口金额	金额同比	金额占比
17	河南	1305830	−53.91	86.81	250.08	0.14
18	重庆	7987780	−16.28	64.59	−46.49	0.1
19	黑龙江	3975057	−7.23	62.93	19.73	0.1
20	湖北	12197325	59.47	62.85	0.26	0.1
21	广西	12577854	21.02	49.8	24.01	0.08
22	云南	4188200	−33.77	45.38	−52.41	0.07
23	新疆	3491000	−44.49	33.24	−9.7	0.05
24	山西	3726930	71.21	6.51	67.39	0.01
25	内蒙古	380940	−27.12	2.23	−33.75	0
26	宁夏	50000	6.38	0.4	−54.97	0
27	海南	8000	4900	0.1	6246.67	0

资料来源：中国医保商会根据中国海关数据整理

4.21.3 一次性注射器

海关 HS 编码：90183100

一次性注射器虽然结构简单，但经过长时间的发明和改进，塑料性注射器降低了注射器的成本，不宜损坏，便于运输，应用更安全，目前占据了世界上大部分注射器市场。在一次性注射器的发展进程中，各种新的产品不断涌现，如使用更安全方便的自毁式、无针式注射器、预充式注射器等。这些新型注射器产品的出现能够满足不同的注射需求，为降低医疗成本、改善患者健康和医护人员使用发挥了重大的作用。

2010 年，中国一次性注射器进口金额达 11216.01 万美元，同比增长 10.33%，美国、德国和丹麦是中国一次性注射器三大进口来源地。从进口省市上看，上海、天津和广东是中国进口一次性注射器的主要省市。

2010 年，中国一次性注射器出口金额为 33246.25 万美元，同比增长 20.44%。从出口市场上看，美国、德国和俄罗斯为主要出口贸易伙伴。

4.21.3.1 进口

表 4－203 2006－2010 年中国一次性注射器进口情况

单位：个，万美元，%

年份	进口数量	数量同比	进口金额	金额同比
2010	59143536	−23.39	11216.01	10.33
2009	77198283	−67.94	10166.27	23.38
2008	240815588	35.25	8239.54	38.31
2007	178050982	−25.41	5957.22	18.25
2006	238706834	124.73	5037.69	33.99

资料来源：中国医保商会根据中国海关数据整理

表 4－204　2010 年中国一次性注射器主要进口来源地

单位：个，万美元，%

排名	来源地	进口数量	数量同比	进口金额	金额同比	金额占比
合计		59143536	－23.39	11216.01	10.33	100
1	美国	17416256	13.7	5022.12	1.77	44.78
2	德国	10990840	4.29	1719.43	123.69	15.33
3	丹麦	415444	175.44	1525.81	－26.3	13.6
4	瑞士	1097598	20.36	751.86	－5.56	6.7
5	西班牙	597103	－96.5	561.33	21.17	5
6	日本	9652967	59.29	413.54	114.25	3.69
7	法国	47926	－53.45	409.93	22.87	3.65
8	意大利	4223347	4.25	148.8	77.45	1.33
9	墨西哥	269920	229.06	132.1	62.16	1.18
10	英国	84283	－3.27	127.48	45.84	1.14
11	韩国	6769793	20.06	119.58	36.46	1.07
12	新加坡	6299427	－61.17	118.3	22.28	1.05
13	中国（保税区）	50	－99.96	42.89	－55.73	0.38
14	加拿大	6253	347.28	27.24	242.25	0.24
15	爱尔兰	201711	25.45	25.93	117.1	0.23
16	新西兰	22385	184.72	20.91	162.84	0.19
17	澳大利亚	127847	－22.24	20.27	6.52	0.18
18	荷兰	1182	58.02	12.68	22.22	0.11
19	中国台湾	650500	3929.61	3.94	396.14	0.04
20	立陶宛	45	136.84	3.08	84.88	0.03
21	中国香港	22114	4349.5	2.68	37.71	0.02
22	以色列	1060	6	2.45	4.45	0.02
23	印度	469	－92.2	0.84	411.98	0.01
24	菲律宾	134400	30.23	0.82	24.75	0.01
25	比利时	108012	8.23	0.57	－3.9	0.01
26	多米尼加共和国	880	33.74	0.51	76.62	0
27	奥地利	224	4380	0.39	27.7	0
28	马来西亚	49	－99.98	0.27	－91.71	0
29	智利	250	－	0.1	－	0
30	瑞典	1	－100	0.1	－87.61	0
31	泰国	1000	3125.81	0.03	－41.31	0
32	巴基斯坦	200	53.85	0.01	－41.18	0

资料来源：中国医保商会根据中国海关数据整理

表 4-205　2010 年中国一次性注射器主要进口企业名单

排名	企业名称	排名	企业名称
1	诺和诺德（中国）制药有限公司	26	国药集团药业股份有限公司
2	伟创力实业（深圳）有限公司	27	北京空港嘉里大通物流有限公司
3	碧迪医疗器械（上海）有限公司	28	大连库利艾特医疗制品有限公司
4	上海欧宣国际贸易有限公司	29	江苏万邦生化医药股份有限公司
5	山东威高集团医用高分子制品股份有限公司	30	耐普罗塑胶五金制品（深圳）公司
6	通化东宝进出口有限公司	31	中国青年实业发展总公司
7	天津市商业对外储运公司	32	昊欣伟业国际医疗科技（北京）有限公司
8	礼来国际贸易（上海）有限公司	33	上海铁联国际储运有限公司
9	恺田泰桓（上海）医疗科技有限公司	34	默克雪兰诺有限公司
10	广州市医药进出口公司	35	深圳市丹纳科技有限公司
11	上海市医药股份有限公司	36	山东先声麦得津生物制药有限公司
12	上海嘉蓝仪器设备有限公司	37	中国科学器材进出口总公司
13	贝朗医疗（上海）国际贸易有限公司	38	科珥（上海）医疗器械贸易有限公司
14	上海医药分销控股有限公司	39	美德瑞达医疗器械贸易（北京）有限公司
15	北京和顺天成科贸有限公司	40	北京市海森医药进出口有限公司
16	圣犹达医疗用品（上海）有限公司	41	上海仁际和国际贸易有限公司
17	美敦力医疗用品技术服务（上海）有限公司	42	北京乐运达国际贸易有限公司
18	上海明嘉泰程医疗器械有限公司	43	上海协谷进出口贸易有限公司
19	上海三凯进出口有限公司	44	中国家用电器进出口公司
20	中国医药对外贸易公司	45	江苏华兰米特医疗科技有限公司
21	中国牧工商（集团）总公司	46	中国电子进出口北京公司
22	罗氏诊断产品（上海）有限公司	47	旭电（苏州）科技有限公司
23	梅里亚动物保健有限公司	48	中信国际商贸有限公司
24	泰尔茂医疗产品（上海）有限公司	49	北京空港嘉里大通物流有限公司
25	北京市中美特新医疗用品有限责任公司	50	江苏苏美达仪器设备有限公司

资料来源：中国医保商会根据中国海关数据整理

表 4-206　2010 年中国一次性注射器各省区市进口情况

单位：个，万美元，%

排序	地区	进口数量	数量同比	进口金额	金额同比	金额占比
合计		59143536	-23.39	11216.01	10.33	100
1	上海	31456600	-37.9	3892.16	-14.31	34.7
2	天津	2140898	238.26	3043	87.02	27.13
3	广东	4911725	-3.04	1538.48	-2.21	13.72

排序	地区	进口数量	数量同比	进口金额	金额同比	金额占比
4	北京	6690773	266.51	929.06	57.51	8.28
5	山东	5286968	-40.46	757.35	63.67	6.75
6	吉林	227664	-96.05	696.56	1.92	6.21
7	江苏	645847	-77.38	137.11	-73.19	1.22
8	江西	254247	-77.09	75.9	10.63	0.68
9	辽宁	1256185	241.33	68.21	40.77	0.61
10	黑龙江	5629883	>100000	22.53	766.44	0.2
11	浙江	638413	2074.43	18.55	-26.32	0.17
12	新疆	2	-	11.73	-	0.1
13	安徽	9	-99.7	11.12	75.42	0.1
14	四川	27	-74.77	7.04	678.18	0.06
15	湖南	2	-	4.29	-	0.04
16	海南	3013	75.48	1.7	-80.47	0.02
17	湖北	1	-99.98	0.95	-78.58	0.01
18	重庆	42	4100	0.13	-95.21	0
19	福建	34	142.86	0.08	-97.17	0
20	贵州	1200	-	0.06	-	0
21	河南	3	50	<0.01	-99.95	0

资料来源：中国医保商会根据中国海关数据整理

4.21.3.2 出口

表4-207 2006-2010年中国一次性注射器出口情况

单位：个，万美元,%

年份	出口数量	数量同比	出口金额	金额同比
2010	8828199313	11.98	33246.25	20.44
2009	7883927797	14.76	27604.77	17.57
2008	6870219169	13.14	23479.1	40.72
2007	6072386627	33.79	16685.29	37.65
2006	4538839803	50.36	12121.56	47.33

资料来源：中国医保商会根据中国海关数据整理

表4-208 2010年中国一次性注射器主要出口目的地

单位：个，万美元,%

排名	目的地	出口数量	数量同比	出口金额	金额同比	金额占比
	合计	8828199313	11.98	33246.25	20.44	100

排名	目的地	出口数量	数量同比	出口金额	金额同比	金额占比
1	美国	481505468	10. 16	6686. 74	31. 8	20. 11
2	德国	741407185	6. 82	2565. 95	12. 75	7. 72
3	俄罗斯	408541220	73. 07	1128. 91	35. 01	3. 4
4	巴西	333196981	-60. 83	969. 43	-49. 24	2. 92
5	意大利	262326930	59. 04	911. 27	69. 7	2. 74
6	英国	67192303	10. 39	837. 37	-14. 1	2. 52
7	乌兹别克斯坦	377014766	23. 68	789. 81	1. 13	2. 38
8	巴基斯坦	338176359	-1. 89	750. 67	-2. 15	2. 26
9	委内瑞拉	272889868	74. 79	738. 83	50. 66	2. 22
10	哥伦比亚	269376012	81. 5	734. 42	81. 01	2. 21
11	缅甸	203913000	126. 11	728. 26	82. 78	2. 19
12	加拿大	41586158	44. 89	691. 94	484. 3	2. 08
13	土耳其	296669240	45. 31	690. 79	42. 6	2. 08
14	印度	128054780	146. 85	669. 07	190. 41	2. 01
15	波兰	10603605	-31. 12	575. 67	108. 58	1. 73
16	哈萨克斯坦	232393410	61. 4	543. 65	38. 5	1. 64
17	尼日利亚	241136830	15. 85	522. 09	19. 06	1. 57
18	沙特阿拉伯	148559031	-38. 24	432. 33	-24. 96	1. 3
19	秘鲁	139963077	18. 66	374. 26	21. 93	1. 13
20	希腊	99797968	62. 24	372. 95	43. 83	1. 12
21	智利	121463769	22. 24	372. 44	21. 35	1. 12
22	罗马尼亚	83344564	32. 06	361. 29	53. 18	1. 09
23	埃及	137512196	59. 14	355. 2	58. 91	1. 07
24	乌克兰	136579185	10. 49	351. 56	16. 78	1. 06
25	南非	148983270	3. 56	327. 02	-0. 25	0. 98
26	伊拉克	162834950	110. 76	310. 37	100. 85	0. 93
27	印度尼西亚	124222910	78. 64	302. 97	72. 66	0. 91
28	伊朗	110025041	-7. 22	287. 47	-5. 74	0. 86
29	阿根廷	111061180	-42. 94	287. 29	-36. 8	0. 86
30	墨西哥	104747740	63. 26	286. 42	50. 24	0. 86
31	也门共和国	136220601	-10. 74	274. 94	-10. 85	0. 83
32	澳大利亚	22524188	-68. 33	272. 05	94. 63	0. 82
33	荷兰	38801309	28. 03	266. 11	64. 69	0. 8
34	苏丹	125242520	43. 51	250. 16	32. 84	0. 75
35	厄瓜多尔	88670010	77	242. 59	76. 55	0. 73

排名	目的地	出口数量	数量同比	出口金额	金额同比	金额占比
36	中国香港	4093170	34.52	199.84	-16.94	0.6
37	马来西亚	31543325	92.98	198.21	139.5	0.6
38	叙利亚	101348100	-13.21	193.68	-14.79	0.58
39	摩洛哥	53717282	-18.39	178.14	-10.37	0.54
40	吉尔吉斯斯坦	62615400	31.27	173.78	34.71	0.52
41	危地马拉	69566200	70.07	160.24	51.88	0.48
42	西班牙	44703423	31.15	159.06	29.88	0.48
43	塞尔维亚	5097750	117.64	152.04	2372.23	0.46
44	约旦	69109760	-2.01	151.24	-9.47	0.45
45	菲律宾	53146691	-15.76	146.59	-15.8	0.44
46	法国	8687365	-9.31	146.09	18.94	0.44
47	洪都拉斯	54631720	1.9	143.2	17.27	0.43
48	以色列	58477926	17.4	141.49	15.37	0.43
49	多米尼加共和国	56031410	6.46	139	1	0.42
50	斯里兰卡	57774172	73.69	133.16	31.62	0.4

资料来源：中国医保商会根据中国海关数据整理

表 4－209　2010 年中国一次性注射器主要出口企业名单

排名	企业名称	排名	企业名称
1	伟创力实业（深圳）有限公司	17	安徽省康达医疗用品有限公司
2	诺和诺德（中国）制药有限公司	18	上海柯安憬国际贸易有限公司
3	江苏康华医疗器材有限公司	19	常州市双马医疗器材有限公司
4	山东淄博山川医用器材有限公司	20	淮安市恒春医疗器材有限公司
5	上海康德莱企业发展集团有限公司	21	浙江省医药保健品进出口有限责任公司
6	温州五洲进出口有限公司	22	汕头华尔怡医疗器械有限公司
7	浙江双鸽贸易有限公司	23	上海贝朴进出口有限公司
8	无锡市宇寿医疗器械有限公司	24	常州市康福莱医疗用品有限公司
9	山东威高集团医用高分子制品股份有限公司	25	西安远东进出口有限公司
10	常州市回春医疗器材有限公司	26	山东博特医疗产品有限公司
11	常州市通达医疗器材有限公司	27	扬州美德莱国际贸易有限公司
12	山东侨牌集团有限公司	28	江苏神力医用制品有限公司
13	安徽亿维医疗用品有限公司	29	潞西市锦利边贸有限责任公司
14	江西洪达医疗器械集团有限公司进出口公司	30	厦门建发股份有限公司
15	江苏康友医用器械有限公司	31	江苏吉春医用器材有限公司
16	江西三鑫医疗器械集团有限公司	32	浙江澳佰利进出口有限公司

排名	企业名称	排名	企业名称
33	安徽省天康医疗用品有限公司	42	江苏亿乐医疗用品有限公司
34	江阴市医疗器械有限公司	43	岳阳民康医用材料有限公司
35	温岭市千禧光医疗器械有限公司	44	浙江玉升医疗器械股份有限公司
36	上海米沙瓦医科工业有限公司	45	新美亚电子（深圳）有限公司
37	大连澳华进出口有限公司	46	上海康诺国际贸易有限公司
38	上海萌黎国际贸易有限公司	47	江阴采纳科技有限公司
39	成都市新津事丰医疗器械有限公司	48	苏州工业园区益华进出口有限公司
40	宁波汉博汉哲国际贸易有限公司	49	无锡市宇寿医疗器械有限公司
41	山东华普医疗科技有限公司	50	江苏省医药保健品进出口（集团）公司

资料来源：中国医保商会根据中国海关数据整理

表 4－210　2010 年中国一次性注射器各省区市出口情况

单位：个，万美元，%

排名	地区	出口数量	数量同比	出口金额	金额同比	金额占比
合计		8828199313	11.98	33246.25	20.44	100
1	江苏	3391137844	22.54	8625.46	24.5	25.94
2	广东	149008804	21.22	4854.72	38.1	14.6
3	上海	1305594418	14.61	4055.6	28.56	12.2
4	山东	1606706197	－7.89	3869.59	－10.98	11.64
5	天津	35317583	－20.33	3842.89	27.82	11.56
6	浙江	1033318909	3.39	3835.13	11.54	11.54
7	安徽	473355412	52.8	1184.6	44.06	3.56
8	江西	300200353	60.84	941.47	84.02	2.83
9	福建	84414106	－32.27	297.57	－28.8	0.9
10	辽宁	56513022	6.52	281.87	27.43	0.85
11	北京	35930709	－39.52	275.23	7.02	0.83
12	陕西	18636500	1463.65	232.32	6794.8	0.7
13	云南	56264000	－27.11	226.24	－37.87	0.68
14	湖南	67173130	285.99	172.72	203.34	0.52
15	四川	72720896	69.55	144.49	43.95	0.43
16	河北	42325266	－7.78	130.97	2.12	0.39
17	河南	48260000	62.61	111.92	48.7	0.34
18	新疆	8791200	3.69	59.08	－14.78	0.18
19	黑龙江	8316907	86.93	41.69	157.99	0.13
20	湖北	6359200	－92.62	16	－88.67	0.05

排名	地区	出口数量	数量同比	出口金额	金额同比	金额占比
21	宁夏	9239600	504.69	15.6	390.66	0.05
22	重庆	16897275	3293.03	13.85	1134.08	0.04
23	广西	71090	-99.56	6.48	-60.31	0.02
24	甘肃	417576	-	4.59	-	0.01
25	吉林	1115316	29.88	4.17	27.76	0.01
26	西藏	114000	-70.43	2	-64.84	0.01

资料来源：中国医保商会根据中国海关数据整理

4.22 牙科设备和材料

4.22.1 牙齿固定器件

海关 HS 编码：90212900

中国生产的牙齿固定器件的附加值逐渐提高，在国际市场上的竞争力也在逐步增强。目前，老龄人口增速加快，现代的生活习惯和饮食规律使得更多隐患威胁到牙齿的健康，市场对牙齿固定器件的需求也在不断上升，中国牙齿固定器件的出口要远远大于进口。

2006-2010 年，中国牙齿固定器件出口规模持续增长，出口金额从 2006 年的 349.32 万美元增长至 2010 年 1475.74 万美元，年复合增长率高达 43.36%。中国出口牙齿固定器件的主要地区是中国香港，2010 年向香港市场出口金额 944.85 万美元，占出口总额的 57.84%。

2006-2010 年，中国牙齿固定器件的进口市场也不断扩大。2006-2009 年牙齿固定器件的进口量和进口金额均保持增长。2010 年进口数量有所下降，下降幅度为 19.74%，但进口金额却增长了 115.63%，达到 2968.47 万美元，进口地区主要为北京和上海。

4.22.1.1 进口

表 4-211 2006-2010 年中国牙齿固定器件进口情况

单位：千克，%，万美元

年份	进口数量	数量同比	进口金额	金额同比
2010	10853	-19.74	2968.47	115.93
2009	13522	6.93	1374.73	-7.61
2008	12646	57.5	1487.9	178.32
2007	8029	7.97	534.6	32.69
2006	7436	93.34	402.91	79.43

资料来源：中国医保商会根据中国海关数据整理

表 4-212　2010 年中国牙齿固定器件主要进口来源地

单位：千克，万美元，%

排名	来源地	进口数量	数量同比	进口金额	金额同比	金额占比
	合计	10853	-19.74	2968.47	115.93	100
1	瑞士	1563	77.61	953.66	81.38	32.13
2	瑞典	49	345.45	535.52	271.28	18.04
3	韩国	2737	235.01	493.86	315.93	16.64
4	中国香港	1280	30.75	381.97	35.74	12.87
5	美国	1848	-76.97	356.16	109.27	12
6	德国	1478	89.49	160.13	98.15	5.39
7	法国	529	234.81	44.88	148.62	1.51
8	日本	133	23.15	33.05	22.78	1.11
9	中国（保税区）	159	278.57	3.76	318.55	0.13
10	墨西哥	70	-84.05	2.66	-13.35	0.09
11	中国台湾	6	-	1.11	-	0.04
12	巴基斯坦	902	-12.17	0.66	-73.8	0.02
13	奥地利	7	-	0.23	-	0.01
14	荷兰	25	2400	0.23	1947.27	0.01
15	新加坡	53	-	0.2	-	0.01
16	意大利	9	-65.38	0.09	-89.49	0
17	比利时	5	400	0.04	371.25	0

资料来源：中国医保商会根据中国海关数据整理

表 4-213　2010 年中国牙齿固定器件主要进口企业名单

排名	企业名称	排名	企业名称
1	诺保科贸易（上海）有限公司	12	北京瑞尔圣彬齿科材料设备有限公司
2	北京嘉平世东国际贸易有限公司	13	北京中联海进出口有限公司
3	奥齿泰（北京）商贸有限公司	14	湖北中电进出口有限公司
4	明尼苏达矿业制造（上海）国际贸易有限公司	15	千诺方舟国际贸易（北京）有限公司
5	北京天运联辉国际贸易有限公司	16	上海埃蒙迪材料科技有限公司
6	中国国发投资公司	17	航天长城贸易有限责任公司
7	北京华海易通贸易有限公司	18	东莞宝钰精瓷工业有限公司
8	中国电子进出口北京公司	19	北京中德绿洲科技有限公司
9	日进齿科材料（昆山）有限公司	20	华展鑫荣国际招标代理（北京）有限公司
10	北京京港康可达经贸有限责任公司	21	北京联动商贸有限公司
11	石家庄精和时代科技有限公司	22	固耐宝齿科（上海）有限公司

排名	企业名称	排名	企业名称
23	北京万迅国际物流有限公司	37	杏泰国际贸易（上海）有限公司
24	上海新捷洋进出口有限公司	38	上海宇井贸易有限公司
25	德耐宝齿科（上海）有限公司	39	罗信精密零件（上海）有限公司
26	深圳市顺安外资实业发展有限公司	40	上海宣宇医疗器械有限公司
27	上海汇澳进出口有限公司	41	上海协源国际贸易有限公司
28	南京万国生物医学工程技术有限公司	42	上海协通（集团）有限公司
29	中建材集团进出口公司	43	广州市力登进出口贸易有限公司
30	上海潍集进出口有限公司	44	东方君创进出口（北京）有限公司
31	洋紫荆牙科器材（深圳）有限公司	45	上海世博进出口有限公司
32	深圳市志锋源贸易有限公司	46	中国化工国际控股公司
33	上海赞宸进出口有限公司	47	中国航空工业供销总公司
34	中国医药对外贸易公司	48	北京莱茵新辉科技发展有限公司
35	广东省中科进出口有限公司	49	珠海世康雅陶齿有限公司
36	大顺国际物流（北京）有限公司	50	北京和睦家妇婴医疗保健中心

资料来源：中国医保商会根据中国海关数据整理

表 4－214　2010 年中国牙齿固定器件各省区市进口情况

单位：千克，万美元，%

排序	地区	进口数量	数量同比	进口金额	金额同比	金额占比
合计		10853	－19.74	2968.47	115.93	100
1	北京	7751	－26.58	2067.82	93.71	69.66
2	上海	1989	11.62	834.27	218.97	28.1
3	江苏	123	2.5	33.75	22.26	1.14
4	河北	53	－41.76	11.75	－9.3	0.4
5	广东	402	166.23	8.48	327.96	0.29
6	湖北	32	–	6.1	–	0.21
7	山东	19	–	5.65	–	0.19
8	浙江	463	－29.31	0.54	－78.03	0.02
9	辽宁	19	–	0.09	–	0
10	天津	2	–	<0.01	–	0

资料来源：中国医保商会根据中国海关数据整理

4.22.1.2 出口

表4-215 2006-2010年中国牙齿固定器件出口情况

单位：千克，%，万美元

年份	出口数量	数量同比	出口金额	金额同比
2010	267465	13.86	1633.44	10.69
2009	234904	11.68	1475.74	62.20
2008	210333	-5.7	909.82	28.01
2007	223050	77.84	710.75	103.47
2006	125420	-9.31	349.32	-5.93

资料来源：中国医保商会根据中国海关数据整理

表4-216 2010年中国牙齿固定器件主要出口目的地

单位：千克，万美元，%

排名	目的地	出口数量	数量同比	出口金额	金额同比	金额占比
	合计	267465	13.86	1633.44	10.69	100
1	中国香港	132282	-1.56	944.85	-5.95	57.84
2	美国	31928	54.88	234.64	270.54	14.36
3	日本	68090	43.36	104.47	46.41	6.4
4	阿根廷	792	-19.18	34.03	-16.72	2.08
5	英国	4694	1823.77	33.73	1474.89	2.07
6	巴西	1427	14.43	23.33	-40.13	1.43
7	哥伦比亚	550	-61.1	19.67	-73.54	1.2
8	德国	1294	77.75	19.21	22.1	1.18
9	委内瑞拉	1402	208.13	19	57	1.16
10	韩国	113	-44.06	18.33	-2.95	1.12
11	西班牙	271	106.87	15.4	516.79	0.94
12	意大利	1028	12.72	14.8	61.24	0.91
13	中国澳门	1513	454.21	13.6	1312.08	0.83
14	墨西哥	920	92.07	12.72	162.13	0.78
15	印度	675	-71.04	11.57	-26.5	0.71
16	厄瓜多尔	688	-51.21	9.83	91.66	0.6
17	加拿大	167	156.92	6.67	166.15	0.41
18	新加坡	272	2.64	6.62	-7.15	0.41
19	土耳其	2787	261.95	6.02	109.72	0.37

排名	目的地	出口数量	数量同比	出口金额	金额同比	金额占比
20	瑞士	186	–	5.74	–	0.35
21	中国台湾	104	–	5.59	–	0.34
22	波兰	610	68.98	5.46	94.34	0.33
23	秘鲁	1674	1408.11	5.19	190.91	0.32
24	法国	569	201.06	4.92	75.01	0.3
25	摩洛哥	408	358.43	4.77	126.17	0.29
26	黎巴嫩	486	11.21	4	1394.17	0.24
27	埃及	3899	1253.82	3.83	8.22	0.23
28	阿拉伯联合酋长国	249	-48.45	3.28	-22.3	0.2
29	缅甸	244	69.44	2.78	39.13	0.17
30	沙特阿拉伯	422	5.5	2.51	42.62	0.15
31	菲律宾	252	21.74	2.39	-43.22	0.15
32	南非	379	-55.41	2.33	-55.33	0.14
33	澳大利亚	174	-94.68	2.11	-63.63	0.13
34	摩尔多瓦	165	43.48	1.97	190.58	0.12
35	阿尔及利亚	84	-96.91	1.85	-68.95	0.11
36	巴拿马	91	-59.56	1.82	-67.71	0.11
37	卢森堡	41	0	1.8	135.46	0.11
38	荷兰	758	1386.27	1.67	-39.53	0.1
39	智利	642	-32.28	1.64	-27.39	0.1
40	突尼斯	526	232.91	1.42	432.73	0.09
41	越南	110	1733.33	1.35	97.09	0.08
42	叙利亚	261	-39.02	1.27	-51.43	0.08
43	希腊	81	-80.53	1.26	114.85	0.08
44	泰国	17	-94.69	1.24	-85.88	0.08
45	匈牙利	930	2806.25	1.22	73.65	0.07
46	伊朗	31	-80.5	1.08	298.38	0.07
47	约旦	125	-74.39	1.06	-30.59	0.06
48	尼泊尔	58	205.26	1.05	282.1	0.06
49	马来西亚	116	96.61	1	119.93	0.06
50	危地马拉	31	-50	0.99	-34.88	0.06

资料来源：中国医保商会根据中国海关数据整理

表 4－217　2010 年中国牙齿固定器件主要出口企业名单

排名	企业名称	排名	企业名称
1	山本真牙科技术（深圳）有限公司	26	中山世纪牙科器材有限公司
2	深圳市顺安外资实业发展有限公司	27	大连澳华进出口有限公司
3	杭州奥杰医疗器材有限公司	28	有研亿金新材料股份有限公司
4	罗信精密零件（上海）有限公司	29	佛山金承诺进出口有限公司
5	武汉金光电子器械有限公司	30	深圳市华泰安贸易有限公司
6	深圳得法牙科制品有限公司	31	镇江成源机械进出口有限公司
7	深圳美冠达牙科技术有限公司	32	宁波宁电进出口有限公司
8	曼秀雷敦（中国）药业有限公司	33	镇江健而乐卫生用品有限公司
9	玛泰克陶瓷制品（昆山）有限公司	34	上海紫江国际贸易有限公司
10	浙江省二轻企业集团进出口有限公司	35	北京安泰京钢国际贸易有限公司
11	上海莱彼德齿材工业有限公司	36	上海埃蒙迪材料科技有限公司
12	即日造牙（深圳）有限公司	37	深圳市长源达贸易有限公司
13	深圳市红日升贸易有限公司	38	江苏康友医用器械有限公司
14	北京天拓义齿科技有限公司	39	海盐太平洋神龙机电工贸有限公司
15	而至齿科（苏州）有限公司	40	深圳市玛丽斯贸易有限公司
16	深圳市盐田港集团有限公司	41	上海伊伲佳国际贸易有限公司
17	东莞宝钰精瓷工业有限公司	42	国环齿模（厦门）有限公司
18	历臻假牙制作（深圳）有限公司	43	北方国际集团天津丝绸进出口股份有限公司
19	北京圣玛特科技有限公司	44	上海松硕国际贸易有限公司
20	上海新发展进出口贸易实业有限公司	45	深圳市昌业隆贸易有限公司
21	浙江义乌协成进出口有限公司	46	上海医疗器械进出口有限公司
22	深圳市鼎冠假牙制作有限公司	47	深圳市鸿基出口监管仓库有限公司
23	安徽轻工国际贸易股份有限公司	48	深圳市福田外资实业发展有限公司
24	珠海世康雅陶齿有限公司	49	深圳市维通佳贸易有限公司
25	瑞丽瑞琴进出口有限公司	50	深圳市勤辉投资开发有限公司

资料来源：中国医保商会根据中国海关数据整理

表 4－218　2010 年中国牙齿固定器件各省区市出口情况

单位：千克，万美元

排名	地区	出口数量	数量同比	出口金额	金额同比	金额占比
合计		267465	13.86	1633.44	10.69	100
1	广东	140622	1.88	986.17	－2.53	60.37
2	浙江	18321	65.67	244.3	－9.41	14.96
3	上海	5754	73.16	183.7	1633.36	11.25

排名	地区	出口数量	数量同比	出口金额	金额同比	金额占比
4	湖北	86064	26. 34	115. 6	29. 71	7. 08
5	江苏	4412	43. 06	42. 26	31. 5	2. 59
6	北京	328	-92. 19	29. 94	7. 38	1. 83
7	安徽	4957	297. 83	21. 08	-21. 91	1. 29
8	福建	2040	52. 58	2. 88	81. 8	0. 18
9	云南	244	-82. 41	2. 78	-30. 85	0. 17
10	辽宁	835	-	1. 63	-	0. 1
11	江西	3323	-	1. 33	-	0. 08
12	河南	204	-	1. 08	-	0. 07
13	山东	76	-97. 15	0. 3	-78. 98	0. 02
14	天津	100	-64. 03	0. 25	-45. 43	0. 02
15	黑龙江	185	2. 78	0. 12	213. 81	0. 01

资料来源：中国医保商会根据中国海关数据整理

4. 22. 2　装有牙科设备的牙科用椅

海关 HS 编码：90184910

随着人们对牙齿的保健、美观和牙病防治的日益重视，口腔用医疗器械需求量日益增加。装有牙科设备的牙科用椅把治疗台、牙患者用椅、医生椅和工作台完全的结合在一起，被广泛的应用于口腔医院及口腔门诊。

中国装有牙科设备的牙科用椅出口市场持续高速增长，出口数量从 2006 年 19773 台增长至 2010 年 33394 台，出口金额从 2068. 4 万美元增至 4736. 94 万美元，年复合增长率分别为 14% 和 23% 。

装有牙科设备的牙科用椅的进口量较小，中国每年进口量在 1100 台左右，2010 年进口了 1410 台。

4. 22. 2. 1　进口

表 4 -219　2006 -2010 年中国装有牙科设备的牙科用椅进口情况

单位：台，%，万美元

年份	进口数量	数量同比	进口金额	金额同比
2010	1410	23. 79	1052. 61	16
2009	1139	-8. 73	907. 41	-12. 35
2008	1248	9. 19	1035. 23	14. 63
2007	1143	-2. 06	903. 12	-8. 1
2006	1167	-73. 96	982. 67	38. 09

资料来源：中国医保商会根据中国海关数据整理

表 4－220　2010 年中国装有牙科设备的牙科用椅主要进口来源地

单位：台，万美元，%

排名	来源地	进口数量	数量同比	进口金额	金额同比	金额占比
	合计	1410	23.79	1052.61	16	100
1	德国	319	111.26	304.97	52.44	28.97
2	美国	561	124.4	279.27	67.87	26.53
3	日本	75	－76.78	126.71	－58.6	12.04
4	意大利	126	28.57	96.47	32.35	9.17
5	瑞士	50	－	80.94	19589.54	7.69
6	韩国	146	4.29	74.11	0.68	7.04
7	芬兰	36	5.88	43.09	13.62	4.09
8	泰国	42	50	19.98	48.83	1.9
9	爱尔兰	10	－	14.19	－	1.35
10	中国台湾	39	－61.76	10.11	－59.42	0.96
11	西班牙	1	－85.71	2.42	－76.87	0.23
12	中国（保税区）	5	150	0.25	39.33	0.02

资料来源：中国医保商会根据中国海关数据整理

表 4－221　2010 年中国装有牙科设备的牙科用椅主要进口企业名单

排名	企业名称	排名	企业名称
1	西诺德牙科设备商贸（上海）有限公司	17	佛山市康键科技医疗器械有限公司
2	航天长城贸易有限责任公司	18	上海飞马进出口有限公司
3	上海嵩海实业经贸公司	19	北京瑞德迈普技术开发有限公司
4	广东省中科进出口有限公司	20	深圳市海脉实业发展有限公司
5	森田医疗器械（上海）有限公司	21	广州市泰丰源实业有限公司
6	上海宣宇医疗器械有限公司	22	广东省外运进出口有限公司
7	沈阳市茂泰医疗设备有限公司	23	咸阳西北医疗器械（集团）有限公司
8	上海国际商务有限公司	24	上海鲁岳国际贸易有限公司
9	珠海经济特区银千发展有限公司	25	中丝顺达进出口公司
10	上海东松国际贸易有限公司	26	上海泽福物流有限公司
11	中国远东国际招标公司	27	中仪国际招标公司
12	广东省肇庆土产进出口公司	28	成都佳士实业进出口贸易有限公司
13	深圳市超今贸易有限公司	29	上海紫江国际贸易有限公司
14	北京普路达国际贸易有限公司	30	中国医疗卫生器材进出口公司
15	广东建和贸易发展有限公司	31	深圳市深业联合贸易有限公司
16	上海宇井贸易有限公司	32	西诺德牙科设备（佛山）有限公司

排名	企业名称	排名	企业名称
33	北京中联海进出口有限公司	37	北京安可国际货运代理有限公司
34	天津外总集团日用品有限公司	38	深圳市智业贸易有限公司
35	珠海铁鹰贸易有限公司	39	深圳市万盟贸易发展有限公司
36	上海沪南对外经济有限公司	40	湖北纺联进出口有限公司

资料来源：中国医保商会根据中国海关数据整理

表 4－222　2010 年中国装有牙科设备的牙科用椅各省区市进口情况

单位：台，万美元，%

排序	地区	进口数量	数量同比	进口金额	金额同比	金额占比
合计		1410	23.79	1052.61	16	100
1	上海	541	139.38	498.97	75.48	47.4
2	北京	467	－8.25	244.1	－25.72	23.19
3	广东	277	－22.19	212.76	－12.5	20.21
4	辽宁	79	426.67	45.65	510.59	4.34
5	山东	21	–	37.12	–	3.53
6	陕西	8	14.29	8.09	12.92	0.77
7	天津	10	150	3.4	35.31	0.32
8	四川	1	0	1.9	－75.5	0.18
9	江苏	1	－88.89	0.36	－95.33	0.03
10	湖北	5	–	0.25	–	0.02

资料来源：中国医保商会根据中国海关数据整理

4.22.2.2　出口

表 4－223　2006－2010 年中国装有牙科设备的牙科用椅出口情况

单位：台，%，万美元

年份	出口数量	数量同比	出口金额	金额同比
2010	33394	24.8	4736.94	22.4
2009	26757	－56.67	3870.19	－14.22
2008	61755	191.65	4511.96	47.62
2007	21174	7.09	3056.43	47.77
2006	19773	175.16	2068.4	73.02

资料来源：中国医保商会根据中国海关数据整理

表 4－224　2010 年中国装有牙科设备的牙科用椅主要出口目的地

单位：台，万美元，%

排名	目的地	出口数量	数量同比	出口金额	金额同比	金额占比
	合计	33394	24.8	4736.94	22.4	100
1	俄罗斯	3022	30.88	376.39	34.7	7.95
2	美国	2627	45.86	292.27	59.04	6.17
3	意大利	661	9.98	218.18	29.44	4.61
4	印度	2059	182.83	210.15	258.48	4.44
5	德国	1389	135.03	205.12	94.67	4.33
6	日本	122	117.86	183.67	73.55	3.88
7	越南	1597	4.86	154.28	－1.6	3.26
8	埃及	1364	47.46	150.48	43.8	3.18
9	印度尼西亚	1191	－1	125.4	－9.63	2.65
10	乌克兰	870	0.81	121.75	－6.36	2.57
11	智利	881	64.67	112.39	75.24	2.37
12	拉脱维亚	609	15.56	103.96	41.09	2.19
13	沙特阿拉伯	432	6.67	103.54	21.77	2.19
14	土耳其	661	34.35	97.1	10.44	2.05
15	伊朗	728	40.54	91.62	43.79	1.93
16	泰国	371	67.87	85.49	95.19	1.8
17	罗马尼亚	423	－10.57	83.48	－17.66	1.76
18	墨西哥	579	74.92	76.31	86.53	1.61
19	叙利亚	663	0.76	75.32	2.76	1.59
20	菲律宾	568	39.56	69.23	47.5	1.46
21	葡萄牙	266	23.15	67.52	16.71	1.43
22	乌兹别克斯坦	593	498.99	64.98	506.77	1.37
23	希腊	318	39.47	63.85	37.66	1.35
24	马来西亚	499	289.84	62.22	208.36	1.31
25	巴西	545	386.61	58.53	407.95	1.24
26	哥伦比亚	498	55.14	54.73	36.58	1.16
27	加拿大	229	7.01	53.68	158.85	1.13
28	阿尔及利亚	664	467.52	52.13	131.82	1.1
29	约旦	301	23.87	50.89	72.55	1.07
30	秘鲁	455	4.6	49.89	1.06	1.05
31	孟加拉国	518	78.01	48.5	41.98	1.02
32	哈萨克斯坦	364	3.41	45.13	－5.63	0.95

排名	目的地	出口数量	数量同比	出口金额	金额同比	金额占比
33	波兰	198	22.22	44.49	7.35	0.94
34	巴基斯坦	351	107.69	43.15	99	0.91
35	芬兰	300	-70.15	42.68	-69.86	0.9
36	厄瓜多尔	399	-2.44	41.89	2.53	0.88
37	黎巴嫩	214	65.89	40.97	105.86	0.86
38	中国香港	235	0.43	40.3	63.3	0.85
39	西班牙	113	-2.59	39.98	-2.84	0.84
40	澳大利亚	178	-8.72	35.27	-50.57	0.74
41	格鲁吉亚	409	-0.24	33.27	-0.44	0.7
42	荷兰	113	-40.84	30.9	-34.1	0.65
43	阿根廷	152	63.44	29.81	84.63	0.63
44	英国	152	65.22	29.54	67.68	0.62
45	阿塞拜疆	242	142	29.45	123.59	0.62
46	多米尼加共和国	274	4.98	29.44	-8.38	0.62
47	阿尔巴尼亚	119	52.56	28.81	20.31	0.61
48	南非	131	-34.5	25.53	-25.95	0.54
49	古巴	100	-90	25.37	-80.4	0.54
50	新加坡	153	-52.63	24.41	24.94	0.52

资料来源：中国医保商会根据中国海关数据整理

表 4-225　2010 年中国装有牙科设备的牙科用椅主要出口企业名单

排名	企业名称	排名	企业名称
1	佛山金承诺进出口有限公司	14	广东丹特思医疗器材有限公司
2	广东省医药进出口公司	15	广东省丝丽国际集团泓泰有限责任公司
3	西诺德牙科设备（佛山）有限公司	16	上海东松国际贸易有限公司
4	咸阳西北医疗器械（集团）有限公司	17	深圳中外运物流有限公司
5	珠海西格医疗设备有限公司	18	宁波蓝野医疗器械有限公司
6	广东省南海纺织品进出口有限公司	19	佛山市南海昊洋进出口有限公司
7	台山市福肯科研设备工业有限公司	20	防城港市万安贸易有限公司
8	上海医疗器械进出口有限公司	21	江苏汇鸿国际集团土产进出口股份公司
9	湖北纺联进出口有限公司	22	佛山市顺德区祈顺丝绸进出口有限公司
10	上海复星医疗器械有限公司	23	中国医药保健品有限公司
11	苏州公理福医疗器械有限公司	24	佛山市新中卫经贸有限公司
12	佛山医药保健品进出口有限公司	25	深圳市金运达国际物流有限公司
13	森田医疗器械（上海）有限公司	26	佛山市弘富贸易有限公司

排名	企业名称	排名	企业名称
27	广东省顺德土产进出口有限公司	39	无锡新中润国际集团中润有限公司
28	广州市力登进出口贸易有限公司	40	美康国际贸易发展公司
29	上海华创信息技术进出口有限公司	41	广东省新立电子信息进出口有限公司
30	上海紫江国际贸易有限公司	42	宁波华茂进出口有限公司
31	中国医疗卫生对外技术合作公司	43	南京纺织品进出口股份有限公司
32	宁波市新宇进出口有限公司	44	深圳市世君杰贸易有限公司
33	上海菲曼特医疗器械有限公司	45	广东国通物流城有限公司
34	佛山市高明龙腾贸易有限公司	46	上海市医药保健品进出口公司
35	佛山市华兴泰进出口有限公司	47	上海凯兴实业公司
36	广东佳鸿公司	48	南京福诺贸易有限公司
37	广东省丝丽国际集团贸发有限责任公司	49	江苏省纺织品进出口集团宝得服装有限公司
38	中机宁波贸易有限公司	50	上海华隆进出口公司

资料来源：中国医保商会根据中国海关数据整理

表 4－226　2010 年中国装有牙科设备的牙科用椅各省区市出口情况

单位：台，万美元，%

排名	地区	出口数量	数量同比	出口金额	金额同比	金额占比
合计		33394	24.8	4736.94	22.4	100
1	广东	22652	34.65	3071.16	36.5	64.83
2	上海	3342	10.12	614.43	27.93	12.97
3	陕西	943	23.43	240.48	17.76	5.08
4	江苏	841	－23.13	211.51	－12.34	4.47
5	湖北	1418	59.33	152.04	39.91	3.21
6	广西	1329	10.57	121.29	3.42	2.56
7	浙江	910	272.95	106.8	160.56	2.25
8	北京	408	－65.25	87.68	－67.78	1.85
9	黑龙江	555	－33.53	55.16	－16.73	1.16
10	新疆	344	700	35.12	639.82	0.74
11	河南	66	－67.49	12.06	－53.05	0.25
12	福建	81	－39.1	9.69	－49.45	0.2
13	山东	34	－71.9	4.63	－62.6	0.1
14	河北	14	－41.67	4.38	－24.08	0.09
15	辽宁	262	718.75	3.76	－41.23	0.08
16	四川	151	439.29	3.48	22.58	0.07
17	江西	20	400	1.5	－50	0.03
18	天津	18	125	0.82	－10.59	0.02

排名	地区	出口数量	数量同比	出口金额	金额同比	金额占比
19	吉林	3	50	0.45	-25	0.01
20	安徽	2	-66.67	0.34	-49.85	0.01
21	甘肃	1	-	0.15	-	0

资料来源：中国医保商会根据中国海关数据整理

4.22.3 假牙

海关 HS 编码：90212100

近年来，中国假牙（义齿）制造技术水平显著提高，产业规模大幅度增长。目前，中国的义齿产品已经在国际市场上占有一定份额，远销美国、日本、韩国、瑞典等多个国家和地区。2006 年中国出口假牙 356632 千克，2010 年达 625015 千克，年复合增长率为 15%；出口金额也同样大幅度增长，由 2006 年的 2042.12 万美元增长至 7813.63 万美元，年复合增长率高达 39.86%。

由于市场需求量的扩大，假牙的进口量也稳步增长，2010 年进口量为 14518 千克，同比下降了 1.18%，进口金额为 246.87 万美元，中国假牙的主要进口地区是日本、瑞典和韩国。

4.22.3.1 进口

表 4-227　2006-2010 年中国义齿进口情况

单位：千克，%，万美元

年份	进口数量	数量同比	进口金额	金额同比
2010	14518	-1.18	246.87	-36.17
2009	14691	35.21	386.75	53.11
2008	10865	-1.97	252.59	93.69
2007	11083	11.1	130.41	-3.76
2006	9976	125.55	135.5	10.19

资料来源：中国医保商会根据中国海关数据整理

表 4-228　2010 年中国义齿主要进口来源地

单位：千克，万美元，%

排名	来源地	进口数量	数量同比	进口金额	金额同比	金额占比
	合计	14518	-1.18	246.87	-36.17	100
1	日本	4546	-34.7	124.72	-41.81	50.52
2	瑞典	112	-8.2	21.18	7.37	8.58
3	德国	4490	4.76	20.47	-11.88	8.29
4	韩国	43	-89.03	15.93	-82.45	6.45
5	列支敦士登	993	205.54	12.47	117.18	5.05
6	菲律宾	951	236.04	10.86	147.94	4.4
7	意大利	924	1.43	9.78	15.03	3.96

排名	来源地	进口数量	数量同比	进口金额	金额同比	金额占比
8	美国	255	-22.26	9.22	-15.27	3.74
9	中国香港	873	-1.02	7.03	-7.72	2.85
10	法国	77	–	5.08	–	2.06
11	荷兰	220	2344.44	2.59	347.14	1.05
12	瑞士	527	350.43	2.48	399.58	1
13	哥伦比亚	32	–	2.12	–	0.86
14	巴西	55	–	1.76	–	0.71
15	印度	226	253.12	0.89	185.99	0.36
16	中国（保税区）	140	1300	0.22	24.43	0.09
17	土耳其	47	–	0.04	–	0.02
18	澳大利亚	1	–	0.01	–	0
19	中国台湾	6	–	0.01	–	0

资料来源：中国医保商会根据中国海关数据整理

表4-229　2010年中国义齿主要进口企业名单

排名	企业名称	排名	企业名称
1	上海中垦进出口公司	20	上海宣宇医疗器械有限公司
2	日进齿科材料（昆山）有限公司	21	广东省中科进出口有限公司
3	上海协源国际贸易有限公司	22	山八齿材工业（常熟）有限公司
4	而至齿科（苏州）有限公司	23	中国国发投资公司
5	奥齿泰（北京）商贸有限公司	24	珠海世康雅陶齿有限公司
6	贺利氏古莎齿科有限公司	25	历臻假牙制作（深圳）有限公司
7	深圳市顺安外资实业发展有限公司	26	北京爱建同益经贸发展有限责任公司
8	深圳市超今贸易有限公司	27	德真会齿科制作（上海）有限公司
9	登士柏（天津）国际贸易有限公司	28	深圳市华裕联实业有限公司
10	四洲义齿（深圳）有限公司	29	诺保科贸易（上海）有限公司
11	固耐宝齿科（上海）有限公司	30	深圳市红日升贸易有限公司
12	即日造牙（深圳）有限公司	31	杏泰国际贸易（上海）有限公司
13	珠海维登国际义齿研发制造有限公司	32	华展鑫荣国际招标代理（北京）有限公司
14	日照沪鸽齿科工业有限公司	33	深圳得法牙科制品有限公司
15	中山世纪牙科器材有限公司	34	中丝顺达进出口公司
16	东莞定远陶齿制品有限公司	35	深圳美冠达牙科技术有限公司
17	上海松风齿科材料有限公司	36	北京和睦家妇婴医疗保健中心
18	云南福瑞达进出口有限公司	37	珠海亚士腾义齿科技有限公司
19	北京联动商贸有限公司		

资料来源：中国医保商会根据中国海关数据整理

表 4－230　2010 年中国义齿各省区市进口情况

单位：千克，万美元,%

排序	地区	进口数量	数量同比	进口金额	金额同比	金额占比
合计		14518	－1. 18	246. 87	－36. 17	100
1	上海	8092	－12. 11	121. 34	－34. 5	49. 15
2	江苏	1460	－33. 33	51. 79	－33. 18	20. 98
3	广东	2718	50. 92	39. 38	50. 9	15. 95
4	北京	408	－11. 11	17. 79	－80. 53	7. 21
5	天津	869	15. 71	7. 33	68. 87	2. 97
6	四川	182	–	3. 66	–	1. 48
7	山东	372	396	2. 87	3677. 87	1. 16
8	云南	68	－52. 78	1. 2	－31. 83	0. 49
9	浙江	230	259. 38	0. 91	191. 97	0. 37
10	辽宁	119	–	0. 6	–	0. 24

资料来源：中国医保商会根据中国海关数据整理

4. 22. 3. 2　出口

表 4－231　2006－2010 年中国义齿出口情况

单位：千克,%，万美元

年份	出口数量	数量同比	出口金额	金额同比
2010	625015	6. 57	7813. 63	28. 61
2009	586500	6. 47	6075. 43	34. 36
2008	550847	15. 87	4521. 66	45. 31
2007	475411	33. 31	3111. 68	52. 38
2006	356632	31. 85	2042. 12	50. 82

资料来源：中国医保商会根据中国海关数据整理

表 4－232　2010 年中国义齿出口主要出口目的地

单位：千克，万美元，%

排名	目的地	出口数量	数量同比	出口金额	金额同比	金额占比
合计		625015	6. 57	7813. 63	28. 61	100
1	美国	62033	－59. 28	2036. 13	－8. 91	26. 06
2	中国香港	166609	－14. 3	1828. 9	18. 91	23. 41
3	中国澳门	202835	220. 05	1583. 67	354. 18	20. 27
4	德国	36306	14. 88	1320. 65	36. 14	16. 9

排名	目的地	出口数量	数量同比	出口金额	金额同比	金额占比
5	日本	45469	6.98	470.23	3.04	6.02
6	俄罗斯	15160	162.92	111.7	144.85	1.43
7	挪威	916	-28.99	72.85	-2.15	0.93
8	澳大利亚	3488	52.25	34.52	158.36	0.44
9	新加坡	4432	90.21	32.7	83.46	0.42
10	荷兰	1620	5.33	27.28	-5.73	0.35
11	乌克兰	3843	89.87	22.64	158.22	0.29
12	泰国	4579	53.5	22.2	68.37	0.28
13	意大利	6442	746.52	20.14	190.32	0.26
14	阿拉伯联合酋长国	2464	7.13	17.5	25.13	0.22
15	加拿大	1578	2.87	16.98	35.66	0.22
16	印度	3689	-0.46	15.88	-5.11	0.2
17	匈牙利	3792	-25.92	15.76	-54.11	0.2
18	英国	3254	231.36	12.66	-14.83	0.16
19	韩国	2402	33.74	11.98	63.78	0.15
20	马来西亚	3328	-13.33	11.78	19.84	0.15
21	越南	2659	33.28	9.31	-1.34	0.12
22	菲律宾	2138	-66.04	8.37	-54.76	0.11
23	西班牙	1604	136.93	7.8	105.63	0.1
24	巴西	1490	-54.64	6.61	812.77	0.08
25	阿尔及利亚	1790	-45.02	5.77	122.32	0.07
26	土耳其	424	51.43	5.18	166.94	0.07
27	保加利亚	1010	61.6	4.93	59.16	0.06
28	智利	1090	34.07	4.87	30.56	0.06
29	叙利亚	1025	-18.97	4.69	-10.15	0.06
30	南非	1097	20.29	4.68	37.36	0.06
31	以色列	576	141	4.64	116.03	0.06
32	希腊	458	175.9	3.91	420.03	0.05
33	罗马尼亚	1103	16.97	3.9	-21.15	0.05
34	波兰	1335	-61.04	3.84	-70.46	0.05
35	伊拉克	2801	137.17	3.67	424.84	0.05
36	葡萄牙	414	-8.81	3.63	-11.36	0.05
37	前南斯拉夫马其顿	275	114.84	2.82	128.34	0.04
38	印度尼西亚	1188	–	2.54	–	0.03
39	黎巴嫩	869	21.03	2.49	-7.33	0.03

排名	目的地	出口数量	数量同比	出口金额	金额同比	金额占比
40	斯洛伐克	276	165. 38	2. 41	177. 95	0. 03
41	阿塞拜疆	782	87. 98	2. 39	122. 04	0. 03
42	格鲁吉亚	485	-24. 81	2. 23	-16. 62	0. 03
43	沙特阿拉伯	4972	902. 42	1. 84	25. 42	0. 02
44	中国台湾	152	-99. 36	1. 8	-97. 86	0. 02
45	约旦	544	-61. 28	1. 63	-61. 62	0. 02
46	加纳	4953	–	1. 45	–	0. 02
47	法国	205	-68. 36	1. 44	-63. 15	0. 02
48	利比亚	5132	–	1. 44	–	0. 02
49	秘鲁	291	-13. 39	1. 27	1. 47	0. 02
50	巴基斯坦	339	47. 39	1. 26	42. 3	0. 02

资料来源：中国医保商会根据中国海关数据整理

表 4-233　2010 年中国义齿主要出口企业名单

排名	企业名称	排名	企业名称
1	四洲义齿（深圳）有限公司	21	历臻假牙制作（深圳）有限公司
2	珠海维登国际义齿研发制造有限公司	22	上海松风齿科材料有限公司
3	浦单达（上海）口腔医疗器材有限公司	23	深圳得法牙科制品有限公司
4	深圳市顺安外资实业发展有限公司	24	东莞定远陶齿制品有限公司
5	固耐宝齿科（上海）有限公司	25	珠海世康雅陶齿有限公司
6	深圳新致美精密齿研有限公司	26	国环齿模（厦门）有限公司
7	深圳市康泰健牙科器材有限公司	27	深圳市红日升贸易有限公司
8	山八齿材工业（常熟）有限公司	28	登士柏牙科（天津）有限公司
9	珠海亚士腾义齿科技有限公司	29	即日造牙（深圳）有限公司
10	贺利氏古莎齿科有限公司	30	深圳美冠达牙科技术有限公司
11	北京天拓义齿科技有限公司	31	东莞宝钰精瓷工业有限公司
12	日照沪鸽齿科工业有限公司	32	上海申航进出口有限公司
13	德耐宝齿科（上海）有限公司	33	深圳市鼎冠假牙制作有限公司
14	珠海众基义齿科技有限公司	34	上海韩华牙科材料有限公司
15	而至齿科（苏州）有限公司	35	上海美狄科实业有限公司
16	山本真牙科技术（深圳）有限公司	36	上海莱彼德齿材工业有限公司
17	珠海市旭紘陶齿有限公司	37	深圳市华南国际物流有限公司
18	中山世纪牙科器材有限公司	38	上海医疗器械进出口有限公司
19	维他丰达牙科器材（深圳）有限公司	39	浙江省医药保健品进出口有限责任公司
20	日进齿科材料（昆山）有限公司	40	深圳市和昌瑞贸易有限公司

排名	企业名称	排名	企业名称
41	佛山金承诺进出口有限公司	46	深圳市鹏志海贸易有限公司
42	洋紫荆牙科器材（深圳）有限公司	47	上海复星医疗器械有限公司
43	扬州上元国际贸易有限公司	48	黑河市捷尼克经贸有限责任公司
44	美耐宝齿科（上海）有限公司	49	深圳市福田外资实业发展有限公司
45	德真会齿科制作（上海）有限公司	50	杭州市对外经济贸易服务有限公司

资料来源：中国医保商会根据中国海关数据整理

表4-234　2010年中国义齿各省区市出口情况

单位：千克，万美元，%

排名	地区	出口数量	数量同比	出口金额	金额同比	金额占比
	合计	625015	6.57	7813.63	28.61	100
1	广东	387123	4.18	4969.4	52.25	63.6
2	上海	97407	-18.1	1642.89	-6.14	21.03
3	江苏	75787	17.5	573.44	16.79	7.34
4	北京	749	194.88	343.34	5.97	4.39
5	山东	19077	72.8	161.5	61.98	2.07
6	福建	573	-85.07	51.87	-37.9	0.66
7	天津	7874	-3.53	45.99	5.38	0.59
8	四川	15910	2601.19	11.17	626.12	0.14
9	浙江	977	72.01	4.21	-21.72	0.05
10	黑龙江	6262	400.96	3.96	13.25	0.05
11	江西	3795	-	1.75	-	0.02
12	云南	3467	-	1.29	-	0.02
13	湖南	3402	-	0.88	-	0.01
14	辽宁	1234	6755.56	0.57	5535.29	0.01
15	河南	143	2760	0.52	3681.16	0.01
16	甘肃	672	-	0.46	-	0.01
17	广西	35	-94.98	0.25	-91.6	0
18	重庆	488	-	0.12	-	0
19	安徽	40	-99.07	0.01	-99.82	0

资料来源：中国医保商会根据中国海关数据整理

5 中国医疗器械行业现状

5.1 中国医疗器械行业发展现状

中国国家食品药品监督管理局对医疗器械定义为，单独或者组合使用于人体的仪器、设备、器具、材料或者其他物品，包括所需要的软件；其用于人体体表及体内的作用不是用药理学、免疫学或者代谢的手段获得，但是可能有这些手段参与并起一定的辅助作用；其使用旨在达到下列预期目的：（一）对疾病的预防、诊断、治疗、监护、缓解；（二）对损伤或者残疾的诊断、治疗、监护、缓解、补偿；（三）对解剖或者生理过程的研究、替代、调节；（四）妊娠控制。

医疗器械行业属于高科技产业，涉及到医药、机械、电子、塑料等多个行业，生产工艺相对复杂，进入门槛较高，是一个国家制造业和高科技尖端发展水平的标志之一，在中国属于国家重点鼓励发展的产业。

5.1.1 医疗器械行业在国民经济中的地位

特别说明：

在对医疗器械行业现状统计时，我们选取了医疗仪器设备及器械制造业中规模以上企业。根据国家统计局对规模以上企业的定义，指全部国有企业（在工商局的登记注册类型为“110”的企业）和当年产品销售收入500万元以上（含）的非国有工业企业；企业名称详见附录2；因此，3.1和3.2两个章节中提到的行业数据统计和分析均为对规模以上企业的统计。

根据国家统计局制定的《国民经济行业分类与代码》，医疗仪器设备及器械制造业经2003年国家统计局行业分类调整后，包括七个子类别：

表5－1 医疗仪器设备及器械制造业分类及代码

代码	行业名称	行业描述
368	医疗仪器设备及器械制造	
3681	医疗诊断、监护及治疗设备制造	指用于内科、外科、眼科、牙科、妇产科、中医等医疗专用及兽医用诊断、监护、治疗等方面的设备制造与修理。
3682	口腔科用设备及器具制造	指用于口腔治疗、修补的设备及器械的制造与修理。
3683	实验室及医用消毒设备和器具的制造	指实验室或医疗用的消毒、灭菌设备及器具的制造与修理。
3684	医疗、外科及兽医用器械制造	指各种手术室、急救室、诊疗室等医疗专用及兽医用的手术器械、医疗诊断用品和医疗用具的制造与修理。
3685	机械治疗及病房护理设备制造	指各种治疗设备、病房护理及康复专用设备的制造。

代码	行业名称	行业描述
3686	假肢、人工器官及植（介）入器械制造	指外科、牙科等医疗专用及兽医用的假肢、人工器官、植入器械，矫形器具的制造。
3689	其他医疗设备及器械制造	指外科、牙科等医疗专用及兽医用的家具器械，以及其他未列明的医疗设备及器械的制造与修理活动。

资料来源：国家统计局

中国医疗器械工业总产值自20世纪90年代以来一直保持快速增长，平均增幅一直保持在12% -15%的水平。到2010年底，全国医疗器械规模以上企业工业产值已突破1000亿元，成为一个产品门类比较齐全、创新能力不断增强、市场需求十分旺盛的朝阳产业。

表5-2　2006-2010年医疗器械规模以上企业工业产值及其占GDP比重

单位：千元，%

年　份	工业销售产值	占GDP比重
2010. 11	101052961	0. 32
2009	94883261	0. 29
2008	81021696	0. 28
2007	59242180	0. 24
2006	45594824	0. 22

资料来源：国家统计局

虽然医疗器械行业目前在国民经济中所占的比重有限，但是这一数字一直呈现逐年上升趋势，由2006年的0. 22%提高到2010年的0. 32%。由近几年的态势可见，医疗器械行业持续高速增长，逐步成为活跃、发展最迅速的领域之一。同时，由于其广阔的发展前景，行业对资金的吸引和市场对其价值的认定决定了医疗器械行业是国民经济的重要行业之一。随着科学技术的发展，医疗卫生经济的发展，人民健康需求的不断扩大，医疗器械的需求也将不断扩大。

5. 1. 2　规模以上企业经济运行状况

1、2006-2010年规模以上企业总资产情况

2006年，医疗器械行业总资产规模为435. 44亿元，2009年达到885. 86亿元，是2006年的两倍。2010年1-11月，全国医疗器械行业总资产达到973. 78亿元，同比增长19. 04%。

表5-3　2006-2010年医疗器械工业规模以上企业资产变化

单位：亿元，%

年　份	资产总计	同比增长
2010. 11	973. 78	19. 04
2009	885. 86	19. 96
2008	738. 44	35. 77

年　份	资产总计	同比增长
2007	543.87	24.9
2006	435.44	24.89

资料来源：国家统计局

分省区市来看，行业的主要资产集中于广东、江苏、北京、上海、浙江等省市，五省市总资产比重达70.81%。其中，广东省资产比重达到了19.09%，第二位的江苏省资产比重也达到了18.18%。

表5－4　2006－2010年各省区市医疗器械规模以上企业资产总额

单位：亿元

	2010.11	2009	2008	2007	2006
全国	973.78	885.86	738.44	543.87	435.44
广东	185.9	168.77	131.61	103.25	70.73
江苏	177.07	146	119.72	73.99	60.04
北京	156.02	133.49	104.95	93.83	82.54
上海	94.34	85.9	79.11	60.32	49.59
浙江	76.24	65.08	51.03	51.86	46.06
山东	51.00	48.11	39.46	28.26	24
江西	39.58	35.34	28.17	23.59	7.84
辽宁	36.62	30.49	28.93	23.93	23.4
四川	30.41	59.87	53.58	14.69	12.66
天津	18.95	13.21	12.24	11.05	10.83
河南	16.98	15.26	14.41	9.28	6.51
吉林	13.18	12.19	12.75	9.08	5.99
河北	11.75	11.88	15.61	5.05	4.34
福建	11.75	9.48	8.3	6.16	5.75
湖北	8.74	10.19	7.9	6.56	5.99
安徽	8.65	7.72	5.87	4.61	4.02
重庆	8.63	7.43	5.45	1.25	1.02
陕西	8.60	7.63	7.25	7.18	6.96
湖南	8.01	7.02	4.17	2.31	1.93
广西	7.87	7.62	5.44	5.24	3.46
黑龙江	1.97	1.68	1.41	1.54	0.77
山西	0.64	0.58	0.56	0.53	0.41
甘肃	0.61	0.67	0.39	0.32	0.28

资料来源：国家统计局

2、2006－2010年规模以上企业销售产值情况

近几年医疗器械工业销售值稳步增长。2006年销售总值为455.95亿元，同比增长率为33.25%；2007

年达到了592.42亿元，同比增长了29.93%；2008和2009年中国医疗器械销售总值分别增长至810.22亿元和948.83亿元，增长率分别为36.76%和17.11%；2010年销售总值依然保持了增长态势，增长率为22.93%，前11个月销售总值为1010.53亿元。

表5－5　2006－2010年医疗器械工业规模以上企业销售总产值情况

单位：亿元，%

年份	销售总产值	同比增长
2010.11	1010.53	22.93
2009	948.83	17.11
2008	810.22	36.76
2007	592.42	29.93
2006	455.95	33.25

资料来源：国家统计局

2010年前11个月，中国医疗器械行业销售产值为1010.53亿元，其中江苏省、广东省、山东省、上海市和北京市销售产值排在全国前五位，这五个省市总销售产值占全国总产值的65.14%。

表5－6　2006－2010年各省区市医疗器械规模以上企业销售总产值

单位：亿元

	2010.11	2009	2008	2007	2006
北京	77.58	83.29	72.95	63.34	7.23
天津	11.19	14.39	16.03	13.61	2.19
河北	11.82	8.62	8.11	5.70	0.48
山西	0.12	0.18	0.22	0.13	0.02
辽宁	54.52	46.26	0.14	34.23	1.02
吉林	22.14	17.37	46.94	10.22	0.48
黑龙江	0.97	1.22	15.31	0.67	-0.01
上海	89.99	85.81	0.47	66.57	5.59
江苏	221.75	188.46	80.07	103.55	7.24
浙江	56.08	50.44	145.99	47.54	3.98
安徽	16.27	11.64	43.49	4.99	0.07
福建	21.22	18.62	6.68	13.23	0.93
江西	51.09	41.05	17.32	17.49	0.45
山东	110.16	99.94	31.41	58.42	2.58
河南	32.04	31.49	82.48	16.87	0.69
湖北	9.73	6.99	25.99	8.13	0.71
湖南	17.24	14.39	8.18	6.05	0.06

	2010.11	2009	2008	2007	2006
广东	158.80	154.98	11.08	98.82	8.16
广西	9.92	9.09	138.51	4.55	0.26
重庆	9.41	8.04	6.23	1.06	0.002
四川	22.83	51.69	4.59	13.33	0.50
陕西	4.85	4.16	3.53	3.50	0.33
甘肃	0.16	0.18	0.18	0.41	0.04
新疆	0.05	0.06	–	–	–
内蒙古	0.59	0.48	–	–	–
贵州	–	–	44.31	–	-0.09

资料来源：国家统计局

3、2006－2010 规模以上企业销售收入情况

由于有庞大的消费群体和政府的积极支持，中国医疗器械行业销售收入增长迅速。2006－2010 年医疗器械行业的销售收入增长率均在 18% 以上，其中 2010 年 1－11 月的销售收入接近 1000 亿元，同比增长 24.52%。从销售收入的增长趋势来看，中国医疗器械市场发展空间广阔。

表 5－7　2006－2010 年医疗器械工业规模以上企业销售收入情况

单位：亿元,%

年份	销售收入	同比增长
2010.11	998.4	24.52
2009	939.33	18.09
2008	795.40	35.25
2007	588.12	29.54
2006	454.01	32.91

资料来源：国家统计局

按销售收入排名，江苏、广东、山东、上海、北京排名前五位，五地区销售收入比重达到了 65.69%。广东省和江苏省排名前两位，所占比例分别为 22.11% 与 15.57%。

表 5－8　2006－2010 年各省区市医疗器械规模以上企业销售收入

单位：亿元

	2010.11	2009	2008	2007	2006
全国	998.4	939.33	795.4	588.12	454.01
江苏	220.71	87.78	84.18	104.24	84.28
广东	155.5	14.42	10.77	101.79	71.89
山东	108.14	41.2	30.68	56.63	40.28

	2010.11	2009	2008	2007	2006
上海	91.86	1.22	0.56	67.78	53.01
北京	79.67	86.1	76.28	64.85	55.03
浙江	55.08	188.47	147.02	45.88	36.46
辽宁	51.66	0.46	0.14	33.01	27.02
江西	50.05	18.02	16.86	17.45	10.27
河南	32.58	101.53	81.83	15.76	8.15
四川	24.71	7.82	4.49	11.93	9.96
福建	21.17	11.56	6.66	12.71	11.54
吉林	20.23	45.96	46.79	9.28	6.87
湖南	16.16	7.26	8.22	6.03	2.69
安徽	16.14	48.90	43.04	4.78	3.69
河北	11.50	8.73	8.37	5.67	4.84
天津	11.10	14.54	16.49	13.81	14.66
重庆	9.90	9.30	5.87	1.09	0.67
广西	9.61	157.14	139.68	4.14	2.43
湖北	6.27	30.23	19.8	6.88	6.41
陕西	4.56	3.78	3.09	3.27	3.18
黑龙江	0.93	15.57	13.72	0.7	0.23
甘肃	0.14	0.18	0.16	0.29	0.24
山西	0.13	0.18	0.24	0.16	0.07
新疆	0.05	0.06	0	0	0

资料来源：国家统计局

4、2006－2010年规模以上企业利润情况

随着医疗器械行业的快速发展，其利润也稳步增长，但增长幅度呈现出下降趋势。2006年医疗器械行业利润总额为42.9亿元，同比增长了40.72%；2007年利润总额达到了62.11亿元，增长幅度为44.78%；2008和2009年的利润总额分别为81.88亿元和112.1亿元，增长率分别为31.83%和36.91%。2010年利润总额仍呈现出增长的趋势，但增长率下降至18.87%，前11个月的利润总额为105.19亿元。

表5－9　2006－2010年医疗器械工业规模以上企业利润总额情况

单位：亿元

年份	利润总额
2010.11	105.19
2009	112.1
2008	81.88
2007	62.11

年份	利润总额
2006	42.9

资料来源：国家统计局

广东省、江苏省、北京市、上海市和山东省医疗器械的利润总额排在全国前五位，这五个省市利润总额占到了全国医疗器械利润总额的75.77%，呈现出较高的集中度。

表5-10　2006-2010年各省区市医疗器械规模以上企业利润总额

单位：亿元

	2010.11	2009	2008	2007	2006
北京	14.79	19.36	13.88	13.88	7.23
天津	0.42	1.28	1.57	1.57	2.19
河北	0.69	0.54	0.38	0.38	0.48
山西	-0.12	-0.05	0.05	0.05	0.02
内蒙	0.02	0.03	0.00	0.00	1.02
辽宁	3.46	3.46	2.69	2.69	0.48
吉林	1.78	0.99	1.26	1.26	-0.01
黑龙江	0.10	0.11	0.06	0.06	5.59
上海	13.60	9.64	5.80	5.80	7.24
江苏	21.79	18.24	14.18	14.18	3.98
浙江	5.85	5.77	5.46	5.46	0.07
安徽	0.86	0.63	0.58	0.58	0.93
福建	1.46	2.14	0.94	0.94	0.45
江西	2.11	2.53	1.83	1.83	2.58
山东	7.68	7.94	6.26	6.26	0.69
河南	4.42	3.34	2.87	2.87	0.71
湖北	0.28	0.35	0.65	0.65	0.06
湖南	0.56	0.80	0.60	0.60	8.16
广东	21.85	28.18	18.24	18.24	0.26
广西	0.73	0.59	0.51	0.51	0.00
重庆	1.27	1.09	0.38	0.38	0.50
四川	1.27	4.79	3.65	3.65	-0.09
陕西	0.28	0.31	0.02	0.02	0.33
甘肃	0.03	0.03	0.03	0.03	0.04
新疆	0.0017	-	-	-	-

资料来源：国家统计局

5、2006－2010 年规模以上企业数量变化

医疗器械工业规模企业数量持续增长，由2006年的780家增加到2010年11月的1276家。其中，2008年企业数量增长最快，增速高达36.21%；2009－2010年的企业数量增长率下降，分别为5.17%和9.91%。

表5－11　2006－2010年医疗器械工业规模以上企业数量变化

单位：家

年份	企业数量
2010.11	1276
2009	1262
2008	1200
2007	881
2006	780

资料来源：国家统计局

从各子行业领域来看，企业数量最多的是医疗、外科及兽医用器械制造业（行业代码：C3684）和医疗诊断、监护及治疗设备制造业（行业代码：C3681）。从2006－2010年的变化趋势来看，这两个行业的企业数量保持逐年增长。

表5－12　2006－2010年医疗器械分领域规模以上企业数量

单位：个

	2010.11	2009	2008	2007	2006
C3681 医疗诊断、监护及治疗设备制造	320	315	300	229	203
C3682 口腔科用设备及器具制造	43	44	43	31	24
C3683 实验室及医用消毒设备和器具的制造	58	59	62	42	36
C3684 医疗、外科及兽医用器械制造	380	370	364	280	255
C3685 机械治疗及病房护理设备制造	120	114	106	73	63
C3686 假肢、人工器官及植（介）入器械制造	80	83	77	57	57
C3689 其他医疗设备及器械制造	275	277	248	169	142

资料来源：国家统计局

分省区市来看，医疗器械规模企业数量最多的是江苏、广东、浙江、上海和北京，五省市的企业数量占整个行业的64%。其中，江苏省的规模企业数量达到了254家，占全国20%的比重；广东省的规模企业数量为166家，占全国13%的比重。

表 5－13　2006－2010 年各省区市医疗器械行业规模以上企业数量

单位：个

	2010.11	2009	2008	2007	2006
总计	1276	1262	1200	881	780
江苏	254	248	245	150	131
广东	166	164	160	121	101
浙江	152	141	126	93	80
上海	131	136	138	104	92
北京	116	120	113	100	90
山东	88	86	85	61	44
四川	39	47	47	32	31
辽宁	44	42	39	31	30
天津	32	36	36	34	34
湖北	31	34	29	20	18
吉林	30	30	24	17	13
安徽	32	27	20	13	12
江西	25	23	23	22	19
河南	28	23	24	17	16
湖南	19	18	16	11	11
河北	18	17	15	10	12
福建	18	17	13	12	10
广西	12	15	17	11	10
重庆	16	15	10	5	5
陕西	12	10	9	9	10
黑龙江	5	5	5	4	5
内蒙古	0	3	0	0	0
山西	0	2	2	2	1
贵州	0	2	2	0	2
甘肃	0	1	2	2	3

资料来源：国家统计局

6、2010 年规模以上企业所有制特征

（1）所有制形式众多，私营企业数量最多

根据国家统计局对于医疗器械企业所有制形式的划分可以看出，中国医疗器械行业内企业的所有制形式众多，包括：国有企业、集体企业、股份合作企业、股份制企业、私营企业、外商和港澳台投资企业等，基本涵盖了中国现存的全部企业类型。

中国医疗器械行业所有制类型以私营企业和外商企业为主。2010 年 1－11 月，中国仅有 29 家国有企业、13 家集体企业，分别占比 2.27%、1.02%。与此相对照的是，中国拥有 596 家私营医疗器械企业，外商及港澳台投资企业 380 家，二者数量占到总企业数量的 76.49%。

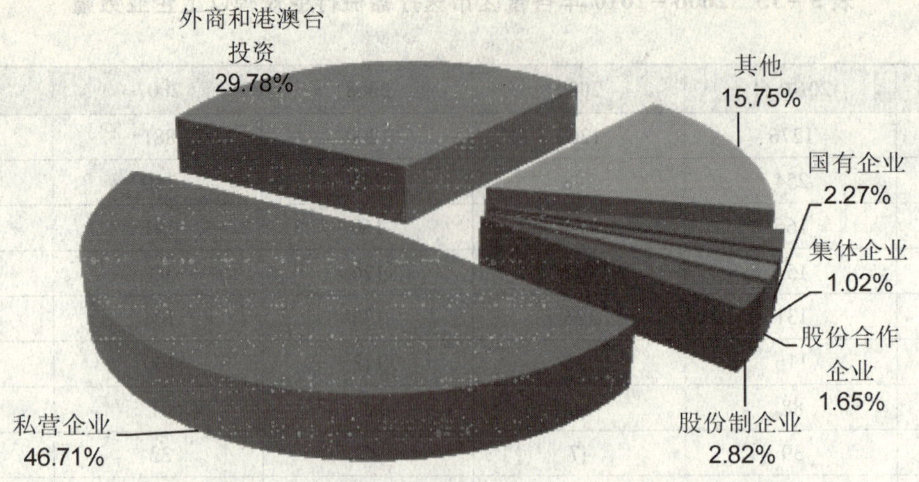

资料来源：国家统计局

图 5-1　2010 年 1-11 月医疗器械行业规模以上企业所有制类型分布

（2）**外商和港澳台投资企业资产规模占据主导**

2010 年 1-11 月，从企业规模上看，外商和港澳台投资企业的企业数量占行业的 29.78%，资产比重却占 45.21%，因此规模总体来说比较大；而私营企业虽然企业数量占 46.71%，但资产比重仅为 23.70%，规模普遍较小。

表 5-14　2010 年 1-11 月医疗器械行业内不同所有制规模以上企业资产情况

单位：亿元，%

所有制	资产总计	同比	份额
全部	973.78	19.04	100.00
国有企业	33.96	10.74	3.49
集体企业	2.83	21.36	0.29
股份合作企业	4.59	-1.98	0.47
股份制企业	123.84	25.69	12.72
私营企业	230.83	31.36	23.70
外商和港澳台投资	440.28	17.81	45.21
其他	137.46	3.83	14.12

资料来源：国家统计局

（3）**国有企业亏损面最大**

行业的国有企业亏损面最大，达 31.03%，但由于其数量和规模不大，因此亏损额比重仅为 4.68%；亏损总额最大的是外商和港澳台投资企业，该类企业的亏损额占整个行业的 59.27%，亏损面也比较大，为 22.89%。

表 5-15　2010 年 1-11 月医疗器械行业内不同所有制规模以上企业亏损情况

单位：亿元,%，个

类型	企业数量	亏损企业量	同比	亏损面	亏损总额	份额
全国	1276	208	1.43	16.30	4.91	100.00
国有企业	29	9	-4.02	31.03	0.23	4.68
集体企业	13	2	-29.22	15.38	0.00	0.00
股份合作企业	21	1	-96.03	4.76	0.00	0.00
股份制企业	36	6	18.29	16.67	0.43	8.76
私营企业	596	67	2.99	11.24	0.47	9.57
外商和港澳台投资企业	380	87	-2.4	22.89	2.91	59.27
其他	201	36	10.01	17.91	0.87	17.72

资料来源：国家统计局

（4）**股份制企业利润率最高，私营企业成长最快**

在盈利能力方面，股份制企业的盈利能力明显处于行业的领先地位，该类企业的销售利润率为23.99%，明显高于其他类型的企业。

私营企业的销售利润率仅为7.76%，低于行业的平均水平，因此盈利能力较差。但是该类企业的销售收入与利润总额的增速比较快，同比分别增长37.90%与42.53%。

表 5-16　2010 年 1-11 月医疗器械行业内不同所有制规模以上企业盈利情况

单位：亿元,%

企业类型	销售收入	同比	利润总额	同比	销售利润率
全部	998.40	24.52	105.19	18.87	10.54
国有企业	20.63	30.41	1.41	50.83	6.83
集体企业	6.60	-12.93	0.50	38.83	7.58
股份合作企业	8.36	15.16	0.40	15.37	4.78
股份制企业	63.06	11.02	15.13	16.57	23.99
私营企业	310.91	37.9	24.14	42.53	7.76
外商和港澳台投资企业	431.25	18.7	50.05	9.03	11.61
其他	157.58	25.48	13.57	22.89	8.61

资料来源：国家统计局

5.2　中国医疗器械重点领域发展状况

5.2.1　医学影像设备

医学影像技术是现代医学中最重要的临床诊断和鉴别诊断方法，影像设备的价值在大型医院中可占其设备资产的60%以上。影像设备制造业的投资比较大，产品研发及生产周期长，技术要求比较高，因此国内市场集中度非常高，GE、西门子、飞利浦、东芝等外资品牌占据较大的市场份额，国内企业主要在中低端市场竞争。

根据北京华通人商用信息有限公司研究的结果，2010 年，中国影像设备市场的销售规模为 234 亿元，其中 X 线机和 CT 所占份额最大，分别为 32% 和 24%；其次是超声设备，占 22% 的份额；MRI 占 15% 的份额。

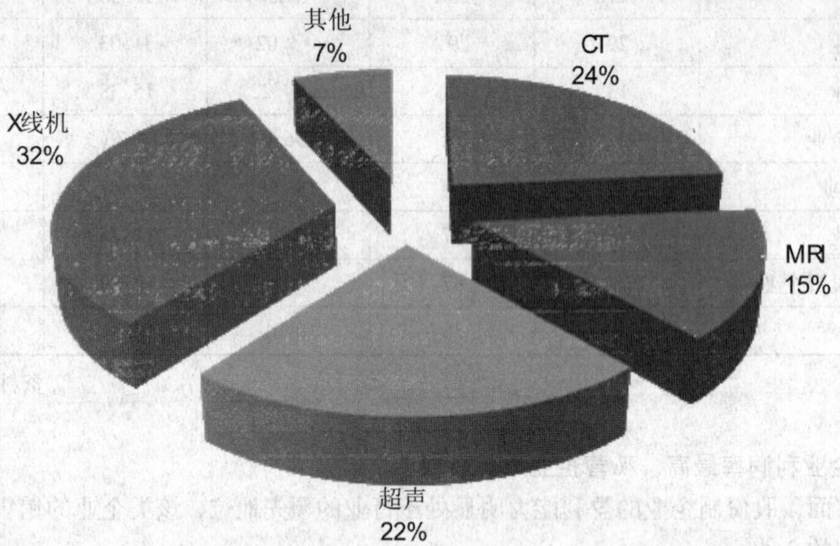

资料来源：华通数据

图 5－2　2010 年医学影像设备产品结构

2010 年，各类影像设备产品获得了快速发展，CT 和 X 线机的增长率达到了 20% 左右，MRI 的增长率更是高达 31%，超声设备由于基数较大，增长率略低，为 16% 左右。

1、X 射线断层扫描仪（CT）

目前，全世界的医用 CT 主要生产厂家为：美国通用电气公司、德国西门子公司、荷兰飞利浦公司、日本东芝公司、日本日立公司、东软医疗系统有限公司和深圳安科高技术服务有限公司。

在今天的全球大型医疗器械市场上，构成竞争对手关系的有四大巨头，即 GE、西门子、飞利浦和东芝。他们经营着从 MRI、CT、DSA 到正电子发射断层（PET）等全系列产品。日立公司和东软医疗系统有限公司、深圳安科高技术服务有限公司也具备生产 CT 设备的能力，但无论在产品开发、市场规模、市场占有率，还是技术领先程度等各个方面与四大公司都还存在着一定的差距。

2、磁共振设备（MRI）

MRI 是 20 世纪 80 年代发展起来的一种全新的影像检查技术，是继 CT 后医学影像学的又一重大进步。自应用以来，它以极快的速度得到发展。

从产品结构来说，0.3－0.5T MRI 一直是市场需求的主体，市场份额在 40% 以上，从近几年的趋势来看，份额保持稳定。1.5T MRI 的需求增长迅猛，市场份额由 2006 年的 14% 增长到 2010 年的 35%，销量的年均复合增长率高达 49%。3.0TMRI 的市场份额也呈上升趋势，2006－2010 年销量的复合增长率为 42%。

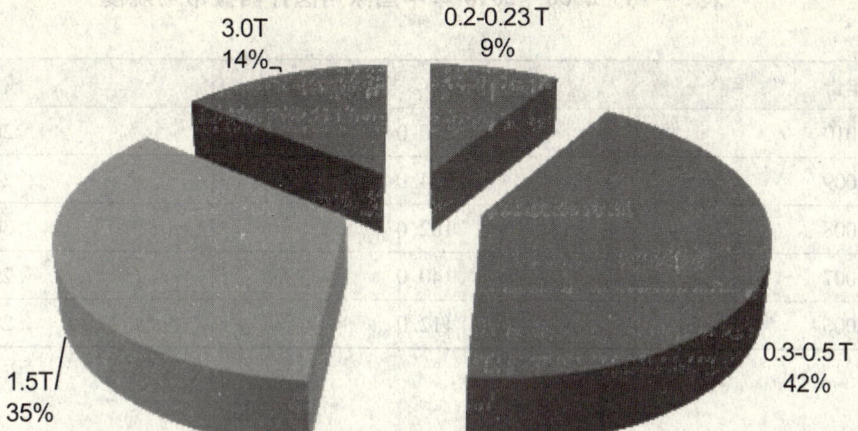

资料来源：华通数据

图5－3　2010 年中国 MRI 产品结构分布图（按销量）

5.2.2　家用医疗器械

家用医疗器械是指主要适于家庭使用，区别于医院使用的医疗器械，具有操作简单、体积小巧、携带方便等特点。根据功能不同，家用医疗器械产品可分为以下四种：

表5－17　家用医疗器械主要分类

类　别	产　品
家庭保健器材	疼痛按摩器材、家庭保健自我检测器材、血压计、电子体温表、多功能治疗仪、血糖仪、视力改善器材、睡眠改善器材、口腔卫生健康用品、成人家庭保健器材等；
家庭用保健按摩产品	电动按摩椅/床；按摩棒；按摩捶；按摩枕；按摩靠垫；按摩腰带；气血循环机；足浴盆；足底按摩器；手持式按摩器、按摩浴缸、甩脂腰带；治疗仪；足底理疗仪；减肥腰带；汽车坐垫；揉捏垫；按摩椅；丰胸器；美容按摩器。
家庭医疗康复设备	家用颈椎腰椎牵引器、牵引椅、理疗仪器、睡眠仪、按摩仪、功能椅、功能床，支撑器、医用充气气垫；制氧机、煎药器、助听器等；
家庭护理设备	家庭康复护理辅助器具、女性孕期及婴儿护理产品、家庭用供养输气设备；氧气瓶、氧气袋、家庭急救药箱

资料来源：华通数据

家用医疗器械的快速发展得益于以下三个因素，一是中国人口老龄化程度日益提高，二是消费者的生活水平不断提高，对健康的重视程度增加，另外家用医疗器械类产品技术水平不断提高，可针对许多疾病给予早期分析、预防和治疗。根据北京华通人商用信息有限公司研究的数据，2010 年中国家用医疗器械市场规模达到 270 亿元人民币，2006－2010 年的年均增长率在 20% 以上。

表 5-18　2006-2010 年中国家用医疗器械市场规模

单位：亿元，%

年份	市场规模	增长率
2010	270.0	20.5
2009	224.0	23.1
2008	182.0	30.0
2007	140.0	25.0
2006	112.0	28.2

资料来源：华通数据

目前家用医疗器械产品的市场集中度较高。电子血压计、血糖仪和助听器占据了90%以上的销售份额，产品集中度很高。由于中国人口基数较大，目前这些产品的市场普及率还不高，未来这三种产品的市场依然看好。由于产品集中度较高，从另一个层面说明目前许多家用医疗产品在中国市场上还没有开始普及，相关家用医疗设备的市场潜力还很大。

未来直营连锁将会成为家用医疗器械销售的发展趋势。打破原来的药店"散兵游勇"式的经营模式，采用直营连锁的经营模式，即实行三级简短流程，把"厂家——办事处——批发商——零售商——顾客"的模式，转变为"厂家——直营连锁店——顾客"的简短模式。这样砍掉了中间多余的环节，使顾客可以得到更专业的服务和更平实的价格，从而企业谋求跨越式的发展。

未来预防保健型和按摩器具市场潜力较大。在中国，由于公费医疗（社会统筹）覆盖小、水平低，家庭自费比重高，如何自我治疗、自我保持健康更令人关心，未来的医疗模式将由治疗型向预防保健型转变，为此，用于家庭、个人医疗保健的诊疗仪器、康复保健装置，以及微型健康自我检测医疗器械和用品将有广泛的需求和应用。另外，利用推拿按摩进行保健和治疗，是中华医学的传统项目，特别是随着近年来国内许多新型按摩器材的推出，如按摩椅、按摩枕头、按摩床具、按摩车等，备受国内生活节奏高度紧张的中产阶级欢迎，未来市场空间较大。

5.2.3　体外诊断试剂

国内体外诊断试剂发展起步较晚，20 世纪 80 年代中国才研制了第一批生化诊断试剂。经过 20 多年的发展，据华通医疗研究，2010 年中国体外诊断试剂产业规模超过了 100 亿元，近五年的年复合增长率在 15% 以上，该产业在中国还处在成长阶段。

诊断试剂先后经历了化学、酶、免疫测定和探针技术 4 次技术革命。目前诊断试剂主要包括生化诊断试剂、免疫诊断试剂、核酸诊断试剂、血糖检测试剂和其他类型。其中生化和免疫类诊断试剂是体外诊断试剂的主要类型，这两种分别占总体市场份额的 30% 和 25% 左右。

外资品牌产品在体外诊断试剂行业占据主导地位，他们以优质的产品质量、可靠的性能和高效精确的仪器配套占据了诊断试剂市场 50% 以上的市场份额，价格在国产试剂的 1-5 倍以上，大多应用在三级医院等高端市场。

国内的诊断试剂生产厂商起步较晚，同跨国企业相比，存在规模小、品种少、发展不均衡的情况，主要劣势在于研发能力较弱，产品价格较低，主要应用在二级医院和基层医院等中低端市场，随着国内企业研发、生产技术水平不断地提高，部分企业的产品质量已经达到国际先进水平，产品的市场份额正在不断扩大。

临床生化试剂主要有测定酶类、糖类、脂类、蛋白和非蛋白氮类、无机元素类、肝功能、临床化学控制血清等几大类产品，主是用于配合手工、半自动和一般全自动生化分析仪等仪器检测。

免疫诊断试剂在诊断试剂盒中品种最多，根据诊断类别，可分为传染性疾病、内分泌疾病、肿瘤、药物检测、血型鉴定等。从结果判断的方法学上又可分为酶免疫分析（EIA）、胶体金、化学发光、放射免疫等不同类型试剂。目前，行业企业纷纷采取产品多元化发展策略，进入生化试剂、化学发光免疫等多个领域。可以想见，未来中国免疫试剂的种类和技术将随着企业的日益重视而日渐丰富和成熟。

未来中国诊断试剂产品的种类将快速增加，应用也将不断扩大。现在生物技术发展日新月异，开发时间将会逐渐缩短，未来中国体外诊断试剂产品将会以更快的速度投入到临床应用。另外，随着新医改政策的深化实施，体外诊断产业将会进一步发展。公共卫生服务体系的全面加强将促使预防和诊断在医疗措施中的重要性进一步提高，从而使常规诊断试剂获得长期持续增长的动力。而建设完善重大疾病防控体系和突发公共卫生事件应急机制则表明，一些由于应用范围不广而发展缓慢的非常规试剂市场将发生变革，具有较大社会效益的诊断试剂研发将获得政府的政策支持和经济补偿。因此，预计未来中国的体外诊断试剂市场增长速度将会达到20%左右，市场空间广阔。

5.2.4 临床检验分析仪器

目前中国临床检验分析仪器行业的发展水平仍较低，多数仪器尤其是高端产品主要由国外进口，国内的生产企业由于技术限制，大多以生产技术含量低的中、低端产品为主，利润相对高端产品较低。而得益于需求的稳定上升，国内企业生产的中、低端产品的产销状况也呈现较好的态势，行业的供应状况良好。

表5－19　中国主要临床检验分析仪市场状况分析

仪器分类名称	功　能	市场状况
生化分析仪	主要用于测定人类体液中的各种生化指标	应用广泛、市场需求量大； 大医院及大的实验室对设备的技术参数和性能要求较高，是国外品牌的全自动生化分析仪的主要用户； 中、小医院受费用和标本量的制约较大，是中、小型的生化分析仪的主要用户。
免疫分析仪	主要用于测定甲功、性激素、肿瘤、传染、心肌标志物等	全自动化学发光仪器及试剂完全依赖进口，用户集中在国内三级医院等高端市场； 国产免疫仪器方面主要是酶标分析仪、时间分辨荧光分析仪、半自动化学发光分析仪。
血凝分析仪	主要用于测定出血性和血栓性疾病的诊断、溶栓以及抗凝治疗	外资品牌占据了70%以上的市场份额。
分子生物学仪器（基因和生命科学仪器）	主要用于基因分析、基因合成、DNA芯片分析等	目前在中国市场上以进口仪器为主，技术要求较高。
血气分析仪器	主要用于测定组织氧含量、血氧饱和度、血气酸碱分析等	产品市场需求状况良好，外资品牌占据优势。

资料来源：华通数据研究

随着医学仪器技术的进一步发展，检验分析仪器在临床和科学研究上的地位越来越重要，应用越来越广，未来的市场空间是巨大的。根据上表的分析，在检验分析仪器市场，外资品牌占据了中国大部分市场，国产品牌中还没有出现行业内知名品牌。临床分析检验仪器的国产化还有很长的路要走，需要业内专业人士的共同努力。

5.2.5 医疗信息化

目前国内医疗信息化尚属起步阶段，在中国2万家医院中，实现门诊医生站、住院医生站数字化的不足20%，这一数字表示，中国医疗信息化基础还不成熟。

按照中国医疗信息化的水平划分，医院信息化即医院信息系统（HIS）建设分为三个阶段：

表5－20 中国医院信息化主要经历阶段

阶段	内容	特征
第一阶段	医院管理信息化阶段（HMIS）	包括财务系统、人事系统、住院患者管理系统、药品库存管理系统等，中国90%以上的大型医院已经实现了部门的信息化管理，近40%的大中型医院正在建设全院的HMIS。
第二阶段	临床管理信息化阶段（HCIS）	以患者信息的采集、存储、展现、处理为中心，为临床医护人员和医技科室的医疗工作服务的信息系统，国内少数医院从第一阶段在向第二阶段过渡。
第三阶段	局域医疗卫生服务阶段（GMIS）	以区域协同医疗卫生数据中心为基础，构建区域性卫生信息网络，分别建立面向医疗机构服务和面向居民个人服务的门户网站，实现个人与医院之间的信息交流和卫生资源共享服务平台。这一阶段在国际上也还处于试验阶段。

资料来源：华通数据

大多数医院信息化建设仍处于第一个阶段，只是做到了医院管理流程的计算机化，信息技术在真正的诊断、手术中的应用还很少。今后医疗信息化建设的重点是从管理信息化阶段向临床信息化阶段转变，把信息技术真正应用到疾病的诊断和手术中去。

新医改把医疗卫生信息化建设作为主要方向之一，根据其改革重点，我们看到了医疗信息化的四大商机：（1）远程医疗。新医改方案中提出要积极发展面向农村及边远地区的远程医疗。随着互联网的普及和3G时代的来临，远程医疗已经成为各级医疗单位的强烈需求。远程医疗包括远程诊断、专家会诊、信息服务、在线检查和远程交流几大内容，主要涉及视频通讯、会诊软件和可视电话三大模块。（2）农村和社区医疗机构信息化建设。兴建乡镇医院和社区卫生服务站是新医改的重点。利用信息技术使农村居民可以享受更快捷便利的医疗服务，利用信息化技术实现社区与三甲医院之间的区域医疗资源共享。（3）电子病历和居民健康档案。电子病历和居民健康档案室是将要执行医疗操作的重要依据，其在可靠性、稳定性、安全性等性能上比其他行业要求更高。因此，使用电子病历必须建立一套高度可靠的安全机制，而进一步提高电子病历、健康档案的安全性、可靠性和严肃性也就成了相关IT服务厂商挖掘商机的重要手段。（4）区域医疗机构资源共享。新医改方案中提出，通过信息化手段建立医院间的资源共享，从而实现医疗服务资料的最优化整合和最大协同效应。IT厂商应当考虑如何帮助医疗机构解决新老系统之间的集成问题，帮助各种异构平台不同应用之间的复杂集成共享问题。

2006－2010年中国医疗信息化投资规模的年复合增长率达到了15%以上，2010年中国医疗整体IT硬件、软件与服务市场投资规模超过了100亿元。未来中国医疗信息化市场将会以更快的速度发展，市场竞争也将更加激烈。

5.2.6 肿瘤治疗设备

治疗性医疗器械在医疗服务中的角色作用不容忽视，特别是在治疗肿瘤疾病上。根据临床使用和产品设备技术特点的不同，可划分为肿瘤放射治疗设备和热疗设备两大类产品。

表 5－21 中国肿瘤治疗设备发展特点

设备类型		市场特点
肿瘤放射治疗设备	医用电子直线加速器	低能医用电子直线加速器，其核心部件加速管均为自己设计制造，中国已全部拥有知识产权；中高档先进医用电子直线加速器依赖进口；钴－60 治疗机基本为国产。
	常规模拟定位机	国产产品为主，占到了 80%；CT 模拟定位机全部依赖进口。
	伽马（γ）刀	国产产品为主，占到了 90% 以上。
肿瘤放射热疗设备	国产设备占到了 90% 以上	

资料来源：华通数据

常规模拟定位机主要以国产为主，约占 80% 以上。CT 模拟定位机全部依靠进口。目前国内 γ－刀系统市场中，以国产产品为主，约占 90% 以上。

中国热疗设备发展比较迅速，中国热疗设备企业自行设计制造的大功率射频肿瘤热疗机、大功率聚束微波肿瘤热疗机、超声聚焦治疗设备、磁感应治疗设备等，使热疗器械成为中国拥有自主知识产权较多，最具中国技术特色的产品门类之一。

5.2.7 骨科植入性医疗器械

目前，中国骨科植入医疗器械市场国外企业的产品仍占主导地位，跨国公司占据 65% 的市场份额，国内企业仅占据 35% 的市场份额。截止到 2010 年，中国骨科植入性医疗器械市场规模约为 71 亿元，并以超过 18% 的增长率速度增长，预计到 2014 年，中国骨科植入材料市场规模将达到 140 亿元。

表 5－22 2009－2014 年中国骨科植入材料市场规模及预测

单位：亿元

年 份	市场规模
2009	61
2010	71
2011E	86
2012E	101
2013E	123
2014E	140

数据来源：华通数据

从细分市场来看，中国骨科植入市场主要包括创伤性植入耗材、人工关节系统和脊柱植入耗材三个细分市场。其中，创伤性植入耗材市场占骨科介入市场总量的43%，人工关节系统占整个市场的35%，脊柱植入耗材占总体的22%。由于人工关节的技术和制造工艺要求较高，国内企业生产较少，目前国内企业生产的产品主要集中在创伤和脊柱市场。

造成这样的产品结构的原因是：1）相对低端的创伤相关产品生产技术门槛低，较多的生产厂家造成市场开发相对充分。2）有限的合格的骨科医生资源限制了需要较高手术技术的关节置换等手术的广泛实施。3）高端品种价格限制了关节和脊椎等相关产品的使用。未来在关节和脊椎相关产品的增长速度将可能超过相对低端的创伤相关植入材料。

尽管中国的骨科植入材料呈现出快速增长的趋势，但从市场穿透率来看，植入比例并不高，中国骨科植入医械市场尚有巨大的发展空间。以脊椎植入器械为例，具有相关脊椎疾病的患者中植入相关器械的比例每年只有1% -2%。导致骨科植入比例器械市场尚未充分成长的因素包括：1）价格偏高，特别是部分高端的脊椎和关节产品往往终端价格相对出场价尚有较高比例的加价；2）合格的骨科医疗资源有限，使得部分中高端产品的使用集中在高端医院；

未来骨科植入器械市场仍将维持较快的增长速度，原因包括：1）人口老龄化。人口老化往往伴随着骨科疾病发病率的提高。据英国统计数据显示，髋关节置换手术的患者平均年龄为72岁，而膝关节置换手术患者的平均年龄为70岁。2）收入增长和医保覆盖扩充导致的支付能力上升。3）更多医疗资源向中低端医院倾斜将使骨科手术能在更多医院进行。4）生活方式的变化。如中国近年来汽车数量快速增加，而50%的创伤植入器械与车祸相关。

目前中国骨科植入材料市场，进口品牌占据大大的优势，特别是在高端医院市场和关节及脊椎等高端产品领域优势比较明显，由于其在技术、质量和品牌的优势，部分产品的价格是国内同类产品的2-3倍。但随着国产化的推进，国内的产品质量进一步提高，还具有价格优势，国产骨科植入材料的份额持续上升，未来国产化替代趋势依然明显。国产骨科植入器械进口替代的原因包括：1）国产产品相对进口产品具有大的价格和成本优势，而政府为了控制医疗卫生支出的过快上涨，往往在医保报销比例向国产骨科植入医械倾斜。2）国内骨科植入器械通过合作和研发将可能缩短与跨国企业在技术上的差距，在中高端器械领域将获得更大的份额。

5.2.8 医疗器械物流

作为医疗器械商业流通中的重要环节，中国医疗器械物流的发展伴随着改革开放以后医疗器械销售市场的快速增长而逐渐为大家所关注。由于中国医疗器械工业生产技术相对落后和国内对中高档产品巨大的需求，国外发达国家产品纷纷进入中国，医疗器械进出口业务发展迅猛，催生了一大批医疗器械进口商和经销商。据统计，2001到2010年的十年间，医疗器械进口规模从16.89亿美元增长到79.57亿美元；2010年医疗器械进口企业数达到了10199家，2009年全国持有《医疗器械经营许可证》的企业有155765家。

相较于药品和其他商品，中国医疗器械物流的发展尚处于起步阶段。由于医疗器械产品门类广泛，不同产品对物流配送的要求各异，例如医用耗材类产品、小型家用器械等产品可以根据需求实现先进的物流配送和库存管理，但其他产品如大型医疗设备、心脏起搏器、心血管支架等高价值产品的物流服务体现的是个性化需求，较难获得物流配送的规模效应。加上医疗器械企业多为中小型企业，更多的关注研发和生产环节，而且医疗器械较单一的代理销售模式和医疗机构为终端的固定销售渠道，物流被认为是非核心业务，而外包给普通的物流公司，形成了小而分散的业务格局。此外，受相关医疗器械商业流通监管政策的约束，有资格开展医疗器械第三方物流业务的企业并不多，因此在行业中专业的上规模的医疗器械商业企业或物流企业廖廖无几。

随着中国医疗器械产业的不断发展，医疗器械物流市场发展前景广阔。国内纷纷开始兴建专业性的医疗器械物流中心，寻求医疗器械采购和营销新模式的突破。2010 年 10 月，南京延长医药物流中心项目落户南京市高淳县，该项目总投资达 3 亿元，建筑面积 12 万平方米；2010 年 4 月，成都规划建设一个占地 15 万亩的超级医药物流配送中心。医疗器械物流配送中心这一新型的流通模式，可实行精细化管理和规范化经营，将成为推动产业发展的必然选择。国内一些医药商业巨头也开始进军医疗器械领域，借助其成熟的营销网络和物流平台，开展医疗耗材、家庭护理用品和计生用品类产品的经营和配送业务。

近年来，由于医疗成本增加、费用上升，“看病难，看病贵”成为国家重点解决的民生问题，医疗器械的采购管理也成为现代医院管理的一个重要领域，特别是国家“医改”各项新政实施后，医疗器械采购和市场流通领域的重大变革刻不容缓。在市场竞争的压力下，借助高效的物流管理、提高经营效率，降低成本将成为企业的必然选择。企业通过加强行业内的纵向和横向合作，实现生产、流通和医疗机构整个供应链的有效整合，将能赢得更大的发展空间。

参考文献

1、李立涛，黄波，孙继芳，家用医疗器械促销模式研究，《合作经济与科技》，2010.6.

2、杨铁生，北大人民医院检验科副主任，《体外诊断试剂的现状与展望》.

3、邱学军等，中国科学院北京大恒医疗设备有限公司，《从一张白卷到五彩缤纷的肿瘤治疗设备》.

4、莫尼塔投资公司，《骨科植入医械发展的三重动力》.

5.3 中国医疗器械相关政策法规

5.3.1 中国医疗器械监管概况

医疗器械是人类用于预防、治疗、诊断疾病的特殊商品，对医疗器械实施有效监管，关系到广大消费者的用械安全，关系到公众生命健康权益的维护和保障。我国政府以强化医疗器械安全监管、保障公众用械安全为目标，逐步建立健全医疗器械安全监管体制与法制，稳步提高医疗器械质量安全保障水平，积极维护公众用械权益，努力提高公众的健康水平。

1、中国医疗器械管理的四个阶段

政府对医疗器械管理什么，怎样管理，在社会经济发展的不同时期，其管理内容和方法有明显的差异，回顾我国医疗器械监督管理，可分为四个阶段。

第一阶段是医疗器械供不应求、管理起步阶段

解放初期到文化大革命前，国内医疗器械工业生产开始起步，可提供临床的医疗器械品种、数量都有限，产品供不应求。组织生产和开发新产品是主要工作。但是，我国医疗器械标准化工作没有起步，企业组织生产没有标准可循，产品质量问题成了新的供需矛盾。医疗器械产品质量问题引起政府关注，并借鉴苏联经验，引进苏联标准，制定我国的医疗器械标准。依靠标准引导，约束企业生产合格医疗器械，是这一阶段医疗器械管理的主要方式。

第二阶段是医疗器械质量矛盾上升阶段

从文化大革命到改革开放之前，医疗器械产品品种、数量迅速扩大，标准化工作滞后，产品质量矛盾上升，为了提高医疗器械产品质量，缓解供需矛盾，政府组织制定了大量的医疗器械国家标准、行业标准，没有国家标准、行业标准的生产企业应制定企业标准。这一阶段政府也重视医疗器械基础标准的制定。出台医疗器械标准管理办法、医疗器械质量分等管理办法和医疗器械质量考核办法等规章。企业必须按标准组织生产，按标准实施出厂检验。没有标准就不能生产，消灭无标产品是这一阶段医疗器械管理工作的原则。政府还采用行政的方式，给不合格企业通报或社会曝光。开展优质产品评奖活动，行业、地方有优等品、一等品，国家有质量金奖、质量银奖，给获奖企业表彰，在基本建设和技术改造方面给予优惠。以标准为依据来督促、引导企业生产合格品是这一阶段医疗器械管理的主要方法。

第三阶段将医疗器械的安全性、有效性摆上日程阶段

改革开放是推动我国经济迅速发展大政方针，我国医疗器械行业受益于这一正确方针，得到迅速发展。由于改革开放，世界各种先进技术，最新科技成果引入我国医疗器械工业，采用高压电器技术、放射性技术、超声波技术、微波技术、激光技术、微电子技术、高分子技术、生物组织技术、机器人技术等，推动了医疗器械新产品的研究和开发。医疗器械监督管理在改革开放，医疗器械产业迅猛发展的形势下，增强了与国际电工标准化委员会、国际标准化组织和欧共体的交流。转化了国际电工委员会的《IEC601－1 医用电器设备安全第 1 部分：通用要求》标准，转化了《医用热硫化甲基乙烯基硅橡胶》ISO 标准，参照先进国家标准，提出了较完整的医疗器械生物学评价原则和试验方法。在无菌医疗器械领域执行 ISO 标准中无热原、无菌等生物性能的安全要求。1992 年，借鉴欧共体的监管模式，启动了医疗器械的安全认证。

第四阶段走上法制化监督管理阶段

随着改革开放的持续深入发展，为建立社会主义市场经济，中央进行了政府机构体制改革，实行政企分开，严格界定了政府、企业的义务和权力，把保障人民生命安全、维护社会主义市场经济秩序，作为政府监督管理的重要职责。1999 年 12 月 18 日朱镕基总理主持召开的国务院第二十四次常务会议，通过《医疗器械监督管理条例》(《条例》)，并于 2000 年 1 月 4 日以国令 276 号发布，同年 4 月 1 日正式实施。这标志着我国医疗器械监督管理进入依法行政和依法监管的新阶段。医疗器械管理从产业管理模式向监督管理模式转移。将医疗器械安全性、有效性的评价作为新产品鉴定转移到产品是否安全有效的市场准入注册管理。

在这一阶段国家药品监督管理局逐步建立医疗器械监督管理机制。建立医疗器械监督管理法规体系，制订了与《条例》相配套的系列法规。

2、医疗器械安全监管的体制与法制建设

《医疗器械管理条例》实施以来，我国政府不断建立健全医疗器械安全监管体制，完善医疗器械安全监管技术支撑体系和医疗器械安全监管法律法规体系，为医疗器械安全监管提供体制和法制保障。

1998 年中国组建了国家医药督管理局，2003 年成立国家食品药品监督管理局，负责对药品及医疗器械的研究、生产、流通、使用进行行政监督和技术监督。到 2005 年，我国建成了中央政府统一领导、省以下垂直管理的医疗器械监管行政机构。

在医疗器械监管领域，建立起由国家和省两级机构组成的医疗器械技术检测体系。其中，国家级医疗器械质量监督检验中心有 10 个，主要承担境内第三类医疗器械、进口医疗器械产品注册检验和国家医疗器械产品质量抽验；省级医疗器械检验机构有 31 个，主要承担辖区内医疗器械监督抽验和部分医疗器械产品注册检验；还有 22 个不同专业的医疗器械标准化技术委员会，负责不同专业范围的医疗器械标准化工作。目前，我国已有医疗器械国家标准 182 项，行业标准 800 多项。

我国政府重视《医疗器械管理条例》相配套的法规制定。根据该条例，国家食品药品监管管理局制定了 15 个部门规章，并以局长令发布。还与卫生部、工商行政管理局联合发布了《医疗器械广告审查标准》、《医疗器械广告审查办法》。

以下列出 15 个局长令和其他法规文件：

《医疗器械临床试验规定》2004 年 4 月 1 日国家药品监督管理局令第 5 号发布；自 2004 年 4 月 1 日起施行；

《医疗器械分类规则》(2000 年 4 月 5 日国家药品监督管理局令第 15 号发布；自 2000 年 4 月 10 日起执行)；

《医疗器械新产品审批规定（试行)》(2000 年 4 月 10 日国家药品监督管理局令第 17 号发布；自 2000

年4月20日起施行)；

《医疗器械生产企业质量体系考核办法》(2000年5月22日国家药品监督管理局令第22号发布；自2000年7月1日起施行)；

《一次性使用无菌医疗器械监督管理办法(暂行)》(2000年10月13日品监督管理局令第24号发布，2000年10月13日起施行)；

《医疗器械标准管理办法(试行)》(2002年1月4日国家药品监督管理局令第31号发布；自2002年5月1日起施行)；

《医疗器械临床试验规定》(2004年1月17日国家食品药品监督管理局令第5号发布；自2004年4月1日起施行)；

《国家食品药品监督管理局关于涉及行政审批的行政规章修改、废止、保留的决定》(2004年6月30日国家食品药品监督管理局令第8号发布，自2004年7月1日起施行)；

《医疗器械说明书、标签和包装标识管理规定》(局令第10号)(2004年7月8日国家食品药品监督管理局令第10号公布，自公布之日起施行)；

《医疗器械生产监督管理办法》(2004年7月20日国家食品药品监督管理局令第12号公布，自公布之日起施行)；

《医疗器械经营企业许可证管理办法》(2004年8月9日国家食品药品监督管理局令第15号公布，自公布之日起施行)；

《医疗器械注册管理办法》(2004年8月9日国家食品药品监督管理局令第16号公布，自公布之日起施行；

《进口医疗器械检验监督管理办法》(2007年6月18日国家质量监督检验检疫总局令第95号公布，自2007年12月1日起施行)；

《医疗器械广告审查办法》(2009年4月7日卫生部国家工商行政管理总局国家食品药品监督管理局令第65号发布，自2009年5月20日起施行)；

《医疗器械广告审查发布标准》(2009年4月28日国家工商行政管理总局、卫生部、国家食品药品监督管理局令第40号发布，自2009年5月20日起施行)。

表5-23　医疗器械产品分类界定及其他法规文件

序号	法　　规
1	国家食品药品监督管理局关于体外冲击波心血管治疗系统等产品分类界定的通知(国食药监械[2007]71号)
2	国家食品药品监督管理局关于实施YY0042-2007《高频喷射呼吸机》等46项医疗器械行业标准的通知(国食药监械[2007]55号)
3	国家食品药品监督管理局关于美国FDA连续发布糖类治疗药物引起血糖监控错误的安全性警告的情况通报(国食药监械[2007]39号)
4	国家质量监督检验检疫总局、国家食品药品监督管理局关于部分医疗器械产品检测有关问题的公告(2006年第70号)
5	国家食品药品监督管理局关于蓝域染色剂等产品分类界定的通知(国食药监械[2006]166号)
6	国家食品药品监督管理局关于延迟YY0568-2005《医用电气设备第2部分：手术照明灯和诊断照明灯安全专用要求》行业标准实施日期的通知(国食药监械[2006]163号)
7	国家食品药品监督管理局关于停止生产销售和使用聚丙烯酰胺水凝胶(注射用)的通告(国食药监械[2006]179号)

序号	法　　规
8	国家食品药品监督管理局关于印发 YY0451－2003《一次性使用输注泵》等两项行业标准第 1 号修改单的通知（国食药监械［2006］158 号）
9	国家食品药品监督管理局关于《专用输液器第 2 部分：一次性使用滴定管式输液器，重力式》等 5 项医疗器械行业标准的通知（国食药监械［2006］157 号）
10	国家食品药品监督管理局关于纳米生物材料类医疗器械产品分类调整的通知（国食药监械［2006］146 号）
11	国家食品药品监督管理局关于子宫热球治疗仪等产品分类界定的通知（国食药监械［2006］140 号）
12	国家食品药品监督管理局关于转发国家标准公告中有关《医用电气设备第二部分：心电监护设备安全专用要求》等 13 项医疗器械国家标准的通知（国食药监械［2006］89 号）
13	国家食品药品监督管理局关于壳聚糖冲洗液等产品分类界定的通知（国食药监械［2006］111 号）
14	国家食品药品监督管理局关于基因枪等产品分类界定的通知（国食药监械［2006］31 号）
15	国家食品药品监督管理局关于转发 GB/T19634－2005《体外诊断检验系统自测用血糖监测系统通用技术条件》国家标准第 1 号修改单的通知（国食药监械［2006］6 号）
16	国家食品药品监督管理局关于印发《医疗器械生产日常监督管理规定》的通知（国食药监械［2006］19 号）
17	国家食品药品监督管理局关于身体成分分析仪等产品分类界定的通知（国食药监械［2005］637 号）
18	国家食品药品监督管理局关于鼻腔导管等产品分类界定的通知（国食药监械［2005］601 号）
19	国家食品药品监督管理局关于延迟实施 GB8368－2005《一次性使用输液器重力输液式》等三项国家标准的通知（国食药监械［2005］619 号）
20	国家食品药品监督管理局关于发布《眼科 A 型超声测量仪》等 41 项医疗器械行业标准的通知（国食药监械［2005］591 号）
21	国家食品药品监督管理局关于规范输液用无菌气体瓶产品管理等问题的通知（国食药监办［2005］531 号）
22	国家食品药品监督管理局关于齿科 ProUltra 根管治疗头等产品分类界定的通知（国食药监械［2005］519 号）
23	国家食品药品监督管理局关于角膜接触镜不属于植入医疗器械的通知（国食药监械［2005］490 号）
24	国家食品药品监督管理局关于义齿粘合剂等产品分类界定的通知（国食药监械［2005］469 号）
25	国家食品药品监督管理局关于瘢痕治疗器等产品分类界定的通知（国食药监械［2005］416 号）
26	关于发布实施 YY0054－2010《血液透析设备》等 96 项医疗器械行业标准的公告（国家食品药品监督管理局 2010 年第 97 号公告，自 2012 年 6 月 1 日起实施）
27	国家食品药品监督管理局办公室关于定制式义齿执行国家标准和行业标准有关问题的通知（食药监办械函［2010］432 号）
28	商务部关于对进口 X 射线检查设备反倾销调查期延长 3 月的公告（商务部 2010 年第 60 号公告）
29	国家食品药品监督管理局关于明确氢氧化钙糊剂等口腔科产品管理类别的通知（国食药监械［2010］367 号）
30	国家食品药品监督管理局办公室关于印发医疗器械注册复审程序（试行）的通知食药监办械［2010］92 号）
31	国家食品药品监督管理局关于泡沫敷料等产品分类界定的通知（国食药监械［2010］111 号）
32	国家食品药品监督管理局关于加强天然胶乳橡胶避孕套生产监管的通知（国食药监械［2010］91 号）
33	国家食品药品监督管理局办公室关于印发生化分析仪等三个医疗器械产品注册技术审查指导原则的通知（食药监办械函［2009］514 号）

序号	法　规
34	国家食品药品监督管理局关于进一步规范医用口罩注册工作的通知（国食药监械［2009］755号）
35	国家食品药品监督管理局关于调整医用室内空气消毒设备管理的通知（国食药监械［2009］582号）
36	国家食品药品监督管理局关于印发医疗器械应急审批程序的通知（国食药监械［2009］565号）
37	国家食品药品监督管理局关于印发国家重点监管医疗器械目录（2009年版）的通知（国食药监械［2009］395号）
38	国家食品药品监督管理局关于印发体外诊断试剂质量管理体系考核范围有效覆盖判定原则及认定程序的通知（国食药监械［2009］320号）
39	国家食品药品监督管理局关于医疗器械生产企业跨省兼并有关问题的批复（国食药监械函［2009］68号）
40	国家食品药品监督管理局关于医学影像诊断系统等产品分类界定的通知（国食药监械［2009］66号）
41	国家食品药品监督管理局、卫生部关于印发医疗器械不良事件监测和再评价管理办法（试行）的通知（国食药监械［2008］766号）
42	国家食品药品监督管理局关于加强壳聚糖类手术防粘连产品生产企业监督管理工作的通知（国食药监械［2008］679号）
43	进口医疗器械检验监督管理办法（2007年6月18日国家质量监督检验检疫总局令第95号公布，自2007年12月1日起施行）
44	国家食品药品监督管理局关于涉及行政审批的行政规章修改、废止、保留的决定（2004年6月30日国家食品药品监督管理局令第8号发布，自2004年7月1日起施行）
45	医疗器械经营企业监督管理办法（2000年4月10日国家药品监督管理局令第19号发布；2000年4月20日起施行，自2004年8月9日起废止）

资料来源：医疗器械信息网

3、中国医疗器械监管的政策措施

我国从国情出发，借鉴国际先进经验，围绕提高医疗器械安全性、有效性，制定政策措施，建立了涵盖医疗器械生产、流通、使用各环节的重要监管制度。2000年我国发布实施《医疗器械监督管理条例》，建立了以产品上市前审批、上市后监督和警戒以及对生产企业监管为核心的医疗器械监管体系。其中，对生产企业监管的主要手段是；质量监督抽验、日常监管、专项检查和生产质量管理规范检查等。国家对医疗器械实施注册管理，注册审查包括产品检测、临床试验、生产质量管理体系现场审查等内容。警戒主要包括不良事件监测、再评价和预警召回等制度；

（1）医疗器械分类管理制度

为了对医疗器械进行科学、有效监管，根据产品风险程度的不同，将医疗器械产品分为一类、二类、三类，实施医疗器械分类管理：

第一类：通过常规管理足以保证其安全性、有效性的医疗器械。

第二类：对其安全性、有效性应当加以控制的医疗器械。

第三类：植入人体；用于支持、维持生命；对人体具有潜在危险，对其安全性、有效性必须严格控制的医疗器械。

我国根据不同的医疗器械类别和进口医疗器械实行分级管理。境内三类医疗器械和境外医疗器械产品的注册技术审评工作，由国家级医疗器械技术审评机构完成。境内二类医疗器械的注册技术审评工作，由省级医疗器械技术审评机构完成。境内一类医疗器械实行备案制度。现行的《医疗器械分类目录》中，按照一类管理的医疗器械有108种，按照二类管理的医疗器械有127种，按照三类管理的医疗器械有71种。

（2）医疗器械市场准入制度

为了从源头保障医疗器械质量安全，国家对医疗器械产品、医疗器械生产、经营企业和医疗器械临床应用技术以及相关涉械人员实行审批和资格认定制度。

1）实行医疗器械产品市场准入制度。国家食品药品监督管理局颁发《医疗器械注册管理办法（局令第16号）》，对上市的国内医疗器械和进口医疗器械实行严格的技术审评和行政审批。在中国境内，只有取得医疗器械注册证或进口医疗器械注册证，方可生产或销售医疗器械。根据各类医疗器械申请的内容和技术要求，国家食品药品监管局陆续出台《第二类、第三类医疗器械注册技术审查指南》、《一次性使用输注器具产品注册指导原则》等医疗器械产品注册规范性指导文件，建立了符合中国实际的医疗器械注册技术审评体系。

2）实行医疗器械企业市场准入制度。国家食品药品监督管理局颁发《医疗器械生产监督管理办法（局令第12号）》、《医疗器械经营企业许可证管理办法（局令第15号）》，对所有申请生产、经营医疗器械的企业进行审核，重点审核人员资质、厂房环境、设备设施、营业场所、仓储条件、质量管理机构等，符合条件的发放生产或经营许可证。自医疗器械生产、经营许可证制度实施以来，医疗器械监管部门通过医疗器械生产日常监督管理、换证工作，对医疗器械生产、经营企业进行清理。只有获得许可的企业，才能生产、经营医疗器械。

3）实施医疗器械临床试验规定，2004年4月1日国家食品药品监督管理局颁发《医疗器械临床试验规定（局令第5号）》，推行医疗器械上市的医疗器械临床试验。保障医疗器械临床试验中受试者权益和临床试验结果的科学性、可靠性，确保进入市场医疗器械的安全性、有效性。

4）实行产品质量检验人员持证上岗制度。对医疗器械生产企业的产品质量检验员实行资格考试，经过国家确认的医疗器械检测机构培训，考试合格方可上岗。

5）实行医疗器械包装材料、标签和说明书审批管理。2004年7月8日国家食品药品监督管理局颁发了《医疗器械说明书、标签和包装标识管理规定（局令第10号）》。包装、标签、说明书是公众获取医疗器械信息的重要渠道，直接接触医疗器械的包装容器和材料必须符合相关标准和法规要求。医疗器械包装应印有或者贴有标签并附有说明书。医疗器械监管部门按照《医疗器械说明书和标签的管理规定》，对医疗器械包装、标签和说明书在产品注册资料中进行备案审核。

6）实施《医疗器械生产质量管理规范》

2009年12月16日，国家食品药品监督管理局颁发了《医疗器械生产质量管理规范（试行）》（国食药监械［2009］833号）及《医疗器械生产质量管理规范无菌医疗器械实施细则和检查评定标准（国食药监械［2009］835号）》、《医疗器械生产质量管理规范植入性医疗器械实施细则和检查评定标准（国食药监械［2009］836号）》、《医疗器械生产质量管理规范检查管理办法（国食药监械（试行）［2009］834号）》，并于2011年1月1日起实施。国家对医疗器械生产、质量控制过程实行生产质量管理规范检查制度，从全过程加强医疗器械质量安全控制。实施《医疗器械生产质量管理规范》的核心是促进医疗器械生产企业应建立有效的质量管理体系。

《医疗器械生产质量管理规范》（以下简称“规范”）是医疗器械监管的重要内容，是强化医疗器械质量管理，严格医疗器械生产过程，降低医疗器械产品风险，保障医疗器械安全、可控的必要手段。实施《规范》目的是，第一，是保障公众用械安全有效的需要。保障公众用械安全有效，是我国政府对医疗器械监管工作的基本要求，是监管工作的根本目标。实施《规范》对于贯彻科学监管理念、改进监管方式、提高监管效率，提升医疗器械生产企业的质量管理水平，从而提高医疗器械产品质量至关重要，这是保障公众用械安全的必要举措。第二，是推进产业健康发展的需要。医疗器械产业发展迅速，高科技、新材料以及学科交叉产品不断涌现，对我们的监管工作提出新的挑战；与此同时，公众对器械产品安全性、有效性的需求也越来越高。在这一背景下，旧的管理模式已不能适应产业快速发展和监管水平提升的需要。推行《规范》，引入国际通行的全过程质量监管模式，可以提高产业准入门槛，逐步淘汰一批散、乱、差的企业，推动产业水平的不断升级，从而推动产业健康发展。第三，是完善监管机制的迫切需要。在现行医疗器械监管法规体系中，质量管理体系监管还是一个相对薄弱的环节，监管实践中以最终产品审查作为产品控制的主要方式，“重审批、轻监督、标准低、无退出”状况未发生改变。《规范》的发布实施，完善了医疗器械监管法规体系，提供了企业质量管理体系监管依据，为从源头抓质量，实现“从管最终产品”向“全过程监管”的转变，奠定了监管法规基础。

《规范》调整了我国医疗器械监管思路，将由上市前的审查、最终产品的审查逐步转移到对产品生产过程的监管上来，《规范》将覆盖第二、三类医疗器械生产企业的设计开发、生产、销售和服务的全过程。满足《规范》要求将是医疗器械产品注册和生产企业运行的必要条件之一。

7）实施医疗器械不良事件监测制度

《医疗器械监督管理条例（修订草案）》中规定，国家建立医疗器械不良事件监测制度，收集、分析、评价、控制医疗器械不良事件。国家食品药品监督管理局、卫生部颁发了《医疗器械不良事件监测和再评价管理办法（试行）》（国食药监械［2008］766号）（以下简称“办法”）。医疗器械不良事件是指：获准上市的、合格的医疗器械在正常使用情况下，发生的或可能发生的任何与医疗器械预期使用效果无关的有害事件。医疗器械与药品一样具有一定的风险性，特别是那些与人体长时间接触、长期使用、植入人体内的医疗器械，在其对疾病诊治的同时，不可避免地存在着相应风险。只有通过医疗器械上市后，在使用中发生的不良事件的监测和管理，最大限度地控制医疗器械潜在的风险，保证医疗器械安全有效的使用。为了进一步了解医疗器械不良事件的情况，及时发现新的、严重的不良事件，以便器械监督部门及时对有关器械加强管理，避免同样的不良事件重复发生，保护更多人的用械安全和身体健康。《办法》要求建立医疗器械不良事件监测报告制度。如发现医疗器械不良事件，生产企业应根据事件的性质、程度主动采取的补救措施，主要有：警示、修正、召回、停用、改进等，可以包括对单个器械的修理。通过对医疗器械不良事件的监测，可以为医疗器械监督管理部门提供监管依据；可以减少或者避免同类医疗器械不良事件的重复发生，降低患者、医务人员和其他人员使用医疗器械的风险，保障广大人民群众用械安全；进一步提高对医疗器械性能和功能的要求，推进企业对新产品的研制，有利于促进我国医疗器械行业的健康发展。

5.3.2 2010年医疗器械行业主要政策

1、2010年中央政府医疗器械监管主要政策

2010年，国家颁布的与医疗器械行业相关的政策中，涉及的最主要内容是医疗体制改革以及医疗器械安全监管。医疗体制改革将有力拉动医疗器械的需求，而医疗器械安全监管对行业的生产、技术水平提出了更高的要求，也使医疗器械行业向更加规范的方向发展。

表5-24 2010年中央政府医疗器械行业监管政策汇总

时间	印发部门	政策名称	文号	政策思路
2010.1.18	卫生部	《医疗器械临床使用安全管理规范（试行）》	卫医管发〔2010〕4号	加强医疗器械临床使用安全监管工作，保障医疗质量安全
2010.4.20	国务院办公厅	关于印发医药卫生体制五项重点改革2010年度主要工作安排的通知	国办函〔2010〕67号	围绕五项重点改革三年目标，提出了2010年度的16项主要工作任务

时间	印发部门	政策名称	文号	政策思路
2010.4.23	国家中医药管理局	《关于促进中医诊疗设备发展的意见》	国中医药发〔2010〕22号	鼓励中医医疗机构、企业、科研院所、大专院校等多方面参与，改变目前中医诊疗设备类型单一、同类化严重的现象
2010.4.29	卫生部	关于印发《全国高值医用耗材集中采购成交候选品种增补目录》的通知	卫办规财发〔2010〕69号	增加高值耗材集中采购品种
2010.5.7	卫生部	卫生部办公厅关于做好卫生系统电子认证服务体系建设工作的通知	卫办综发〔2010〕74号	加大对电子认证服务工作的重视程度，公布其接入流程
2010.7.2	卫生部	关于加强医疗质量控制中心建设推进同级医疗机构检查结果互认工作的通知	卫办医政发〔2010〕108号	实行同级医疗机构检查结果互认
2010.7.19	卫生部	《2010年扩大国家免疫规划项目管理方案》	卫疾控发〔2010〕67号	中央财政安排专项资金18.27亿元，作为扩大国家免疫规划所需疫苗、注射器的购置经费
2010.8.12	卫生部	关于印发2010年医疗器械临床合理使用与安全管理专项检查活动方案的通知	卫办医管函〔2010〕631号	决定自2010年8－12月在全国开展医疗器械临床合理使用与安全管理专项检查活动
2010.8.26	国家食品药品监督管理局	《医疗器械注册复审程序（试行）》	食药监办械〔2010〕92号	加强医疗器械注册复审的审评审批工作，保证复审工作的公开、公平、公正，提高复审工作效率
2010.9.6	国务院	《医疗器械监督管理条例（修订草案）》		确立产品召回制，对三类器械分类定义重新规定、对医疗器械广告的内容进行限制
2010.9.13	卫生部	关于将部分医疗康复项目纳入基本医疗保障范围的通知	卫农卫发〔2010〕80号	把以治疗性康复为目的的运动疗法等9项医疗康复项目纳入基本医疗保障范围，并规定了限定支付范围
2010.9.20	国务院	《关于集中开展县级及县以下基层人员医改培训的意见》	医改办函〔2010〕11号	全面部署基层人员医改集中培训工作
2010.9.27	卫生部	关于开展肿瘤病理远程会诊及质控网络体系建设试点工作的通知	卫办医管发〔2010〕160号	探索建立国家级、省级、市级病理远程诊断、会诊中心和质控评价系统，提高市、县级医院常见肿瘤诊疗的质量和效率
2010.11.22	国家食品药品监督管理局	关于开展《医疗器械不良事件监测和再评价管理办法（试行）》专项检查的通知	食药监办械〔2010〕125号	进一步推进医疗器械不良事件监测工作
2010.11.25	国家食品药品监督管理局	《医疗器械检测机构开展医疗器械产品标准预评价工作规定（试行）》	食药监办械〔2010〕133号	充分发挥各医疗器械检测机构的技术支撑作用，切实做好对拟申请注册医疗器械产品标准进行预评价的工作

时　间	印发部门	政策名称	文　号	政策思路
2010. 12. 29	卫生部、商务部	关于印发《台湾服务提供者在大陆设立独资医院管理暂行办法》的通知	卫医政发〔2010〕110号	规定了台湾在大陆设立独资医院的条件、流程和监管等
2010. 12. 29	卫生部、商务部	关于印发《香港和澳门服务提供者在内地设立独资医院管理暂行办法》的通知	卫医政发〔2010〕109号	规定了香港、澳门在大陆设立独资医院的条件、流程和监管等

资料来源：相关部委、华通数据

2、2010 年地方政府医疗器械监管主要政策

表 5－25　2010 年北京市医疗器械行业监管政策汇总

时　间	印发部门	政策名称	文　号
2010. 1. 23	北京市药品监督管理局	关于发布多参数监护仪技术审评规范的通知	京药监械〔2010〕3 号
2010. 3. 24	北京市药品监督管理局	关于印发医疗器械应急审批程序的通知	京药监械〔2010〕12 号
2010. 4. 27	北京市药品监督管理局	关于征求睡眠呼吸监测产品及骨外固定架产品技术审查规范的通知	京药监械〔2010〕26 号
2010. 4. 27	北京市药品监督管理局	关于加强定制式义齿注册产品标准管理有关事项的通知	京药监械〔2010〕24 号
2010. 6. 23	北京市药品监督管理局	关于规范医疗器械经营企业许可证相关事项的通知	京药监市〔2010〕68 号
2010. 7. 2	北京市药品监督管理局	关于发布睡眠呼吸监测产品等技术审评规范的通知	京药监械〔2010〕37 号
2010. 8. 28	北京市药品监督管理局	关于发布《医疗器械生物学试验审评规范（2010 版）》的通知	京药监械〔2010〕45 号
2010. 9. 14	北京市药品监督管理局	关于印发《北京市医疗器械生产企业日常监督现场检查指南总则（2010 版）》的通知	京药监械〔2010〕49 号
2010. 10. 9	北京市药品监督管理局	关于实施医疗器械生产质量管理规范有关意见的通知	京药监发〔2010〕37 号
2010. 10. 15	北京市药品监督管理局	关于印发《医疗器械灭菌工艺检查要点指南（2010 版）》的通知	京药监械〔2010〕57 号
2010. 10. 20	北京市药品监督管理局	关于发布北京市第二类医疗器械临床试验豁免原则的通知	京药监发〔2010〕38 号
2010. 10. 23	北京市药品监督管理局	转发国家食品药品监督管理局关于医疗器械注册复审程序（试行）的通知	京药监械〔2010〕62 号
2010. 10. 26	北京市药品监督管理局	关于发布《北京市第二类医疗器械豁免临床试验产品目录（2010 版）》的通知	京药监械〔2010〕61 号
2010. 12. 10	北京市药品监督管理局	关于开展《医疗器械不良事件监测和再评价管理办法（试行）》专项检查的通知	京药监械〔2010〕68 号
2010. 12. 31	北京市药品监督管理局	转发国家食品药品监督管理局关于加强药品医疗器械进口和使用管理文件的通知	京药监办〔2010〕118 号

时　　间	印发部门	政策名称	文　　号
2010. 12. 31	北京市药品监督管理局	关于征求凝血分析仪等六个产品注册技术审评规范的通知	京药监械〔2010〕69 号

资料来源：相关部委、华通数据

表 5－26　2010 年天津市医疗器械行业监管政策汇总

时　　间	印发部门	政策名称	文　　号
2010. 4. 21	天津市食品药品监督管理局	关于切实做好抗震救灾药品和医疗器械监管工作的紧急通知	津食药监办〔2010〕108 号
2010. 7. 15	天津市食品药品监督管理局	关于换发《医疗器械经营企业许可证》的通知	津食药监审〔2010〕206 号
2010. 9. 3	天津市食品药品监督管理局	关于进一步做好医疗器械首次注册申请资料真实性核查工作的通知	津食药监械〔2010〕262 号
2010. 10. 26	天津市卫生局	转发卫生部办公厅关于印发 2010 年医疗器械临床合理使用与安全管理专项检查活动方案的通知	津卫药〔2010〕400 号
2010. 12. 27	天津市卫生局	关于印发 2011 年天津市卫生系统信息化建设工作计划的通知	津卫办〔2010〕581 号

资料来源：相关部委、华通数据

表 5－27　2010 年河北省医疗器械行业监管政策汇总

时　　间	印发部门	政策名称	文　　号
2010. 8. 23	河北省卫生厅	关于印发《2010 年河北省医疗器械临床合理使用与安全管理专项检查活动实施方案》的通知	冀卫医函〔2010〕74 号
2010. 9. 19	河北省药品监督管理局	关于转发《石家庄市药品医疗器械生产经营和使用单位诚信体系建设实施方案》和《石家庄市药品医疗器械质量安全诚信管理办法（试行）》的通知	冀食药监办（2010）258 号
2010. 10. 14	河北省药品监督管理局	关于印发《药品、医疗器械生产企业发布严重违法广告警示公告》的通知	冀食药监稽函〔2010〕307 号
2010. 10. 15	河北省药品监督管理局	关于深入开展整治发布违法广告药品医疗器械经营活动暨对发布严重违法广告产品重点治理的通知	冀食药监稽〔2010〕270 号

资料来源：相关部委、华通数据

表 5－28　2010 年山西省医疗器械行业监管政策汇总

时　　间	印发部门	政策名称	文　　号
2010. 7. 27	山西省食品药品监督管理局	关于《医疗器械经营企业许可证》换证工作的公告	

资料来源：相关部委、华通数据

表5－29　2010年内蒙古自治区医疗器械行业监管政策汇总

时　间	印发部门	政策名称	文　号
2010. 8. 13	内蒙古自治区食品药品监督管理局	内蒙古自治区《医疗器械经营企业许可证》换证管理办法	
2010. 12. 29	内蒙古自治区卫生厅	关于对部分医疗机构申请购置大型医用设备的批复	内卫财字〔2010〕1153号

资料来源：相关部委、华通数据

表5－30　2010年辽宁省医疗器械行业监管政策汇总

时　间	印发部门	政策名称	文　号
2010. 7. 19	辽宁省卫生厅	关于同意成立辽宁省影像医学中心的批复	辽卫函字〔2010〕364号

资料来源：相关部委、华通数据

表5－31　2010年吉林省医疗器械行业监管政策汇总

时　间	印发部门	政策名称	文　号
2010. 4. 19	吉林省食品药品监督管理局	关于换发医疗器械生产企业许可证的通知	
2010. 8. 19	吉林省食品药品监督管理局	关于医疗器械生产企业申报注册资料有关事项的通知	
2010. 9. 14	吉林省食品药品监督管理局	关于征求《医疗器械监督管理条例（修订草案）》意见的函	
2010. 11. 22	吉林省食品药品监督管理局	关于开展体外诊断试剂经营企业（批发）专项检查的通知	

资料来源：相关部委、华通数据

表5－32　2010年黑龙江省医疗器械行业监管政策汇总

时　间	印发部门	政策名称	文　号
2010. 12. 1	黑龙江省食品药品监督管理局	关于印发《关于开展贯彻落实〈医疗器械不良事件监测和再评价管理办法（试行）〉专项检查方案的通知》	黑食药监械函〔2010〕7号
2010. 12. 31	黑龙江省食品药品监督管理局	关于印发《黑龙江省医疗器械经营企业资格认可实施细则（修订）》的通知	黑食药监械发〔2010〕256号

资料来源：相关部委、华通数据

表5－33　2010年上海市医疗器械行业监管政策汇总

时　间	印发部门	政策名称	文　号
2010. 1. 27	上海市食品药品监督管理局	关于实行第一类医疗器械生产企业备案登记并联审批有关事项的公告	沪食药监械安〔2010〕038号

时　　间	印发部门	政策名称	文　　号
2010.4.13	上海市食品药品监督管理局	关于贯彻实施《关于印发医疗器械生产质量管理规范（试行）的通知》等规定的意见	沪食药监械安〔2010〕205号
2010.6.11	上海市卫生局	关于下发《上海市乙类大型医用设备阶梯配置执行标准（试行）》和部分乙类大型医用设备配置基本要求的通知	沪卫医政〔2010〕067号
2010.10.18	上海市卫生局	关于本市开展医疗机构放射诊疗专项检查工作的通知	沪卫监督〔2010〕047号

资料来源：相关部委、华通数据

表5－34　2010年江苏省医疗器械行业监管政策汇总

时　　间	印发部门	政策名称	文　　号
2010.10.14	江苏省食品药品监督管理局	关于实施医疗器械生产质量管理规范（试行）有关事项的通知	苏食药监械〔2010〕282号
2010.10.20	江苏省食品药品监督管理局	关于开展2009~2010年度江苏省医疗器械生产企业诚信等级评定工作的通知	苏食药监械〔2010〕288号

资料来源：相关部委、华通数据

表5－35　2010年浙江省医疗器械行业监管政策汇总

时　　间	印发部门	政策名称	文　　号
2010.6.23	浙江省卫生厅	关于印发浙江省乙类大型医用设备配置技术评估管理办法（试行）等的通知	浙卫发〔2010〕166号

资料来源：相关部委、华通数据

表5－36　2010年安徽省医疗器械行业监管政策汇总

时　　间	印发部门	政策名称	文　　号
2010.2.22	安徽省卫生厅	关于进一步做好政府采购设备与资金管理工作的通知	卫计秘〔2010〕86号

资料来源：相关部委、华通数据

表5－37　2010年河南省医疗器械行业监管政策汇总

时　　间	印发部门	政策名称	文　　号
2010.3.2	河南省食品药品监督管理局	关于印发《2010年度河南省医疗器械日常监督检查工作计划》的通知	豫食药监械〔2010〕2号
2010.3.5	河南省卫生厅	中共河南省委 河南省人民政府关于深化医药卫生体制改革的实施意见	豫发〔2009〕23号

资料来源：相关部委、华通数据

表 5－38　2010 年湖北省医疗器械行业监管政策汇总

时　　间	印发部门	政策名称	文　　号
2010. 1. 8	湖北省食品药品监督管理局	关于印发 2010 年湖北省医疗器械生产监督检查计划的通知	鄂食药监文〔2010〕1 号
2010. 3. 10	湖北省食品药品监督管理局	关于印发 2010 年湖北省医疗器械批发经营企业许可证换证工作方案的通知	鄂食药监函〔2010〕73 号
2010. 3. 11	湖北省食品药品监督管理局	关于印发 2010 年全省医疗器械产品质量监督抽验计划的通知	鄂食药监文〔2010〕31 号
2010. 3. 30	湖北省卫生厅	关于开展医院信息化建设现状调查的通知	鄂卫函〔2010〕179 号

资料来源：相关部委、华通数据

表 5－39　2010 年湖南省医疗器械行业监管政策汇总

时　　间	印发部门	政策名称	文　　号
2010. 3. 12	湖南省食品药品监督管理局	关于征求对《湖南药品、医疗器械生产经营企业质量信用等级评定工作方案》、《湖南省药品、医疗器械生产经营企业质量信用等级评定实施办法》两个文件修改意见的通知	
2010. 11. 8	湖南省食品药品监督管理局	关于对医疗器械生产企业实行网上受理审批的通知	

资料来源：相关部委、华通数据

表 5－40　2010 年广东省医疗器械行业监管政策汇总

时　　间	印发部门	政策名称	文　　号
2010. 6. 13	广东省食品药品监督管理局	关于进一步加强医疗器械生产日常监管有关问题的通知	粤食药监械〔2010〕94 号
2010. 9. 19	广东省食品药品监督管理局	关于进一步做好医疗器械生产质量管理体系有关工作的通知	粤食药监械〔2010〕164 号
2010. 10. 12	广东省食品药品监督管理局	关于召开医疗器械重点监管品种生产经营企业电子监管工作部署会的通知	食药监办〔2010〕168 号
2010. 12. 29	广东省食品药品监督管理局	关于深入开展广东省医疗器械经营企业信用管理体系建设工作的通知	粤食药监械〔2010〕226 号

资料来源：相关部委、华通数据

表 5-41 2010 年广西壮族自治区医疗器械行业监管政策汇总

时　间	印发部门	政策名称	文　号
2010. 2. 22	广西壮族自治区食品药品监督管理局	关于对违法发布医疗器械广告品种采取行政强制措施有关事项的通知	桂食药监械〔2010〕11 号
2010. 7. 2	广西壮族自治区食品药品监督管理局	关于印发 2010 年广西重点监管医疗器械品种不良事件监测工作实施方案的通知	桂食药监械〔2010〕22 号
2010. 12. 13	广西壮族自治区食品药品监督管理局	关于印发自治区《医疗器械不良事件监测和再评价管理办法（试行）》专项检查工作方案的通知	桂食药监械〔2010〕41 号

资料来源：相关部委、华通数据

表 5-42 2010 年海南省医疗器械行业监管政策汇总

时　间	印发部门	政策名称	文　号
2010. 10. 26	海南省食品药品监督管理局	关于征求医疗器械批发企业新开办有关事项征求意见的通知	琼食药监械〔2010〕71 号
2010. 12. 10	海南省食品药品监督管理局	关于开展医疗器械经营企业专项整治的通知	琼食药监械〔2010〕78 号

资料来源：相关部委、华通数据

表 5-43 2010 年四川省医疗器械行业监管政策汇总

时　间	印发部门	政策名称	文　号
2010. 11. 29	四川省食品药品监督管理局	关于印发四川省《医疗器械不良事件监测和再评价管理办法（试行）》专项检查工作方案的通知	川食药监械〔2010〕23 号

资料来源：相关部委、华通数据

表 5-44 2010 年贵州省医疗器械行业监管政策汇总

时　间	印发部门	政策名称	文　号
2010. 8. 20	贵州省食品药品监督管理局	关于贯彻落实《医疗器械不良事件监测和再评价管理办法（试行）》的实施意见	黔食药监械〔2010〕245 号

资料来源：相关部委、华通数据

表 5-45 2010 年云南省医疗器械行业监管政策汇总

时　间	印发部门	政策名称	文　号
2010. 4. 26	云南省卫生厅、云南省食品药品监督管理局	关于进一步加强全省医疗机构医疗器械不良事件监测工作的通知	

资料来源：相关部委、华通数据

表 5－46　2010 年陕西省医疗器械行业监管政策汇总

时　间	印发部门	政策名称	文　号
2010. 12. 8	陕西省食品药品监督管理局	关于对医疗器械不良事件监测和再评价管理工作进行专项检查的通知	

资料来源：相关部委、华通数据

表 5－47　2010 年甘肃省医疗器械行业监管政策汇总

时　间	印发部门	政策名称	文　号
2010. 10. 15	甘肃省卫生厅	关于进一步加强医疗器械经营监管工作的通知	甘食药监械〔2010〕345 号
2010. 11. 8	甘肃省卫生厅	关于为乡镇卫生院及村卫生室配发设备的通知	甘卫农卫函〔2010〕581 号
2010. 12. 15	甘肃省卫生厅	关于开展《医疗器械不良事件监测和再评价管理办法（试行）》专项检查的通知	甘食药监械〔2010〕413 号

资料来源：相关部委、华通数据

5. 3. 3　医疗器械行业“十二五”规划重点方向

1、国家“十二五”规划的主要目标

2010 年 3 月 16 日，《中国（保税区）国民经济和社会发展第十二个五年规划纲要》正式公布，今后五年经济社会发展的主要目标是：

● 经济平稳较快发展。国内生产总值年均增长 7%，城镇新增就业 4500 万人，城镇登记失业率控制在 5% 以内，价格总水平基本稳定，国际收支趋向基本平衡，经济增长质量和效益明显提高。

● 结构调整取得重大进展。居民消费率上升。农业基础进一步巩固，工业结构继续优化，战略性新兴产业发展取得突破，服务业增加值占国内生产总值比重提高 4 个百分点。城镇化率提高 4 个百分点，城乡区域发展的协调性进一步增强。

● 科技教育水平明显提升。九年义务教育质量显著提高，九年义务教育巩固率达到 93%，高中阶段教育毛入学率提高到 87%。研究与试验发展经费支出占国内生产总值比重达到 2. 2%，每万人口发明专利拥有量提高到 3. 3 件。

● 资源节约环境保护成效显著。耕地保有量保持在 18. 18 亿亩。单位工业增加值用水量降低 30%，农业灌溉用水有效利用系数提高到 0. 53。非化石能源占一次能源消费比重达到 11. 4%。单位国内生产总值能源消耗降低 16%，单位国内生产总值二氧化碳排放降低 17%。主要污染物排放总量显著减少，化学需氧量、二氧化硫排放分别减少 8%，氨氮、氮氧化物排放分别减少 10%。森林覆盖率提高到 21. 66%，森林蓄积量增加 6 亿立方米。

● 人民生活持续改善。全国总人口控制在 13. 9 亿人以内。人均预期寿命提高 1 岁，达到 74. 5 岁。城镇居民人均可支配收入和农村居民人均纯收入分别年均增长 7% 以上。新型农村社会养老保险实现制度全覆盖，城镇参加基本养老保险人数达到 3. 57 亿人，城乡三项基本医疗保险参保率提高 3 个百分点。城镇保障性安居工程建设 3600 万套。贫困人口显著减少。

● 社会建设明显加强。覆盖城乡居民的基本公共服务体系逐步完善。全民族思想道德素质、科学文化素质和健康素质不断提高。社会主义民主法制更加健全，人民权益得到切实保障。文化事业加快发展，文化产业占国民经济比重明显提高。社会管理制度趋于完善，社会更加和谐稳定。

● 改革开放不断深化。财税金融、要素价格、垄断行业等重要领域和关键环节改革取得明显进展，政府职能加快转变，政府公信力和行政效率进一步提高。对外开放广度和深度不断拓展，互利共赢开放格局进一步形成。

在改造提升制造业方面，要优化结构、改善品种质量、增强产业配套能力、淘汰落后产能，发展先进装备制造业，调整优化原材料工业，改造提升消费品工业，促进制造业由大变强。装备制造行业要提高基础工艺、基础材料、基础元器件研发和系统集成水平，加强重大技术成套装备研发和产业化，推动装备产品智能化。

2、医疗器械行业“十二五”重点方向

2009 年 9 月，我国召开医疗器械产业技术创新战略联盟第一次联盟成员全体会议，这个联盟旨在提出我国医疗器械产业存在的不足，研究未来发展的方向。此次会议确定了“十二五”期间我国医疗器械产业的四个发展方向，这四个发展方向分别是我国医疗器械产业的技术研究、产品研发、平台搭建以及基地建设，是“十二五”期间我国医疗器械产业的发展重点，也是根据《国家中长期科学和技术发展规划纲要》制订完成的。

在 2010 年 10 月召开的第 64 届中国国际医疗器械博览会上，科技部社会发展司相关负责人也表示，技术研究、产品研发、平台搭建以及基地建设，将是“十二五”期间我国医疗器械产业的发展重点。

科技部同时提出了一个目标、三步走战略、五个重点和六个措施，这些众多措施都是为了确保 2020 年，我国的医疗器械技术水平进入世界先进行列，总产值达到 10000 亿元。未来国家将侧重在五个领域的发展，分别是预防保健类、诊断检测类、治疗手术类、康复类和医药信息类。

在具体执行层面，未来国家将会采取“农村包围城市”的医疗器械发展战略、加速体制改革、让人才辈出、创建一流基地与企业、让企业成为主体以及加强组织协调的六项措施确保目标的实现。医疗器械产业“十二五”规划中，将特别提出鼓励企业加大与外资合作，实施“走出去”战略。

表 5－48 “十二五”期间中国医疗器械产品研发重点

项　目	主要产品
农村和社区基层医疗机构普及型医疗器械	重点推进高性价比基层医疗器械的开发和数字化改造，提高易用性和适宜性。包括：普及型数字化 X 线机、乳腺 X 光机、口腔数字 X 线机、便携式数字 X 线机、普及型超声诊断设备、普及型生命体征和生理参数测量器械、普及型全自动生化仪/半自动生化分析仪、普及型麻醉机、呼吸机、普及型多参数监护仪、除颤监护仪、便携式心电图机（带自动诊断系统）、动态心电、血压记录仪、普及型超声、高频、射频治疗设备、中医针灸治疗设备、低成本低场核磁共振成像系统、低成本 CT、辅助诊断及信息管理平台、生命信息遥测监护系统、远程医疗系统
大中型医院 中高端医疗器械	重点突破主要依赖进口的中高端医疗器械的开发。包括： ①诊断类：高端 X 线机（包括介入用血管造影机，数字胃肠机和 DR）、VCT、PET/CT、分子影像设备、Micro－PET、Micro－CT、生物发光成像设备、功能型核磁、超导核磁、高端彩色超声诊断设备、阻抗成像诊断、电子内镜、心脏三维影像系统、心磁图、脑磁图等、心肺功能检测系统 ②检验检查类：包括全自动生化分析仪、免疫分析仪、生物芯片、过敏原检测仪、床旁快速检验（POCT）系列产品等 ③治疗类：包括中高能加速器、生命支持呼吸机、麻醉工作站、手术导航设备、激光治疗设备、超声治疗设备、微创外科手术机器人、体外循环及人工心肺机、除颤监护仪、射频治疗仪、电刀系列（氩气刀，激光刀，水刀等微创伤切割器械）、心血管介入类器材（支架导管导丝）、心脏起搏器、主动脉内气囊反搏泵（IABP）、人工心脏瓣膜、心室辅助装置、骨科植入物、人工器官（人工肾、人工肝）、高压氧舱、数字化手术系统等

项　　目	主要产品
家庭及体检康复类器械	①家用类：家庭用体温、脉搏、呼吸、血压测试仪、智能化血压计、无创血糖仪、家用睡眠呼吸机、家庭生物反馈训练仪、家用制氧机、基础和动态代谢功能测量设备、过敏/哮喘等日常护理设备、突发急病的报警和检测设备、便携和穿戴式传感器 ②康复类：电子耳蜗、助听器、智能盲杖、电子喉、智能假肢和仿生假肢、静态矫形器、盲文翻译器、平衡功能测试训练系统、上肢运动技能训练、智能轮椅、智能神经－肌肉－骨骼康复系统 ③体检类：体检车、多参数体检仪、人体成分测试仪、体检信息管理系统等
公共卫生和应急救援装备	重点研发应急救援需要的器械和设备。包括：应急手术车、自动体外除颤器（AED）、非接触测温仪、应急诊断车、应急检验车、应急负压运送设备、应急防护服等

资料来源：中国医疗器械产业技术创新战略联盟

5.4　中国医疗器械不良事件监测与分析

5.4.1　2010年医疗器械不良事件报告总体概况

2010年，全国医疗器械不良事件监测网络共收到《可疑医疗器械不良事件报告表》68191份，其中企业后续提交《医疗器械不良事件补充报告表》596份；《医疗器械不良事件年度汇总报告表》947份。随着全国医疗器械不良事件监测网络的启用，截至2010年12月31日，注册基层用户（包括生产企业、经营企业和使用单位）共21292家。

表5－49　医疗器械不良事件报告情况

报告类型	报告数量		年度增长率（%）
	2009年	2010年	
《可疑医疗器械不良事件报告表》 （《医疗器械不良事件补充报告表》）	60305 （49）	68191 （596）	13.1 （1116.3）
《医疗器械不良事件年度汇总报告表》	－－	947	－－

1、可疑医疗器械不良事件报告总体情况

（1）可疑医疗器械不良事件报告数量及增长趋势

2010年，国家药品不良反应监测中心共收到《可疑医疗器械不良事件报告表》68191份，与2009年相比增长13.1%，延续了2008年以后的平稳增长态势。截至2010年12月31日，国家药品不良反应监测中心累计收到《可疑医疗器械不良事件报告表》190615份。

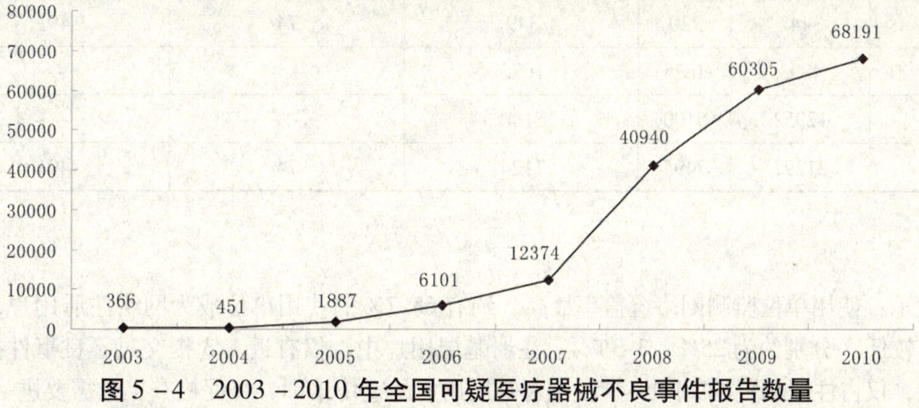

图5－4　2003－2010年全国可疑医疗器械不良事件报告数量

（2）补充报告情况

医疗器械不良事件补充报告是在首次报告后，医疗器械生产企业针对事件后续处理情况、调查情况及发生原因等的进一步分析，将企业信息、事件跟踪信息、产品信息等提交至监管部门的主要载体，以便监管部门进一步分析事件发生的原因，采取及时有效的控制措施。

2010 年，国家药品不良反应监测中心共收到医疗器械不良事件补充报告 596 份，比 2009 年提交的 49 份报告有了大幅度提高。

（3）严重事件报告情况

2010 年，国家药品不良反应监测中心共收到严重事件报告（即事件后果为死亡、严重伤害的报告）10937 份，报告数量比 2009 年增长 38.5%，占报告总数的百分比从 2009 年的 13.1% 增长到 16.1%。严重事件报告数量及占报告总数的百分比均有所增加，提示报告的质量及信息的可利用程度有所提高。

（4）每百万人口平均报告情况

2010 年，我国每百万人口平均医疗器械不良事件报告数为 52 份，与 2009 年相比增长 13.0%。提示我国医疗器械不良事件监测工作发展趋势良好。

2、生产企业医疗器械不良事件年度汇总报告总体情况

按照《医疗器械不良事件监测和再评价管理办法（试行）》的要求，第二、三类医疗器械生产企业应当在每年 1 月底前对上一年度医疗器械不良事件监测情况进行汇总分析，并填写《医疗器械不良事件年度汇总报告表》，报所在地省、自治区、直辖市医疗器械不良事件监测技术机构。

2010 年，国家中心共收到来自 388 家生产企业的医疗器械不良事件年度汇总报告 947 份，仅占二、三类医疗器械生产企业（超过 1 万家）的 3.8%，提示生产企业对器械不良事件监测工作的重视程度仍然偏低。

3、注册基层用户及上报报告情况

2010 年，全国医疗器械不良事件监测网络正式启用。截止 2010 年 12 月 31 日，注册基层用户（包括生产企业、经营企业和使用单位）共 21292 家。其中，医疗器械生产企业 3442 家，约占生产企业总数的 25%；经营企业 4898 家，约占经营企业总数的 3.3%；使用单位 12952 家，约占使用单位总数的 65.7%（据卫生部统计，截止 2008 年，全国共有医院 19712 家，卫生机构 278337 家。因目前已注册的使用单位绝大多数为医院，故此处将医院总数作为使用单位总数）。

2010 年，在 21292 家注册基层用户中，提交过报告的单位数量为 7495，占 35.2%。

表 5-50　基层用户上报报告情况

基层用户	注册数	上报报告的单位数量				百分比（%）
		总数	可疑医疗器械不良事件报告	医疗器械不良事件补充报告	医疗器械不良事件年度汇总报告	
生产企业	3442	720	349	74	491	20.9
经营企业	4898	1675	1675	--	--	34.2
使用单位	12952	5100	5100	--	--	39.4
合计	21292	7495	7124	74	491	35.2

以上数据显示：使用单位监测网络覆盖率最高，约有 65.7% 的使用单位成为网络注册用户，生产企业、经营企业的覆盖率较低（分别约为 25%、3.3%）。注册基层用户中，仅有近 1/3 提交过不良事件报告；生产企业的报告比例最低，仅占注册用户的 20.9%。提示对基层用户的宣传培训、督促检查工作需要进一步加强。

5.4.2 2010年医疗器械不良事件重点监测情况分析

2010年，国家药品不良反应监测中心结合国家医疗器械不良事件数据库中可疑医疗器械不良事件报告数量、产品风险程度及特征，从国家食品药品监督管理局发布的《国家重点监管医疗器械品种目录》中选取血液透析装置、医用缝合线作为重点监测对象，组织开展了医疗器械不良事件重点监测工作。

1、重点监测品种可疑医疗器械不良事件报告总体情况

2010年，国家药品不良反应监测中心共收到有关血液透析装置的可疑医疗器械不良事件报告353份，有关医用缝合线的可疑医疗器械不良事件报告384份。从绝对数量来看，与2009年相比，有关血液透析装置和医用缝合线的报告数量分别增长了105.2%、113.3%；从相对数量来看，与2009年相比，有关血液透析装置和医用缝合线报告数量占总报告数的百分比分别从0.3%增长到0.5%和0.6%。

（1）血液透析装置可疑医疗器械不良事件报告情况分析

自2002年至2010年12月31日，国家药品不良反应监测中心共收到有关血液透析装置的可疑医疗器械不良事件报告661份。从绝对数量来看，有关血液透析装置的报告呈逐年增加的趋势。从相对数量来看，自2002~2009年，有关血液透析装置的报告约占报告总数的0.2%~0.3%；但开展重点监测工作的2010年，有关血液透析装置报告的比重有所增加，占当年报告总数的0.5%。

表5-51　血液透析装置可疑医疗器械不良事件报告情况分析

年度	报告数	报告总数	百分比（%）
2002-2004	2	817	0.2
2005	6	1887	0.3
2006	16	6101	0.3
2007	25	12374	0.2
2008	87	40940	0.2
2009	172	60305	0.3
2010	353	68191	0.5
合计	661	190615	0.3

（2）医用缝合线可疑医疗器械不良事件报告情况分析

自2002年至2010年12月31日，国家药品不良反应监测中心共收到有关医用缝合线的报告1130份。从绝对数量看，有关医用缝合线的报告比往年有所增长（2007年除外）。从相对数量看，有关医用缝合线的报告占报告总数的百分比较2005、2008、2009年有所增长。

表5-52　医用缝合线可疑医疗器械不良事件报告情况分析

年度	报告数	报告总数	百分比（%）
2002-2004	0	817	0
2005	8	1887	0.4

年度	报告数	报告总数	百分比（%）
2006	122	6101	2.0
2007	254	12374	2.1
2008	182	40940	0.4
2009	180	60305	0.3
2010	384	68191	0.6
合计	1130	190615	0.6

2、重点监测品种可疑医疗器械不良事件报告事件后果分析

（1）血液透析装置可疑医疗器械不良事件报告事件后果分析

在661份有关血液透析装置的报告中，严重事件报告（事件后果为死亡、严重伤害的报告）共168份，占25.4%，而事件后果为其他的比例相对较高。这可能与该产品自身特点有关，即血液透析装置属设备类产品，其不良事件更多表现为器械故障。

表5-53　医疗器械不良事件报告情况

事件后果	报告数量（份）	百分比（%）
死亡	1	0.1
严重伤害	167	25.3
其他	493	74.6
合计	661	100.0

注：其中，死亡事件1例。该事件发生原因较为复杂，可能由患者本身因素、操作因素、医疗行为等因素引起，但不能完全排除器械因素。

（2）医用缝合线可疑医疗器械不良事件报告事件后果分析

在1130份有关医用缝合线的报告中，严重事件报告（事件后果为死亡、严重伤害的报告）共867份，占总报告的76.7%，该比例明显高于平均水平（16.0%），提示可能与产品本身特性及加强了重点监测有关。

表5-54　医用缝合线可疑医疗器械不良事件报告事件后果分析

事件后果	报告数	构成比（%）
死亡	1	0.1
严重伤害	866	76.6
其他	263	23.3
合计	1130	100.0

注：其中，死亡事件1例。该事件导致的患者死亡与原患疾病密切，与缝合线关系较小。

3、重点监测品种可疑医疗器械不良事件报告涉及产品情况分析

（1）血液透析装置可疑医疗器械不良事件报告涉及产品情况分析

血液透析装置主要包括透析机、透析器、透析管路、透析液、透析粉、透析复用机、透析水处理系统等产品。在661份有关血液透析装置的报告中，共涉及7个产品，依次为透析器（289份，占43.7%）、透析机（239份，占36.2%）、透析管路（74份，占11.2%）、透析粉（37份，占5.6%）、透析液（16份，占2.4%）、透析复用机（5份，0.8%）、水处理系统（1份，占0.2%）。不良事件的发生可能与产品构成及特性有关。

（2）医用缝合线可疑医疗器械不良事件报告涉及产品情况分析

根据医用缝合线的物理性能及其在人体内的长期稳定性，医用缝合线分为可吸收缝合线和非可吸收缝合线两大类。在1130份有关医用缝合线的报告中，共涉及可吸收性缝合线的报告共611份，占54.1%；涉及非可吸收缝合线的报告共519份，占45.9%。涉及可吸收性缝合线的报告数量高于非可吸收缝合线，可能与其植入人体时间长、材料特殊、更易出现排异反应、吸收性能不稳定等因素有关。

4、安全性评估

（1）血液透析装置

2010年，随着重点监测工作的逐步开展，有关血液透析装置的可疑医疗器械不良事件报告数及其在总体报告中所占的比重均有所上升。血液透析装置的风险基本处于可接受的范围，但因其是用于慢性肾衰竭患者维持生命的医疗设备，同时也是急性肾衰、药物中毒等必须的急救医疗设备，仍需加强监测。对此，发布了一期医疗器械不良事件信息通报（2011年第1期），以警示其使用风险，促进血液透析装置的安全合理使用。

（2）医用缝合线

2010年，有关医用缝合线的可疑医疗器械不良事件报告及其在报告总数中所占的比重均有所上升。医用缝合线的使用相对简单，但由于临床使用量大、且材料具有多样性，因而在使用过程中也存在一定的风险，应予以关注。针对此问题，发布了一期医疗器械不良事件信息通报（2010年第5期），提醒使用者注意医用缝合线存在的风险，加强使用环节的管理，促进医用缝合线的安全合理使用。

（资料来源：国家食品药品监督管理局医疗器械监管司、国家药品不良反应监测中心）

下 篇

国际医疗器械贸易市场

本篇概要

本篇主要介绍了部分国家和地区医疗器械的监管情况和贸易情况。

第六章主要介绍了十四个国家和地区对医疗器械行业的监管情况，包括医疗器械的定义、分类和市场准入门槛。

第七章介绍了与中国医疗器械贸易联系比较紧密的八个国家和地区的医疗器械进出口贸易情况，这八个国家和地区分别为美国、欧盟、德国、日本、南非、土耳其、印度尼西亚和韩国。

第八章介绍了两类专项产品的国内外法规和标准情况。

第九章回顾了2010年医疗器械贸易摩擦情况。

简要说明

1、所列国家的医疗器械贸易数据出自 Global Trade Atlas（全球贸易统计数据库），在文中简称GTA。

2、GTA 数据库查询时间为2011年2月。

3、在对各个国家做贸易分析时，选取了进出口金额在前五位的医疗器械产品，选取了金额在前十位的贸易伙伴。

4、在做同比分析时，上一年数据为零时同比增长用“-”表示。

6 部分国家和地区医疗器械监管概况

6.1 美国

6.1.1 定义

医疗器械是指：仪器、设备、工具、机械、装置、植入物、体外用试剂，或其它相似或相关物品，包括组件、零件或附件。所有这些：

——为《美国国家处方集》或《美国药典》或它们的增补件中所认可；

——预期用于人或动物疾病或其它症状的诊断，或用于疾病的治疗、缓减、处理和预防；

——预期目的是影响人体或动物的身体结构或任何功能，但不通过体内或体表的化学作用，不依赖代谢来达到其预期目的。

6.1.2 分类

美国是最早提出对医疗器械进行分类管理的国家。依据《美国联邦法规法典》21CFR 862～892，美国将医疗器械共分为16大类1700多种。根据确保医疗器械安全性、有效性相关控制要求，美国将医疗器械划分为I、II、III三类：I类指危险性小或基本无危险性的产品，如医用手套、压舌板、温度计等。这类产品约占全部医疗器械的46%。II类指具有一定危险性的产品，例如心电图仪、超声诊断仪、输血输液器具、呼吸器等。这类产品约占全部医疗器械品种的47%。III类医疗器械是指具有较高风险或危害性，是支持或维持生命的产品。

6.1.3 市场准入

美国的医疗器械监督和管理机构包括美国商务部和美国食品药品管理局（FDA），分别在各自的职能范围内工作，互相配合。根据《联邦食品、药品和化妆品法》，医疗器械监管的主要机构是FDA，FDA下设的器械和放射卫生中心（CDRH）负责医疗器械的监督管理。美国医疗卫生工业制造商协会在配合监管部门对医疗器械进行监督管理方面也发挥重要作用。

在《联邦食品、药品和化妆品法》的第513条中规定：

I类医疗器械——一般控制。I类器械的设计通常比II、III类器械简单，且使用中的潜在危险性较小，美国对其给予最低程度的监管，主要包括企业注册、产品登记、良好制造规范（GMP）要求、标签要求以及对于新的器械或经过重要改造的器械的上市前通告（pre－market notification，PMN，510（k））。

II类医疗器械——特殊控制。II类器械是指单独依靠一般控制不足以确保医疗器械的安全性和有效性，而需要采取特殊控制的器械。特殊控制包括公布性能标准、上市后监督、患者信息登记、或在上市前提供临床数据指导等。这种特殊控制就要依据上市前通告，即510K。根据《联邦食品、药品和化妆品法》第510节第k条规定，企业第一次在美国上市，或已上市但有重大或实质性改变的产品在上市前应向FDA呈报相关信息，阐明拟上市产品与市场上已有产品在安全性和有效性方面的实质性等同情形。

III类器械——上市前审批（PMA）。对于不能列为第一类的，也没有足够的信息比较或判断用510K可以获得安全性和有效性的合理保证，而且是用于支持或维持人类生命，或对阻止损害人类健康极为重要，或可能表现出潜在的不合理的致病或致伤风险的器械，都应当依据515条（PMA）履行上市前审批，以保证安全性和有效性。

在美国，医疗器械在申请市场准入时，约有20% 的II类产品和全部III类产品需要临床研究报告。

6.2 欧盟

6.2.1 定义

"医疗器械"是指可单独或组合使用的所有工具、仪器、设备、软件、材料或其他物品，及其附属设备，包括制造商生产的专门用于诊断或治疗所必需的软件，制造商意图将其用于人体，以达到以下目的：

——诊断，预防，监测，治疗或减轻疾病，

——诊断，监测，治疗，减轻伤痛或残疾或予以补偿，

——调查，更换或改变解剖或生理过程，

——节育；

其在人体内/上的主要效用不是通过药理、免疫或代谢方式实现的，但可有这种方式来协助实现其效用或功能。

6.2.2 命名

由全球医疗器械命名机构（GMDN Agency）编制的，且已获得医疗器械法规全球协调组织（Global Harmonization Task Force，GHTF）认可并决定推广采用的全球医疗器械命名法（Global Medical Device Nomenclature，GMDN）目前已经完成18000种产品的分类与定义。欧盟将结合全球医疗器械命名法（GMDN）对欧盟医疗器械数据库（European Database on Medical Devices，EUDAMED）进行整合。该项工作目前正积极进行中。CE审查时，IIb类和Ⅲ类产品需要提供全球医疗器械命名法中对应的产品代码（GMDN Code），该代码需要登陆GMDN数据库查找对应产品后，购买使用。

6.2.3 分类

根据《医疗器械指令》（MDD，Council Directive 93/42/ECC）附件九的18条分类准则，医疗器械分为四大类（Ⅰ类、Ⅱa类、Ⅱb类、Ⅲ）。

根据《有源植入医疗器械指令》（AIMDD，Council Directive 90/385/EEC），有源植入性器械通常被划分为Ⅲ类产品。

《体外诊断医疗器械指令》（IVDD，Council Directive 98/79/EEC）将体外诊断器械分为低风险到高风险四大类。

进行CE审查时，制造商根据产品的预期使用目的（Intended Purpose），按照欧盟建立的一套分类规则，自己对产品进行分类。

6.2.4 市场准入

目前，欧盟依照3个医疗器械监管的指令（Directive），对医疗器械实行统一的市场准入管理。

1.《有源植入医疗器械指令》（AIMDD，Council Directive 90/385/EEC）：该指令要求所有有源植入医疗器械，例如心脏起搏器、体内给药器械、除颤器等自1990年6月20日开始申报上市前审批，取得允许使用CE标志的证书；自1994年12月31日开始没有CE标志的有源植入医疗器械不能在欧盟市场销售。

2.《医疗器械指令》(MDD, Council Directive 93/42/EEC):该指令要求除有源植入医疗器械以外的Ⅱa类、Ⅱb类、Ⅲ类医疗器械，包括无源植入物、外科器械、电子器械等，自1993年开始申报上市前审批，取得允许使用CE标志的证书；Ⅰ类医疗器械不需申报审批，由企业自行保证产品符合上市要求，即可给产品使用CE标志上市。自1998年6月13日开始没有CE标志的产品不能在欧盟市场销售。

3.《体外诊断医疗器械指令》(IVDD, Council Directive98/79/EEC):该指令要求Ⅱa类、Ⅱb类、Ⅲ类体外诊断试剂和仪器自1998年开始申报上市前审批，取得允许使用CE标志的证书；Ⅰ类产品不需申报审批，企业自行保证产品符合上市要求，即可使用CE标志上市。自2003年10月7日开始没有CE标志的体外诊断医疗器械不能在欧盟市场销售。

目前，在欧盟由"公告机构"(Notified Body)对医疗器械实行统一的市场准入审批，并发放CE证书，公告机构由欧洲委员会从各成员国上报的本国资质较好的第三方认证机构中选定。

6.3 日本

6.3.1 定义

日本对于医疗器械的定义，即医疗器械是指用于诊断、治疗和预防人类和动物的各类疾病、或指用于影响人体或动物体的结构或功能的一种器具或仪器。

6.3.2 命名

为了便于与国外的代理商进行交流，参照全球医疗器械命名的国际标准，日本政府制定了《日本医疗器械命名》(The Japanese Medical Device Nomenclature, JMDN)。

6.3.3 分类

《药事法》将医疗器械分为四类，一类、二类、三类、四类。分类是按照医疗器械对人体的危害程度而定的。一类最低、四类最高。但这种分类是按照全球协调组织(GHTF)的分类法而定的，且在类别上增加了称呼，一类医疗器械称为一般医疗器械，二类医疗器械称为控制类医疗器械，三类和四类医疗器械称为严格控制类医疗器械。

6.3.4 市场准入

日本的通产省、厚生省和医疗器械工业协会在各自的职能范围相互配合，共同促进医疗器械的发展。通产省下设医疗用具技术研究开发调整室，其职责是执行国家的宏观经济政策，促进本国的医疗器械工业发展。医疗器械的监督和管理由厚生省(MHLW)全权负责。日本医疗器械产业联合会(JFMDA)包括有关的各个工业协会(例如医用塑胶工业协会、医疗器械工业协会等)，主要负责在产业经济政策、监管管理等方面与政府有关部门联系，协调各自企业间的关系，以及生产企业之间的技术标准协调和标准研制。

1. Ⅰ类风险最低的医疗器械称为"一般医疗器械"。该类产品需要地方政府的上市许可，不需要上市批准，其销售也不受管制。

2. Ⅱ类中度风险的医疗器械称为"受控医疗器械"。该类产品需要获得第三方证明书(Third—party Certification)。第三方组织必须是经日本政府认可的、合格的，如TUV PS、PSB、Si英标，DNV，BVQi，莱茵，SGS等等。作为政府主管部门，厚生省利用国际指导原则和标准，建立第三方的资格标准。此类标准包括那些来自国际标准化组织和国际电工委员会的标准。厚生省将定期审核所有第三方组织。

3. Ⅲ类医疗器械是中等风险的，Ⅳ类医疗器械是高风险的，都称为"高度受控医疗器械"。此类产品受到高度管制，产品的上市前批准申请由日本医药品及医疗器械综合机构（PMDA）负责审查，其审查旨在保障医疗器械产品的质量、安全性和有效性。最终报由厚生省批准。

日本对医疗器械的管理，分为下列三项许可证管制：

1. 医疗器械上市许可证（License for Marketing Business of Medical Devices）。

2. 医疗器械制造业许可证（License for Manufacture）。

3. 上市批文（Marketing Approval）。

产品上市前，均要求公司获得相应的上市许可证和上市批文。

对于境内制造商，必须从地方政府获得上市许可证和制造业许可证；对于外国制造商，必须通过厚生省的认可（Foreign Manufacturer Accreditation），还必须在日本国内指定一个上市许可持有者（Marketing Authorization Holder，简称 MAH），该上市许可持有者需要采用质量控制体系（GQP）和上市后安全控制体系（GVP）。

6.4 俄罗斯

医疗器械产品若想在俄罗斯顺利清关和销售，企业一般需要提供下述证书：

1. 注册证（Registration Certification）

2. GOST－R 证（GOST－R Certification）

3. 卫生证（Sanitary and Epidemiological）

其中体外诊断设备需要注册证（Registration Certification）和 GOST－R 证，体外诊断试剂仅需要注册证（Registration Certification）。

6.4.1 注册证

俄罗斯健康和社会发展部（Federal Service for Control over Healthcare and Social Development（Roszdravnadzor））负责医疗器械的注册工作，并颁发注册证。注册程序如下：递交相关注册资料给注册部门（Roszdravnadzor），注册部门审核资料，并确定是否接受注册申请。审核之后，确定产品的测试要求和范围，包括技术、临床、毒物学等方面。由主管部门认可的测试机构进行技术和毒物学测试，完成有效的技术和毒物学测试以后才能进行临床实验，每个产品需要安排两家临床医院的临床测试。确定上述要求后，需要送样品到指定测试实验室进行测试。最后，提交上述测试和临床报告供审核，完成审核即可获得产品注册证书（Registration Certification）。由于俄罗斯海关在清关时对产品附件有严格要求，因此，需要在注册证上将产品可配置附件列清楚。

注册需要提交的文件包括：1. 授权函（国外厂商委托 Legal Entity 提交注册申请）；2. 制造商经营执照；3. 质量体系证书（ISO9000 或 13485）；4. 原产国上市证明（或 CE 证书）；5. 俄语版操作手册；6. 产品彩页、照片；7. 如适用，安全、EMC、生物兼容性等报告。其中 1、2、3、4 项文件需要公证和俄罗斯使馆认证。

注册通常需要 4－6 个月，甚至 1 年，取决于产品及与主管部门的沟通。由于相关法律法规规定注册过程中官方审核或测试应收取费用，因此，注册的费用基本取决于与测试机构或注册官员的沟通。一般每个产品的所有注册费用约 20，000 美元，试剂等耗材费用为 10，000 美元。

注册证无有效期限制，是产品清关和销售最为重要的证明。但为了产品清关，企业还需申请两个证书：GOST－R 证和卫生证。

6.4.2 GOST－R 证

不论是俄罗斯国内生产的医疗器械产品，或从其它国家进口到俄罗斯的任何产品，根据俄罗斯法律规定都必须取得 GOST 产品认证。该证书由俄罗斯计量和技术管理局（Gosstandart）认可的组织或测试机构颁发，证明产品的质量和安全，测试内容与注册要求基本一样。如果 Gosstandart 的专家到制造厂进行了工厂审查，则无需送样到俄罗斯进行测试，且颁发的证书有效期为 3 年；如果不安排工厂审查，则需要提供样品到俄罗斯实验室测试，颁发的证书有效期为 1 年。此外，GOST 产品认证还有单次进口认证，适用于俄罗斯进口商，申请者依据进口产品的合约及发票来申请，一旦变换进口商，或再次进口则该认证就失效。单次进口认证不一定需要经过产品测试。

6.4.3 卫生证

如果医疗器械预期接触患者，或者有对患者或医生有不利影响（例如植入设备，绷带，隐形眼镜，X 射线设备），则需要申请卫生证，该证由俄罗斯消费者权益及福利保护监督局（Rospotrebnadzor）颁发，有效期为 5 年。

6.5 巴西

所有在巴西销售的医疗器械必须在巴西国家卫生监督管理局（Brazilian Sanitary Surveillance Agency，简称 ANVISA）注册。在巴西注册主要有以下三个关键点：

1. 在巴西设有子公司，可由当地代理商或顾问公司作为法律意义上的进口商，负责产品注册。

2. 对于电气产品，如果 IEC60601－1 标准适用，需要申请巴西电气安全认证，即 INMETRO 认证。INMETRO 是巴西国家工业计量、标准化和质量局的简称，是巴西的国家认可机构（Accreditation Body）。

3. 从 2010 年 5 月份开始，绝大部分产品需要获得巴西 GMP 才能申请注册。哪些产品需要申请 GMP 取决于产品分类。

巴西医疗器械产品的注册流程如下：

1. 首先根据 RDC 185/01 的附录 I 确定产品的分类，不同类别的产品，注册要求的文件不同。部分风险较低产品也不需要 GMP 证书。分类规则类似于欧盟 MDD 指令，产品分为四类；

2. 根据 RDC 25/09 和 RDC 24/09，如果产品需要 GMP 证书，则首先需要向 ANVISA 申请 GMP 审核。巴西 GMP 在 RDC 59/01 中规定，来自于 FDA QSR。审核通过获得 GMP 证书后才能申请注册。GMP 证书有效期 2 年；

如果产品适用于 IEC60601－1 标准，则需要申请 INMETRO 证书。INMETRO 证书由巴西 INMETRO 认可机构颁发，如巴西 UL，巴西 TUV 莱茵等。测试标准是 IEC60601－1 及适用的并列和专用标准。INMETRO 证书有效期 5 年，到期需要更新。产品有重大更改也需要向发证机构申请报备或重新测试；

4. 递交注册的当地公司需要在 ANVISA 登记；

5. 根据 RDC 185/01 准备注册资料，递交注册。需要提供葡语手册和原产国出口销售证明。出口销售证明需要使馆认证；

6. 通过审核后，ANVISA 将在网站上公布注册信息。一般每周一公布一次产品注册信息。注册证有效期 5 年。

6.6 加拿大

加拿大医疗器械产品的监管主要由卫生部健康产品与食品管理分部治疗产品局下设的医疗器械局负责，另外健康产品和食品检查局负责产品上市后事故和投诉的调查，新成立的市场健康产品局负责医疗器械不良事件的监测和分析。

加拿大医疗器械法规适用范围：国内外医疗器械的销售和广告，该法规不适用于动物使用器械。根据产品的风险等级，加拿大监管当局将医疗器械分为Ⅰ，Ⅱ，Ⅲ，Ⅳ类，Ⅰ类风险最低，Ⅳ类风险最高。其中Ⅱ，Ⅲ，Ⅳ类需取得加拿大健康部颁发的产品注册证方可销售，进口商和经销商需取得营业许可证方可进行销售活动。

在加拿大进行医疗器械产品注册，Ⅰ，Ⅱ，Ⅲ，Ⅳ类产品的要求是逐级增加，要求制造者提交的材料愈加详尽。Ⅰ类医疗器械豁免注册，Ⅱ，Ⅲ，Ⅳ类器械注册通常需要提交以下材料：

a）器械的名称；

b）器械的分类；

c）器械的标识；

d）产品标签上出现的制造者名称、地址；

e）若制造地点与d）不同，则制造地名称、地址。

对于医疗器械进口或经营企业，加拿大健康部实行营业许可证管理制度。营业许可证的申请应提交以下材料：

a）营业单位的名称、地址；

b）作为情况联系人的营业单位代表的名称、职位及电话号码；

c）介绍营业单位为进口商或销售商或二者兼有；

d）进口或销售的医疗器械制造商的名称和地址；

e）针对每一制造者，列在卫生部所指定的专家库中进口或销售医疗专家；

f）针对每一制造者，进口或销售的器械的分类；

g）经营企业的高层管理人员所作的声明，声明经营企业建立了分销记录、投诉处理和召回有关文件存档的程序；

h）若营业企业进口医疗器械，其高层管理人员应声明遵守强制采取报告制度；

i）当营业单位进口或销售Ⅱ，Ⅲ，Ⅳ类医疗器械，高层管理人员应声明建立标准操作规程以控制这些器械处理、贮存、交付、安装、纠正措施和服务；

j）在加拿大境内实施（g）至（i）款的各个地址；

k）执行事故警戒报告制度。

每年12月31日营业许可证作废，营业企业应提出再次申请。

6.7 澳大利亚

澳大利亚医疗器械产品的监管机构是治疗物品管理局（Therapeutic Goods Administration，简称TGA），它是澳大利亚政府健康和老龄部（Australian Government Department of Health and Ageing）的下级机构。澳大利亚的医疗器械监管方式是以医疗器械法规全球协调组织（GHTF）制定的监管模式为基础建立的。TGA对医疗器械进行一系列的评审和监督管理工作，以确保在澳大利亚上市的医疗器械产品对法规要求的符合性，并有效地保证澳大利亚的治疗水平的提高。

6.7.1 产品分类

根据《治疗物品法案1989》第41DB章节对医疗器械分类的要求，《治疗物品（医疗器械）法规2002》- Therapeutic Goods（Medical Devices）Regulations 2002中规定了基于风险等级的医疗器械分类：

a）Ⅰ类，低风险；

b）Ⅱa类，低-中风险；

c）IIb 类，中－高风险；

d）III 类，高风险；

e）AIMD（有源植入医疗器械）类，高风险。

6.7.2 上市前控制要求

澳大利亚采用低风险产品企业自我评估、高风险产品由政府审批的方式，对列入不同目录的产品实施不同管理，突出了对高风险产品的重点管理。TGA 管辖的澳大利亚治疗商品注册处（Australian Register of Therapeutic Goods. ARTG）对医疗器械的管理分为三类，注册、备案和豁免，除经明文豁免的产品外，其余产品一律经过审查批准才能在市场上销售。

对于高风险的医疗器械，其质量、安全性、有效性需由 TGA 评估并在上市前批准，低风险的 I 类器械没有强制性质量体系和上市前评价的明确要求，但要求制造商提供相关文件证明其安全有效性。高风险的器械，例如心脏起搏器，供电药物输注系统，针对 HIV 和丙型肝炎的体外诊断试剂及其它植入类器械，属于“注册”器械，在获准进入澳大利亚市场前需综合评价产品的质量、安全性和有效性，批准后作为注册产品进入医疗用品注册系统，对其进行编号管理。一般情况下 3 个月完成注册产品的审查。大多数其他器械属于“备案”类，通过简要评估检查是否符合生产、标签以及质量标准，一经批准进入澳大利亚市场，就作为目录产品进入医疗用品注册系统，并进行编号管理。备案一般需要一个月的时间。

在递交医疗器械注册申请时，鼓励申请者使用器械电子申请报关系统（Devices Electronic Application Lodgment System，DEAL）。如果产品已经注册或备案，制造商变更经销商对其没有影响。对国外产品进行注册审批后，每年还要常规注册一次. 说明产品型号、性能及质量有无变化。

所有医疗器械在澳大利亚上市前必须列入澳大利亚治疗物品注册处（ARTG），该申请由澳大利亚代理商通过“器械电子申请存放系统”——Device Electronic Application Lodgement system，简称 DEAL 进行递交。

6.8 菲律宾

菲律宾卫生部下属的食品药品管理局（Food and Drug Administration，简称 FDA）、卫生设备和技术局（Bureau of Health Devices and Technology，简称 BHDT）主要负责对食品、药品、医疗器械和其他相关产品的监管。

医疗器械产品进入菲律宾市场前，应进行上市前注册申请。产品首次注册，其证书有效期为一年，上市前注册申请需提供下列材料：

1. 制造商、分销商、进口商出具的经公证的申请信；
2. 商标批准函（适用于有商标的产品）；
3. 制造商、分销商、进口商的合法有效的经营许可证；
4. 原产国出具的自由销售证明，应经菲律宾在原产国的领事馆认证；
5. 有效的 ISO 质量管理体系认证证书或政府对质量管理体系审核后颁发的证书，经菲律宾领事馆认证；
6. 对相关产品，提供制造商和分销商、进口商之间的协议证明；
7. 产品适应症和使用说明；
8. 最新的产品注册证书复印件；
9. 所有原材料的数量和技术规范清单；
10. 制造、加工和包装工艺的描述，对无菌产品应包括灭菌程序；
11. 成品的技术规范和外形描述；
12. 稳定性研究；

13. 产品标识材料：包装标签、使用说明书和产品宣传册；

14. 样品；

15. 注册申请费用付款收据。

菲律宾政府要求产品上市前注册申请必须委托当地的代理商进行。近年来，菲律宾政府对医疗器械的监管要求也在不断变化，因此制造商在准备产品上市前注册申请时应事先与当地的代理商确认所需要提供文件的具体要求，通常代理商可以向政府主管机构就这些要求进行咨询。

6.9 泰国

泰国食品药品管理局（Thai Food and Drug Administration，简称 Thai FDA）的主要职责是保护消费者的健康，特别是保证以下在本国上市的健康产品的安全、质量和有效性，包括：食品、药品、精神药品、麻醉药品、医疗器械、挥发性物质、化妆品和有害物质。

为了保证对医疗器械的质量、有效性和安全性进行有效的监管，泰国政府制定了专门针对医疗器械的《医疗器械法案，B. E. 2531》（Medical Device Act，B. E. 2531），并于 1988 年 5 月 23 日开始生效。1990 年 6 月 22 日，Thai FDA 下辖的医疗器械控制部门（Medical Device Control Division，简称 MDCD）正式成立。

目前，Thai FDA 将医疗器械分为三类：

1、一般控制（第 I 类医疗器械）

对第 I 类医疗器械（除第 II 类和第 III 类之外的器械），制造商、进口商或分销商不需要许可证，但应按照 Ministerial Notification No. 6（B. E. 2532）对进口的要求，在产品上市前向 Thai FDA 递交自由销售证明进行批准。

2、上市前通告（第 II 类医疗器械）

对第 II 类医疗器械，制造商、进口商或分销商应按照 Ministerial Regulation No. 4（B. E. 2533 - A. D. 1990）的要求，向 Thai FDA 递交如下详细信息：产品描述、使用方法、规范、标识、制造商和分销商名称，还需要递交原产国出具的自由销售证明。此类器械包括：

1）HIV 检测盒（其它用途）：The Notice of Ministry of Public Health No. 18（B. E. 2538）；

2）物理治疗产品：The Notice of Ministry of Public Health No. 19（B. E. 2539）；

3）酒精探测仪：The Notice of Ministry of Public Health No. 22（B. E. 2540）；

4）硅胶乳房植入物：The Notice of Ministry of Public Health No. 23（B. E. 2540）。

3、上市前批准（第 III 类医疗器械）

对第 III 类医疗器械，在制造、进口或销售前，应根据 Ministerial Regulations No. 1，2，3，5（B. E. 2533 - A. D. 1990）的要求，向 Thai FDA 申请注册，并取得批准许可证。此类器械包括：

1）避孕套：The Notice of Ministry of Public Health No. 11（B. E. 2535）；

2）检查手套：The Notice of Ministry of Public Health No. 13（B. E. 2537）；

3）外科手套：The Notice of Ministry of Public Health No. 14（B. E. 2537）；

4）无菌皮下注射器：The Notice of Ministry of Public Health 15（B. E. 2537）；

5）无菌胰岛素注射器：The Notice of Ministry of Public Health No. 16（B. E. 2537）；

HIV 检测盒（诊断用途）：The Notice of Ministry of Public Health No. 18（B. E. 2538）。

6.10 越南

越南卫生部（Ministry of Health）负责进口医疗器械的监管和审批。2006 年 7 月 11 日，卫生部发布了卫生部法规 No. 08/2006/TT - BYT 第 IV 部分和附录 9 的修正和补充指导意见，Circular No. 08/2006/TT - BYT 附录 7 中共列出 53 种须经过卫生部许可才能进口的医疗设备。其控制要求如下：

进口附录 7 中所列医疗设备的经销商，应满足下列条件：

a）具有符合越南企业法、合作法和投资法的法律文件；

b）拥有能满足相关要求的技术人员和硬件基础设施。

需要递交的申请文件：

a）医疗设备进口许可申请；

b）Circular No. 08/2006/TT - BYT 第 IV 部分，条款 1 - 1. 1 部分所要求的相关文件；

c）随附文件，包括：产品规格型号，每种设备的使用说明书和技术规范（附越南语翻译件），质量控制证书（ISO、FDA、EC 等）或同等证书，由原产国出具的自由销售证明。

进口许可申请流程：

a）医疗设备进口许可申请文件应递交至卫生部进行审核，卫生部将在收到完整有效的申请文件的 15 个工作日内发放进口许可；

b）对已发放许可的经销商，应按财政部 2005 年 7 月 12 日发布的 Decision No. 44/2005/QD - BTC 的要求缴纳进口费用。

对于附录 7 中未列的医疗设备

1）对附录 7 中未列的医疗设备，经销商可不必向卫生部申请进口许可，但仍应符合 Circular No. 08/2006/TT - BYT 第 IV 部分，条款 1，1. 1 和 1. 2 部分对文件的要求。

2）对附录 7 中未列的医疗设备，但应用新的诊断和治疗方法，并是首次进口至越南的，需要获得卫生部的进口许可。除了 Circular No. 08/2006/TT - BYT 第 IV 部分，条款 1 所要求的内容以外，还需要递交进口医疗设备的临床试验和评价结果，并由卫生部科学技术委员会许可进口。

对于一些已被国际组织认可，并在其它国家推荐使用的特殊医疗设备，在卫生部科学技术委员会的结论基础上，卫生部应考虑并允许免除临床试验。

6. 11 印度尼西亚

印度尼西亚卫生部下辖的药品和医疗器械服务总署（The Directorate General of Pharmacy and Medical Devices Services）负责医疗器械和家用健康用品的注册管理。

印度尼西亚卫生部于 1991 年颁布以下医疗器械和健康用品的注册法规：

1. 医疗器械、化妆品和家用健康用品的注册要求（Regulation No. 140/Menkes/ Per/III/1991, Obligation to Register Medical Devices, Cosmetics, and Household Health Supplies）；

2. 对实施医疗器械、化妆品和家用健康用品的注册要求的指令性文件（Regulation No. 1477/C/SK/IV/91, Directives for Registration of Medical Devices, Cosmetics and Household Health Supplies, which implements Regulation No. 140/Menkes/Per/III/1991）。

在印度尼西亚分销或销售的医疗器械和家用健康用品应在卫生部进行注册。国产医疗器械应由经许可的本地制造商进行注册，进口医疗器械由外国制造商授权的本地分销商进行注册。

注册医疗器械，申请者应填写申请表格，连同随附文件一起递交至药品和医疗器械服务总署。申请表应以印度尼西亚语填写，但支持性数据和文件可使用印度尼西亚语或英语。若评审时要求补充资料，则应在通知日期后三个月内完成补充递交，否则会导致注册申请被退回。

药品和医疗器械服务总署将根据 Regulation No. 140/Menkes/Per/III/1991 对注册申请进行评审，在收到注册申请之日起三个月内，总署将决定是否批准或拒绝医疗器械注册申请。

医疗器械在印度尼西亚上市前，应向卫生部申请注册，申请文件应包括下列信息：

申请文件应包括下列信息：

1. 持有医疗器械分销商证书的印度尼西亚公司的名称、地址和电话号码；
2. 制造商或授权印度尼西亚分销商注册产品的外国公司的名称、地址和组织结构；
3. 产品名称，应与包装及标识保持一致；
4. 医疗器械种类和子类别；
5. 其它信息，如：形状、颜色、净重、体积、包装、尺寸、类型或部件；
6. 产品规范和质量保证、使用方法和标识、型号和样品及附加信息。

申请表应由分销商证书上显示的公司负责人、总监或技术代表签字。

药品和医疗器械服务总署将根据 Regulation No. 140/Menkes/Per/III/1991 对注册申请进行评审，在收到注册申请之日起三个月内，总署将决定是否批准或拒绝医疗器械注册申请。

6.12 马来西亚

马来西亚卫生部医疗器械局（Medical Device Bureau，Ministry of Health Malaysia）于2005 年9 月成立，负责医疗器械的监管，其主要职责包括：

1. 医疗器械产品注册；
2. 向制造商、分销商、进口商、出口商发放许可证；
3. 检查设施（企业）；
4. 监控已上市的医疗器械；
5. 监控医疗器械的操作和使用，包括处置；
6. 实验室测试；
7. 起草法律和标准。

目前马来西亚对医疗器械无强制性注册要求，仅要求对医疗器械企业进行自愿注册，产品的相关信息包含于企业注册中。另外，部分医院可能要求产品有 CE 标识。

2006 年初，马来西亚启动了医疗器械企业自愿注册计划（Voluntary Registration Scheme for Medical Device Establishments，简称 MeDVER）。MeDVER 是一个基于互联网的注册系统，所有申请均应在马来西亚卫生部医疗器械局的官方网站上完成，它由两部分组成：

第 1 部分：账号创建系统；

第 2 部分：医疗器械企业、负责人、产品详情、上市前及上市后等信息。

医疗器械企业注册申请应使用下列表格：

1. 账号申请表格（MeDVER -01）；
2. 企业注册表格（MeDVER -02）；

需要时，还应附相关支持性文件。

另需注意的是，MeDVER 并不是一个批准系统。对于所分配的递交号码和注册号码，不以任何方式构成马来西亚卫生部对医疗器械企业及其产品批准的一种承认或同意。

马来西亚政府曾非常积极地参与亚洲医疗器械法规的协调活动，推进通用注册文件模板（Common Submission Dossier Template，简称 CSDT）在亚洲的实施，但因其本国法律法规的批准程序问题，其有关医疗器械监管的新法律法规迟迟未获批准。如果新的法律法规获得国会的批准，则其对医疗器械的监管将会变得严格。

6.13 新加坡

新加坡对医疗器械监管的法规体系虽然仍处于过渡期和不断完善的阶段，但其法规体系最接近医疗器械法规全球协调组织（Global Harmonization Task Force，简称 GHTF）推荐的法规体系要求；该体系借鉴了美国、欧盟这些发达国家和地区对医疗器械监管的经验，可以说该体系是一个较为先进、科学和全面的医疗器械监管体系。

从 2002 年 4 月至 2007 年 11 月，新加坡政府对医疗器械实行自愿产品注册制度（Voluntary Product Registration Scheme，简称 VPRS）。

2007 年 2 月，随着健康产品法案（Health Products Act 2007）获得新加坡国会的通过，新加坡卫生科学局（Health Sciences Authority，简称 HSA）开始实施新的健康产品（医疗器械）法规，以便更好地管理在新加坡上市的医疗器械。

新加坡对医疗器械的监管分三个阶段实施：

第 1 阶段（从 2007 年 11 月 1 日起）

按健康产品法案 Part VIII，医疗器械相关企业应承担下列责任和义务：

（1）保留产品分销和投诉记录；

（2）报告现场安全纠正措施（FSCAs）和不良事件（AEs）；

（3）禁止虚假或易产生误导的医疗器械广告和宣传。

第 2 阶段（从 2008 年 11 月 1 日至 2010 年 4 月 30 日）

开始经营者许可和产品注册申请（实施费用优惠政策）。

（1）制造商应取得制造许可证。要求符合 ISO 13485 质量管理体系，并取得 ISO 13485 证书。

（2）进口商应取得进口许可证，批发商应取得批发许可证。要求符合医疗器械良好分销规范（Good Distribution Practice for Medical Devices，简称 GDPMDS），并取得 GDPMDS 证书。

第 3 阶段

（1）3A 阶段（从 2010 年 5 月 1 日至 2010 年 7 月 31 日）

a）产品注册标准费用适用（不再实施费用优惠政策）。

b）对产品注册使用通用提交文档模板（Common Submission Dossier Template，简称 CSDT）提交，VPRS 格式逐步结束。

c）过渡清单完成和公布（登记截止期 2010 年 4 月 30 日），即在 2010 年 4 月 30 日前提交了产品注册申请但尚未获得 HAS 批准的符合要求的产品的清单。

（2）3B 阶段（从 2010 年 8 月 1 日至 2011 年 7 月 31 日）

a）强制经营许可：企业应取得医疗器械制造许可证、进口许可证和/或批发许可证；只有取得了许可证的企业才能制造、进口或批发医疗器械（所有风险类别）。

b）除非获得 HSA 授权或被列入过渡清单，所有未经注册的 C 类和 D 类医疗器械禁止上市。

（3）3C 阶段（从 2011 年 8 月 1 日起）

a）只有取得许可证的企业才能制造、进口或批发医疗器械（所有风险类别）。

b）除非获得 HSA 授权或被列入过渡清单，所有未注册的医疗器械禁止上市。

HSA 采用医疗器械全球协调工作组（Global Harmonization Task Force，简称 GHTF）对医疗器械的分类规则，将医疗器械按风险等级由低到高分为四类：

A 类：低风险，如压舌板；

B 类：低中风险，如皮下注射器针头；

C 类：中高风险，如骨固定板；

D类：高风险，如心脏瓣膜、植入式除颤器。

医疗器械分类基于一系列因素，包括：

1、器械预期使用多长时间；

2、器械是否为侵入式；

3、器械是否为植入式；

4、器械是否为有源；

5、器械是否包含药物或生物成分。

6.14 埃及

埃及的人口卫生部（MOHP）负责埃及医疗健康事业和法规的制定，并且负责管理和协调标准化工作。由于本土的医疗器械生产企业很少，所以埃及市场需求主要依靠进口，由于美洲医疗器械企业在技术、相关培训和营销体系方面的领先优势，美洲产品在埃及市场上占据了相当的市场份额。

从2005年2月起，卫生部对医疗器械的注册登记开始采用更严格的规则，此规则旨在减少递交至卫生部的无效证书数量。据官方来源信息，递交至卫生部的无效证书数量由此减少，并且在销售的高质量产品的不良率也因此下降。新规定有利于在证书到达医疗设备委员会之前，早期查明伪造的或失效的CE/FDA证书，由此评审者可以有更多的时间来处理有效的意见书和审核批准产品。

埃及卫生部负责医疗器械的登记注册及批准管理，具体执行部门是药物政策与规划中心和药政管理中心。药物政策与规划中心负责管理和制定药物政策的战略法规，同时也对医疗器械和仪器的进口与制造进行监控，并通过医疗器械仪器研究特别委员会对医疗器械进行登记注册。此委员会由医疗领域专家及教授组成（约10名），来自专业的眼科、骨科、外科和内科，同时包括药政管理中心（CAPA）、药物政策与规划中心（DPPC）、和国际药品控制和研究组织（NODCAR）的药剂师。药政管理中心（CAPA）负责三类医疗器械上市的登记注册和批准。

委员会负责埃及医疗器械的制造和进口申请的评审和批准。申请可以是进口商、制造商、医生或个人。委员会评价基于现有状态的器械和设备的申请情况，来判定其是否对埃及患者是必要的或有利的。并在设备投放至客户或制造之前依照申请做出判定。如下所述，有时会要求其他机构进行评价。

埃及采用欧洲医疗器械指令（指令93/43/EEC）对医疗器械进行定义和分类。因此申请者应先确定其产品所属的类别——1类（低风险）、2类A和2类B（普通风险）、3类（高风险）。

1类、2类A和2类B器械的进口和制造申请批准程序，最后由药物政策与规划中心进行注册登记。在批准放行之前公司可以提前开始进口或制造产品。

3类器械由药政管理中心进行登记注册，并由其发放注册证号和销售许可。在注册证号和销售许可没有给出前，申请者不能进口和制造医疗产品。

一次性使用无菌医疗器械由药政管理中心进行登记注册，并发放注册证号和销售许可。通常情况下，所有外来项目（一次性无菌耗材）都必须在药政管理中心进行登记。

7 部分国家和地区医疗器械贸易概况

7.1 美国

2007－2009 年，美国医疗器械进出口贸易总额稳定增长，由 552.78 亿美元增长到 612.37 亿美元，年均增长率 5.25%。其中进口总额由 258.59 亿美元增加到 271.88 亿美元，年均增长率为 2.54%；出口总额由 294.19 亿美元增加到 340.49 亿美元，年均增长率为 7.58%；美国医疗器械的进口金额小于出口金额，一直保持贸易顺差状态。

2010 年 1－6 月，美国医疗器械进口金额为 145.70 亿美元，同比增长 8.44%，出口金额为 182.12 亿美元，同比增长 0.39%，与 2009 年上半年基本持平。2010 年 1－6 月，美国医疗器械前十个进口来源国分别为墨西哥、爱尔兰、德国、中国、日本、瑞士、加拿大、英国、哥斯达黎加和法国，从这十个国家进口金额累计占比为 78.47%。美国医疗器械出口前十大国别市场依次为日本、荷兰、加拿大、德国、比利时、墨西哥、中国、澳大利亚、法国和英国，对这十个国家出口金额占出口总额的 66.12%。

2010 年 1－6 月美国医疗器械进出口金额排名前五的产品分别为 CT、矫形骨科植入器具、医用导管和插管、人工关节和心脏起搏器。

7.1.1 2007－2010 年进出口贸易总体规模

表 7－1 2007－2010 年 6 月美国医疗器械进出口情况

单位：万美元

年份	进出口总额	进口总额	出口总额	贸易差额
2010.1－6	3278166.40	1457007.55	1821158.85	364151.30
2009	6123712.75	2718816.68	3404896.07	686079.39
2008	6256213.15	2864564.79	3391648.36	527083.57
2007	5527786.87	2585901.62	2941885.25	355983.63

资料来源：GTA

表 7－2 2009－2010 年 6 月美国医疗器械出口市场情况

单位：万美元，%

排序	2010 年 1－6 月				2009 年			
	目的地	出口总额	份额	同比	目的地	出口总额	份额	同比
	全球	1821159	100.00	8.44	全球	3404896.1	100.00	0.39
1	日本	225473.9	12.38	26.36	荷兰	384228.7	11.28	0.85
2	荷兰	189388.8	10.40	－1.36	日本	364062.0	10.69	－6.34

排序	2010 年 1 - 6 月				2009 年			
	目的地	出口总额	份额	同比	目的地	出口总额	份额	同比
3	加拿大	185442	10.18	8.53	加拿大	346125.0	10.17	- 1.55
4	德国	133622.8	7.34	12.14	德国	248596.0	7.30	- 7.39
5	比利时	109888.4	6.03	- 3.14	比利时	222303.2	6.53	- 0.92
6	墨西哥	95801.86	5.26	1.18	墨西哥	188734.8	5.54	1.37
7	中国	70381.93	3.86	27.09	英国	132215.6	3.88	- 19.10
8	澳大利亚	65933.71	3.62	15.20	澳大利亚	122525.6	3.60	1.67
9	法国	64757.97	3.56	19.00	中国	121403.3	3.57	26.40
10	英国	63607.56	3.49	- 14.64	法国	112973.1	3.32	- 4.13

资料来源：GTA

表 7 - 3　2009 - 2010 年 6 月美国医疗器械进口市场情况

单位：万美元，%

排序	2010 年 1 - 6 月				2009 年			
	来源地	进口总额	份额	同比	来源地	进口总额	份额	同比
	全球	1457008	100.00	11.23	全球	2718817	100.00	- 5.09
1	墨西哥	260024.5	17.85	11.66	墨西哥	474012.9	17.43	2.56
2	爱尔兰	242439	16.64	12.43	爱尔兰	440071.9	16.19	-10.67
3	德国	174926.6	12.01	9.05	德国	338188.7	12.44	- 8.52
4	中国	129198.4	8.87	21.55	中国	244198.1	8.98	4.73
5	日本	88301.59	6.06	15.87	日本	160945.7	5.92	- 7.73
6	瑞士	77248.9	5.30	8.03	瑞士	140675.4	5.17	5.30
7	加拿大	54292.21	3.73	- 2.43	加拿大	108354.8	3.99	- 7.86
8	英国	39854.05	2.74	4.06	英国	79313.1	2.92	-20.16
9	哥斯达黎加	39557.44	2.71	11.52	哥斯达黎加	78966.09	2.90	0.38
10	法国	37309.85	2.56	39.46	法国	59022.9	2.17	-20.10

资料来源：GTA

7.1.2　典型医疗器械进出口产品

1. CT

表 7 - 4　2007 - 2010 年 6 月美国 CT 进出口情况

单位：万美元

年份	进口总额	出口总额
2010.1 - 6	17845.92	40266.20

年份	进口总额	出口总额
2009	42544.30	66749.22
2008	45525.18	65567.1
2007	57896.18	59571.02

资料来源：GTA

表7-5　2009-2010年6月美国CT进口市场情况

单位：万美元,%

排序	2010年1-6月				2009年			
	来源地	进口总额	份额	同比	来源地	进口总额	份额	同比
	全球	17845.92	100.00	-8.90	全球	42544.30	100.00	-6.55
1	德国	7230.74	40.52	-8.06	德国	16878.55	39.67	-6.64
2	日本	4804.23	26.92	-13.45	日本	12025.98	28.27	-10.63
3	中国	4352.05	24.39	-8.95	中国	10443.51	24.55	10.15
4	以色列	773.34	4.33	-6.66	以色列	1677.50	3.94	-22.49
5	瑞士	197.59	1.11	130.45	韩国	680.59	1.60	-15.37
6	意大利	184.04	1.03	154.06	比利时	244.51	0.57	14.97
7	韩国	157.09	0.88	-35.11	意大利	229.83	0.54	-4.42
8	比利时	59.48	0.33	-19.78	瑞士	150.59	0.35	-78.33
9	澳大利亚	48.00	0.27	900.00	英国	60.13	0.14	345.41
10	英国	22.54	0.13	-	西班牙	49.25	0.12	-48.94

资料来源：GTA

表7-6　2009-2010年6月美国CT出口市场情况

单位：万美元,%

排序	2010年1-6月				2009年			
	目的地	出口总额	份额	同比	目的地	出口总额	份额	同比
	全球	40266.20	100.00	60.17	全球	66749.22	100.00	1.80
1	日本	5957.09	14.79	18.66	日本	10614.93	15.90	-10.51
2	中国	3830.08	9.51	100.39	中国	5720.89	8.57	44.39
3	法国	2431.56	6.04	165.06	荷兰	4854.81	7.27	87.37
4	土耳其	2274.73	5.65	286.35	巴西	3875.02	5.81	-3.98
5	加拿大	2202.47	5.47	182.13	德国	2980.56	4.47	-14.20
6	巴西	2202.06	5.47	51.93	韩国	2821.56	4.23	49.92
7	荷兰	1956.57	4.86	15.97	法国	2685.00	4.02	-32.05
8	德国	1636.18	4.06	143.15	意大利	2653.20	3.97	-41.30

排序	2010年1-6月				2009年			
	目的地	出口总额	份额	同比	目的地	出口总额	份额	同比
9	韩国	1546.95	3.84	192.72	加拿大	2319.83	3.48	-3.77
10	英国	1478.78	3.67	22.05	英国	1868.95	2.80	-14.64

资料来源：GTA

2. 矫形骨科植入器具

表7-7 2007-2010年6月美国矫形骨科植入器具进出口情况

单位：万美元

年份	进口总额	出口总额
2010.1-6	78311.5	67069.53
2009	173274.6	132195.8
2008	151182.9	125456.8
2007	133599.5	106993.2

资料来源：GTA

表7-8 2009-2010年6月美国矫形骨科植入器具进口市场情况

单位：万美元，%

排序	2010年1-6月				2009年			
	来源地	进口总额	份额	同比	来源地	进口总额	份额	同比
	全球	78311.52	100.00	-5.97	全球	173274.62	100.00	14.61
1	瑞士	29680.20	37.90	12.08	瑞士	51613.73	29.79	7.07
2	法国	13119.63	16.75	85.83	爱尔兰	37620.63	21.71	37.06
3	德国	10461.26	13.36	3.81	墨西哥	20809.15	12.01	0.55
4	墨西哥	9833.14	12.56	-4.54	德国	20113.61	11.61	34.68
5	中国	6637.31	8.48	0.25	法国	15114.53	8.72	14.98
6	中国台湾	1217.72	1.55	6.25	中国	13789.80	7.96	6.04
7	爱尔兰	1122.37	1.43	-93.09	中国台湾	2457.29	1.42	18.92
8	英国	665.64	0.85	27.89	英国	1365.39	0.79	-3.54
9	意大利	657.61	0.84	26.49	哥斯达黎加	1272.15	0.73	3.41
10	日本	540.01	0.69	47.49	意大利	1117.25	0.64	6.40

资料来源：GTA

表 7－9　2009－2010 年 6 月美国矫形骨科植入器具出口市场情况

单位：万美元，%

排序	2010 年 1－6 月				2009 年			
	目的地	出口总额	份额	同比	目的地	出口总额	份额	同比
	全球	67069.53	100.00	－0.58	全球	132195.82	100.00	5.37
1	日本	9311.39	13.88	－6.02	日本	19609.05	14.83	7.04
2	瑞士	8502.59	12.68	－20.93	瑞士	18904.13	14.30	15.02
3	加拿大	6639.61	9.90	－23.38	加拿大	16472.72	12.46	0.17
4	荷兰	6541.73	9.75	－20.84	荷兰	12531.67	9.48	11.57
5	德国	5033.00	7.50	48.40	德国	9160.31	6.93	58.44
6	澳大利亚	4583.21	6.83	19.95	澳大利亚	7616.00	5.76	－25.05
7	墨西哥	3667.21	5.47	23.09	墨西哥	6927.18	5.24	－7.41
8	英国	2408.73	3.59	－22.26	英国	5796.52	4.38	－25.98
9	韩国	2317.19	3.45	49.43	韩国	4281.28	3.24	53.73
10	比利时	1885.34	2.81	118.56	西班牙	3283.11	2.48	10.82

资料来源：GTA

3. 医用导管和插管

表 7－10　2007－2010 年 6 月美国医用导管和插管进出口情况

单位：万美元

年份	进口总额	出口总额
2010.1－6	116950.83	229356.24
2009	246562.9	435092.65
2008	243442.2	417886.27
2007	213808.3	336449.01

资料来源：GTA

表 7－11　2009－2010 年 6 月美国医用导管和插管进口市场情况

单位：万美元，%

排序	2010 年 1－6 月				2009 年			
	来源地	进口总额	份额	同比	来源地	进口总额	份额	同比
	全球	116950.83	100.00	－5.88	全球	246562.87	100.00	1.28
1	墨西哥	53622.83	45.85	1.00	墨西哥	105315.08	42.71	4.88
2	爱尔兰	22104.98	18.90	－15.99	爱尔兰	52106.95	21.13	－6.90
3	日本	8979.47	7.68	13.76	日本	16498.66	6.69	15.18
4	中国	3450.34	2.95	26.20	多米尼加共和国	13974.25	5.67	11.72

排序	2010 年 1 - 6 月				2009 年			
	来源地	进口总额	份额	同比	来源地	进口总额	份额	同比
5	瑞士	3361. 80	2. 87	59. 54	丹麦	8522. 41	3. 46	-29. 62
6	多米尼加共和国	3214. 09	2. 75	-55. 45	英国	6214. 97	2. 52	29. 91
7	英国	2603. 48	2. 23	-15. 37	中国	5961. 36	2. 42	49. 77
8	德国	2411. 77	2. 06	0. 30	德国	4582. 32	1. 86	-12. 16
9	丹麦	2407. 62	2. 06	-47. 57	瑞士	4467. 96	1. 81	45. 38
10	泰国	1902. 74	1. 63	-0. 56	泰国	3993. 63	1. 62	20. 76

资料来源：GTA

表 7 - 12　2009 - 2010 年 6 月美国医用导管和插管出口市场情况

单位：万美元，%

排序	2010 年 1 - 6 月				2009 年			
	目的地	出口总额	份额	同比	目的地	出口总额	份额	同比
	全球	229356. 24	100. 00	6. 51	全球	435092. 65	100. 00	4. 12
1	荷兰	42691. 14	18. 61	- 6. 64	荷兰	89682. 43	20. 61	6. 62
2	日本	39120. 66	17. 06	34. 44	比利时	69000. 99	15. 86	15. 20
3	比利时	33519. 61	14. 61	- 3. 29	日本	61612. 09	14. 16	- 15. 36
4	墨西哥	15439. 81	6. 73	- 13. 02	墨西哥	32597. 48	7. 49	- 10. 48
5	加拿大	14395. 31	6. 28	4. 07	加拿大	27829. 21	6. 40	- 16. 65
6	爱尔兰	8889. 07	3. 88	5. 02	丹麦	17586. 53	4. 04	24. 52
7	丹麦	8594. 75	3. 75	24. 12	爱尔兰	16954. 98	3. 90	21. 19
8	中国	8297. 19	3. 62	33. 18	澳大利亚	13992. 12	3. 22	7. 08
9	澳大利亚	8018. 80	3. 50	24. 75	中国	13299. 86	3. 06	39. 40
10	巴西	5392. 74	2. 35	39. 94	德国	9626. 45	2. 21	10. 53

资料来源：GTA

4. 人工关节

表 7 - 13　2007 - 2010 年 6 月美国人工关节进出口情况

单位：万美元，%

年份	进口总额	出口总额
2010. 1 - 6	57415. 71	68214. 51
2009	52217. 29	118587. 47
2008	53843. 24	100681. 20
2007	49126. 37	79087. 21

资料来源：GTA

表 7－14　2009－2010 年 6 月美国人工关节进口市场情况

单位：万美元，%

排序	2010 年 1－6 月				2009 年			
	来源地	进口总额	份额	同比	来源地	进口总额	份额	同比
	全球	57415.71	100.00	123.10	全球	52217.29	100.00	－3.02
1	爱尔兰	30187.40	52.58	420.14	英国	15824.37	30.30	－25.96
2	英国	9444.06	16.45	11.32	爱尔兰	11712.23	22.43	35.34
3	德国	5402.65	9.41	57.39	德国	7436.84	14.24	15.77
4	法国	4198.62	7.31	47.72	瑞士	6014.89	11.52	－16.30
5	瑞士	3860.37	6.72	36.02	法国	5692.65	10.90	10.15
6	中国	1616.93	2.82	424.14	冰岛	1911.90	3.66	－5.10
7	冰岛	1303.00	2.27	79.50	奥地利	1187.00	2.27	0.31
8	奥地利	739.65	1.29	42.63	中国	891.58	1.71	154.24
9	加拿大	131.58	0.23	2.08	加拿大	294.40	0.56	－34.16
10	韩国	107.13	0.19	－	意大利	201.47	0.39	7.39

资料来源：GTA

表 7－15　2009－2010 年 6 月美国人工关节出口市场情况

单位：万美元，%

排序	2010 年 1－6 月				2009 年			
	目的地	出口总额	份额	同比	目的地	出口总额	份额	同比
	全球	68214.51	100.00	10.06	全球	118587.47	100.00	17.79
1	德国	11095.14	16.27	371.36	日本	18261.26	15.40	6.14
2	日本	10666.12	15.64	17.40	瑞士	16593.87	13.99	－11.61
3	比利时	6295.48	9.23	－1.25	比利时	12409.28	10.46	618.81
4	澳大利亚	6128.74	8.98	11.63	德国	11234.82	9.47	312.70
5	荷兰	5012.04	7.35	11.46	澳大利亚	10434.35	8.80	56.40
6	瑞士	4527.96	6.64	－65.66	荷兰	9060.58	7.64	87.76
7	加拿大	4440.86	6.51	12.14	加拿大	7194.37	6.07	11.33
8	中国	1872.48	2.74	67.21	韩国	3985.35	3.36	33.59
9	韩国	1782.90	2.61	－7.58	英国	3835.29	3.23	－70.81
10	西班牙	1743.55	2.56	66.74	爱尔兰	3119.75	2.63	47.08

资料来源：GTA

5、心脏起搏器

表 7-16　2007-2010 年 6 月美国心脏起搏器进出口情况

单位：万美元

年份	进口总额	出口总额
2010.1-6	46234.57	34023.69
2009	103914.7	77548.13
2008	93963.6	59362.5
2007	82233.33	55566.68

资料来源：GTA

表 7-17　2009-2010 年 6 月美国心脏起搏器进口市场情况

单位：万美元，%

排序	2010 年 1-6 月				2009 年			
	来源地	进口总额	份额	同比	来源地	进口总额	份额	同比
	全球	46234.57	100.00	-11.86	全球	103914.67	100.00	10.59
1	爱尔兰	43411.69	93.89	-12.44	爱尔兰	98707.22	94.99	11.73
2	德国	1375.45	2.97	-12.98	德国	2586.98	2.49	-10.34
3	瑞士	1101.12	2.38	28.80	瑞士	1806.27	1.74	-5.03
4	意大利	192.67	0.42	73.64	意大利	304.50	0.29	419.59
5	中国	41.14	0.09	0.00	法国	226.50	0.22	-54.06
6	法国	41.14	0.09	-77.83	澳大利亚	129.57	0.12	-10.41
7	澳大利亚	40.22	0.09	-46.29	瑞典	86.57	0.08	-8.96
8	瑞典	27.31	0.06	-46.46	巴西	37.16	0.04	5018.66
9	乌拉圭	3.40	0.01	-27.81	乌拉圭	7.07	0.01	-22.06
10	印度	0.23	0.00	-	荷兰	7.03	0.01	73.37

资料来源：GTA

表 7-18　2009-2010 年 6 月美国心脏起搏器出口市场情况

单位：万美元，%

排序	2010 年 1-6 月				2009 年			
	目的地	出口总额	份额	同比	目的地	出口总额	份额	同比
	全球	34023.69	100.00	-18.07	全球	77548.13	100.00	30.63
1	瑞典	21686.00	63.74	-3.90	瑞典	45970.80	59.28	30.97
2	日本	4161.78	12.23	-7.39	爱尔兰	9655.48	12.45	254.72
3	爱尔兰	2999.08	8.81	-61.57	日本	8891.23	11.47	8.68
4	加拿大	1041.27	3.06	-43.07	加拿大	3797.27	4.90	37.26
5	巴西	869.10	2.55	-7.38	澳大利亚	2059.31	2.66	39.31

排序	2010 年 1－6 月				2009 年			
	目的地	出口总额	份额	同比	目的地	出口总额	份额	同比
6	阿根廷	582. 31	1. 71	67. 35	巴西	1868. 43	2. 41	39. 84
7	澳大利亚	579. 04	1. 70	－53. 81	哥伦比亚	1103. 40	1. 42	21. 08
8	哥伦比亚	398. 88	1. 17	－28. 38	阿根廷	818. 12	1. 05	94. 45
9	中国	362. 94	1. 07	65. 08	中国	438. 41	0. 57	90. 18
10	比利时	237. 28	0. 70	46. 21	德国	363. 14	0. 47	5. 52

资料来源：GTA

7.2 欧盟

2007－2009 年，欧盟医疗器械进出口贸易总额由 592. 16 亿美元增长至 641. 71 亿美元，年均增长率 4. 10%。其中进口额由 267. 39 亿美元增加到 295. 59 亿美元，年均增长率为 5. 14%；出口总额由 324. 77 亿美元增加到 346. 20 亿美元，年均增长率为 3. 23%；欧盟的医疗器械进口金额要小于出口金额，贸易保持顺差。

2010 年 1－6 月欧盟医疗器械进口金额为 145. 06 亿美元，同比下降了 0. 97%，出口金额为 175. 06 亿美元，同比增长 7. 19%。2010 年 1－6 月欧盟医疗器械前十大进口来源国分别为美国、瑞士、中国、日本、墨西哥、新加坡、以色列、澳大利亚、韩国和马来西亚，这十个国家的进口金额累计占比为 91. 12%。欧盟医疗器械出口前十大国家市场依次为美国、日本、瑞士、俄罗斯、中国、澳大利亚、挪威、加拿大、土耳其和巴西，对这十个国家的出口金额占总出口金额的 72. 89%。

2010 年 1－6 月欧盟医疗器械进出口总金额排名前五的产品为 MRI，矫形或骨折用器具、针、导管、插管及类似品，人工关节和心脏起搏器。

7.2.1 2007－2010 年进出口贸易总体规模

表 7－19 2007－2010 年 6 月欧盟医疗器械进出口情况

单位：万美元

年份	进出口总额	进口总额	出口总额	贸易差额
2010. 1－6	3201183. 63	1450595. 25	1750588. 38	299993. 13
2009	6417100. 63	2955905. 73	3461194. 90	505289. 17
2008	6783524. 31	3061543. 50	3721980. 81	660437. 31
2007	5921609. 44	2673917. 23	3247692. 21	573774. 98

资料来源：GTA

表 7－20 2009－2010 年 6 月欧盟医疗器械出口市场情况

单位：万美元，%

排序	2010 年 1－6 月				2009 年			
	目的地	出口总额	份额	同比	目的地	出口总额	份额	同比
	全球	1750588. 38	100. 00	7. 19	全球	3461194. 90	100. 00	－7. 01
1	美国	597840. 19	34. 15	2. 72	美国	1178980. 83	34. 06	－9. 24

排序	2010 年 1－6 月				2009 年			
	目的地	出口总额	份额	同比	目的地	出口总额	份额	同比
2	日本	155288.57	8.87	14.29	日本	272274.43	7.87	4.47
3	瑞士	118293.98	6.76	14.38	瑞士	224524.39	6.49	11.60
4	俄罗斯	91684.27	5.24	23.02	俄罗斯	204237.51	5.90	－30.54
5	中国	81497.17	4.66	25.39	中国	143088.64	4.13	14.03
6	澳大利亚	65957.54	3.77	20.39	澳大利亚	119481.73	3.45	－6.95
7	挪威	42472.21	2.43	6.85	挪威	96829.95	2.80	9.20
8	加拿大	41291.56	2.36	－2.06	土耳其	90289.15	2.61	－15.54
9	土耳其	41290.85	2.36	－0.78	加拿大	81934.12	2.37	－2.85
10	巴西	40166.60	2.29	45.86	沙特阿拉伯	62960.07	1.82	10.82

资料来源：GTA

表 7－21　2009－2010 年 6 月欧盟医疗器械进口市场情况

单位：万美元，%

排序	2010 年 1－6 月				2009 年			
	来源地	进口总额	份额	同比	来源地	进口总额	份额	同比
	全球	1450595.25	100.00	－0.97	全球	2955905.73	100.00	－3.45
1	美国	713780.58	49.21	－2.13	美国	1448082.00	48.99	－4.33
2	瑞士	241627.14	16.66	－1.81	瑞士	479052.03	16.21	－2.32
3	中国	132310.69	9.12	18.91	中国	245741.76	8.31	2.01
4	日本	89556.76	6.17	－2.46	日本	191538.50	6.48	－9.74
5	墨西哥	52088.24	3.59	－18.37	墨西哥	120721.25	4.08	－17.50
6	新加坡	26972.33	1.86	5.77	新加坡	54037.64	1.83	－12.25
7	以色列	17841.44	1.23	－4.98	以色列	41290.68	1.40	－14.96
8	澳大利亚	17780.03	1.23	－4.66	澳大利亚	37518.75	1.27	－13.32
9	韩国	15443.90	1.06	15.60	韩国	31180.71	1.05	－3.11
10	马来西亚	14376.44	0.99	5.95	加拿大	27198.94	0.92	－1.11

资料来源：GTA

7.2.2　典型医疗器械进出口产品

1. MRI

表 7－22　2007－2010 年 6 月欧盟 MRI 进出口情况

单位：万美元

年份	进口总额	出口总额
2010.1－6	28317.54	75824.92

年份	进口总额	出口总额
2009	58090.64	150768.67
2008	57211.63	176538.61
2007	55737.13	162162.77

资料来源：GTA

表7-23 2009-2010年6月欧盟MRI进口市场情况

单位：万美元,%

排序	2010年1-6月				2009年			
	来源地	进口总额	份额	同比	来源地	进口总额	份额	同比
	全球	28317.54	100.00	12.60	全球	58090.64	100.00	1.54
1	美国	21216.63	74.92	4.98	美国	45775.82	78.80	5.45
2	日本	2694.37	9.51	54.79	日本	5106.57	8.79	-21.47
3	中国	1628.33	5.75	0.16	中国	3614.95	6.22	4.14
4	瑞士	941.94	3.33	175.25	瑞士	1097.29	1.89	37.98
5	新加坡	524.50	1.85	17.82	新加坡	936.81	1.61	-45.62
6	中国香港	231.62	0.82	40.97	挪威	302.48	0.52	104.98
7	加拿大	198.04	0.70	375.25	中国香港	246.07	0.42	32.20
8	马来西亚	161.48	0.57	81045	以色列	105.87	0.18	87.91
9	土耳其	115.42	0.41	6107.67	土耳其	70.28	0.12	269.78
10	挪威	71.37	0.25	-54.13	沙特阿拉伯	70.23	0.12	123.94

资料来源：GTA

表7-24 2009-2010年6月欧盟MRI出口市场情况

单位：万美元,%

排序	2010年1-6月				2009年			
	目的地	出口总额	份额	同比	目的地	出口总额	份额	同比
	全球	75824.92	100.00	16.71	全球	150768.67	100.00	-14.60
1	美国	26544.28	35.01	-11.83	美国	60247.66	39.96	-20.07
2	日本	12510.88	16.50	65.30	日本	15943.02	10.57	15.91
3	中国	7762.55	10.24	66.40	俄罗斯	11672.20	7.74	-16.93
4	巴西	2626.99	3.46	140.21	中国	11061.83	7.34	5.35
5	澳大利亚	2329.48	3.07	74.60	瑞士	6742.69	4.47	21.67
6	韩国	2131.60	2.81	90.33	巴西	3620.06	2.40	-33.06
7	印度	2120.69	2.80	100.91	印度	3352.07	2.22	5.41
8	瑞士	2042.81	2.69	-15.99	韩国	3195.06	2.12	-45.08

排序	2010 年 1－6 月				2009 年			
	目的地	出口总额	份额	同比	目的地	出口总额	份额	同比
9	土耳其	1824. 32	2. 41	51. 42	澳大利亚	3029. 64	2. 01	40. 79
10	加拿大	1615. 69	2. 13	64. 52	土耳其	2801. 45	1. 86	－32. 35

资料来源：GTA

2. 矫形骨科植入器具

表 7－25　2007－2010 年 6 月欧盟矫形骨科植入器具进出口情况

单位：万美元

年份	进口总额	出口总额
2010. 1－6	54608. 93	46094. 06
2009	109089. 61	91917. 17
2008	106293. 21	84726. 22
2007	92949. 98	88422. 19

资料来源：GTA

表 7－26　2009－2010 年 6 月欧盟矫形骨科植入器具进口市场情况

单位：万美元，%

排序	2010 年 1－6 月				2009 年			
	来源地	进口总额	份额	同比	来源地	进口总额	份额	同比
	全球	54608. 93	100. 00	1. 24	全球	109089. 61	100. 00	2. 63
1	瑞士	23871. 11	43. 71	1. 17	瑞士	48283. 99	44. 26	7. 24
2	美国	21792. 58	39. 91	1. 20	美国	41981. 80	38. 48	－ 5. 59
3	墨西哥	2793. 67	5. 12	－ 11. 67	墨西哥	6940. 97	6. 36	11. 63
4	中国	2054. 32	3. 76	19. 42	中国	3494. 97	3. 20	1. 55
5	突尼斯	1138. 23	2. 08	37. 83	突尼斯	1767. 70	1. 62	80. 74
6	中国台湾	837. 13	1. 53	－ 9. 23	中国台湾	1677. 38	1. 54	－ 7. 70
7	巴西	485. 74	0. 89	76. 38	巴西	896. 13	0. 82	74. 11
8	菲律宾	345. 05	0. 63	33. 10	菲律宾	593. 46	0. 54	48. 55
9	泰国	193. 08	0. 35	16. 03	澳大利亚	504. 31	0. 46	206. 46
10	韩国	139. 72	0. 26	－ 0. 79	泰国	367. 32	0. 34	8. 08

资料来源：GTA

表 7-27　2009-2010 年 6 月欧盟矫形骨科植入器具出口市场情况

单位：万美元,%

排序	2010 年 1-6 月				2009 年			
	目的地	出口总额	份额	同比	目的地	出口总额	份额	同比
	全球	46094.06	100.00	-4.71	全球	91917.17	100.00	8.49
1	美国	24036.21	52.15	-7.27	美国	44575.34	48.50	22.33
2	日本	4416.30	9.58	13.67	日本	8803.79	9.58	6.91
3	瑞士	3713.77	8.06	-3.85	瑞士	8072.45	8.78	-1.92
4	澳大利亚	1843.93	4.00	44.98	土耳其	3218.89	3.50	13.74
5	挪威	1165.20	2.53	16.47	澳大利亚	2686.10	2.92	-11.20
6	土耳其	1139.75	2.47	-32.91	俄罗斯	2143.42	2.33	31.83
7	中国	996.10	2.16	5.28	挪威	2059.03	2.24	-2.36
8	俄罗斯	843.40	1.83	-10.57	中国	1992.14	2.17	-4.90
9	巴西	692.62	1.50	-5.02	巴西	1649.86	1.79	-7.46
10	加拿大	597.05	1.30	10.46	沙特阿拉伯	1436.66	1.56	39.34

资料来源：GTA

3. 医用导管和插管

表 7-28　2007-2010 年 6 月欧盟医用导管和插管进出口情况

单位：万美元

年份	进口总额	出口总额
2010.1-6	161693.13	162598.67
2009	363784.43	342186.55
2008	360094.60	367451.53
2007	295566.94	261079.58

资料来源：GTA

表 7-29　2009-2010 年 6 月欧盟医用导管和插管进口市场情况

单位：万美元,%

排序	2010 年 1-6 月				2009 年			
	来源地	进口总额	份额	同比	来源地	进口总额	份额	同比
	全球	161693.13	100.00	-10.35	全球	363784.43	100.00	1.02
1	美国	113804.11	70.38	-7.68	美国	257456.82	70.77	14.44
2	墨西哥	13129.47	8.12	-40.33	墨西哥	36586.98	10.06	-50.36
3	瑞士	7404.05	4.58	8.37	马来西亚	15601.65	4.29	29.56
4	马来西亚	7225.36	4.47	-9.00	瑞士	14444.24	3.97	26.11

排序	2010 年 1-6 月				2009 年			
	来源地	进口总额	份额	同比	来源地	进口总额	份额	同比
5	日本	4135.98	2.56	-8.01	日本	8653.43	2.38	-5.02
6	中国	2958.13	1.83	20.21	中国	5004.04	1.38	-2.67
7	新加坡	1873.49	1.16	30.69	新加坡	3112.77	0.86	-0.96
8	哥斯达黎加	1239.29	0.77	26.93	加拿大	2646.88	0.73	60.55
9	加拿大	1119.48	0.69	-44.08	突尼斯	2508.06	0.69	8.56
10	泰国	1110.65	0.69	55.01	哥斯达黎加	2314.33	0.64	365.76

资料来源：GTA

表 7-30　2009-2010 年 6 月欧盟医用导管和插管出口市场情况

单位：万美元，%

排序	2010 年 1-6 月				2009 年			
	目的地	出口总额	份额	同比	目的地	出口总额	份额	同比
	全球	162598.67	100.00	-3.98	全球	342186.55	100.00	-6.88
1	美国	64979.29	39.96	-15.22	美国	153253.86	44.79	-18.26
2	日本	11247.23	6.92	6.22	瑞士	23689.74	6.92	50.91
3	瑞士	9300.67	5.72	-13.14	日本	17087.75	4.99	-15.23
4	澳大利亚	7403.38	4.55	17.17	澳大利亚	13531.93	3.95	4.81
5	巴西	6689.77	4.11	45.41	巴西	12260.98	3.58	34.62
6	中国	6637.84	4.08	19.51	中国	11544.43	3.37	59.67
7	俄罗斯	4574.43	2.81	29.79	土耳其	8862.61	2.59	-18.35
8	土耳其	4439.82	2.73	-5.79	挪威	8235.06	2.41	15.84
9	挪威	4438.80	2.73	20.15	俄罗斯	7795.89	2.28	-15.97
10	中国香港	2892.70	1.78	-13.73	加拿大	6809.30	1.99	-11.67

资料来源：GTA

4. 人工关节

表 7-31　2007-2010 年 6 月欧盟人工关节进出口情况

单位：万美元，%

年份	进口总额	出口总额
2010.1-6	59301.50	80373.50
2009	123671.96	99910.03
2008	119825.72	98622.81
2007	95633.37	82561.90

资料来源：GTA

表7－32　2009－2010年6月欧盟人工关节进口市场情况

单位：万美元，%

排序	2010年1－6月				2009年			
	来源地	进口总额	份额	同比	来源地	进口总额	份额	同比
	全球	59301.50	100.00	－16.62	全球	123671.96	100.00	3.21
1	美国	31076.44	52.40	－6.70	美国	62708.95	50.71	27.23
2	瑞士	25129.53	42.38	－29.76	瑞士	56159.62	45.41	－15.24
3	中国	1577.44	2.66	126.08	中国	2291.78	1.85	251.32
4	冰岛	525.04	0.89	140.83	冰岛	679.01	0.55	－31.43
5	加拿大	172.95	0.29	－47.11	加拿大	414.33	0.34	－7.12
6	中国台湾	110.26	0.19	136.28	日本	250.74	0.20	54.02
7	日本	107.66	0.18	－48.64	列支敦士登	219.63	0.18	38.84
8	土耳其	86.13	0.15	－13.40	土耳其	147.77	0.12	－9.24
9	列支敦士登	77.70	0.13	－27.83	韩国	128.80	0.10	－42.71
10	墨西哥	73.35	0.12	571.59	澳大利亚	120.53	0.10	－84.99

资料来源：GTA

表7－33　2009－2010年6月欧盟人工关节出口市场情况

单位：万美元，%

排序	2010年1－6月				2009年			
	目的地	出口总额	份额	同比	目的地	出口总额	份额	同比
	全球	80373.50	100.00	69.40	全球	99910.03	100.00	1.31
1	美国	37170.93	46.25	101.62	美国	37539.29	37.57	－8.15
2	瑞士	11769.46	14.64	33.18	瑞士	19261.94	19.28	18.08
3	俄罗斯	7905.40	9.84	1486.65	澳大利亚	10470.12	10.48	0.24
4	澳大利亚	6608.14	8.22	33.89	日本	5092.84	5.10	－15.26
5	日本	3569.87	4.44	44.00	中国	3696.02	3.70	33.66
6	中国	1841.35	2.29	1.15	土耳其	2664.80	2.67	－36.33
7	土耳其	1173.08	1.46	－0.93	韩国	2544.99	2.55	48.90
8	韩国	1152.63	1.43	－13.49	印度	1987.92	1.99	11.08
9	印度	1013.28	1.26	9.99	俄罗斯	1900.22	1.90	－32.01
10	挪威	912.95	1.14	33.65	南非	1838.22	1.84	－2.31

资料来源：GTA

5. 心脏起搏器

表7-34 2007-2010年6月欧盟心脏起搏器进出口情况

单位：万美元

年份	进口总额	出口总额
2010.1-6	102730.56	79145.92
2009	186620.93	194864.91
2008	165155.25	194571.3
2007	147137.93	167543.8

资料来源：GTA

表7-35 2009-2010年6月欧盟心脏起搏器进口市场情况

单位：万美元，%

排序	2010年1-6月				2009年			
	来源地	进口总额	份额	同比	来源地	进口总额	份额	同比
	全球	102730.56	100.00	2.87	全球	186620.93	100.00	13.00
1	瑞士	67256.30	65.47	2.07	瑞士	122612.39	65.70	9.69
2	美国	34020.24	33.12	4.51	美国	61093.40	32.74	21.61
3	列支敦士登	1117.84	1.09	1.55	列支敦士登	2194.98	1.18	-13.39
4	加拿大	147.20	0.14	2082.73	墨西哥	276.31	0.15	70.92
5	日本	85.27	0.08	77.11	俄罗斯	120.20	0.06	280738
6	中国台湾	22.12	0.02	285.20	日本	93.14	0.05	122.77
7	韩国	21.30	0.02	607.60	加拿大	45.91	0.02	-66.28
8	中国香港	12.18	0.01	54.71	挪威	27.98	0.01	4.48
9	新加坡	7.62	0.01	0.00	中国	26.61	0.01	201.56
10	中国	7.41	0.01	-55.33	中国香港	18.86	0.01	470.21

资料来源：GTA

表7-36 2009-2010年6月欧盟心脏起搏器出口市场情况

单位：万美元，%

排序	2010年1-6月				2009年			
	目的地	出口总额	份额	同比	目的地	出口总额	份额	同比
	全球	79145.92	100.00	-21.02	全球	194864.91	100.00	0.15
1	美国	51877.35	65.55	-21.64	美国	130135.15	66.78	9.12
2	日本	8671.43	10.96	68.04	日本	12383.69	6.36	45.33
3	澳大利亚	3946.83	4.99	-26.72	澳大利亚	10882.46	5.58	-24.91
4	瑞士	3229.25	4.08	20.63	加拿大	6698.62	3.44	-42.85

排序	2010年1-6月				2009年			
	目的地	出口总额	份额	同比	目的地	出口总额	份额	同比
5	巴西	1926.12	2.43	26.95	瑞士	5525.17	2.84	23.46
6	中国	1847.84	2.33	11.58	中国香港	5291.80	2.72	-38.63
7	加拿大	1653.29	2.09	-61.41	中国	3620.85	1.86	39.76
8	俄罗斯	726.03	0.92	3.24	巴西	3261.91	1.67	3.41
9	土耳其	687.99	0.87	-54.40	土耳其	2329.74	1.20	-24.29
10	以色列	460.40	0.58	-35.29	印度	2005.22	1.03	-35.04

资料来源：GTA

7.3 德国

2007-2009年，德国医疗器械进出口贸易总额由316.80亿美元增长至343.59亿美元，年均增长率4.14%。其中，医疗器械进口额由118.86亿美元增加到131.80亿美元，年均增长率为5.30%；出口额由197.94亿美元增加到211.79亿美元，年均增长率为3.44%；德国的医疗器械出口总额远远大于进口总额，2009年贸易顺差达79.99亿美元。

2010年1-6月，医疗器械进口金额为65.95亿美元，同比增长了4.28%，出口金额为101.93亿美元，同比增长5.25%。2010年1-6月，德国医疗器械前十大进口来源国分别为美国、荷兰、瑞士、比利时、法国、英国、日本、中国、意大利和波兰，这十个国家进口金额累计占比为76.31%。德国医疗器械出口前十大国别市场分别为为美国、法国、英国、意大利、瑞士、荷兰、比利时、西班牙、中国和日本，对这十个国家出口金额占出口总金额的59.66%。

2010年1-6月德国医疗器械进出口总金额排名前五的产品为X射线检查造影剂、CT、MRI、其他针、导管，插管及类似品和人工关节。

7.3.1 2007-2010年进出口贸易总体规模

表7-37 2007-2010年6月德国医疗器械进出口情况

单位：万美元

年份	进出口总额	进口总额	出口总额	贸易差额
2010.1-6	1678768.35	659472.72	1019295.63	359822.91
2009	3435873.29	1318022.97	2117850.32	799827.35
2008	3620437.9	1372465.32	2247972.58	875507.26
2007	3167992.27	1188618.85	1979373.42	790754.57

资料来源：GTA

表 7-38　2009-2010 年 6 月德国医疗器械出口市场情况

单位：万美元,%

排序	2010 年 1-6 月				2009 年			
	目的地	出口总额	份额	同比	目的地	出口总额	份额	同比
	全球	1019295.63	100.00	5.25	全球	2117850.32	100.00	-5.79
1	美国	159309.57	15.63	2.12	美国	334122.54	15.78	-8.98
2	法国	91404.41	8.97	-4.47	法国	198569.18	9.38	-2.22
3	英国	58543.79	5.74	2.77	英国	120200.25	5.68	-7.24
4	意大利	50764.94	4.98	-1.79	意大利	106419.00	5.02	-5.81
5	瑞士	48409.28	4.75	19.39	荷兰	99852.50	4.71	-1.03
6	荷兰	45910.02	4.50	-6.19	瑞士	91668.86	4.33	5.68
7	比利时	41442.03	4.07	10.13	比利时	85586.41	4.04	7.39
8	西班牙	39036.68	3.83	8.21	西班牙	78418.39	3.70	-11.98
9	中国	38975.03	3.82	31.24	俄罗斯	74831.76	3.53	-35.01
10	日本	38954.18	3.82	21.88	日本	73945.77	3.49	8.34

资料来源：GTA

表 7-39　2009-2010 年 6 月德国医疗器械进口市场情况

单位：万美元,%

排序	2010 年 1-6 月				2009 年			
	来源地	进口总额	份额	同比	来源地	进口总额	份额	同比
	全球	659472.72	100.00	4.28	全球	1318022.97	100.00	-3.97
1	美国	106829.42	16.20	1.82	美国	212626.17	16.13	-7.71
2	荷兰	85643.25	12.99	25.14	荷兰	150088.56	11.39	-15.41
3	瑞士	66972.89	10.16	-14.57	瑞士	147401.35	11.18	-17.27
4	比利时	61109.09	9.27	12.55	比利时	119904.32	9.10	38.73
5	法国	47586.94	7.22	1.26	法国	99295.18	7.53	19.98
6	英国	34021.70	5.16	-4.53	英国	77045.64	5.85	-14.27
7	日本	32296.30	4.90	2.20	日本	67734.66	5.14	-6.87
8	中国	32236.87	4.89	17.47	中国	60531.56	4.59	2.25
9	意大利	20147.57	3.06	1.25	意大利	42671.52	3.24	-8.02
10	波兰	16209.37	2.46	13.52	丹麦	32858.43	2.49	-13.23

资料来源：GTA

7.3.2 典型医疗器械进出口产品

1. X射线检查造影剂

表7－40　2007－2010年6月德国X射线检查造影剂进出口情况

单位：万美元

年份	进口总额	出口总额
2010.1－6	12697.95	46998.35
2009	21865.23	83165.43
2008	30871.8	91588.29
2007	16957.67	84796.41

资料来源：GTA

表7－41　2009－2010年6月德国X射线检查造影剂进口市场情况

单位：万美元，%

排序	2010年1－6月				2009年			
	来源地	进口总额	份额	同比	来源地	进口总额	份额	同比
	全球	12697.95	100.00	23.28	全球	21865.23	100.00	－29.17
1	爱尔兰	4106.86	32.34	21.04	爱尔兰	6581.33	30.10	6.45
2	加拿大	3013.63	23.73	88.99	法国	4809.65	22.00	17.28
3	法国	2101.63	16.55	22.89	加拿大	3379.30	15.46	2.79
4	意大利	890.44	7.01	－0.00	西班牙	2081.31	9.52	－7.35
5	西班牙	800.80	6.31	－17.04	意大利	1586.29	7.25	－85.40
6	英国	531.65	4.19	242.99	瑞士	676.17	3.09	250.59
7	丹麦	342.65	2.70	236.02	美国	670.72	3.07	6.35
8	美国	276.46	2.18	－30.90	奥地利	518.24	2.37	－7.11
9	瑞士	182.51	1.44	－42.02	英国	370.73	1.70	4.30
10	奥地利	168.66	1.33	－38.48	丹麦	325.75	1.49	－11.80

资料来源：GTA

表7－42　2009－2010年6月德国X射线检查造影剂出口市场情况

单位：万美元，%

排序	2010年1－6月				2009年			
	目的地	出口总额	份额	同比	目的地	出口总额	份额	同比
	全球	46998.35	100.00	14.15	全球	83165.43	100.00	－9.20
1	美国	11877.21	25.27	5.76	美国	22302.66	26.82	16.40
2	日本	9714.86	20.67	－3.79	日本	19235.96	23.13	0.93

排序	2010年1-6月				2009年			
	目的地	出口总额	份额	同比	目的地	出口总额	份额	同比
3	法国	2515.33	5.35	102.02	意大利	3254.25	3.91	-14.66
4	意大利	1730.07	3.68	31.92	比利时	2843.41	3.42	4.97
5	新加坡	1573.27	3.35	59.35	法国	2777.32	3.34	-37.13
6	俄罗斯	1422.62	3.03	44.62	波兰	2668.55	3.21	14.58
7	西班牙	1189.58	2.53	-9.85	西班牙	2353.19	2.83	-27.70
8	土耳其	1145.03	2.44	62.56	俄罗斯	1995.24	2.40	-27.47
9	比利时	1064.37	2.26	1.97	捷克共和国	1876.70	2.26	-31.40
10	捷克共和国	1032.23	2.20	45.86	新加坡	1655.38	1.99	2.33

资料来源：GTA

2. CT

表7-43 2007-2010年6月德国CT进出口情况

单位：万美元

年份	进口总额	出口总额
2010.1-6	2779.84	34884.66
2009	7513.45	72296.89
2008	11407.98	84485.15
2007	10732.6	92116.65

资料来源：GTA

表7-44 2009-2010年6月德国CT进口市场情况

单位：万美元,%

排序	2010年1-6月				2009年			
	来源地	进口总额	份额	同比	来源地	进口总额	份额	同比
	全球	2779.84	100.00	-0.24	全球	7513.45	100.00	-34.14
1	荷兰	1080.89	38.88	5.51	荷兰	2916.88	38.82	16.72
2	美国	740.30	26.63	66.75	美国	1888.03	25.13	-38.59
3	中国	541.13	19.47	-39.77	中国	1570.68	20.90	-64.45
4	日本	177.39	6.38	-44.97	日本	592.79	7.89	-13.69
5	比利时	117.34	4.22	0.00	匈牙利	245.44	3.27	0.00
6	土耳其	38.62	1.39	0.00	瑞士	94.06	1.25	180.15
7	瑞士	37.58	1.35	2051.25	比利时	60.21	0.80	-73.43
8	匈牙利	17.75	0.64	69.53	多米尼加共和国	39.10	0.52	0.00

排序	2010年1-6月				2009年			
	来源地	进口总额	份额	同比	来源地	进口总额	份额	同比
9	英国	12.33	0.44	1.60	中国香港	24.33	0.32	0.00
10	法国	8.30	0.30	53.01	法国	24.05	0.32	6.51

资料来源：GTA

表7-45　2009-2010年6月德国CT出口市场情况

单位：万美元,%

排序	2010年1-6月				2009年			
	目的地	出口总额	份额	同比	目的地	出口总额	份额	同比
	全球	34884.66	100.00	21.64	全球	72296.89	100.00	-14.43
1	美国	7556.97	21.66	-11.32	美国	17943.69	24.82	-15.83
2	中国	6318.35	18.11	116.93	中国	7831.16	10.83	-0.88
3	日本	3207.73	9.20	121.24	俄罗斯	6229.70	8.62	-33.15
4	英国	1693.45	4.85	94.15	日本	4688.80	6.49	24.26
5	韩国	1641.30	4.70	82.67	法国	3031.66	4.19	42.05
6	巴西	928.77	2.66	162.69	韩国	2433.42	3.37	-4.40
7	印度	858.69	2.46	200.08	英国	2077.03	2.87	-3.37
8	俄罗斯	629.46	1.80	-55.21	意大利	1634.40	2.26	-46.03
9	丹麦	603.16	1.73	140.89	印度	1628.15	2.25	-29.26
10	澳大利亚	561.31	1.61	167.77	加拿大	1409.37	1.95	31.14

资料来源：GTA

3. MRI

表7-46　2007-2010年6月德国MRI进出口情况

单位：万美元

年份	进口总额	出口总额
2010.1-6	18361.35	57111.61
2009	39724.87	118800.56
2008	40571.65	125734.78
2007	37372.56	110337.49

资料来源：GTA

表 7-47 2009-2010 年 6 月德国 MRI 进口市场情况

单位：万美元，%

排序	2010 年 1-6 月				2009 年			
	来源地	进口总额	份额	同比	来源地	进口总额	份额	同比
	全球	18361.35	100.00	17.58	全球	39724.87	100.00	-2.09
1	英国	9794.44	53.34	7.53	英国	20484.83	51.57	-12.05
2	荷兰	3736.40	20.35	50.01	荷兰	9762.75	24.58	7.65
3	美国	2114.99	11.52	6.79	美国	4209.18	10.60	15.80
4	中国	1160.95	6.32	-10.87	中国	2704.16	6.81	20.70
5	日本	446.07	2.43	89.40	日本	1111.05	2.80	-1.30
6	瑞士	379.96	2.07	199.31	法国	648.90	1.63	29.64
7	法国	295.13	1.61	44.65	瑞士	375.71	0.95	132.96
8	加拿大	184.00	1.00	982.62	捷克共和国	191.62	0.48	3.93
9	奥地利	66.55	0.36	4010.85	西班牙	49.12	0.12	-7.99
10	中国香港	50.70	0.28	84396	澳大利亚	43.53	0.11	18.45

资料来源：GTA

表 7-48 2009-2010 年 6 月德国 MRI 出口市场情况

单位：万美元，%

排序	2010 年 1-6 月				2009 年			
	目的地	出口总额	份额	同比	目的地	出口总额	份额	同比
	全球	57111.61	100.00	8.86	全球	118800.56	100.00	-5.51
1	美国	15991.63	28.00	-17.33	美国	39110.58	32.92	-1.95
2	日本	6901.10	12.08	85.30	日本	8143.08	6.85	10.89
3	中国	5551.61	9.72	69.36	中国	8104.74	6.82	10.23
4	英国	3776.42	6.61	51.01	俄罗斯	7565.16	6.37	-14.58
5	法国	2330.16	4.08	32.24	英国	5862.21	4.93	-16.96
6	荷兰	1683.68	2.95	-10.87	法国	4586.52	3.86	3.33
7	巴西	1580.89	2.77	115.38	荷兰	3640.76	3.06	190.47
8	澳大利亚	1528.51	2.68	38.26	瑞士	3508.74	2.95	21.30
9	韩国	1475.23	2.58	74.14	意大利	2520.33	2.12	13.18
10	印度	1393.97	2.44	101.69	澳大利亚	2513.42	2.12	54.18

资料来源：GTA

4. 医用导管和插管

表7－49　2007－2010年6月德国医用导管和插管进出口情况

单位：万美元,%

年份	进口总额	出口总额
2010.1－6	61045.05	46593.49
2009	112063.8	96388.54
2008	110581.3	87010.93
2007	86255.67	66809.19

资料来源：GTA

表7－50　2009－2010年6月德国医用导管和插管进口市场情况

单位：万美元,%

排序	2010年1－6月				2009年			
	来源地	进口总额	份额	同比	来源地	进口总额	份额	同比
	全球	61045.05	100.00	17.22	全球	112063.82	100.00	1.34
1	比利时	13660.50	22.38	68.76	荷兰	23778.66	21.22	－28.34
2	荷兰	13208.02	21.64	17.53	比利时	20559.51	18.35	40.41
3	马来西亚	5801.96	9.50	－7.69	马来西亚	12514.24	11.17	31.66
4	美国	4269.82	6.99	11.71	美国	7881.86	7.03	－11.11
5	瑞士	3745.93	6.14	2.97	瑞士	7605.71	6.79	9.18
6	丹麦	3665.38	6.00	8.21	丹麦	7076.51	6.31	2.90
7	日本	2104.82	3.45	3.33	日本	4088.05	3.65	14.68
8	匈牙利	1954.72	3.20	7.91	匈牙利	4030.19	3.60	8.08
9	法国	1649.80	2.70	－21.74	法国	3971.09	3.54	23.25
10	瑞典	1333.75	2.18	－17.61	瑞典	3175.13	2.83	36.02

资料来源：GTA

表7－51　2009－2010年6月德国医用导管和插管出口市场情况

单位：万美元,%

排序	2010年1－6月				2009年			
	目的地	出口总额	份额	同比	目的地	出口总额	份额	同比
	全球	46593.49	100.00	3.40	全球	96388.54	100.00	10.78
1	法国	5862.16	12.58	0.18	法国	12289.28	12.75	0.54
2	荷兰	4721.56	10.13	－11.67	荷兰	11610.03	12.05	69.02
3	美国	3389.44	7.27	47.50	英国	7959.07	8.26	33.16
4	英国	3266.72	7.01	－6.97	意大利	5465.14	5.67	－2.32
5	意大利	2685.04	5.76	－1.09	美国	5252.51	5.45	18.29

排序	2010 年 1－6 月				2009 年			
	目的地	出口总额	份额	同比	目的地	出口总额	份额	同比
6	西班牙	2267.99	4.87	3.58	比利时	4488.25	4.66	－0.74
7	比利时	2226.47	4.78	18.09	西班牙	4429.38	4.60	2.76
8	瑞士	1420.55	3.05	4.75	波兰	3072.75	3.19	8.09
9	波兰	1382.98	2.97	－11.00	瑞士	3044.96	3.16	12.95
10	中国香港	1244.10	2.67	18.36	奥地利	2630.56	2.73	0.13

资料来源：GTA

5. 人工关节

表 7－52　2007－2010 年 6 月德国人工关节进出口情况

单位：万美元

年份	进口总额	出口总额
2010.1－6	32221.54	48585.73
2009	71254.26	76544.12
2008	70792.95	60129.77
2007	52047.38	49192.08

资料来源：GTA

表 7－53　2009－2010 年 6 月德国人工关节进口市场情况

单位：万美元，%

排序	2010 年 1－6 月				2009 年			
	来源地	进口总额	份额	同比	来源地	进口总额	份额	同比
	全球	32221.54	100.00	－23.88	全球	71254.26	100.00	0.65
1	美国	10719.29	33.27	12.10	瑞士	33587.46	47.14	－24.13
2	瑞士	9336.83	28.98	－61.40	美国	18326.40	25.72	42.31
3	法国	4316.55	13.40	6.80	法国	7526.53	10.56	54.15
4	比利时	3742.79	11.62	75.14	比利时	6626.13	9.30	1115.75
5	爱尔兰	2348.92	7.29	195.18	爱尔兰	1994.29	2.80	39.29
6	荷兰	837.47	2.60	113.90	英国	895.37	1.26	－83.05
7	意大利	195.61	0.61	120.22	荷兰	838.10	1.18	190.22
8	英国	182.41	0.57	－59.88	加拿大	393.05	0.55	59.47
9	加拿大	160.86	0.50	－49.32	意大利	278.78	0.39	99.17
10	西班牙	83.31	0.26	25.32	奥地利	184.34	0.26	－19.44

资料来源：GTA

表 7-54　2009-2010 年 6 月德国人工关节出口市场情况

单位：万美元,%

排序	2010 年 1-6 月				2009 年			
	目的地	出口总额	份额	同比	目的地	出口总额	份额	同比
	全球	48585.73	100.00	60.28	全球	76544.12	100.00	27.30
1	瑞士	7699.16	15.85	57.17	瑞士	11958.58	15.62	32.26
2	法国	5243.75	10.79	0.48	法国	9729.43	12.71	2.81
3	意大利	5242.72	10.79	12.94	意大利	9459.17	12.36	12.85
4	美国	4577.57	9.42	145.26	美国	5934.62	7.75	88.53
5	英国	2902.67	5.97	195.46	英国	3963.01	5.18	87.00
6	西班牙	2294.53	4.72	37.18	西班牙	3814.36	4.98	-2.63
7	日本	2035.21	4.19	70.60	奥地利	3057.19	3.99	-9.41
8	奥地利	1689.14	3.48	30.98	荷兰	2878.83	3.76	13.82
9	比利时	1457.69	3.00	1312.61	日本	2766.29	3.61	45.81
10	中国	1450.89	2.99	47.17	爱尔兰	2738.40	3.58	-5.40

资料来源：GTA

7.4 日本

2007-2009 年，日本医疗器械进出口贸易总额由 131.66 亿美元增长至 141.63 亿美元，年均增长率 3.72%。其中，医疗器械进口额由 77.10 亿美元增加到 87.45 亿美元，年均增长率为 6.5%；出口总额有所下降，但下降幅度不大，从 2007 年的 54.55 亿美元下降到 54.18 亿美元，年均下降为 0.34%；日本的医疗器械出口额小于进口额，2009 年贸易逆差为 33.26 亿美元。

2010 年 1-6 月，日本医疗器械进出口均有大幅度增长。2010 年 1-6 月进口金额为 52 亿美元，同比增长了 21.68%，出口金额为 29.05 亿美元，同比增长 17.26%。2010 年 1-6 月日本医疗器械前十大进口来源国分别为美国、爱尔兰、中国、德国、瑞士、墨西哥、荷兰、英国、新加坡和泰国，这十个国家进口金额累计占比为 85.23%。出口前十大国别（地区）市场依次为美国、中国、德国、荷兰、韩国、比利时、中国台湾、中国香港、新加坡和意大利，对这十个市场出口金额累计占出口总额的 74.26%。

2010 年 1-6 月日本医疗器械行业进出口总金额排名前五的产品为 CT，超声波扫描装置，MRI，矫形或骨折用器具和针、导管、插管及类似品。

7.4.1 2007-2010 年进出口贸易总体规模

表 7-55　2007-2010 年 6 月日本医疗器械进出口情况

单位：万美元

年份	进出口总额	进口总额	出口总额	贸易差额
2010.1-6	810433.5	519951.6	290481.9	-229469.7
2009	1416315.4	874462.3	541853.1	-332609.2
2008	1461159.4	879248.3	581911.1	-297337.2

年份	进出口总额	进口总额	出口总额	贸易差额
2007	1316575.8	771031.9	545543.9	-225488

资料来源：GTA

表7-56　2009-2010年6月日本医疗器械出口市场情况

单位：万美元，%

排序	2010年1-6月				2009年			
	目的地	出口总额	份额	同比	目的地	出口总额	份额	同比
	全球	290481.9	100	17.26	全球	541853.1	100	-6.88
1	美国	82032.32	28.24	14.3	美国	152729.2	28.19	-9.6
2	中国	32884.73	11.32	34.79	德国	64487.05	11.9	-11.86
3	德国	31365.22	10.80	5.6	中国	55149.25	10.18	28.35
4	荷兰	14671.42	5.05	-1.98	荷兰	33071.61	6.1	-9.36
5	韩国	14117.87	4.86	60.14	韩国	20933.46	3.86	-16.23
6	比利时	10602.34	3.65	20.59	比利时	19244.05	3.55	3.15
7	中国台湾	9374.484	3.23	31.03	中国台湾	15949.16	2.94	-3.44
8	中国香港	8051.943	2.77	58.89	中国香港	11966.17	2.21	22.38
9	新加坡	6740.111	2.32	68.22	英国	11735.4	2.17	-9.41
10	意大利	5877.15	2.02	4.32	澳大利亚	11105.19	2.05	-5.01

资料来源：GTA

表7-57　2009-2010年6月日本医疗器械进口市场情况

单位：万美元，%

排序	2010年1-6月				2009年			
	来源地	进口总额	份额	同比	来源地	进口总额	份额	同比
	全球	519951.6	100.00	21.68	全球	874462.3	100.00	-0.54
1	美国	197733.2	38.03	25.98	美国	317516.6	36.31	-6.13
2	爱尔兰	78804.0	15.16	33.03	爱尔兰	108892.7	12.45	-12.00
3	中国	44853.0	8.63	21.09	中国	81162.5	9.28	7.26
4	德国	44283.4	8.52	27.20	德国	77634.1	8.88	7.38
5	瑞士	21015.0	4.04	9.93	瑞士	39751.8	4.55	3.70
6	墨西哥	15630.7	3.01	18.25	墨西哥	27103.8	3.10	-11.50
7	荷兰	10896.5	2.10	31.54	波多黎各	22363.4	2.56	61.84
8	英国	10565.8	2.03	14.07	新加坡	20247.6	2.32	13.29
9	新加坡	10334.4	1.99	-0.61	泰国	19054.3	2.18	13.06
10	泰国	8921.1	1.72	-6.55	英国	18574.0	2.12	1.74

资料来源：GTA

7.4.2 典型医疗器械进出口产品

1. CT

表 7－58　2007－2010 年 6 月日本 CT 进出口情况

单位：万美元

年份	进口总额	出口总额
2010.1－6	8944.9	24109.33
2009	12104.65	54219.07
2008	12208.57	55539.28
2007	15509.19	56966.31

资料来源：GTA

表 7－59　2009－2010 年 6 月日本 CT 进口市场情况

单位：万美元,%

排序	2010 年 1－6 月				2009 年			
	来源地	进口总额	份额	同比	来源地	进口总额	份额	同比
	全球	8944.9	100	48.33	全球	12104.65	100	－0.85
1	美国	3190.3	35.67	23.13	美国	4348.2	35.92	2.98
2	德国	2928.0	32.73	108.05	德国	4020.7	33.22	18.51
3	中国	1833.4	20.50	42.93	中国	2340.2	19.33	－19.95
4	芬兰	629.9	7.04	131.67	芬兰	635.2	5.25	4472.72
5	韩国	300.4	3.36	66.46	韩国	382.2	3.16	－29.19
6	以色列	35.6	0.40	－86.52	以色列	263.9	2.18	－75.47
7	加拿大	24.5	0.27	0.00	荷兰	99.9	0.83	－
8	荷兰	2.8	0.03	0.00	比利时	11.3	0.09	－
9					法国	3.1	0.03	－

资料来源：GTA

表 7－60　2009－2010 年 6 月日本 CT 出口市场情况

单位：万美元,%

排序	2010 年 1－6 月				2009 年			
	目的地	出口总额	份额	同比	目的地	出口总额	份额	同比
	全球	24109.33	100.00	6.47	全球	54219.07	100	－2.38
1	中国	6903.08	28.63	81.32	美国	11801.72	21.77	－10.51
2	美国	4132.65	17.14	－25.48	荷兰	10292.73	18.98	－4.06
3	荷兰	2443.75	10.14	－43.42	中国	8690.629	16.03	93.80
4	韩国	957.49	3.97	849.18	澳大利亚	2049.664	3.78	－3.88

排序	2010 年 1 - 6 月				2009 年			
	目的地	出口总额	份额	同比	目的地	出口总额	份额	同比
5	巴西	846.94	3.51	119.98	法国	1653.126	3.05	-48.01
6	澳大利亚	746.98	3.10	-22.24	德国	1560.712	2.88	0.46
7	印度	742.45	3.08	181.39	委内瑞拉	1419.414	2.62	324.52
8	新加坡	741.95	3.08	504.48	意大利	1281.61	2.36	29.52
9	德国	657.54	2.73	74.73	加拿大	1012.523	1.87	-58.29
10	台湾	627.96	2.60	215.05	巴西	1009.242	1.86	-31.35

资料来源：GTA

2. 超声波扫描装置

表 7-61　2007-2010 年 6 月日本超声扫描装置进出口情况

单位：万美元

年份	进口总额	出口总额
2010.1-6	7258.56	26842.8
2009	12976.13	54170.74
2008	12734.93	64573.31
2007	10581.98	62884.95

资料来源：GTA

表 7-62　2009-2010 年 6 月日本超声扫描装置进口市场情况

单位：万美元,%

排序	2010 年 1 - 6 月				2009 年			
	来源地	进口总额	份额	同比	来源地	进口总额	份额	同比
	全球	7258.56	100.00	13.20	全球	12976.13	100.00	1.89
1	美国	3043.30	41.93	30.19	美国	4907.81	37.82	-0.68
2	中国	1503.27	20.71	-2.25	中国	2822.25	21.75	17.56
3	奥地利	732.32	10.09	12.65	奥地利	1488.51	11.47	-0.95
4	韩国	728.35	10.03	-7.34	韩国	1459.26	11.25	-23.95
5	挪威	370.96	5.11	-4.30	挪威	749.25	5.77	15.39
6	以色列	350.17	4.82	31.65	以色列	513.41	3.96	5.80
7	荷兰	181.16	2.50	81.94	荷兰	312.86	2.41	-3.12
8	法国	115.98	1.60	72.00	意大利	245.40	1.89	70.80
9	印度	53.36	0.74	436.23	法国	158.57	1.22	926.37
10	意大利	49.82	0.69	-65.44	加拿大	89.69	0.69	120.81

资料来源：GTA

表 7-63　2009-2010 年 6 月日本超声扫描装置出口市场情况

单位：万美元，%

排序	2010 年 1-6 月				2009 年			
	目的地	出口总额	份额	同比	目的地	出口总额	份额	同比
	全球	26842.8	100.00	6.02	全球	54170.74	100.00	-16.11
1	美国	5154.9	19.20	26.63	美国	8782.00	16.21	-23.03
2	中国	4366.7	16.27	32.12	荷兰	8729.05	16.11	-9.25
3	荷兰	4025.7	15.00	-9.20	中国	7828.48	14.45	-4.68
4	德国	3135.7	11.68	50.09	德国	6904.51	12.75	42.75
5	瑞士	1208.1	4.50	-59.77	瑞士	3941.51	7.28	-49.86
6	印度	877.6	3.27	121.20	意大利	1482.28	2.74	3.56
7	加拿大	736.2	2.74	13.89	韩国	1320.67	2.44	-38.48
8	韩国	735.9	2.74	8.54	加拿大	1164.22	2.15	1.52
9	意大利	634.8	2.37	-24.53	印度	1027.89	1.90	-34.06
10	越南	454.4	1.69	-6.60	越南	1021.80	1.89	23.95

资料来源：GTA

3. MRI

表 7-64　2007-2010 年 6 月日本 MRI 进出口情况

单位：万美元

年份	进口总额	出口总额
2010.1-6	20672.46	10884.52
2009	28511.36	22979.39
2008	24720.77	22402.46
2007	23822.05	16979.32

资料来源：GTA

表 7-65　2009-2010 年 6 月日本 MRI 进口市场情况

单位：万美元，%

排序	2010 年 1-6 月				2009 年			
	来源地	进口总额	份额	同比	来源地	进口总额	份额	同比
	全球	20672.46	100.00	46.14	全球	28511.36	100.00	15.33
1	美国	7667.67	37.09	39.45	美国	10929.48	38.33	4.50
2	德国	6526.05	31.57	76.78	德国	7415.31	26.01	8.44
3	荷兰	4467.23	21.61	22.88	荷兰	7339.16	25.74	32.62
4	中国	1127.90	5.46	3.02	中国	2273.86	7.98	86.48

排序	2010年1－6月				2009年			
	来源地	进口总额	份额	同比	来源地	进口总额	份额	同比
5	英国	577.95	2.80	478.35	英国	169.13	0.59	－53.98
6	瑞士	143.25	0.69	4808.66	韩国	82.13	0.29	17.23
7	中国台湾	35.29	0.17	31.35	印度	80.68	0.28	21.42
8	印度	34.44	0.17	12.98	中国台湾	67.79	0.24	5.57
9	韩国	33.41	0.16	29.55	瑞士	62.90	0.22	796.64
10	法国	29.50	0.14	356.12	法国	18.21	0.06	－49.85

资料来源：GTA

表7－66　2009－2010年6月日本MRI出口市场情况

单位：万美元,%

排序	2010年1－6月				2009年			
	目的地	出口总额	份额	同比	目的地	出口总额	份额	同比
	全球	10884.52	100.00	4.42	全球	22979.39	100.00	2.58
1	美国	5359.96	49.24	－16.59	美国	13295.42	57.86	26.22
2	中国	1520.89	13.97	49.61	中国	1930.79	8.40	33.15
3	荷兰	1125.12	10.34	85.64	荷兰	1696.13	7.38	－36.14
4	意大利	432.08	3.97	－10.41	德国	1438.12	6.26	－31.11
5	新加坡	385.31	3.54	357.32	意大利	910.20	3.96	－4.50
6	韩国	360.24	3.31	353.21	巴基斯坦	446.06	1.94	17.58
7	德国	286.19	2.63	－42.68	印度	345.54	1.50	－34.27
8	土耳其	196.21	1.80	167.33	新加坡	294.94	1.28	－22.03
9	巴基斯坦	189.43	1.74	－36.22	土耳其	268.58	1.17	57.43
10	印度	148.57	1.37	－30.39	越南	212.26	0.92	236.20

资料来源：GTA

4. 矫形骨科植入器具

表7－67　2007－2010年6月日本矫形骨科植入器具进出口情况

单位：万美元

年份	进口总额	出口总额
2010.1－6	19955.55	684.21
2009	37132.23	1000.89
2008	33980.02	623.95
2007	28295.55	180.99

资料来源：GTA

表 7－68　2009－2010 年 6 月日本矫形骨科植入器具进口市场情况

单位：万美元，%

排序	2010 年 1－6 月				2009 年			
	来源地	进口总额	份额	同比	来源地	进口总额	份额	同比
	全球	19955.55	100.00	19.30	全球	37132.23	100.00	9.28
1	美国	7320.05	36.68	16.34	美国	13345.43	35.94	9.91
2	瑞士	5650.18	28.31	11.99	瑞士	10836.28	29.18	7.63
3	德国	4039.00	20.24	16.03	德国	8432.07	22.71	17.49
4	法国	1059.35	5.31	71.78	法国	1550.39	4.18	1.01
5	墨西哥	492.97	2.47	8.99	墨西哥	1000.22	2.69	－17.74
6	中国	278.85	1.40	231.75	英国	475.48	1.28	－9.77
7	英国	268.24	1.34	48.66	韩国	268.13	0.72	9.50
8	波多黎各	118.18	0.59	4129.46	中国	250.83	0.68	79.60
9	爱尔兰	94.33	0.47	66.41	奥地利	189.25	0.51	－19.34
10	中国台湾	94.09	0.47	23.52	中国台湾	174.66	0.47	17.01

资料来源：GTA

表 7－69　2009－2010 年 6 月日本矫形骨科植入器具出口市场情况

单位：万美元，%

排序	2010 年 1－6 月				2009 年			
	目的地	出口总额	份额	同比	目的地	出口总额	份额	同比
	全球	684.21	100.00	49.05	全球	1000.89	100.00	60.41
1	美国	509.35	74.44	48.31	美国	661.78	66.12	43.17
2	中国	129.79	18.97	58.48	中国	237.17	23.70	6452.87
3	意大利	8.02	1.17	0.00	波多黎各	37.42	3.74	145.41
4	波多黎各	7.87	1.15	486.70	瑞士	29.33	2.93	98.03
5	德国	6.60	0.96	1400.55	韩国	10.99	1.10	203.97
6	瑞士	5.60	0.82	－ 61.21	中国台湾	7.05	0.70	－ 31.65
7	韩国	5.19	0.76	－ 18.76	马来西亚	2.97	0.30	328.14
8	比利时	3.61	0.53	237.61	比利时	2.37	0.24	36.21
9	荷兰	1.62	0.24	0.00	越南	2.28	0.23	0.00
10	中国台湾	1.56	0.23	－73.94	德国	1.82	0.18	84.68

资料来源：GTA

5. 医用导管和插管

表 7－70　2007－2010 年 6 月日本医用导管和插管进出口贸易总体变化

单位：万美元

年份	进口总额	出口总额
2010. 1－6	110587. 7	25073. 48
2009	155586. 8	43130. 64
2008	182009. 6	35604. 44
2007	143284. 2	27864. 05

资料来源：GTA

表 7－71　2009－2010 年 6 月日本医用导管和插管进口市场情况

单位：万美元，%

排序	2010 年 1－6 月				2009 年			
	来源地	进口总额	份额	同比	来源地	进口总额	份额	同比
	全球	110587. 65	100. 00	33. 83	全球	155586. 80	100. 00	－14. 52
1	美国	45479. 77	41. 13	75. 48	美国	56042. 90	36. 02	－18. 71
2	爱尔兰	33448. 80	30. 25	26. 80	爱尔兰	40237. 26	25. 86	－28. 01
3	中国	7263. 59	6. 57	1. 61	中国	13559. 15	8. 71	－2. 37
4	马来西亚	5337. 33	4. 83	18. 76	泰国	11714. 12	7. 53	9. 77
5	泰国	5245. 73	4. 74	－11. 87	马来西亚	9374. 77	6. 03	19. 35
6	墨西哥	3253. 28	2. 94	41. 92	墨西哥	4195. 02	2. 70	－26. 57
7	越南	2160. 34	1. 95	76. 00	越南	3051. 82	1. 96	131. 93
8	波多黎各	1295. 93	1. 17	－6. 55	波多黎各	2827. 68	1. 82	－5. 50
9	瑞士	1038. 26	0. 94	20. 68	新加坡	1859. 98	1. 20	0. 96
10	新加坡	890. 77	0. 81	－9. 79	瑞士	1611. 95	1. 04	－4. 19

资料来源：GTA

表 7－72　2009－2010 年 6 月日本医用导管和插管出口市场情况

单位：万美元，%

排序	2010 年 1－6 月				2009 年			
	目的地	出口总额	份额	同比	目的地	出口总额	份额	同比
	全球	25073. 48	100. 00	24. 19	全球	43130. 64	100. 00	21. 14
1	美国	7182. 76	28. 65	15. 33	美国	13241. 20	30. 70	42. 37
2	比利时	5977. 11	23. 84	30. 56	比利时	9903. 43	22. 96	14. 16
3	中国	1463. 11	5. 84	37. 84	中国	2493. 33	5. 78	27. 48

排序	2010 年 1 - 6 月				2009 年			
	目的地	出口总额	份额	同比	目的地	出口总额	份额	同比
4	中国香港	1311. 91	5. 23	20. 62	中国香港	2198. 29	5. 10	47. 28
5	德国	1261. 40	5. 03	28. 04	德国	1962. 57	4. 55	13. 81
6	马来西亚	991. 81	3. 96	24. 01	韩国	1589. 06	3. 68	- 4. 89
7	韩国	867. 70	3. 46	19. 96	马来西亚	1582. 14	3. 67	11. 40
8	泰国	613. 77	2. 45	35. 79	中国台湾	1087. 73	2. 52	18. 51
9	中国台湾	578. 06	2. 31	11. 76	泰国	931. 91	2. 16	14. 61
10	丹麦	388. 20	1. 55	141. 89	澳大利亚	595. 51	1. 38	9. 74

资料来源：GTA

7.5 南非

2007 - 2009 年，南非医疗器械进出口贸易总额由 10. 56 亿美元增长至 11. 06 亿美元，年均增长率 2. 34%。其中，进口额由 9. 59 亿美元增加到 9. 67 亿美元，年均增长率为 0. 41%；出口额从 0. 98 亿美元增至 1. 40 亿美元，年均增长率为 19. 68%；南非医疗器械出口额要小于进口额，2009 年贸易逆差为 8. 27 亿美元。

2010 年 1 - 6 月，南非医疗器械进口额为 4. 90 亿美元，同比增长了 10. 52%；出口金额大幅度下降，降幅达 59. 94%，出口额降至 0. 39 亿美元。2010 年 1 - 6 月南非医疗器械前十大进口来源国分别为美国、德国、中国、瑞士、爱尔兰、英国、日本、法国、墨西哥和波兰，从这十个国家进口金额累计占比达 73. 07%。出口前十大国家市场依次为津巴布韦、莫桑比克、美国、赞比亚、肯尼亚、德国、英国、马拉维、毛里求斯和安哥拉，对这十个国家出口额占出口总额的 62. 67%。

2010 年 1 - 6 月南非医疗器械行业进出口总金额排名前五的产品为治疗器和人工呼吸器，矫形或骨折用器具，针、导管、插管及类似品，人工关节和心电图记录仪。

7.5.1 2007 - 2010 年进出口贸易总体规模

表 7 - 73 2007 - 2010 年 6 月南非医疗器械进出口情况

单位：万美元

年份	进出口总额	进口总额	出口总额	贸易差额
2010. 1 - 6	52923. 84	49009. 02	3914. 82	- 45094. 2
2009	110635. 23	96650. 82	13984. 41	- 82666. 41
2008	114360. 00	102275. 3	12084. 70	- 90190. 60
2007	105629. 51	95866. 71	9762. 80	- 86103. 91

资料来源：GTA

表 7-74　2009-2010 年 6 月南非医疗器械出口市场情况

单位：万美元，%

排序	2010 年 1-6 月				2009 年			
	目的地	出口总额	份额	同比	目的地	出口总额	份额	同比
	全球	3914.82	100.00	-59.54	全球	13984.41	100.00	15.72
1	津巴布韦	412.41	10.53	75.19	莫桑比克	6723.84	48.08	256.93
2	莫桑比克	323.14	8.25	-94.76	美国	976.27	6.98	-31.73
3	美国	314.61	8.04	-35.00	津巴布韦	572.78	4.10	9.44
4	赞比亚	307.31	7.85	35.65	英国	565.54	4.04	-23.94
5	肯尼亚	259.63	6.63	42.66	赞比亚	435.37	3.11	-22.54
6	德国	216.70	5.54	14.98	尼日利亚	429.12	3.07	52.37
7	英国	206.35	5.27	-8.16	安哥拉	422.87	3.02	-26.89
8	马拉维	143.43	3.66	-15.71	肯尼亚	401.50	2.87	13.68
9	毛里求斯	136.22	3.48	35.28	德国	359.69	2.57	-17.08
10	安哥拉	134.00	3.42	-44.76	马拉维	286.53	2.05	33.94

资料来源：GTA

表 7-75　2009-2010 年 6 月南非医疗器械进口市场情况

单位：万美元，%

排序	2010 年 1-6 月				2009 年			
	来源地	进口总额	份额	同比	来源地	进口总额	份额	同比
	全球	49009.02	100.00	10.52	全球	96650.82	100.00	-5.50
1	美国	12807.89	26.13	7.90	美国	25220.40	26.09	-4.87
2	德国	5457.02	11.13	-1.86	德国	11887.55	12.30	-0.74
3	中国	4195.82	8.56	33.11	中国	7451.62	7.71	20.40
4	瑞士	2587.52	5.28	13.19	英国	5372.87	5.56	-0.11
5	爱尔兰	2367.37	4.83	18.68	瑞士	4970.19	5.14	-0.08
6	英国	2039.26	4.16	-24.02	爱尔兰	4143.36	4.29	-3.08
7	日本	1707.04	3.48	15.63	波兰	4142.44	4.29	-54.01
8	法国	1597.72	3.26	-15.24	法国	3919.40	4.06	-13.73
9	墨西哥	1579.94	3.22	8.77	日本	3480.49	3.60	-6.74
10	波兰	1479.99	3.02	-17.98	墨西哥	3144.58	3.25	17.60

资料来源：GTA

7.5.2 典型医疗器械进出口产品

1.（臭氧、氧气、喷雾）治疗器、人工呼吸器等

表 7-76 2007-2010 年 6 月南非治疗器、人工呼吸器进出口情况

单位：万美元

年份	进口总额	出口总额
2010.1-6	1106.6	117.19
2009	1782.72	237.25
2008	1701.75	283.14
2007	1781.81	218.86

资料来源：GTA

表 7-77 2009-2010 年 6 月南非治疗器、人工呼吸器进口市场情况

单位：万美元，%

排序	2010 年 1-6 月				2009 年			
	来源地	进口总额	份额	同比	来源地	进口总额	份额	同比
	全球	1106.63	100	46.13	全球	1782.72	100.00	4.76
1	美国	357.87	32.34	27.88	美国	650.13	36.47	-6.77
2	新西兰	109.19	9.87	350.10	爱尔兰	170.63	9.57	392.82
3	德国	89.61	8.10	108.08	中国	139.04	7.80	-32.51
4	荷兰	83.64	7.56	4251.08	新西兰	117.53	6.59	8347.38
5	中国	76.20	6.89	28.92	德国	94.84	5.32	-43.12
6	爱尔兰	69.45	6.28	2.40	中国台湾	69.95	3.92	31.18
7	中国台湾	57.52	5.20	66.71	意大利	69.63	3.91	56.70
8	意大利	47.75	4.32	40.73	澳大利亚	68.08	3.82	-17.64
9	澳大利亚	38.19	3.45	18.79	瑞典	54.08	3.03	-47.96
10	墨西哥	23.63	2.14	20.14	墨西哥	53.49	3.00	262.05

资料来源：GTA

表 7-78 2009-2010 年 6 月南非治疗器、人工呼吸器出口市场情况

单位：万美元，%

排序	2010 年 1-6 月				2009 年			
	目的地	出口总额	份额	同比	目的地	出口总额	份额	同比
	全球	117.19	100	-13.34	全球	237.25	100	-16.21
1	莫桑比克	35.54	30.33	13.38	莫桑比克	51.67	21.78	-1.53
2	津巴布韦	25.85	22.06	421.22	安哥拉	35.26	14.86	506.32
3	肯尼亚	16.61	14.17	365.09	马里	20.35	8.58	4849.94

排序	2010 年 1 - 6 月				2009 年			
	目的地	出口总额	份额	同比	目的地	出口总额	份额	同比
4	比利时	6.46	5.51	-10.85	赞比亚	16.33	6.88	334.99
5	马里	4.43	3.78	-76.27	津巴布韦	15.61	6.58	179.81
6	马拉维	4.32	3.69	122.98	塞拉利昂	13.55	5.71	0
7	赞比亚	4.15	3.54	57.32	比利时	12.91	5.44	-84.5
8	加纳	4.07	3.48	–	刚果民主共和国	12.25	5.16	110.85
9	荷兰	2.99	2.55	0	葡萄牙	11.21	4.73	0
10	美国	2.92	2.49	-58.98	尼日利亚	7.84	3.3	-30.63

资料来源：GTA

2. 矫形骨科植入器具

表 7 - 79　2007 - 2010 年 6 月南非矫形骨科植入器具进出口情况

单位：万美元

年份	进口总额	出口总额
2010.1 - 6	2477.52	35.36
2009	4265.73	106.82
2008	4460.89	67.57
2007	3614.60	79.27

资料来源：GTA

表 7 - 80　2009 - 2010 年 6 月南非矫形骨科植入器具进口市场情况

单位：万美元，%

排序	2010 年 1 - 6 月				2009 年			
	来源地	进口总额	份额	同比	来源地	进口总额	份额	同比
	全球	2477.52	100	25.96	全球	4265.73	100	-4.37
1	瑞士	875.17	35.32	32.82	瑞士	1407.16	32.99	1.62
2	美国	791.25	31.94	27.25	美国	1339.70	31.41	5.02
3	波多黎各	266.03	10.74	7.92	波多黎各	581.01	13.62	44.36
4	德国	214.37	8.65	52.37	德国	272.34	6.38	-45.12
5	墨西哥	59.65	2.41	-3.49	意大利	203.80	4.78	-18.32
6	意大利	56.53	2.28	-28.01	墨西哥	143.88	3.37	-7.6
7	法国	56.46	2.28	61.07	法国	76.52	1.79	-38.5
8	英国	44.67	1.8	35.65	英国	74.60	1.75	-0.77
9	中国	31.65	1.28	217.53	奥地利	28.17	0.66	-28.87
10	波兰	21.14	0.85	54.67	中国	26.50	0.62	19.99

资料来源：GTA

表 7－81　2009－2010 年 6 月南非矫形骨科植入器具出口市场情况

单位：万美元，%

排序	2010 年 1－6 月				2009 年			
	目的地	出口总额	份额	同比	目的地	出口总额	份额	同比
	全球	35.36	100	7.25	全球	106.82	100.00	58.10
1	肯尼亚	8.59	24.28	－37.68	肯尼亚	40.18	37.62	53.36
2	英国	7.70	21.77	26.93	美国	18.49	17.31	1917.75
3	埃及	4.57	12.93	0	英国	18.24	17.08	145.89
4	德国	4.35	12.31	2.93	德国	8.49	7.95	58.54
5	巴西	3.86	10.9	0	法国	5.31	4.97	934.27
6	津巴布韦	1.76	4.99	774.07	坦桑尼亚	4.28	4.00	215.26
7	美国	1.42	4.01	13.14	奥地利	2.29	2.14	0.00
8	毛里求斯	0.73	2.07	4.41	乌干达	2.13	2.00	－45.54
9	莫桑比克	0.53	1.51	0	津巴布韦	1.86	1.74	－18.07
10	比利时	0.36	1.03	205.49	比利时	1.40	1.31	251.69

资料来源：GTA

3. 医用导管和插管

表 7－82　2007－2010 年 6 月南非医用导管和插管进出口情况

单位：万美元

年份	进口总额	出口总额
2010.1－6	3660.53	75.62
2009	6827.84	166.27
2008	6738.35	1711.73
2007	7233.61	244.45

资料来源：GTA

表 7－83　2009－2010 年 6 月南非医用导管和插管进口市场情况

单位：万美元，%

排序	2010 年 1－6 月				2009 年			
	来源地	进口总额	份额	同比	来源地	进口总额	份额	同比
	全球	3660.53	100	20.41	全球	6827.84	100	1.33
1	美国	1128.21	30.82	－3.71	美国	2420.36	35.45	－8.77
2	爱尔兰	670.76	18.32	108.02	墨西哥	720.52	10.55	93.28
3	墨西哥	342.63	9.36	21.1	爱尔兰	678.27	9.93	－23.56
4	意大利	233.71	6.38	58.65	法国	564.24	8.26	9.35
5	捷克共和国	233.27	6.37	36.57	捷克共和国	475.30	6.96	145.73

排序	2010 年 1 - 6 月				2009 年			
	来源地	进口总额	份额	同比	来源地	进口总额	份额	同比
6	法国	174.67	4.77	-37.01	意大利	359.11	5.26	4.02
7	中国	87.24	2.38	-6.48	德国	207.75	3.04	-4.39
8	德国	82.36	2.25	-5	中国	199.15	2.92	30.36
9	英国	74.33	2.03	60.45	英国	126.20	1.85	-58.28
10	哥斯达黎加	63.16	1.73	85.95	日本	121.98	1.79	-19.34

资料来源：GTA

表 7 - 84　2009 - 2010 年 6 月南非医用导管和插管出口市场情况

单位：万美元，%

排序	2010 年 1 - 6 月				2009 年			
	目的地	出口总额	份额	同比	目的地	出口总额	份额	同比
	全球	75.62	100.00	-38.70	全球	166.27	100.0	-90.29
1	赞比亚	23.64	31.27	–	保加利亚	24.39	14.67	138.86
2	保加利亚	10.77	14.24	-43.51	美国	24.18	14.54	-53.47
3	塞内加尔	8.45	11.17	0.00	莫桑比克	22.47	13.51	-98.46
4	美国	7.44	9.83	-51.27	英国	20.62	12.40	-84.93
5	科特迪瓦	7.13	9.42	0.00	津巴布韦	16.54	9.95	1.15
6	德国	4.65	6.15	–	土耳其	9.68	5.82	436.71
7	安哥拉	2.41	3.19	1213.80	捷克共和国	6.26	3.76	55.79
8	津巴布韦	2.36	3.12	-84.62	肯尼亚	5.43	3.26	-2.85
9	荷兰	1.99	2.63	0.00	马拉维	5.37	3.23	366.58
10	莫桑比克	1.86	2.45	-90.57	委内瑞拉	5.11	3.07	36.10

资料来源：GTA

4. 人工关节

表 7 - 85　2007 - 2010 年 6 月南非人工关节进出口情况

单位：万美元，%

年份	进口总额	出口总额
2000.1 - 6	1500.06	2.41
2009	2708.84	0.18
2008	2809.36	4.15
2007	2969.43	1.93

资料来源：GTA

表 7-86　2009-2010 年 6 月南非人工关节进口市场情况

单位：万美元，%

排序	2010 年 1-6 月				2009 年			
	来源地	进口总额	份额	同比	来源地	进口总额	份额	同比
	全球	1500.06	100	8.67	全球	2708.84	100	-3.58
1	美国	565.52	37.7	20.49	美国	918.23	33.9	-1.17
2	瑞士	313.84	20.92	39.64	瑞士	438.46	16.19	-8.56
3	法国	181.14	12.08	-0.61	爱尔兰	430.39	15.89	-2.32
4	英国	146.57	9.77	-17.59	法国	347.45	12.83	4.09
5	爱尔兰	144.03	9.6	-35.02	英国	334.71	12.36	-30.54
6	德国	68.59	4.57	28.37	德国	117.19	4.33	17.5
7	中国	21.65	1.44	101.66	中国	24.74	0.91	3499.19
8	比利时	16.45	1.1	56.1	冰岛	20.46	0.76	72.31
9	冰岛	11.57	0.77	80.4	比利时	20.28	0.75	1687.67
10	丹麦	6.11	0.41	18.29	丹麦	14.73	0.54	73.07

资料来源：GTA

表 7-87　2009-2010 年 6 月南非人工关节出口市场情况

单位：万美元，%

排序	2010 年 1-6 月				2009 年			
	国别	出口总额	份额	同比	国别	出口总额	份额	同比
	全球	2.41	100.00	2358.33	全球	0.18	100.00	-95.75
1	瑞士	1.31	54.39	-	比利时	0.056	31.58	0.00
2	澳大利亚	0.88	36.39	-	莫桑比克	0.035	19.93	-99.09
3	不确定的国家/地区	0.18	7.27	-	刚果民主共和国	0.034	19.01	-
4	马拉维	0.05	1.95	551.65	津巴布韦	0.032	18.28	514.74
5	-	-	-	-	英国	0.012	6.75	-
6	-	-	-	-	马拉维	0.0072	4.09	-
7	-	-	-	-	美国	0.0006	0.36	-96.55

资料来源：GTA

5. 心电图记录仪

表 7-88　2007-2010 年 6 月南非心电图记录仪进出口情况

单位：万美元

年份	进口总额	出口总额
2010.1-6	161.03	8.52
2009	336.32	5948.21

年份	进口总额	出口总额
2008	363.72	25.81
2007	497.89	217.82

资料来源：GTA

表 7-89　2009-2010 年 6 月南非心电图记录仪进口市场情况

单位：万美元，%

排序	2010 年 1-6 月				2009 年			
	来源地	进口总额	份额	同比	来源地	进口总额	份额	同比
	全球	161.03	100.00	29.99	全球	336.32	100.00	-7.53
1	德国	53.84	33.44	77.37	美国	119.33	35.48	-20.65
2	美国	37.56	23.32	-26.37	德国	82.82	24.62	-13.95
3	墨西哥	17.15	10.65	693.38	加拿大	26.69	7.94	-35.60
4	加拿大	11.78	7.32	25.13	中国	18.65	5.54	71.10
5	中国	11.09	6.89	84.85	墨西哥	17.44	5.18	936.35
6	印度	8.24	5.12	-12.89	印度	14.27	4.24	-8.81
7	丹麦	7.56	4.69	132.15	丹麦	12.79	3.80	-10.63
8	英国	3.00	1.86	-43.27	瑞士	11.87	3.53	521.24
9	泰国	2.41	1.49	-	以色列	7.84	2.33	9884.48
10	以色列	1.51	0.94	224.62	英国	7.43	2.21	-33.38

资料来源：GTA

表 7-90　2009-2010 年 6 月南非心电图记录仪出口市场情况

单位：万美元，%

排序	2010 年 1-6 月				2009 年			
	目的地	出口总额	份额	同比	目的地	出口总额	份额	同比
	全球	8.52	100.00	-99.86	全球	5948.21	100.00	22943
1	毛里求斯	7.51	88.17	1796.49	莫桑比克	5937.25	99.82	66611
2	乌干达	0.30	3.45	0.00	肯尼亚	3.79	0.06	10.00
3	美国	0.23	2.75	-73.12	安哥拉	2.35	0.04	-
4	马达加斯加	0.20	2.39	-20.26	坦桑尼亚	1.72	0.03	-
5	法国	0.16	1.92	3013.39	美国	1.34	0.02	-85.38
6	比利时	0.095	1.11	-	毛里求斯	0.48	0.01	-
7	塞内加尔	0.016	0.19	-	英国	0.45	0.01	-0.78
8	津巴布韦	0.002	0.03	-	马达加斯加	0.26	0.00	257.44
9	-	-	-	-	赞比亚	0.19	0.00	-

排序	2010 年 1－6 月				2009 年			
	目的地	出口总额	份额	同比	目的地	出口总额	份额	同比
10	–	–	–	–	尼日利亚	0.19	0.00	–

资料来源：GTA

7.6 土耳其

2007－2009 年，土耳其医疗器械进出口贸易总额由 19.14 亿美元增长至 19.67 亿美元，年均增长率 1.38%。其中，进口额由 1.47 亿美元减少到 1.39 亿美元，年均下降了 2.68%；出口额从 4.42 亿美元增至 5.73 亿美元，年均增长率为 13.88%；土耳其的医疗器械出口额要大于进口额，2009 年贸易顺差为 8.21 亿美元。

2010 年 1－6 月土耳其医疗器械进出口额增长率较高，其中进口额为 7.68 亿美元，同比增长了 20.19%；出口额为 3.35 亿美元，同比增长了 31.13%。2010 年 1－6 月土耳其医疗器械前十大进口来源国分别为美国、德国、中国、瑞士、日本、意大利、法国、英国、韩国和爱尔兰，从这十个国家进口金额累计占比为 77.7%。出口前十大国别市场依次为伊拉克、阿塞拜疆、俄罗斯、伊朗、罗马尼亚、乌克兰、德国、格鲁吉亚、希腊和以色列，对这十个国家出口金额占出口总额的 59.68%。

2010 年 1－6 月，土耳其医疗器械行业进出口总金额排名前五的产品为治疗器和人工呼吸器，X 射线检查造影剂，MRI，矫形或骨折用器具和针、导管、插管及类似品。

7.6.1 2007－2010 年进出口贸易总体规模

表 7－91 2007－2010 年 6 月土耳其医疗器械进出口情况

单位：万美元

年份	进出口总额	进口总额	出口总额	贸易差额
2010.1－6	110281.18	76812.19	33468.99	－43343.2
2009	196733.27	139415.6	57317.67	－82097.93
2008	222190.11	166703.1	55487.01	－111216.1
2007	191410.42	147210.7	44199.72	－103010.98

资料来源：GTA

表 7－92 2009－2010 年 6 月土耳其医疗器械出口市场情况

单位：万美元,%

排序	2010 年 1－6 月				2009 年			
	目的地	出口总额	份额	同比	目的地	出口总额	份额	同比
	全球	33468.99	100.00	31.13	全球	57317.67	100.00	3.30
1	伊拉克	7263.09	21.70	74.56	伊拉克	9191.29	16.04	44.74
2	阿塞拜疆	2160.69	6.46	14.72	阿塞拜疆	3907.37	6.82	13.32
3	俄罗斯	1918.00	5.73	13.98	俄罗斯	3719.61	6.49	26.73
4	伊朗	1747.58	5.22	432.40	罗马尼亚	2859.02	4.99	－18.74

排序	2010年1-6月				2009年			
	目的地	出口总额	份额	同比	目的地	出口总额	份额	同比
5	罗马尼亚	1527.01	4.56	29.78	乌克兰	2848.04	4.97	3.91
6	乌克兰	1289.24	3.85	19.28	以色列	2032.11	3.55	-12.71
7	德国	1183.42	3.54	14.86	希腊	1898.27	3.31	-20.46
8	格鲁吉亚	1042.69	3.12	52.40	德国	1886.24	3.29	-20.95
9	希腊	944.68	2.82	-17.02	格鲁吉亚	1620.20	2.83	12.66
10	以色列	896.57	2.68	-6.27	伊朗	1381.95	2.41	94.63

资料来源：GTA

表7-93　2009-2010年6月土耳其医疗器械进口市场情况

单位：万美元,%

排序	2010年1-6月				2009年			
	来源地	进口总额	份额	同比	来源地	进口总额	份额	同比
	全球	76812.19	100.00	20.19	全球	139415.60	100.00	-16.37
1	美国	19139.73	24.92	12.50	美国	34825.58	24.98	-13.14
2	德国	12141.84	15.81	4.81	德国	26219.99	18.81	-16.26
3	中国	7424.90	9.67	50.23	中国	12101.08	8.68	-15.02
4	瑞士	3878.54	5.05	30.68	日本	7058.15	5.06	-35.31
5	日本	3438.82	4.48	14.21	意大利	6087.51	4.37	-10.68
6	意大利	3381.18	4.40	23.26	法国	5852.89	4.20	-8.96
7	法国	2817.07	3.67	11.67	瑞士	5786.39	4.15	-22.56
8	英国	2651.11	3.45	21.82	英国	4194.25	3.01	-33.22
9	韩国	2538.65	3.31	35.68	韩国	3823.76	2.74	-18.83
10	爱尔兰	2259.54	2.94	32.87	爱尔兰	3587.80	2.57	-20.36

资料来源：GTA

7.6.2　典型医疗器械进出口产品

1.（臭氧、氧气、喷雾）治疗器、人工呼吸器等

表7-94　2007-2010年6月土耳其治疗器、人工呼吸器进出口情况

单位：万美元

年份	进口总额	出口总额
2010.1-6	3348.10	257.35
2009	5051.57	760.44
2008	4395.62	612.15

年份	进口总额	出口总额
2007	4000.22	497.63

资料来源：GTA

表7－95　2009－2010年6月土耳其治疗器、人工呼吸器进口市场情况

单位：万美元，%

排序	2010年1－6月				2009年			
	来源地	进口总额	份额	同比	来源地	进口总额	份额	同比
	全球	3348.10	100.00	94.36	全球	5051.57	100.00	14.92
1	瑞士	1046.70	31.26	5924.40	德国	1564.85	30.98	38.91
2	德国	639.18	19.09	44.29	美国	848.53	16.80	－16.71
3	美国	560.21	16.73	57.65	瑞典	549.36	10.88	265.55
4	中国	179.76	5.37	22.17	中国	395.50	7.83	35.62
5	澳大利亚	116.05	3.47	0.94	意大利	294.72	5.83	75.32
6	爱尔兰	115.30	3.44	278.93	中国台湾	175.87	3.48	－8.01
7	法国	103.23	3.08	396.12	澳大利亚	172.90	3.42	60.32
8	新西兰	100.86	3.01	177.25	爱尔兰	144.25	2.86	－17.76
9	中国台湾	86.08	2.57	2.15	新西兰	120.57	2.39	－25.32
10	意大利	85.78	2.56	－13.05	荷兰	119.12	2.36	223.53

资料来源：GTA

表7－96　2009－2010年6月土耳其治疗器、人工呼吸器出口市场情况

单位：万美元，%

排序	2010年1－6月				2009年			
	目的地	出口总额	份额	同比	目的地	出口总额	份额	同比
	全球	257.35	100.00	－34.77	全球	760.44	100.00	24.22
1	德国	29.83	11.59	34.88	阿塞拜疆	92.28	12.14	－5.62
2	沙特阿拉伯	27.89	10.84	27.64	德国	71.64	9.42	63.79
3	伊朗	27.73	10.77	75.98	沙特阿拉伯	70.89	9.32	－28.26
4	约旦	12.88	5.01	535.34	意大利	50.94	6.70	1449.60
5	波兰	12.21	4.74	－36.17	伊朗	42.85	5.63	73.04
6	意大利	10.14	3.94	25.35	约旦	42.78	5.63	343.63
7	格鲁吉亚	9.39	3.65	2376.93	波兰	32.07	4.22	109.63
8	埃及	9.2	3.57	36.86	伊斯坦布尔	31.14	4.10	1499.12
9	澳大利亚	8.98	3.49	－17.25	叙利亚	29.51	3.88	64.28
10	叙利亚	8.3	3.23	－65.4	卡塔尔	28.8	3.79	206.28

资料来源：GTA

2. X 光检查造影剂

表 7 – 97　2007 – 2010 年 6 月土耳其 X 射线检查造影剂进出口情况

单位：万美元

年份	进口总额	出口总额
2010. 1 – 6	2601. 74	1. 05
2009	5047. 66	35. 15
2008	7232. 87	12. 56
2007	5964. 26	164. 08

资料来源：GTA

表 7 – 98　2009 – 2010 年 6 月土耳其 X 射线检查造影剂进口市场情况

单位：万美元，%

排序	2010 年 1 – 6 月				2009 年			
	来源地	进口总额	份额	同比	来源地	进口总额	份额	同比
	全球	2601. 74	100	2. 54	全球	5047. 66	100	–30. 21
1	德国	916. 51	35. 23	37. 54	德国	1327. 20	26. 29	–37. 72
2	爱尔兰	764. 53	29. 39	–2. 75	意大利	1316. 52	26. 08	–7. 21
3	意大利	364. 10	13. 99	–42. 71	爱尔兰	1313. 74	26. 03	–49. 19
4	法国	261. 18	10. 04	9. 15	法国	639. 80	12. 68	38. 46
5	加拿大	79. 90	3. 07	–41. 33	加拿大	247. 65	4. 91	–27. 44
6	韩国	63. 36	2. 44	414. 23	西班牙	65. 32	1. 29	–45. 73
7	美国	49. 79	1. 91	1390. 5	韩国	49. 38	0. 98	–51. 04
8	西班牙	45. 48	1. 75	30. 27	荷兰	27. 30	0. 54	19. 13
9	波兰	35. 68	1. 37	435. 61	保加利亚	19. 55	0. 39	0
10	荷兰	13. 38	0. 51	2. 88	波兰	16. 95	0. 34	44. 55

资料来源：GTA

表 7 – 99　2009 – 2010 年 6 月土耳其 X 射线检查造影剂出口市场情况

单位：万美元，%

排序	2010 年 1 – 6 月				2009 年			
	目的地	出口总额	份额	同比	目的地	出口总额	份额	同比
	全球	1. 05	100	–95. 02	全球	35. 15	100	179. 81
1	北塞浦路斯土耳其共和国	0. 64	61. 21	–73. 19	伊朗	10. 49	29. 84	0
2	阿塞拜疆	0. 41	38. 79	–84. 19	保加利亚	9. 53	27. 11	0
3	–	–	–	–	北塞浦路斯土耳其共和国	5. 25	14. 92	36. 6

排序	2010 年 1－6 月				2009 年			
	目的地	出口总额	份额	同比	目的地	出口总额	份额	同比
4	–	–	–	–	挪威	5.01	14.26	0
5	–	–	–	–	阿塞拜疆	3.03	8.61	34.26
6	–	–	–	–	德国	1.19	3.39	0
7	–	–	–	–	阿尔巴尼亚	0.37	1.06	－41.12
8	–	–	–	–	也门	0.29	0.81	179.81

资料来源：GTA

3. MRI

表 7－100　2007－2010 年 6 月土耳其 MRI 进出口情况

单位：万美元

年份	进口总额	出口总额
2010.1－6	1925.97	28.51
2009	3798.69	2.86
2008	5931.15	89.95
2007	4631.78	1.67

资料来源：GTA

表 7－101　2009－2010 年 6 月土耳其 MRI 进口市场情况

单位：万美元，%

排序	2010 年 1－6 月				2009 年			
	来源地	进口总额	份额	同比	来源地	进口总额	份额	同比
	全球	1925.97	100	17.28	全球	3798.69	100	－35.95
1	德国	970.50	50.39	87.7	德国	1174.41	30.92	－32.69
2	荷兰	371.92	19.31	15.97	中国	910.05	23.96	－11.27
3	美国	295.71	15.35	17.66	美国	867.74	22.84	－27.97
4	中国	175.05	9.09	－57.69	荷兰	617.89	16.27	－64.62
5	日本	112.20	5.83	－12.06	日本	205.73	5.42	18.44
6	–	–	–	–	意大利	22.32	0.59	－36.22
7	–	–	–	–	俄罗斯	0.56	0.01	–

资料来源：GTA

表7-102　2009-2010年6月土耳其MRI出口市场情况

单位：万美元,%

排序	2010年1-6月				2009年			
	目的地	出口总额	份额	同比	目的地	出口总额	份额	同比
	全球	28.51	100.00	911.73	全球	2.86	100.00	-96.82
1	法国	4.17	84.79	0.00	阿塞拜疆	2.54	88.90	-
2	阿塞拜疆	4.3	15.21	70.34	埃及	0.27	9.54	-
3	-	-	-	-	北塞浦路斯土耳其共和国	0.04	1.57	-

资料来源：GTA

4. 矫形骨科植入器具

表7-103　2007-2010年6月土耳其矫形骨科植入器具进出口情况

单位：万美元,%

年份	进口总额	出口总额
2010.1-6	4170.09	531.00
2009	8730.88	1360.86
2008	9809.93	926.96
2007	6912.66	711.11

资料来源：GTA

表7-104　2009-2010年6月土耳其矫形骨科植入器具进口市场情况

单位：万美元,%

排序	2010年1-6月				2009年			
	来源地	进口总额	份额	同比	来源地	进口总额	份额	同比
	全球	4170.09	100	-11.54	全球	8730.88	100	-11.00
1	美国	1328.22	31.85	-10.66	美国	2708.17	31.02	-4.65
2	瑞士	811.88	19.47	2.94	瑞士	1431.06	16.39	19.04
3	德国	458.90	11	-6.8	德国	1096.83	12.56	-3.02
4	法国	388.74	9.32	-33.74	法国	1042.11	11.94	-28.48
5	英国	203.36	4.88	-25.03	英国	535.16	6.13	-8.14
6	韩国	183.84	4.41	-19.1	韩国	319.21	3.66	-43.44
7	中国	174.07	4.17	77.91	意大利	312.15	3.58	30.04
8	意大利	117.68	2.82	-24.11	中国	237.33	2.72	-9.59
9	以色列	89.40	2.14	-30.01	以色列	226.79	2.6	96.81
10	瑞典	84.50	2.03	-32.53	Agean	209.54	2.4	-

资料来源：GTA

表 7－105　2009－2010 年 6 月土耳其矫形骨科植入器具出口市场情况

单位：万美元，%

排序	2010 年 1－6 月				2009 年			
	目的地	出口总额	份额	同比	目的地	出口总额	份额	同比
	全球	531.00	100.00	－19.46	全球	1360.86	100.00	46.81
1	德国	40.51	7.63	－57.93	德国	154.16	11.33	60.96
2	瑞士	38.06	7.17	3413.65	英国	139.76	10.27	133.26
3	美国	36.17	6.81	183.44	法国	78.43	5.76	75.60
4	伊朗	30.24	5.69	2.88	Agean	74.16	5.45	－
5	保加利亚	25.59	4.82	－24.16	保加利亚	60.26	4.43	15.94
6	英国	23.81	4.48	31.19	阿塞拜疆	58.46	4.30	118.36
7	阿塞拜疆	22.87	4.31	－37.22	美国	58.16	4.27	51.84
8	埃及	22.23	4.19	－35.49	墨西哥	56.56	4.16	－8.96
9	法国	21.33	4.02	－11.85	伊朗	56.27	4.14	22.11
10	俄罗斯	20.54	3.87	556.31	瑞士	49.75	3.66	416.60

资料来源：GTA

5. 医用导管和插管

表 7－106　2007－2010 年 6 月土耳其医用导管和插管进出口情况

单位：万美元

年份	进口总额	出口总额
2010.1－6	5758.30	786.18
2009	10406.46	1077.85
2008	10951.29	1191.52
2007	9253.65	1007.64

资料来源：GTA

表 7－107　2009－2010 年 6 月土耳其医用导管和插管进口市场情况

单位：万美元，%

排序	2010 年 1－6 月				2009 年			
	来源地	进口总额	份额	同比	来源地	进口总额	份额	同比
	全球	5758.30	100.00	19.35	全球	10406.46	100.00	－4.98
1	美国	1617.63	28.09	21.03	美国	2617.35	25.15	－18.24
2	中国	596.90	10.37	28.63	中国	1089.81	10.47	12.93
3	爱尔兰	440.77	7.65	－23.83	爱尔兰	1006.75	9.67	－29.00
4	英国	421.79	7.32	66.47	墨西哥	752.92	7.24	30.12
5	德国	379.16	6.58	17.31	德国	699.97	6.73	－14.03

排序	2010 年 1 - 6 月				2009 年			
	来源地	进口总额	份额	同比	来源地	进口总额	份额	同比
6	墨西哥	342.39	5.95	-9.17	英国	618.50	5.94	-6.24
7	意大利	230.46	4.00	61.50	日本	479.22	4.61	-4.32
8	奥地利	205.68	3.57	36180	印度	354.61	3.41	-14.27
9	日本	161.88	2.81	-12.88	法国	329.06	3.16	-6.89
10	马来西亚	155.14	2.69	16.73	意大利	328.26	3.15	3.74

资料来源：GTA

表 7-108　2009-2010 年 6 月土耳其医用导管和插管出口市场情况

单位：万美元,%

排序	2010 年 1 - 6 月				2009 年			
	目的地	出口总额	份额	同比	目的地	出口总额	份额	同比
	全球	786.18	100.00	49.07	全球	1077.85	100.00	-9.54
1	德国	212.87	27.08	228.80	英国	120.27	11.16	44.24
2	意大利	80.90	10.29	32.45	意大利	119.07	11.05	18.64
3	中国香港	60.31	7.67	9188.09	德国	114.09	10.59	-56.48
4	法国	41.51	5.28	157.45	阿塞拜疆	79.09	7.34	-9.79
5	伊朗	40.53	5.16	222.47	荷兰	69.34	6.43	209.12
6	阿塞拜疆	40.36	5.13	-10.31	伊拉克	49.05	4.55	32.53
7	英国	38.59	4.91	-26.63	芬兰	48.06	4.46	60.68
8	北塞浦路斯土耳其共和国	31.36	3.99	109.96	西班牙	44.47	4.13	42.14
9	巴基斯坦	18.08	2.30	54.92	法国	41.66	3.87	-5.14
10	美国	17.53	2.23	-4.49	美国	36.21	3.36	34.76

资料来源：GTA

7.7　印度尼西亚

2007-2009 年，印度尼西亚医疗器械进出口贸易总额由 5.65 亿美元增长至 8.59 亿美元，年均增长率 23.3%。其中，进口额由 2.63 亿美元增长至 5.24 亿美元，年均增长率为为 41.2%；出口额从 3.02 亿美元增至 3.34 亿美元，年均增长率为 5.25%；2007 年，印度尼西亚医疗器械的进出口呈现贸易顺差的状况，从 2008 年进口金额开始高于出口金额，2008 年贸易逆差为 2.05 亿美元，2009 年贸易逆差为 1.90 亿美元。

2010 年 1-6 月印度尼西亚医疗器械进出口呈快速增长态势，其中，进口金额为 3.00 亿美元，同比增长了 30.97%；出口金额为 1.81 亿美元，同比增长了 15.89%。2010 年 1-6 月，印度尼西亚医疗器械前十大进口来源国（地区）分别为新加坡、美国、泰国、日本、中国、德国、马来西亚、中国台湾、韩国和荷兰，从这十个国家（地区）进口金额累计占比为 92.03%。出口前十个国别市场依次为新加坡、德国、日本、美国、马来西亚、印度、泰国、阿根廷、中国和菲律宾，对这十个国家出口金额占出口总额的 92.57%。

2010年1－6月，印度尼西亚医疗器械进出口金额排名前五的产品为CT，超声波扫描装置，针、导管、插管及类似品，助听器和注射器。

7.7.1 2007－2010年进出口贸易总体规模

表7－109 2007－2010年6月印度尼西亚医疗器械进出口情况

单位：万美元

年份	进出口总额	进口总额	出口总额	贸易差额
2010.1－6	48148.35	30019.34	18129.01	－11890.33
2009	85882.04	52447.06	33434.98	－19012.08
2008	82421.27	51459.6	30961.67	－20497.93
2007	56487.92	26304.45	30183.47	3879.02

资料来源：GTA

表7－110 2009－2010年6月印度尼西亚医疗器械出口市场情况

单位：万美元，%

排序	2010年1－6月				2009年			
	目的地	出口总额	份额	同比	目的地	出口总额	份额	同比
	全球	18129.01	100	15.89	全球	33434.98	100.00	7.99
1	新加坡	12280.46	67.74	10.38	新加坡	23713.43	70.92	6.59
2	德国	1261.58	6.96	17.33	日本	2676.56	8.01	27.41
3	日本	1180.32	6.51	－9.58	德国	1975.93	5.91	3.17
4	美国	529.80	2.92	127.88	马来西亚	1284.65	3.84	－4.15
5	马来西亚	492.32	2.72	－15.92	美国	645.22	1.93	－31.79
6	印度	362.08	2	441.14	菲律宾	399.46	1.19	673.24
7	泰国	210.32	1.16.	25.7	泰国	330.03	0.99	23.35
8	阿根廷	186.38	1.03	8167.4	英国	225.98	0.68	－32.92
9	中国	140.72	0.78	129.2	荷兰	188.05	0.56	82.07
10	菲律宾	136.30	0.75	69.01	印度	151.78	0.45	327.57

资料来源：GTA

表7－111 2009－2010年6月印度尼西亚医疗器械进口市场情况

单位：万美元，%

排序	2010年1－6月				2009年			
	来源地	进口总额	份额	同比	来源地	进口总额	份额	同比
	全球	30019.34	100.00	30.97	全球	52447.06	100.00	1.92
1	新加坡	9732.61	32.42	60.71	新加坡	14331.72	27.33	8.53
2	美国	4462.55	14.87	－4.63	美国	9606.49	18.32	3.73
3	泰国	3421.71	11.4	13.44	日本	6079.03	11.59	6.29

排序	2010年1-6月				2009年			
	来源地	进口总额	份额	同比	来源地	进口总额	份额	同比
4	日本	2854.16	9.51	23.35	泰国	6076.00	11.59	17.47
5	中国	2590.97	8.63	48.2	中国	4191.61	7.99	-8.29
6	德国	1831.55	6.1	118.94	德国	2692.44	5.13	-8.42
7	马来西亚	948.46	3.16	25.57	马来西亚	1625.85	3.10	-39.27
8	中国台湾	731.84	2.44	25.69	韩国	1453.05	2.77	50.52
9	韩国	698.36	2.33	-20.06	中国台湾	1217.78	2.32	-3.46
10	荷兰	352.27	1.17	1127.87	中国香港	621.79	1.19	20.72

资料来源：GTA

7.7.2 典型医疗器械进出口产品

1. CT

表7-112 2007-2010年6月印度尼西亚CT进出口情况

单位：万美元

年份	进口总额	出口总额
2010.1-6	859.81	0
2009	966.64	0.15
2008	1154.62	6.25
2007	1326.57	0.01

资料来源：GTA

表7-113 2009-2010年6月印度尼西亚CT进口市场情况

单位：万美元，%

排序	2010年1-6月				2009年			
	来源地	进口总额	份额	同比	来源地	进口总额	份额	同比
	全球	859.81	100.00	555.88	全球	966.64	100.00	-16.28
1	美国	326.41	37.96	10147	美国	320.20	33.12	-19.69
2	德国	220.76	25.67	866.85	中国	256.53	26.54	14.86
3	日本	197.50	22.97	34900	德国	180.47	18.67	-48.91
4	中国	115.14	13.39	78.56	日本	128.10	13.25	-15.71
					新加坡	80.59	8.34	406916
					泰国	0.75	0.08	-

资料来源：GTA

表 7－114　2009－2010 年 6 月印度尼西亚 CT 出口市场情况

单位：万美元，%

排序	2010 年 1－6 月				2009 年			
	目的地	出口总额	份额	同比	目的地	出口总额	份额	同比
–	–	–	–	–	全球	0.15	100.00	－97.59
1	–	–	–	–	中国	0.10	66.27	–
2	–	–	–	–	德国	0.05	33.73	3.88

资料来源：GTA

2. 超声波扫描装置

表 7－115　2007－2010 年 6 月印度尼西亚超声扫描装置进出口情况

单位：万美元

年份	进口总额	出口总额
2010.1－6	314.85	3.69
2009	561.13	25.87
2008	373.23	5.97
2007	297.78	15.56

资料来源：GTA

表 7－116　2009－2010 年 6 月印度尼西亚超声扫描装置进口市场情况

单位：万美元，%

排序	2010 年 1－6 月				2009 年			
	来源地	进口总额	份额	同比	来源地	进口总额	份额	同比
	全球	314.85	100.00	62.78	全球	561.13	100.00	50.35
1	中国	88.00	27.95	2065.32	美国	199.93	35.63	88.40
2	美国	54.86	17.42	63.37	韩国	88.47	15.77	－28.83
3	韩国	48.90	15.53	14.25	日本	81.30	14.49	136.30
4	日本	45.90	14.58	68.71	新加坡	55.65	9.92	345.61
5	印度	25.87	8.22	0.00	中国	46.73	8.33	9250.99
6	新加坡	15.13	4.81	－64.15	中国香港	37.10	6.61	1666.02
7	奥地利	13.99	4.44	–	丹麦	25.31	4.51	–
8	泰国	12.83	4.08	–	印度	15.74	2.81	–
9	法国	3.66	1.16	–	德国	5.32	0.95	923.62
10	德国	2.60	0.83	7.87	奥地利	3.35	0.60	–

资料来源：GTA

表 7-117　2009-2010 年 6 月印度尼西亚超声扫描装置出口市场情况

单位：万美元，%

排序	2010 年 1-6 月				2009 年			
	目的地	出口总额	份额	同比	目的地	出口总额	份额	同比
	全球	3.69	100.00	57.91	全球	25.87	100	333.02
1	德国	3.69	100.00	57.91	新加坡	16.73	64.69	-
2	-	-	-	-	德国	8.61	33.29	66.92
3	-	-	-	-	中国	0.48	1.86	-
4	-	-	-	-	马来西亚	0.04	0.16	-

资料来源：GTA

3. 医用导管和插管

表 7-118　2007-2010 年 6 月印度尼西亚医用导管和插管进出口情况

单位：万美元

年份	进口总额	出口总额
2010.1-6	1499.37	24.66
2009	2953.30	35.09
2008	3009.55	276.92
2007	1927.96	141.45

资料来源：GTA

表 7-119　2009-2010 年 6 月印度尼西亚医用导管和插管进口市场情况

单位：万美元，%

排序	2010 年 1-6 月				2009 年			
	来源地	进口总额	份额	同比	来源地	进口总额	份额	同比
	全球	1499.37	100	12.77	全球	2953.30	100	-1.87
1	日本	432.06	28.82	5.04	日本	875.46	29.64	20.21
2	马来西亚	184.38	12.3	38.83	新加坡	435.87	14.76	-43.76
3	泰国	173.27	11.56	42.37	马来西亚	279.81	9.47	-10.49
4	新加坡	150.56	10.04	-36.83	泰国	264.68	8.96	4.87
5	中国	145.33	9.69	45.48	中国	263.61	8.93	-3.86
6	菲律宾	98.86	6.59	47.82	德国	168.20	5.7	311.19
7	意大利	85.29	5.69	24.35	意大利	147.95	5.01	9.32
8	美国	52.62	3.51	8.29	菲律宾	133.95	4.54	20.79
9	德国	37.28	2.49	47.25	美国	97.35	3.3	-23.41
10	中国香港	25.46	1.7	41.75	印度	57.87	1.96	85.25

资料来源：GTA

表 7－120　2009－2010 年 6 月印度尼西亚医用导管和插管出口市场情况

单位：万美元,%

排序	2010 年 1－6 月				2009 年			
	目的地	出口总额	份额	同比	目的地	出口总额	份额	同比
	全球	24. 66	100. 00	106. 11	全球	35. 09	100. 00	－87. 33
1	阿富汗	24. 64	99. 91	－	巴基斯坦	34. 14	97. 30	－52. 79
2	马来西亚	0. 02	0. 09	－	新加坡	0. 61	1. 74	－80. 18
3	－	－	－	－	马来西亚	0. 34	0. 96	2137. 33

资料来源：GTA

4. 助听器（不包括零件、附件）

表 7－121　2007－2010 年 6 月印度尼西亚助听器进出口情况

单位：万美元,%

年份	进口总额	出口总额
2010. 1－6	98. 21	10. 11
2009	232. 35	5445. 31
2008	6. 75	8342. 68
2007	3. 15	7298. 65

资料来源：GTA

表 7－122　2009－2010 年 6 月印度尼西亚助听器进口市场情况

单位：万美元,%

排序	2010 年 1－6 月				2009 年			
	来源地	进口总额	份额	同比	来源地	进口总额	份额	同比
	全球	98. 21	100	－32. 35	全球	232. 35	100	3342. 99
1	新加坡	97. 68	99. 46	－32. 64	新加坡	228. 34	98. 27	3803. 83
2	斯威士兰	0. 19	0. 19	－	瑞士	1. 81	0. 78	－
3	中国台湾	0. 16	0. 16	－	德国	0. 90	0. 39	1662. 6
4	美国	0. 16	0. 16	1866. 67	西班牙	0. 75	0. 32	－
5	马来西亚	0. 01	0. 01	－	中国	0. 30	0. 13	－55. 8
6	中国	0. 01	0. 01	17. 82	马来西亚	0. 21	0. 09	－
7	－	－	－	－	英国	0. 03	0. 01	－
8	－	－	－	－	美国	0. 02	0. 01	－90. 42
9	－	－	－	－	日本	0. 004	0	－

资料来源：GTA

表 7－123　2009－2010 年 6 月印度尼西亚助听器出口市场情况

单位：万美元，%

排序	2010 年 1－6 月				2009 年			
	国别	出口总额	份额	同比	国别	出口总额	份额	同比
	全球	10.11	100.00	－99.74	全球	5445.31	100.00	－34.73
1	瑞士	9.23	91.29	82.66	新加坡	5433.19	99.78	－34.84
2	新加坡	0.88	8.71	－99.98	瑞士	11.80	0.22	189.04
3	澳大利亚	0.0005	0.00	－76.19	德国	0.31	0.01	－
4	－	－	－	－	荷兰	0.0041	0.00	105.00
5	－	－	－	－	澳大利亚	0.0038	0.00	137.50

资料来源：GTA

5. 注射器（包括无针头的在内）

表 7－124　2007－2010 年 6 月印度尼西亚注射器进出口情况

单位：万美元

年份	进口总额	出口总额
2010.1－6	853.50	26.17
2009	1371.83	15.05
2008	1482.45	36.45
2007	1344.79	119.97

资料来源：GTA

表 7－125　2009－2010 年 6 月印度尼西亚注射器进口市场情况

单位：万美元，%

排序	2010 年 1－6 月				2009 年			
	来源地	进口总额	份额	同比	来源地	进口总额	份额	同比
	全球	853.50	100.00	14.63	全球	1371.83	100.00	－7.46
1	新加坡	247.23	28.97	12.80	新加坡	421.21	30.70	7.08
2	菲律宾	223.36	26.17	44.23	菲律宾	315.54	23.00	－16.29
3	中国	180.22	21.12	67.28	中国	207.05	15.09	－7.63
4	韩国	36.24	4.25	－43.72	韩国	81.63	5.95	－22.02
5	爱尔兰	33.20	3.89	－	中国香港	59.34	4.33	－55.31
6	美国	26.79	3.14	58.81	西班牙	56.28	4.10	5.96
7	日本	25.17	2.95	－3.36	日本	55.22	4.03	－5.68
8	泰国	23.63	2.77	－49.43	泰国	54.57	3.98	71.57
9	墨西哥	21.39	2.51	－	美国	42.76	3.12	66.90

排序	2010 年 1 - 6 月				2009 年			
	来源地	进口总额	份额	同比	来源地	进口总额	份额	同比
10	中国香港	7.87	0.92	-85.58	法国	13.82	1.01	-12.59

资料来源：GTA

表 7 - 126　2009 - 2010 年 6 月印度尼西亚注射器出口市场情况

单位：万美元,%

排序	2010 年 1 - 6 月				2009 年			
	目的地	出口总额	份额	同比	目的地	出口总额	份额	同比
	全球	26. 17	100.00	120.91	全球	15. 05	100.00	-58. 72
1	新加坡	14. 22	54.33	0.00	巴基斯坦	12. 14	80. 66	-23. 56
2	巴基斯坦	11. 92	45.55	-15.73	东帝汶	2. 22	14. 73	0. 00
3	东帝汶	0. 03	0.11	-97.58	缅甸	0. 34	2. 26	0. 00
4	-	-	-	-	德国	0. 32	2. 12	0. 00
5	-	-	-	-	中国	0. 04	0. 23	-93. 79

资料来源：GTA

7.8　韩国

2007 - 2009 年，韩国医疗器械进口额大于出口额，但进口金额呈现下降趋势，出口金额有所增长，贸易逆差日益缩小。2007 年韩国医疗器械进口金额为 22.03 亿美元，到 2009 年降至 20.03 亿美元，年复合下降了 4.63%；出口金额从 2007 年 11.51 亿美元增至 13.46 亿美元，年复合增长率为 8.14%；2007 年贸易逆差为 10.52 亿美元，2009 年降至 6.58 亿美元，年复合下降率高达 20.93%。

2010 年 1 - 6 月，韩国医疗器械进出口呈快速增长态势，其中进口金额为 11.93 亿美元，同比增长了 29.75%；出口金额为 7.66 亿美元，同比增长了 26.45%。2010 年 1 - 6 月，韩国医疗器械前十大进口来源国分别为美国、日本、德国、中国、爱尔兰、瑞士、荷兰、墨西哥、英国和法国，从这十个国家（地区）进口金额累计占比为 88.33%。出口前十大国别市场排名依次为美国、中国、德国、日本、俄罗斯、中国台湾、新加坡、中国香港、土耳其和巴西，对这十个国家（地区）出口金额占总出口金额的 61.97%。

2010 年 1 - 6 月韩国医疗器械行业进出口总金额排名前五大产品为 X 射线检查造影剂，超声波扫描装置，针、导管、插管及类似品，人工关节和牙齿固定器件。

7.8.1　2007 - 2010 年进出口贸易总体规模

表 7 - 127　2007 - 2010 年 6 月韩国医疗器械进出口情况

单位：万美元

年份	进出口总额	进口总额	出口总额	贸易差额
2010. 1 - 6	195932. 04	119288. 2	76643. 84	-42644. 36
2009	334914. 71	200342. 51	134572. 2	-65770. 31
2008	365953. 87	226045. 57	139908. 3	-86137. 27

年份	进出口总额	进口总额	出口总额	贸易差额
2007	335359.15	220281.95	115077.2	-105204.75

资料来源：GTA

表7-128 2009-2010年6月韩国医疗器械出口市场情况

单位：万美元,%

排序	2010年1-6月				2009年			
	目的地	出口总额	份额	同比	目的地	出口总额	份额	同比
	全球	76643.84	100	26.45	全球	134572.17	100.00	-3.81
1	美国	13405.81	17.49	33.5	美国	21100.73	15.68	-13.32
2	中国	8593.63	11.21	44.88	中国	12634.93	9.39	2.89
3	德国	6203.95	8.09	20.89	德国	12101.81	8.99	-19.01
4	日本	5593.11	7.3	30.31	日本	9350.52	6.95	2.15
5	俄罗斯	3979.86	5.19	30.6	俄罗斯	6661.33	4.95	-18.29
6	中国台湾	2134.40	2.78	28.54	新加坡	4107.64	3.05	12.51
7	新加坡	2096.63	2.74	5	中国台湾	3829.54	2.85	-2.74
8	中国香港	1902.04	2.48	47.18	印度	3222.78	2.39	6.39
9	土耳其	1873.97	2.45	43.56	巴西	3123.84	2.32	-15.05
10	巴西	1718.72	2.24	22.45	中国香港	3023.70	2.25	-2.02

资料来源：GTA

表7-129 2009-2010年6月韩国医疗器械进口市场情况

单位：万美元,%

排序	2010年1-6月				2009年			
	来源地	进口总额	份额	同比	来源地	进口总额	份额	同比
	全球	119288.2	100	29.75	全球	200342.51	100.00	-11.37
1	美国	45523.28	38.16	26.77	美国	78521.42	39.19	-4.53
2	日本	15760.82	13.21	48.15	德国	24949.49	12.45	-22.50
3	德国	14169.36	11.88	29.73	日本	24107.58	12.03	-16.30
4	中国	10136.83	8.5	67.29	中国	13391.91	6.68	-10.63
5	爱尔兰	7511.04	6.3	17.8	爱尔兰	13036.07	6.51	13.89
6	瑞士	4022.16	3.37	50.76	瑞士	6173.97	3.08	7.63
7	荷兰	2376.28	1.99	64.68	墨西哥	3668.66	1.83	107.86
8	墨西哥	2071.23	1.74	16.84	荷兰	3661.82	1.83	-52.74
9	英国	2042.34	1.71	41.52	法国	3509.83	1.75	-10.22
10	法国	1754.80	1.47	4.14	英国	3265.28	1.63	-14.40

资料来源：GTA

7.8.2 典型医疗器械进出口产品

1. X 光检查造影剂

表 7－130 2007－2010 年 6 月韩国 X 射线检查造影剂进出口情况

单位：万美元

年份	进口总额	出口总额
2010.1－6	3152.35	272.71
2009	6039.5	829.81
2008	8008.94	739.65
2007	7423.18	647.41

资料来源：GTA

表 7－131 2009－2010 年 6 月韩国 X 射线检查造影剂进口市场情况

单位：万美元，%

排序	2010 年 1－6 月				2009 年			
	来源地	进口总额	份额	同比	来源地	进口总额	份额	同比
	全球	3152.35	100.00	17.31	全球	6039.50	100.00	－24.59
1	爱尔兰	965.37	30.62	－9.24	爱尔兰	2307.88	38.21	－37.24
2	加拿大	723.57	22.95	27.72	加拿大	1196.37	19.81	18.69
3	德国	613.57	19.46	44.15	德国	1145.21	18.96	－16.36
4	法国	360.28	11.43	83.26	法国	379.76	6.29	－1.72
5	美国	152.29	4.83	26.13	美国	317.74	5.26	－6.63
6	挪威	131.69	4.18	41.72	挪威	211.22	3.50	－74.44
7	英国	50.01	1.59	－33.22	英国	163.48	2.71	8.91
8	中国	40.24	1.28	－27.65	日本	83.67	1.39	76.10
9	日本	37.51	1.19	4.08	荷兰	62.42	1.03	1581.85
10	荷兰	23.89	0.76	－2.09	中国	55.72	0.92	3714200

资料来源：GTA

表 7－132 2009－2010 年 6 月韩国 X 射线检查造影剂出口市场情况

单位：万美元，%

排序	2010 年 1－6 月				2009 年			
	目的地	出口总额	份额	同比	目的地	出口总额	份额	同比
	全球	272.71	100.00	－39.82	全球	829.81	100.00	12.19
1	泰国	238.09	87.31	85.61	伊拉克	439.42	52.96	46.45
2	土耳其	29.04	10.65	547.38	泰国	333.04	40.13	－14.28

排序	2010年1-6月				2009年			
	目的地	出口总额	份额	同比	目的地	出口总额	份额	同比
3	马来西亚	2.60	0.95	15.72	土耳其	26.91	3.24	54.32
4	哥伦比亚	1.88	0.69	774.41	越南	13.26	1.60	-48.88
5	中国	0.82	0.30	0.00	挪威	12.49	1.50	-
6	越南	0.28	0.10	-95.95	马来西亚	2.25	0.27	-18.32
7	中国台湾	0.0003	0.00	0.00	英国	1.30	0.16	-
8	-	-	-	-	哥伦比亚	1.15	0.14	-30.49

资料来源：GTA

2. 超声波扫描装置

表7-133　2007-2010年6月韩国超声波扫描装置进出口情况

单位：万美元

年份	进口总额	出口总额
2010.1-6	1982.12	13359.38
2009	3086.22	23169.15
2008	3566.50	29340.04
2007	4272.29	26687.93

资料来源：GTA

表7-134　2009-2010年6月韩国超声波扫描装置进口市场情况

单位：万美元，%

排序	2010年1-6月				2009年			
	来源地	进口总额	份额	同比	来源地	进口总额	份额	同比
	全球	1982.12	100.00	50.18	全球	3086.22	100.00	-13.47
1	美国	1201.71	60.63	45.74	美国	2071.48	67.12	19.76
2	日本	273.17	13.78	31.94	日本	375.45	12.17	-56.39
3	挪威	105.35	5.31	-18.00	挪威	171.80	5.57	-17.67
4	德国	100.75	5.08	2524.05	以色列	84.78	2.75	-3.68
5	奥地利	94.39	4.76	367.56	奥地利	82.07	2.66	-62.75
6	以色列	51.97	2.62	30.85	中国	78.90	2.56	22.26
7	中国	51.88	2.62	81.16	丹麦	50.34	1.63	-13.55
8	丹麦	39.53	1.99	312.83	德国	38.15	1.24	-49.89
9	新加坡	14.60	0.74	1567.18	新加坡	27.48	0.89	1972.98
10	加拿大	14.25	0.72	--	印度	26.63	0.86	-78.04

资料来源：GTA

表 7－135　2009－2010 年 6 月韩国超声波扫描装置出口市场情况

单位：万美元，%

排序	2010 年 1－6 月				2009 年			
	目的地	出口总额	份额	同比	目的地	出口总额	份额	同比
	全球	13359.38	100	30.71	全球	23169.15	100.00	－21.03
1	德国	2651.52	19.85	41.6	德国	4582.24	19.78	－35.65
2	美国	1687.25	12.63	8.01	美国	3035.55	13.10	－36.81
3	巴西	1090.03	8.16	68.45	巴西	1792.53	7.74	－17.81
4	日本	1048	7.84	45.98	日本	1712.12	7.39	0.04
5	中国	1043.89	7.81	26.19	中国	1633.37	7.05	3.49
6	俄罗斯	634.43	4.75	138.24	印度	851.84	3.68	－0.31
7	越南	512.27	3.83	44.07	俄罗斯	850.56	3.67	－41.84
8	印度	455.16	3.41	11.68	越南	774.46	3.34	86.04
9	委内瑞拉	244.82	1.83	34.74	波斯尼亚	583.28	2.52	－
10	法国	206.91	1.55	－16.96	伊朗	514.77	2.22	－3.08

资料来源：GTA

3. 医用导管和插管

表 7－136　2007－2010 年 6 月韩国医用导管和插管进出口情况

单位：万美元

年份	进口总额	出口总额
2010.1－6	9406.78	3096.61
2009	16440.50	5376.61
2008	15997.86	4117.55
2007	15101.07	3790.15

资料来源：GTA

表 7－137　2009－2010 年 6 月韩国医用导管和插管进口市场情况

单位：万美元，%

排序	2010 年 1－6 月				2009 年			
	来源地	进口总额	份额	同比	来源地	进口总额	份额	同比
	全球	9406.78	100	22.48	全球	16440.50	100	2.77
1	美国	4055.89	43.12	11.45	美国	7489.78	45.56	－2.69
2	日本	1012.55	10.76	6.29	日本	2032.05	12.36	－0.73
3	中国	581.93	6.19	24.23	中国	976.68	5.94	4.3
4	爱尔兰	561.45	5.97	27.45	爱尔兰	907.99	5.52	3.82

排序	2010 年 1 -6 月				2009 年			
	来源地	进口总额	份额	同比	来源地	进口总额	份额	同比
5	泰国	424.43	4.51	31.62	泰国	733.81	4.46	9.55
6	墨西哥	419.30	4.46	63.07	意大利	603.96	3.67	49.28
7	意大利	358.55	3.81	53.82	墨西哥	563.85	3.43	29.56
8	多米尼加共和国	278.70	2.96	113.27	德国	475.04	2.89	-0.25
9	德国	272.35	2.9	27.78	新加坡	402.75	2.45	15.77
10	英国	263.81	2.8	376.27	多米尼加共和国	371.85	2.26	144

资料来源：GTA

表 7 -138　2009 -2010 年 6 月韩国医用导管和插管出口市场情况

单位：万美元,%

排序	2010 年 1 -6 月				2009 年			
	目的地	出口总额	份额	同比	目的地	出口总额	份额	同比
	全球	3096.61	100.00	25.40	全球	5376.61	100.00	30.58
1	美国	1370.73	44.27	41.01	美国	2244.43	41.74	136.02
2	日本	282.43	9.12	-2.54	日本	533.91	9.93	10.24
3	德国	258.71	8.35	26.84	德国	432.67	8.05	7.52
4	中国台湾	141.70	4.58	21.77	中国台湾	232.84	4.33	11.73
5	俄罗斯	130.90	4.23	18.01	俄罗斯	225.24	4.19	-26.70
6	中国	122.14	3.94	26.30	中国	214.90	4.00	23.42
7	意大利	98.49	3.18	42.34	意大利	161.02	2.99	-36.58
8	墨西哥	82.24	2.66	161.69	法国	152.43	2.84	-36.65
9	巴西	69.26	2.24	13.42	菲律宾	149.98	2.79	4.06
10	西班牙	53.12	1.72	129.65	巴西	141.18	2.63	28.48

资料来源：GTA

4. 人工关节

表 7 -139　2007 -2010 年 6 月韩国人工关节进出口情况

单位：万美元,%

年份	进口总额	出口总额
2010.1 -6	4965.37	80.27
2009	9995.81	300.36
2008	9244.17	492.76
2007	8180.70	107.54

资料来源：GTA

表 7-140　2009-2010 年 6 月韩国人工关节进口市场情况

单位：万美元,%

排序	2010 年 1-6 月				2009 年			
	来源地	进口总额	份额	同比	来源地	进口总额	份额	同比
	全球	4965.37	100	1.84	全球	9995.81	100.00	8.13
1	美国	3216.80	64.78	6.22	美国	6313.20	63.16	31.64
2	爱尔兰	686.19	13.82	-21.97	爱尔兰	1718.71	17.19	-20.82
3	德国	449.97	9.06	1.5	德国	910.38	9.11	1.76
4	意大利	165.83	3.34	7.36	意大利	339.29	3.39	-16.68
5	法国	117.73	2.37	30.4	瑞士	185.81	1.86	-30.01
6	瑞士	115.42	2.32	2.85	法国	180.14	1.80	-10.22
7	中国台湾	95.29	1.92	25.23	中国台湾	161.15	1.61	29.16
8	英国	87.03	1.75	35.91	英国	143.07	1.43	-58.75
9	伊朗	13.52	0.27	-	新加坡	12.17	0.12	78.50
10	荷兰	5.12	0.1	-	中国	10.25	0.10	39.87

资料来源：GTA

表 7-141　2009-2010 年 6 月韩国人工关节出口市场情况

单位：万美元,%

排序	2010 年 1-6 月				2009 年			
	目的地	出口总额	份额	同比	目的地	出口总额	份额	同比
	全球	80.27	100.00	-37.84	全球	300.36	100.00	-39.04
1	比利时	18.95	23.61	68.79	德国	93.80	31.23	1060.44
2	美国	14.34	17.87	-70.32	美国	65.15	21.69	-73.43
3	瑞士	8.97	11.18	-9.41	日本	22.97	7.65	2420.31
4	蒙古	8.85	11.03	-30.29	蒙古	21.13	7.04	194.83
5	中国台湾	8.54	10.64	93.21	瑞士	15.39	5.12	-3.26
6	澳大利亚	6.66	8.29	-6.99	中国香港	15.34	5.11	-49.33
7	新加坡	5.14	6.40	52.16	澳大利亚	12.89	4.29	51.23
8	泰国	1.61	2.00	-21.44	比利时	12.25	4.08	-
9	意大利	1.61	2.00	-	中国台湾	9.03	3.01	-34.97
10	菲律宾	1.44	1.80	-	新加坡	7.64	2.54	88.73

资料来源：GTA

5. 牙齿固定器件

表 7－142 2007－2010 年 6 月韩国牙齿固定器件进出口情况

单位：万美元

年份	进口总额	出口总额
2010. 1－6	2898. 73	3200. 77
2009	6027. 39	4999. 92
2008	8159. 29	4661. 24
2007	7904. 73	3933. 04

资料来源：GTA

表 7－143 2009－2010 年 6 月韩国牙齿固定器件进口市场情况

单位：万美元，%

排序	2010 年 1－6 月				2009 年			
	来源地	进口总额	份额	同比	来源地	进口总额	份额	同比
	全球	2898. 73	100. 00	9. 62	全球	6027. 39	100. 00	－26. 13
1	美国	1365. 14	47. 09	28. 77	美国	2398. 50	39. 79	－31. 49
2	日本	537. 24	18. 53	64. 84	瑞士	1021. 19	16. 94	－37. 21
3	瑞士	500. 49	17. 27	－4. 29	日本	895. 27	14. 85	40. 94
4	德国	175. 34	6. 05	－26. 18	瑞典	766. 95	12. 72	－23. 68
5	瑞典	126. 12	4. 35	－62. 39	德国	496. 14	8. 23	－46. 18
6	以色列	69. 77	2. 41	103. 56	墨西哥	72. 67	1. 21	353. 37
7	俄罗斯	37. 09	1. 28	0. 00	以色列	70. 85	1. 18	－1. 17
8	法国	27. 92	0. 96	21. 77	中国	66. 99	1. 11	176. 26
9	中国	12. 99	0. 45	－20. 65	法国	53. 26	0. 88	－10. 63
10	墨西哥	9. 68	0. 33	－33. 07	加拿大	48. 90	0. 81	28. 29

资料来源：GTA

表 7－144 2009－2010 年 6 月韩国牙齿固定器件出口市场情况

单位：万美元，%

排序	2010 年 1－6 月				2009 年			
	目的地	出口总额	份额	同比	目的地	出口总额	份额	同比
	全球	3200. 77	100. 00	28. 08	全球	4999. 92	100. 00	7. 27
1	美国	756. 93	23. 65	－9. 67	美国	1392. 67	27. 85	－24. 30
2	中国台湾	332. 04	10. 37	4. 95	中国台湾	740. 23	14. 80	17. 70
3	伊朗	301. 19	9. 41	100. 55	德国	390. 93	7. 82	91. 87
4	中国	265. 95	8. 31	72. 58	中国	353. 90	7. 08	40. 02

排序	2010年1－6月				2009年			
	目的地	出口总额	份额	同比	目的地	出口总额	份额	同比
5	德国	219.67	6.86	－21.12	伊朗	317.22	6.34	32.89
6	意大利	195.27	6.10	54.17	意大利	251.20	5.02	62.07
7	中国香港	142.75	4.46	34.38	中国香港	237.14	4.74	－10.15
8	日本	111.83	3.49	270.18	澳大利亚	123.07	2.46	94.49
9	澳大利亚	108.64	3.39	165.58	新加坡	117.36	2.35	14.89
10	俄罗斯	106.07	3.31	925.63	日本	115.13	2.30	115.00

资料来源：GTA

8 专项产品国内外法规及标准介绍

8.1 一次性注射器国内外法规及标准介绍

作为特殊管制的医疗器械产品之一，各国政府和有关组织为了保证一次性注射器的安全性和有效性，纷纷制定并实施了相关的市场准入法规、标准和合格评定程序，而掌握市场准入相关的法规和标准，不仅是跨越国外技术性贸易壁垒，扩大产品出口的基础，也是提高产业自主创新能力，提高一次性注射器质量和管理水平的关键。

8.1.1 中国一次性注射器相关法规介绍

8.1.1.1 一次性注射器上市要求

依据中国《医疗器械监督管理条例》规定，一次性注射器产品在中国境内上市执行政府许可制。国内企业生产一次性注射器，并在境内上市，必须具备两证：医疗器械生产企业许可证、医疗器械注册证。

生产企业取得以上两证方可进行一次性注射器产品的生产和销售。注册证书有效期 4 年，有效期满前六个月需提出重新注册申请。一次性注射器产品需严格按相关国家、行业标准或注册产品标准进行生产，产品的说明书、标签标识应符合《医疗器械说明书、标签和包装标识管理规定》。

（一）医疗器械生产企业许可证申请相关法规要求

开办一次性注射器产品生产企业必须向所在地省级药监部门提出《医疗器械生产企业许可证》的申请。

开办条件具体如下：

1、企业的生产、质量和技术负责人应当具有与所生产医疗器械相适应的专业能力，并掌握国家有关医疗器械监督管理的法律、法规和规章以及相关产品质量、技术的规定。质量负责人不得同时兼任生产负责人；

2、企业内初级以上职称或者中专以上学历的技术人员占职工总数的比例应当与所生产产品的要求相适应；

3、企业应当具有与所生产产品及生产规模相适应的生产设备，生产、仓储场地和环境。企业生产对环境和设备等有特殊要求的医疗器械的，应当符合国家标准、行业标准和国家有关规定；

4、企业应当设立质量检验机构，并具备与所生产品种和生产规模相适应的质量检验能力；

5、企业应当保存与医疗器械生产和经营有关的法律、法规、规章和有关技术标准；

6、符合质量管理体系要求的内审员不少于两名；

7、相关专业中级以上职称或者大专以上学历的专职技术人员不少于两名。

开办一次性注射器产品生产企业，条件符合上述要求的向所在地省、自治区、直辖市药监部门提出《医疗器械生产企业许可证》的申请，填写《医疗器械生产企业许可证（开办）表》，并提交以下材料：

1、法定代表人、企业负责人的基本情况及资质证明；

2、工商行政管理部门出具的拟办企业名称预先核准通知书；

3、生产场地证明文件；

4、企业生产、质量和技术负责人的简历、学历或者职称证书；相关专业技术人员、技术工人登记表，并标明所在部门和岗位；高级、中级、初级技术人员的比例情况表；

5、拟生产产品范围、品种和相关产品简介；

6、主要生产设备和检验设备目录；

7、生产质量管理文件目录；

8、拟生产产品的工艺流程图，并注明主要控制项目和控制点；

9、应当提供生产环境检测报告。

申请人应当对其申请材料全部内容的真实性负责。

对申请材料符合要求的，受理后省级药监部门30个工作日内按医疗器械生产质量管理规范对申请材料进行审查，审查合格的10个工作日内发给《医疗器械生产企业许可证》。企业获得《医疗器械生产企业许可证》，方能申请《营业执照》。《医疗器械生产企业许可证》分为正本和副本，具有同等法律效力。《医疗器械生产企业许可证》载明许可证编号、企业名称、法定代表人、企业负责人、注册地址、生产地址、生产范围、发证机关、发证日期和有效期限等事项。生产范围包括产品管理类别、医疗器械分类目录类代号和名称。

《医疗器械生产企业许可证》变更分为许可事项变更和登记事项变更。许可事项变更是指法定代表人、企业负责人、注册地址、生产地址、生产范围的变更。

登记事项变更是指除上述事项以外的其他事项的变更。

医疗器械生产企业变更许可事项的，应当在原许可事项发生变更30日前，填写《医疗器械生产企业许可证（变更）申请表》，向原发证机关申请《医疗器械生产企业许可证》变更登记。医疗器械生产企业变更《医疗器械生产企业许可证》登记事项的，应当在工商行政管理部门核准变更后30日内，填写《医疗器械生产企业许可证（变更）申请表》，原发证机关应当自收到企业变更申请和变更申请材料之日起15个工作日内为其办理变更手续。一次性注射器产品生产企业合并、分立或者跨原管辖地迁移的，应重新办理《医疗器械生产企业许可证》。

（二）一次性注射器产品注册证申请

医疗器械注册，是指依照法定程序，对拟上市销售、使用的医疗器械安全性有效性进行系统评价，以决定是否同意其销售、使用的过程。

在中国（保税区）境内销售、使用的一次性注射器产品均应按《医疗器械注册管理办法》规定要求申请注册。未获准注册的，不得销售使用。一次性注射器产品属第三类管理医疗器械，注册申请需向国家食品药品监督管理局提出，国家局审查批准后发给注册证书，证书有效期4年。医疗器械注册证号编排方式为"国食药监械（准）字＊＊＊＊（年号）第＊＊＊＊＊＊＊（流水号）"。

根据《医疗器械注册管理办法》和医疗器械审评中心对注册申请材料的要求：提出注射器注册申请，其资料要求如下：

A、境内医疗器械注册申请表

医疗器械注册申请表可以从 www. sfda. gov. cn 申请表及申报软件栏下载。

B、医疗器械企业资格证明

即生产企业许可证副本及营业执照副本，注意一次性注射器产品应当在生产企业许可证核定的生产范围内并且在有效期内。

C、产品技术报告

简单综述注射器产品立项依据、产品结构、工艺流程、质量控制等内容。

D、安全风险分析报告

对注射器产品可能存在的风险分析、风险管理、风险控制进行描述。

E、产品标准

注册产品标准不得低于现行国家、行业标准，并附编制说明。采用国家、行业标准作为产品的适用标准，应提交符合国家、行业标准的声明、承担产品上市后责任的声明、有关规格型号划分的说明。

F、产品性能自测报告

G、检测报告

所检产品规格型号应在本次注册申请范围内，检测类型应为注册检验且检测机构应为经国家局认定具有一次性注射器产品检验资质的检测机构。

H、医疗器械临床试验资料

生产企业应当在两家以上（含两家）“国家药品临床研究基地”进行临床试验，注册申请提交的临床资料中应包括临床试验合同、临床试验方案、临床试验报告，其内容应符合《医疗器械临床试验规定》的要求。因一次性注射器产品注册申请往往已有同类产品上市，故其临床试验为临床验证，临床验证过程应符合《医疗器械临床试验规定》的要求。

I、医疗器械说明书

一次性注射器产品说明书应符合《医疗器械说明书、标签和包装标识的管理规定》的要求。

J、产品生产质量体系考核（认证）的有效证明文件（注：由于《医疗器械生产质量管理规范》的颁布，本体系考核证明文件所指体系考核报告最多可在 2011 年 7 月 1 日前用于产品注册及重新注册）。质量体系考核报告范围应涵盖所申报一次性注射器产品并且考核报告应在有效期内，考核报告有效期为四年。

K、所提交材料真实性的自我保证声明

声明应包括所提交材料的清单和生产企业承担的法律责任的承诺。

注册申请流程如下：

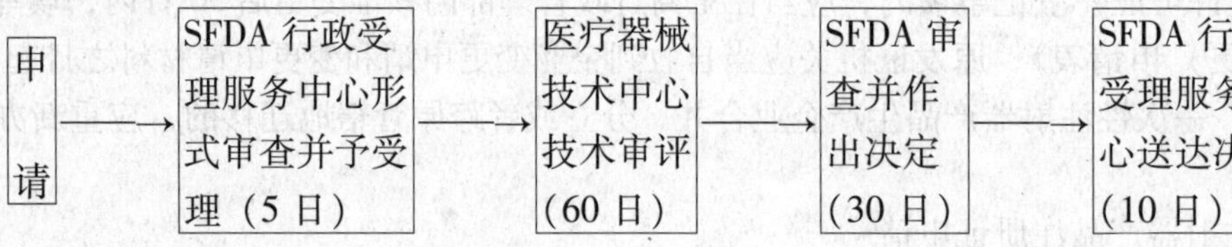

医疗器械产品注册证书所列内容发生变化的，持证单位应当在发生变化之日起 30 日内，申请办理变更手续或者重新注册。医疗器械产品注册证有效期 4 年，持证单位应当在产品注册证书有效期届满前六个月内申请重新注册。

取得一次性注射器产品注册证书并在《医疗器械生产企业许可证》生产范围涵盖注射器产品的生产企业方可进行该产品的生产及上市销售、使用。

8.1.1.2　一次性注射器产品的生产过程监管要求

（一）说明书、标签和包装标识的管理规定

凡在中国（保税区）境内销售、使用的一次性使用注射器应当按照《医疗器械说明书、标签和包装标识管理规定》要求附有使用说明书、标签和包装标识。医疗器械的使用者应当按照医疗器械使用说明书使用医疗器械。

一次性注射器产品使用说明书是指由生产企业制作并随产品提供给用户的，能够涵盖该产品安全有效基本信息并用以指导正确使用的技术文件。医疗器械标签是指在医疗器械或者包装上附有的，用于识别产品特征的文字说明及图形、符号。医疗器械包装标识是指在包装上标有的反映医疗器械主要技术特征的文字说明及图形、符号。

一次性注射器产品使用说明书、标签和包装标识的内容应当真实、完整、准确、科学，并与产品特性相一致。医疗器械标签、包装标识的内容应当与说明书有关内容相符合。

国内销售使用的一次性注射器使用说明书、标签和包装标识文字内容必须使用中文，可以附加其他文种。中文的使用应当符合国家通用的语言文字规范。

一次性注射器使用说明书、标签和包装标识的文字、符号、图形、表格、数字、照片、图片等应当准确、清晰、规范。

一次性注射器使用说明书应当符合国家标准或者行业标准有关要求，一般应当包括以下内容：

1、产品名称、型号、规格；

2、生产企业名称、注册地址、生产地址、联系方式及售后服务单位；

3、《医疗器械生产企业许可证》编号、医疗器械注册证书编号；

4、产品标准编号；

5、产品的性能、主要结构、适用范围；

6、禁忌症、注意事项以及其他需要警示或者提示的内容；

7、医疗器械标签所用的图形、符号、缩写等内容的解释；

8、使用说明或者图示；

9、产品储存条件、方法；

10、限期使用的产品，应当标明有效期限；

11、产品标准中规定的应当在说明书中标明的其他内容。

标签、包装标识一般应当包括以下内容：

1、产品名称、型号、规格；

2、生产企业名称、注册地址、生产地址、联系方式；

3、医疗器械注册证书编号；

4、产品标准编号；

5、产品生产日期或者批（编）号；

6、限期使用的产品，应当标明有效期限；

7、依据产品特性应当标注的图形、符号以及其他相关内容。

说明书、标签和包装标识不得有下列内容：

1、含有"疗效最佳"、"保证治愈"、"包治"、"根治"、"即刻见效"、"完全无毒副作用"等表示功效的断言或者保证的；

2、含有"最高技术"、"最科学"、"最先进"、"最佳"等绝对化语言和表示的；

3、说明治愈率或者有效率的；

4、与其他企业产品的功效和安全性相比较的；

5、含有"保险公司保险"、"无效退款"等承诺性语言的；

6、利用任何单位或者个人的名义、形象作证明或者推荐的；

7、含有使人感到已经患某种疾病，或者使人误解不使用该医疗器械会患某种疾病或加重病情的表述的；

8、法律、法规规定禁止的其他内容。

一次性注射器产品名称应当符合国家相应的标准和规定。一次性注射器产品名称应当清晰地标明在说明书、标签和包装标识的显著位置，并与医疗器械注册证书中的产品名称一致。

一次性注射器产品说明书应当由生产企业在申请医疗器械注册时，按照《医疗器械注册管理办法》的规定提交（食品）药品监督管理部门审查，提交的医疗器械说明书内容应当与其他注册申请材料相符合。

生产企业应当对一次性注射器产品说明书内容的真实性、完整性负责。经药监部门注册审查的医疗器械说明书的内容不得擅自改动。说明书变更的内容涉及到《医疗器械注册管理办法》规定的应当办理医疗器械重新注册的情形的，不得按说明书变更处理。

生产企业变更经注册审查的一次性注射器说明书的内容，不涉及产品技术性变化的，生产企业应当提交相关文件，向医疗器械注册的原审批部门书面告知并由原注册审批部门予以备案。相关文件至少包括：

1、经注册审查、备案的说明书的复本；

2、更改备案的说明书；

3、使用说明书更改情况说明（含更改情况对比表）；

4、注册产品标准修改文件（仅限于说明书更改内容涉及标准的文字性修改时）；

5、所提交材料真实性的声明。

一次性注射器产品生产企业擅自在医疗器械说明书中增加产品适用范围或者适应症的，由县级以上（食品）药品监督管理部门依照《医疗器械监督管理条例》第三十五条规定的未取得医疗器械注册证书的情形予以处罚。

（二）一次性注射器产品标准的管理规定

本段只对一次性注射器标准管理要求做简单描述，具体注射器标准要求请参阅本章第三小结《一次性注射器产品标准》。

一次性注射器标准分为国家标准、行业标准和注册产品标准。

1、国家标准或行业标准是指需要在全国范围内统一技术要求的标准。

2、注册产品标准是指由制造商制定，应能保证产品安全有效，并在产品申请注册时，经设区的市级以上药品监督管理部门依据国家标准和行业标准相关要求复核的产品标准。

标准起草单位应对标准的要求、试验方法、检验规则，开展科学验证、进行技术分析、做好验证汇总，按规定起草标准草案稿，编写标准编制说明和有关附件。医疗器械国家标准和行业标准由国家设立的各医疗器械专业标准化技术委员会或国务院药品监督管理部门设立的医疗器械标准化技术委员会组织制定和审核。审定后的标准由起草单位按要求修改，经相应的标准化技术委员会秘书处复核后，报送国务院药品监督管理部门。行业标准由国务院药品监督管理部门审批、编号、发布。

注册产品标准应执行国家标准、行业标准和有关法律、法规的要求，并按国务院药品监督管理部门公布的《医疗器械注册产品标准编写规范》的要求起草。制造商在申报产品注册时应向药品监督管理部门提交注册产品标准文本和标准编制说明。

一次性注射器注册产品标准编制说明应包括下列内容：

1、与人体接触的材料是否已在临床上应用过，其安全性、可靠性是否得到证明；

2、引用或参照的相关标准和资料；

3、管理类别确定的依据；

4、产品概述及主要技术条款确定的依据；

5、产品自测报告；

6、其它需要说明的内容。

一次性注射器注册产品标准经国家局复核审批后编号，标准代号示例如下：

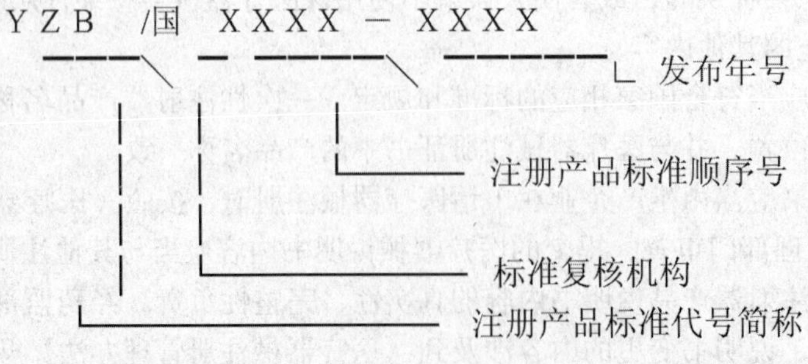

凡国家标准、行业标准经修订发布后，在正式实施前，制造商应根据修订、发布的国家标准、行业标准

修改注册产品标准，填写《医疗器械注册产品标准修改单》，报原复核部门复核。制造商应对一次性注射器注册产品标准所规定的内容负责。

一次性注射器产品研制、生产、经营和使用应符合相应的国家标准、行业标准或注册产品标准。无相应标准的医疗器械，不得生产、经营和使用。生产不符合注册产品标准的医疗器械的，视为不符合医疗器械行业标准。

（三）一次性注射器生产过程监管

由于一次性注射器产品关乎公众健康利益，其生产过程受到严格监管。各省、自治区、直辖市（食品）药品监督管理部门负责管理本行政区域内医疗器械生产企业的监督检查工作，建立实施监督检查的运行机制，编制本行政区域内医疗器械生产企业年度监督检查计划，明确设区的市级（食品）药品监督管理机构和县级（食品）药品监督管理机构的监督检查职责。

国家局对省、自治区、直辖市（食品）药品监督管理部门的监督检查工作情况进行指导和检查，并可以根据需要组织对医疗器械生产企业进行抽查。

在监督检查时，药监部门可以依法查阅或者要求生产企业提供以下有关情况和材料：

A.《医疗器械生产企业许可证》及其事项变动和审批情况，医疗器械注册证书和营业执照；

B. 企业组织机构、生产和质量主要管理人员以及生产、检验条件的变动及审批情况；

C. 企业生产运行情况和质量管理情况；

D. 医疗器械生产企业接受监督检查及整改落实情况；

E. 不合格医疗器械被通告后的整改情况；

F. 检查机关需要审查的其他必要资料。

2000 年国家局下发局令第 22 号《医疗器械生产企业质量考核办法》，该办法的出台强化了一次性注射器产品生产企业质量控制的体系要求，本办法适用于一次性注射器准产注册企业的审查及对企业的定期审查。

一次性注射器产品由省级药监部门负责组织考核，考核的重点项目有：

A、与质量有关的管理、执行、验证工作人员是否规定了质量职责并形成文件；

B、是否明确企业的管理者代表；

C、企业是否建立并保持设计控制和验证的形成文件的程序或相应要求。

D、是否建立并保存了该产品的全部技术规范和应用的技术文件（包括产品技术文件清单）；

E、是否建立并保持控制采购过程的形成文件的程序；

F、是否建立了申请准产注册产品主要采购内容清单，并确定了合格分承包方；

G、该产品的采购资料是否清楚、明确、齐全；

H、是否确定了申请准产注册产品的关键过程和特殊过程（工序）并制定了相应的控制文件或作业指导书；

I、无菌医疗器械是否按照《无菌医疗器械生产管理规范》组织生产；

J、该产品所需的设备、工装、检验仪表是否具备，并能满足产品制造过程的要求；

K、是否对该产品的可追溯性范围和程度进行了确定。(材料、元件、过程和去向)；

L、现场能否看到产品标识（包括最终产品的标签）及检验试验状态的标识；

M、是否设有专职的检验试验机构，并规定了其职责和权限；

N、是否建立了进行检验和试验，形成文件的程序；

O、上述检验试验记录及最近一次型式试验报告是否保存；

P、企业有无相应的测试设备；

Q、企业是否建立并实施了对检验、测量和试验设备进行控制、校准和维护的规定文件；

R、是否保留了“对产品质量及质量管理工作进行审核，评审和评价”活动的记录；

S、是否对不合格品如何评价处理作出规定；

T、是否按一定程序处理顾客投诉并保留记录；

U、有无实施纠正和预防措施的规定文件。

重点考核项目全部合格，其它考核项目不符合项不超过五项，判定为通过考核。重点考核项目有不合格，其它考核项目不符合项超过五项，判定为整改后复核。

8.1.1.3　一次性注射器上市后的监管

（一）监督抽验管理规定

为加强医疗器械产品质量监督管理，规范医疗器械产品质量监督抽验工作，根据《条例》及相关规章，国家局制订了《国家医疗器械质量监督抽验管理规定》，于2006年9月7日发布。

本规定所称国家医疗器械质量监督抽验是指由国家局组织各级药监部门和承担国家医疗器械质量监督抽验工作的医疗器械检验机构（以下简称承检机构），对医疗器械进行抽样、检验，并根据抽验结果进行公告和监管的活动。

中国（保税区）境内从事一次性注射器产品的生产企业和经营企业需要遵守此规定。

一次性注射器产品质量监督抽验分为评价性抽验和监督性抽验。评价性抽验是指为掌握、了解产品质量状况所进行的抽验。监督性抽验是指为监督产品质量所进行的抽验。国家局组织的抽验以评价性抽验为主，省级局组织的抽验以监督性抽验为主。

一次性注射器产品质量的判定依据为被检产品的国家标准、行业标准、注册产品标准和国家有关规定。国家医疗器械质量监督抽验的样品由被抽样单位无偿提供，样品的数量应符合抽验方案的要求。国家医疗器械质量检验不收取费用。

经国家医疗器械质量监督抽验合格的产品，无特殊情况，自抽样之日起一年内，各级药监部门不得对同一企业的同一种产品重复进行监督抽验。

国家局在征求有关方面意见的基础上，根据监督检查需要制定年度医疗器械质量监督抽验计划。实施抽验计划应制定抽验方案，由中国药品生物制品检定所（以下简称中检所）负责制定。抽验方案内容应包括抽样的范围、方式、数量、检验依据或标准、检验项目和判定原则等。

药监部门开展医疗器械抽样时，应当派出2名以上（含2名）医疗器械监督检查和抽样人员（以下简称抽样人员）实施。抽样人员在执行抽样任务时，应当主动出示行政执法证件或派出单位出具的证明文件，并出示抽样文件。

被抽样单位应当协助抽样人员进行抽样，并根据要求出示以下资料原件或提供复印件：

1、医疗器械生产企业应当提供医疗器械生产企业许可证，被抽取医疗器械的产品注册证、产品标准、生产记录、检验报告、生产量、库存量、销售量和销售记录等相关资料；

2、医疗器械经营企业应当提供医疗器械经营企业许可证，被抽取医疗器械的产品注册证、合格证明和其它标识、进货量、库存量、销售量和购销记录、验收记录等相关资料；

3、医疗器械使用单位应当提供执业许可证，被抽取医疗器械的产品注册证、合格证明和其它标识、进货量、库存量、使用量和采购记录、验收记录等相关资料；

4、其他需要提供的资料。

抽样人员应对被抽样单位提供的有关资料保密。应当在被抽样单位存放医疗器械的现场进行，抽取的样品应当是被抽样单位确认的产品。承担抽样任务的单位应在抽验方案规定的时限内完成抽样任务，并在完成任务后10个工作日内将有关抽样情况告知中检所。

生产企业因故不能提供样品的，应说明原因并提供有关证明材料、填写“未能提供被抽样品的证明”；抽样人员应当检查生产现场，查阅有关生产、销售记录后，可追踪到经营或使用单位对该产品进行抽样。被抽样单位无正当理由不得拒绝抽样。需要被抽样单位协助寄送样品的，被抽样单位应当协助。

抽验的样品应当在国家医疗器械质量监督抽验结果发布后继续保留3个月。到期后，样品退还被抽样单位。因正常检验造成破坏或损耗无法退还的样品可以不退还，但应向被抽样单位说明情况。企业要求不退还的，可以由双方协商解决。承检机构应当妥善保存备用样品。

承检机构应当具备相应的检验条件和能力，在授检范围内开展国家医疗器械质量监督抽验工作。

机构在收到样品后，应当在抽验方案规定的时限内完成检验，并出具检验报告；特殊情况需延期或不能完成检验的，应当报国家局批准。承检机构应当保证检验工作公正、规范，如实填写原始记录，出具的检验报告应当内容完整、数据准确、结论明确，并对检验结果负责。原始记录及检验报告保存期不得少于5年。

承检机构不得擅自泄露和对外公布检验结果。承检机构应及时按规定将检验任务的完成情况及相关资料报中检所。

被抽样单位或标示生产单位（以下简称申请人）对检验结果有异议的，可以自收到检验报告之日起7个工作日内向承检机构提出复验申请，逾期视为认可该检验结果，承检机构将不再受理。申请复验的，申请人应向承检机构提交复验申请表及需要说明的其他资料（如本批产品出厂时的自检报告、原始记录等）。

复验一般由原承检机构进行。受理复验申请的承检机构收到上述资料后，应在7个工作日内对申请人申请复验的条件进行审核，并书面告知申请人是否受理复验。抽验方案中已规定不得复验的检验项目或不按规定交纳复验费用的，不予受理。

复验应按原抽验方案进行，所用的样品为原样品或原样品的留样，并在5个工作日内完成，特殊情况需要延期的，应报国家局批准。复验结束后，原承检机构应在2个工作日内将复验报告分别寄送申请人、负责抽样和标示生产企业所在地的省级局。

申请人对检验结果有异议，要求在非原承检机构进行复验或所提异议不是复验所能解决的，可以在收到检验报告之日起7个工作日内向中检所提出申诉，逾期不再受理。

申请人提出申诉应提交申诉报告，说明申诉的问题和理由，并附原承检机构出具的检验报告、本批产品出厂时的自检报告、原始记录等相关资料。要求在非原承检机构进行复验的，按本规定第二十九条提供资料。

中检所接到申诉后，应当在7个工作日内对申诉资料进行审查，并书面告知是否受理。中检所受理的异议申诉，可采取指定检验机构进行复验，或派出专家组在原承检机构进行现场复核，或对原承检机构的检验结果进行专家评审等方式，对检验结果进行确认。确认结果应在完成后7个工作日内分别寄送申诉人、负责抽样和标示生产企业所在地的省级局。

申请复验的申请人应向承检机构预先支付复验费用，复验费用应按照检验项目收费标准收取。复验结论与原检验结论不一致的，复验费用由原承检机构支付。

国家局应根据监督抽验结果及时发布国家医疗器械质量公告。国家医疗器械质量公告发布前，由中检所将拟公告的不合格医疗器械产品情况告知标示生产单位所在地省级局，省级局在收到核实告知通知后10个工作日内将核实结果反馈中检所。逾期不反馈结果的视为认可拟公告内容。核实内容包括标示生产单位（或被抽样单位）是否收到不合格医疗器械产品的检验报告、对检验结果和抽样程序是否提出异议申诉等。对接到不合格检验报告后已经立案调查的，核实工作可与立案调查工作结合进行。公告不当的，应在原公告范围内予以更正。

省级局在接到不合格医疗器械检验报告后，应依法组织调查，采取相应控制措施，防止不合格医疗器械继续销售和使用；对已公告为不合格的医疗器械应按照《条例》及有关规定查处。承检机构伪造检验结果或者出具虚假证明的，按照《条例》第四十五条处理；违反纪律泄露和对外公布检验结果的，对有关责任人员给予行政处分。

抽样人员在抽验中向被抽样单位索取超过检验需要的样品或收取检验费用的，由其所在部门或上级主管部门责令退还；情节严重的，应给予行政处分。

无正当理由拒绝抽样的，国家局和被抽样单位所在地省级局可以宣布停止该单位拒绝抽样的医疗器械上市销售和使用。

（二）一次性注射器不良事件监测和再评价管理

为加强医疗器械产品不良事件监测和再评价工作，根据《医疗器械监督管理条例》卫生部和国家局联合制订了《医疗器械不良事件监测和再评价管理办法（试行）》（以下简称办法），该办法同样适用对一次性注射器产品的不良事件监测和再评价。

医疗器械不良事件，是指获准上市的质量合格的医疗器械在正常使用情况下发生的，导致或者可能导致人体伤害的各种有害事件。

医疗器械不良事件监测，是指对医疗器械不良事件的发现、报告、评价和控制的过程。

医疗器械再评价，是指对获准上市的医疗器械的安全性、有效性进行重新评价，并实施相应措施的过程。

严重伤害，是指有下列情况之一者：

1、危及生命；

2、导致机体功能的永久性伤害或者机体结构的永久性损伤；

3、必须采取医疗措施才能避免上述永久性伤害或者损伤。

国家鼓励公民、法人和其他相关社会组织报告医疗器械不良事件。

国家食品药品监督管理局负责全国医疗器械不良事件监测和再评价工作，省级监部门负责本行政区域内医疗器械不良事件监测和再评价工作，国家药品不良反应监测中心承担全国医疗器械不良事件监测和再评价技术工作，省、自治区、直辖市医疗器械不良事件监测技术机构承担本行政区域内医疗器械不良事件监测和再评价技术工作。

一次性注射器生产企业应当建立医疗器械不良事件监测管理制度，指定机构并配备专（兼）职人员承担本单位医疗器械不良事件监测工作。

生产企业应当建立并保存医疗器械不良事件监测记录。记录应当保存至一次性注射器标明的使用期后2年，但是记录保存期限应当不少于5年。

医疗器械不良事件监测记录包括《办法》附件1~3的内容，以及不良事件发现、报告、评价和控制过程中有关的文件记录。

一次性注射器生产企业应当主动向医疗器械经营企业和使用单位收集其产品发生的所有可疑医疗器械不良事件，医疗器械经营企业和使用单位应当给予配合。

生产一次性注射器的企业还应当建立相应制度，以保证其产品的可追溯性。

一次性注射器生产企业、经营企业应当报告涉及其生产、经营的产品所发生的导致或者可能导致严重伤害或死亡的医疗器械不良事件。报告医疗器械不良事件应当遵循可疑即报的原则。

一次性注射器生产企业、经营企业和使用单位发现或者知悉应报告的医疗器械不良事件后，应当填写《可疑医疗器械不良事件报告表》向所在地省级医疗器械不良事件监测技术机构报告。其中，导致死亡的事件于发现或者知悉之日起5个工作日内，导致严重伤害、可能导致严重伤害或死亡的事件于发现或者知悉之日起15个工作日内报告。

一次性注射器经营企业和使用单位在向所在地省、自治区、直辖市医疗器械不良事件监测技术机构报告的同时，应当告知相关生产企业。

生产企业、经营企业和使用单位认为必要时，可以越级报告，但是应当及时告知被越过的所在地省级医疗器械不良事件监测技术机构。

一次性注射器生产企业应当在首次报告后的20个工作日内，填写《医疗器械不良事件补充报告表》，向所在地省级医疗器械不良事件监测技术机构报告。

一次性注射器产品生产企业应当在每年1月底前对上一年度注射器产品不良事件监测情况进行汇总分析，并填写《医疗器械不良事件年度汇总报告表》，报所在地省级医疗器械不良事件监测技术机构。

一次性注射器生产企业应当根据医疗器械产品的技术结构、质量体系等要求设定医疗器械再评价启动条件、评价程序和方法，应当及时分析其产品的不良事件情况，开展医疗器械再评价，通过产品设计回顾性研究、质量体系自查结果、产品阶段性风险分析和有关医疗器械安全风险研究文献等获悉其医疗器械存在安全隐患的，应当开展医疗器械再评价。

一次性注射器生产企业在开展医疗器械再评价的过程中，应当根据产品上市后获知和掌握的产品安全有效信息和使用经验，对原医疗器械注册资料中的安全风险分析报告、产品技术报告、适用的产品标准及说明、临床试验报告、标签、说明书等技术数据和内容进行重新评价。一次性注射器生产企业应当制定再评价方案，并将再评价方案、实施进展情况和再评价结果向国家食品药品监督管理局报告，应当在再评价方案开始实施前和结束后30个工作日内分别提交再评价方案和再评价结果报告。

一次性注射器生产企业根据开展再评价的结论，必要时应当依据医疗器械注册相关规定履行注册手续。生产企业根据再评价结论申请注销医疗器械注册证书的，原注册审批部门应当在办理完成后30个工作日内将情况逐级上报至国家局。

国家局和省药级监部门负责监督检查医疗器械生产企业的再评价工作，必要时组织开展医疗器械再评价。

对已经发生严重伤害或死亡不良事件，且对公众安全和健康产生威胁的产品，国家食品药品监督管理局和省、自治区、直辖市食品药品监督管理部门应当会同同级卫生主管部门直接组织医疗器械不良事件监测技术机构、医疗器械生产企业、使用单位和相关技术机构、科研机构、有关专家开展再评价工作。

由药监部门组织开展一次性注射器再评价的，由同级医疗器械不良事件监测技术机构制定再评价方案，组织实施，并形成再评价报告。根据再评价结论，原注射器产品注册审批部门可以责令生产企业修改产品标签、说明书等事项；对不能保证安全有效的注射器产品，原注册审批部门可以作出撤销医疗器械注册证书的决定。国家局根据再评价结论，可以作出淘汰医疗器械的决定。

国家局作出撤销医疗器械注册证书决定之前，应当告知医疗器械生产企业享有申请听证的权利。国家局作出淘汰医疗器械决定之前，应当向社会公告，按照国家局听证规则举行听证。

根据一次性注射器产品不良事件的危害程度，生产企业必要时应当采取警示、检查、修理、重新标签、修改说明书、软件升级、替换、收回、销毁等控制措施。

出现突发、群发的医疗器械不良事件时，省级以上药监部门应当会同同级卫生主管部门和其他主管部门采取相应措施。国家局定期通报或专项通报医疗器械不良事件监测和再评价结果，公布对有关医疗器械采取的控制措施。

进行临床试验的一次性注射器产品发生的导致或者可能导致人体伤害的各种有害事件，应当按照《医疗器械临床试验规定》和国家食品药品监督管理局的相关要求报告。

一次性注射器产品不良事件报告的内容和统计资料是加强医疗器械监督管理，指导开展医疗器械再评价工作的依据，不作为医疗纠纷、医疗诉讼和处理医疗器械质量事故的依据。

对属于医疗事故或者医疗器械质量问题的，应当按照相关法规的要求另行处理。

（三）医疗器械广告的监管要求

为加强医疗器械广告管理，保证医疗器械广告的真实性和合法性，根据《中国（保税区）广告法》（以下简称《广告法》）、《中国（保税区）反不正当竞争法》、《医疗器械监督管理条例》以及国家有关广告、医疗器械监督管理的规定，由卫生部、国家工商总局、国家局联合制定了《医疗器械广告审查办法》，一次性注射器通过一定媒介和形式发布的广告含有医疗器械名称、产品适用范围、性能结构及组成、作用机理等内容的广告应遵循本《办法》要求。

仅宣传医疗器械产品名称的广告无需审查，但在宣传时应当标注医疗器械注册证号。申请审查的一次性注射器广告，符合下列法律法规及有关规定的，方可予以通过审查：

1、《广告法》；

2、《医疗器械监督管理条例》；

3、《医疗器械广告审查发布标准》；

4、国家有关广告管理的其他规定。

省级药监部门是医疗器械广告审查机关，负责本行政区域内医疗器械广告审查工作。县级以上工商行政管理部门是医疗器械广告监督管理机关。国家局对医疗器械广告审查机关的医疗器械广告审查工作进行指导和监督，对医疗器械广告审查机关违反本办法的行为，依法予以处理。

一次性注射器产品广告批准文号的申请人必须是具有合法资格的医疗器械生产企业或者医疗器械经营企业。医疗器械经营企业作为申请人的，必须征得医疗器械生产企业的同意。申请人可以委托代办人代办医疗器械广告批准文号的申办事宜。代办人应当熟悉国家有关广告管理的相关法律、法规及规定。

申请一次性注射器产品广告批准文号，应当向生产企业所在地的医疗器械广告审查机关提出。填写《医疗器械广告审查表》，并附与发布内容相一致的样稿（样片、样带）和医疗器械广告电子文件，同时提交以下真实、合法、有效的证明文件：

1、申请人的《营业执照》复印件；

2、申请人的《医疗器械生产企业许可证》或者《医疗器械经营企业许可证》复印件；

3、申请人是医疗器械经营企业的，应当提交医疗器械生产企业同意其作为申请人的证明文件原件；

4、代办人代为申办医疗器械广告批准文号的，应当提交申请人的委托书原件和代办人营业执照复印件等主体资格证明文件；

5、医疗器械产品注册证书（含《医疗器械注册证》、《医疗器械注册登记表》等）的复印件；

6、申请进口医疗器械广告批准文号的，应当提供《医疗器械注册登记表》中列明的代理人或者境外医疗器械生产企业在境内设立的组织机构的主体资格证明文件复印件；

7、广告中涉及医疗器械注册商标、专利、认证等内容的，应当提交相关有效证明文件的复印件及其他确认广告内容真实性的证明文件。

广告审查机关应当自受理之日起20个工作日内，依法对广告内容进行审查。对审查合格的医疗器械广告，发给医疗器械广告批准文号；对审查不合格的医疗器械广告，应当作出不予核发医疗器械广告批准文号的决定，书面通知申请人并说明理由，同时告知申请人享有依法申请行政复议或者提起行政诉讼的权利。

对批准的医疗器械广告，医疗器械广告审查机关应当报国家局备案。国家局对备案中存在问题的医疗器械广告，应当责成医疗器械广告审查机关予以纠正。

对批准的医疗器械广告，药品监督管理部门应当通过政府网站向社会予以公布。医疗器械广告批准文号有效期为1年。经批准的医疗器械广告，在发布时不得更改广告内容。医疗器械广告内容需要改动的，应当重新申请医疗器械广告批准文号。医疗器械广告申请人自行发布医疗器械广告的，应当将《医疗器械广告审查表》原件保存2年备查。

广告发布者、广告经营者受广告申请人委托代理、发布医疗器械广告的，应当查验《医疗器械广告审查表》原件，按照审查批准的内容发布，并将该《医疗器械广告审查表》复印件保存2年备查。已经批准的医疗器械广告，有下列情形之一的，原审批的医疗器械广告审查机关进行复审。复审期间，该医疗器械广告可以继续发布：

1、国家食品药品监督管理局认为医疗器械广告审查机关批准的医疗器械广告内容不符合规定的；

2、省级以上广告监督管理机关提出复审建议的；

3、医疗器械广告审查机关认为应当复审的其他情形。

经复审，认为医疗器械广告不符合法定条件的，医疗器械广告审查机关应当予以纠正，收回《医疗器械广告审查表》，该医疗器械广告批准文号作废。

有下列情形之一的，医疗器械广告审查机关应当注销医疗器械广告批准文号：

1、医疗器械广告申请人的《医疗器械生产企业许可证》、《医疗器械经营企业许可证》被吊销的；

2、医疗器械产品注册证书被撤销、吊销、注销的；

3、药品监督管理部门责令终止生产、销售和使用的医疗器械；

4、其他法律、法规规定的应当注销行政许可的情况。

篡改经批准的医疗器械广告内容进行虚假宣传的，由药品监督管理部门责令立即停止该医疗器械广告的发布，撤销该企业该品种的医疗器械广告批准文号，1年内不受理该企业该品种的广告审批申请。

对提供虚假材料申请医疗器械广告审批，被医疗器械广告审查机关发现的，1年内不受理该企业该品种的广告审批申请。对提供虚假材料申请医疗器械广告审批，取得医疗器械广告批准文号的，医疗器械广告审查机关在发现后应当撤销该医疗器械广告批准文号，并在3年内不受理该企业该品种的广告审批申请。

药品监督管理部门应当对审查批准的医疗器械广告发布情况进行监测检查。对违法发布的医疗器械广告，药品监督管理部门填写《违法医疗器械广告移送通知书》，连同违法医疗器械广告等样件，移送同级广告监督管理机关查处。

属于异地发布篡改经批准的医疗器械广告内容的，发布地医疗器械广告审查机关还应当向原审批的医疗器械广告审查机关提出依照《医疗器械广告审查办法》撤销医疗器械广告批准文号的建议。

对违法发布的医疗器械广告情节严重的，省级药监部门应当定期予以公告，并及时上报国家局，由国局汇总发布。对发布虚假医疗器械广告情节严重的，必要时，由国家工商行政管理总局会同国家局联合予以公告。

未经审查批准发布的医疗器械广告以及发布的医疗器械广告与审查批准的内容不一致的，广告监督管理机关应当依据《广告法》第四十三条规定予以处罚；构成虚假广告或者引人误解的虚假宣传的，广告监督管理机关应当依照《广告法》或者《中国（保税区）反不正当竞争法》有关规定予以处罚。

8.1.1.4　一次性注射器相关监管法规汇总

表8-1　中国一次性注射器主要监管法规

法规名称	发布机构	施行时间
医疗器械监督管理条例	国务院	2000年4月1日
医疗器械生产质量管理规范（试行）	国家食品药品监督管理局	2009年12月16日
医疗器械生产质量管理规范检查管理办法（试行）	国家食品药品监督管理局	2009年12月16日
关于印发医疗器械生产质量管理规范无菌医疗器械实施细则和检查评定标准（试行）的通知	国家食品药品监督管理局	2009年12月16日
医疗器械分类规则	原国家药品监督管理局	2000年4月10日
医疗器械注册管理办法	国家食品药品监督管理局	2004年8月9日
医疗器械生产监督管理办法	国家食品药品监督管理局	2004年6月25日
医疗器械标准管理办法	国家食品药品监督管理局	2002年5月1日
医疗器械说明书、标签和包装标识管理规定	国家食品药品监督管理局	2004年6月18日
医疗器械广告审查办法	卫生部国家工商行政管理总局国家食品药品监督管理局	2009年5月20日
国家医疗器械质量监督抽验管理规定（试行）	国家食品药品监督管理局	2006年9月7日
医疗器械生产企业质量体系考核办法	国家食品药品监督管理局	2000年7月1日

法规名称	发布机构	施行时间
医疗器械不良事件监测和再评价管理办法（试行）	国家食品药品监督管理局中国（保税区）卫生部	2008 年 12 月 29 日
医疗器械生产日常监督管理规定	国家食品药品监督管理局	2006 年 1 月 19 日
医疗器械临床试验规定	国家食品药品监督管理局	2004 年 4 月 1 日

资料来源：中国医保商会整理

8.1.2 中国一次性注射器相关标准介绍

8.1.2.1 一次性注射器产品生产中常用标准

（一）产品标准：为保证产品质量的适用性，对产品必须达到的某些要求或全部要求需要制定产品标准。产品标准是对产品结构、规格、质量和检验方法所做的技术规定。

GB15810《一次性使用无菌注射器》（已被重新修订，预期新版标准不久将会出台）

GB15811《一次性使用无菌注射针》

YY0497《一次性使用无菌胰岛素注射器》

YY0573.3《一次性使用无菌注射器第 3 部分：自毁型固定剂量疫苗注射器》

目前正在制定中的标准：

《一次性使用无菌注射器—第 4 部分：带防止再次使用特性的注射器》（制定完成，报批中）

《一次性使用无菌安全注射器》（制定完成，报批中）等

（二）方法标准：以达到最佳化目的，针对具体对象按统一的方法、程序所制定的带有通用性的标准。

GB/T14233.1《医用输液、输血、注射器具检验方法第 1 部分：化学分析方法》

GB/T14233.2《医用输液、输血、注射器具检验方法第 2 部分：生物试验方法》

GB/T16886《医疗器械生物学评价》系列标准

GB2828《计数抽样程序第一部分：按接收质量限（AQL）检索的逐批检验抽样计划》

GB/T16292《医药工业洁净室（区）悬浮粒子的测试方法》

GB/T16293《医药工业洁净室（区）悬浮游菌的测试方法》等。

（三）材料标准：以原材料为对象，对其品种、规格、要求、试验方法、包装运输和贮存等要求所作的统一规定。

YY/T0242《医用输液、输血、注射器用聚乙烯专用料》

YY/0114《医用输液、输血、注射器用聚丙烯专用料》

YY/T0243《一次性使用无菌注射器用活塞》等。

（四）基础标准：以标准化的共性和基础性、通用性要求为对象而制定的标准。

GB18457《制造医疗器械用不锈钢针管》

GB/T1962.1《注射器、注射针及其他医疗器械 6%（鲁尔）圆锥接头第 1 部分通用要求》

GB/T1962.2《注射器、注射针及其他医疗器械 6%（鲁尔）圆锥接头第 2 部分锁定接头》YY/T0296－1997《一次性使用注射针识别色标》

YY/T0313《医用高分子制品包装、标志、运输和贮存》

YY/T1119《医用高分子制品术语》

YY/T0047～0052《医疗器械产品图样及设计文件》

GB/T18279《医疗器械—环氧乙烷灭菌确认与常规控制》

GB/T19633《最终灭菌医疗器械的包装》等。

（五）管理标准：对管理的规则、规章、程序及其它管理事项所规定的标准。

YY0033《无菌医疗器具生产管理规范》

YY0287《医疗器械质量管理体系用于法规的要求》

YY/T0316《医疗器械风险管理对医疗器械的应用》等。

8.1.2.2 一次性注射器现行产品标准介绍

目前中国一次性注射器产品涉及的现行有效的产品标准有：GB15810－2001《一次性使用无菌注射器》、GB15811－2001《一次性使用无菌注射针》、YY0497－2005《一次性使用无菌胰岛素注射器》、YY0573.3－2005《一次性使用无菌注射器第3部分：自毁型固定剂量疫苗注射器》、YY/T0296－1997《一次性使用注射针识别色标》、GB18457－2001《制造医疗器械用不锈钢针管》、GB/T1962.1－2001《注射器、注射针及其他医疗器械6%（鲁尔）圆锥接头第1部分通用要求》、GB/T1962.2－2001《注射器、注射针及其他医疗器械6%（鲁尔）圆锥接头第2部分锁定接头》。这些标准均等同或等效ISO国际标准，下面作以简单介绍：

（一）GB15810－2001《一次性使用无菌注射器》标准介绍

该标准等效采用ISO7886－1：1993《一次性使用无菌皮下注射器第1部分：手动注射器》。

该标准与ISO7886－1：1993的主要技术差异是：生物性能中增加了的无菌、热原和生物学评价中的细胞毒性、致敏、刺激、溶血和急性全身毒性，化学性能中增加了还原物质（易氧化物）要求由ISO7886－1：1993中提示的附录F的一部分成为标准的内容，滑动性能由原ISO7886－1：1993中提示的附录G作为标准的正式内容，并增加了环氧乙烷残留量和附录C的检验规则。

该标准规定的主要技术指标：外观要求、标尺、标尺的刻度容量线及计量数字、外套、按手间距、活塞设计、锥头、注射器滑动性能、器身密合性、容量允差、残留容量等物理要求；化学指标有浸取液的可萃取金属含量、酸碱度、易氧化物及环氧乙烷残留量；生物要求有无菌、热原、溶血、急性全身毒性等材料的生物学评价项目；还对产品的包装、标志、贮存、提出了要求，并对材料选用提供了指南。

（二）GB15811－2001《一次性使用无菌注射针》标准介绍

该标准等效采用ISO7864：1993《一次性使用无菌注射针》。

该标准与ISO7864：1993的主要技术差异是：物理性能中增加了针尖锋利度指标，并增加检验规则。

该标准规定的主要技术指标：外观、尺寸、针管、针座、针尖锋利度等物理要求；化学指标有浸取液的可萃取金属含量、酸碱度；生物要求有无菌、热原、溶血、急性全身毒性；还对产品的包装、标志、贮存、提出了要求。

（三）YY0497－2005《一次性使用无菌胰岛素注射器》标准介绍

该标准非等效采用国际标准ISO8537：1991《一次性使用无菌胰岛素注射器（带针或不带针）》及其修改件1：2000。

该标准与ISO8537：1991及其修改件1的主要技术差异：以便于标准的使用者，该标准增加了当芯杆推入到外套封底时，从外套卷边内表面至按手外表面间的距离；以适合中国国情，该标准增加了活塞的性能指标、增加易氧化物性能指标、增加了生物性能指标、对于“器身密合性试验”采用中国相应的标准、对于“容量允差试验”采用中国相应的标准、对于“残留量试验”采用中国相应的标准、对于“锥头密合性试验”采用中国相应的标准。

该标准规定的主要技术指标：注射器外套、尺寸、外套卷边、注射器锥头、外套卷边至按手的距离、活塞、标尺、标尺的刻度容量线、标尺上量的数值、芯杆、注射器和注射针的内表面、润滑剂、滑动性能、器身密合性、容量允差、残留量、锥头密合性、注射针及注射针管等物理要求；化学指标有浸取液的可萃取金属含量、酸碱度、易氧化物及环氧乙烷残留量；生物要求有无菌、热原、溶血、急性全身毒性等材料的生物学评价项目；还对产品的包装、标志、贮存、提出了要求，并对材料选用提供了指南。

（四）YY0573.3－2005《一次性使用无菌注射器第3部分：自毁型固定剂量疫苗注射器》标准介绍

该标准等同采用 ISO7886－3：2005《一次性使用无菌皮下注射器—第3部分：自毁型固定剂量疫苗注射器》。

该标准与 ISO7886－3：2005 相比仅存在些编辑性差异。

该标准规定的主要技术指标：外观要求、标尺、标尺的刻度容量线及计量数字、外套、按手间距、活塞设计、锥头、注射器滑动性能、器身密合性、容量允差、残留容量、润滑剂的使用、注射针、自毁特性等物理要求；化学指标有浸取液的可萃取金属含量、酸碱度；还对产品的包装、标志、贮存、装运后的性能提出了要求，并对材料选用提供了指南。

8.1.2.3　一次性注射器产品相关标准汇总

表8－2　中国一次性注射器主要监管法规

标准名称	标准号
医疗器械 环氧乙烷灭菌 确认和常规控制	GB 18279
医疗保健产品灭菌 生物指示物 第1部分：通则	GB18281.1
医疗保健产品灭菌 生物指示物 第2部分：环氧乙烷灭菌用生物指示物	GB 18281.2
制造医疗器械用不锈钢针管	GB 18457
最终灭菌医疗器械的包装	GB/T 19633
无菌医疗器具生产管理规范	YY 0033
医疗器械产品图样及设计文件的术语	YY/T 0047
医疗器械产品图样及设计文件格式	YY/T 0049
医疗器械产品图样及设计文件编号原则	YY/T 0050
医疗器械产品图样及设计文件的更改办法	YY/T 0052
医用输液、输血、注射器具检验方法 第1部分：化学分析方法	GB/T 14233.1
医用输液、输血、注射器具检验方法 第2部分：生物试验方法	GB/T 14233.2
一次性使用无菌注射器（国药监械〔2003〕102号发布第一号修改单）	GB 15810
医药工业洁净室（区）悬浮粒子的测试方法	GB/T 16292
医药工业洁净室（区）浮游菌的测试方法	GB/T 16293
医药工业洁净室（区）沉降菌的测试方法	GB/T 16294
医疗器械生物学评价 第1部分：评价与试验	GB/T 16886.1
医疗器械生物学评价 第7部分：环氧乙烷灭菌残留量	GB/T 16886.7
医疗器械生物学评价 第11部分：全身毒性试验	GB/T 16886.11
注射针针管刚度试验方法	GB 12256
不锈钢医用器械耐腐蚀性能试验方法	YY/T0149
注射器、注射针及其他医疗器械6%（鲁尔）圆锥接头第1部分：通用要求	GB/T 1962.1
注射器、注射针及其他医疗器械6%（鲁尔）圆锥接头第2部分：锁定接头	GB/T1962.2

标准名称	标准号
医疗器械产品设计文件的编写方法	YY/T 91050
医疗器械行业标准体系表	YY/T 91051
医疗器械 质量管理体系 用于法规的要求	YY/T 0287
医疗器械 质量管理体系 YY－T 0287－2003 应用指南	YY/T 0595
医用输液、输血、注射器用聚乙烯专用料	YY0114
医用输液、输血、注射器用聚丙烯专用料	YY/T0242
一次性使用无菌注射器医用橡胶活塞	YY/T 0243
医疗器械 用于医疗器械标签、标记和提供信息的符号	YY 0466
医疗器械 保障医疗器械安全和性能公认基本原则的标准选用指南	YY/T 0467
一次性使用无菌胰岛素注射器	YY 0497
医用高分子制品术语	YY/T 1119
环氧乙烷灭菌器	YY 0503
一次性使用无菌注射器 第3部分：自毁型固定剂量疫苗注射器	YY 0573. 3
一次性使用注射针 识别色标	YY/T 0296
医疗器械临床调查	YY/T 0297
医用高分子制品　包装、标志、运输和贮存	YY/T 0313
包装储运图示标志	GB191
医疗器械 风险管理对医疗器械的应用	YY/T 0316
一次性使用无菌注射针	GB15811
医疗保健产品灭菌 化学指示物第1部分：通则	GB18282. 1

资料来源：中国医保商会整理

8.1.3　国外一次性注射器相关法规及标准介绍

表8－3　国外一次性注射器相关法规标准

国别	欧盟
法律法规	医疗器械指令（MDD法规）
标准	ISO7886－1：1993、ISO8537：2007
合格评定程序（上市要求）	所有计划进入欧盟市场的医疗器械产品在上市前必须实施指令规定的适用的合格评定程序。欧盟为保证这些合格评定程序的有效性，从各成员国的第三方合格评定机构中统一认定了一批“公告机构”（NotifiedBody，NB），负责参与除I类器械外器械的合格评定过程，授权其对产品和制造商的质量体系/产品设计检验实施上市前审查，为审查合格的产品颁发质量体系批准证书/EC设计检验证书。产品在获得相关证书后即可加贴CE标志，实现在欧盟市场的顺利流通

国别	美国
法律法规	1. 美国医疗器械质量管理体系法规的基础是 QSR820，QSR820 提供了进行风险管理的环境，是医疗器械进入美国必须满足的质量管理要求。 2. 食品、药品和化妆品法 3. 医疗器械安全法案 4. FDA 监管现代化法案 5. 医疗器械申报费用和现代化法案 6. 医疗器械申报费用稳定法案 7. FDA 修正法案
标准	ISO7886－1：1993、ISO8537：2007
合格评定程序（上市要求）	注射器进入美国市场前必须申请 510（K），及上市前通告。申请人应根据拟申请上市产品的情况在产品上市 90 天前向 FDA 提出不同的 510K 申请并报送相关资料，FDA 在收到申请人提交的 510K 申请和相关资料后，首先会返回给申请人一封收到申请的确认信，并给予该申请一个 K 号，随后申请产品将在相应的部门进行审查，审查部门被要求在 30 天内对申请资料进行审查，并作出是需要申请人补充资料还是出具判断信。如需要补充资料，则以官方书面方式通知申请人需补充何种资料。待申请人按要求补充完申报资料后，审查部门会重新开始进行一个为期 90 天或 30 天的审查过程，根据补充资料及原申报资料的综合情况对该 510K 申请做出最终判断。如判断为与已上市产品实质性等同，则发给申请人一封实质性等同的确认信，也就是我们经常看到的 510K 信，该产品就可以上市销售了。如判断为与已上市产品不是实质性等同，则发给申请人一封非实质性等同的确认信，告知申请人可以用新的信息重新提交另一份 510K 申请或者提出 PMA 申请。
国别	俄罗斯
法律法规	俄罗斯医疗器械管理法对一次性注射器的管理是依据俄罗斯产品注册要求和一次性注射器产品国家质量标准进行的，生产企业必须具备 GMP 证书和 ISO 管理体系认证。 经营企业必须具备《国家药品及医疗产品经营许可证》。
标准	ГОСТ24861－2005
合格评定程序（上市要求）	注射器进入俄罗斯市场前必须申请注册，申请人提供全部注册资料后，审查部门被要求在 180 天内对申请资料进行审查，并做出是需要申请人补充资料还是出具判断信。如需要补充资料，则以官方书面方式通知申请人需补充何种资料。待申请人按要求补充完申报资料后，审查部门会重新开始进行一个为期 60 天的审查过程，根据补充资料及原申报资料的综合情况对该申请做出最终判断。如果审查通过，就颁发注册许可证，有效期 3 年，该产品申领许可证后，就可以进行生产或销售了，对源自国外的产品，进口前需要办理进口许可证。2009 年新规定：生产者需提供银行出具的质量保证函和生产者需提供《安全实验性报告》。
国别	乌克兰
法律法规	医疗器械管理法对一次性注射器的管理是依据乌克兰产品注册要求和一次性注射器产品国家质量标准进行的，生产企业必须具备 GMP 证书和 ISO 管理体系认证。 经营企业必须具备《国家药品及医疗产品经营许可证》。 《关于简单高压压力容易安全的技术法规》2009 年 6 月 18 日最新颁布
标准	标准　ГОСТ24861－2005 State Standard 24861－2005 and ISO 8537

国别	乌克兰
合格评定程序（上市要求）	注射器进入乌克兰市场前必须申请注册，申请人提供全部注册资料后，审查部门被要求在180天内对申请资料进行审查，并做出是需要申请人补充资料还是出具判断信。如需要补充资料，则以官方书面方式通知申请人需补充何种资料。待申请人按要求补充完申报资料后，审查部门会重新开始进行一个为期60天的审查过程，根据补充资料及原申报资料的综合情况对该申请做出最终判断。如果审查通过，就颁发注册许可证，有效期3年，该产品申领许可证后，就可以进行生产或销售了，对源自国外的产品，进口前需要办理进口许可证。
国别	**巴西**
法律法规	1. 食品和药品法 2. 医疗器械安全法案 3. Resolution RDC No. 185，22 October 2001 4. Health Surveillance Decree_ 79094，5 January1977
标准	ISO 7886－1 一次性使用无菌注射器第一部分：手动注射器 ISO 7886－3 一次性使用无菌注射器第三部分：自毁型固定剂量疫苗注射器 ISO 7886－4 一次性使用无菌注射器第四部分：带防止再次使用特性的注射器 ISO 8537：1991 一次性使用无菌胰岛素注射器（带针或不带针）
合格评定程序（上市要求）	产品上市前一定要注册。 产品可以由代理商注册，或是你们的办事处注册，一般需要1年多的注册时间 如果以办事处的名义开展注册，办事处首先要取得如下资格： 1.“AlvarádeFuncionamento”：由 ANVISA 颁发的证明，批准该公司可以进口、销售、存贮医疗器械； 2.“Autoriza?? odeFuncionamento”：类似于“AlvarádeFuncionamento”，只不过是由地方行政机构颁发的证明； 3.“TermsofTechnicalResponsibility”：该公司要相应的专业人员，比如药剂师，这些人员需要有巴西各技术专业协会（如 CREA，CRF，CRBM 或其他）颁发的技术资格证书，即“TermsofTechnicalResponsibility”。 满足了上述条件后，就可以正式销售。考虑语言的人员难度，初步仍然需要考虑聘请专业的注册公司协助注册，只不过注册证可以由分公司持有。
国别	**也门**
法律法规	医疗器械监督管理条例
标准	ISO7886－1：1993、ISO8537：2007
合格评定程序（上市要求）	注射器进入也门市场前必须在也门主管当局进行企业注册和产品注册。首先必须提供给也门国家当地的代理授权文件以及相关资质文件（如医疗器械生产企业许可证、产品注册证、ISO 质量体系证书等），代理商会将此文件递交给也门工商部及相应的其它部门注册，工商部会发一份代理机构注册证给代理商。接着，代理商就要向公共卫生部的药物及医疗器械最高委员会递交文件。最高委员会会审核递交的文件并派人员参观贵公司以实地核查检验，检验人员回国后会向药物及医疗器械最高委员会递交一份关于在公司实地检查的报告来说明在公司的发现及公司的生产条件情况。然后，在付清公司注册费及产品注册费之后，药物及医疗器械最高委员会发布一项决议同意公司及公司产品注册。付费之后，公司另外还需要提供产品的样品给中心健康实验室，实验室将根据公司提供的证书对样品进行检测。测试数据将被发到注册委员会，随后注册委员会会向公司发出一个注册完成的正式通知，注册即成功完成。
国别	**南非**
法律法规	南非 SABS 标准（SouthAfricanBureauofStandards） SABS 标准主要是根据 ISO 各项标准来要求医疗用品 ISO－9001 质量管理体系认证

标准	ISO7886－1：1993、ISO8537：2007
合格评定程序（上市要求）	南非国家卫生部（NATIONALDEPARTMENTOFHEALTH，DOH）下属单位：医药管理委员会（MEDICINESCONTROLCOUNCIL，MCC）负责管理医疗用品注册和监督等方面的事务，目前外国医疗用品在南非注册须通过南非本地公司进行，如果外国公司在南非设立公司，则须有一名经南非承认具有资格的药剂师担任主管经理．申请者提交申请文件需包括以下内容： 产品注册档案和样品 1. 有关产品生产、组装和包装的文件 2. 被批准的供货商情况等； 3. 生产设备须经过MCC检查、生产过程中一定要有质量控制体系等 申请文件经过MCC初审评估，与申请人进行沟通反馈后进行复审，做出是否同意注册的决定。一旦注册批准，产品即可出口到南非。南非医疗用品进口要符合以下条件： 1. 到南非后须由批发商在仓库中进行检疫； 2. 产品在MCC批准的实验室里再进行检验； 3. 通过实验室检验后，要有专人签字，并保存药品一定时间。 检验过程一般要2－3年时间，之后产品才可正式进入南非市场。
国别	**澳大利亚**
法律法规	医疗用品法（TherapeuticGoodsAct1989）
标准	ISO7886－1：1993、ISO8537：2007
合格评定程序（上市要求）	根据澳大利亚医疗用品法（TherapeuticGoodsAct1989）规定： 所有在澳大利亚上市的医疗用品（药品和医疗器械）必须按照有关规定，向澳大利亚医疗用品管理局（TherapeuticGoodsAdministration，TGA）提出注册或者登记声请，并获得TGAConformityAssessmentCertificate后才能合法上市。

资料来源：《一次性注射器出口质量控制指南》

8.2 医用输液泵/注射泵国内外标准介绍

随着医用输液泵/注射泵市场日益扩大以及各国政府政策的扶持，未来10年将是全球医用输液泵/注射泵行业高速发展的阶段。尽管中国生产的医用输液泵/注射泵不仅在主要技术指标上可以达到国外产品同一水平，而且有少数国内企业的产品也已经全面进入到国际市场，但总体来说，国产医用输液泵/注射泵产品和生产企业在管理水平、产品技术含量、产品质量、国际营销、售后服务等方面和国外公司及其产品相比，仍有一定的差距。因此，详细掌握医用输液泵/注射泵国内外市场准入相关的法规和标准，是提高国内企业技术创新、规范管理、建立自主品牌，跨越国外技术性贸易壁垒，扩大产品出口，在国际市场在占得先机的重要保障。

8.2.1 中国医用输液泵/注射泵标准介绍

8.2.1.1 产品通用标准

国内有源医疗器械的通用安全要求标准基本是采用国际标准，但与国际标准不同步，即国际现有的标准没有完全转换成国内标准，以及也没有采用最新版本。在国内涉及输液泵/注射泵有下列四个通用要求的标准：

1、GB9706.1－2007《医用电气设备第1部分：安全通用要求》；

2、YY0505－2005《医用电气设备第1－2部分：安全通用要求并列标准：电磁兼容要求和试验》；

3、YY/T0708－2009《医用电气设备第1－4部分：安全通用要求并列标准：可编程医用电气系统》；

4、YY0709－2009《医用电气设备第1－8部分：安全通用要求并列标准：通用要求，医用电气设备和医用电气系统中报警系统的测验和指南》。

（1）GB9706.1－2007《医用电气设备第1部分：安全通用要求》

GB9706.1－2007安全通用要求标准是最基本的安全方面的标准，它等同采用国际标准IEC60601－1：1988＋A1：1991＋A2：1995Medicalelectricalequipment－Part1：Generalrequirementsforsafety，它是IEC60601－1的第2版。国际上即将执行IEC60601－1的第3版。第3版与第2版的最大区别是全面引入风险评价这个概念。实际情况是，标准不可能对所有方面提出具体明确的安全要求，也不可能对日新月异的技术发展规定出非常前瞻性的要求，但安全的基本原理是不变的，可以提出原则性的要求。新版在许多地方要求使用风险评价这个手段来判定设备是否安全。这就是国际标准第3版的精髓。但在实际操作中，有很大难度。国内采用国际标准第3版估计还需要3～6年的时间。

GB9706.1－2007是一个涉及面很宽的标准，它是安全标准的切入口，从该标准展开后才会引用到其他标准的。

主要内容：

电气方面要求：安全分类、电压和能量的限制、外壳与电气隔离的要求、应用部分与电气隔离的要求、安全接地电阻要求、漏电流限值要求和安全绝缘承受耐压试验的要求；

机械强度要求：外壳的强度和刚度要求、支撑部件的强度要求、设备坠落试验要求、有运动部件的防护要求、设备的外表要求、设备稳定性要求、设备把手的要求、防飞溅物的要求、悬挂物防坠落的要求；

防辐射要求：主要是电磁兼容性的要求（指向电磁兼容性标准）；

对易燃麻醉混合气点燃危险的防护要求；

超温和其他安全方面的要求：主要有超温、防火、防潮、受压部件的防爆、生物相容性和电源中断后错误动作的防止要求；

危险输出的防止要求；

不正常的运行和故障状态的试验要求；

结构要求：元器件和组件的固定要求、网电源方面的要求、保护接地端子的安装和连接要求、内部的结构和布线要求。

（2）YY0505－2005《医用电气设备第1－2部分：安全通用要求并列标准：电磁兼容要求和试验》

YY0505－2005是电磁兼容方面的安全要求标准，它等同采用国际标准IEC60601－1－2：2001Medicalelectricalequipment－Part1－2：Generalrequirementsforsafety－Collateralstandard：Electromagneticcompatibility－Requirmentsandtests。它与GB9706.1－2007是并列的关系，GB9706.1－2007中36的电磁兼容要求实际上就是指向该标准（即引用YY0505－2005）。

电磁兼容的要求分两方面，设备对外的发射和抗外界对设备的辐射，即发射要求和抗扰度要求：

发射要求：分成无线电业务的保护和公共电网的保护这两方面。公共电网的保护有谐波失真、电压的波动和闪烁这两个内容。

抗扰度要求有七个方面：静电放电、辐射的射频电磁场、电快速瞬变脉冲群、浪涌、射频场感应的传导骚扰、在电源供电输入线上的电压暂降、短时中断和电压变化和磁场。

（3）YY/T0708－2009《医用电气设备第1－4部分：安全通用要求并列标准：可编程医用电气系统》

YY/T0708－2009是设备或系统中有关软件部分的标准，它等同采用国际标准IEC60601－1－4：2000Medicalelectricalequipment－Part1－4：Generalrequirementsforsafety－Collateralstandard：Programmableelectricalmedicalsystems。它与 GB9706.1－2007 是并列的关系，GB9706.1－2007 中 52.1 对设备包含可编程电子系统的安全要求引用该标准（即引用 IEC60601－1－4：2000＝YY/T0708－2009）。该标准是推荐性标准。

该标准规定了在设计一个可编程医用电气设备或系统时的过程控制要求，这些要求可作为专用标准的基础要求，也可作为为降低和控制风险这个目的的对安全要求的一个指南。标准覆盖了对软件参数、结构，具体设计，以及执行软件开发、修改、验证和确认，软件标识和随机文件的要求。

（4）YY0709－2009《医用电气设备第 1－8 部分：安全通用要求并列标准：通用要求，医用电气设备和医用电气系统中报警系统的测验和指南》

YY0709－2009 是有关设备报警系统和报警信号方面的标准，它等同采用国际标准 IEC60601－1－8：2003Medicalelectricalequipment － Part1 － 8：Generalrequirementsforsafety － Collateralstandard：Generalrequirements，testsandguidanceforalarmsystemsinmedicalelectricalequipmentandmedicalelectricalsystems。当设备具有报警功能时应该满足该标准的要求。该标准是新发布的标准，到 2010 年 12 月 1 日正式实施。

该标准规定了设备中报警系统的基本安全和基本性能，以及应用指南。标准按照报警的紧急程度规定报警的优先级，统一了报警信号的技术参数，规定了报警的控制方式，以及报警系统的标识要求。

8.2.1.2　产品专用标准

涉及输液泵/注射泵的专用安全要求标准只有一个国家标准 GB9706.27－2005《医用电气设备第 2－24 部分：输液泵和输液控制器安全专用要求》，该标准等同采用国际标准 IEC60601－2－24：1998Medical electrical equipment－Part2－24：General requirements for the safety of infusion pump sand controllers。该专用安全要求标准应与通用安全要求标准 GB9706.1－2007 结合在一起才是对输液泵产品的完整要求。这里简要介绍一下该专用安全要求标准。

该标准对输液泵、输液控制器、注射泵和便携式输液泵规定了要求。标准根据输液泵正压力控制的方式把泵分成连续性输液泵（定义为 1 型）、非连续性输液泵（定义为 2 型）、丸剂的离散输液泵（定义为 3 型）、1 型和 3 型和/或 2 型的组合输液泵（定义为 4 型）和程控泵（定义为 5 型）。根据输液泵的输液速度的设定方式又分成容量式输液泵、滴速式输液泵。

标准的主要内容是有关输液泵的输液准确性，按标准规定的试验方法进行准确性的测量。按输液泵是容量式、滴速式、便携式 1 型、便携式 2 型、3 型、4 型和 5 型进行不同的试验方法来测量输液泵的输液准确性。危险输出的防止方面的要求，有关最大输液压力、阻塞报警后必须提供防止由于阻塞产生的丸剂和欠流的方法、除注射泵外，设备必须保护患者免受由于气栓而可能产生安全方面危险的空气输入；除便携式输液泵外，输液泵在报警状态下应有一个至少能产生 65dB（A）声级的可听报警，输液结束必须有听觉指示，注射泵必须在注射结束前要有可听指示报警。便携式输液泵如果有备用工作模式且切换时间超过一小时，要有一种报警装置，声级至少 50dB（A）。输液泵如果包含可编程电子系统则要满足 YY/T0708－2009 标准的要求。注射器应提供确保注射泵的注射管和推杆正确夹持和放置的方法。提供确保输注管路正确安装到设备上的方法。

以下就是 GB9706.27－2005 安全专用要求比较具体的内容：

标准适用的产品：

GB9706.27－2005 国家标准适用的产品是下面术语和定义中前面 10 个定义的产品，但不包括下列产品：

* 专门用于诊断或类似用途（例如，由操作者永久性控制或管理的血管造影或其他泵）；
* 内部输液；
* 血液的体外循环；
* 植入式设备或一次性使用的设备（利用导管将膀胱充满水，测量其压力－体积关系）；
* 专门用于男性阳痿检测的诊断用设备（为保持阴茎勃起，必须维持一个预置压力，测量为维持该压力而注入的液体量：海绵体）。

术语和定义

1．输液泵 Infusion Pump

预期通过泵产生的正压来控制流入患者体内的液体流量的设备。

输液泵可以为：

——1 型：仅为连续性输液；

——2 型：仅为非连续性输液；

——3 型：丸剂的离散输液；

——4 型：同一设备上包含 1 型与 3 型和/或 2 型的组合输液；

——5 型：程控泵。

2．容量式输液泵 Volumetric Infusion Pump

输液速度由操作者设定并且设备以每单位时间的容量来指示的输液泵，但不包括注射泵。

3．滴速式输液泵 Drip - rate Infusion Pump

输液速度由操作者设定并且设备以每单位时间的点滴数来指示的输液泵。

4．输液控制器 Infusion Controller

预期通过重力产生的正压来控制流入患者体内的液体流量的设备。

5．容量式输液控制器 Volumetric Infusion Controller

输液速度由操作者设定并且设备以每单位时间的容量来指示的输液控制器。

6．滴速式输液控制器 Drip - rate Infusion Controller

输液速度由操作者设定并且设备以每单位时间的点滴数来指示的输液控制器。

7．特殊使用设备 Special Use Equipment

输液速度由操作者设定并且设备用除 1. ~6. 定义之外的单位来指示的设备。

8．注射泵 Syringe Pump

通过一个或多个单一动作的注射器或类似容器来控制注入患者体内液体流量的设备（例如通过推动推杆清空筒内溶液），输液速度由操作者设定，并由设备指示单位时间内的流量。

9．便携式输液泵 Infusion Pump for Ambulatory Use

用于控制患者输液并且可由患者连续携带的设备。

10．程控泵 Profile Pump

通过一系列程序可控的输液速度控制患者输液的设备。

11．控制区域 Region of Control

控制区域包含流量调节，流量关闭或空气检测这些部分，这些部分位于设备内部或设备的遥控端。

12．输注管路 Administration Set

从供液处经设备将液体传输至患者的装置。

13．患者管路 Patient Line

设备和患者之间的那部分输注管路。

14．供液管路 Supply Line

供液处与设备之间的那部分输注管路。

15．阻塞报警阈值（压力）Occlusion Alarm Threshold（Pressure）

阻塞报警触发时的物理量数值。

16．保持开放速度 Keep Open Rate（KOR）

规定状态下设备恢复到预定的低速状态，同时保持患者管路开放。

注：缩写 KVO（keep - vein - openrate）通常作为 KOR 的同义词使用。

17. 自流 Free Flow
不受设备控制的输注管路中的液流，例如，将设备的输注管路移开时重力产生的非预期作用。
18. 输注管路更换间隔 Administration Set Change Interval
设备制造商推荐的输注管路的使用时间。
19. 丸剂 Bolus
短时间内输送的液体的离散量。
20. 中速 Intermediate Rate
定义如下：
——对于容量式输液泵和容量式输液控制器，速度设定为25mL/h；
——对于滴速式输液泵和滴速式输液控制器，速度设定为20 滴/min；
——对于注射泵，速度设定为5mL/h；
——对于特殊使用设备和便携式输液泵，设定为制造商规定的速度作为设备的标准速度。
21. 最小速度 Minimum Rate
操作者可选择的最小速度，但不能低于1mL/h。
注：对便携式输液泵来说，它为最小的可选速度。
22. 最大输液压力 Maximum Infusion Pressure
患者管路末端完全堵塞的情况下，设备可产生的最大压力。
23. 患者末端 Patient End
与患者相连的患者管路的末端部分。

安全专用要求

下面括号中的和正文中的条款号是GB9706.27－2005的条款号。
1.（3.6）下列单一故障状态在标准中有特定的要求和试验：
补充：
51.5和51.102规定的出现在保护体系中的单一故障状态，在输注管路更换间隔内，它们对操作者来说必须是显而易见的。51.103所规定的保护系统中的单一故障状态出现时，必须在一段时间间隔内引起输液的中止并触发报警。这个时间间隔必须小于空气检测器和接在静脉管之间的输注管路的容积除以泵的最大流速所得的值。
下列情况不认为是单一故障状态，而认为是正常使用状态：
——输注管路和/或溶液供给容器的泄漏；
——内部电源的耗尽；
——滴壶位置错放和/或错误的灌注；
——空气进入供液管路或控制区；
——患者管路的牵拉（见GB8368）。
2.（6.1）设备或设备部件的外部标记
补充：
aa）如果规定尺寸或商标或包含规定药品含量的可拆卸蓄液容器或患者管路，需用于维持设备安全正常使用，则相关的标记必须固定或显示在设备的显著位置上，这些标记或者明确这些信息或者提供此类信息的位置。
3.（6.8.2）使用说明书
补充：
使用说明书中还必须包括下列内容：

1）推荐使用的输注管路的清单；

2）使用不适合的输注管路所造成的后果警告；

3）制造商推荐的与设备一起使用的专用附件清单：

4）有关安装设备时所允许的安装方位，安装方法和注意事项，例如杆的稳定性；

5）有关装载、灌注、更换和重装输注管路的说明，以及有关输注管路更换间隔的说明以确保其规定的性能；

6）关于输注管路上夹子的使用，自流状况的避免和更换药液容器步骤的说明；

7）若性能与重力有关，患者心脏上方允许的药液容器高度的范围；

8）防止空气输入患者体内的方法；

9）设备产生的最大输液压力和阻塞报警阈值（压力）的说明；

10）设备运行在最小速度和中速以及最小和最大可选阻塞报警阈值（压力）时，阻塞报警触发所需的最长时间；

11）设备运行在中速并且达到最小和最大阻塞报警阈值（压力）时，产生的丸剂量的说明；

12）提供阻塞缓解前（如果有）控制丸剂的方法说明；

13）若设备不能作为便携式设备使用，向操作者明确有关的说明；

14）滴数检测器所需的预防措施，例如，有关替换，清洗，液位及环境亮度的要求；

15）推荐的设备清洗和维护具体方法；

16）当设备使用内部电源供电并以中速运行时，通常的运行时间；

17）保持开放速度的说明，以及何时开始；

18）有关报警及其运行环境的说明；

19）在某种情况下，可能无法维持规定精确度的警告；

注：制造商必须规定当设备不能维持其规定精确度时有关的参数；

例如，溶液的最大/最小黏度，安全系统反应时间，风险分析范围等等；

20）其他输液系统或附件连接至患者管路时有关的安全方面危险的指导；

21）灌注/清洗或丸剂控制运行时获得的速度以及每一被抑制的报警的说明；

22）与可能影响设备安全运行的外部射频干扰或电磁辐射有关的安全危险方面的警告说明；

23）可选择的速度范围以及选择的增量；

24）操作者检查正确的报警功能和设备的操作安全性试验的指导；

25）根据表102所给的速度，按照50.101～50.108的试验方法得出的数据并向操作者解释该数据的说明；

26）关机后，电子记忆功能保存的时间；

27）对于特殊使用设备，被单位时间除的容量转换因数；

28）单一故障状态下可能传输的最大容量；

29）若设备连接了遥控装置，有关其安全运行的指导；

30）使用的电池型号及其有效性的有关信息；

31）IP等级的说明。

4.（6.8.3）技术说明书

补充：

技术说明书还必须包括下列内容：

1）空气检测器的灵敏度（如果包含该部分，则符合51.9要求，单一气泡超过规定的速度范围）；

2）设备校准用测量单位；

3）电池充电系统的说明；

4）提供防止患者遭受由于设备出错而导致的过流和欠流（如果适用）方法的功能性说明；

5）制造商必须说明适用于标准所有试验的输注管路。

5.（21.1）对通用要求的替换

设备不能由于外部振动的原因而对患者造成安全方面的危险。本要求只适用于便携式设备。

6.（21.4）对通用要求的替换

包括靠网电源工作的适配器的遥控部件和未在21.5中规定的部件不得因为从1m高处自由坠落在硬性表面上而出现安全方面的危险。遥控部件坠落试验后，设备通电使用时，必须：

——功能正常，或

——停止输液并触发报警。

7.（36.202）抗扰度

补充：

制造商规定的设备的安全性能不能因一个或几个抗扰度试验而减弱，或通过这些试验，设备在不产生安全方面危险的情况下失效。上述的后者情况，制造商必须规定在达到最差情况下的（非危险性）失效模式和失效等级。

1）（36.202.1）静电放电

修改：

8kV级用于触点放电，15kV级用于空气放电。

2）（36.202.6）磁场

修改：

场强：400A/m

8.（44.3）液体泼洒

替换：

如果没有要求分类为IPX1或更好的级别，则：

替换：

设备设计必须考虑到设备的老化和粗鲁搬运问题，在受到液体泼洒（意外弄湿）情况下没有液体留在设备外壳内，并且设备必须能够继续正常工作或停止输液并触发报警。

9.（44.4）泄漏

替换：

设备必须制造成使得从容器，导管，连接器等类似物中可能泄露出的液体既不能损坏设备的安全性能，也不得使未绝缘的带电部件或者是由于此类溶液的泄漏而易受到严重影响的电气绝缘受潮。

10.（49.2）对通用要求的补充

仅用供电网供电的设备，在电源意外断开或供电网失效时必须触发一个可听报警信号。在这种情况下，可听报警信号必须维持至少3min或保持到电源恢复，取其中时间较短者。

使用一个内部电源作为主要或备用供电的设备，在由于电池耗尽而导致的输液停止之前给出可听和可视报警至少30min。在此期间，设备必须发出连续的可视和间歇的可听报警。

电池电量在耗尽前至少3min，设备必须发出可听和可视报警并停止输液。该报警在这段电池电量残留时间内必须保持。

11.（50）工作数据的准确性

1）（50.101）在推荐的输注管路更换间隔内，设备必须能够保持制造商所述的准确度或者更好；

2）（50.102）容量式输液控制器，容量式输液泵和注射泵准确性试验；

3）（50.103）滴速式输液控制器和滴速式输液泵准确性试验；

4）（50.104）便携式1型输液泵准确性试验；

5）（50.105）便携式2型输液泵准确性试验；

6）（50.106）3型输液泵准确性试验；

7）（50.107）4型输液泵准确性试验；

8）（50.108）5型输液泵准确性试验。

12.（51.1）有意地超过安全极限

补充：

设备控制器的灌注/清洗是一个例子。

13.（51.5）不正确的输出

替换：

1）过流的防止

必须提供在单一故障状态下防止过流的方法。在过流情况下必须有一个可听报警触发，并且设备要么停止输液要么输液速度减小到保持开放速度或者更小。

2）过流溢液状态的防止

必须为患者提供防止由溢液状态引起的过流的方法。一旦按照制造商的使用说明书安装输注管路，则本要求开始适用。

14.（51.101）

1）最大输液压力

设备不得出现一个能够使输注管路产生破裂或泄漏的最大压力。

2）丸剂量和阻塞的防止

阻塞报警后，必须为患者提供防止由于阻塞产生的丸剂和欠流的方法。

15.（51.102）反向输液

在设备的正常使用和/或单一故障状态期间，必须不能产生可能导致安全方面危险的连续的反向输液。

16.（51.103）设备和滴数感应器方向

设备的安全运行不能受下列影响：

——滴数感应器的位置错放或移开，和

——在倾斜的或不正确灌注滴壶的情况下运行设备。

在这些情况下，设备必须：

——维持输液的准确性，或

——停止流动并且触发报警。

17.（51.104）对空气输入的防止

本要求不适用于注射泵。

设备必须保护患者免受由于气栓而可能产生安全方面危险的空气输入。

在触发空气检测报警后，设备不能靠某一种单一动作而重新开始供液。

18.（51.105）输注管路——工作特性

如果制造商允许使用各种具有不同工作特性的输注管路，那么必须提供自动方式或必要的手动操作方式来防止不正确的输出。

19.（51.106）可听和可视报警

除非另有规定，本专用标准所要求的报警必须设计成在所有报警状态下必须存在可听报警。

本要求不适用于便携式输液泵。

20.（51.107）本专用标准第51章要求的报警必须符合下列要求（本要求不适用于便携式输液泵）：

1）可听报警必须能够产生一个声级（或者，如果是可调的，调到最大级），此声级在距离1m处产生至少65dB（A）的声压，并且不能由操作者在外部调节到距离1m处低于45dB（A）；

2）在独立运行中，设备的可听报警静音周期不得超过 2min；

3）在可听报警静音周期内可视报警必须持续工作；

4）必须提供能够使操作者检查可听和可视报警运行的方法。

21.（51.108）对于便携式输液泵，如果设备切换至一种备用工作模式且时间超过 1h，必须另外包含一种报警装置。

22.（51.109）由 51.108、51.110 和 49.2 要求的报警，必须符合下列要求：

1）可听报警必须能够产生一个在距离 1m 处至少 50dB（A）声级；

2）可听报警的输出是不可调节的，除非使用工具或指定方法才能够调节（例如：按下一系列开关）；

3）必须提供能够使操作者检查报警运行的方法。

23.（51.110）必须向操作者提供输液结束的可听指示方法。

本要求不适用于便携式输液泵。

24.（51.111）可听指示必须先于输液结束的报警。

本要求仅适用于注射泵。

25.（54.3）设定值的意外改变

替换：

必须提供防止速率设置意外的或无意识的改变。

如果提供了灌注/清洗的手动方法，不应由操作者进行某种单一动作就能启动符合条款 51.1 要求的灌注/清洗。

26.（54.101）注射器的固定

必须提供确保注射泵的注射管和推杆正确夹持和放置的方法。

在推杆位置错误放置的情况下，注射泵不能启动。

必须提供防止在单一故障状态下出现虹吸现象的方法。

如果在注射泵正在工作的情况下企图移走注射器，则必须激活报警。

设备必须设计成当患者管路上受到拉力的影响时，不会出现对患者产生安全方面的危险。

27.（54.102）输注管路的安装

如果适用，必须提供确保输注管路正确安装到设备上的方法。

如果在输液泵正在工作的情况下企图移走输注管路，则必须激活报警。

设备必须设计成当患者管路上受到拉力的影响时，不会出现对患者产生安全方面的危险。

28.（54.103）人为错误

在正常使用时可能出现溢液之前，要求必须至少有两种不同且分开的动作。首先一个动作必须是停止液流然后触发可听报警。本要求不适用于注射泵和使用注射器的便携式输液泵。

29.（54.104）设备必须设计成，若设备意外断电且后来通过功能控制方法再次通电，患者的安全必须得到保障。

8.2.2 国外医用输液泵/注射泵标准介绍

8.2.2.1 产品通用标准

输液泵/注射泵属于有源医疗器械，有源医疗器械的国际标准有通用安全要求标准和专用安全要求标准这两大类，通用安全要求标准是有源医疗器械必须符合的安全基本要求（通用的），专用安全要求标准是在通用安全要求标准的基础上针对特定的产品制定一些特殊安全要求的标准。实际上针对输液泵/注射泵通用安全要求标准的内容很广。国际上涉及输液泵/注射泵有下列一些通用要求的标准：

IEC 60601－1 ed3.0：2005

Medical electrical equipment － Part 1：General requirements for basic safety and essential performance（医用电

气设备 – 第 1 部分：基本安全和主要性能通用要求）；

IEC 60601 – 1 – 2 ed3. 0：2007

Medical electrical equipment – Part 1 – 2：General requirements for basic safety and essential performance – Collateral standard：Electromagnetic compatibility – Requirements and tests（医用电气设备 – 第 1 – 2 部分：基本安全和主要性能通用要求 – 并列标准：电磁兼容 –要求和试验）；

IEC 60601 – 1 – 4 ed1. 1：1996 + A1：1999

Medical electrical equipment – Part 1：General requirements for safety – 4. Collateral standard：Programmable electrical medical systems（医用电气设备 – 第 1 部分：安全通用要求 – 4. 并列标准：可编程医用电气系统）；

IEC 60601 – 1 – 6 ed3. 0：2010

Medical electrical equipment – Part 1 – 6：General requirements for basic safety and essential performance – Collateral standard：Usability（医用电气设备 – 第 1 – 6 部分：基本安全和主要性能通用要求 – 并列标准：可用性）；

IEC 60601 – 1 – 8 ed2. 0：2006

Medical electrical equipment – Part 1 – 8：General requirements for basic safety and essential performance – Collateral Standard：General requirements，tests and guidance for alarm systems in medical electrical equipment and medical electrical systems（医用电气设备 – 第 1 – 8 部分：基本安全和主要性能通用要求 – 并列标准：医用电气设备和医用电气系统中报警系统的通用要求、试验和指南）；

IEC 60601 – 1 – 9 ed1. 0：2007

Medical electrical equipment – Part 1 – 9：General requirements for basic safety and essential performance – Collateral Standard：Requirements for environmentally conscious design（医用电气设备 – 第 1 – 9 部分：基本安全和主要性能通用要求 – 并列标准：面向环境的设计要求）；

IEC 60601 – 1 – 10 ed1. 0：2007

Medical electrical equipment – Part 1 – 10：General requirements for basic safety and essential performance – Collateral Standard：Requirements for the development of physiologic closed – loop controllers（医用电气设备 – 第 1 – 10 部分：基本安全和主要性能通用要求 – 并列标准：生理闭环控制器的开发要求）；

IEC 60601 – 1 – 11 ed1. 0：2010

Medical electrical equipment – Part 1 – 11：General requirements for basic safety and essential performance – Collateral Standard：Requirements for medical electrical equipment and medical electrical systems used in the home healthcare environment（医用电气设备 – 第 1 – 11 部分：基本安全和主要性能通用要求 – 并列标准：医用电气设备和医用电气系统用在家庭医护环境下的要求）。

8. 2. 2. 2　产品专用标准

国际上涉及输液泵/注射泵就下面一个专用安全要求标准：

IEC 60601 – 2 – 24 ed1. 0：1998

Medical electrical equipment – Part 2 – 24：Particular requirements for the safety of infusion pumps and controllers（医用电气设备 – 第 2 – 24 部分：输液泵和输液控制器安全专用要求）。

国际上各国基本上是采用国际电工委员会的标准。但各国或地区的标准有自己的编号，具体如下：

美国：

ANSI/AAMI ID26：2004 Medical electrical equipment – Part 2：Particular requirements for the safety of infusion pumps and controllers

英国：

BS EN 60601 -2 -24：1998 Medical electrical equipment - Particular requirements for safety - Particular requirements for the safety of infusion pumps and controllers

德国：

DIN EN 60601 -2 -24：1999 Medical electrical equipment - Part 2 -24：Particular requirements for the safety of infusion pumps and controllers

欧洲：

EN 60601 -2 -24：1998 Medical electrical equipment - Part 2 -24：Particular requirements for the safety of infusion pumps and controllers

日本：

JIS T 0601 -2 -24：2005 Medical electrical equipment - Part 2 -24：Particular requirements for the safety of infusion pumps and controllers

日本还有一个输液泵的工业标准（JIS T 1653 -1991 Infusion pumps）。

中国：

GB 9706.27 -2005 医用电气设备 第2部分：输液泵和输液控制器安全专用要求

法国：

NF C74 -304 -2003 Medical electrical equipment - Part 2 -24：Particular requirements for the safety of infusion pumps and controllers

（资料来源：《输液泵/注射泵出口质量控制指南》）

9　2010年医疗器械贸易摩擦回顾

随着中国对外贸易规模的不断扩大，中国已然成为全球贸易摩擦的中心区，“双反”、“特保”调查、知识产权纠纷已成为中国企业产品进入国际市场引发贸易摩擦的主要动因，形势的严峻对中国企业来说，需要不断提高风险防范的意识，增强抵御贸易摩擦、化解贸易纠纷的能力。

9.1　国际贸易政策环境

2010年在各国经济刺激政策的主导下，全球经济缓慢恢复，但进入下半年，欧洲主权债务和金融体系危机再度暴发，各种刺激政策的支撑力度和有效性减弱，世界经济的增速有所放缓，在美欧对中滥用贸易保护措施的势头尚未得到遏制的情况下，又遇国际贸易政策日趋严峻的环境。

2010年12月17日，美国会琳达·桑切斯、沃特·琼斯等多名众议员提出关于《加强执行反倾销和反补贴税令及减少规避海关税收行为法令》的法案，主要内容是赋予美国公司要求海关调查出口商规避反倾销和反补贴税的权利。这一受到跨党派支持的法案与美参议员怀登此前提出的3725号法案类似，目的都是为加强反倾销反补贴税令的实施。不仅如此，美国商务部在此前就提出了14项将会极大改变美国反倾销及反补贴税规则适用的提案。尤其是对所谓的非市场经济国家（例如中国）的公司更加难以避免高昂的反倾销或反补贴税措施。美国商务部在2009年11月10日做出的对华活性炭第2次行政复审终裁中，认为中国一些公司通过降低出口价格的方式吸收反倾销税，因此，对该产品此次终裁及今后的年度复审都将由目前执行的“从价税”的征收方式改为“从量税”，即按每公斤进行征税。上述这些动向反映出美国可能会在今后的对华贸易救济案件中强化美国贸易法执法力度。

另外，近期业界人士和研究机构指出，美联储、日本银行、欧洲央行均重启量化宽松，采取“印发钞票”手段刺激经济，使全球经济步入一个前所未有的“量化宽松时代”。这将导致全球流动性泛滥，并不可避免地引发通胀死灰复燃，引起国际金融市场和商品市场动荡，加剧各国特别是发达国家与新兴经济体的贸易和货币摩擦，同时美国也在考虑将汇率因素纳入双反调查，这不仅对中国企业应对贸易摩擦带来难度，也会对中国企业的出口造成影响。

9.2　国际贸易摩擦情况

9.2.1　一次性注射器峰烟四起

从上世纪九十年代开始，中国医疗器械产品陆续遭遇到国外反倾销调查，涉及的产品包括医用纱布、PVC尿布垫，进入二十一世纪，医疗器械类产品遭遇国外反倾销的案件主要集中在2008－2009年，此间共发生了三起反倾销调查，产品均为一次性注射器，涉案金额约1350万美元，发起国家为巴西、乌克兰和阿根廷。

从2008年开始，中国一次性注射器就不断遭遇贸易救济的调查，首先是巴西的反倾销，接着是乌克兰的反倾销，俄罗斯也跃跃欲试，拟提保障措施调查（但一直未立案），此后是阿根廷，可谓是烽烟四起。中国企业奋力抗争巴西的反倾销调查，但最终未获得满意结果，2009年9月17日，巴西发展工业外贸部贸易保护局（CAMEX）做出终裁，对来自中国进口的一次性注射器（含1ml，3ml，5ml，10ml和20ml）征收为期5年的反倾销税，上海康德莱获得税率为7.73美元/公斤，其他企业均为10.67美元/公斤（根据换算，该税率相当于在原价格的基础上征收100%的反倾销税）。这无疑是对我国向巴西出口的企业一次致命的打击。从征税后至今，我国对巴西出口一次性注射器急剧下降，据中国海关统计，2010年1－11月，我国对巴西出口一次性注射器共3亿支，金额为850万美元，同比分别下降了

62.96%和54.96%，巴西由我国原来出口第三大市场，降为第五。

为何频繁遭遇贸易救济调查？根据全球贸易统计数据，2008年，全球注射器贸易额为69亿美元，同比增长12.12%，中国的贸易额为3.1亿美元，排名第五位，增长40.08%，超过全球贸易增长速度，从近三年贸易数据看，中国一次性注射器贸易量增长都超过30%，由此看出，一方面全球注射器的需求一直都很旺盛，带动了中国注射器产业对外的扩张；另一方面，中国注射器行业的外向型发展模式和发展速度，又为国外频繁发起贸易救济带来了隐患。

中国的一次性注射器在全球注射器产业中属低端产品。据有关专家分析，欧美发达国家一次性医疗器械销售额占其医疗器械市场总销售额的45%左右。美国是世界上最大的一次性医疗器械市场，约占全球一次性医疗器械市场40%以上的份额。欧洲则位居第二大市场，约占世界一次性医疗器械市场29%的份额。日本、中国、印度及其他亚洲新兴工业国合计约占国际一次性医疗器械市场17%～18%的份额。中国的一次性医疗器械产品技术附加不高，产品价格低廉，即容易打开市场，也容易引发低价格竞争。近年来，中国一次注射器出口企业的数量逐年增加，从2006年的580家到2008年695家，三年增加了115家，增长率为19.8%。从出口集中度看，2008年出口前20位的企业占出口总额的67.16%，说明有一定的集中度，而在三年中增加的企业基本上都是中小企业，这些企业的产品，依然是走低端路线，我们从数据中也能看出，在出口企业中，除了伟创力实业（深圳）有限公司和诺和诺德（中国）制药有限公司出口的产品基本属于高端产品（每支注射器的平均价格在18－19美元，占份额近14%）外，其余绝大多数公司出口的产品多为低端（每支注射器平均价格只有2－3美分）这样的出口结构，导致了一次性注射器产品频繁遭遇国外贸易救济调查极大的隐患。

9.2.2 知识产权纠纷时有发生

欧美等发达国家对于知识产权保护法律法规相当完善，近年来，我国企业涉及知识产权的纠纷类案件逐年上升，涉及种类主要有两类，一类为美国337调查，另一类为欧美国家的司法诉讼案件，对于医疗器械类产品，这两类案件都有所涉及。

美国337调查是针对进口贸易中的不公平行为实施的调查，实践中主要针对进口产品侵犯美国知识产权的行为。其法律依据是美国1930年关税法第337款有关规定，调查机关是美国国际贸易委员会（USITC）。337调查不要求USITC具有属人管辖权，因此外国公司即使没有在美国直接设立分公司，而是通过中间商将产品销售到美国，其也可能因为进口产品涉嫌侵权而成为337调查的被告；从审理时限看，337调查的程序比较快捷，一般在12－18个月内结束，而法院诉讼则一般需要耗时3－4年。从救济措施看，337调查可以针对特定被告发布有限排除令，也可以不针对特定被告，不区分产品来源地而发布普遍排除令。2002年以来，中国已连续6年位居337调查涉案国家（地区）的首位。2010年已有18起337调查涉及中国出口企业。

在上述337调查中，涉及医疗器械类产品的案件共有3起，它们是2003年的“紫色天然及合成橡胶保护手套”案，结果为终止对部分和解被告的调查，并判定对被告“Dash公司”发布普遍排除令；2007年的“医用放大镜”案，结果为发布有限排除令；2010年的“可调节高度床产品”，尚未结案。

另一类知识产权纠纷案件是司法诉讼，美国337调查常见的作法是一个案件同时在USITC和相关州法院同时或相继提起诉讼（337调查的判决是禁止进口，而司法诉讼则可以获取赔偿），可以追求最大利益。欧美司法诉讼的特点对知识产权侵权行为的域外执法，并且还有民诉附带刑诉，如2006年在巴黎CPHI展会期间，对我涉嫌侵权的公司及人员采用人员扣押时间最长达40余天。另外还可采用缺席审判的方式，如2008年我一企业在德国Madica展会上被通知有侵权产品展出，当时公司参展人员认为展品没有上架，也没有宣传，并不在意。事后半年，该公司就收到一份缺席审判的结果通知，企业非常被动。

9.3 企业应对策略探讨

9.3.1 积极应对贸易救济措施，争取保住市场

首先要积极应对反倾销，这对保住市场非常重要。无论是巴西、阿根廷都是南美的重要市场，其

地位不容忽视。另外，我企业在获得一次性注射器国外注册上的花费不菲，所以不能轻易放弃。有的企业对应诉反倾销，尤其是应诉南美这些相对不规范的国家反倾销信心不足，同时又有失败的先例，对此，我们认为，反倾销是国外实施贸易保护的一种手段，由于对我国的调查中采取的不公正的做法，被某些国家频繁利用，又能频频得手，如果企业不积极应对，则这种做法就会更加泛滥，为更多的国家效仿，产生辐射效应，使我一次注射器企业反而受制于多个国家。

其次在应诉中，企业应该聘用信誉好、能力强、业绩优的律师来代理案件的应诉。反倾销调查案件的应诉，技术性强，必须聘请有专业水准的律师团队，中方律师的优势在于与企业的沟通顺畅，便于企业理解和交流；而外方律师的优势在于精通起诉国的法律，便于与起诉国政府打交道。中外律师的配合非常重要。

第三，应诉的企业也需要调整好心态，学习相关的法律知识，积极配合律师的工作。反倾销调查时间长，企业投入的精力、花费的时间、使用的人力、以及律师费用都相对较高。企业要组织起熟悉情况、反应敏捷、办事效率高的应诉班子，这是反倾销应诉成功的基础。应诉班子中不但要有精通生产、销售、财务等各个环节的管理人员，还应该配备法律人才和外语人才。要学习了解相关程序、全力配合律师填写调查问卷和核查等

9.3.2 学会经营之道，了解规则，努力维护好市场

在国际贸易中，外向型的企业要对国际市场中法律法规不仅要深谙其道，还需注意防患于未然。作为WTO允许的各国政府保护国内产业的一种手段-反倾销、反补贴和保障措施，它具有形式合法、易于实施、能够有效地排斥外国产品的进口并且不易招致报复的特点。尤其是对中国采取反倾销调查，西方主要国家的规则及做法常常使用的是不同的标准，这就对中国企业应诉很不利，也会出现我们的企业在应诉反倾销调查时，虽然积极抗辩，拒理力争，然而总难获得较为满意的结果，所以预防或避免反倾销的发生显得尤为重要。

虽然反倾销的发起有其深刻的政治和经济背景，有大环境的影响，但中国企业间的互相竞争，低价出口，终究是国外进行贸易救济的口实，也是他们对我发起调查的重要不利证据之一。我们的企业在国际贸易中一定要学会经营之道，不仅仅是一味的采取低价格策略来获得市场，还需要了解市场的规则，努力维护好经营秩序。

对于知识产权的纠纷案件，常常是案值不大，但应诉成本却很高，应诉案件的花费可高达数十万美元到几百万美元之多。企业要注重自主知识产权的技术研发，树立自己的品牌，增强知识产权保护意识，防止侵权行为的发生。

9.3.3 改进技术、提高工艺，增加产品附加值

中国遭遇国外反倾销的产品多为低端的产品，这些产品附加值低，由于国内市场的饱和和国际市场的需求，成为中国出口产品结构中主要部分。在某些产品领域内，中国的生产能力大大超出了国际市场的需求，为了获得市场，企业之间不得不以价格取胜，这种竞相杀价，不仅伤害了自身的利益，还可能授人以柄，这不能不引起我们的反思。在中国制造的产品遍及全球的情况下，我们能不能以中国人智慧创造出引领世界潮流的产品来，使中国不仅仅成为世界上的贸易大国，而且要成为一个贸易强国。

对于一次性注射器企业来说，每年以80多亿支的出口量，位居世界的前列，然而我们换取的利润有多少？高附加值的注射器产品所占比重少之又少。我们应该通过优化产业结构，控制产能过剩，改进技术、提高工艺，增加产品的附加值，使我们的产品在高端医药领域占有一席之地，这样通过产业升级来对付贸易保护主义，才是一个变不利为有利的根本之道。

9.4 国际贸易拓展百招

第一招：本土化攻堡垒

由于东西方在市场经营理念上的差异，某公司的产品一直进不了欧洲主流销售市场。为此，该公司在法国巴黎设立了分公司，聘请了两位当地销售员负责开拓欧洲市场。仅仅依靠这两名销售人员，

该公司就撬开了坚固的欧洲市场的“堡垒”。

第二招：改良旧瓶装新酒

一只普通的锅，只要改变锅底材料，就能使锅在燃气灶和电磁炉上都能使用，最后成本只增加3%，报价高出了30%。

第三招：广交会上反弹琵琶

受金融危机的压力，来参加广交会的境外客商肯定都有下单意向和合作潜力，多为真正的采购商。

第四招：打好环保绿色牌

我们应转换产品，推出新型环保材料的系列产品，不对环境造成任何污染。在公众环保意识日益增强的今天，环保系列产品受到了客商的青睐。

第五招：危中寻机创新品

国际金融危机的深度扩散造成欧美一些银行倒闭，老外不敢把钱存进银行。针对境外消费者的心理变化，一改以往以防火保险箱为主的产品结构，将防盗保险箱列为出口的主打产品，使订单成倍增加，利润大幅上升，产品供不应求。

第六招：限量销售新产品

目前，许多外贸企业仍然依靠跑量维持经营，即使是新产品，上市不久利润率也降至很低。应在产品款式多样化上做足文章，每款产品都小批量生产。比如某一款产品只生产1000件，卖完停止生产，从而有效提升了产品的附加值。

第七招：借明星聚人气

为了快速集聚人气，某公司把外国影星的头像和该公司的品牌印在一个纸袋子上，让临时雇来的意大利女郎免费派送给客商。此举有力地吸引了大批外商的眼球，提高了该公司品牌的知名度。

第八招：厚利少销扩市场

面对不利因素的影响，我们应向高端出口市场进军。应减少低档出口业务，转向生产、出口具有竞争力优势的高档产品。

第九招：开辟境外直销点

某公司在日本设立了销售部和产品研发设计部，从而紧紧把握了国际市场主动权。现在通过设在日本的销售部，掌握了一定的定价权。同时，该公司利用日本人的设计人才，快速设计出当地即将流行的各种产品。

第十招：无店铺开百家店

该公司设计今年实现销售2亿元，争取五年内上市。其奥妙在于该公司创办了一个产品网，专门销售产品，生意十分火爆。现在，该公司每个月开15家网上新店，销售额每月增长20%，一年多时间下来，连锁加盟店增加到上百家。

第十一招：大浪淘沙留真金

受金融危机影响，欧美商家破产倒闭事件时有发生，殃及不少国内企业。该公司及时对国外客户进行筛选，淘汰了一批中间商，保留了一批终端客户、高端客户和大型零售商。此举不仅稳住了销售渠道，而且有效防范了经营风险。

第十二招：主动和外商结盟

受国际金融危机的影响，澳大利亚经济形势不佳，一些大商场经营受挫。为此，某公司不仅帮助澳大利亚某大型百货市场开发了价格便宜的产品，还主动降低报价，博得了澳大利亚客商的好感，订单络绎不绝，并与一些大商场、超市结成了紧密型的伙伴关系。

第十三招：当世界名牌配角

某公司乐意为世界名牌当“名配角”。该公司在各种配料、辅料上选用最优的材料，以增加产品的附加值。据了解，该公司目前的客户有全球最高端的品牌，在海外市场的售价超过1000美元。

第十四招：代理商变合伙人

危机带来了经济格局调整。某公司与合作了五年的丹麦代理商签订了在北欧合作办企业的协议。根据协议，新成立的合资公司负责该公司产品在北欧市场的销售，而且可以根据市场需求及时决定产品的设计与生产。这意味着该公司跳出了授权、代理等传统模式，与代理商结成了命运共同体。

第十五招：境外攀亲创品牌

与国外成熟品牌相比，许多企业的品牌在国际市场知名度不高，在当地推广自主品牌难度很大。某集团主动与意大利某著名集团合作，采用买断形式，使后者成为其自创品牌高级产品在欧洲 27 国的销售总代理。

第十六招：客户分类巧管理

某公司把境外客户分成三类。一是老客户，这些客户信用好，在危机阶段需继续维持，不能流失一个。二是边缘客户，此类客户以前生意好时不是很重视，部分客户因为业务量小已进入公司淘汰名单，在危机阶段可积极争取。三是新客户，公司将借助网络、展销会等通道，积极开发东亚和东南亚市场。

第十七招：趁热打铁访客户

企业参加境内外各种展会，往往会收到许多感兴趣客商的名片，如何才能迅速有效地使这些潜在客商变为现实客户呢？某公司让公司的业务员在出国参展、考察时尽量拜访曾经收到过名片的当地客商，通过面对面地交流，加深认识，建立感情。据该公司称，在境外展销会结束一周之内立即拜访新客户往往能够取得意想不到的效果，大约有 70% 的客户在当面交流后会下订单，有的还成为长期客户。

第十八招：出口交货快者胜

金融危机导致许多国外采购商的短单多了，采购规模小了，采购次数频繁了。美国一位客商要求在 20 天内发运 2000 套汽车专用雪橇架，而以往汽车配件的交货期一般在 40 天左右。尽管完成这个单子压力很大，但该公司还是接下了，并在客户规定的时间内顺利交货。凭借以快制胜的战略，该公司的国外客户已有 200 多个。

第十九招：东方不亮西方亮

出口市场多元化是某公司规避风险的一大“法宝”。该公司产品销往 150 多个国家和地区，其中最大的欧洲市场占出口总额的比例也不足三分之一。美国次贷危机发生后，该公司对美国市场销售出现下滑，但对欧洲市场出口却大幅增长，一增一涨间，该公司的出口总量仍然保持稳定。

第二十招：念好企业“三自经”

某公司在与世界知名家电品牌的合作中，体味到了没有自主品牌的苦衷，为此想到了自创出口品牌。目前，该公司已在 10 多个国家注册商标，并与欧洲一家大公司洽谈，希望借助其销售渠道打响自主品牌。不仅如此，该公司还积极从 OEM（贴牌）出口向 ODM（委托设计）跨越，努力赚取产业链上的高额利润。随着一批拥有自主设计、自主出口品牌、自主知识产权的新产品相继问世，该公司国际订单络绎不绝。

第二十一招：营销适度多元化

为分享高达千亿元的税控收款机市场商机，某集团投入 2000 万元开发税控设备，目前已研发出第九代税控收款机。事后，公司又积极 电视机顶盒的开发和生产，目前已有所建树。

第二十二招：产品组合销售俏

由于内销市场的许多客户需要成套工具，该企业自己不能生产，便转而向国内其他生产厂家订购，由自己将产品组合成套后再卖给客户。此举同时提升了该企业产品出口的综合竞争力，使该企业承接国外订单优势更加明显、开拓国外市场更加容易，做到了内销外销良性互动。

第二十三招：两头在外避风险

人民币汇率的升值一度让许多企业头疼，某公司通过两头在外，有效规避了汇率危险。公司从事加工贸易时，利用电子账册不受进口额度限制优势，在原材料涨价的情况下，多在国外采购原材料，既避免了美元兑换人民币汇率下跌的风险，又有效降低制造成本，提高了企业市场竞争力。

第二十四招：大船带小船出海

A 公司积极利用自身广泛的销售渠道和品牌优势，对周边许多小企业进行资源整合，以发挥各自优势来达到产业集约化和品牌共享化。B 企业产品外销市场分布不广，但进入 A 公司销售网络后，B 企业的市场份额也不断扩大。

第二十五招：提前付款尝甜头

金融危机发生后，某公司瞅准机会，在原材料的采购款结算上动起了脑筋。去年下半年以来，该公司采购采购原料的三分之一一次性付清，这样购买价格可以优惠10%至15%，生产成本也因此节约400多万元。

第二十六招：精细管理降成本

ERP（信息化）是规范管理的基础，也是控制成本的有效手段，而且它使产品质量得到实时监控，为质量持续提升打下了扎实基础。某公司全面实施了ERP管理，从产品开发设计到销售，从原材料选择到仓库，整个生产流程全部由计算机管理。以ERP为核心的精细化管理不仅降低了该公司的生产成本和外销成本，而且为企业提供了决策、计划、控制和经营业绩评估，使其站在行业的制高点。

第二十七招：筑牢风险防火墙

在金融危机的严峻形势下，某公司坚持稳健经营，在内部构筑风险“防火墙”，有效避免了由于原材料行情大起大落带来的剧烈动荡。该公司充分运用自己在财务整合、人力资源、市场拓展和方面的优势，建立了业务管理、货权管理、财务监督三权分立的体系，并在企业内部设立财务总监和风控总监，使存货规模和应收账款一直保持较低水平。同时，该公司通过信用放贷制度、仓库检查制度、信用额度评估体系等三道防线，有效防范了进口业务风险。

第二十八招：筑巢引凤请外商

某公司老总获悉美国一家著名大企业打算设立商务办事处，便力邀并腾出自家两栋经豪华装修的高级别墅供其使用，并提供各种便利。此举深深感动了外方。短短几个月，外方便与该企业签下了采购单，并打算与之合营办企业，以期分享更大的“蛋糕”。

第二十九招：境外并购拓商路

某公司与日本某仪器公司合作经商多年，关系密切。近期，中方企业获悉日方企业拟将企业资本全部转让，便积极争取并购事宜，现已签订了并购意向书，并有望获得日方企业的生产、管理和销售资源。

第三十招：逆向思维促发展

金融危机发生后，某公司的一线员工开始真正享受双休日制度，此举大大提高了生产效率，还使企业水电等能耗降低了两成。不仅如此，该公司还做出了一项让员工意想不到的决定：除了董事长、总经理、董事会成员和两名副总经理适当减薪外，公司给普通员工提高工资水平10%。该公司对员工的关爱，不仅调动了广大职工的积极性，还得到了欧洲合作伙伴的好感和支持。

第三十一招：既跳芭蕾又唱戏

某企业老总是广交会等国际展会的常客，每届广交会她都在现场忙碌，直接用英语与外商谈判，招徕生意。在金融危机形势下，该企业产品外销也受到一定影响。为此，这位老总即把目光盯住外商，也把目光瞄向内商。

第三十二招：宁为牛后不当鸡首

某企业为抵御金融风暴袭击，一改往日独闯商海的做法，甘愿拜实力强、品牌响、订单足的同行大企业为师，积极向他们争取零配件加工业务，或承接外销产品二手订单。此举既稳定了企业生产和经营，也提高了企业技术档次，为日后再当“鸡首”打下了基础。

第三十三招：欧洲商场租柜台

一家公司与原先的OEM（贴牌生产）客户合作，在德国、西班牙等国家租用柜台，直接销售自己的品牌服装。由于产品质量优，款式合乎欧洲人的品味，该公司的品牌服装受到了欧洲消费者的欢迎。目前，该公司已在欧洲各国10多个大商场租用了48个柜台，所有销售人员都是商场雇佣的当地人士，实现了在销售成本基本不上升的前提下出口额迅速上升的目标。

第三十四招：科技新品放异彩

汽车在行驶过程中被扎破轮胎是让人懊恼的事情。某企业推出了一种自助补胎的产品，汽车轮胎如被直径6.5毫米以内的异物扎破，车主可自行通过气门嘴向轮胎里灌入一定量的轮胎液，然后充满气，再开上几公里，轮胎的漏洞就能补上。像这家企业那样靠科技类外贸新品拓市场的企业不少，他们着实尝到了不少甜头。

第三十五招：目标市场设工厂

某企业拟在泰国的一个工业园办厂，把生产线直接设在目标市场，将出口零配件和部件组装为成品，此举既可以降低关税成本10%以上，且经泰国出口到东盟其他国家又可以享受零关税的优惠，还提高了市场快速反应能力，可谓一举多得。

第三十六招：卖产品也卖技术

某企业买对日益激烈的市场竞争，从产品出口向技术出口转型，通过合作方式为外商提供设计方案、图纸、模具、配件、制造流程等技术，帮助外商建立工厂，并派技术人员指导操作，在俄罗斯、阿尔及利亚、埃及、伊朗和印尼建立了七家工厂。据悉，该企业出口一套模具能收取几十万美元，技术出口的利润率比产品出口高出10个百分点。

第三十七招：自建产品实验室

针对欧美各国接连不断出台安全和质量的法规，某企业投入资金购买设备，建立了自己的产品实验室，对产品的原材料、生产过程实行全程监测和质量跟踪，出口品质得到了保障，从而吸引了美国大客户纷纷下单，使该企业在国际市场低迷的情况下不断刷新出口记录。

第三十八招：巧成进口代理商

金融危机的影响使越来越多的境外客商将目光瞄准了中国市场，许多外商在中国重要展会设摊寻找代理商。某公司早就想开发进口业而苦于找不到门路。消博会期间，这家公司与一家瑞士企业一谈即成，很快成为该企业的中国代理商。

第三十九招：网上淘宝梦成真

全球金融危机和甲型流感蔓延影响了世界贸易，不少外贸公司业务员感觉比平时闲了不少。一家公司鼓励外贸业务员多上网搜索有效商业信息。只要功夫深，大海里也能捞到针。一些外贸业务员就这样在网上找到了客户，联系上了生产厂家，做成了好几笔外贸单子。

第四十招：鸟枪换炮树形象

某企业过去缺乏研发设计能力，影响了产品开发和市场开拓。当其获悉韩国一家研发设计公司有意进入中国市场后，就整体并购了这家韩国企业，让韩方人员在首尔为自己进行研发设计，很快就开发出了大批时尚、动感的产品，使企业各类设计形象焕然一新。

第四十一招：收购名牌拓商路

金融危机中蕴藏着商机。某企业在逆境中开拓市场，接连收购了英国两个世界顶级品牌。这几个品牌一直以产品稳定性高、品质标准高而闻名世界，但由于金融危机影响，他们目前都面临破产。这家企业以节省几千万元的资金成功收购世界著名品牌，抢占了行业制高点。

第四十二招：借助高校研技术

某公司与四川大学高分子研究所共同建立实验室，先后投入60多万元研发经费加强产学研合作，自主开发新产品10余个，特别是引进环保节能的水溶性胶粘剂生产技术。

第四十三招：合资吸引核心技术

国外大公司一般不轻易向其产品销售地转让技术。某企业为世界最大的生产商提供零配件五年后，决定出让一部分股份给对方进行合作，让对方以技术和资金结合入股。对方以技术入股后，该企业节省了巨大的人力、财力和研发时间，取得的了事半功倍的效果，并以拥有的核心技术开发出“美国质量、中国价格”的产品。

第四十四招：收编境外人才

帮助别人就是帮助自己。某生产企业，曾经为外方公司提供配套零配件，外方陷入困境后解雇了大量拥有生产经验和营销经验的工程师和销售人员，这家企业便将和自己有业务联系的几位失业员工“招致麾下”，组织他们成立了一个办事处，很快为自己的产品打开了新的市场。

第四十五招：供应链服务获益多

某公司利用多年经验和丰富资源，为客户提供一站式供应链管理服务、金融服务商、物流服务商和增值经销商的服务功能加以整合，对服务项目进行专业化分工，统一进行采供下单、销售配送、货物监管，从而最大限度地降低了客户的成本。这样，尽管每道环节的利润并不高，但由于该公司参与的环节较多，总体利润较为可观。

第四十六招：创意产品受青睐

某企业生产的“绿网窗帘”多次在日本排名前10位的大超市卖断货。这种新型塑料套件供办公场所、学校、家庭种植爬藤类植物。

第四十七招：废物还给供应商

当来自台湾地区的电子配件产品抵达某出口加工区后，某物流有限公司将这些生产材料分别送往各自企业，然后很快将优质纸箱、塑料包装盒、高档进口玻璃面板等“废物”集中起来，装入一种特制的铁盒运回台湾，由供应商重复、循环使用。这种“环保物流”不仅有利于节约社会资源，帮助供应商有效降低包装材料的采购成本，物流公司也能从中获益。

第四十八招：新闻报道揽生意

再一次模具博览会上，某企业老总接受了媒体的专访，没想到三天后，这家企业就接到了两个合作电话。原来，这两位客户从报道中了解到该企业独具特色的创业经历，以及这家企业的技术实力和诚信。

第四十九招：原产地证助外销

原产地证可成为外贸企业打开国际市场的“金钥匙”。某公司去年仅中国——智利自贸区原产地证书就签发了48份，仅此一项就为智利进口商减免了部分关税。出口产品除了可申请签发一般原产地证书和普惠制原产地证书外，出口到新西兰、东盟、巴基斯坦、智利等自由贸易区的产品还可以申请签发区域优惠原产地证书，凭证书享受大幅度关税减免。

第五十招：宁亏守信获新机

由于主要原材料价格一路上扬，一家公司主动通知每一个国内外客户一定会按原先的价格供货，有的客户甚至表示“难以置信”坚持诚信经营带来丰厚回报。

第五十一招：中国元素引客户

受国际金融危机影响，欧美销售市场疲软，但某企业生产的融入中国元素设计的品牌却在国际市场俏销。北京奥运会后，全世界对中国元素有了更多的认同。

第五十二招：低成本建生产线

一家公司趁金融危机后建设成本和采购成本较低之际，加快建设新生产线。生产线的投产，不仅使该公司的年销售额跃升，还延伸了产业链，提高了产品附加值。

第五十三招：不卖产品卖方案

一家研发型企业他们平均每两周就有一个新的品种研发出来，而却总是比客户的要求领先一步。该企业的优势在于，他们所提供的不仅仅是单一的电子产品，而是提供完整的研发平台和一套系统方案。

第五十四招：头脑风暴出奇效

在全国金融危机面前，一家企业掀起一场旨在为经济界困的“头脑风暴“，鼓励员工对生产的每道工序多提建议，大胆实验，创新工艺，降低成本。

第五十五招：减少库存降成本

一家公司强调向管理要效率。经过半年时间调整，他们的库存减少，大大降低了财务成本。同时，该企业通过回笼资金、引进人才、加大新产品的研发，实现了企业赢利能力的再次提升。

第五十六招：主粮不够杂粮补

某公司主要出口高档电动叉车，去年以来生意十分难做。根据实际情况，该公司在继续加大主打产品促销力度的同时，凭借以前积聚的资源与渠道，积极组织医疗器械和服装出口。

第五十七招：生意做到联合国

在当前金融危机阴影笼罩下，拿到国外订单非常不容易，某医疗器材有限公司却将眼光瞄向了联合国。经过积极努力，该公司和联合国做成了医用纱布、绷带、棉卷等生意，已成为固定的“联合国采购供应商”。

第五十八招：外汇理财避风险

一家公司安排专人研究汇率波动下企业的避险手段，利用国内外金融机构对远期汇率差异较大的情况，择机进行外汇理财操作，该公司的秘诀是：一要有真实的进出口贸易基础；二要有计划安排收付汇时机，避免流动资金短缺；三要以规避汇率风险为目的；四要把握稍纵即逝的机会。

第五十九招：联合参展抱金砖

在欧洲模具技术和设备博览会上，14 家模具企业联合参展，集体租下的摊位，由于担心金融危机影响参展效果，国内许多模具企业放弃了此次参展。但 14 家企业却达成共识：即使国际经济形势不明朗，也要与客户接上关系，否则很容易造成断档。令他们意想不到的是，这次参展效果出奇地好，而且揽下的业务都是国外制造业客户直接下的单子。

第六十招：外贸订单“加拿大”

金融危机发生后，许多国外批发商、零售商资金吃紧，采购量明显萎缩。一家企业负责人意识到，现在到了调整接单策略的时候，如果一味等着大客户上门下单，企业很可能面临“无米下锅”的尴尬。为此，他们按“加起来拿大”的思路，接下了不少数量少、利润低的外贸订单，从而留住了客户，保住了市场份额。

第六十一招：合法经营尝胜果

俄罗斯政府对外宣布将集中销毁减值高达 20 亿美元的中国“灰色清关”商品，这对一批在俄经商的我国商人将带来沉重打击。但一家企业在莫斯科开办的公司生意依然红火，其奥秘在于：公司不求短期效益，长期坚持通过合法渠道开拓俄罗斯市场。这使该公司免遭厄运，处在任凭风浪起、稳坐钓鱼台的有利地位。

第六十二招：订货送股送广告

受金融危机影响，某上市企业外销市场萎缩，便挖空心思做好内销文章。该公司于近期召开一个全国订货商会议，并开展订货送股票活动，以现场拍卖形式实施。同时，该公司为鼓励经销商开拓市场，将租用电视频道对经销商一一进行宣传，这一模式将开创全国先例。

第六十三招：既做厂商又卖书

某生产企业为欧洲某国出版社印制了大量精美画册、书籍，但该企业老总并不满足于只做印刷业务。于是，该企业又与提供印刷业务的欧洲某国出版社签订了联合售书业务合同，在欧美许多大商场租用了 2000 多个书柜，专门销售该企业印刷的《梵高画集》、《贝多芬乐谱》和其他书籍，另外开辟了一条新财路。

第六十四招：另辟蹊径引人才

某生产企业地处偏僻，长期以来因缺乏外贸人才而难以拓展商路。前不久，该企业老总灵机一动，开设了外贸公司，并打出某公司的旗号，从而吸引了不少高素质外贸人才。此举既扩大了公司产品出口，又省去了让外贸人才“上山下乡”而付出的昂贵代价。

第六十五招：异地办厂降成本

加工地区某企业为降低生产成本、增强市场抗风险能力，在江西开设了一家新工厂。他们利用当地的自然资源和成本较低的人力资源，是自身产品的市场竞争力更具优势。

第六十六招：网上融资解困局

某小企业一度由于融资困难而难以拓展出口市场。前不久，该企业获悉了中小外贸企业网商融资平台，抱着试试看的心态，在网上提交了融资申请。很快，有十多家银行抛来了橄榄枝，并解决了融资问题。

第六十七招：转嫁产品赢市场

某定时器生产企业善于创造灵感赢取市场。他们巧妙地将定时器用途“转嫁”到电脑领域，成功制造出全球首款硬件防沉迷定时器，从而被马来西亚、新加坡、日本等客商集体“盯上”。

第六十八招：专利产品促销售

某生产企业以全新技术完成了科技发明，在世界生产领域实现了一次技术革新。与传统的相比，该产品具有抗腐蚀性强、对环境没有污染、有强大的高储备能量等特点，先后获得美国、俄罗斯、澳大利亚、日本等多个国家的发明专利，传品销售看好。

第六十九招：狠打“李鬼”保品牌

某生产企业的产品是国外知名品牌，但接连被多家企业仿冒。于是，该企业聘来经验丰富的律师团队专打“李鬼”，连连得胜，吓的多家侵权企业偃旗息鼓。有意思的是，某侵权企业在付出赔款后居然甘为下臣，与这家被侵权企业达成合作协议，双方成了开发国际市场的同盟军。

第七十招：重视安全保订单

某新材料生产企业重视劳动安全市场，通过自主研发，把高新技术元素植根到手套上，研制出防切割劳动手套来抢占国际市场。

第七十一招：模范带头促销售

某集团有一个团队引人注目，他们面对金融危机的冲击，创造了不凡的业绩。模范承担起勇于开拓内外市场的重任，在企业 20 亿元年销售收入中，仅占员工总数三分之一的团队却完成了整个公司 77% 的销售额度，交出了一份满意的答卷。

第七十二招：内外兼修创品牌

某企业有两个产品品牌：一个是中国驰名品牌，主要用于国内销售；另一个是中国出口品牌，主要用于国外销售。该企业由于拥有内外两大品牌，好比双枪对准了海内外两个市场，大大增强了产品竞争力，做到了东方西方一起亮。

第七十三招：智囊人物增财富

某公司原先招聘人才主要看外语、营销等素质，为了应对日趋激烈的市场挑战，该公司去年招聘了一名懂得宏观经济研究的人才。此君每天的任务是观察经济形势、研究有关政策、分析产品行情、琢磨股票期货，并经常向老总提出工作建议，为企业开拓市场提供了不少良招妙方。

第七十四招：研发团队办企业

某集团旗下有一批专业产品的生产和出口企业，这些企业的负责人几乎都是集团的研发人员，且都为企业创造了大量财富。原来，该集团老总习惯于让研发团队开发新产品，待新产品开发成功便另建一新企业，并让研发团队组成领导班子，配送股权。此举大大调动了该集团科研人员的积极性，也是海外市场空间越来越广。

第七十五招：取长补短求双赢

某公司拟组建内外一体的贸易物流大企业，但多年来该公司经营以外销为主，并无多少内销基础。而当地某家内贸企业虽在国内有完整的促销体系，却因无外贸基础而难以拓展海外市场。目前，这两家企业经过“自由恋爱”，情投意合，已打算强强联合，实现内外市场来拖得优势互补。

第七十六招：有心栽花花成片

某公司虽遭国际市场萎缩却订单不断，其奥秘在于他们集中了财力、人力，接连不断地参加国内外专业展会，给企业带来许多客户和订单。该公司负责人称，每个展会至少会认识一位客商，一年下来新客商就有几十位，买家多了何愁没生意?

第七十七招：品牌经营结硕果

某公司原来以生产为主，现已改变经营方式，让外地生产企业为其生产品牌产品，在通过本公司的销售网络促销。由于销售方法对路，该公司的产品深受海内外消费者欢迎，年网上销售额可达亿元以上。

第七十八招：摇身一变成外商

某个体经营户原先一直以参展促销方式找外商，因船小实力弱而难做生意。后来，此君独闯国际商海，赴欧洲某国经营生意。在对该国市场作深入了解并结识大量客户后，他以外商身份回国参加广交会，很快成了国内许多生产企业的国外代理商，赚得盆满钵满。

第七十九招：助人为乐得善报

某外贸企业一位外销员在飞机上结识了一位首次来考察经商环境的欧洲商人。当他获悉那位外商对情况所知不多，便热情地向外商一一介绍，并表示如有不便可与他联系，他会尽力相助。这位外销员的热心感动了那位欧洲商人，他俩很快建立了贸易合作关系。

第八十招：纵向整合降成本

一家知名企业，过去单一加工生产主机板。在金融危机来临之际，该企业在台湾总部的支持下果断开展纵向整合工作，将研发、设计、模具、注塑、销售等环节进行有效整合，降低了产品成本，提高了产品竞争力，产品范围大大延伸。目前该公司已成为母公司从主板制造到整机系统生产整合的主产品基地，出货量连创建厂以来新高。

第八十一招：层层风险有人防

某外贸企业为防范外贸经营风险，形成了完善的外贸体系风险管理制度。他们切实做到客户资信跟踪调查，业务流程正规化和标准化操作，出口信用风险全面覆盖，国内信用险、国际国内运输险、国内仓储险、售后产品责任险逐步投保，加强对存货市场行情的监控，加大对重大合同的跟踪及未履行合同的定期清理，并重视对境外物流资源的控制和境外货物存货规模、存货时间的控制，从而保障了外贸经营安全，稳步拓展了进出口市场。

第八十二招：无展位有大收获

某外贸生产小企业虽无广交会摊位，却有参展收获。广交会举办期间，该企业负责人和业务员都活跃在展馆相关展区，一见到重要“猎物”便跟踪追击，合适时便主动递上名片，提供样品或样本，甚至力邀外商到咖啡馆小坐。主动出击的结果，使一些外商到企业做客并签下了出口合同。

第八十三招：收购品牌得回报

谁控制了品牌、设计和销售渠道，谁就容易获得商业成功。一家企业去年成功收购美国销售品牌，借助对方成熟的销售渠道，当年实现销售收入 4 亿美元。此举不仅使该企业挺进了难以进入的美国市场，而且提高了知名度，为企业的国际化进程打下了良好基础。

第八十四招：勇创三优拓市场

某外贸生产企业为应对金融危机挑战，不靠粗放经营、薄利多销的外贸经营做法，而是通过 开展创优质产品、选优质客户、进优质商场活动，勇创“三优”走高端经营路线。

第八十五招：一减一加增实力

某外贸生产企业为了增强出口经营实力，一方面加强了内部管理，大幅减少了企业开支；另一方面又拨出大量经费引进先进设备，大大降低了生产能耗。这一减一加法，使企业发展如虎添翼，产品外销源源不断。

第八十六招：搭船出海谋突破

某检测设备制造商凭借雄厚的技术和产品优势，国内市场占有率长期保持 60% 以上，但其国外市场还是空白。为了打开国际市场，该公司将产品介绍给承包国外技术、施工、产品、服务打包，顺利进入国外市场。该公司老总表示，只要老外在一个项目上尝到了公司产品的甜头，不愁他们不找上门来。

第八十七招：咬住巨头不放松

某公司专门研发、生产原油开采过程中油水分离并计量的设备。该公司在开拓国外市场过程中，敢于瞄准沙特、科威特等石油巨头，最终凭借产品在体积、价格、性能、维护等方面的绝对优势，成功拿到了沙特国家、哈萨克斯坦以及国内企业的订单，市场开拓之路豁然开朗。

第八十八招：把好供应质量关

某外贸企业认为供应商是影响产品质量的源头，一直严格实行对供应商进行优选、考评、淘汰相结合的管理制度。由于该企业将数据统计分析方法应用到供应商管理环境中，特别注重各作业区域、产品状态、标示规范、供货时间等各道环节的把关，从而使自己的出口产品在每次客户验货中均能顺利过关，让客户能放下的下大单，结果赢得了较大的国际市场。

第八十九招：抓住展会切“蛋糕”

某集成企业，凭着敏锐的嗅觉和10余年来在系统集成方面的丰富经验，与某集团合作承接了展会的全部建筑智能化项目。

第九十招：循序渐进当主角

某生产企业自设门槛，以只与世界500强合作为目标，先做OEM，触摸国际市场尖端，然后曲线前进，逐步实现从OEM到营销渠道合作、品牌合作，直至在国际市场上亮出自有品牌，有效提升了产品的国际市场份额。

第九十一招：主攻环保拓市场

一家生产企业过去产品主要用于金属领域。金融危机发生后，该企业快速应对市场变化，深挖环保市场潜力，主攻环境监测、自然资源勘探等与环境保护相关的领域。目前公司针对大气环境、水环境的环保监测而开发生产的自动化控制系统产品需要十分旺盛，订单量不降反升。

第九十二招：制定标准争主动

一家企业是国家制定某标准的第一起草单位。该企业紧紧抓住技术标准之手，抢占行业制高点。他们成立研发实验室，平均每五天就有一项新产品诞生，平均一个月就有一款最新产品走向市场，从而掌握了更多的市场话语权。

第九十三招：锁定风险抢订单

某生产企业其客户有100多个。该企业与出口信保公司合作进行风险控制，自己则腾出精力进行研发生产和市场开拓。该企业通过出口信保公司获得了专业的风险管理和风险保障，至今已有超过4000万美元的出口在信用保险的支持下完成，使企业能更大胆地抢抓海外订单。

第九十四招：有退有进求发展

某企业坚持“逆势坚守，理性发展”的理念，适时调整销售策略，毅然全线退出竞争激烈的小家电市场。同时，他们选择发展钢管、橡胶、电缆等业务，并与其他企业强强联手投资冰箱压缩机这类科技含量高、市场前景好的项目。

第九十五招：去年损失今年补

某企业去年因国际铜价大跌而造成巨额亏损，产品内外销售严重受阻。但该企业临危不惧，不因企业库存大量积压而急于抛货而是依靠当地政府部门支持稳住阵脚，等待市场复苏。该企业抓住国际铜价比国内低的时机，大量进口电解铜和废铜，并合理安排库存商品出货，一举扭转了企业经营的被动局面，产品内外销售形式趋好。

第九十六招：结盟上流供应商

面对市场需求的锐减，某外贸企业与主要原材料PTA的上流供应商结成中长期战略合作伙伴，以稳定原料、货源和价格，掌握原材料成本价格体系。同时，该企业凭借先进技术工艺，降低企业能耗、物耗和成本，大大增强了产品的市场竞争力。

第九十七招：脱胎换骨找出路

某外贸生产企业受金融危机影响，生产经营难以维继。该企业获悉一家境外客户有意合资办厂，便主动与其接洽，在当地外经贸部门帮助下，该企业转让了经资产评估后的部分股权。此举不但收回了可观的投资成本，且提高了企业的技术开发和产品外销能力，乐得该企业老总整天合不拢嘴。

第九十八招：虚拟经营见奇效

某公司加强市场分析，整合信息，踩准步点，规避风险，实现了资源与市场的快速对接。该公司以“虚拟经营”的方式，紧扣设计和销售两大终端环节，有效整合了全球相关商业资源。

第九十九招：海外设仓促直销

某生产企业在东亚某国开设公司进行直销。他们在当地注册商标、租仓库，并将大批外贸产品运至国外仓库，再主动联系当地客户或向大商场促销，在国外仓库做起了产品批发生意。此举既拓展了国外直销市场，又减少了外贸中间环节，并给公司带来了红红火火的生意。

第一百招：物流外贸一把抓

某公司在金融危机来袭之初，果断地将物流业务与进出口业务紧密结合，将合作的采购商和生产企业从烦杂的商务操作中脱离出来。他们以进出口业务带动物流发展，以完善的物流服务推动进出口业务提升，在企业内部实现了功能组合，降低了运作成本，取得了“1 +1 >2”的效果。

——引自宁波市对外贸易经济合作局《开拓市场100招》

附　录

附录1　2010年1-11月医疗器械行业分地区统计数据

表附录1-1　2010年1-11月医疗器械行业分地区统计数据

单位：亿元，个，家

	销售总产值	全部从业人员年平均人数	资产总计	负债合计	销售收入	利润总额	企业单位数	亏损企业单位数
全国	692.87	239261	911.67	368.82	685.34	69.95	1247	212
北京	51.16	14874	146.68	50.39	52.91	9.93	116	41
天津	8.14	5342	18.34	5.50	8.06	0.29	32	10
河北	7.17	3490	15.47	7.26	7.08	0.46	18	3
山西	0.097	162	0.61	0.21	0.095	-0.014	0	1
内蒙古	0.49	73	0.24	0.10	0.46	0.03	0	0
辽宁	37.84	8491	35.89	11.49	35.32	2.11	42	5
吉林	15.73	2116	13.14	4.91	11.35	0.62	29	6
黑龙江	0.59	366	1.71	0.88	0.57	0.07	5	1
上海	63.11	22734	90.60	40.78	65.37	9.84	129	27
江苏	150.45	43144	162.66	65.64	150.07	13.65	250	30
浙江	35.43	21164	69.47	34.07	35.14	3.77	146	22
安徽	11.42	5584	7.74	4.45	11.36	0.56	29	4
福建	15.10	4317	11.15	4.26	14.77	1.23	18	1
江西	32.34	13667	35.88	10.67	32.25	1.26	23	0
山东	79.80	15964	46.41	25.29	77.57	5.00	86	7
河南	22.08	7934	16.83	3.94	22.05	2.84	28	1
湖北	7.12	2593	8.11	4.24	4.36	0.21	29	7
湖南	12.36	4255	6.71	3.55	11.78	0.49	19	1
广东	108.50	48832	171.69	64.99	109.94	15.42	161	26
广西	7.14	1875	7.15	3.32	6.86	0.51	12	2
重庆	6.05	2165	8.07	3.35	6.03	0.64	16	4
四川	17.40	7363	27.99	15.51	18.52	0.83	39	7
陕西	3.21	2584	8.44	3.77	3.29	0.18	12	6
甘肃	0.107	146	0.61	0.24	0.097	0.023	0	0
新疆	0.037	26	0.06	0.02	0.037	0.001	0	0

资料来源：国家统计局

表附录1－2　2010年1－11月3681工业各省区市经济运行数据

单位：亿元，个，家

	销售总产值	全部从业人员年平均人数	资产总计	负债合计	主营业务收入	利润总额	企业单位数	亏损企业单位数
全国	213.13	50540	299.75	111.32	208.77	23.32	309	58
北京	25.61	5503	57.17	25.69	25.93	0.62	43	17
天津	3.27	1687	4.22	1.88	3.30	0.23	10	1
河北	2.84	1119	3.04	0.90	2.84	0.26	4	0
山西	0.05	60	0.07	0.03	0.05	0.00012	0	0
内蒙古	0.25	28	0.03	0.01	0.25	0.02	0	0
辽宁	13.03	1897	20.86	7.20	11.23	0.99	10	0
吉林	10.21	768	7.14	2.84	6.58	0.36	4	1
黑龙江	0.01	60	0.05	0.04	0.01	0.001	0	0
上海	10.72	3763	15.90	6.49	12.01	1.39	29	6
江苏	43.35	7058	29.49	12.52	44.04	2.86	53	3
浙江	5.94	2772	14.95	6.02	5.90	0.72	24	4
安徽	1.09	435	1.63	0.56	1.12	0.10	8	2
福建	0.64	310	1.02	0.57	0.73	0.01	0	0
江西	3.41	265	17.89	1.95	3.41	0.06	0	0
山东	15.59	2145	4.59	2.33	14.04	0.50	20	2
河南	6.85	1126	3.81	1.58	6.85	1.67	0	0
湖北	1.97	818	2.07	0.99	1.84	0.22	12	3
湖南	2.49	428	0.90	0.68	2.49	0.03	0	0
广东	50.10	14384	89.72	25.83	51.59	11.84	49	10
广西	2.83	1097	5.45	2.32	2.64	0.39	5	0
重庆	4.03	1578	6.22	2.65	3.99	0.56	10	3
四川	6.81	2033	8.68	5.96	6.01	0.32	14	4
陕西	2.03	1206	4.84	2.28	1.92	0.17	4	2

资料来源：国家统计局

表附录1－3　2010年1－11月3682工业各省区市经济运行数据

单位：亿元，个，家

	销售总产值	全部从业人员年平均人数	资产总计	负债合计	主营业务收入	利润总额	企业单位数	亏损企业单位数
全国	16.21	7615	14.12	7.23	15.37	1.14	42	8
北京	0.09	132	0.93	0.68	0.09	-0.03	0	2

	销售 总产值	全部从业人员 年平均人数	资产 总计	负债 合计	主营 业务收入	利润 总额	企业 单位数	亏损企业 单位数
天津	0.04	80	0.07	0.02	0.06	0.01	0	0
上海	1.15	747	1.75	1.10	1.31	0.06	8	1
江苏	0.99	425	1.29	0.32	0.98	0.11	4	1
浙江	0.52	470	0.76	0.52	0.56	0.05	5	1
福建	1.59	295	1.73	0.34	1.15	0.19	0	0
山东	1.49	464	0.27	0.11	1.44	0.13	0	0
湖北	0.19	103	0.25	0.19	0.18	0.03	0	0
广东	9.57	4218	5.63	3.13	8.81	0.50	14	3
四川	0.053	145	0.12	0.09	0.08	0.005	0	0
陕西	0.51	536	1.33	0.72	0.70	0.07	0	0

资料来源：国家统计局

表附录1－4　2010年1－11月3683工业各省区市经济运行数据

单位：亿元，个，家

	销售 总产值	全部从业人员 年平均人数	资产 总计	负债 合计	主营 业务收入	利润 总额	企业 单位数	亏损企业 单位数
全国	31.75	7814	33.38	14.37	30.06	1.44	58	12
北京	0.40	299	1.17	0.67	0.51	0.01	5	2
天津	0.04	40	0.05	0.01	0.04	0.0014	0	0
内蒙古	0.12	15	0.10	0.0036	0.1178	0.0062	0	0
辽宁	4.24	610	1.70	0.64	3.83	0.04	10	2
黑龙江	0.03	100	0.15	0.08	0.03	－0.0014	0	1
上海	1.61	540	3.94	1.35	1.61	0.17	6	2
江苏	2.51	1318	4.55	2.98	2.53	0.06	9	2
浙江	1.13	585	1.72	0.63	1.10	0.08	9	2
安徽	0.47	57	0.06	0.02	0.47	0.0005	0	0
山东	13.50	3030	17.28	6.80	13.14	0.80	7	0
河南	0.34	112	0.12	0.05	0.34	0.04	0	0
湖南	1.50	438	0.91	0.40	1.50	0.13	0	1
广东	4.38	260	1.07	0.52	4.38	0.07	0	0
四川	1.47	410	0.56	0.20	0.46	0.03	0	0

资料来源：国家统计局

表附录 1－5　2010 年 1－11 月 3684 工业各省区市经济运行数据

单位：亿元，个，家

	销售总产值	全部从业人员年平均人数	资产总计	负债合计	主营业务收入	利润总额	企业单位数	亏损企业单位数
全国	257.20	103069	280.79	124.19	261.16	22.16	373	49
北京	2.41	2078	5.03	1.93	2.66	0.39	13	4
天津	0.61	622	0.90	0.54	0.60	0.02	5	1
辽宁	13.52	4448	7.84	2.69	13.45	0.52	9	3
吉林	1.06	433	3.08	0.02	0.91	0.05	6	1
上海	30.69	8875	35.08	17.32	31.44	4.03	37	10
江苏	87.13	27023	102.21	39.07	86.77	8.71	121	14
浙江	19.49	13148	33.59	16.62	19.31	2.18	64	6
安徽	8.47	4678	5.16	3.40	8.38	0.40	11	2
福建	2.99	854	1.86	0.54	3.03	0.28	0	0
江西	25.41	12788	17.35	8.61	25.39	1.11	17	0
山东	28.89	6223	11.74	9.41	28.96	2.50	20	1
河南	8.96	4929	7.51	1.26	8.80	0.60	13	0
湖北	1.25	705	1.13	0.46	1.32	0.04	5	1
湖南	1.90	2068	1.59	0.71	1.62	0.08	0	0
广东	13.56	9285	27.30	12.07	14.94	0.84	30	4
广西	3.87	441	1.25	0.75	3.75	0.11	0	0
重庆	0.37	142	0.46	0.26	0.37	0.003	0	0
四川	6.30	3937	16.51	8.14	9.13	0.33	10	1
陕西	0.29	348	0.90	0.19	0.30	－0.02	0	1
甘肃	0.024	44	0.29	0.18	0.02	0.003	0	0

资料来源：国家统计局

表附录 1－6　2010 年 1－11 月 3685 工业各省区市经济运行数据

单位：亿元，个，家

	销售总产值	全部从业人员年平均人数	资产总计	负债合计	主营业务收入	利润总额	企业单位数	亏损企业单位数
全国	43.25	14044	43.77	19.54	40.34	2.71	117	19
北京	1.92	598	6.67	1.93	2.01	0.31	9	3
天津	1.34	205	1.17	0.43	0.96	－0.14	0	2
河北	0.55	439	0.52	0.29	0.61	0.03	5	0
辽宁	1.57	191	0.55	0.13	1.58	0.07	4	0

	销售 总产值	全部从业人员 年平均人数	资产 总计	负债 合计	主营 业务收入	利润 总额	企业 单位数	亏损企业 单位数
吉林	0.13	157	0.18	0.09	0.09	0.02	0	1
上海	3.91	2030	7.19	3.41	3.76	0.55	8	2
江苏	2.17	860	1.58	0.65	2.05	0.13	13	0
浙江	2.39	1181	6.36	3.50	2.37	0.35	14	4
安徽	0.88	156	0.30	0.14	0.88	0.02	4	0
山东	12.93	1976	4.71	2.27	12.52	0.69	19	3
河南	3.34	815	1.47	0.41	3.14	0.21	0	0
湖北	1.12	584	1.17	0.79	0.70	0.01	4	1
湖南	0.12	50	0.05	0.03	0.12	0.0006	0	0
广东	9.28	4060	9.99	4.73	7.95	0.37	20	1
广西	0.06	138	0.25	0.19	0.07	0.00	0	0
四川	1.33	377	0.75	0.37	1.32	0.07	4	1
陕西	0.15	125	0.55	0.14	0.14	-0.0013	0	1
甘肃	0.08	102	0.32	0.06	0.07	0.02	0	0

资料来源：国家统计局

表附录1-7　2010年1-11月3686工业各省区市经济运行数据

单位：亿元，个，家

	销售 总产值	全部从业人员 年平均人数	资产 总计	负债 合计	主营 业务收入	利润 总额	企业 单位数	亏损企业 单位数
全国	29.09	16287	64.58	20.16	30.04	8.63	79	22
北京	8.31	2677	29.50	7.17	9.19	3.70	17	6
天津	0.40	452	1.77	1.09	0.63	0.10	4	2
山西	0.05	102	0.54	0.18	0.05	-0.01	0	1
吉林	0.02	36	0.02	0.25	0.01	0.00	0	0
上海	5.71	2183	8.48	2.28	5.76	2.52	11	2
江苏	4.56	2629	8.30	2.53	3.99	1.23	13	2
浙江	0.40	522	1.25	0.52	0.40	0.01	0	0
安徽	0.06	26	0.04	0.03	0.06	0.02	0	0
福建	3.91	901	2.99	1.21	3.92	0.41	0	0
山东	0.49	420	1.18	0.44	0.52	0.0017	0	1
河南	0.06	82	0.28	0.10	0.06	-0.02	0	1
湖北	0.04	128	0.15	0.05	0.04	0.0037	0	0
湖南	0.30	149	0.39	0.20	0.10	0.02	0	0

	销售总产值	全部从业人员年平均人数	资产总计	负债合计	主营业务收入	利润总额	企业单位数	亏损企业单位数
广东	4.42	5646	8.70	3.72	4.85	0.70	14	3
广西	0.24	110	0.14	0.03	0.28	-0.002	0	2
四川	0.05	109	0.46	0.10	0.11	-0.02	0	1
陕西	0.05	115	0.37	0.27	0.05	-0.03	0	1

资料来源：国家统计局

表附录1-8　2010年1-11月3689工业各省区市经济运行数据

单位：亿元，个，家

	销售总产值	全部从业人员年平均人数	资产总计	负债合计	主营业务收入	利润总额	企业单位数	亏损企业单位数
全国	102.23	39892	175.29	72.01	99.59	10.55	269	44
北京	12.41	3587	46.21	12.32	12.52	4.93	27	7
天津	2.44	2256	10.15	1.53	2.48	0.08	8	4
河北	3.78	1932	11.91	6.07	3.63	0.17	9	3
内蒙古	0.1177	30	0.11	0.09	0.09	0.0035	0	0
辽宁	5.49	1345	4.92	0.83	5.22	0.48	9	0
吉林	4.32	722	2.73	1.70	3.76	0.19	15	3
黑龙江	0.55	206	1.52	0.75	0.53	0.07	0	0
上海	9.31	4596	18.26	8.82	9.48	1.11	30	4
江苏	9.74	3831	15.25	7.56	9.71	0.56	37	8
浙江	5.56	2486	10.85	6.24	5.50	0.37	28	5
安徽	0.45	232	0.55	0.30	0.45	0.03	4	0
福建	5.96	1957	3.56	1.59	5.93	0.33	10	1
江西	3.51	614	0.64	0.11	3.45	0.09	4	0
山东	6.91	1706	6.64	3.94	6.94	0.38	14	0
河南	2.52	870	3.64	0.54	2.85	0.34	8	0
湖北	2.54	255	3.33	1.75	0.27	-0.103	5	2
湖南	6.04	1122	2.88	1.53	5.95	0.24	8	0
广东	17.18	10979	29.27	15.00	17.43	1.11	33	5
广西	0.14	89	0.063	0.034	0.125	0.002	0	0
重庆	1.65	445	1.40	0.44	1.67	0.08	5	1
四川	1.37	352	0.91	0.65	1.40	0.10	6	0
陕西	0.17	254	0.45	0.17	0.17	-0.0075	0	1
新疆	0.037	26	0.064	0.018	0.037	0.0008	0	0

资料来源：国家统计局

附录 2　2006－2010 年中国医疗器械产品进口数据

表附录 2－1　2010 年中国医疗器械主要产品进口情况

单位:%，万美元

序号	商品名称	单位	进口数量	数量同比	进口金额	金额同比
1	彩色超声波诊断仪	台	8735	28.06	58251.8	26.23
2	CT	台	622	27.72	50302.12	44.66
3	MRI	台	925	171.26	43035.7	54.23
4	使用光学射线的分光仪、分光光度计及摄谱仪	台	20151	－3.17	35382.31	25.53
5	内窥镜	台	9653	16.6	22239.67	31.45
6	（臭氧、氧气、喷雾）治疗器、人工呼吸器等	台	1250577	－15.28	17736.88	34.74
7	X 射线管	个	15900	20.96	17249.49	18.23
8	显微镜（光学显微镜除外）；衍射设备	台	1052	－64.54	16738.46	35.02
9	矫形骨科植入器具	千克	216647	25.06	14943.48	17.79
10	病员监护仪	台	30052	36.69	13743.36	32.13
11	肾脏透析设备（人工肾）	台	12148	26.82	12861.43	27.22
12	注射器，不论是否装有针头	个	59143536	－23.39	11216.01	10.33
13	人工关节	千克	138461	42.58	10591.3	50.15
14	心脏起搏器，不包括零件、附件	个	64464	22.55	8101.69	17.24
15	无菌外科肠线，昆布，止血材料，阻隔材料	千克	348821	0.68	7358.36	42.54
16	管状金属针头	千克	986235	－1.59	6208.63	22.44
17	X 光检查造影剂；用于病人的诊断试剂	千克	478053	47.62	5901.18	41.57
18	医用或实验室用消毒器具	台	5051	19.55	5080.76	20.71
19	麻醉设备	台	3461	－41.38	4940.1	38.13
20	助听器，不包括零件、附件	个	918953	0.9	4680.48	－2.54
21	隐形眼镜片	片	104722931	49.91	4302.33	15.47
22	硫化橡胶制其他分指、连指及露指手套	双	11130819	－98.59	4158.54	52.23
23	血压测量仪器及器具	个	539332	－5.46	3650.21	14.33
24	牙科粘固剂及其他牙科填料；骨骼粘固剂	千克	253994	34.16	3155.14	41.39
25	按摩器具	台	899260	109.48	3054.83	1.07
26	牙齿固定器件	千克	10853	－19.74	2968.47	115.93
27	B 型超声波诊断仪	台	726	－14.39	2583.5	7.89
28	硫化橡胶制避孕套	千克	2191153	5.59	2575.49	－0.35
29	牙钻机，可与其他牙科设备组装在同一底座上	台	211558	－33.29	2489.55	－32.96
30	其他，牙科用 X 射线应用设备	台	1081	50.98	2093.45	63.83
31	医用 α、β、γ 射线的应用设备	台	62	－20.51	1953.56	19.71
32	复式光学显微镜的零件、附件	千克	104514	111.92	1357.06	80.98

序号	商品名称	单位	进口数量	数量同比	进口金额	金额同比
33	机械疗法器具及心理功能测验装置	台	42630	113.72	1316.48	33.51
34	心电图记录仪	台	7509	34.23	1284.62	22.2
35	药棉、纱布、绷带	千克	1429323	6.44	1256.08	26.53
36	硫化橡胶制其他卫生及医疗用品	千克	443157	1.53	1218.35	35.94
37	透热疗法设备	台	8049	-43.29	1129.96	-2.08
38	硫化橡胶制外科用分指、连指及露指手套	双	2715525	-98.47	1071.26	28.16
39	装有牙科设备的牙科用椅	台	1410	23.79	1052.61	16
40	显微镜（光学显微镜除外）及衍射设备的零件	千克	19397	-9.3	1024.44	17.08
41	X射线影像增强器	个	1239	11.32	978.41	9.94
42	棉≥85%未漂平纹布，平米重≤100g	米	24666901	107.73	813.34	83.26
43	紫外线及红外线装置	台	16541	-33.83	661.38	-7.75
44	专用于人类或兽药的凝胶制品，润滑剂，偶合剂	千克	224677	29.77	532.19	63.81
45	以熟石膏为基本成分的牙科用其他制品	千克	560107	-11.81	517.95	57.38
46	口腔清洁剂	千克	2738407	47.25	507.08	20.55
47	成套、零售包装的牙科用蜡及造型膏	千克	657907	19.33	460.04	27.54
48	牙科椅和理发用类似椅及其零件	千克	5114	-92.21	435.1	19.84
49	液体温度计，可直接读数	个	613550	-9.82	378.47	28.15
50	缝合用针	千克	3900	-3.75	352.48	-6.3
51	听力计	台	1121	-46.08	332.67	-41.06
52	急救药箱、药包	千克	131667	29.58	289.44	24.13
53	输血设备	台	4220	311.31	274.48	23.9
54	假牙	千克	14518	-1.18	246.87	-36.17
55	科研、医疗专用卤钨灯	只	277213	141.37	219.66	89.08
56	机动医疗车	辆	28	-26.32	187.61	-41.83
57	棉≥85%漂白平纹布，平米重≤100g	米	1335904	-34.83	176	-29.33
58	非机械驱动残疾人用车	辆	10994	190.23	175.36	125.42
59	其他残疾人用车	辆	1163	101.56	161.79	141.57
60	硫化橡胶制医疗用衣着用品及附件	千克	24826	243.85	143.4	1051.9
61	机动放射线检查车	辆	2	100	100.11	46.66
62	明胶制装药用胶囊	千克	12414	303.31	89.64	302.07
63	清洁牙缝用纱线（牙线）	千克	160973	-16.94	88.21	-8.13
64	体重计，包括婴儿秤；家用秤	台	58114	73.4	83.75	21.41
65	橡皮膏	千克	13559	-48.02	52.66	-72.06
66	听诊器	个	3686	-27.91	24.32	36.34
67	科研、医疗专用热阴极荧光灯	只	12363	-88.43	24.26	-25.46
68	科研、医疗专用未列名白炽灯泡	只	10154	30.4	19.77	-13.74
69	宫内节育器	个	1480	49233.33	15.3	50915

序号	商品名称	单位	进口数量	数量同比	进口金额	金额同比
70	视力矫正眼镜用变色镜片坯件	千克	2926	-79.4	4.96	-84.1

资料来源：中国医保商会根据中国海关数据整理

表附录 2-2　2009 年中国医疗器械主要产品进口情况

单位:%，万美元

序号	商品名称	单位	进口数量	数量同比	进口金额	金额同比
1	彩色超声波诊断仪	台	6821	-0.47	46149.04	8.57
2	CT	台	487	26.49	34771.76	36.76
3	MRI	台	341	111.8	27904.13	20.01
4	内窥镜	台	8279	99.98	16918.25	33.98
5	X 射线管	个	13145	11.01	14589.55	9.15
6	（臭氧、氧气、喷雾）治疗器、人工呼吸器等	台	1476065	86.67	13164.22	28.27
7	矫形骨科植入器具	千克	173238	3.21	12686.28	28.31
8	显微镜（光学显微镜除外）；衍射设备	台	2967	216.31	12396.64	-4.48
9	病员监护仪	台	21986	20.54	10401.2	7.12
10	注射器，不论是否装有针头	个	77198283	-67.94	10166.27	23.38
11	肾脏透析设备（人工肾）	台	9579	37.16	10109.44	28.44
12	人工关节	千克	97113	-5.72	7053.59	-10.52
13	心脏起搏器，不包括零件、附件	个	52601	36.59	6910.43	42.44
14	无菌外科肠线，昆布，止血材料，阻隔材料	千克	346460	-5.27	5162.21	6.74
15	管状金属针头	千克	1002196	11.01	5070.55	6.81
16	助听器，不包括零件、附件	个	910753	-31.62	4802.27	-31.2
17	医用或实验室用消毒器具	台	4225	-7.95	4209.08	11.48
18	X 光检查造影剂；用于病人的诊断试剂	千克	323845	-17.13	4168.33	-6.85
19	隐形眼镜片	片	69855399	4.73	3725.77	6.3
20	牙钻机，可与其他牙科设备组装在同一底座上	台	317145	178.09	3713.77	157.76
21	麻醉设备	台	5904	-23.15	3576.41	17.03
22	血压测量仪器及器具	个	570461	-71.64	3192.66	21.83
23	按摩器具	台	429287	42.33	3022.59	6.88
24	硫化橡胶制其他分指、连指及露指手套	双	791665913	-5.2	2731.74	-12.96
25	硫化橡胶制避孕套	千克	2075179	33.23	2584.53	57.01
26	B 型超声波诊断仪	台	848	-16.78	2394.64	1.82
27	牙科粘固剂及其他牙科填料；骨骼粘固剂	千克	189327	-15.08	2231.51	15.37
28	医用 α、β、γ 射线的应用设备	台	78	95	1631.88	37.31
29	牙齿固定器件	千克	13522	6.93	1374.73	-7.61

序号	商品名称	单位	进口数量	数量同比	进口金额	金额同比
30	其他，牙科用 X 射线应用设备	台	716	30.18	1277.78	62.95
31	透热疗法设备	台	14193	17.2	1153.92	33.79
32	心电图记录仪	台	5594	-23.01	1051.25	-5.21
33	药棉、纱布、绷带	千克	1342841	-14.82	992.74	-3.97
34	机械疗法器具及心理功能测验装置	台	19947	-59.09	986.07	13.93
35	装有牙科设备的牙科用椅	台	1139	-8.73	907.41	-12.35
36	硫化橡胶制其他卫生及医疗用品	千克	436485	-31.41	896.27	-18.92
37	X 射线影像增强器	个	1113	-44.49	889.96	-32.34
38	显微镜（光学显微镜除外）及衍射设备的零件	千克	21386	-46.57	875.02	8.58
39	硫化橡胶制外科用分指、连指及露指手套	双	177859672	23.52	835.89	16.38
40	复式光学显微镜的零件、附件	千克	49317	20.14	749.82	2.46
41	听力计	台	2079	0.92	564.4	-1.35
42	棉≥85%未漂平纹布，平米重≤100g	米	11874571	8.08	443.81	-8.95
43	口腔清洁剂	千克	1859671	35.61	420.64	44.37
44	假牙	千克	14691	35.21	386.75	53.11
45	缝合用针	千克	4052	-51.7	376.19	-4.79
46	牙科椅和理发用类似椅及其零件	千克	65667	153.35	363.06	6.16
47	成套、零售包装的牙科用蜡及造型膏	千克	551325	-13.06	360.71	-3.74
48	以熟石膏为基本成分的牙科用其他制品	千克	635079	16.53	329.1	38.54
49	机动医疗车	辆	38	-56.82	322.49	-37.84
50	液体温度计，可直接读数	个	680362	-43.61	295.34	-25.32
51	棉≥85%漂白平纹布，平米重≤100g	米	2049796	-7.63	249.04	-23.36
52	急救药箱、药包	千克	101610	71.66	233.18	39.21
53	输血设备	台	1026	-3.21	221.52	-30.41
54	橡皮膏	千克	26083	33.08	188.47	84.79
55	科研、医疗专用卤钨灯	只	114851	-74.76	116.17	-43.95
56	清洁牙缝用纱线（牙线）	千克	193804	-7.54	96.01	14.27
57	非机械驱动残疾人用车	辆	3788	-29.29	77.79	-59.21
58	体重计，包括婴儿秤；家用秤	台	33515	-4.64	68.98	4.5
59	机动放射线检查车	辆	1	0	68.26	-0.1
60	其他残疾人用车	辆	577	25.43	66.98	-21.64
61	科研、医疗专用热阴极荧光灯	只	106900	123.8	32.54	-22.9
62	视力矫正眼镜用变色镜片坯件	千克	14201	-63.72	31.18	-66.85
63	科研、医疗专用汞或钠蒸汽灯及金属卤化物灯	只	6004	-10.45	25.65	-10.97
64	科研、医疗专用未列名白炽灯泡	只	7787	-92.99	22.92	-47.63

序号	商品名称	单位	进口数量	数量同比	进口金额	金额同比
65	明胶制装药用胶囊	千克	3078	-81.02	22.3	-79.33
66	听诊器	个	5113	-39.05	17.84	16.38
67	硫化橡胶制医疗用衣着用品及附件	千克	7220	-2.18	12.45	-10.01
68	其他科研医疗专用白炽灯，P≤200W，V>100V	只	1660	-4.05	11.67	18.48
69	宫内节育器	个	3	-	0.03	1400

资料来源：中国医保商会根据中国海关数据整理

表附录 2-3　2008 年中国医疗器械主要产品进口情况

单位：%，万美元

序号	商品名称	单位	进口数量	数量同比	进口金额	金额同比
1	彩色超声波诊断仪	台	6853	49.5	42504.67	43.87
2	CT	台	385	-2.04	25425.98	4.35
3	MRI	台	161	2.55	23250.6	14.02
4	X 射线管	个	11841	15.27	13367.01	22.51
5	显微镜（光学显微镜除外）；衍射设备	台	938	-8.75	12977.85	21.34
6	内窥镜	台	4140	-17.37	12627.83	27.63
7	（臭氧、氧气、喷雾）治疗器、人工呼吸器等	台	790714	-68.61	10262.55	28.06
8	矫形骨科植入器具	千克	167844	15.18	9887.34	44.25
9	病员监护仪	台	18240	-15.2	9710.24	27.36
10	注射器，不论是否装有针头	个	240815588	35.25	8239.54	38.31
11	人工关节	千克	103008	26.3	7882.66	29.34
12	肾脏透析设备（人工肾）	台	6984	-60.42	7870.64	48.87
13	助听器，不包括零件、附件	个	1331950	1.38	6979.63	5.69
14	心脏起搏器，不包括零件、附件	个	38509	11.23	4851.51	27.28
15	无菌外科肠线，昆布，止血材料，阻隔材料	千克	365715	8.53	4836.11	39.26
16	管状金属针头	千克	902809	22.99	4747.09	36.55
17	X 射线检查造影剂；用于病人的诊断试剂	千克	390806	0.5	4474.99	19.9
18	医用或实验室用消毒器具	台	4590	37.06	3775.49	26.7
19	隐形眼镜片	片	66700591	19.7	3504.98	46.67
20	硫化橡胶制其他分指、连指及露指手套	双	835055143	54.02	3138.62	19.52
21	麻醉设备	台	7682	337.22	3055.88	17.31
22	按摩器具	台	301612	-21.14	2827.94	4.03
23	血压测量仪器及器具	个	2011395	-39.85	2620.6	10.93
24	B 型超声波诊断仪	台	1019	-24.74	2351.77	6.62
25	牙科粘固剂及其他牙科填料；骨骼粘固剂	千克	222943	-22.71	1934.3	5.24

序号	商品名称	单位	进口数量	数量同比	进口金额	金额同比
26	硫化橡胶制避孕套	千克	1557553	25.63	1646.11	14.61
27	牙齿固定器件	千克	12646	57.5	1487.9	178.32
28	牙钻机，可与其他牙科设备组装在同一底座上	台	114043	82.26	1440.77	78.6
29	X 射线影像增强器	个	2005	-5.56	1315.37	1.66
30	医用α、β、γ射线的应用设备	台	40	14.29	1188.47	-5.48
31	血型试剂	千克	18130	-31.01	1110.86	0.33
32	心电图记录仪	台	7266	43.85	1109.07	44.6
33	硫化橡胶制其他卫生及医疗用品	千克	636346	31.14	1105.47	41.91
34	装有牙科设备的牙科用椅	台	1248	9.19	1035.23	14.63
35	药棉、纱布、绷带	千克	1576551	11.48	1033.75	8.16
36	紫外线及红外线装置	台	7284	-93.05	937.45	8.31
37	机械疗法器具及心理功能测验装置	台	48753	23.97	865.5	75.2
38	透热疗法设备	台	12110	360.11	862.49	27.27
39	显微镜（光学显微镜除外）及衍射设备的零件	千克	40028	27.49	805.86	16.93
40	其他，牙科用 X 射线应用设备	台	550	21.95	784.17	24.86
41	复式光学显微镜的零件、附件	千克	41048	-47.2	731.83	-0.47
42	硫化橡胶制外科用分指、连指及露指手套	双	143991959	-1.26	718.27	1.56
43	听力计	台	2060	30.63	572.13	26.55
44	机动医疗车	辆	88	6.02	518.78	3.83
45	棉≥85%未漂平纹布，平米重≤100g	米	10987336	68.05	487.45	23.42
46	专用于人类或兽药的凝胶制品，润滑剂，偶合剂	千克	223957	47.46	430.86	132.92
47	液体温度计，可直接读数	个	1206479	-45.52	395.45	13.37
48	缝合用针	千克	8389	33.2	395.12	18.94
49	成套、零售包装的牙科用蜡及造型膏	千克	634137	5.9	374.72	30.61
50	棉≥85%漂白平纹布，平米重≤100g	米	2219215	-48.26	324.93	-11.97
51	输血设备	台	1060	-64.21	318.32	3.08
52	口腔清洁剂	千克	1371340	44.84	291.36	22.37
53	假牙	千克	10865	-1.97	252.59	93.69
54	以熟石膏为基本成分的牙科用其他制品	千克	544978	-3.73	237.55	31.03
55	科研、医疗专用卤钨灯	只	455093	-19.79	207.25	-32.54
56	非机械驱动残疾人用车	辆	5357	7.01	190.74	123.03
57	急救药箱、药包	千克	59191	145.49	167.5	94.06
58	明胶制装药用胶囊	千克	16215	-9.98	107.88	-2.49
59	橡皮膏	千克	19599	-72.82	101.99	-5.14
60	视力矫正眼镜用变色镜片坯件	千克	39144	7.42	94.04	8.16

序号	商品名称	单位	进口数量	数量同比	进口金额	金额同比
61	其他残疾人用车	辆	460	-88.1	85.47	20.61
62	清洁牙缝用纱线（牙线）	千克	209604	-11.58	84.02	-43.26
63	机动放射线检查车	辆	1	-	68.32	-
64	体重计，包括婴儿秤；家用秤	台	35144	-	66.01	-
65	科研、医疗专用未列名白炽灯泡	只	111109	-39.13	43.77	0.91
66	科研、医疗专用热阴极荧光灯	只	47766	-84.06	42.21	-59.02
67	科研、医疗专用汞或钠蒸汽灯及金属卤化物灯	只	6705	-42.24	28.81	-25.81
68	听诊器	个	8389	155.84	15.33	-31.16
69	硫化橡胶制医疗用衣着用品及附件	千克	7381	-40.85	13.83	6.57
70	其他科研医疗专用白炽灯，P≤200W，V>100V	只	1730	91.16	9.85	6.96
71	宫内节育器	个	0	-100	<0.01	-99.99

资料来源：中国医保商会根据中国海关数据整理

表附录2-4　2007年中国医疗器械主要产品进口情况

单位:%，万美元

序号	商品名称	单位	进口数量	数量同比	进口金额	金额同比
1	彩色超声波诊断仪	台	4584	-0.5	29542.78	11.16
2	CT	台	393	-14.57	24366.63	21.63
3	MRI	台	157	-26.64	20391.81	32.99
4	其他针、导管、插管及类似品	个	247327527	39.3	20103.99	19.1
5	X射线管	个	10272	14.48	10911.36	23.95
6	显微镜（光学显微镜除外）；衍射设备	台	1028	-27.35	10695.09	-3.78
7	内窥镜	台	5010	-8.07	9893.84	-1.4
8	（臭氧、氧气、喷雾）治疗器、人工呼吸器等	台	2518804	203.49	8013.82	31.74
9	病员监护仪	台	21510	34.66	7624.24	-9.13
10	矫形骨科植入器具	千克	145725	-15.26	6854.16	30.43
11	助听器，不包括零件、附件	个	1313848	5.78	6604.1	-3.41
12	人工关节	千克	81560	6.29	6094.39	27.16
13	注射器，不论是否装有针头	个	178050982	-25.41	5957.22	18.25
14	肾脏透析设备（人工肾）	台	17646	347.41	5287.07	29.47
15	心脏起搏器，不包括零件、附件	个	34620	27.53	3811.69	31.04
16	X光检查造影剂；用于病人的诊断试剂	千克	388875	-15.14	3732.26	8.64
17	管状金属针头	千克	734075	19.7	3476.58	29.41
18	无菌外科肠线，昆布，止血材料，阻隔材料	千克	336965	6.06	3472.72	28.98
19	医用或实验室用消毒器具	台	3349	-21.53	2979.93	-15.47

序号	商品名称	单位	进口数量	数量同比	进口金额	金额同比
20	按摩器具	台	382471	13. 53	2718. 36	-22. 16
21	硫化橡胶制其他分指、连指及露指手套	双	542174870	-30. 75	2625. 97	-0. 46
22	麻醉设备	台	1757	18. 72	2604. 92	5. 93
23	隐形眼镜片	片	55724736	55. 85	2389. 77	22. 41
24	血压测量仪器及器具	个	3344111	-43. 3	2362. 49	1. 22
25	B 型超声波诊断仪	台	1354	40. 17	2205. 78	4. 19
26	牙科粘固剂及其他牙科填料；骨骼粘固剂	千克	288452	-9. 56	1837. 95	37. 76
27	硫化橡胶制避孕套	千克	1239752	44. 82	1436. 23	26. 24
28	医用α、β、γ射线的应用设备	台	35	-35. 19	1257. 41	-17. 31
29	药棉、纱布、绷带	千克	1414194	19. 68	955. 77	28. 13
30	装有牙科设备的牙科用椅	台	1143	-2. 06	903. 12	-8. 1
31	紫外线及红外线装置	台	104739	-43. 26	865. 52	-45. 31
32	牙钻机，可与其他牙科设备组装在同一底座上	台	62573	35. 77	806. 69	38. 3
33	硫化橡胶制其他卫生及医疗用品	千克	485247	43. 18	778. 97	15. 01
34	心电图记录仪	台	5051	-5. 75	766. 97	-29. 48
35	复式光学显微镜的零件、附件	千克	77737	-30. 68	735. 26	-28. 16
36	硫化橡胶制外科用分指、连指及露指手套	双	145834314	-1. 35	707. 21	0. 3
37	显微镜（光学显微镜除外）及衍射设备的零件	千克	31397	-4. 9	689. 21	17. 07
38	透热疗法设备	台	2632	-53. 36	677. 68	-4. 89
39	其他，牙科用 X 射线应用设备	台	451	2. 27	628. 01	36. 32
40	牙齿固定器件	千克	8029	7. 97	534. 6	32. 69
41	机动医疗车	辆	83	-39. 86	499. 62	-36. 76
42	机械疗法器具及心理功能测验装置	台	39325	274. 99	494. 02	6. 55
43	听力计	台	1577	20. 84	452. 1	13. 91
44	棉≥85%未漂平纹布，平米重≤100g	米	6538179	-20. 98	394. 95	-9. 98
45	棉≥85%漂白平纹布，平米重≤100g	米	4289109	62. 98	369. 1	80. 73
46	液体温度计，可直接读数	个	2214478	16. 85	348. 81	43. 81
47	缝合用针	千克	6298	-18. 71	332. 21	-16. 74
48	输血设备	台	2962	0. 47	308. 82	3. 09
49	科研、医疗专用卤钨灯	只	567349	277. 4	307. 22	244. 96
50	成套、零售包装的牙科用蜡及造型膏	千克	598818	13. 32	286. 9	48. 12
51	口腔清洁剂	千克	946804	6. 42	238. 1	-13. 58
52	专用于人类或兽药的凝胶制品，润滑剂，偶合剂	千克	151877	210. 99	184. 99	23. 18
53	以熟石膏为基本成分的牙科用其他制品	千克	566122	30. 91	181. 29	-0. 33
54	清洁牙缝用纱线（牙线）	千克	237063	0. 93	148. 08	17. 6

序号	商品名称	单位	进口数量	数量同比	进口金额	金额同比
55	假牙	千克	11083	11. 1	130. 41	-3. 76
56	明胶制装药用胶囊	千克	18012	42. 23	110. 63	41. 45
57	橡皮膏	千克	72108	22. 47	107. 51	-23. 68
58	科研、医疗专用热阴极荧光灯	只	299723	-2. 58	103	47. 74
59	视力矫正眼镜用变色镜片坯件	千克	36439	1491. 22	86. 94	1110. 8
60	急救药箱、药包	千克	24111	3. 02	86. 31	22. 19
61	非机械驱动残疾人用车	辆	5006	30. 23	85. 52	-13. 07
62	其他残疾人用车	辆	3865	-77. 97	70. 86	-71. 84
63	科研、医疗专用未列名白炽灯泡	只	182548	-20. 88	43. 38	63. 52
64	科研、医疗专用汞或钠蒸汽灯及金属卤化物灯	只	11609	149. 17	38. 83	17. 22
65	听诊器	个	3279	-59. 83	22. 26	3. 16
66	宫内节育器	个	20331	-59. 98	20. 16	-34. 88
67	硫化橡胶制医疗用衣着用品及附件	千克	12479	160. 2	12. 98	3. 5
68	其他科研医疗专用白炽灯，P≤200W，V>100V	只	905	-98. 09	9. 21	-52. 92

资料来源：中国医保商会根据中国海关数据整理

表附录 2-5　2006 年中国医疗器械主要产品进口情况

单位:%，万美元

序号	商品名称	单位	进口数量	数量同比	进口金额	金额同比
1	彩色超声波诊断仪	台	4607	20. 57	26576. 21	3. 62
2	CT	台	460	-38. 75	20033. 57	-9. 1
3	使用光学射线的分光仪、分光光度计及摄谱仪	台	21336	-43. 04	19535. 42	23. 18
4	其他针、导管、插管及类似品	个	177556164	-1. 66	16880. 04	3. 27
5	MRI	台	214	16. 94	15333. 64	-29. 77
6	显微镜（光学显微镜除外）；衍射设备	台	1415	27. 13	11115. 4	51. 83
7	内窥镜	台	5450	-17. 35	10034. 42	2. 17
8	X 射线管	个	8973	-14. 5	8803. 11	10. 76
9	病员监护仪	台	15974	-8. 81	8390. 22	4. 39
10	助听器，不包括零件、附件	个	1242066	-13. 02	6837. 3	2. 8
11	（臭氧、氧气、喷雾）治疗器、人工呼吸器等	台	829959	279. 54	6083. 24	-0. 03
12	矫形骨科植入器具	千克	171962	54. 03	5255. 06	11. 66
13	注射器，不论是否装有针头	个	238706834	124. 73	5037. 69	33. 99
14	人工关节	千克	76732	-9. 59	4792. 68	-5. 99
15	肾脏透析设备（人工肾）	台	3944	17. 17	4083. 71	13. 48
16	医用或实验室用消毒器具	台	4268	6. 91	3525. 21	23. 21

序号	商品名称	单位	进口数量	数量同比	进口金额	金额同比
17	按摩器具	台	336888	-36.05	3492.15	1.71
18	X 光检查造影剂；用于病人的诊断试剂	千克	458258	29.3	3435.4	32.29
19	心脏起搏器，不包括零件、附件	个	27147	6.88	2908.71	7.76
20	无菌外科肠线，昆布，止血材料，阻隔材料	千克	317722	-11.22	2692.46	10.39
21	管状金属针头	千克	613262	9.66	2686.53	11.85
22	硫化橡胶制其他分指、连指及露指手套	双	782977333	98.49	2638.06	39.07
23	麻醉设备	台	1480	-11.96	2459.01	-22.02
24	血压测量仪器及器具	个	5897423	11.66	2333.99	-16.39
25	B 型超声波诊断仪	台	966	-42.77	2116.99	-31.95
26	隐形眼镜片	片	35755460	15.38	1952.31	3.96
27	紫外线及红外线装置	台	184597	59.67	1582.68	129.42
28	医用α、β、γ射线的应用设备	台	54	68.75	1520.68	16.8
29	牙科粘固剂及其他牙科填料；骨骼粘固剂	千克	318949	-25.63	1334.15	23.04
30	硫化橡胶制避孕套	千克	856051	13.11	1137.67	17.63
31	心电图记录仪	台	5359	-9.64	1087.53	-6.09
32	复式光学显微镜的零件、附件	千克	112136	-52.94	1023.41	-4.16
33	装有牙科设备的牙科用椅	台	1167	-73.96	982.67	38.09
34	X 射线影像增强器	个	1724	-19.25	960.46	-16.5
35	机动医疗车	辆	138	283.33	790.07	220.08
36	药棉、纱布、绷带	千克	1181688	5.87	745.92	28.14
37	透热疗法设备	台	5643	-83.6	712.53	-23.7
38	硫化橡胶制外科用分指、连指及露指手套	双	147830566	37.21	705.12	29.83
39	硫化橡胶制其他卫生及医疗用品	千克	338896	-7.89	677.3	5.61
40	显微镜（光学显微镜除外）及衍射设备的零件	千克	33013	66.72	588.71	73.31
41	牙钻机，可与其他牙科设备组装在同一底座上	台	46087	22.57	583.28	13.08
42	机械疗法器具及心理功能测验装置	台	10487	-29.45	463.67	21.37
43	棉≥85%未漂平纹布，平米重≤100g	米	8273945	33.82	438.75	14.53
44	血型试剂	千克	11778	88.27	408.58	54.87
45	牙齿固定器件	千克	7436	93.34	402.91	79.43
46	缝合用针	千克	7748	-18.12	399	-6.9
47	听力计	台	1305	-	396.89	-
48	输血设备	台	2948	149.83	299.57	-36.14
49	口腔清洁剂	千克	889708	55.85	275.52	95.48
50	其他残疾人用车	辆	17548	250.33	251.68	173.88
51	液体温度计，可直接读数	个	1895162	62	242.54	-18.14

序号	商品名称	单位	进口数量	数量同比	进口金额	金额同比
52	棉≥85%漂白平纹布，平米重≤100g	米	2631746	-35.35	204.23	16.12
53	成套、零售包装的牙科用蜡及造型膏	千克	528428	62.52	193.69	23.95
54	以熟石膏为基本成分的牙科用其他制品	千克	432461	2.54	181.88	-0.64
55	专用于人类或兽药的凝胶制品，润滑剂，偶合剂	千克	48836	14.49	150.17	17.47
56	橡皮膏	千克	58878	26.19	140.86	38.1
57	假牙	千克	9976	125.55	135.5	10.19
58	清洁牙缝用纱线（牙线）	千克	234868	16.65	125.91	62.02
59	非机械驱动残疾人用车	辆	3844	28.91	98.38	86.76
60	科研、医疗专用卤钨灯	只	150330	159.88	89.06	-19.09
61	明胶制装药用胶囊	千克	12664	-38.18	78.21	-36.86
62	急救药箱、药包	千克	23404	347.58	70.64	200.67
63	科研、医疗专用热阴极荧光灯	只	307658	157.01	69.72	110.48
64	科研、医疗专用汞或钠蒸汽灯及金属卤化物灯	只	4659	0.95	33.13	-44.82
65	宫内节育器	个	50804	-	30.96	-
66	科研、医疗专用未列名白炽灯泡	只	230727	156.98	26.53	-7.14
67	听诊器	个	8163	-10.54	21.58	-22.45
68	其他科研医疗专用白炽灯，P≤200W，V>100V	只	47375	-30.77	19.56	38.94
69	硫化橡胶制医疗用衣着用品及附件	千克	4796	-72.54	12.54	126.8
70	视力矫正眼镜用变色镜片坯件	千克	2290	-73.78	7.18	-55.85

资料来源：中国医保商会根据中国海关数据整理

附录3 2006－2010 年中国医疗器械产品出口数据

表附录 3－1 2010 年中国医疗器械主要产品出口情况

单位:%，万美元

序号	商品名称	单位	出口数量	数量同比	出口金额	金额同比
1	按摩器具	台	86735208	17.67	109083.35	17.65
2	棉≥85%未漂平纹布，平米重≤100g	米	777461397	68.56	79174.61	113.94
3	药棉、纱布、绷带	千克	113638686	－0.4	65860.66	10.07
4	医用导管和插管	个	7712025014	－0.01	62192.97	4.75
5	血压测量仪器及器具	个	41493931	21.01	41755.13	18.76
6	体重计，包括婴儿秤；家用秤	台	88486073	26.56	38983.48	20.7
7	注射器，不论是否装有针头	个	8828199313	11.98	33246.25	20.44
8	X 光检查造影剂；用于病人的诊断试剂	千克	4372602	2.03	28529.15	2.6
9	彩色超声波诊断仪	台	16315	30.81	27354.5	37.27
10	CT	台	1791	18.06	26878.71	15.25
11	病员监护仪	台	140327	17.51	26278.27	40.68
12	（臭氧、氧气、喷雾）治疗器、人工呼吸器等	台	26365157	42.93	24698.72	27.33
13	非机械驱动残疾人用车	辆	3620941	27.35	24487.35	28.65
14	助听器，不包括零件、附件	个	7717678	－9.5	24410.38	－1.45
15	硫化橡胶制其他分指、连指及露指手套	双	44461313	－97.44	22174.37	20.41
16	MRI	台	403	－6.28	20017.82	35.97
17	硫化橡胶制外科用分指、连指及露指手套	双	792303463	－57.31	17798.07	27.68
18	其他残疾人用车	辆	391119	13.83	17779.04	11.63
19	B 型超声波诊断仪	台	30348	－15.44	15132.85	23.56
20	棉≥85%漂白平纹布，平米重≤100g	米	424347497	49.69	12178.22	40.19
21	机械疗法器具及心理功能测验装置	台	5157901	21.16	9171.77	23.17
22	矫形骨科植入器具	千克	5336039	－10.4	9097.75	50.44
23	使用光学射线的分光仪、分光光度计及摄谱仪	台	210404	103.86	8751.29	48.98
24	管状金属针头	千克	8995655	5.55	8524.38	6
25	假牙	千克	625015	6.57	7813.63	28.61
26	急救药箱、药包	千克	13647138	45.83	7686.51	50.26
27	牙科用未列名仪器及器具	台	45855534	－41.11	6432.79	19.09
28	麻醉设备	台	9857	－53.28	6112.75	34.82
29	复式光学显微镜的零件、附件	千克	1364897	－3.86	5725.45	52.07
30	眼科用其他仪器及器具	千克	3225670	42.1	5715.48	27.11

序号	商品名称	单位	出口数量	数量同比	出口金额	金额同比
31	液体温度计，可直接读数	个	171614369	33.4	5555.38	36.44
32	硫化橡胶制避孕套	千克	6452887	13.1	5344.68	37.96
33	装有牙科设备的牙科用椅	台	33394	24.8	4736.94	22.4
34	心电图记录仪	台	54827	49.83	4608.89	86.4
35	人工关节	千克	47516	116.05	4365.55	83.93
36	橡皮膏	千克	6187404	22.79	3711.9	27.1
37	清洁牙缝用纱线（牙线）	千克	4219298	22.93	3006.99	24.79
38	立体显微镜	台	200645	42.5	2521.89	59.11
39	医用或实验室用消毒器具	台	387780	465.62	2418.06	26.83
40	机动医疗车	辆	195	53.54	2337.22	424.24
41	内窥镜	台	45225	33.4	2262.65	42.3
42	明胶制装药用胶囊	千克	1198390	13.18	2122.23	8.55
43	缝合用针	千克	655960	30.55	2067.08	13.16
44	牙钻机，可与其他牙科设备组装在同一底座上	台	173788	-20.56	1906.37	-34.28
45	牙齿固定器件	千克	267465	13.86	1633.44	10.69
46	硫化橡胶制其他卫生及医疗用品	千克	2893962	0.31	1522.86	8.86
47	牙科粘固剂及其他牙科填料；骨骼粘固剂	千克	347130	10.38	1477.37	13.14
48	听诊器	个	10761865	6.83	1441.51	5.48
49	无菌外科肠线，昆布，止血材料，阻隔材料	千克	279092	2.64	1368.57	-12.74
50	X射线管	个	44379	11.25	1361.81	2.99
51	显微镜（光学显微镜除外）及衍射设备的零件	千克	343758	-18.94	1178.07	48.29
52	紫外线及红外线装置	台	1181019	21.47	1170.35	-14.28
53	医用α、β、γ射线的应用设备	台	98	113.04	1066.25	218.71
54	隐形眼镜片	片	22765023	100.39	598.63	46.89
55	机动放射线检查车	辆	9	-	473.64	-
56	专用于人类或兽药的凝胶制品，润滑剂，偶合剂	千克	1412584	-49.21	409.43	-2.58
57	以熟石膏为基本成分的牙科用其他制品	千克	262056	1.68	370.09	95.78
58	肾脏透析设备（人工肾）	台	905	-17.73	319.61	54.14
59	口腔清洁剂	千克	1782582	22.38	310.43	53.9
60	输血设备	台	4808728	-3.67	305.55	101.24
61	宫内节育器	个	1764957	-0.67	271.4	11.03
62	科研、医疗专用卤钨灯	只	3186803	397.71	208.69	-14.52
63	显微镜（光学显微镜除外）；衍射设备	台	25203	51.02	203.64	-35.12
64	透热疗法设备	台	35988	2.65	189.24	20.78
65	其他，牙科用X射线应用设备	台	1737	30.41	160.95	52.45

序号	商品名称	单位	出口数量	数量同比	出口金额	金额同比
66	成套、零售包装的牙科用蜡及造型膏	千克	326849	58.67	145.85	51.97
67	硫化橡胶制医疗用衣着用品及附件	千克	174822	56.88	104.02	42.12
68	X 射线影像增强器	个	954	-10.08	29.64	-38.26
69	科研、医疗专用热阴极荧光灯	只	277346	114.15	27.11	68.31
70	血型试剂	千克	72562	57.1	13.95	185.05
71	视力矫正眼镜用变色镜片坯件	千克	5934	-70.66	8.46	-22.7
72	听力计	台	12	71.43	2.64	168.18
73	其他科研医疗专用白炽灯，P≤200W，V>100V	只	93066	>100000	1.95	3586.42
74	科研、医疗专用未列名白炽灯泡	只	5349	-98.72	1.66	-68.64
75	心脏起搏器，不包括零件、附件	个	4	0	1.03	1711.78

资料来源：中国医保商会根据中国海关数据整理

表附录 3-2　2009 年中国医疗器械主要产品出口情况

单位：%，万美元

序号	商品名称	单位	出口数量	数量同比	出口金额	金额同比
1	按摩器具	台	73707969	-10.26	92718.51	-11.44
2	药棉、纱布、绷带	千克	114089866	-16.18	59833.57	-15.56
3	医用导管和插管	个	7712968322	-7.31	59373	6
4	棉≥85%未漂平纹布，平米重≤100g	米	461239217	207	37007.13	271.53
5	血压测量仪器及器具	个	34290483	-19.78	35159.66	-11.89
6	体重计，包括婴儿秤；家用秤	台	69917206	0.49	32298.06	-6.75
7	X 光检查造影剂；用于病人的诊断试剂	千克	4285500	-45.64	27807.47	48.2
8	注射器，不论是否装有针头	个	7883927797	14.76	27604.77	17.57
9	助听器，不包括零件、附件	个	8527393	23.84	24770.01	6.59
10	CT	台	1517	-7.73	23322.38	2.49
11	彩色超声波诊断仪	台	12472	12.96	19927.79	-2.06
12	（臭氧、氧气、喷雾）治疗器、人工呼吸器等	台	18445836	13.47	19396.97	24.03
13	非机械驱动残疾人用车	辆	2843324	-5.8	19033.41	-2.79
14	病员监护仪	台	119418	16.91	18680.05	20.95
15	硫化橡胶制其他分指、连指及露指手套	双	1737716503	-16.9	18416.18	-15.37
16	其他残疾人用车	辆	343609	-3.68	15927.4	-3.65
17	MRI	台	430	1.18	14721.77	-6.6
18	硫化橡胶制外科用分指、连指及露指手套	双	1856011981	12.59	13939.9	8.75
19	B 型超声波诊断仪	台	35891	25.1	12246.95	12.49
20	棉≥85%漂白平纹布，平米重≤100g	米	283477765	209.96	8687.24	43.25

序号	商品名称	单位	出口数量	数量同比	出口金额	金额同比
21	管状金属针头	千克	8522465	8.32	8042.04	9.17
22	机械疗法器具及心理功能测验装置	台	4257248	-15.31	7446.63	-9.27
23	假牙	千克	586500	6.47	6075.43	34.36
24	矫形骨科植入器具	千克	5955287	-22.51	6047.26	-8.05
25	使用光学射线的分光仪、分光光度计及摄谱仪	台	103208	-19.09	5874.19	-22.06
26	牙科用未列名仪器及器具	台	77860648	-4.43	5401.62	14.95
27	急救药箱、药包	千克	9358339	-8.96	5115.49	-5.86
28	麻醉设备	台	21098	140.38	4534.03	27.61
29	眼科用其他仪器及器具	千克	2269978	22.9	4496.44	12.9
30	液体温度计，可直接读数	个	128647300	-10.47	4071.73	0.45
31	硫化橡胶制避孕套	千克	5705526	-0.53	3873.95	-0.6
32	装有牙科设备的牙科用椅	台	26757	-56.67	3870.19	-14.22
33	复式光学显微镜的零件、附件	千克	1419717	-37.66	3764.97	-19.73
34	橡皮膏	千克	5039199	-9.3	2920.46	-2.14
35	牙钻机，可与其他牙科设备组装在同一底座上	台	218779	462.69	2900.65	764.11
36	心电图记录仪	台	36594	7.28	2472.59	23.58
37	清洁牙缝用纱线（牙线）	千克	3432176	23.14	2409.72	32.47
38	人工关节	千克	21993	14.9	2373.45	93.51
39	明胶制装药用胶囊	千克	1058818	8.75	1955.04	5.49
40	医用或实验室用消毒器具	台	68558	-58.23	1906.58	1.9
41	缝合用针	千克	502448	-20.02	1826.72	-11.75
42	内窥镜	台	33902	-65.63	1590.09	22.05
43	无菌外科肠线，昆布，止血材料，阻隔材料	千克	271916	16.95	1568.36	71.96
44	牙齿固定器件	千克	234904	11.68	1475.74	62.2
45	硫化橡胶制其他卫生及医疗用品	千克	2884918	-66.41	1398.95	-56.96
46	听诊器	个	10073655	4.43	1366.59	-4.69
47	紫外线及红外线装置	台	972254	-16.47	1365.26	-11.98
48	X射线管	个	39893	-4.82	1322.24	-2.15
49	牙科粘固剂及其他牙科填料；骨骼粘固剂	千克	314480	10.24	1305.78	-12.59
50	牙科椅和理发用类似椅及其零件	千克	128304	-82.61	862.98	-24.97
51	显微镜（光学显微镜除外）及衍射设备的零件	千克	424093	-25.86	794.41	-19.29
52	机动医疗车	辆	127	-49.4	445.83	37.83
53	专用于人类或兽药的凝胶制品，润滑剂，偶合剂	千克	2781317	434.78	420.28	88.01
54	隐形眼镜片	片	11360608	78.87	407.53	1.93
55	医用α、β、γ射线的应用设备	台	46	-76.88	334.55	-44.43

序号	商品名称	单位	出口数量	数量同比	出口金额	金额同比
56	显微镜（光学显微镜除外）；衍射设备	台	16689	214.47	313.85	12.48
57	宫内节育器	个	1776828	24.1	244.44	80.83
58	科研、医疗专用卤钨灯	只	640296	-47.5	244.12	15.77
59	肾脏透析设备（人工肾）	台	1100	-92.83	207.35	-23.7
60	口腔清洁剂	千克	1456574	-37.65	201.71	-41.81
61	以熟石膏为基本成分的牙科用其他制品	千克	257733	37.8	189.04	54.31
62	透热疗法设备	台	35058	-25.2	156.68	-31.29
63	输血设备	台	4991947	-14.14	151.84	-5.58
64	其他，牙科用X射线应用设备	台	1332	-9.14	105.58	13.48
65	成套、零售包装的牙科用蜡及造型膏	千克	205999	-86.76	95.97	-32.48
66	硫化橡胶制医疗用衣着用品及附件	千克	111437	263.99	73.19	227.11
67	X射线影像增强器	个	1061	3.21	48.01	30.04
68	科研、医疗专用热阴极荧光灯	只	129509	-60.31	16.11	-53.94
69	视力矫正眼镜用变色镜片坯件	千克	20224	-85.56	10.94	-81.3
70	科研、医疗专用汞或钠蒸汽灯及金属卤化物灯	只	18940	-78.75	7.82	-58.02
71	科研、医疗专用未列名白炽灯泡	只	417529	-69.33	5.28	-42.9
72	血型试剂	千克	46187	-1.2	4.89	-38.05
73	听力计	台	7	-99.76	0.98	-97.41
74	心脏起搏器，不包括零件、附件	个	4	-84.62	0.06	-97.41
75	其他科研医疗专用白炽灯，P≤200W，V>100V	只	86	1128.57	0.05	-48.29

资料来源：中国医保商会根据中国海关数据整理

表附录3-3 2008年中国医疗器械主要产品出口情况

单位:%，万美元

序号	商品名称	单位	出口数量	数量同比	出口金额	金额同比
1	按摩器具	台	82131816	-18.41	104690.31	8.89
2	药棉、纱布、绷带	千克	136105661	15.95	70860.41	32.35
3	医用导管和插管	个	8321657025	31.01	56013.76	36.35
4	血压测量仪器及器具	个	42747559	-8.65	39902.14	11.94
5	体重计，包括婴儿秤；家用秤	台	69579356	–	34635.25	–
6	注射器，不论是否装有针头	个	6870219169	13.14	23479.1	40.72
7	助听器，不包括零件、附件	个	6885786	-12.54	23239.23	13.32
8	CT	台	1644	38.5	22756.8	49.36
9	硫化橡胶制其他分指、连指及露指手套	双	2091193498	-7.86	21759.67	4.53
10	彩色超声波诊断仪	台	11041	38.13	20347.18	51.51

序号	商品名称	单位	出口数量	数量同比	出口金额	金额同比
11	非机械驱动残疾人用车	辆	3018439	5.38	19579.65	25.29
12	X 光检查造影剂；用于病人的诊断试剂	千克	7883607	59.88	18763.01	39.53
13	其他残疾人用车	辆	356755	2.19	16530.63	24.71
14	MRI	台	425	-38.23	15761.7	79.76
15	(臭氧、氧气、喷雾）治疗器、人工呼吸器等	台	16256118	-27.4	15638.98	39.12
16	病员监护仪	台	102146	-9.48	15444.68	26.39
17	硫化橡胶制外科用分指、连指及露指手套	双	1648487839	4.13	12817.82	13.27
18	B 型超声波诊断仪	台	28690	-6.81	10887.48	5.88
19	棉≥85%未漂平纹布，平米重≤100g	米	150241143	-4.26	9960.84	4.08
20	机械疗法器具及心理功能测验装置	台	5026784	-13.83	8207.61	59.58
21	使用光学射线的分光仪、分光光度计及摄谱仪	台	127552	74.06	7537.29	19.69
22	管状金属针头	千克	7867725	11.66	7366.36	25.35
23	矫形骨科植入器具	千克	7685093	70.2	6576.93	86.72
24	棉≥85%漂白平纹布，平米重≤100g	米	91456274	22.08	6064.31	35.95
25	急救药箱、药包	千克	10279126	56.57	5433.83	83.34
26	复式光学显微镜的零件、附件	千克	2277302	49	4690.52	25.67
27	假牙	千克	550847	15.87	4521.66	45.31
28	装有牙科设备的牙科用椅	台	61755	191.65	4511.96	47.62
29	液体温度计，可直接读数	个	143691750	2.5	4053.59	7.64
30	眼科用其他仪器及器具	千克	1846978	7.09	3982.65	19.5
31	硫化橡胶制避孕套	千克	5736102	0.41	3897.52	13.66
32	麻醉设备	台	8777	-53.65	3552.99	64.36
33	硫化橡胶制其他卫生及医疗用品	千克	8589738	7.12	3250.02	17.4
34	橡皮膏	千克	5555895	7.4	2984.3	18.82
35	缝合用针	千克	628206	18.13	2069.97	29.29
36	心电图记录仪	台	34110	-62.09	2000.79	23.6
37	医用或实验室用消毒器具	台	164139	70.44	1870.95	29.12
38	明胶制装药用胶囊	千克	973660	38.91	1853.23	49.65
39	清洁牙缝用纱线（牙线）	千克	2787113	37.9	1819.08	67.54
40	紫外线及红外线装置	台	1164015	298.87	1551.05	80.53
41	牙科粘固剂及其他牙科填料；骨骼粘固剂	千克	285273	4.16	1493.91	5.72
42	听诊器	个	9645917	-4.56	1433.81	13.55
43	X 射线管	个	41915	11.08	1351.34	12.64
44	内窥镜	台	98630	283.21	1302.8	-12.78
45	人工关节	千克	19141	102.83	1226.5	219.9

序号	商品名称	单位	出口数量	数量同比	出口金额	金额同比
46	显微镜（光学显微镜除外）及衍射设备的零件	千克	572029	65.19	984.32	43.6
47	无菌外科肠线，昆布，止血材料，阻隔材料	千克	232498	5.91	912.07	33.58
48	牙齿固定器件	千克	210333	-5.7	909.82	28.01
49	医用α、β、γ射线的应用设备	台	199	-32.08	602.06	124.67
50	隐形眼镜片	片	6351236	157.25	399.82	79.56
51	口腔清洁剂	千克	2336138	31.03	346.62	35.99
52	牙钻机，可与其他牙科设备组装在同一底座上	台	38881	163.76	335.68	504.83
53	机动医疗车	辆	251	286.15	323.46	206.1
54	显微镜（光学显微镜除外）；衍射设备	台	5307	-83.69	279.02	-49.36
55	肾脏透析设备（人工肾）	台	15340	3605.31	271.77	63.87
56	透热疗法设备	台	46866	-26.75	228.04	31.05
57	专用于人类或兽药的凝胶制品，润滑剂，偶合剂	千克	520091	94.18	223.54	106.97
58	科研、医疗专用卤钨灯	只	1219711	-10.26	210.88	145.58
59	输血设备	台	5814311	317.54	160.82	37.81
60	成套、零售包装的牙科用蜡及造型膏	千克	1556257	374.59	142.13	-56.73
61	宫内节育器	个	1431780	-20.73	135.18	-20.18
62	以熟石膏为基本成分的牙科用其他制品	千克	187039	-11.87	122.5	24.99
63	其他，牙科用X射线应用设备	台	1466	176.6	93.03	152.19
64	视力矫正眼镜用变色镜片坯件	千克	140007	-22.25	58.51	-39.16
65	听力计	台	2906	-27.98	38	254.66
66	X射线影像增强器	个	1028	93.23	36.92	-52.15
67	科研、医疗专用热阴极荧光灯	只	326277	15.68	34.96	417.62
68	硫化橡胶制医疗用衣着用品及附件	千克	30615	-72.25	22.38	-38.92
69	科研、医疗专用汞或钠蒸汽灯及金属卤化物灯	只	89121	-65.74	18.63	-55.9
70	科研、医疗专用未列名白炽灯泡	只	1361510	45.36	9.25	1.51
71	血型试剂	千克	46747	15.1	7.9	-56.81
72	心脏起搏器，不包括零件、附件	个	26	62.5	2.2	-15.45
73	其他科研医疗专用白炽灯，P≤200W，V>100V	只	7	-99.97	0.1	-56.33

资料来源：中国医保商会根据中国海关数据整理

表附录3-4　2007年中国医疗器械主要产品出口情况

单位:%，万美元

序号	商品名称	单位	出口数量	数量同比	出口金额	金额同比
1	按摩器具	台	100668236	-6.08	96143.35	28.67
2	药棉、纱布、绷带	千克	117383961	11.48	53540.17	15.85

序号	商品名称	单位	出口数量	数量同比	出口金额	金额同比
3	医用导管和插管	个	6352147641	18.24	41081.19	23.06
4	血压测量仪器及器具	个	46794252	5.43	35645.72	14.73
5	硫化橡胶制其他分指、连指及露指手套	双	2269644578	31.66	20816.32	32.18
6	助听器，不包括零件、附件	个	7872958	51.59	20508.46	2.7
7	注射器，不论是否装有针头	个	6072386627	33.79	16685.29	37.65
8	非机械驱动残疾人用车	辆	2864305	6.14	15628	13.75
9	CT	台	1187	123.54	15236.19	142.52
10	X 光检查造影剂；用于病人的诊断试剂	千克	4930875	195.49	13447.01	37.1
11	彩色超声波诊断仪	台	7993	85.02	13429.87	103.29
12	其他残疾人用车	辆	349115	37.43	13255.12	63.78
13	病员监护仪	台	112846	109.4	12219.68	62.31
14	硫化橡胶制外科用分指、连指及露指手套	双	1583029733	20.25	11315.94	24.66
15	（臭氧、氧气、喷雾）治疗器、人工呼吸器等	台	22390642	48.05	11241.13	34.91
16	B 型超声波诊断仪	台	30786	61.77	10282.88	14.76
17	棉≥85%未漂平纹布，平米重≤100g	米	156931786	-12.94	9570.01	-14.69
18	MRI	台	688	245.73	8768.1	31.1
19	使用光学射线的分光仪、分光光度计及摄谱仪	台	73279	27.47	6297.47	84.84
20	管状金属针头	千克	7046368	24.07	5876.59	22.47
21	机械疗法器具及心理功能测验装置	台	5833460	12.4	5143.32	20.65
22	棉≥85%漂白平纹布，平米重≤100g	米	74916694	-1.23	4460.58	-3.76
23	液体温度计，可直接读数	个	140188133	17.63	3765.93	18.73
24	复式光学显微镜的零件、附件	千克	1528429	32.18	3732.5	20.77
25	矫形骨科植入器具	千克	4515266	-7.38	3522.43	31.98
26	硫化橡胶制避孕套	千克	5712471	3.05	3429.21	12.02
27	假牙	千克	475411	33.31	3111.68	52.38
28	装有牙科设备的牙科用椅	台	21174	7.09	3056.43	47.77
29	急救药箱、药包	千克	6565052	74.11	2963.75	82.34
30	硫化橡胶制其他卫生及医疗用品	千克	8019145	8.02	2768.44	10.46
31	橡皮膏	千克	5173079	24.35	2511.57	31.99
32	麻醉设备	台	18937	465.79	2161.67	82.35
33	心电图记录仪	台	89979	317.44	1618.76	33.64
34	缝合用针	千克	531776	1.3	1601.06	-4.49
35	内窥镜	台	25738	147.15	1493.7	44.87
36	医用或实验室用消毒器具	台	96303	26.3	1448.98	31.62
37	牙科粘固剂及其他牙科填料；骨骼粘固剂	千克	273867	16.07	1413.08	46.78

序号	商品名称	单位	出口数量	数量同比	出口金额	金额同比
38	听诊器	个	10106593	5.27	1262.76	28.08
39	明胶制装药用胶囊	千克	700926	12.08	1238.35	18.46
40	X 射线管	个	37733	8.63	1199.66	-42.02
41	清洁牙缝用纱线（牙线）	千克	2021095	101.05	1085.76	136.84
42	紫外线及红外线装置	台	291826	22.85	859.16	6.47
43	牙齿固定器件	千克	223050	77.84	710.75	103.47
44	显微镜（光学显微镜除外）及衍射设备的零件	千克	346295	1.78	685.47	-10.7
45	无菌外科肠线，昆布，止血材料，阻隔材料	千克	219533	27.74	682.77	22.98
46	显微镜（光学显微镜除外）；衍射设备	台	32544	-21.25	550.97	134.91
47	人工关节	千克	9437	-35.58	383.4	-42.37
48	成套、零售包装的牙科用蜡及造型膏	千克	327917	79.15	328.47	304.21
49	医用α、β、γ射线的应用设备	台	293	597.62	267.98	-40.25
50	口腔清洁剂	千克	1782945	89.83	254.89	42.54
51	隐形眼镜片	片	2468906	-58.98	222.67	-35.07
52	透热疗法设备	台	63979	41.3	174.01	93.11
53	宫内节育器	个	1806106	27.39	169.34	72.27
54	肾脏透析设备（人工肾）	台	414	-27.5	165.84	-83.4
55	机动放射线检查车	辆	1	-	120	-
56	输血设备	台	1392513	322.43	116.69	2.91
57	专用于人类或兽药的凝胶制品，润滑剂，偶合剂	千克	267841	133.67	108.01	161.99
58	机动医疗车	辆	65	-38.1	105.67	-60.99
59	以熟石膏为基本成分的牙科用其他制品	千克	212219	-51.3	98.01	48.61
60	视力矫正眼镜用变色镜片坯件	千克	180080	-30.01	96.16	-2.81
61	科研、医疗专用卤钨灯	只	1359086	-25.03	85.87	36.58
62	X 射线影像增强器	个	532	-58.86	77.16	-50.39
63	牙钻机，可与其他牙科设备组装在同一底座上	台	14741	8.89	55.5	60.46
64	科研、医疗专用汞或钠蒸汽灯及金属卤化物灯	只	260143	-35.61	42.25	-46.12
65	其他，牙科用 X 射线应用设备	台	530	103.07	36.89	57.66
66	硫化橡胶制医疗用衣着用品及附件	千克	110334	-26.51	36.63	-26.8
67	听力计	台	4035	33525	10.72	1022.12
68	科研、医疗专用热阴极荧光灯	只	282045	730.42	6.75	30.86
69	心脏起搏器，不包括零件、附件	个	16	23.08	2.6	94.35
70	其他科研医疗专用白炽灯，P≤200W，V>100V	只	23016	-84.66	0.23	-90

资料来源：中国医保商会根据中国海关数据整理

表附录3-5 2006年中国医疗器械主要产品出口情况

单位:%，万美元

序号	商品名称	单位	出口数量	数量同比	出口金额	金额同比
1	按摩器具	台	107187269	27.84	74718.54	21.94
2	药棉、纱布、绷带	千克	105296889	3.33	46216.32	8.18
3	医用导管和插管	个	5372342717	16.43	33382.39	18.57
4	血压测量仪器及器具	个	44383697	17.7	31070.54	18.17
5	助听器，不包括零件、附件	个	5193522	5.33	19969.31	19.15
6	硫化橡胶制其他分指、连指及露指手套	双	1723927804	11.15	15748.5	26.19
7	非机械驱动残疾人用车	辆	2698685	5.3	13739.05	23.65
8	注射器，不论是否装有针头	个	4538839803	50.36	12121.56	47.33
9	棉≥85%未漂平纹布，平米重≤100g	米	180266668	95.34	11218.4	104.44
10	X光检查造影剂；用于病人的诊断试剂	千克	1668734	49.31	9808.32	87.04
11	硫化橡胶制外科用分指、连指及露指手套	双	1316405432	13.07	9077.38	17.76
12	B型超声波诊断仪	台	19031	36.26	8960.54	40.75
13	(臭氧、氧气、喷雾)治疗器、人工呼吸器等	台	15123330	33.68	8332.37	93.5
14	其他残疾人用车	辆	254039	14.25	8093.01	7.77
15	病员监护仪	台	53891	93.77	7528.8	70.04
16	MRI	台	199	1.53	6688.29	22.35
17	彩色超声波诊断仪	台	4320	31.79	6606.15	45.7
18	CT	台	531	53.47	6282.56	83.63
19	管状金属针头	千克	5679502	38.47	4798.48	39.89
20	棉≥85%漂白平纹布，平米重≤100g	米	75848212	35.61	4634.65	36.59
21	机械疗法器具及心理功能测验装置	台	5190138	13.43	4263	75.65
22	使用光学射线的分光仪、分光光度计及摄谱仪	台	57486	36.53	3406.97	12.76
23	液体温度计，可直接读数	个	119175242	-4.24	3171.71	-4.52
24	复式光学显微镜的零件、附件	千克	1156287	-0.9	3090.69	17.8
25	硫化橡胶制避孕套	千克	5543219	33.23	3061.31	39.17
26	矫形骨科植入器具	千克	4875277	50.88	2668.92	45.77
27	硫化橡胶制其他卫生及医疗用品	千克	7423793	17.96	2506.31	28.41
28	X射线管	个	34736	16.3	2069.08	44.4
29	装有牙科设备的牙科用椅	台	19773	175.16	2068.4	73.02
30	假牙	千克	356632	31.85	2042.12	50.82
31	橡皮膏	千克	4160024	-2.59	1902.83	3.98

序号	商品名称	单位	出口数量	数量同比	出口金额	金额同比
32	缝合用针	千克	524933	5.19	1676.37	15.89
33	急救药箱、药包	千克	3770681	81.2	1625.42	81.1
34	心电图记录仪	台	21555	27.83	1211.24	46.07
35	麻醉设备	台	3347	-10.75	1185.42	18.42
36	医用或实验室用消毒器具	台	76249	43.65	1100.87	68.89
37	明胶制装药用胶囊	千克	625369	42.49	1045.38	44.24
38	内窥镜	台	10414	64.26	1031.05	34.98
39	肾脏透析设备（人工肾）	台	571	622.78	999.32	1588.96
40	听诊器	个	9600262	34.72	985.91	23.27
41	牙科粘固剂及其他牙科填料；骨骼粘固剂	千克	235942	9.03	962.7	1.57
42	紫外线及红外线装置	台	237542	46.53	806.96	14.71
43	显微镜（光学显微镜除外）及衍射设备的零件	千克	340226	-2.93	767.59	112.21
44	人工关节	千克	14650	112.87	665.3	514.45
45	无菌外科肠线，昆布，止血材料，阻隔材料	千克	171858	-9.12	555.2	-29.61
46	清洁牙缝用纱线（牙线）	千克	1005264	28.08	458.44	43.57
47	医用α、β、γ射线的应用设备	台	42	147.06	448.53	166.1
48	牙齿固定器件	千克	125420	-9.31	349.32	-5.93
49	隐形眼镜片	片	6018255	0.73	342.96	16.34
50	机动医疗车	辆	105	-42.62	270.91	24.35
51	显微镜（光学显微镜除外）；衍射设备	台	41324	-13.22	234.55	21.16
52	口腔清洁剂	千克	939220	-5.15	178.82	25.62
53	X射线影像增强器	个	1293	1.25	155.52	-35.81
54	输血设备	台	329645	-13.01	113.39	200.86
55	视力矫正眼镜用变色镜片坯件	千克	257299	-32.89	98.95	-19.39
56	宫内节育器	个	1417794	-	98.3	-
57	透热疗法设备	台	45279	40.3	90.11	81.47
58	成套、零售包装的牙科用蜡及造型膏	千克	183038	-33.74	81.26	-6.94
59	科研、医疗专用汞或钠蒸汽灯及金属卤化物灯	只	404005	-23.49	78.41	-24.46
60	以熟石膏为基本成分的牙科用其他制品	千克	435741	177.56	65.95	36.06
61	科研、医疗专用卤钨灯	只	1812835	117.73	62.87	-35.51
62	硫化橡胶制医疗用衣着用品及附件	千克	150142	-47.4	50.04	-30.81
63	专用于人类或兽药的凝胶制品，润滑剂，偶合剂	千克	114625	248.14	41.23	18.77

序号	商品名称	单位	出口数量	数量同比	出口金额	金额同比
64	牙钻机，可与其他牙科设备组装在同一底座上	台	13538	134.99	34.59	-47.64
65	其他，牙科用 X 射线应用设备	台	261	3.16	23.4	-21.61
66	科研、医疗专用热阴极荧光灯	只	33964	31.57	5.16	11.84
67	其他科研医疗专用白炽灯，P≤200W，V>100V	只	150017	-84.18	2.35	-83.72
68	心脏起搏器，不包括零件、附件	个	13	-23.53	1.34	-92.8
69	听力计	台	12	-	0.95	-

资料来源：中国医保商会根据中国海关数据整理

附录 4 2010 年中国医疗器械贸易大事记

一、2010 年我国医疗器械进出口规模突破 200 亿美元

2010 年我国医疗器械进出口总额强劲增长，首次突破 200 亿美元大关，为我国“十一五”规划画上圆满句号。值得关注的是，我国医疗器械进出口规模从 100 亿美元到 200 亿美元仅用了 5 年时间。据医保商会整理海关数据统计，2010 年我国医疗器械进出口总额达 226.56 亿美元，同比增长 23.47%。其中，出口额为 146.99 亿美元，同比增长 20.05%；进口额为 79.57 亿美元，同比增长 30.35%。出口额和进口额均同时创造历史最高记录，进口增速高于出口增速 10.3 个百分点。总体来看，2010 年我国医疗器械对外贸易继续保持较大顺差，累计贸易顺差额达 67.42 亿美元。

二、我国首次推出医疗器械进出口价格指数

2010 年 10 月 25 日，中国医药保健品进出口商会联合北京华通人商用信息有限公司共同推出“中国医疗器械进出口价格指数”，该指数的推出，填补了我国相关领域的空白，有助于更好地动态反映我国医疗器械进出口价格变动趋势及受影响程度。它对于服务于相关经济政策的制定、促进我国医疗器械市场繁荣、优化进出口经营模式、规范进出口经营行为等都具有重要作用。

三、商务部重新修订医疗器械产品《对外援助物资供货指导目录》

2010 年，商务部正在对援外物资项目管理制度进行改革，此次改革的重点和关键之一为修订《对外援助物资供货指导目录》（以下简称《指导目录》）。《指导目录》包含了医疗器械产品，产品信息主要包括分类、品名、海关 HS 编码、产品描述、产品标准和优选企业六个方面内容。入《指导目录》的产品必须是可批量生产且质量可靠的国产标准产品，能够体现技术先进性的导向作用，并有能力向受援国终端用户提供最基本的售后保障服务。受商务部委托，中国医药保健品进出口商会负责编制了《指导目录》中的医疗器械产品和企业名单，进入《指导目录》的产品与企业将有资格向我国政府援外物资招标采购供货。

四、商务部陆续出台各类医疗器械产品出口质量控制指南

在“调结构、转方式”的基础上，为进一步提高医疗器械商品的出口质量，商务部委托中国医药保健品进出口商会继《一次性注射器出口指南》和《输液泵/注射泵出口质量控制指南》编撰工作后，再次筹办《医用导管/插管出口质量控制指南》项目，以应对相关品类市场日趋提升的准入标准给我国医疗器械出口企业带来的难题。随着我国医疗器械出口贸易发展迅猛，未来商务部将陆续出台各类医疗器械商品出口质控指南，为企业提供借鉴与参考。

五、美国、欧盟医疗器械新规范对器械进口监管日趋严格

2010 年 5 月，美国 FDA 提出修订医疗器械进口的相关法规要求，并将修订草拟稿在其网站上公开征求意见。在该征求意见稿中，可以看到美国 FDA 和海关对医疗器械的进口监管日趋严格，如果所提议的法规获准通过，将会给美国境外的医疗器械生产企业和进口企业带来较大冲击。相较现行的管理法规，本次修订有以下几方面的重大调整：一是国外生产企业要进口医疗器械到美国，必须明示进口商和产品进口负责人的相关信息；二是对国外外包生产进口到美国的产品，外包的生产厂商（甚至包括外包的灭菌厂商）都必须在 FDA 注册；三是强调只有按法规要求提交了完整的注册材料，FDA 才会接受注册申请。

欧盟委员会在 2007 年 9 月 21 日发布的新医疗器械指令 2007/47/EC 于 2010 年 3 月 21 日生效，规定 2010 年 3 月 21 后进行注册上市的医疗器械必须符合新指令的要求，而此前注册上市的医疗器械可选择自愿遵守。

新指令主要关注于医疗器械行业和发证机构的工作，并有许多重要的改动，以求建立公平的符合性评估环境。其中，涉及我国产品出口相关的主要修订包括所有医疗器械包括 1 类医疗器械均要求临床资料、增加了Ⅰ类灭菌和计量器械的符合性评估路径以及制造商必须明确一名欧盟境内的授权代表等。

六、创新医疗器械产品应用示范工程启动

2010 年 7 月 20 日，为提高基层医疗器械应用水平和优化国产医疗器械产业的应用环境，由科技部和卫生部联合主办的“国产创新医疗器械产品应用示范工程”在重庆正式启动。

“国产创新医疗器械产品应用示范工程”以“创新发展、惠及民生”为宗旨，计划到“十二五”末，力争在全国 10 个省市的 100 个县区，选择 1000 家医疗机构试点应用 10000 台套国产创新医疗器械产品，故又称为“十百千万工程”。据介绍，该工程将重点开展四项工作：一是试点应用一批创新产品，促进医疗资源优化配置；二是探索新型评价机制，完善医疗器械产业创新链条；三是优化应用环境，推进国产医疗器械产业的畅销发展；四是建立新型服务模式，完善医疗器械的使用保障体系。

附录 5　中国医疗器械产品相关专利统计

以下数据来自国家知识产权局数据库，按国际专利分类（IPC）分类检索获得。

表附录 5－1　医疗器械产品 IPC 分类代码

代码	分　类
A61	
A61B	诊断；外科；鉴定
A61C	牙科；口腔或牙齿卫生
A61F	可植入血管内的滤器；假肢体；矫形、护理或避孕装置；热敷；眼或耳的治疗或保护；绷带、敷料或吸收垫；急救箱
A61G	运送病人或方便病人的设备；手术台或手术椅；牙科椅子；丧葬用具
A61H	理疗装置，例如用于寻找或刺激体内反射点的装置；人工呼吸；按摩；用于特殊。治疗或保健目的或人体特殊部分的的洗浴装置
A61J	专用于医学或医药目的的容器；专用于把药品制成特殊的物理或服用形式的装置或方法；喂饲食物或口服药物的器具；婴儿用橡皮奶头；收集唾液的器具
A61L	材料或物体消毒的一般方法或装置；灭菌、消毒或空气的除臭；绷带、敷料或外科用品的化学方面；绷带、敷料、吸收垫或外科用品的材料
A61M	将介质输入人体内或输到人体上的器械；为转移人体介质或为从人体内取出介质的器械；用于产生或结束睡眠或昏迷的器械
A61N	电疗；磁疗；放射疗；超声波疗

资料来源：国家知识产权局

表附录 5－2　2006－2010 年中国医疗器械发明与实用新型专利申请数量（IPC 分类码：A61）

年份	发明（件）	实用新型（件）
2006	24945	9161
2007	25274	10808
2008	27024	13535
2009	16273	17738
2010	8426	9179

资料来源：国家知识产权局

表附录5－3　2010年中国医疗器械按IPC分类专利申请数量

年份	发明（件）	实用新型（件）
A61B	1111	2776
A61C	72	168
A61F	333	1212
A61G	117	897
A61H	266	1035
A61J	92	978
A61L	600	609
A61M	416	2253
A61N	185	481

资料来源：国家知识产权局

附录 6 医疗器械部分产品海关 HS 编码及税率

表附录 6-1 中国主要医疗器械产品海关进出口税则号(2011 版)

序号	货品名称	税则序列	单位	最惠%	增值税率	出口退税	监管条件
1	心电图记录仪	9018110000	台(千克)	5	17	17	6AO
2	B 型超声波诊断仪	9018121000	台(千克)	7	17	17	6OA
3	彩色超声波诊断仪	9018129100	台(千克)	5	17	17	6OA
4	MRI	9018130000	台(千克)	4	17	17	6OA
5	病员监护仪	9018193000	台(千克)	4	17	17	6A
6	听力计	9018194100	台(千克)	4	17	17	6A
7	听诊器	9018901000	个(千克)	4	17	17	6
8	血压测量仪器及器具	9018902000	个(千克)	4	17	17	6A
9	内窥镜	9018903000	台(千克)	4	17	17	6A
10	肾脏透析设备(人工肾)	9018904000	台(千克)	4	17	17	6A
11	透热疗法设备	9018905000	台(千克)	4	17	17	6A
12	输血设备	9018906000	台(千克)	4	17	17	6A
13	麻醉设备	9018907000	台(千克)	4	17	17	6A
14	宫内节育器	9018908000	个(千克)	0	0	0	6A
15	臭氧治疗器、氧气治疗器等器具(还包括喷雾治疗器、人工呼吸器或其他治疗用呼吸器具)	9019200000	台(千克)	4	17	17	
16	人工关节	9021310000	千克(套)	4	17	15	
17	助听器,不包括零件、附件	9021400000	个	4	17	15	
18	心脏起搏器,不包括零件、附件	9021500000	个	4	17	15	A
19	CT	9022120000	台	4	17	17	6OA
20	医用直线加速器	9022140010	台	4	17	17	6OA
21	可直接读数的液体温度计	9025110000	个	4	17	15	
22	红外线人体测温仪	9025199001	个	4	17	15	
23	急救药箱、药包	3006500000	千克	5	17	15	
24	硫化橡胶制避孕套	4014100000	千克	0	0	0	B
25	硫化橡胶制外科用手套(硬化橡胶的除外)	4015110000	千克(双)	8	17	13	B
26	注射器(不论是否装有针头)	9018310000	个(千克)	8	17	17	6A
27	管状金属针头	9018321000	千克	8	17	17	6A
28	缝合用针	9018322000	千克	4	17	17	6A

序号	货品名称	税则序列	单位	最惠%	增值税率	出口退税	监管条件
29	橡皮膏(制成零售包装供医疗、外科、牙科或兽医用)	3005101000	千克	5	17	15	
30	药棉、纱布、绷带(经药物浸涂或制成零售包装,供医疗、外科、牙科或兽医用)	3005901000	千克	5	17	15	
31	漂白全棉医用纱布(每平方米重≤100g,含棉量≥85%)	5208210060	米(千克)	10	17	16	AB
32	未漂白全棉医用纱布(每平方米重≤100g,含棉量≥85%)	5208110070	米(千克)	10	17	16	
33	棉制手术用巾及其他毛巾	6307900051	千克	14	17	16	
34	清洁牙缝用纱线(牙线)	3306200000	千克	10	17	9	
35	牙钻机(不论是否与其他牙科设备组装在同一底座上)	9018410000	台(千克)	4	17	17	6A
36	装有牙科设备的牙科用椅	9018491000	台(千克)	4	17	17	6A
37	假牙	9021210000	千克	4	17	15	
38	非机械驱动的残疾人用车	8713100000	辆	6	0	15	6
39	其他残疾人用车	8713900000	辆	4	0	15	6
40	隐形眼镜片	9001300000	片	6	17	15	
41	按摩器具	9019101000	台(千克)	15	17	17	AB
42	人工耳蜗植入装置	9021900001	千克	0	17	15	

资料来源：中国医保商会

监管条件代码说明：

（一）代码“6”：旧机电产品禁止进口：商品编码后有此代码的商品，其旧品禁止进口。

（二）代码“A”：入境货物通关单：指国家质量监督检验检疫机构根据《中国（保税区）进出口商品检验法》、《中国（保税区）动植物检疫法》和《中国（保税区）食品卫生法》等有关法律、法规，对列入《出入境检验检疫机构实施检验检疫的进出境商品目录》的进口商品签发的入境货物通关单。

（三）代码“B”：出境货物通关单：指国家质量监督检验检疫机构根据《中国（保税区）进出口商品检验法》、《中国（保税区）动植物检疫法》和《中国（保税区）食品卫生法》等有关法律、法规，对列入《出入境检验检疫机构实施检验检疫的进出口境商品目录》的出口商品签发的出境货物通关单。

（四）代码“O”：自动进口许可证（新旧机电产品）：根据商务部、海关总署、国家质检总局2001年第10号令《机电产品进口管理办法》和《机电产品自动进口许可管理实施细则》，进口实行自动进口许可管理的机电产品，进口单位应当在办理海关报关手续前，向商务部或地方外经贸主管机构、部门机电办申领自动进口许可证。

附录7　中国医疗器械行业规模以上工业企业名单

表附7-1　2010年医疗器械行业规模以上企业名单

序号	行业代码	企业中文名称	主营业务收入区间
1	3681	IMD（北京）医疗器械有限公司	3000-5000万元
2	3681	安徽春润科贸有限公司	1000-3000万元
3	3681	爱科来医疗电子（上海）有限公司	5000-1亿元
4	3681	安徽省菲特科技股份有限公司	1000-3000万元
5	3681	安捷瑞电子医疗（沈阳）有限公司	500-1000万元
6	3681	宝贝恩医疗设备（广州）有限公司	5000-1亿元
7	3681	北京爱生科贸有限公司	500-1000万元
8	3681	北京贝克西弗科技有限公司	500-1000万元
9	3681	北京超思电子技术有限责任公司	5000-1亿元
10	3681	北京达雅鼎医疗器械有限公司	500-1000万元
11	3681	北京博医康技术有限责任公司	500-1000万元
12	3681	北京鼎立医疗设备有限公司	1000-3000万元
13	3681	北京福田电子医疗仪器有限公司	5000-1亿元
14	3681	北京东方万泰技术开发有限公司	1000-3000万元
15	3681	北京福基阳光科技有限公司	1000-3000万元
16	3681	北京航天中兴医疗系统有限公司	5000-1亿元
17	3681	北京富盛荣实业有限责任公司	500-1000万元
18	3681	北京高能大恒加速器技术有限公司	500-1000万元
19	3681	北京国药恒瑞美联信息技术有限公司	1000-3000万元
20	3681	北京光瑞机械制造有限责任公司	1000-3000万元
21	3681	北京航天长峰股份有限公司	1-3亿元
22	3681	北京谷山丰生物医学技术有限公司	500-1000万元
23	3681	北京华士信安泽生物工程技术有限公司	1000-3000万元
24	3681	北京华亘安邦科技有限公司	500-1000万元
25	3681	北京宏润达科技发展有限公司	1000-3000万元
26	3681	北京巨龙三优科技有限公司	500-1000万元
27	3681	北京九强生物技术有限公司	1-3亿元
28	3681	北京康思润业生物技术公司	1000-3000万元
29	3681	北京麦邦光电仪器有限公司	1000-3000万元
30	3681	北京轮勤医学工程技术有限责任公司	500-1000万元
31	3681	北京联合易康医疗器械有限公司	1000-3000万元

序号	行业代码	企业中文名称	主营业务收入区间
32	3681	北京荣瑞世纪科技有限公司	1000－3000 万元
33	3681	北京世纪今科医疗器械有限公司	500－1000 万元
34	3681	北京融恒科技发展有限公司	3000－5000 万元
35	3681	北京赛德创生物技术有限公司	1000－3000 万元
36	3681	北京天惠华数字技术有限公司	1000－3000 万元
37	3681	北京太阳电子科技有限公司	500－1000 万元
38	3681	北京万东医疗装备股份有限公司	5－10 亿元
39	3681	北京医科达北研北京医疗器械有限公司	3000－5000 万元
40	3681	北京伟力新世纪科技发展有限公司	1000－3000 万元
41	3681	北京卫金帆医学技术发展有限公司	1000－3000 万元
42	3681	北京中科健安医用技术公司	500－1000 万元
43	3681	北京怡成生物电子技术有限公司	5000－1 亿元
44	3681	碧迪快速诊断产品（苏州）有限公司	500－1000 万元
45	3681	博能（广州）电子有限公司	3－5 亿元
46	3681	泊头市海润医疗器械有限公司	500－1000 万元
47	3681	长春泰尔茂医用器具有限公司	3000－5000 万元
48	3681	长春佳林塑胶制品有限公司	500－1000 万元
49	3681	长春民健医疗器械有限公司	1000－3000 万元
50	3681	布鲁克仪器有限公司	1000－3000 万元
51	3681	常熟市张桥五金医疗器械厂	500－1000 万元
52	3681	常州好妈妈纸业有限公司	500－1000 万元
53	3681	常州市科沛达超声工程设备有限公司	500－1000 万元
54	3681	常州市钱璟康复器材有限公司	5000－1 亿元
55	3681	常州市绿英医疗器械有限公司	1000－3000 万元
56	3681	成都奥晶科技有限责任公司	5000－1 亿元
57	3681	常州雅思电子设备有限公司	500－1000 万元
58	3681	成都老肯科技有限公司	3000－5000 万元
59	3681	成都维信电子科大新技术有限公司	3000－5000 万元
60	3681	达科为生物技术有限公司	3000－5000 万元
61	3681	大连为尔康科贸有限公司	1000－3000 万元
62	3681	德维比斯保健设备（山东）有限公司	1－3 亿元
63	3681	丹东过境经济合作区三和医疗设备有限公司	1000－3000 万元
64	3681	东北大学机械厂	1000－3000 万元
65	3681	东台市科华医疗器械有限公司	500－1000 万元
66	3681	东软医疗系统有限责任公司	1000－3000 万元

序号	行业代码	企业中文名称	主营业务收入区间
67	3681	德中利德（天津）生物技术有限公司	3000－5000 万元
68	3681	东软飞利浦医疗设备系统有限责任公司	5－10 亿元
69	3681	东山电子（天津）有限公司	1000－3000 万元
70	3681	东莞得康医疗制品有限公司	500－1000 万元
71	3681	肥城泰峰机械有限公司	5000－1 亿元
72	3681	恩施康强科技发展有限公司	1000－3000 万元
73	3681	佛山市康复医疗设备厂	1－3 亿元
74	3681	佛山市南海百合医疗科技有限公司	3000－5000 万元
75	3681	佛山市康键科技医疗器械有限公司	500－1000 万元
76	3681	佛山市中创医疗器械有限公司	3000－5000 万元
77	3681	格兰德医用设备（天津）有限公司	1000－3000 万元
78	3681	高邮市康宁电器设备厂	500－1000 万元
79	3681	广东丹特思医疗器材有限公司	500－1000 万元
80	3681	广东宝莱特医用科技股份有限公司	5000－1 亿元
81	3681	广东凯普生物科技有限公司	5000－1 亿元
82	3681	广东威达股份有限公司	1000－3000 万元
83	3681	广州安必平医药科技有限公司	1000－3000 万元
84	3681	广西医疗器械有限责任公司	1000－3000 万元
85	3681	广州市丰华生物工程有限公司	1000－3000 万元
86	3681	桂林优利特医疗电子集团有限公司	1－3 亿元
87	3681	桂林市医疗电子仪器厂	1000－3000 万元
88	3681	桂林高新区宝利泰医疗电子有限公司	1000－3000 万元
89	3681	桂林市华通医用仪器有限公司	500－1000 万元
90	3681	哈尔滨北江制药设备有限公司	500－1000 万元
91	3681	邯郸医疗器械厂	1000－3000 万元
92	3681	杭州博日科技有限公司	3000－5000 万元
93	3681	杭州大力神医疗器械有限公司	3000－5000 万元
94	3681	杭州好克光电仪器有限公司	1000－3000 万元
95	3681	杭州凯龙医疗器械有限公司	1000－3000 万元
96	3681	杭州康基医疗器械有限公司	3000－5000 万元
97	3681	杭州京泠医疗器械有限公司	3000－5000 万元
98	3681	杭州山友医疗器械有限公司	500－1000 万元
99	3681	杭州市桐庐医疗仪器厂	500－1000 万元
100	3681	杭州市桐庐医疗光学仪器总厂/杭州裕华医用光学技术有限公司	5000－1 亿元
101	3681	杭州桐庐福克医疗仪器有限公司	1000－3000 万元

序号	行业代码	企业中文名称	主营业务收入区间
102	3681	杭州舒友电子科技有限公司	1000－3000 万元
103	3681	杭州远志医疗器械有限公司	500－1000 万元
104	3681	航卫通用电气医疗系统有限公司	15－20 亿元
105	3681	合肥德铭电子有限公司	500－1000 万元
106	3681	豪展医疗科技（苏州）有限公司	3000－5000 万元
107	3681	豪孚迪医疗器械（上海）有限公司	1000－3000 万元
108	3681	合肥科瑞达激光设备有限公司	500－1000 万元
109	3681	合肥健桥医疗电子有限责仍公司	500－1000 万元
110	3681	湖南埃普特医疗器械有限公司	500－1000 万元
111	3681	湖南省浏阳市医用仪具厂	1－3 亿元
112	3681	淮安市安洁医疗用品有限公司	1000－3000 万元
113	3681	惠州科美思医用仪器有限公司	1000－3000 万元
114	3681	皇基（厦门）塑胶工业有限公司	500－1000 万元
115	3681	黄石市恒丰医疗器械有限公司	1000－3000 万元
116	3681	吉林省滕达科技发展有限公司	500－1000 万元
117	3681	济南美医林电子仪器有限公司	1000－3000 万元
118	3681	吉林领先科技发展股份有限公司	5000－1 亿元
119	3681	健资科技（苏州工业园区）有限公司	500－1000 万元
120	3681	江苏富林医疗设备有限公司	1000－3000 万元
121	3681	江苏鼎鸿激光科技股份有限公司	500－1000 万元
122	3681	江苏德丰医疗设备有限公司	500－1000 万元
123	3681	江苏华东医疗器械实业有限公司	1000－3000 万元
124	3681	江苏凯泰医疗设备有限公司	1000－3000 万元
125	3681	江苏能建机电实业有限公司	1－3 亿元
126	3681	江苏瑞祺生命科学仪器有限公司	500－1000 万元
127	3681	江苏中惠医疗科技股份有限公司	5－10 亿元
128	3681	江苏省华星医疗器械实业有限公司	1000－3000 万元
129	3681	江西圣济药业有限公司	1000－3000 万元
130	3681	金马医疗器械（无锡）有限公司	1000－3000 万元
131	3681	金华市嘉利制衣有限公司	1000－3000 万元
132	3681	快保医学试剂（苏州）有限公司	500－1000 万元
133	3681	金乡县金瓯医疗器械厂	3000－5000 万元
134	3681	科诺医学仪器设备有限公司	500－1000 万元
135	3681	靖江康鸣医疗设备有限公司	500－1000 万元
136	3681	乐陵市天任电子有限公司	3000－5000 万元

序号	行业代码	企业中文名称	主营业务收入区间
137	3681	乐陵市信诺医疗器械有限公司	1000－3000 万元
138	3681	连云港天诺光学仪器有限公司	1000－3000 万元
139	3681	麦迪凯尔仪器仪表（无锡）有限公司	1000－3000 万元
140	3681	玛西普医学科技发展（深圳）有限公司	3000－5000 万元
141	3681	美健医疗器械（北京）有限公司	1000－3000 万元
142	3681	美迪森（上海）医疗器械有限公司	1000－3000 万元
143	3681	美国博奥生物国际有限公司	5000－1 亿元
144	3681	美迪康医用材料（上海）有限公司	1－3 亿元
145	3681	内江西南医用设备有限公司	1－3 亿元
146	3681	绵阳市富安民医疗器械有限责任公司	1000－3000 万元
147	3681	内江市东兴区陆发标准件厂	1000－3000 万元
148	3681	绵阳美科医学信息技术有限公司	500－1000 万元
149	3681	南昌富昌科技有限公司	3－5 亿元
150	3681	南京双威生物医学科技有限公司	1000－3000 万元
151	3681	南京斯瑞奇医疗用品有限公司	500－1000 万元
152	3681	南宁好邦通用医疗设备有限责任公司	1000－3000 万元
153	3681	南宁一举医疗电子有限公司	1000－3000 万元
154	3681	南通杰西电器有限公司	1000－3000 万元
155	3681	宁波奉天海供氧净化成套设备有限公司	5000－1 亿元
156	3681	宁波市江北天硕医疗仪器有限公司	1000－3000 万元
157	3681	宁波沃尔康医疗器械有限公司	500－1000 万元
158	3681	宁波鑫高益磁材有限公司	1－3 亿元
159	3681	宁波新芝生物科技股份有限公司	1000－3000 万元
160	3681	秦皇岛康泰医学系统有限公司	1－3 亿元
161	3681	秦皇岛百欧泰克电子设备有限公司	1000－3000 万元
162	3681	曲阜市华康医疗器械有限公司	1000－3000 万元
163	3681	青岛中联海诺医疗科技有限公司	500－1000 万元
164	3681	青岛市平度锅炉辅机厂	5000－1 亿元
165	3681	瑞欣实业（深圳）有限公司	5000－1 亿元
166	3681	日立医疗系统（苏州）有限公司	1－3 亿元
167	3681	锐珂（上海）医疗器材有限公司	5－10 亿元
168	3681	赛德科医疗设备有限公司	500－1000 万元
169	3681	山东东阿阿胶阿华医疗器械有限公司	3000－5000 万元
170	3681	山东高密彩虹分析仪器有限公司	1000－3000 万元
171	3681	山东广顺医疗科技有限公司	1－3 亿元

序号	行业代码	企业中文名称	主营业务收入区间
172	3681	山东盛宏医药科技有限公司	3000－5000 万元
173	3681	山东潍坊精鹰医疗器械有限公司	1000－3000 万元
174	3681	山东中杰医疗器械有限公司	3000－5000 万元
175	3681	陕西健华医疗器械有限公司	500－1000 万元
176	3681	山西万科医用设备有限公司	500－1000 万元
177	3681	汕头超声仪器研究有限公司	1－3 亿元
178	3681	陕西省医疗仪器厂	1000－3000 万元
179	3681	上海爱蓓儿医用仪器有限公司	500－1000 万元
180	3681	上海爱培克电子科技有限公司	5000－1 亿元
181	3681	上海阿洛卡医用仪器有限公司	1－3 亿元
182	3681	上海奥普生物医药有限公司	5000－1 亿元
183	3681	上海爱申科技发展股份有限公司	1000－3000 万元
184	3681	上海贝特医疗器械有限公司	1000－3000 万元
185	3681	上海澳华光电内窥镜有限公司	1000－3000 万元
186	3681	上海二医张江生物材料有限公司	1000－3000 万元
187	3681	上海菲曼特医疗器械有限公司	1000－3000 万元
188	3681	上海公共安全器材厂	1000－3000 万元
189	3681	上海菲士康隐形眼镜有限公司	1000－3000 万元
190	3681	上海光电医用电子仪器有限公司	5000－1 亿元
191	3681	上海嘉维机电设备有限公司	500－1000 万元
192	3681	上海互邦医疗器械有限公司	5000－1 亿元
193	3681	上海健保医疗电子有限公司	1000－3000 万元
194	3681	上海康泰医疗器械厂	500－1000 万元
195	3681	上海徕卡仪器有限公司	1000－3000 万元
196	3681	上海勒道克电子制造有限公司	1000－3000 万元
197	3681	上海麦迪逊医疗器械有限公司	5000－1 亿元
198	3681	上海三埃弗电子有限公司	1000－3000 万元
199	3681	上海桥福电器成套厂	1000－3000 万元
200	3681	上海申安医疗器械厂	1000－3000 万元
201	3681	上海松力生物技术有限公司	1000－3000 万元
202	3681	上海泰雷兹电子管有限公司	1－3 亿元
203	3681	上海新波生物技术有限公司	5000－1 亿元
204	3681	上海西门子医疗器械有限公司	15－20 亿元
205	3681	上海新立医疗器械有限公司	500－1000 万元
206	3681	上海熊一蓝野医疗器械有限公司	500－1000 万元

序号	行业代码	企业中文名称	主营业务收入区间
207	3681	上海医疗器械高技术公司	1000－3000 万元
208	3681	上海医分仪器制造有限公司	500－1000 万元
209	3681	上海医疗器械厂有限公司	3－5 亿元
210	3681	上海医诚实业有限公司	1000－3000 万元
211	3681	上海医疗器械五厂	3000－5000 万元
212	3681	上海医疗器械九厂	1000－3000 万元
213	3681	上海中山医疗科技发展公司松江分公司	500－1000 万元
214	3681	深圳百胜医疗科技有限公司	5000－1 亿元
215	3681	深圳雷杜生命科学股份有限公司	5000－1 亿元
216	3681	深圳京柏医疗设备有限公司	500－1000 万元
217	3681	深圳安科高技术股份有限公司	3000－5000 万元
218	3681	深圳市邦健电子有限公司	3000－5000 万元
219	3681	深圳清华力合传感科技有限公司	1－3 亿元
220	3681	深圳力合高科技有限公司	5000－1 亿元
221	3681	深圳迈瑞生物医疗电子股份有限公司	20 亿元以上
222	3681	深圳市东迪欣科技有限公司	3000－5000 万元
223	3681	深圳市德力凯电子有限公司	1000－3000 万元
224	3681	深圳市杰纳瑞医疗仪器有限公司	1000－3000 万元
225	3681	深圳市航创医疗设备有限公司	500－1000 万元
226	3681	深圳市惠泰医疗器械有限公司	1000－3000 万元
227	3681	深圳市恩普电子技术有限公司	5000－1 亿元
228	3681	深圳市贝斯达医疗器械有限公司	1000－3000 万元
229	3681	深圳市慧康医疗器械有限公司	1000－3000 万元
230	3681	深圳市开立科技有限公司	1－3 亿元
231	3681	深圳市金科威实业有限公司	1－3 亿元
232	3681	深圳市理邦精密仪器有限公司	1－3 亿元
233	3681	深圳市凯沃尔电子有限公司	1000－3000 万元
234	3681	深圳市威尔德电子有限公司	3000－5000 万元
235	3681	深圳市索莱瑞医疗技术有限公司	500－1000 万元
236	3681	深圳市斯尔顿科技有限公司	1000－3000 万元
237	3681	深圳市清华源兴纳米医药科技有限公司	3000－5000 万元
238	3681	深圳市讯威实业有限公司	1000－3000 万元
239	3681	深圳市兴旺实业有限公司	1000－3000 万元
240	3681	深圳市新产业生物医学工程有限公司	3000－5000 万元
241	3681	深圳市致恒电气新技术有限公司	500－1000 万元

序号	行业代码	企业中文名称	主营业务收入区间
242	3681	深圳市威尔德医疗电子股份有限公司	5000－1 亿元
243	3681	沈阳东软波谱磁共振技术有限公司	3000－5000 万元
244	3681	沈阳东大麦迪逊医疗设备有限公司	3000－5000 万元
245	3681	沈阳沈大内窥镜有限公司	1000－3000 万元
246	3681	沈阳希姆设备制造有限公司	1000－3000 万元
247	3681	沈阳市伟明医疗设备厂	500－1000 万元
248	3681	四川简阳港通集团有限公司	1－3 亿元
249	3681	四川省迈可多医疗用品有限公司	1000－3000 万元
250	3681	四川昱峰医疗器械有限公司	5000－1 亿元
251	3681	四川省迈克科技有限责任公司	5000－1 亿元
252	3681	四川旭康医疗电器有限公司	1000－3000 万元
253	3681	苏斯帕（南京）减震系统有限公司	5000－1 亿元
254	3681	泗洪县视卓医疗器械有限公司	500－1000 万元
255	3681	苏州贺立欧科技有限公司	500－1000 万元
256	3681	苏州乔阳医学科技有限公司	3000－5000 万元
257	3681	苏州市相城区棱峰医疗用品有限公司	500－1000 万元
258	3681	台州市路桥金清医用仪器厂	500－1000 万元
259	3681	天津哈娜好医材有限公司	1－3 亿元
260	3681	泰亿格电子（上海）有限公司	1000－3000 万元
261	3681	天津邦盛医疗装备有限公司	1000－3000 万元
262	3681	天长市鑫盛科技发展有限公司	1000－3000 万元
263	3681	天津东华医疗系统有限公司	5000－1 亿元
264	3681	天津迈达医学科技有限公司/中国医学科学院生物医学工程研究所	1000－3000 万元
265	3681	天津汇康医用设备有限公司	500－1000 万元
266	3681	天津市企美科技发展有限公司	500－1000 万元
267	3681	天津市中亚医疗仪器科技开发有限公司	500－1000 万元
268	3681	天津松华机电有限公司	3000－5000 万元
269	3681	天津市一瑞生物工程有限公司	500－1000 万元
270	3681	威海众恒医疗设备有限公司	500－1000 万元
271	3681	伟杰科技（苏州）有限公司	500－1000 万元
272	3681	无锡海鹰医疗电子系统有限公司	3000－5000 万元
273	3681	无锡市凯顺医疗器械厂	500－1000 万元
274	3681	无锡康嘉医疗器械有限公司	1000－3000 万元
275	3681	无锡墨锡北体温计有限公司	500－1000 万元
276	3681	无锡佳健医疗器械有限公司	1000－3000 万元

序号	行业代码	企业中文名称	主营业务收入区间
277	3681	吴江市宏达探伤器材有限公司	1000－3000 万元
278	3681	无锡市医用仪表厂	3000－5000 万元
279	3681	无锡市翔程工贸有限公司	3000－5000 万元
280	3681	无锡祥生医学影像有限责任公司	5000－1 亿元
281	3681	无锡裕清医疗器械厂	500－1000 万元
282	3681	武汉半边天医疗技术发展有限公司	500－1000 万元
283	3681	武汉船舶设计研究院	500－1000 万元
284	3681	武汉格瑞生物工程有限公司	500－1000 万元
285	3681	武汉康桥医学新技术有限公司	500－1000 万元
286	3681	武汉市王冠医疗器械有限公司	1000－3000 万元
287	3681	武汉市思创电子有限公司	500－1000 万元
288	3681	武汉塞力斯生物科技有限公司	3000－5000 万元
289	3681	西安希莱沃科技发展有限公司	500－1000 万元
290	3681	西安蓝港数字医疗科技股份有限公司	1000－3000 万元
291	3681	武汉中旗电子有限责任公司	500－1000 万元
292	3681	西安威美医疗器械有限公司	500－1000 万元
293	3681	武汉中纽控制技术有限责任公司	1000－3000 万元
294	3681	西门子听力技术有限公司	5－10 亿元
295	3681	西门子爱克斯射线真空技术（无锡）有限公司	1－3 亿元
296	3681	西门子迈迪特（深圳）磁共振有限公司	5－10 亿元
297	3681	孝感市宏业医用仪器有限公司	1000－3000 万元
298	3681	新奥博为技术有限公司	5000－1 亿元
299	3681	徐水县长峰金工有限公司	500－1000 万元
300	3681	新乡市宇安医用卫生材料有限公司	3－5 亿元
301	3681	徐州雷奥医疗设备有限公司	1－3 亿元
302	3681	徐州市创新医学仪器有限公司	5000－1 亿元
303	3681	徐州世奇医疗器械有限公司	5000－1 亿元
304	3681	徐州市瑞奥电子仪器厂	3000－5000 万元
305	3681	徐州四方医疗器械有限公司	1000－3000 万元
306	3681	徐州天荣医疗通讯设备有限公司	1000－3000 万元
307	3681	旭化成医疗器械（杭州）有限公司	1－3 亿元
308	3681	烟台冰轮高压氧舱有限公司	1000－3000 万元
309	3681	烟台计生药械有限公司	3000－5000 万元
310	3681	烟台冰科集团有限公司	3－5 亿元
311	3681	延吉喜来健实业有限公司	5－10 亿元

序号	行业代码	企业中文名称	主营业务收入区间
312	3681	延吉喜来健医疗器械有限公司	1 – 3 亿元
313	3681	扬州康泰医疗器械有限公司	1000 – 3000 万元
314	3681	扬州市凯达医疗设备有限公司	500 – 1000 万元
315	3681	业聚医疗器械（深圳）有限公司	5000 – 1 亿元
316	3681	养和医疗器械设备有限公司	1000 – 3000 万元
317	3681	扬州通达卫生器械有限公司	500 – 1000 万元
318	3681	优盛医疗电子（上海）有限公司	1 – 3 亿元
319	3681	盈东生物技术（北京）有限公司	1000 – 3000 万元
320	3681	英维康医疗器械（昆山）有限公司	500 – 1000 万元
321	3681	张家港南亚康复机械有限公司	500 – 1000 万元
322	3681	张家港青尼罗河曼迪科机械有限公司	500 – 1000 万元
323	3681	张家港市超声电气有限公司	1000 – 3000 万元
324	3681	张家港市兴鑫医用设备制造有限公司	500 – 1000 万元
325	3681	浙江巴奥米特医药产品有限公司	1 – 3 亿元
326	3681	浙江华健医用工程有限公司	1000 – 3000 万元
327	3681	浙江强盛医用工程有限公司	3000 – 5000 万元
328	3681	浙江莱恩内窥镜科技有限公司	500 – 1000 万元
329	3681	正安（北京）医疗设备有限公司	1000 – 3000 万元
330	3681	郑州安图绿科生物工程有限公司	5000 – 1 亿元
331	3681	中核设备制造厂	3000 – 5000 万元
332	3681	重庆金山科技（集团）有限公司	1 – 3 亿元
333	3681	重庆博恩富克医疗设备有限公司	1000 – 3000 万元
334	3681	重庆海扶（HIFU）技术有限公司	5000 – 1 亿元
335	3681	重庆环球医疗器械有限公司	1000 – 3000 万元
336	3681	重庆天海医疗设备有限公司	1000 – 3000 万元
337	3681	重庆俊峰仪器制造有限公司	500 – 1000 万元
338	3681	重庆医用设备厂	500 – 1000 万元
339	3681	重庆日月温度计有限责任公司	1000 – 3000 万元
340	3681	舟山久意达机械有限公司	1000 – 3000 万元
341	3681	珠海和佳医疗设备股份有限公司	1 – 3 亿元
342	3681	珠海黑马医学仪器有限公司	500 – 1000 万元
343	3681	珠海迪尔生物工程有限公司	500 – 1000 万元
344	3681	珠海市银科医学工程有限公司	500 – 1000 万元
345	3682	北京安泰生物医用材料有限公司	1000 – 3000 万元
346	3682	北京鼎瑞医疗装备有限责任公司	1000 – 3000 万元

序号	行业代码	企业中文名称	主营业务收入区间
347	3682	北京市红叶齿科医用器材厂	500－1000 万元
348	3682	常熟尚齿齿科材料有限公司	500－1000 万元
349	3682	崇明县明惠机械厂	500－1000 万元
350	3682	成都亚非齿科技术有限公司	1000－3000 万元
351	3682	德真会齿科制作（上海）有限公司	500－1000 万元
352	3682	东莞港星电器制品有限公司	1000－3000 万元
353	3682	而至齿科（苏州）有限公司	5000－1 亿元
354	3682	佛山市安乐医疗器械有限公司	5000－1 亿元
355	3682	佛山市高明诺雅医疗科技有限公司	1000－3000 万元
356	3682	佛山市诺胜医疗有限公司	500－1000 万元
357	3682	佛山市盛田医疗器械有限公司	5000－1 亿元
358	3682	佛山市雅博士医疗设备有限公司	1000－3000 万元
359	3682	佛山市三水嘉宇医械配件有限公司	5000－1 亿元
360	3682	福建梅生医疗科技股份有限公司	1－3 亿元
361	3682	桂林市巨星电子设备有限责任公司	500－1000 万元
362	3682	桂林市啄木鸟医疗器械有限公司	5000－1 亿元
363	3682	杭州奥杰医疗器材有限公司	1000－3000 万元
364	3682	湖北成田口腔器材有限公司	1000－3000 万元
365	3682	宁波蓝德控制设备有限公司	500－1000 万元
366	3682	宁波圣迪夫医疗器械有限公司	500－1000 万元
367	3682	普兰梅卡医疗设备（上海）有限公司	1000－3000 万元
368	3682	青岛卫健牙科器材有限公司	3000－5000 万元
369	3682	日进教学器材（昆山）有限公司	1000－3000 万元
370	3682	日进齿科材料（昆山）有限公司	3000－5000 万元
371	3682	森田医疗器械（上海）有限公司	1000－3000 万元
372	3682	上海康桥齿科医械厂	1000－3000 万元
373	3682	上海立珂医疗器械有限公司	500－1000 万元
374	3682	上海民发医疗器械附件厂	1000－3000 万元
375	3682	上海胜利医疗器械有限公司	3000－5000 万元
376	3682	上海怡友医疗器械有限公司	1000－3000 万元
377	3682	深圳南山区顺安现代牙模来料加工厂	5000－1 亿元
378	3682	深圳市速航科技发展有限公司	500－1000 万元
379	3682	苏州公理福医疗器械有限公司	1000－3000 万元
380	3682	台山市福肯科研设备工业有限公司	5000－1 亿元
381	3682	天津加发医疗器械有限公司	500－1000 万元

序号	行业代码	企业中文名称	主营业务收入区间
382	3682	武汉大学口腔医学院口腔材料厂	500－1000 万元
383	3682	西诺德牙科设备（佛山）有限公司	3000－5000 万元
384	3682	咸阳西北医疗器械集团有限公司	5000－1 亿元
385	3682	信利仪器有限公司	1－3 亿元
386	3682	亚非齿科（成都）制造有限公司	500－1000 万元
387	3682	余姚市强欣医疗器材有限公司	1000－3000 万元
388	3682	珠海西格医疗设备有限公司	1000－3000 万元
389	3682	淄博威斯特齿科器械有限公司	3000－5000 万元
390	3683	安徽中航净化工程有限公司	1000－3000 万元
391	3683	北京安力斯环保设备有限公司	1000－3000 万元
392	3683	北京丰台永定消毒设备厂	500－1000 万元
393	3683	北京克力爱尔生物实验室工程有限公司	1000－3000 万元
394	3683	北京陆桥商检新技术公司	1000－3000 万元
395	3683	北京市六一仪器厂	1000－3000 万元
396	3683	北票市瑰宝现代实验室装备有限公司	1000－3000 万元
397	3683	北票宝信光电设备有限公司	1000－3000 万元
398	3683	长沙友欣实业有限公司	1000－3000 万元
399	3683	常熟市白豚医用设备厂	500－1000 万元
400	3683	朝阳福瑞达实验室装备有限公司	500－1000 万元
401	3683	成都青格王三氧电器设备有限公司	1000－3000 万元
402	3683	成都润兴消毒药业有限公司	5000－1 亿元
403	3683	大连昱禾机械制造有限公司	1000－3000 万元
404	3683	广东科艺普实验室设备研制有限公司	3－5 亿元
405	3683	杭州艾森生物有限公司	3000－5000 万元
406	3683	杭州电达消毒设备厂	500－1000 万元
407	3683	杭州西子卫生消毒药器械有限公司	500－1000 万元
408	3683	湖北科贝科技有限公司	1000－3000 万元
409	3683	湖南共创衡阳医疗器械有限公司	3000－5000 万元
410	3683	济宁大拇指喷雾设备有限公司	5000－1 亿元
411	3683	佳木斯市松花江医疗用品厂	500－1000 万元
412	3683	江苏巨光光电科技有限公司	1000－3000 万元
413	3683	江苏中卫九洲医用工程有限公司	5000－1 亿元
414	3683	胶南市华青卫生材料有限公司	1－3 亿元
415	3683	江阴滨江医疗设备有限公司	1000－3000 万元
416	3683	金西盟（北京）仪器有限公司	500－1000 万元

序号	行业代码	企业中文名称	主营业务收入区间
417	3683	昆山市超声仪器有限公司	1000－3000 万元
418	3683	连云港千樱医疗设备有限公司	5000－1 亿元
419	3683	雷柏特（上海）实验室设备有限公司	3000－5000 万元
420	3683	连云港国鑫医药设备有限公司	1000－3000 万元
421	3683	辽宁北票美加力实验室装备有限公司	1000－3000 万元
422	3683	南京恒裕仪器设备制造有限公司	500－1000 万元
423	3683	南京和澳机电实业有限公司	1000－3000 万元
424	3683	宁波蓝野医疗器械有限公司	5000－1 亿元
425	3683	宁波佳恩生物科技有限公司	500－1000 万元
426	3683	宁波江北华盛医疗器械有限公司	1000－3000 万元
427	3683	强生（中国）医疗器材有限公司	1－3 亿元
428	3683	青岛颐中生物工程有限公司	5－10 亿元
429	3683	山东康宝净化设备有限公司	5000－1 亿元
430	3683	山东临朐绿洲环保有限公司	1000－3000 万元
431	3683	山东新华医疗器械集团	5－10 亿元
432	3683	上海飞鸣仪器有限公司	1000－3000 万元
433	3683	上海华线医用核子仪器有限公司	1000－3000 万元
434	3683	上海美和实业发展有限公司	1000－3000 万元
435	3683	上海三申医疗器械有限公司	1000－3000 万元
436	3683	上海新华舒普净化技术有限公司	1000－3000 万元
437	3683	上海跃进医用光学器械厂	1000－3000 万元
438	3683	深圳市科达超声自动设备有限公司	1000－3000 万元
439	3683	沈阳恒通实验室装备有限公司	500－1000 万元
440	3683	沈阳科友真空技术有限公司	1－3 亿元
441	3683	沈阳消毒设备制造公司	1000－3000 万元
442	3683	四川飞宇集团成都飞宇医疗设备有限公司	3000－5000 万元
443	3683	苏州晶乐高分子医疗器械有限公司	1000－3000 万元
444	3683	苏州市祥源生物制品有限公司	500－1000 万元
445	3683	太仓市实验设备厂	500－1000 万元
446	3683	太仓市华美生化仪器厂	500－1000 万元
447	3683	天津市金章科技发展有限公司	500－1000 万元
448	3683	通辽航天恒星环保技术研发有限公司	500－1000 万元
449	3683	无锡市博阳超声电器有限公司	500－1000 万元
450	3683	无锡市普瑞达实验装备有限公司	500－1000 万元
451	3683	武汉丽辉新技术有限公司	500－1000 万元

序号	行业代码	企业中文名称	主营业务收入区间
452	3683	西安灭菌设备制造有限公司	500－1000 万元
453	3683	张家港市华菱医疗设备制造有限公司	3000－5000 万元
454	3683	张家港市神农药机有限公司	3000－5000 万元
455	3683	浙江凯德医疗器械有限公司	500－1000 万元
456	3683	郑州瑞孚实验室装备净化工程有限公司	500－1000 万元
457	3684	阿尔玹科技（厦门）有限公司	1000－3000 万元
458	3684	安徽华安医疗用品进出口有限公司	500－1000 万元
459	3684	安徽康泰医疗器具有限公司	500－1000 万元
460	3684	安徽省康宁实业集团有限公司医	5000－1 亿元
461	3684	安徽省康达医疗用品集团	1－3 亿元
462	3684	安吉天春医疗器械有限公司	500－1000 万元
463	3684	宝鸡市英耐特医用钛有限公司	1000－3000 万元
464	3684	保定康能生物医学工程有限公司	500－1000 万元
465	3684	奥雅索医疗器件（昆山）有限公司	500－1000 万元
466	3684	奥普斯技术（武汉）有限公司	1000－3000 万元
467	3684	北京长川医用技术有限责任公司	500－1000 万元
468	3684	北京伏尔特技术有限公司	1000－3000 万元
469	3684	北京福尔娜医用器材有限公司	500－1000 万元
470	3684	北京赫之源医疗器械制品有限公司	500－1000 万元
471	3684	北京积水创格医疗科技有限公司	3000－5000 万元
472	3684	北京康拓医疗仪器有限公司	1000－3000 万元
473	3684	北京康达五洲医疗器械中心	3000－5000 万元
474	3684	北京米道斯医疗器械有限公司	3000－5000 万元
475	3684	北京万东库利艾特医用制品有限公司	500－1000 万元
476	3684	北京万特福医疗器械有限公司	1000－3000 万元
477	3684	北京天元科汇自动化设备研发有限公司	1000－3000 万元
478	3684	北京鑫晨光生物技术有限公司	1000－3000 万元
479	3684	伯姿妮卫生化妆品用具（苏州）有限公司	1000－3000 万元
480	3684	贝朗医疗（苏州）有限公司	5000－1 亿元
481	3684	博义医疗器材（上海）有限公司	1000－3000 万元
482	3684	长春爱康医疗机械有限公司	1000－3000 万元
483	3684	布尔医疗设备（北京）有限公司	1000－3000 万元
484	3684	长治市华美医用器械有限公司	3000－5000 万元
485	3684	常熟市爱舍伦医疗用品有限公司	1000－3000 万元
486	3684	常熟市康复医疗器械有限责任公司	1000－3000 万元

序号	行业代码	企业中文名称	主营业务收入区间
487	3684	常熟市泰宁医疗器材有限责任公司	1000－3000 万元
488	3684	常州贝斯康医疗器械有限公司	500－1000 万元
489	3684	常州金龙医用塑料器械有限公司	1000－3000 万元
490	3684	常州联合工具有限公司	5000－1 亿元
491	3684	常州市海达医疗器械有限公司	500－1000 万元
492	3684	常州京林医疗器械有限公司	1－3 亿元
493	3684	常州市春光医用器材有限公司	500－1000 万元
494	3684	常州市德群医疗器械有限公司	3000－5000 万元
495	3684	常州市回春医疗器材有限公司	3000－5000 万元
496	3684	常州市华伟医疗用品有限公司	1000－3000 万元
497	3684	常州市康福莱医疗用品有限公司	500－1000 万元
498	3684	常州市康辉医疗器械有限公司	1－3 亿元
499	3684	常州市久虹医疗器械有限公司	1000－3000 万元
500	3684	常州市双马医疗器材有限公司	3000－5000 万元
501	3684	常州市新能源吻合器总厂有限公司	1000－3000 万元
502	3684	常州市庆宏电子器材有限公司	1000－3000 万元
503	3684	常州市通达医疗器材有限公司	3000－5000 万元
504	3684	常州悦康医疗器材有限公司	1000－3000 万元
505	3684	常州晓春医疗器材有限公司	500－1000 万元
506	3684	成都恩威医疗用品有限公司	3000－5000 万元
507	3684	成都市新津事丰医疗器械有限公司	1－3 亿元
508	3684	成都华信电子设备厂	5000－1 亿元
509	3684	成都市双流双陆医疗器械有限公司	5000－1 亿元
510	3684	成武县永康医用器械厂	500－1000 万元
511	3684	茌平县医光医疗器械有限公司	1000－3000 万元
512	3684	成都铸信企业（集团）有限公司	3000－5000 万元
513	3684	崇仁（厦门）医疗器械有限公司	5000－1 亿元
514	3684	创生医疗器械（江苏）有限公司	1－3 亿元
515	3684	大连 JMS 医疗器具有限公司	1－3 亿元
516	3684	岱山锦华医疗器械有限公司	500－1000 万元
517	3684	大龙医疗设备（上海）有限公司	1000－3000 万元
518	3684	丹阳市健陵医疗器械有限公司	500－1000 万元
519	3684	德壹医疗用品（上海）有限公司	3000－5000 万元
520	3684	东莞大朗东冠电子制品厂	1000－3000 万元
521	3684	多美（无锡）医疗器械有限公司	1000－3000 万元

序号	行业代码	企业中文名称	主营业务收入区间
522	3684	冯氏精密机械（南通）有限公司	1000－3000万元
523	3684	飞秒光电科技（西安）有限公司	1000－3000万元
524	3684	佛山特种医用导管有限责任公司	3000－5000万元
525	3684	福州国德光电设备有限公司	500－1000万元
526	3684	福建莆田仁德医疗器械有限公司	1－3亿元
527	3684	固始县公元医疗器械有限公司	5000－1亿元
528	3684	富利凯医疗用品（东莞）有限公司	1000－3000万元
529	3684	广东鸽子医疗器械有限公司	500－1000万元
530	3684	固始县臻正医疗器械有限公司	1－3亿元
531	3684	广东泰宝科技医疗用品有限公司	500－1000万元
532	3684	广东龙心医疗器械有限公司	5000－1亿元
533	3684	广元市康康医疗器械有限公司	1000－3000万元
534	3684	广西巨龙医疗器械有限公司	1－3亿元
535	3684	广州市番禺区华鑫科技有限公司	1－3亿元
536	3684	广州阳普医疗科技股份有限公司	1－3亿元
537	3684	杭州辉煌医疗器械有限公司	1000－3000万元
538	3684	杭州华威医疗用品有限公司	1000－3000万元
539	3684	杭州光典医疗器械有限公司	3000－5000万元
540	3684	杭州华安医疗保健用品有限公司	3000－5000万元
541	3684	杭州汇大医疗器械有限公司	1000－3000万元
542	3684	杭州龙德医用器械有限公司	3000－5000万元
543	3684	杭州欧拓普生物技术有限公司	500－1000万元
544	3684	杭州桐庐尖端内窥镜有限公司	1－3亿元
545	3684	杭州桐庐尖端医光器械总厂	5000－1亿元
546	3684	杭州市桐庐医达器械设备厂	500－1000万元
547	3684	豪展医疗科技（吴江）有限公司	3000－5000万元
548	3684	合肥和尔适科技发展有限公司	1000－3000万元
549	3684	郝仕尔南德手术器械（太仓）有限公司	500－1000万元
550	3684	洪江市正兴医疗仪表厂	1000－3000万元
551	3684	河南凯迪药用特种包装材料有限公司	3000－5000万元
552	3684	鸿邦电子深圳有限公司	3－5亿元
553	3684	湖北仙明医疗机械有限公司	5000－1亿元
554	3684	湖南康利来医疗器械有限公司	3000－5000万元
555	3684	淮安市天达医疗器械有限公司	1000－3000万元
556	3684	淮安市华东医保有限公司	3000－5000万元

序号	行业代码	企业中文名称	主营业务收入区间
557	3684	华略电子（深圳）有限公司	1000－3000 万元
558	3684	淮安市麦迪科医疗用品有限公司	1000－3000 万元
559	3684	淮安澳福手术器械有限公司	500－1000 万元
560	3684	淮阴医疗器械有限公司	5000－1 亿元
561	3684	黄石市雄卿医疗器械有限公司	500－1000 万元
562	3684	淮安市信达医疗器械有限公司	5000－1 亿元
563	3684	黄石市健身医疗器械厂	500－1000 万元
564	3684	吉林省金昊医疗器械有限责任公司	3000－5000 万元
565	3684	霍邱县三龙医药用品有限公司	1000－3000 万元
566	3684	嘉兴市荣盛救生设备有限公司	500－1000 万元
567	3684	江苏博生医用新材料股份有限公司	1－3 亿元
568	3684	江苏吉春医用器材有限公司	1000－3000 万元
569	3684	江苏登冠医疗器械有限公司	1000－3000 万元
570	3684	江苏华辰医用仪器有限公司	3000－5000 万元
571	3684	江苏康华医疗器材有限公司	1－3 亿元
572	3684	江苏康宝医疗器械有限公司	1000－3000 万元
573	3684	江苏洁乐医用敷料有限公司	5000－1 亿元
574	3684	江苏康健用品有限公司	5000－1 亿元
575	3684	江苏康诺医疗器械有限公司	5000－1 亿元
576	3684	江苏康进医疗器材有限公司	5000－1 亿元
577	3684	江苏凯寿医用器材有限公司	1000－3000 万元
578	3684	江苏科凌医疗器械有限公司扬州分公司	1000－3000 万元
579	3684	江苏日新医疗设备有限公司	1000－3000 万元
580	3684	江苏康欣医疗设备有限公司	5000－1 亿元
581	3684	江苏瑞宇医疗用品有限公司	500－1000 万元
582	3684	江苏神力医用制品有限公司	1000－3000 万元
583	3684	江苏朗生生命科技有限公司	500－1000 万元
584	3684	江苏科凌医疗器械有限公司	5000－1 亿元
585	3684	江苏康友医用器械有限公司	3000－5000 万元
586	3684	江苏亚达科技集团有限公司	1－3 亿元
587	3684	江苏亿乐医疗用品有限公司	3000－5000 万元
588	3684	江苏苏云医疗器材有限公司	1－3 亿元
589	3684	江苏鱼跃医疗设备股份有限公司	5－10 亿元
590	3684	江西格兰斯医疗器械有限公司	1000－3000 万元
591	3684	江西红新医疗器械有限公司	5000－1 亿元

序号	行业代码	企业中文名称	主营业务收入区间
592	3684	江西荣嘉医疗器械实业有限公司	3000－5000 万元
593	3684	江西洪达医疗器械集团有限公司	3－5 亿元
594	3684	江西丰临医用器械有限公司	3000－5000 万元
595	3684	江西锦胜医疗器械有限公司	5000－1 亿元
596	3684	江西侨明医疗器械有限公司	3000－5000 万元
597	3684	江西富尔康医科工业有限公司	1－3 亿元
598	3684	江西庐乐医疗器械有限公司	5000－1 亿元
599	3684	江西西河实业发展有限公司	1－3 亿元
600	3684	江阴市华达医用制品有限公司	1000－3000 万元
601	3684	江西益康医疗器械集团有限公司	3－5 亿元
602	3684	江阴采纳科技有限公司	500－1000 万元
603	3684	江西鑫港医疗器械有限公司	1－3 亿元
604	3684	江西三鑫医疗器械集团有限公司	1－3 亿元
605	3684	杰普莱斯医疗器械（北京）有限公司	3000－5000 万元
606	3684	捷威（无锡）科技有限公司	3000－5000 万元
607	3684	洁定医疗器械（苏州）哟有限公司	5000－1 亿元
608	3684	金坛市康达医用器材制造有限公司	1000－3000 万元
609	3684	揭阳嘉春医疗器械有限公司	500－1000 万元
610	3684	柯惠医疗器材制造（上海）有限公司	1－3 亿元
611	3684	靖江宾希机械科技有限公司	500－1000 万元
612	3684	克林尼科医疗器械（南昌）有限公司	1－3 亿元
613	3684	蓝孚医疗科技（山东）有限公司	1000－3000 万元
614	3684	昆山得意塑胶有限公司	1000－3000 万元
615	3684	乐清市长城塑料医械厂	500－1000 万元
616	3684	力纳克传动系统深圳有限公司	1－3 亿元
617	3684	辽宁生启医用科技开发有限公司	500－1000 万元
618	3684	临海市金康特种制管有限公司	1000－3000 万元
619	3684	辽宁山岳机械制造有限公司	5000－1 亿元
620	3684	楼氏电子（苏州）有限公司	5－10 亿元
621	3684	迈柯唯医疗设备（苏州）有限公司	3000－5000 万元
622	3684	龙口市双鹰医疗器械有限公司	5000－1 亿元
623	3684	柳州佳力医疗器械有限公司	1000－3000 万元
624	3684	龙口市现代医疗器械有限公司	1000－3000 万元
625	3684	漯河市曙光医疗器械有限公司	3－5 亿元
626	3684	美昕医疗器械（昆山）有限公司	5000－1 亿元

序号	行业代码	企业中文名称	主营业务收入区间
627	3684	美利驰医疗器械（苏州）有限公司	1 - 3 亿元
628	3684	美迪科（上海）包装材料有限公司	1000 - 3000 万元
629	3684	内江市西南医疗器械有限责任公司	5000 - 1 亿元
630	3684	南昌贝欧特医疗设备有限公司	1000 - 3000 万元
631	3684	南昌市赣达医疗器械有限公司	1000 - 3000 万元
632	3684	南京防腐设备制造有限公司	1000 - 3000 万元
633	3684	南京迈创医疗器械有限公司	500 - 1000 万元
634	3684	南京神州英诺华医疗科技有限公司	3000 - 5000 万元
635	3684	南京赛尔金生物医学有限公司	1000 - 3000 万元
636	3684	南京普澳医疗设备有限公司	1000 - 3000 万元
637	3684	南京亚楠鸿业科技实业有限公司	500 - 1000 万元
638	3684	南通贝特医药机械有限公司	500 - 1000 万元
639	3684	南宁双健医疗器械有限责任公司	5000 - 1 亿元
640	3684	南通爱普医疗器械有限公司	3000 - 5000 万元
641	3684	南通安琪医用品有限公司	3000 - 5000 万元
642	3684	南通华诚供氧净化设备有限公司	500 - 1000 万元
643	3684	南宁市三科医疗器械有限责任公司	500 - 1000 万元
644	3684	宁波贝斯美德医用器械有限公司	1000 - 3000 万元
645	3684	南通医疗器械有限公司	5000 - 1 亿元
646	3684	南阳市久康医疗器械有限公司	1000 - 3000 万元
647	3684	宁波华辉医用器械有限公司	3000 - 5000 万元
648	3684	宁波美生医疗器材有限公司	500 - 1000 万元
649	3684	宁波天益医疗器械有限公司	3000 - 5000 万元
650	3684	宁波四方医疗器械有限公司	1000 - 3000 万元
651	3684	宁海县恒通金属制品有限公司	500 - 1000 万元
652	3684	宁波亚杰缸体机械制造有限公司	500 - 1000 万元
653	3684	宁波宇球医疗器械有限公司	500 - 1000 万元
654	3684	宁波优尼美医疗器械配件有限公司	500 - 1000 万元
655	3684	蓬莱天日医疗器械有限公司	1000 - 3000 万元
656	3684	欧姆龙大连有限公司	10 - 15 亿元
657	3684	强生（苏州）医疗器材有限公司	5000 - 1 亿元
658	3684	青岛来仁宝电子有限公司	1000 - 3000 万元
659	3684	青岛阿尔法医疗器械有限公司	5000 - 1 亿元
660	3684	曲阜市华仁技贸有限公司	5000 - 1 亿元
661	3684	青岛盛福电子有限公司	500 - 1000 万元

序号	行业代码	企业中文名称	主营业务收入区间
662	3684	热电上海仪器有限公司	5000－1 亿元
663	3684	山东博特医疗产品有限公司	1000－3000 万元
664	3684	山东高分子医疗器械有限公司	500－1000 万元
665	3684	山东省成武县医用制品厂	500－1000 万元
666	3684	山东新华安得医疗用品有限公司	5000－1 亿元
667	3684	山东省招远市庞玲医用卫生材料厂	500－1000 万元
668	3684	山东淄博医用器材有限公司	20 亿元以上
669	3684	商丘市雅康药械有限公司	1000－3000 万元
670	3684	汕头市福利医疗器械厂	1000－3000 万元
671	3684	陕西省万安药业有限公司	500－1000 万元
672	3684	上海安洁电子设备有限公司	500－1000 万元
673	3684	上海埃斯埃医械塑料制品有限公司	1000－3000 万元
674	3684	上海宝佳医疗器械有限公司	1000－3000 万元
675	3684	上海德尔格医疗器械有限公司	1－3 亿元
676	3684	上海复弘科技发展有限公司	1000－3000 万元
677	3684	上海富达医用塑料厂	500－1000 万元
678	3684	上海金塔医用器材有限公司	3000－5000 万元
679	3684	上海康寿医疗器械有限公司	3000－5000 万元
680	3684	上海凯乐输液器厂	5000－1 亿元
681	3684	上海康德莱手岛制管有限公司	1000－3000 万元
682	3684	上海康德莱制管有限公司	500－1000 万元
683	3684	上海凯利医疗科技有限公司	1000－3000 万元
684	3684	上海康德莱企业发展集团有限公司	3－5 亿元
685	3684	上海力申科学仪器有限公司	3000－5000 万元
686	3684	上海米沙瓦医科工业有限公司	1000－3000 万元
687	3684	上海美华医疗器具股份有限公司	1－3 亿元
688	3684	上海敏华医疗器材配套有限公司	3000－5000 万元
689	3684	上海浦东金环医疗用品有限公司	5000－1 亿元
690	3684	上海祁鑫医疗器械厂（原上海医用吸引器厂）	3000－5000 万元
691	3684	上海市开爱富医用高分子器材有限公司	5000－1 亿元
692	3684	上海上医康鸽医用器材有限责任公司	1000－3000 万元
693	3684	上海双鸽实业有限公司	1－3 亿元
694	3684	上海万德福医疗器械自动化研究所有限公司	3000－5000 万元
695	3684	上海医疗器械（集团）有限公司上海华辰医用仪表有限公司	3000－5000 万元
696	3684	上海医疗器械（集团）有限公司	1－3 亿元

序号	行业代码	企业中文名称	主营业务收入区间
697	3684	上海亚荣生化仪器厂	1000 – 3000 万元
698	3684	上海怡新医疗设备有限责任公司	1000 – 3000 万元
699	3684	上海医疗器械股份有限公司医用光学仪器厂	1000 – 3000 万元
700	3684	上海医疗器械股份有限公司	3 – 5 亿元
701	3684	上海医用缝合针厂有限公司	1000 – 3000 万元
702	3684	上海致立医疗器械厂	1000 – 3000 万元
703	3684	绍兴康达器械有限公司	1000 – 3000 万元
704	3684	绍兴万佳器械有限公司	500 – 1000 万元
705	3684	深圳晨伟电子有限公司	1000 – 3000 万元
706	3684	深圳敬航电子制品有限公司	1 – 3 亿元
707	3684	深圳市安特高科实业有限公司	3000 – 5000 万元
708	3684	深圳市保安医疗用品有限公司	1000 – 3000 万元
709	3684	深圳市安保科技有限公司	500 – 1000 万元
710	3684	深圳市比特科技有限公司	500 – 1000 万元
711	3684	深圳市科瑞康实业有限公司	3000 – 5000 万元
712	3684	深圳市蓝韵实业有限公司	1 – 3 亿元
713	3684	深圳市赛得立实业有限公司	500 – 1000 万元
714	3684	深圳市深科医疗器械技术开发有限公司	1000 – 3000 万元
715	3684	深圳市匹基生物工程有限公司	5000 – 1 亿元
716	3684	沈阳晟康龙医用设备有限公司	3000 – 5000 万元
717	3684	沈阳润丰医疗器械有限公司	500 – 1000 万元
718	3684	沈阳舒可满豪医疗器械有限公司	1000 – 3000 万元
719	3684	嵊泗县华合仪表有限公司	500 – 1000 万元
720	3684	嵊泗医疗仪器有限公司	500 – 1000 万元
721	3684	沈阳四通医疗设备有限公司	5000 – 1 亿元
722	3684	寿光兴华毛纺有限公司	3000 – 5000 万元
723	3684	市协和医疗器械制品有限公司	5000 – 1 亿元
724	3684	思达高诊断技术（北京）有限公司	1000 – 3000 万元
725	3684	嵊泗泽成医用有限公司	1000 – 3000 万元
726	3684	士隆医疗器材（上海）有限公司	1000 – 3000 万元
727	3684	四川科伦药业股份有限公司	10 – 15 亿元
728	3684	四川康宁医用器材有限公司	1000 – 3000 万元
729	3684	四川瑞迪医疗科技有限公司	500 – 1000 万元
730	3684	四川省脐血干细胞中心有限公司	1000 – 3000 万元
731	3684	四川祥禾医疗器械有限公司	500 – 1000 万元

序号	行业代码	企业中文名称	主营业务收入区间
732	3684	四川新世纪医用高分子制品有限公司	500–1000 万元
733	3684	松屋科技发展（大连）有限公司	5000–1 亿元
734	3684	苏州爱得科技发展有限公司	500–1000 万元
735	3684	苏州百特医疗用品有限公司	3–5 亿元
736	3684	苏州碧迪医疗器械有限公司	3–5 亿元
737	3684	苏州爱迪尔医疗器械有限公司	1000–3000 万元
738	3684	苏州华邦齿科医疗器械有限公司	1000–3000 万元
739	3684	苏州法兰克曼医疗器械有限公司	3000–5000 万元
740	3684	苏州华佗医疗器械有限公司	1000–3000 万元
741	3684	苏州林华医疗器械有限公司	3000–5000 万元
742	3684	苏州联和医材有限公司	1000–3000 万元
743	3684	苏州六六视觉科技股份有限公司	5000–1 亿元
744	3684	苏州市冯氏实验动物设备有限公司	1000–3000 万元
745	3684	苏州日精仪器有限公司	5000–1 亿元
746	3684	苏州市华佗针灸器械总厂相城区分厂	500–1000 万元
747	3684	苏州市相城区华宇针灸厂	500–1000 万元
748	3684	苏州施莱医疗器械有限公司	1000–3000 万元
749	3684	苏州市施强医疗器械有限公司	500–1000 万元
750	3684	苏州市赛普空气分离技术有限公司	500–1000 万元
751	3684	苏州市康力骨科器械有限公司	500–1000 万元
752	3684	苏州欣荣博尔特医疗器械有限公司	3000–5000 万元
753	3684	苏州天协针灸器械有限公司	500–1000 万元
754	3684	苏州屠氏针灸医疗器械有限公司	500–1000 万元
755	3684	苏州医疗用品厂有限公司	3000–5000 万元
756	3684	苏州市相城区文教医用塑料包装厂	1000–3000 万元
757	3684	苏州优贝特医疗器械有限公司	500–1000 万元
758	3684	台州康健医用器械有限公司	500–1000 万元
759	3684	台州市金清医械厂	1000–3000 万元
760	3684	苏州针灸用品有限公司	500–1000 万元
761	3684	苏州元泰医疗器械有限公司	500–1000 万元
762	3684	太原市绿波医疗器械有限公司	500–1000 万元
763	3684	泰尔茂医疗产品（杭州）有限公司	5–10 亿元
764	3684	太空医疗仪器（苏州）有限公司	1000–3000 万元
765	3684	泰州钛锆金属有限公司	3000–5000 万元
766	3684	天长市天泰建材塑业有限责任公	1–3 亿元

序号	行业代码	企业中文名称	主营业务收入区间
767	3684	天津京津医疗器械厂	1000－3000 万元
768	3684	天津市麦迪克医用器材有限公司	1000－3000 万元
769	3684	天津市同业科技发展有限公司	500－1000 万元
770	3684	天津杏林书院医疗器械有限公司	500－1000 万元
771	3684	天津市医疗器械厂	500－1000 万元
772	3684	天津亿朋医疗器械有限公司	1000－3000 万元
773	3684	通州市资亚医用材料有限责任公司	5000－1 亿元
774	3684	通州兴扬药用玻璃制品有限公司	3－5 亿元
775	3684	天水华圆医疗器械有限公司	500－1000 万元
776	3684	潍坊市康华生物技术有限公司	1000－3000 万元
777	3684	威海鸿宇医疗器械有限公司	1000－3000 万元
778	3684	桐庐康尔医疗器械有限公司	500－1000 万元
779	3684	桐庐南宇医疗器械厂	1000－3000 万元
780	3684	潍坊涌泉机械制造有限公司	5000－1 亿元
781	3684	温州健达医疗仪表有限公司	1000－3000 万元
782	3684	温州生贵医疗器械有限公司	1000－3000 万元
783	3684	温州康特塑料五金制品有限公司	500－1000 万元
784	3684	温州市倍可特医疗器械有限公司	500－1000 万元
785	3684	温州市保伊康医疗器械有限公司	500－1000 万元
786	3684	卫美恒（苏州）医疗器械有限公司	5000－1 亿元
787	3684	温州华利医疗器械有限公司	1000－3000 万元
788	3684	温州市注射针厂	500－1000 万元
789	3684	温州市强龙医疗用品厂	5000－1 亿元
790	3684	温州市博康仪表有限公司	3000－5000 万元
791	3684	温州市鸿顺工贸公司	3000－5000 万元
792	3684	无锡红光医疗器械有限公司	1000－3000 万元
793	3684	无锡市九龙医疗器械有限公司	500－1000 万元
794	3684	无锡信达医疗器械有限公司	3000－5000 万元
795	3684	无锡市天一医疗器材有限公司	500－1000 万元
796	3684	武汉金瑞达医疗用品有限公司	500－1000 万元
797	3684	武汉恒康医疗器械有限公司	500－1000 万元
798	3684	西安赛百科洁医药包装有限公司	1000－3000 万元
799	3684	西尔欧（中国）医疗设备有限公司	500－1000 万元
800	3684	新普锐斯（宁波）仪器仪表有限公司	5000－1 亿元
801	3684	新乡市华西卫材有限公司	1000－3000 万元

序号	行业代码	企业中文名称	主营业务收入区间
802	3684	新乡市康民卫材开发有限公司	1000－3000 万元
803	3684	盱眙县康宁医疗用品有限公司	3000－5000 万元
804	3684	盱眙县康西特织造有限公司	500－1000 万元
805	3684	新医科技（上海）有限公司	500－1000 万元
806	3684	盱眙蔚百世医疗器械有限公司	5000－1 亿元
807	3684	兴化市华良敷料卫生用品有限公司	500－1000 万元
808	3684	兴化市隆昌医用敷料有限责任公司	1000－3000 万元
809	3684	徐州富山医疗制品有限公司	3－5 亿元
810	3684	徐州创新医学仪器有限公司	1000－3000 万元
811	3684	宣城市江南医疗器械有限公司	500－1000 万元
812	3684	雅博（昆山）医疗器械有限公司	5000－1 亿元
813	3684	盐城市汇达医疗器械有限公司	3000－5000 万元
814	3684	扬州华夏医疗器械有限公司	5000－1 亿元
815	3684	盐城市输液器厂	5000－1 亿元
816	3684	盐城市金环华医疗用品有限公司	1000－3000 万元
817	3684	扬州市长城医疗器械厂	1－3 亿元
818	3684	扬州亚达实业有限公司	5000－1 亿元
819	3684	宜昌新力医疗器械有限责任公司	1000－3000 万元
820	3684	扬州市亚光医疗器械有限公司	5000－1 亿元
821	3684	扬州市客乐医用器械厂	5000－1 亿元
822	3684	英维康医疗器械（苏州）有限公司	1－3 亿元
823	3684	优利康听力技术（苏州）有限公司	5－10 亿元
824	3684	余姚市菲拉尔医疗用品有限公司	3000－5000 万元
825	3684	湛江市事达实业有限公司	5000－1 亿元
826	3684	张家港市华硕医疗器械有限公司	500－1000 万元
827	3684	张家港市富康医械制造有限公司	500－1000 万元
828	3684	张家港市锦协医疗器械厂	500－1000 万元
829	3684	张家港市锦洲医械制造有限公司	500－1000 万元
830	3684	张家港市锦丰康达医用器材厂	500－1000 万元
831	3684	张家港市润丰医疗器械有限公司	500－1000 万元
832	3684	张家港市浦伦医疗器械有限公司	500－1000 万元
833	3684	张家港市思杰五金工具有限公司	500－1000 万元
834	3684	张家港市三兴医疗器材有限公司	500－1000 万元
835	3684	张家港万杰医疗器械有限公司	500－1000 万元
836	3684	浙江大吉医疗器械有限公司	1000－3000 万元

序号	行业代码	企业中文名称	主营业务收入区间
837	3684	浙江康德莱医疗器械股份有限公司	1－3 亿元
838	3684	浙江广慈医疗器械有限公司	1000－3000 万元
839	3684	浙江华福医用器材有限公司	1000－3000 万元
840	3684	浙江京环医疗用品有限公司	3000－5000 万元
841	3684	浙江汉尔斯医疗器械有限公司	500－1000 万元
842	3684	浙江康泰医疗器械有限公司	1000－3000 万元
843	3684	浙江灵洋医疗器械有限公司	5000－1 亿元
844	3684	浙江衢州康保医疗器材有限公司	1000－3000 万元
845	3684	浙江康康医疗器械有限公司	1－3 亿元
846	3684	浙江欧健医用器材有限公司	5000－1 亿元
847	3684	浙江史密斯医学仪器有限公司（原浙江浙大医学仪器有限公司）	3000－5000 万元
848	3684	浙江玉升医疗器械股份有限公司	1－3 亿元
849	3684	镇江恒生医疗器械有限公司	500－1000 万元
850	3684	镇江高冠医疗器械有限公司	500－1000 万元
851	3684	浙江史密斯医学仪器有限公司	5000－1 亿元
852	3684	浙江省金华市益迪医疗设备厂	500－1000 万元
853	3684	浙江胜利医疗器械有限公司	500－1000 万元
854	3684	浙江苏嘉医疗器械股份有限公司	5000－1 亿元
855	3684	郑州康佳医疗器械有限公司	1000－3000 万元
856	3684	中山市普世医技有限公司	1－3 亿元
857	3684	重庆安科医疗器械有限公司	3000－5000 万元
858	3684	中外合资南通康盛医疗器械有限公司	500－1000 万元
859	3684	重庆三大伟业制药有限公司	1000－3000 万元
860	3684	舟山统新仪表有限公司	500－1000 万元
861	3684	珠海市幸福注射器厂有限公司	500－1000 万元
862	3684	珠海市嘉润亚新医用电子科技有限公司	500－1000 万元
863	3684	淄博科创医疗仪器有限公司	5000－1 亿元
864	3685	艾丝莱特（青岛）按摩休闲设备制造有限公司	1000－3000 万元
865	3685	安徽泓瑞医用设备工程有限公司	500－1000 万元
866	3685	安固（连云港）科技有限公司	3000－5000 万元
867	3685	北京奥吉科技发展有限公司	500－1000 万元
868	3685	北京长峰科威光电技术有限公司	5000－1 亿元
869	3685	北京海恩康科技有限公司	1000－3000 万元
870	3685	北京健业达工贸有限责任公司	500－1000 万元
871	3685	北京京东科技有限公司	500－1000 万元

序号	行业代码	企业中文名称	主营业务收入区间
872	3685	北京京首伟业科技发展有限公司	500－1000 万元
873	3685	北京凯思轩达系统工程有限公司海淀分公司	500－1000 万元
874	3685	北京万东鼎立医疗设备有限公司	1000－3000 万元
875	3685	北京鑫禾丰医疗技术有限公司	1000－3000 万元
876	3685	北京中站康豪矫形器中心	1000－3000 万元
877	3685	北京周林频谱科技有限公司	1－3 亿元
878	3685	博兴向阳金属器械有限责任公司	500－1000 万元
879	3685	长春志成医用设备有限责任公司	1000－3000 万元
880	3685	沧州精益医疗器械有限公司	1000－3000 万元
881	3685	长沙市超霸医疗科技有限公司	1－3 亿元
882	3685	常州市建本医疗康复器材有限公司	1000－3000 万元
883	3685	常州市智业医疗仪器研究所有限公司	1000－3000 万元
884	3685	成都市浩瀚医疗设备有限公司	5000－1 亿元
885	3685	慈溪市华康供氧设备有限公司	500－1000 万元
886	3685	丹阳真辉康复设备有限公司	500－1000 万元
887	3685	地方国营三原县医疗器械厂	500－1000 万元
888	3685	东莞永胜医疗制品有限公司	3000－5000 万元
889	3685	佛山市南海建泰铝制品有限公司	1－3 亿元
890	3685	佛山市南海勤联医疗器械厂	1000－3000 万元
891	3685	佛山市南方医疗保健用品厂	3000－5000 万元
892	3685	佛山市南海区新华丰医疗器械设备有限公司	3000－5000 万元
893	3685	福州尼普洛有限公司	3000－5000 万元
894	3685	富阳宏伟金属制品有限公司	1000－3000 万元
895	3685	广东羊城电子有限公司	500－1000 万元
896	3685	广东粤华医疗器械厂有限公司	1000－3000 万元
897	3685	广州市普源科技有限公司	5000－1 亿元
898	3685	广州市绿海医疗器械保健用品有限公司	500－1000 万元
899	3685	广州市弗灵特医疗器械有限公司	500－1000 万元
900	3685	广州一康医疗设备实业有限公司	500－1000 万元
901	3685	杭州东方医用仪器厂	1000－3000 万元
902	3685	杭州顿力医疗器械股份有限公司	1000－3000 万元
903	3685	杭州振兴医疗器械制造有限公司	1000－3000 万元
904	3685	合肥健桥科技发展有限公司	500－1000 万元
905	3685	河北路德医疗器械有限公司	1000－3000 万元
906	3685	湖南湘仪实验室仪器开发有限公司	1000－3000 万元

序号	行业代码	企业中文名称	主营业务收入区间
907	3685	嘉兴市禾林热辐射有限公司	500－1000 万元
908	3685	健之友（滁州）医疗科技有限公司	1000－3000 万元
909	3685	江门市福乐健医疗仪器有限公司	1000－3000 万元
910	3685	金同（广州）医疗保健品有限公司	500－1000 万元
911	3685	卡塞尔（无锡）科技有限公司	3000－5000 万元
912	3685	蓝孚生物医学工程技术（山东）有限公司	500－1000 万元
913	3685	洛阳恒展电子科技有限公司	500－1000 万元
914	3685	南京国力臭氧应用设备有限公司	500－1000 万元
915	3685	南京理工大学科技咨询开发公司	500－1000 万元
916	3685	宁波禾采医疗器械有限公司	5000－1 亿元
917	3685	宁波戴维医疗器械有限公司	1－3 亿元
918	3685	宁波舒安尔医疗设备有限公司	1000－3000 万元
919	3685	宁阳宏伟防护用品有限公司	3000－5000 万元
920	3685	宁阳宏源防护用品有限公司	3000－5000 万元
921	3685	宁阳县金泰劳动防护用品有限公司	5000－1 亿元
922	3685	平湖市新兴机械厂	500－1000 万元
923	3685	青岛健特医疗器械有限公司	5000－1 亿元
924	3685	青岛丽可医疗器械有限公司	3－5 亿元
925	3685	青岛珍道电子有限公司	5000－1 亿元
926	3685	任丘市医疗器械厂	500－1000 万元
927	3685	三丰医疗器材（苏州）有限公司	1000－3000 万元
928	3685	山东东华医疗科技有限公司	1000－3000 万元
929	3685	山东省宁阳瑞星防护器材有限公司	500－1000 万元
930	3685	山东瑞得通圆医疗仪器有限公司	500－1000 万元
931	3685	山东康诚医用设备工程有限公司	1－3 亿元
932	3685	山东柯华健康科技有限公司	500－1000 万元
933	3685	山东双球防护器材有限公司	5000－1 亿元
934	3685	上海奥通激光技术有限公司	500－1000 万元
935	3685	上海宝马投资有限公司	500－1000 万元
936	3685	上海方太医疗器械有限公司	1000－3000 万元
937	3685	上海沪通电子有限公司	1000－3000 万元
938	3685	上海康先电子科技有限公司	5000－1 亿元
939	3685	上海龙奕实业有限公司	1000－3000 万元
940	3685	上海七零一所杨园医用氧舱厂有限公司	500－1000 万元
941	3685	上海应成机电设备有限责任公司	3000－5000 万元

序号	行业代码	企业中文名称	主营业务收入区间
942	3685	深圳市尚荣医疗股份有限公司	5000－1 亿元
943	3685	沈阳新松维尔康科技有限公司	3000－5000 万元
944	3685	四川省航宇电子医疗设备制造有限公司	1000－3000 万元
945	3685	四川美生科技有限公司	1000－3000 万元
946	3685	四川蜀玻集团华康医疗器械有限责任公司	500－1000 万元
947	3685	苏州康利达医疗器械有限公司	500－1000 万元
948	3685	苏州市锡鑫医疗器械有限公司	500－1000 万元
949	3685	台州市瑞康机电有限公司	1000－3000 万元
950	3685	泰安市恒昌劳动防护用品有限公司	5000－1 亿元
951	3685	唐山市化学厂有限公司	1000－3000 万元
952	3685	泰兴市康复设备有限公司	500－1000 万元
953	3685	天津康尔诺科技有限公司	1000－3000 万元
954	3685	天津喜来健医疗器械有限公司	5－10 亿元
955	3685	天水市飞鸿医疗电器有限公司	1000－3000 万元
956	3685	伟康医疗产品（深圳）有限公司	3－5 亿元
957	3685	温州市丰瑞医疗器械有限公司	500－1000 万元
958	3685	无锡市蠡园医用氧有限责任公司	500－1000 万元
959	3685	武汉市江汉医疗制药设备有限公司	5000－1 亿元
960	3685	武汉亚格光电技术有限公司	1000－3000 万元
961	3685	西安西京医疗用品有限公司	500－1000 万元
962	3685	厦门万利莱电子有限公司	500－1000 万元
963	3685	新乡市驼人器械有限公司	1－3 亿元
964	3685	徐州市凯信电子设备有限公司	1000－3000 万元
965	3685	烟台宏远氧业有限公司	5000－1 亿元
966	3685	烟台皇威电子科技有限公司	1000－3000 万元
967	3685	烟台亚利朗医疗器械有限公司	5000－1 亿元
968	3685	营口维康医疗机械有限公司	1000－3000 万元
969	3685	玉林市好邦医疗设备有限责任公司	500－1000 万元
970	3685	湛江海滨医疗器械有限公司	1000－3000 万元
971	3685	玉环县天原电器塑料有限公司	500－1000 万元
972	3685	张家港市保康医疗器械有限公司	500－1000 万元
973	3685	张家港市腾达机械制造有限公司	1000－3000 万元
974	3685	招远市理疗电器厂	1－3 亿元
975	3685	兆阳医疗器械（沈阳）有限公司	1000－3000 万元
976	3685	浙江百特医疗用品有限公司	500－1000 万元

序号	行业代码	企业中文名称	主营业务收入区间
977	3685	浙江龙飞实业股份有限公司	3000－5000 万元
978	3685	中山厚福应用技术有限公司	3－5 亿元
979	3685	中山市小榄镇康乐按摩器械厂	500－1000 万元
980	3685	中山市厚福护理床业有限公司	1000－3000 万元
981	3685	中山市力臣康复器械有限公司	1000－3000 万元
982	3685	中山万来福科技应用有限公司	500－1000 万元
983	3685	珠海市精钰科技设备有限公司	1000－3000 万元
984	3685	珠海市纬地技术有限公司	500－1000 万元
985	3685	珠海保税区和佳泰基医疗设备工程有限公司	1000－3000 万元
986	3685	珠海橡果电子科技有限公司	1000－3000 万元
987	3685	淄博市周村大江机械厂	5000－1 亿元
988	3686	奥迪康（上海）听力技术有限公司	1000－3000 万元
989	3686	北京爱康宜诚医疗器材有限公司	1000－3000 万元
990	3686	北京佰仁医疗科技有限公司	1000－3000 万元
991	3686	北京奥托博克假肢矫形器工业有限公司	1－3 亿元
992	3686	北京昌航精铸技术有限公司	3000－5000 万元
993	3686	北京蒙太因医疗器械有限公司	5000－1 亿元
994	3686	北京力达康科技有限公司	500－1000 万元
995	3686	北京思达医用装置有限公司	1000－3000 万元
996	3686	北京天新福医疗器材有限公司	3000－5000 万元
997	3686	北京天拓义齿科技有限公司	1000－3000 万元
998	3686	北京市假肢矫形技术中心	1000－3000 万元
999	3686	北京威高亚华人工关节开发有限公司	500－1000 万元
1000	3686	北京威联德骨科技术有限公司	1－3 亿元
1001	3686	北京茵普兰科技发展有限公司	500－1000 万元
1002	3686	常州奥斯迈医疗器械有限公司	5000－1 亿元
1003	3686	常州华森医疗器械有限公司	1000－3000 万元
1004	3686	常州市亨杰医疗器械有限公司	1000－3000 万元
1005	3686	常州市康迪医用吻合器有限公司	3000－5000 万元
1006	3686	常州市武进金兴达医疗器械有限公司	500－1000 万元
1007	3686	大卫医疗产品（苏州）有限公司	1000－3000 万元
1008	3686	德林义肢矫型器（北京）有限公司	3000－5000 万元
1009	3686	德林义肢康复器材（成都）有限公司	1000－3000 万元
1010	3686	德林义肢康复器材（上海）有限公司	500－1000 万元
1011	3686	得泰医疗卫生用品（苏州）有限公司	3000－5000 万元

序号	行业代码	企业中文名称	主营业务收入区间
1012	3686	德耐宝齿科（上海）有限公司	1000－3000 万元
1013	3686	丹阳假肢厂有限公司	1000－3000 万元
1014	3686	东莞宝钰精瓷工业有限公司	500－1000 万元
1015	3686	福建省假肢中心	500－1000 万元
1016	3686	固耐宝齿科（上海）有限公司	3000－5000 万元
1017	3686	广东粤诚牙科技术开发中心	1000－3000 万元
1018	3686	广东省假肢康复中心	1000－3000 万元
1019	3686	广西南宁市维晶美医疗器械有限公司	500－1000 万元
1020	3686	广西圣洁齿科技术有限公司	1000－3000 万元
1021	3686	国环齿模（厦门）有限公司	500－1000 万元
1022	3686	杭州精博假肢矫形器有限	500－1000 万元
1023	3686	河南宇宙人工晶状体研制有限公司	1000－3000 万元
1024	3686	湖南省假肢矫形康复中心	1000－3000 万元
1025	3686	惠州安东五金塑胶电子有限公司	1－3 亿元
1026	3686	淮北市飞龙扶残假肢有限公司	500－1000 万元
1027	3686	吉林省假肢中心	500－1000 万元
1028	3686	江苏双羊医疗器械有限公司	500－1000 万元
1029	3686	联合医疗仪器有限公司	500－1000 万元
1030	3686	美耐宝齿科（上海）有限公司	500－1000 万元
1031	3686	美敦力（上海）有限公司	1000－3000 万元
1032	3686	南京微创医学科技有限公司	5000－1 亿元
1033	3686	南宁市忠诚义齿材料有限公司	500－1000 万元
1034	3686	南通市宝熙实业发展有限公司	3000－5000 万元
1035	3686	浦单达（上海）口腔医疗器材有限公司	3000－5000 万元
1036	3686	瑞声达听力技术（中国）有限公司	5－10 亿元
1037	3686	日照沪鸽齿科工业有限公司	500－1000 万元
1038	3686	山八齿材工业（常熟）有限公司	1000－3000 万元
1039	3686	山本真牙科技（深圳）有限公司	3000－5000 万元
1040	3686	山东假肢矫形康复中心	1000－3000 万元
1041	3686	陕西省假肢中心	1000－3000 万元
1042	3686	山西省荣军假肢服务中心	1000－3000 万元
1043	3686	上海贝琼器材有限公司	500－1000 万元
1044	3686	上海假肢厂有限公司	3000－5000 万元
1045	3686	上海浦卫医疗器械厂	500－1000 万元
1046	3686	上海上远义齿有限公司	500－1000 万元

序号	行业代码	企业中文名称	主营业务收入区间
1047	3686	上海硕创生物医药科技有限公司	500–1000万元
1048	3686	上海威宁整形制品有限公司	500–1000万元
1049	3686	深圳得法牙科制品有限公司	500–1000万元
1050	3686	深圳市美冠达牙科技术有限公司	1000–3000万元
1051	3686	深圳市昕力医疗设备开发有限公司	500–1000万元
1052	3686	深圳市益心达医学新技术有限公司	5000–1亿元
1053	3686	深圳新致美精密齿研有限公司	1000–3000万元
1054	3686	四川省肢体伤残康复中心	1000–3000万元
1055	3686	四平华科生物技术有限责任公司	3000–5000万元
1056	3686	四洲义齿深圳有限公司	1000–3000万元
1057	3686	苏州海欧斯医疗器械有限公司	500–1000万元
1058	3686	苏州市兴达医械制造有限公司	500–1000万元
1059	3686	苏州新吴机械有限公司	1000–3000万元
1060	3686	苏州苏南捷迈得医疗器械有限公司	500–1000万元
1061	3686	天津市人立骨科器械有限公司	500–1000万元
1062	3686	天津市威曼生物材料有限公司	1000–3000万元
1063	3686	天津市医疗器械工业公司	1000–3000万元
1064	3686	天津正天医疗器械有限公司	3000–5000万元
1065	3686	威海吉威重症医疗制品有限公司	3000–5000万元
1066	3686	微创医疗器械（上海）有限公司	3–5亿元
1067	3686	武汉美观义齿加工厂	500–1000万元
1068	3686	厦门格拉克听力技术有限公司	500–1000万元
1069	3686	洋紫荆牙科器材（深圳）有限公司	3000–5000万元
1070	3686	义乌市和成牙科器材有限公司	500–1000万元
1071	3686	张家港市悦来医疗器械有限公司	500–1000万元
1072	3686	浙江科惠医疗器械有限公司	3000–5000万元
1073	3686	浙江省假肢科研康复中心	1000–3000万元
1074	3686	中山市东升镇宝玛力五金制品厂	3000–5000万元
1075	3686	株洲佳满假肢矫形技术开发有限公司	500–1000万元
1076	3686	珠海维登国际义齿研发制造有限公司	1000–3000万元
1077	3686	珠海亚士腾义齿科技有限公司	1000–3000万元
1078	3689	爱安德电子（深圳）有限公司	3–5亿元
1079	3689	安图实验仪器（郑州）有限公司	500–1000万元
1080	3689	安阳市翔宇医疗器械公司	1000–3000万元
1081	3689	鞍山爱母医疗科技有限公司	500–1000万元

序号	行业代码	企业中文名称	主营业务收入区间
1082	3689	安徽省全椒麦迪克医材有限公司	500－1000 万元
1083	3689	八乐梦床业（中国）有限公司	5000－1 亿元
1084	3689	北京北辰亚奥科技有限公司	1000－3000 万元
1085	3689	北京佰康医用品有限公司	500－1000 万元
1086	3689	北京安必信家庭购物网络技术有限责任公司	3000－5000 万元
1087	3689	北京博晖创新光电技术股份有限公司	5000－1 亿元
1088	3689	北京德海尔医疗技术有限公司	3000－5000 万元
1089	3689	北京达康仪器有限公司	500－1000 万元
1090	3689	北京岛津医疗器械有限公司	1－3 亿元
1091	3689	北京伏尔特医疗器材科技有限公司	5000－1 亿元
1092	3689	北京东联哈尔仪器制造有限公司	1000－3000 万元
1093	3689	北京国马斯尔福实验室设备有限责任公司	1000－3000 万元
1094	3689	北京华医圣杰科技有限公司	1000－3000 万元
1095	3689	北京金菩嘉医疗科技有限公司	1－3 亿元
1096	3689	北京京精医疗设备有限公司	1－3 亿元
1097	3689	北京科利达医疗设备发展有限公司	500－1000 万元
1098	3689	北京乐普医疗器械有限公司	3－5 亿元
1099	3689	北京鸣远实验家具有限责任公司	3000－5000 万元
1100	3689	北京三广医疗器械有限公司	1000－3000 万元
1101	3689	北京市富乐科技开发有限公司	1000－3000 万元
1102	3689	北京赛科希德科技发展有限公司	1000－3000 万元
1103	3689	北京市春立正达科技发展有限公司	1000－3000 万元
1104	3689	北京普利生仪器有限公司	1000－3000 万元
1105	3689	北京天地和协科技有限公司	1000－3000 万元
1106	3689	北京市华仁益康科技发展有限公司	500－1000 万元
1107	3689	北京泰富瑞泽科技有限公司	1000－3000 万元
1108	3689	北京天助畅运医疗技术有限公司	1000－3000 万元
1109	3689	北京天行健医疗科技有限公司	1000－3000 万元
1110	3689	北京医模科技有限公司	500－1000 万元
1111	3689	北京谊安医疗系统股份有限公司	1－3 亿元
1112	3689	北京亿仁赛博医疗设备有限公司	1000－3000 万元
1113	3689	北京中亚九龙科技发展有限公司	1000－3000 万元
1114	3689	北京中生金域诊断技术有限公司	1000－3000 万元
1115	3689	北京源德生物医学工程有限公司	5－10 亿元
1116	3689	必诺机械（东莞）有限公司	3000－5000 万元

序号	行业代码	企业中文名称	主营业务收入区间
1117	3689	常熟格田医疗用品有限公司	500－1000 万元
1118	3689	长沙三诺生物传感技术有限公司	500－1000 万元
1119	3689	常熟市康宝医疗器械厂	500－1000 万元
1120	3689	常熟市赛爱斯医疗器材有限公司	1000－3000 万元
1121	3689	常州健力邦德医疗器械有限公司	1000－3000 万元
1122	3689	常州利明屏蔽有限公司	1000－3000 万元
1123	3689	常州市康尔佳塑胶器材有限公司	500－1000 万元
1124	3689	常州市医疗器材总厂有限公司	3000－5000 万元
1125	3689	常州市永华医疗器械厂	500－1000 万元
1126	3689	成都东方人健康产业有限责任公司	500－1000 万元
1127	3689	成都江雪医疗器械有限公司	500－1000 万元
1128	3689	成都联帮氧气工程有限公司	1000－3000 万元
1129	3689	大连库利艾特医疗制品有限公司	5000－1 亿元
1130	3689	大庆三维科技有限责任公司	1000－3000 万元
1131	3689	大连保税区佐藤总研工贸有限公司	5000－1 亿元
1132	3689	东莞市虎门机械厂（4801）	5000－1 亿元
1133	3689	东莞市大岭山定远陶齿制品厂	1000－3000 万元
1134	3689	东莞科威医疗器械有限公司	5000－1 亿元
1135	3689	东莞市长江超声波机有限公司	1000－3000 万元
1136	3689	东莞保康电子科技有限公司	3000－5000 万元
1137	3689	东莞市嘉豪磁性制品有限公司	1000－3000 万元
1138	3689	佛山市南海良润医疗运动器材有限公司	1－3 亿元
1139	3689	佛山市东方医疗设备厂有限公司	3－5 亿元
1140	3689	佛山市南海区东田洋实业有限公司	3000－5000 万元
1141	3689	佛山市顺康达医疗科技有限公司	5000－1 亿元
1142	3689	佛山市顺德区乐从镇德润医械化工有限公司	1000－3000 万元
1143	3689	佛山市南海区凯洋医疗设备有限公司	1－3 亿元
1144	3689	佛山市顺德区平安医疗设备科技有限公司	500－1000 万元
1145	3689	福建省福安市康华电子医疗仪器厂	1000－3000 万元
1146	3689	福州博美安医疗器械有限公司	1000－3000 万元
1147	3689	福建莆田仁德医疗器械厂	1－3 亿元
1148	3689	福州昌晖自动化系统有限公司	3000－5000 万元
1149	3689	赣州市宇航医疗器械设备有限公司	1－3 亿元
1150	3689	广东冠昊生物科技股份有限公司	3000－5000 万元
1151	3689	广东灵镜医疗实业有限公司	1000－3000 万元

序号	行业代码	企业中文名称	主营业务收入区间
1152	3689	广东省佛山市顺德区康神医疗器械厂	1000－3000 万元
1153	3689	广州黄埔南岗东方气体厂	500－1000 万元
1154	3689	广东紫薇星实业有限公司	500－1000 万元
1155	3689	广西中盟机械有限责任公司	3000－5000 万元
1156	3689	广州市科鹏电子有限公司	500－1000 万元
1157	3689	广州市博慧企业发展有限公司	500－1000 万元
1158	3689	广州骏丰医疗器械有限公司	5000－1 亿元
1159	3689	广州市正宏医疗器械设备有限公司	1000－3000 万元
1160	3689	海宁宏利五金药械厂	1000－3000 万元
1161	3689	国营天津京津医疗器械厂分厂	500－1000 万元
1162	3689	哈尔滨科海制药设备厂	1000－3000 万元
1163	3689	杭州金鹭医疗器械有限公司	500－1000 万元
1164	3689	杭州荣发电器有限公司	500－1000 万元
1165	3689	杭州中意自动化设备有限公司	500－1000 万元
1166	3689	好吸得医疗器械（昆山）有限公司	1000－3000 万元
1167	3689	河北省霸州市长城医用设备有限责任公司	5000－1 亿元
1168	3689	河北普康医疗设备有限公司	5000－1 亿元
1169	3689	河北百强医用设备制造有限公司	3000－5000 万元
1170	3689	合世医疗电子（苏州）有限公司	1－3 亿元
1171	3689	河北白杨床业制造厂	1000－3000 万元
1172	3689	河南辉瑞医疗器械有限公司	3000－5000 万元
1173	3689	河南瑞达医疗器械制造有限公司	500－1000 万元
1174	3689	河南华南医电科技有限公司	1000－3000 万元
1175	3689	河南黑马医疗器械有限公司	5000－1 亿元
1176	3689	湖北泰维医疗科技有限公司	500－1000 万元
1177	3689	湖南省浏阳医药设备总厂	3000－5000 万元
1178	3689	湖北同大高科医药科技有限公司	1000－3000 万元
1179	3689	湖南泰诺医疗器械有限公司	1－3 亿元
1180	3689	淮安市晨光医疗器械有限公司	500－1000 万元
1181	3689	吉林省新环医疗设备有限公司	500－1000 万元
1182	3689	吉林荣发医疗器械有限公司	1000－3000 万元
1183	3689	吉林省华通制药设备有限公司	5000－1 亿元
1184	3689	冀州市华康医疗器材厂	500－1000 万元
1185	3689	嘉兴波亿医疗器械有限公司	1000－3000 万元
1186	3689	冀州市吉星医用包装材料有限公司	3000－5000 万元

序号	行业代码	企业中文名称	主营业务收入区间
1187	3689	江苏费森尤斯医药用品有限公司	1000－3000 万元
1188	3689	江苏康尔臭氧有限公司	1000－3000 万元
1189	3689	江苏永发医用设备有限公司	5000－1 亿元
1190	3689	江西国药华利医疗器械有限公司	1－3 亿元
1191	3689	金华市海泰电动车有限公司	1000－3000 万元
1192	3689	九江鑫康医用仪表有限公司	500－1000 万元
1193	3689	昆明好迪医疗器械有限公司	500－1000 万元
1194	3689	兰溪市中苕有限公司	500－1000 万元
1195	3689	廊坊市爱尔血液净化器材厂	1000－3000 万元
1196	3689	昆山元成机械有限公司	1000－3000 万元
1197	3689	连云港康健医疗器械有限公司	1000－3000 万元
1198	3689	乐清市华中医疗设备有限公司	500－1000 万元
1199	3689	丽声助听器（福州）有限公司	3000－5000 万元
1200	3689	聊城市福和机械制造有限公司	3000－5000 万元
1201	3689	浏阳市三力实业有限公司	1－3 亿元
1202	3689	灵镜医疗净化工程（广东）有限公司	3000－5000 万元
1203	3689	辽宁生物医学材料研发中心有限公司	1000－3000 万元
1204	3689	梅州市康立高科技有限公司	3000－5000 万元
1205	3689	绵阳立德电子有限公司	500－1000 万元
1206	3689	内蒙古英华融泰高科技发展有限公司	500－1000 万元
1207	3689	内江市精宏医用器械有限公司	1000－3000 万元
1208	3689	绵阳市腾扬机电制品有限责任公司	1000－3000 万元
1209	3689	牡丹江等离子体物理应用科技有限公司	500－1000 万元
1210	3689	南京东大迪艾基因技术有限公司	1000－3000 万元
1211	3689	南昌市青云谱医院设备厂	1000－3000 万元
1212	3689	南京天奥医疗仪器制造有限公司	5000－1 亿元
1213	3689	南京欣华恒机械电子有限公司	1000－3000 万元
1214	3689	南京宁沪甾体科技发展有限公司	1000－3000 万元
1215	3689	南京普爱射线影像设备有限公司	1－3 亿元
1216	3689	尼普洛（上海）有限公司	1－3 亿元
1217	3689	宁波开普电子仪表有限公司	500－1000 万元
1218	3689	宁波市江北科艺医疗器械有限公司	1000－3000 万元
1219	3689	宁波市江北三叶医疗器械有限公司	1000－3000 万元
1220	3689	宁波市鄞州五海医疗器材配件厂	1000－3000 万元
1221	3689	宁波圣宇瑞医疗器械有限公司	1000－3000 万元

序号	行业代码	企业中文名称	主营业务收入区间
1222	3689	宁夏金华康医药环保设备制造有限公司	500－1000 万元
1223	3689	平湖市华盛五金制品有限公司	500－1000 万元
1224	3689	挪度医疗器械（苏州）有限公司	1－3 亿元
1225	3689	湃思科技有限公司	500－1000 万元
1226	3689	潜山县天虹卫生材料有限公司	500－1000 万元
1227	3689	青岛明和高分子材料有限公司	1000－3000 万元
1228	3689	赛康医用度量系统（杭州）有限公司	3000－5000 万元
1229	3689	山东百多安医疗器械有限公司	1000－3000 万元
1230	3689	山东三清不锈钢设备有限公司	3000－5000 万元
1231	3689	山东育达医疗设备有限公司	1000－3000 万元
1232	3689	山东银江医疗科技有限公司	1－3 亿元
1233	3689	上海宝岛医用器材有限公司	1000－3000 万元
1234	3689	上海东湖机械厂	1－3 亿元
1235	3689	上海达美医用塑料厂	1000－3000 万元
1236	3689	上海复星佰珞生物技术有限公司	500－1000 万元
1237	3689	上海汉莲工贸发展有限公司	500－1000 万元
1238	3689	上海汇丰医疗器械有限公司	1000－3000 万元
1239	3689	上海九州医药成套设备厂	500－1000 万元
1240	3689	上海科华实验系统有限公司	3000－5000 万元
1241	3689	上海力邦医疗器械有限公司	500－1000 万元
1242	3689	上海科伟达超声波科技有限公司	3000－5000 万元
1243	3689	上海蓝怡科技有限公司	5000－1 亿元
1244	3689	上海蓝豹实验仪器有限公司	1000－3000 万元
1245	3689	上海科邦医用乳胶器材有限公司	5000－1 亿元
1246	3689	上海民桥精密科学仪器有限公司	500－1000 万元
1247	3689	上海名邦橡胶制品有限公司	1000－3000 万元
1248	3689	上海普益医疗器械有限公司	500－1000 万元
1249	3689	上海三赢医疗器械有限公司	1000－3000 万元
1250	3689	上海三喜医学仪器有限公司河南分公司	5000－1 亿元
1251	3689	上海森德科技发展有限公司	1000－3000 万元
1252	3689	上海输血技术有限公司	5000－1 亿元
1253	3689	上海顺隆康复器材有限公司	1－3 亿元
1254	3689	上海万奇光电技术有限公司	1000－3000 万元
1255	3689	上海同普放射防护设备有限公司	1000－3000 万元
1256	3689	上海泰事达华东制药设备有限公司	1000－3000 万元

序号	行业代码	企业中文名称	主营业务收入区间
1257	3689	上海天照实业有限公司	500－1000 万元
1258	3689	上海天祥健台制药机械有限公司	3000－5000 万元
1259	3689	上海迅达医疗仪器有限公司	1000－3000 万元
1260	3689	上海信晟光电技术有限公司	500－1000 万元
1261	3689	上海希格玛高技术有限公司	500－1000 万元
1262	3689	上海形状记忆合金材料有限公司	1000－3000 万元
1263	3689	上海雅博医疗器械有限公司	3000－5000 万元
1264	3689	上海医科达放疗设备有限公司	5000－1 亿元
1265	3689	上海医星医疗器械有限公司	500－1000 万元
1266	3689	上海育盟金属制品有限公司	500－1000 万元
1267	3689	邵东县高尚医疗器械有限公司	5000－1 亿元
1268	3689	上海意欣医疗器械有限公司	500－1000 万元
1269	3689	上海跃进医疗器械厂	500－1000 万元
1270	3689	绍兴医疗器械有限公司	500－1000 万元
1271	3689	深圳市艾克瑞电气有限公司	1000－3000 万元
1272	3689	深圳市建恒工业自控系统有限公司	1000－3000 万元
1273	3689	深圳市凯特生物医疗电子科技有限公司	1000－3000 万元
1274	3689	深圳市美的连电子科技有限公司	1000－3000 万元
1275	3689	深圳市一体医疗科技有限公司	1－3 亿元
1276	3689	沈阳碧根医疗器械有限公司	500－1000 万元
1277	3689	沈阳昌泰医疗科技有限公司	1000－3000 万元
1278	3689	沈阳市北华医材有限公司	1－3 亿元
1279	3689	沈阳市黎翔医疗器械有限公司	500－1000 万元
1280	3689	石家庄升旺医疗器械有限公司	500－1000 万元
1281	3689	石家庄市满友医疗器械实业有限公司	1－3 亿元
1282	3689	四川阿可贝尔科技有限公司	1－3 亿元
1283	3689	四川射洪通用医疗器械有限公司	3000－5000 万元
1284	3689	四川微迪数字技术有限公司	500－1000 万元
1285	3689	苏州贝诺医疗器械有限公司	1000－3000 万元
1286	3689	苏州华盛医疗器械有限公司	500－1000 万元
1287	3689	苏州东邦医疗器械有限公司	500－1000 万元
1288	3689	苏州富洛医疗用品有限公司	500－1000 万元
1289	3689	苏州普惠医疗器械有限公司	500－1000 万元
1290	3689	苏州佳合医材（苏州）有限公司	500－1000 万元
1291	3689	苏州康升医疗器械有限公司	500－1000 万元

序号	行业代码	企业中文名称	主营业务收入区间
1292	3689	苏州健康在线实业有限公司	500 – 1000 万元
1293	3689	苏州市日月星塑胶有限公司	500 – 1000 万元
1294	3689	台州市健民医疗用品有限公司	500 – 1000 万元
1295	3689	太仓市华利达实验设备有限公司	500 – 1000 万元
1296	3689	太仓市博莱特实验仪器厂	500 – 1000 万元
1297	3689	太仓市康挥科技发展有限公司	1000 – 3000 万元
1298	3689	天津和杰医疗器械有限公司	3000 – 5000 万元
1299	3689	天津市博思特生物科技有限公司	500 – 1000 万元
1300	3689	天津九安医疗电子股份有限公司	1 – 3 亿元
1301	3689	天津美迪斯医疗用品有限公司	1000 – 3000 万元
1302	3689	天津华鸿医材有限公司	1000 – 3000 万元
1303	3689	天津世纪金辉医用设备有限公司	1000 – 3000 万元
1304	3689	天津市兴通医疗器械有限公司	500 – 1000 万元
1305	3689	通化市天狮佳俊电子保健器材有限公司	5000 – 1 亿元
1306	3689	通用电气医疗临床系统（无锡）有限公司	3000 – 5000 万元
1307	3689	通化力神保健品有限公司	500 – 1000 万元
1308	3689	通化市海恩达高科技有限公司	500 – 1000 万元
1309	3689	托博正畸器械（无锡）有限公司	1000 – 3000 万元
1310	3689	威亚生物科技（成都）有限公司	500 – 1000 万元
1311	3689	文登世承电子有限公司	500 – 1000 万元
1312	3689	无锡贝尔森影像技术有限公司	1000 – 3000 万元
1313	3689	温州市康聚医疗仪表有限公司	3000 – 5000 万元
1314	3689	温州市医械塑料厂	500 – 1000 万元
1315	3689	无锡市美景医用设备有限公司	500 – 1000 万元
1316	3689	无锡怡生医疗设备有限公司	1000 – 3000 万元
1317	3689	吴江市神龙医疗保健品有限公司	500 – 1000 万元
1318	3689	武汉楚天激光集团股份有限公司	3 – 5 亿元
1319	3689	吴江市神力医疗卫生材料有限公司	1000 – 3000 万元
1320	3689	武汉平安医疗器械有限公司	500 – 1000 万元
1321	3689	武汉奇致激光技术有限公司	5000 – 1 亿元
1322	3689	武汉致远医疗科技有限公司	500 – 1000 万元
1323	3689	西安天隆科技有限公司	20 亿元以上
1324	3689	西安中邦钛生物材料有限公司	500 – 1000 万元
1325	3689	厦门瑞威机械制造有限公司	500 – 1000 万元
1326	3689	厦门威尔莫特医疗器材有限公司	1000 – 3000 万元

序号	行业代码	企业中文名称	主营业务收入区间
1327	3689	厦门科际精密器材有限公司	5000－1亿元
1328	3689	新昌县捷昌医疗设备有限公司	1000－3000万元
1329	3689	仙居药城医疗器械有限公司	1000－3000万元
1330	3689	象山恒博机械设备有限公司	500－1000万元
1331	3689	徐州市天马医疗器械厂	500－1000万元
1332	3689	延吉可喜安医疗器械有限公司	5000－1亿元
1333	3689	延吉华阳医疗器械有限公司	1000－3000万元
1334	3689	烟台天正药业有限公司	5000－1亿元
1335	3689	延吉乐喜医疗器械有限公司	500－1000万元
1336	3689	延吉吉睦泰克科技发展有限公司	1000－3000万元
1337	3689	兖州市通用医疗器械有限公司	500－1000万元
1338	3689	扬州联澳医药化工有限公司	1000－3000万元
1339	3689	扬州市华冠科技发展有限公司	500－1000万元
1340	3689	兖州市鸣嵫医用设备有限公司	500－1000万元
1341	3689	鹰视创能科技（苏州工业园区）有限公司	500－1000万元
1342	3689	余姚市骏腾塑业有限公司	1000－3000万元
1343	3689	张家港市安吉尔医疗器械有限公司	500－1000万元
1344	3689	岳阳益东机器有限公司	3000－5000万元
1345	3689	张家港路易特金属制品有限公司	3000－5000万元
1346	3689	张家港市格尔护理设备有限公司	500－1000万元
1347	3689	张家港市飞跃机械制造有限公司	500－1000万元
1348	3689	张家港市汇达医疗器械有限公司	500－1000万元
1349	3689	张家港市高力特医疗器械有限公司	500－1000万元
1350	3689	张家港市宝欣医疗器械有限公司	500－1000万元
1351	3689	张家港市赛康医疗设备有限公司	500－1000万元
1352	3689	张家港市康乐医疗器械有限公司	500－1000万元
1353	3689	张家港市兰马机械有限公司	500－1000万元
1354	3689	张家港市金马医疗器械有限公司	500－1000万元
1355	3689	张家港市沙工医用电子电器厂	500－1000万元
1356	3689	张家港市沙工医疗器械科技发展有限公司	500－1000万元
1357	3689	张家港市协和医疗器械有限公司	500－1000万元
1358	3689	张家港市鑫鑫医疗器械有限公司	500－1000万元
1359	3689	张家港市永新医用设备制造有限公司	500－1000万元
1360	3689	张家港市雁行机械制造有限公司	500－1000万元
1361	3689	张家港志益卫生用品有限公司	500－1000万元

序号	行业代码	企业中文名称	主营业务收入区间
1362	3689	漳州市立泰医疗康复器材有限公司	5000－1 亿元
1363	3689	浙江爱侣健康科技发展有限公司	1000－3000 万元
1364	3689	浙江辰和医疗设备有限公司	500－1000 万元
1365	3689	浙江康是医疗器械有限公司	1000－3000 万元
1366	3689	郑州迪生仪器仪表有限公司	500－1000 万元
1367	3689	郑州市华盛医疗电器有限责任公司	5000－1 亿元
1368	3689	中山安泰医疗器材工业有限公司	3000－5000 万元
1369	3689	郑州爱波视觉科技有限公司	500－1000 万元
1370	3689	郑州市贵源科技实业有限公司	500－1000 万元
1371	3689	中山荣南机械工业有限公司	3－5 亿元
1372	3689	中山荣杰医疗器材工业有限公司	3－5 亿元
1373	3689	中山市福佑医疗器材有限公司	3000－5000 万元
1374	3689	中山市瑞邦医疗器材有限公司	1000－3000 万元
1375	3689	中山市奥力克医疗设备科技有限公司	1000－3000 万元
1376	3689	重庆华伦医疗器械有限公司	5000－1 亿元
1377	3689	中山市钰民日用制品有限公司	1000－3000 万元
1378	3689	重庆富强华威环保工程有限公司	1000－3000 万元
1379	3689	珠海伯轩医疗科仪有限公司	5000－1 亿元

资料来源：华通数据

附录 8　中国医疗器械贸易企业排序

表附录 8－1　2010 年中国医疗器械出口金额超过千万美元企业排名

排名	企业名称	排名	企业名称
1	通用电气药业（上海）有限公司	34	江苏省健尔康医用敷料有限公司
2	深圳迈瑞生物医疗电子股份有限公司	35	大连爱丽思生活用品有限公司
3	厦门蒙发利科技（集团）股份有限公司	36	深圳中外运物流有限公司
4	航卫通用电气医疗系统有限公司	37	西门子听力仪器（苏州）有限公司
5	欧姆龙（大连）有限公司	38	保赫曼（青岛）医用器材有限公司
6	优利康听力技术（苏州）有限公司	39	东莞市对外加工装配服务公司
7	上海西门子医疗器械有限公司	40	东芝大连有限公司
8	捷普科技（上海）有限公司	41	强生（苏州）医疗器材有限公司
9	西门子迈迪特（深圳）磁共振有限公司	42	广州纺织品进出口集团有限公司
10	泰尔茂医疗产品（杭州）有限公司	43	尼普洛（上海）有限公司
11	深圳市宝安外经发展有限公司	44	广州宝洁有限公司
12	通用电气医疗系统（中国）有限公司	45	伟创力实业（深圳）有限公司
13	上海盟通物流有限公司	46	诺和诺德（中国）制药有限公司
14	大东傲胜保健器（苏州）有限公司	47	中山佳维电子有限公司
15	深圳龙岗区对外经济发展有限公司	48	鸿邦电子（深圳）有限公司
16	稳健实业（深圳）有限公司	49	深圳长城开发科技股份有限公司
17	佛山普立华科技有限公司	50	山东淄博山川医用器材有限公司
18	北京通用电气华伦医疗设备有限公司	51	天津九安医疗电子股份有限公司
19	东软飞利浦医疗设备系统有限责任公司	52	施洁医疗技术（上海）有限公司
20	石家庄鸿欣橡胶制品有限公司	53	施乐辉医用产品（苏州）有限责任公司
21	瑞声达听力技术（中国）有限公司	54	合世医疗电子（苏州）有限公司
22	深圳市奥美迪贸易发展有限公司	55	上海康德莱企业发展集团有限公司
23	北京金佰利个人卫生用品有限公司	56	发美利健康器械（上海）有限公司
24	上海三木电子有限公司	57	旭电（苏州）科技有限公司
25	歌尔声学股份有限公司	58	深圳市百丰物流有限公司
26	佰电科技（苏州）有限公司	59	美欣医用材料（苏州）有限公司
27	绍兴振德医用敷料有限公司	60	上海翔茂企业有限公司
28	魏桥纺织股份有限公司	61	江苏康华医疗器材有限公司
29	伟康医疗产品（深圳）有限公司	62	上海顺隆康复器材有限公司
30	珠海三木电子有限公司	63	深圳市金运达国际物流有限公司
31	航卫通用电气医疗系统有限公司	64	北京华腾橡塑乳胶制品有限公司
32	枝江奥美医疗用品有限公司	65	贝莱胜电子（厦门）有限公司
33	爱安德电子（深圳）有限公司	66	镇江苏惠乳胶制品有限公司

排名	企业名称	排名	企业名称
67	深圳市理邦精密仪器有限公司	102	上海荣泰健身科技发展有限公司
68	浙江豪中豪健康产品有限公司	103	美迪希实验仪器（上海）有限公司
69	麦克奥迪实业集团有限公司	104	优盛医疗电子（上海）有限公司
70	浙江省医药保健品进出口有限责任公司	105	康乐保（中国）有限公司
71	绿星（福州）居室用品有限公司	106	浙江双友物流器械股份有限公司
72	广东广新工艺品进出口有限公司	107	上海强生有限公司
73	浙江巴奥米特医药产品有限公司	108	博爱（中国）膨化芯材有限公司
74	瓦里安医疗设备（北京）有限公司	109	厦门建宇实业有限公司
75	日立医疗系统（苏州）有限公司	110	美尔顿车业（东莞）有限公司
76	余姚市环球经贸技术合作有限公司	111	上海亚澳医用保健品有限公司
77	上海德尔格医疗器械有限公司	112	宁波韵升进出口有限公司
78	上海阿洛卡医用仪器有限公司	113	福建中天生活用品有限公司
79	天津哈娜好医材有限公司	114	徕卡显微系统（上海）有限公司
80	温州五洲进出口有限公司	115	苏州恒祥进出口有限公司
81	深圳市开立科技有限公司	116	上海申达进出口有限公司
82	克林尼科医疗器械（南昌）有限公司	117	惠州安东五金塑胶电子有限公司
83	安保（厦门）塑胶工业有限公司	118	上海松下电工有限公司
84	深圳市凯得克科技有限公司	119	德维比斯保健设备（山东）有限公司
85	深圳百胜医疗科技有限公司	120	迈柯唯医疗设备（苏州）有限公司
86	中国医药保健品有限公司	121	苏州艾兴无纺布制品有限公司
87	沈阳东软医疗系统进出口有限公司	122	安徽久工科技实业有限责任公司
88	中国航空技术进出口总公司	123	上海昌军进出口贸易有限公司
89	佛山市南海凯洋医疗设备有限公司	124	江苏广达医用材料有限公司
90	福建恒安集团厦门商贸有限公司	125	福建肯博纺织工业有限公司
91	上海美华医疗器具股份有限公司	126	中山康健医疗用品有限公司
92	佛山市顺德区安爱工业有限公司	127	深圳市汇思科电子科技有限公司
93	厦门市中鹭达进出口有限公司	128	大连 JMS 医疗器具有限公司
94	北京超思电子技术有限责任公司	129	常州华联保健敷料有限公司
95	浙江柳桥羽毛有限公司	130	医科达北研（北京）医疗器械有限公司
96	浙江飞神车业有限公司	131	西门子爱克斯射线真空技术（无锡）有限公司
97	潍坊歌尔科技有限公司	132	青岛奥技科光学有限公司
98	四川省纺织品进出口公司	133	扬明实业（浙江）有限公司
99	广州市大新光电珠宝有限公司	134	上海市医药保健品进出口公司
100	张家港大裕橡胶制品有限公司	135	石家庄鸿业塑胶制品有限公司
101	美利驰医疗器械（苏州）有限公司	136	松永福利器具制造（上海）有限公司

排名	企业名称	排名	企业名称
137	东莞欣意医疗保健制品厂	172	中山荣杰医疗器材工业有限公司
138	无锡市洁隆纺织品有限公司	173	北京谊安医疗系统股份有限公司
139	上海思沛机电制品有限公司	174	山东康泰实业有限公司
140	英维康医疗器械（苏州）有限公司	175	张家港宏裕乳胶手套有限公司
141	深圳市长兴宏业进出口有限公司	176	江西凤凰光学进出口有限公司
142	积美实业（深圳）有限公司	177	厦门宜众贸易有限公司
143	邦深电子（深圳）有限公司	178	再兴电子（深圳）有限公司
144	龙岩亿炜贸易发展有限公司	179	浙江拱东医用塑料厂
145	秦皇岛市康泰医学系统有限公司	180	深圳市华南国际物流有限公司
146	中山市创源电子有限公司	181	杭州天元旺旺宠物用品有限公司
147	盐城鑫富德制衣有限公司	182	五环（集团）股份有限公司
148	常州巴奥米特医疗器械有限公司	183	河北鸿泽塑胶科技有限公司
149	福建莆田佳通纸制品有限公司	184	厦门纬嘉运动器材有限公司
150	绍兴港峰医用品有限公司	185	深圳市顺安外资实业发展有限公司
151	扬州国泰贸易有限公司	186	绍兴易邦医用品有限公司
152	北京松下电工有限公司	187	宁波舜宇仪器有限公司
153	西安商泰机械制造有限公司	188	石家庄昌仑贸易有限公司
154	苏州铃兰卫生用品有限公司	189	浙江省永康百舸进出口贸易有限公司
155	厦门欧乐德贸易有限公司	190	业聚医疗器械（深圳）有限公司
156	上海铃兰卫生用品有限公司	191	江阴妙洁胶乳有限公司
157	先涛光学科技（深圳）有限公司	192	佛山市南海建泰铝制品有限公司
158	河源固德机械科技有限公司	193	厦门百德鑫进出口贸易有限公司
159	山东威高集团医用高分子制品股份有限公司	194	上海医疗器械进出口有限公司
160	金佰利（南京）个人卫生用品有限公司	195	厦门市成易进出口有限公司
161	深圳日立电线有限公司	196	上海鹿得国际贸易有限公司
162	浦城县闽城光学眼镜有限责任公司	197	东莞百利达健康器材有限公司
163	武汉杰怡工贸有限公司	198	挪度医疗器械（苏州）有限公司
164	山东侨牌集团有限公司	199	八乐梦床业（中国）有限公司
165	深圳市中贸棉纺科技有限公司	200	江苏苏美达轻纺国际贸易有限公司
166	大连库利艾特医疗制品有限公司	201	无锡市金茂对外贸易有限公司
167	湖北福好医疗用品有限公司	202	漳州立泰医疗康复器材有限公司
168	三贵康复器材（上海）有限公司	203	邯郸恒永防护洁净用品有限公司
169	绍兴福清卫生用品有限公司	204	广州市韦士泰医疗器械有限公司
170	斯达克听力技术（苏州）有限公司	205	阜宁富伟家纺有限公司
171	东莞威德电子科技有限公司	206	宁波海田国际贸易有限公司

排名	企业名称	排名	企业名称
207	宁波中瑞进出口有限公司	228	昆山扬皓光电有限公司
208	唐山中红普林集团有限公司	229	苏州艾旺纺织品有限公司
209	上海医科达放疗设备有限公司	230	佛山市东方医疗设备厂有限公司
210	昆山金利商标股份有限公司	231	杭州豪悦实业有限公司
211	武汉帝元医用材料有限公司	232	浙江双鸽贸易有限公司
212	苏州恒生进出口有限公司	233	深圳日发机电制造有限公司
213	广东宝莱特医用科技股份有限公司	234	青岛双蝶集团股份有限公司
214	翰墨高科技玩具（苏州工业园区）有限公司	235	浙江省科学器材进出口有限责任公司
215	江苏省医药保健品进出口（集团）公司	236	北京汇诚橡塑制品有限公司
216	卫美恒（苏州）医疗器械有限公司	237	江苏邦特生物科技有限公司
217	仙桃新发塑料制品有限公司	238	南京淼润森工贸有限公司
218	上海维力医疗用品进出口有限公司	239	浙江康德莱医疗器械股份有限公司
219	查氏电子实业（深圳）有限公司	240	中山市新达经贸有限公司
220	上海悦美国际贸易有限公司	241	欣意企业（平湖）有限公司
221	上海花王有限公司	242	江苏金广羽绒制品有限公司
222	江苏海企长城股份有限公司	243	江苏利康进出口有限公司
223	江苏鱼跃医疗设备股份有限公司	244	深圳市盐田港出口货物监管仓有限
224	中山荣南机械工业有限公司	245	南通佳景休闲洁具有限公司
225	温州市朗盛国际贸易有限公司	246	深圳市勤辉投资开发有限公司
226	天惠有机硅（深圳）有限公司	247	汕头市超声仪器研究所有限公司
227	温州市五机化医外贸有限公司		

资料来源：中国医保商会根据中国海关数据整理

表附录8－2　2010年中国医疗器械进口金额超过千万美元企业排名

排名	企业名称	排名	企业名称
1	美敦力医疗用品技术服务（上海）有限公司	11	奥林巴斯贸易（上海）有限公司
2	上海三凯进出口有限公司	12	中外运·敦豪保税仓储（北京）有限公司
3	上海东松国际贸易有限公司	13	航卫通用电气医疗系统有限公司
4	上海协谷进出口贸易有限公司	14	上海西门子医疗器械有限公司
5	概腾国际贸易（上海）有限公司	15	波科国际医疗贸易（上海）有限公司
6	中国医疗器械技术服务公司	16	江苏省科技发展有限公司
7	金佰利（中国）有限公司	17	青岛美赫尔国际贸易有限公司
8	重庆市中基进出口有限公司	18	宁波康导进出口有限公司
9	中国医药保健品有限公司	19	中国医药对外贸易公司
10	圣犹达医疗用品（上海）有限公司	20	东软飞利浦医疗设备系统有限责任公司

排名	企业名称	排名	企业名称
21	安徽亚美亚进出口贸易有限公司	56	中国技术进出口总公司
22	北京东方天旭国际贸易有限公司	57	中国仪器进出口（集团）公司
23	辛迪思（上海）医疗器械贸易有限公司	58	国义招标股份有限公司
24	泰科医疗器材国际贸易（上海）有限公司	59	江苏海外集团国际技术工程有限公司
25	深圳市怡亚通供应链股份有限公司	60	捷迈（上海）医疗国际贸易有限公司
26	强生（上海）医疗器材有限公司	61	航卫通用电气医疗系统有限公司
27	德尔格医疗设备（上海）有限公司	62	中国华阳投资控股有限公司
28	优利康听力技术（苏州）有限公司	63	东芝大连有限公司
29	广东省医药保健品进出口公司	64	广东省中科进出口有限公司
30	费森尤斯医药用品（上海）有限公司	65	江苏苏美达国际技术贸易有限公司
31	上海工业投资（集团）有限公司	66	西门子听力仪器（苏州）有限公司
32	中国医疗卫生器材进出口公司	67	福建中航技经贸发展有限公司
33	中国科学器材进出口总公司	68	深圳市格尚科技发展有限公司
34	诺和诺德（中国）制药有限公司	69	拜耳医药保健有限公司
35	北京中润伟业投资有限公司	70	宁波东诚进出口有限公司
36	泰科医疗器材制造（上海）有限公司	71	国药集团联合医疗器械有限公司
37	上海申钧进出口有限公司	72	深圳迈瑞生物医疗电子股份有限公司
38	明尼苏达矿业制造（上海）国际贸易有限公司	73	上海中智科技应用发展公司
39	贝朗医疗（上海）国际贸易有限公司	74	东方科学仪器进出口集团有限公司
40	中建材集团进出口公司	75	贝朗爱敦（上海）贸易有限公司
41	北京威联德骨科技术有限公司	76	深圳市信利康实业有限公司
42	佛山普立华科技有限公司	77	宁波志欣进出口有限公司
43	永裕（上海）医药物流营运有限公司	78	上海铁联国际储运有限公司
44	大昌洋行（上海）有限公司	79	西门子迈迪特（深圳）磁共振有限公司
45	山东东岳国际经贸合作股份有限公司	80	上海科学器材有限公司
46	河南博奥贸易有限公司	81	西门子爱克斯射线真空技术（无锡）有限公司
47	上海欧宣国际贸易有限公司	82	北京普路达国际贸易有限公司
48	中仪国际招标公司	83	江西华盛贸易有限公司
49	江苏舜天国际集团机械进出口股份有限公司	84	北京空港宏远物流有限公司
50	北京通用电气华伦医疗设备有限公司	85	巴德医疗科技（上海）有限公司
51	阿洛卡国际贸易（上海）有限公司	86	中国远东国际招标公司
52	通用电气医疗系统贸易发展（上海）有限公司	87	泰尔茂医疗产品（上海）有限公司
53	瑞声达听力技术（中国）有限公司	88	广州华炜实业有限公司
54	蔡司光学仪器（上海）国际贸易有限公司	89	安徽省技术进出口股份有限公司
55	金宝肾护理产品（上海）有限公司	90	北京拓普康商贸有限公司

排名	企业名称	排名	企业名称
91	库克（中国）医疗贸易有限公司	123	广东南方富达进出口有限公司
92	爱尔康（中国）眼科产品有限公司	124	上海博茂进出口有限公司
93	百胜（深圳）医疗设备有限公司	125	中国电子进出口总公司
94	强生视力健商贸（上海）有限公司	126	北京佳农医疗器械有限公司
95	尼虹光电贸易（上海）有限公司	127	上海国际科学技术有限公司
96	通用电气医疗系统（中国）有限公司	128	上海阿洛卡医用仪器有限公司
97	深圳市瑞霖医疗器械有限公司	129	中仪英斯泰克进出口公司
98	东方国际招标有限责任公司	130	伟创力实业（深圳）有限公司
99	江苏省苏科国际技术贸易有限公司	131	黑龙江省天祥贸易有限公司
100	厦门建发股份有限公司	132	莱凯医疗器械（北京）有限公司
101	上海金桥（集团）有限公司	133	天津市商业对外储运公司
102	湖北桦升国际贸易有限公司	134	新疆嘉润国际贸易发展有限公司
103	北京科苑新创技术有限公司	135	泰尔茂医疗产品（杭州）有限公司
104	湖北国展慧德贸易有限公司	136	上海日机装医疗器械贸易有限公司
105	中国牧工商（集团）总公司	137	北京东方唐鸿商贸服务有限公司
106	迈柯唯（上海）医疗设备有限公司	138	西诺德牙科设备商贸（上海）有限公司
107	富士医疗器材（上海）有限公司	139	北京国华富邦科技有限公司
108	五矿国际招标有限责任公司	140	瓦里安医疗器械贸易（北京）有限公司
109	北京空港嘉里大通物流有限公司	141	广州市新力科技发展有限公司
110	中信国际招标有限公司	142	黑龙江省西麦克国际贸易有限公司
111	上海四皓实业有限公司	143	中国教学仪器设备总公司
112	中技国际招标公司	144	东方国际集团上海市对外贸易有限公司
113	北京市海森医药进出口有限公司	145	山东吉威医疗制品有限公司
114	碧迪医疗器械（上海）有限公司	146	大庆石油国际工程公司
115	江苏苏美达仪器设备有限公司	147	廊坊铭远物流有限公司
116	中招国际招标公司	148	北京空港嘉里大通物流有限公司
117	欧姆龙（大连）有限公司	149	东方国际集团上海荣恒国际贸易有限公司
118	中化广东公司	150	广州市康宜贸易有限公司
119	广州宝洁有限公司	151	浙江国贸进出口有限公司
120	东方科学仪器上海进出口有限公司	152	汾沃大华医疗科技（上海）有限公司
121	北京航济国际物流有限公司	153	河北机械进出口有限公司
122	成都佳士实业进出口贸易有限公司	154	陕西信华国际贸易有限公司

资料来源：中国医保商会根据中国海关数据整理

附录9　中国上市医疗器械企业名录

表附录9－1　中国上市医疗器械企业名录

序号	股票类型	上市名称	股票代码	主营业务
1	沪市、深市或创业板	鱼跃医疗	002223	听诊器、血压计、供氧设备、电动吸引器康复护理系列和医用供氧系列医疗器械产品的生产和销售
2		万东医疗	600055	医用X射线机、移动式X射线机、口腔综合治疗仪
3		新华医疗	600587	X射线机、消毒灭菌设备、清洗消毒机、手术器械、放射诊断治疗设备的生产与销售
4		科华生物	002022	半自动生化仪，全自动生化仪
5		东软股份	600718	医用影像设备
6		复星医药	600196	医用带线缝合针、医用手术刀片、钛合金眼科器械、尿袋、保健刀等
7		乐普医疗	300003	药物支架、冠状动脉介入医疗器械的研发、生产和销售
8		海南海药	000566	人工耳蜗
9		宏达经编	002144	公司收购深圳威尔德，威尔德主要生产B超设备，主要产品有掌上式、便携式B超仪器等
10		大恒科技	600288	强放疗系统
11		思达高科	000676	影像技术为核心的医疗器械、安全检查检测系统
12		东阿阿胶	000423	玻璃体温计、玻套体温计、电子体温计、电子血压计
13		新黄浦	600638	数字化医用诊断X射线机、医用X射线摄片机
14		新南洋	600661	体外冲击波碎石机、氩气高频电刀、微波前列捎热疗仪、YAG激光眼科治疗仪、激光手术刀
15		红日药业	300026	收购汶河医疗进入医疗器械领域
16		阳普医疗	300030	真空采血行业龙头企业
17		九安医疗	002432	家用医疗电子健康产品领军企业，家用医疗健康电子产品的研发、生产和销售，包括电子血压计、血糖仪等家用生理参数测试仪器，以及低频治疗仪、多路低频治疗仪等家庭用保健器械的研发、生产和销售等
18		山东药玻	600529	药用玻璃包装企业
19		国药股份	600511	化学原料药、化学药制剂、中成药、医疗器械、化学试剂、玻璃仪器等
20		中国医药	600056	经营医疗器械（三类：手术室、急救室、诊疗室设备及器具，医用缝合材料及粘合剂，医用高分子材料和制品，二类：医用电子仪器设备，临床检验分析仪器）
21		理邦仪器	300206	三类医用超声仪器及有关设备、医用X射线设备，临床检验分析仪，医用电子仪器设备的批发、进出口及相关配套业务
22		尚荣医疗	002551	医疗设备及医疗系统工程、医疗设施的设计、生产，销售和安装
23		威达	000603	开发、生产和销售诊断与治疗肿瘤、心脑血管病等恶性疾病的医疗器械产品

序号	股票类型	上市名称	股票代码	主营业务
24		领先科技	000669	以医药、医疗器械、保护膜的生产经营、保健品经营等
25		康耐特	300061	三类光学医疗器械（含角膜接触镜），眼睛保健产品
26	港股	创生控股	0325. HK	骨科医疗器械
27	港股	微创医疗	00853. HK	治疗血管疾病及病变的微创介入产品
28	港股	威高股份	01066. HK	一次性使用输液器、注射器、输血器、血袋、卫生材料等
29	美国 NASDAQ	康辉医疗	KH	创伤、脊柱和手术器械等产品
30	美国 NASDAQ	深圳迈瑞	MR	生命信息与支持、临床检验及试剂、数字超声、放射影像产品
31	美国 NASDAQ	稳健医疗	WWIN	专业从事医用卫生材料、医用敷料及高端全棉生活用品经营

资料来源：华通数据

附录 10　中国医疗器械行业大中专院校名录

生物医学工程（Biomedical - Engineering）是一门新兴的边缘学科，它综合工程学、生物学和医学的理论和方法，在各层次上研究人体系统的状态变化，并运用工程技术手段去控制这类变化，其目的是解决医学中的有关问题，保障人类健康，为疾病的预防、诊断、治疗和康复服务。它的发展方向主要有医学电子、精密医疗仪器、信息处理、生物材料和组织工程等学科。该学科经过几十年的发展，目前已为国家培养了相当数量的从事医疗器械及相关领域的优秀人才。

表附录 10－1　中国开设生物医学工程专业的主要大专院校名录

学校所在地	学校名称
安徽省	中国科学技术大学
	合肥工业大学
	安徽医科大学
	安徽理工大学
北京市	清华大学
	北京大学
	北京理工大学
	北京联合大学
	首都医科大学
	中国协和医科大学
	北京交通大学
	北京工业大学
	北京邮电大学
	北京航空航天大学
福建省	厦门大学
	华侨大学
	福建医科大学
	福建中医药大学
广东省	中山大学
	暨南大学
	华南理工大学
	南方医科大学
	广州医学院
	深圳大学

学校所在地	学校名称
河北省	河北大学
	燕山大学
	河北医科大学
	河北科技大学
	河北工业大学
	华北煤炭医学院
	承德医学院
	东北大学秦皇岛分校
河南省	郑州大学
	河南科技大学
黑龙江省	哈尔滨工业大学
	哈尔滨医科大学
	哈尔滨工程大学
	佳木斯大学
	牡丹江医学院
湖北省	武汉大学
	华中科技大学
	武汉理工大学
	中南民族大学
	咸宁学院
湖南省	中南大学
	湖南大学
	南华大学
吉林省	吉林大学
	长春工业大学
	长春理工大学
江苏省	中国矿业大学
	东南大学
	江苏大学
	南京航空航天大学
	南京理工大学
	南京大学
	苏州大学
	南京医科大学
	徐州医学院

学校所在地	学校名称
江西省	南昌大学
	南昌航空大学
	江西中医学院
辽宁省	中国医科大学
	东北大学
	大连理工大学
	沈阳工业大学
山东省	山东大学
	山东科技大学
	山东中医药大学
	泰山医学院
山西省	太原理工大学
	中北大学
	长治医学院
陕西省	西安交通大学
	西安电子科技大学
	西安工业大学
	第四军医大学
	西北工业大学
上海市	复旦大学
	上海交通大学
	同济大学
	上海第二医科大学
	上海理工大学
	华东理工大学
	华东师范大学
	上海大学
	上海医疗器械高等专科学校
四川省	四川大学
	电子科技大学
	西南交通大学
	西南科技大学
	成都信息工程学院
	川北医学院
	泸州医学院

学校所在地	学校名称
天津市	南开大学
	天津医科大学
	天津大学
	天津工业大学
云南省	云南大学
	昆明理工大学
	昆明医学院
浙江省	浙江大学
	杭州电子科技大学
	中国计量学院
	温州医学院
重庆市	重庆大学
	重庆医科大学
	重庆邮电大学
	重庆工学院
新疆	新疆医科大学

资料来源：中国医保商会整理

附录11 中国医疗器械行业院士名录

表附录11－1 中国医疗器械行业院士名单

序号	名单	院士类型	方向/专业	职务
1	陈亚珠	中国工程院院士	无创伤医疗器械领域	上海交通大学生物医学仪器研究所所长
2	程京	中国工程院院士	生物芯片	清华大学医学院医学系统生物学研究中心生物芯片北京国家工程研究中心主任、教授
3	戴尅戎	中国工程院院士	骨外科学和骨科生物力学	上海交通大学医学院附属第九人民医院上海市关节外科临床医学中心主任
4	付小兵	中国工程院院士	创伤修复与组织再生	解放军总医院全军创伤修复重点实验室主任，创伤外科研究员，博士生导师
5	葛宝丰	中国工程院院士	骨外科学	兰州军区总医院骨科研究所所长、博士后研究生导师
6	韩济生	中国科学院院士	神经生理学	北京大学医学部教授、神经科学研究所所长
7	侯惠民	中国工程院院士	药物制剂	上海医药工业研究院研究员
8	卢世璧	中国工程院院士	骨科专家	解放军骨科研究所所长、教授
9	邱贵兴	中国工程院院士	脊柱外科及关节外科	中国协和医科大学北京协和医院外科学系主任、骨科主任、主任医师、教授、博士生导师
10	盛志勇	中国工程院院士	创伤、烧伤外科临床和实验研究	解放军总医院第三〇四临床部专家组组长、南开大学医学院教授、博士生导师
11	汤钊猷	中国工程院院士	肝癌研究	上海医科大学肝瘤研究所所长、教授
12	王正国	中国工程院院士	冲击伤、创伤弹道学、交通医学研究	第三军医大学野战外科研究所研究员，博士生导师
13	王威琪	中国工程院院士	医学超声和医学电子学的理论、技术和应用	复旦大学首席教授、博士生导师
14	俞梦孙	中国工程院院士	航空生物医学工程	第四军医大学教授、博士生导师
15	曾毅	中国科学院院士	病毒学	中国预防医学科学院原院长、博士生导师
16	张兴栋	中国工程院院士	生物活性人工骨（牙）及涂层植入体研究，	四川大学教授
17	钟世镇	中国工程院院士	人体管道铸型方法和设计研究	广东省和中国人民解放军医学生物力学重点实验室主任；南方医科大学临床解剖学研究所所长；
18	庄辉	中国工程院院士	流行病学、微生物学研究	北京大学医学部基础医学院病原生物学系教授

注：人名以姓氏拼音排序

资料来源：华通数据

附录 12　各国药品监管机构及官方网站

表附录 12－1　各国药品和医疗器械监管机构及相关网站

国　家	机　　构	网　　址
美国	Food and Drug Administration（美国：食品和药品管理局）	http://www. fda. gov
	Center for Drug Evaluation and Research（美国：药品评价和研究中心）	http://www. fda. gov/cder http://www. fda. gov/Drugs/default. htm
	Center for Devices and Radiological Health（美国：器械和辐射健康中心）	http://www. fda. gov/cdrhr http://www. fda. gov/MedicalDevices/default. htm
	Center for Biologics Evaluation and Research（美国：生物制品评价和研究中心）	http://www. fda. gov/BiologicsBloodVaccines/default. htm http://www. fda. gov/cber
	U. S.：Substance Abuse Prevention，Addictions Treatment and Mental Health Services（美国：药物滥用防止、毒瘾治疗与精神卫生局）	http://www. samhsa. gov
	U. S.：National Institutes of Health（美国：国家健康研究所）	http://www. nih. gov
欧洲	欧洲药典委员会	www. pheur. org http://www. edqm. eu/en/Homepage－628. html
	European Agency for the Evaluation of Medicinal Products（欧洲药品评价署）	http://www. emea. eu. int http://www. ema. europa. eu/ema/index. jsp?curl＝/pages/home/Home _ Page. jsp&jsenabled＝true
英国	UK：Medicines and Healthcare Products Regulatory Agency（英国：药物和保健产品监管署）	http://www. mca. gov. uk/home. htm http://www. mhra. gov. uk/index. htm
	UK：Medical Devices Agency（英国：医疗器械署）	http://www. medical － devices. gov. uk UK：National Institute for Biological http://www. mhra. gov. uk/index. htm
	Standards and Control（英国：国家生物学标准和管制所）	http://www. nibsc. ac. uk
	Ukraine：Ministry of Health（乌克兰：卫生部）	http://www. health. gov. ua
西班牙	Spain：Spanish Drug Agency（西班牙：西班牙药物署）	http://www. msc. es/agemed/main. htm
	Spain：Ministry of Health and Consumption（西班牙：卫生与消费部）	http://www. msc. es
印度	India：Agricultural and Processed Food Products Export Development Authority（印度：农产和加工食品出口发展局）	http://www. apeda. com
	India：Ministry of Health and Family Welfare（印度：卫生和家庭福利部）	http://www. mohfw. nic. in
	India：Ministry of Food Processing Industries（印度：食品加工产业部）	http://www. mofpi. nic. in
	India：Ministry of Consumer Affairs，Food & Public Distribution（印度：消费者事务、食品和公共分配部）	http://www. fcamin. nic. in

国　家	机　　构	网　　址
土耳其	Turkey：Ministry of Health(土耳其:卫生部)	http://www. saglik. gov. tr
瑞士	Switzerland：Federal Veterinary Office(瑞士:联邦兽医办公室)	http://www. bvet. admin. ch/0_navigation - e/0_index. html
	Switzerland：Agency for Therapeutic Products(瑞士:治疗产品署)	http://www. swissmedic. ch
瑞典	Sweden：National Board of Health and Welfare(瑞典:国家卫生与福利委员会	http://www. sos. se/sosmenye. htm
	Sweden：Medical Products Agency(瑞典:药品署)	http://www. mpa. se
斯洛伐克共和国	Slovak Republic：State Institute for Drug Control(斯洛伐克共和国:国家药物管制所	http://www. sukl. sk/sukl_en. htm
巴布亚新几内亚	Papua New Guinea：Department of Health(巴布亚新几内亚:卫生部)	http://www. health. gov. pg
菲律宾	Philippines：Department of Health(菲律宾:卫生部)	http://www. doh. gov. ph
新加坡	Singapore：Health Sciences Authority(新加坡:卫生科学局)	http://www. hsa. gov. sg
斯里兰卡	Sri Lanka：Ministry of Health ,Nutrition & Welfare(斯里兰卡:卫生、营养和福利部)	http://www. health. gov. lk
泰国	Thailand：Food and Drug Administration(泰国:食品药品管理局)	http://www. fda. moph. go. th/
新西兰	New Zealand：Medicines and Medical Devices Safety Authority(新西兰:药物和医疗器械安全局)	http://www. medsafe. govt. nz
韩国	Korea：Food and Drug Administration(韩国:食品药品管理局)	http://www. kfda. go. kr
马来西亚	Malaysia：National Pharmaceutical Control Bureau(马来西亚:国家药品管制局)	http://www. bpfk. gov. my
日本	Japan：Pharmaceuticals and Medical Devices Evaluation Center(日本:药品和医疗器械评价中心)	http://www. nihs. go. jp/pmdec/outline. htm
印尼	Indonesia：Ministry of Health(印尼:卫生部)	http://www. depkes. go. id
俄罗斯	Russian Federation：Ministry of Public Health(俄罗斯:公共卫生部)	http://www. minzdrav - rf. ru
罗马尼亚	Romania：Ministry of Health and the Family(in Romanian)(罗马尼亚:卫生与家庭部)	http://www. ms. ro
葡萄牙	Portugal：Ministry of Health(葡萄牙:卫生部)	http://www. min - saude. pt
波兰	Poland：Ministry of Health and Social Security(波兰:卫生与社会保障部)	http://www. mzios. gov. pl
挪威	Norway：Norwegian Medicines Agency(挪威:挪威药物署)	http://www. legemiddelverket. no
荷兰	Netherlands：Medicines Evaluation Board(荷兰:药物评价委员会)	http://www. cbg - meb. nl
	Netherlands：Ministry of Health，Welfare and Sport(荷兰:卫生、福利与体育部	http://www. minvws. nl/english/index. html
马耳他	Malta：Ministry of Health(马耳他:卫生部)	http://www. health. gov. mt

国　家	机　　构	网　　址
卢森堡	Luxembourg：Ministry of Health（卢森堡：卫生部）	http://www. etat. lu/MS
立陶宛	Lithuania：State Medicines Control Agency（立陶宛：国家药物管制署）	http://www. vvkt. lt/ENG/default. htm
	Lithuania：Ministry of Health（立陶宛：卫生部）	http://www. sam. lt/index_en. html
拉脱维亚	Latvia：State Agency of Medicines（拉脱维亚：国家药物署）	http:// www. vza. gov. lv
意大利	Italy：National Institute of Health（意大利：国家卫生所）	http://www. iss. it
	Italy：Ministry of Health（意大利：卫生部）	http://www. ministerosalute. it
爱尔兰	Ireland：Medicines Board（爱尔兰：药物委员会）	http://www. imb. ie
	Ireland：Department of Health and Children（爱尔兰：卫生与儿童部）	http://www. doh. ie
冰岛	Iceland：Environmental and Food Agency（冰岛：环境与食品署）	http://www. hollver. is/english/emain. html
匈牙利	Hungary：National Institute of Pharmacy（匈牙利：国家药房所）	http://www. ogyi. hu/index. php? lang = en
	Hungary：Ministry of Health，Social and Family Affairs（匈牙利：卫生、社会与家庭事务部）	http://www. eum. hu/eum/index. html
希腊	Greece：National Organization for Medicines（希腊：国家药物组织）	http://www. eof. gr/Welcome3_en. htm
	Greece：Ministry of Health and Welfare（希腊：卫生与福利部）	http://www. ypyp. gr
德国	Germany：Federal Institute for Drugs and Medical Devices（德国：联邦药物与医疗器械所）	http://www. bfarm. de/de/gb_ver/index. html
	Germany：Ministry of Health（德国：卫生部）	http://www. bmgesundheit. de
格鲁吉亚	Georgia：Ministry of Labor，Health and Social Security（格鲁吉亚：劳动、卫生和社会保障部）	http://www. parliament. ge/gov/ministries/healthcare. html
法国	France：National Agency for Veterinary Medicinal Products（法国：国家兽用药品署）	http://www. anmv. afssa. fr/en_anmv
	France：General Directorate of Competition，Consumption and Repression of Fraud（food control）（法国：竞争、消费和抑制欺诈总理事会［食品管制］）	http://www. finances. gouv. fr/DGCCRF
	France：Sanitary Safety of Health Products Agency（法国：健康产品卫生安全署）	http://agmed. sante. gouv. fr
	France：Ministry of Health（法国：卫生部）	http://www. sante. gouv. fr
芬兰	Finland：National Food Agency（芬兰：国家食品署）	http:// www. nfa. fi/english/index. html
	Finland：National Agency for Medicines（芬兰：国家药物署）	http://www. nam. fi/english/index. html
	Finland：Ministry of Social Affairs and Health（芬兰：社会事务和卫生部）	http://www. vn. fi/stm/english/index. htm

国家	机构	网址
丹麦	Denmark：Veterinary and Food Administration（丹麦：兽医和食品管理局）	http://www.uk.foedevaredirektoratet.dk/forside.htm
	Denmark：Medicines Agency（丹麦：药物署）	http://www.laegemiddelstyrelsen.dk/index_en.htm
	Denmark：Ministry of Health（丹麦：卫生部）	http://www.im.dk/Index/mainstart.asp
克罗地亚	Croatia：Ministry of Health（克罗地亚：卫生部）	http://www.tel.hr/mzrh/e-index.htm
爱沙尼亚	Estonia：State Agency of Medicines（爱沙尼亚：国家药物署）	http://www.sam.ee
捷克共和国	Czech Republic：State Institute for Drug Control（捷克共和国：国家药物管制所）	http://www.sukl.cz
	Czech Republic：Ministry of Health（捷克共和国：卫生部）	http://www.mzcr.cz
保加利亚	Bulgaria：Drug Agency（保加利亚：药物署）	http://www.bda.bg
	Bulgaria：Ministry of Health（保加利亚：卫生部）	http://www.mh.government.bg
比利时	Belgium：Federal Agency for the Safety of the Food Chain（比利时：联邦食物链安全署）	http://www.afsca.be/indexEN.htm
	Belgium：Pharmaceutical Inspectorate（比利时：药品检查处）	http://www.afigp.fgov.be
奥地利	Austria：Secretariat of Health（奥地利：卫生秘书处）	http://www.bmsg.gv.at/bmsg/relaunch/gesundheit/welcome.htm
亚美尼亚	Armenia：Drug and Medical Technology Agency（亚美尼亚：药物和医学技术署）	http://www.pharm.am
	Armenia：Ministry of Health（亚美尼亚：卫生部）	http://www.armhealth.am
安道尔	Andorra：Ministry of Health and Welfare（安道尔：卫生与福利部）	http://www.salutibenestar.ad/index2.htm
阿拉伯联合酋长国	United Arab Emirates：Federal Department of Pharmacies（阿拉伯联合酋长国：联邦药房部）	http://www.uae.gov.ae/moh/pharmbod.htm
	United Arab Emirates：Ministry of Health（阿拉伯联合酋长国：卫生部）	http://www.moh.gov.ae/intro
沙特阿拉伯	Saudi Arabia：Ministry of Health（沙特阿拉伯：卫生部）	http://www.saudinf.com/main/c6h.htm
巴勒斯坦	Palestinian Authority：Ministry of Health（巴勒斯坦：卫生部）	http://www.pna.org/moh
黎巴嫩	Lebanon：Ministry of Health（黎巴嫩：卫生部）	http://www.saudinf.com/main/c6h.htm
约旦	Jordan：Ministry of Health（约旦：卫生部）	http://www.moh.gov.jo
以色列	Israel：Ministry of Health（以色列：卫生部）	http://www.health.gov.il/english.htm
津巴布韦	Zimbabwe：Ministry of Health and Child Welfare（津巴布韦：卫生与儿童福利部）	http://www.gta.gov.zw/health.html
乌干达	Uganda：Ministry of Health（乌干达：卫生部）	http://www.health.go.ug

国 家	机 构	网 址
突尼斯	Tunisia：Office of Pharmacy and Medicines（突尼斯：药房与药物办公室）	http:// www. dpm. tn
	Tunisia：Ministry of Public Health（突尼斯：公共卫生部）	http://www. ministeres. tn/html/ministeres/sante. html
斯威士兰	Swaziland：Ministry of Health and Social Welfare（斯威士兰：卫生与社会福利部）	http://www. swazi. com/government/ministries/min – health. html
南非	South Africa：Department of Health（南非：卫生部）	http://www. doh. gov. za/
	南非药品管理局	http://www. mccza. com/
摩洛哥	Morocco：Ministry of Public Health（摩洛哥：公共卫生部）	http://www. sante. gov. ma
毛里求斯	Mauritius：Ministry of Health & Quality of Life（毛里求斯：卫生和生活质量部）	http://www. health. gov. mu
肯尼亚	Kenya：Ministry of Health（肯尼亚：卫生部）	http://www. kenyaweb. com/government/ministries/health. html
博茨瓦纳	Botswana：Ministry of Health（博茨瓦纳：卫生部）	http://www. gov. bw/government/ministry_of_health. html
贝宁	Benin：Ministry of Health（贝宁：卫生部）	http://www. primature. gov. bf/republic/fgouvernement. htm
委内瑞拉	Venezuela：Ministry of Health and Social Development（委内瑞拉：卫生与社会发展部）	http://www. platino. gov. ve
乌拉圭	Uruguay：Ministry of Public Health（乌拉圭：公共卫生部）	http://www. msp. gub. uy
特立尼达和多巴共和国	Trinidad & Tobago：Bureau of Standards（特立尼达和多巴共和国：标准局）	http://www. ttbs. org. tt
	Trinidad and Tobago：Ministry of Health（特立尼达和多巴共和国：卫生部）	http://www. healthsectorretorreform. gov. tt
秘鲁	Peru：General Directorate of Pharmaceuticals，Devices and Drugs（秘鲁：药品，器械与药物理事会）	http://www. minsa. gob. pe/digemid
	Peru：Ministry of Health（秘鲁：卫生部）	http://www. minsa. gob. pe/index2. htm
巴拿马	Panama：Ministry of Health（巴拿马：卫生部）	http://www. minsa. gob. pa
尼加拉瓜	Nicaragua：Ministry of Health（尼加拉瓜：卫生部）	http://www. minsa. gob. ni
荷兰安的列斯群岛	Netherlands Antilles：Department of Public Health and Environmental Protection（荷兰安的列斯群岛：公共卫生与环境保护部）	http://www. mina. vomil. an
牙买加	Jamaica：Ministry of Health（牙买加：卫生部）	http://www. moh. gov. jm
圭亚那	Guyana：National Bureau of Standards（圭亚那：国家标准局）	http://www. gnbs. gov. gy
	Guyana：Ministry of Health（圭亚那：卫生部）	http://www. sdnp. org. gy/moh

国　家	机　　构	网　　址
危地马拉	Guatemala：Ministry of Health(危地马拉:卫生部)	http://www. mspas. gob. gt_
萨尔瓦多	El Salvador：Ministry of Public Health and Social Assistance(萨尔瓦多:公共卫生与社会援助部)	http://www. mspas. gob. sv/mspas. htm
厄瓜多尔	Ecuador：Ministry of Public Health(厄瓜多尔:公共卫生部)	http://www. msp. gov. ec
哥伦比亚	Colombia：INVIMA Instituto Nacional de Vigilancia de Medicamentos y Alimentos(哥伦比亚:INVIMA 国家药物和营养警戒所)	http://www. invima. gov. co
	Colombia：Ministry of Health(哥伦比亚:卫生部)	http://www. minsalud. gov. co/NewSite/MseC-ontent/home. asp
巴西	Brazil：National Health Surveillance Agency(巴西:国家卫生监督署)	http://www. anvisa. gov. br
	Brazil：Ministry of Health(巴西:卫生部)	http://www. saude. gov. br
玻利维亚	Bolivia：Ministry of Health and Social Welfare(玻利维亚:卫生与社会福利部)	http://www. sns. gov. bo
洪都拉斯	Belize：Ministry of Health(洪都拉斯:卫生部)	http://www. belize. gov. bz/cabinet/s – baeza/welcome. shtml
阿根廷	Argentina：Ministry of Health(阿根廷:卫生部)	http://www. msal. gov. ar/htm/default. asp
	Argentina：National Administration of Drugs, Foods and Medical Technology(阿根廷:国家药物、食品与医疗技术管理局)	http://www. anmat. gov. ar/principal. html
	ICH 的网址	www. ich. org
澳大利亚	治疗用品管理局(Therapeutic Goods Administration,简称 TGA)	www. tga. gov. au

资料来源:《一次性注射器出口质量控制指南》

威高集团

WEGO威高

威高集团有限公司始建于1988年，以一次性医疗器械和药品为主导，发展了航天军工、房地产、证券投资等五大产业，占地面积200多万平方米，有总资产90多亿元，员工13000多人，下辖18个子公司，控股子公司山东威高集团医用高分子制品股份有限公司于2004年2月在香港创业板上市，2010年7月转主板上市。集团拥有400多种、30000多个规格医疗器械和药品，主要有输注耗材、手术室系列、医用导管、心脏支架及心内耗材、留置针及各种异型针、血液净化设备及耗材、骨科材料、医疗设备、治疗型注射液及其它药品、生物诊断试剂、人造血浆、生物种植体、PVC及非PVC原料等系列，成为全球品种最齐全、安全可靠、最值得信赖、中国最大医疗系统解决方案制造商，系国家863产业化基地、国家火炬计划重点高新技术企业，先后荣获了行业排头兵企业、卫生材料和医药制造行业排头兵企业、全国守合同重信用企业、中国大企业集团竞争力500强、全国医药工业百强（第六位）、中国企业信息化500强、全国医药工业百强、全国民营企业500强、中国专利山东明星企业、中国最具投标实力医疗器械品牌供应商第一名、山东省产学研合作创新突出贡献奖、山东省百强企业、山东省最佳企业公民、山东省首批诚信示范企业等荣誉称号。

公司大力实施名牌战略，强化科学管理，坚持“满足并努力超越顾客的最大需求”的质量方针，建立健全质量管理体系。1998年以来，主要产品通过了ISO9000、欧盟CE认证、ISO13485质量体系认证、中国CMD认证、中国3C认证、GMP认证，部分产品通过了美国FDA510许可，并且是行业首家通过ISO9000认证的企业。检测中心通过国家实验室认可委员会认可。“洁瑞”商标为中国驰名商标，中国医疗器械行业第一品牌，中国名牌产品，中国医疗器械行业最具投标实力企业第一名。产品远销国外70多个国家和地区。

公司健全技术创新体系，拥有国家技术中心、国家工程实验室、博士后工作站、山东省院士工作站、省级企业技术中心。坚持走产学研合作道路，与中科院及其院长春应化所、大连化物所、沈阳金属研究所、301医院、第三军医大学、哈工大、沈阳药科大学等合作，异地建立了9个威高研发中心，大力开发具有自主知识产权的高科技含量和高附加值产品。

2010年与中科院共同实施中科院－威高集团高技术研究发展计划，进一步提升自主创新能力。目前，威高拥有专利产品200余项，其中80多个产品填补国内空白、达到国内外先进水平，部分产品打破了跨国公司的垄断，20多个项目（心脏支架、聚砜膜透析器、脊柱内固定、中心静脉导管、基因蛋白A免疫吸附柱、自毁式安全注射器、血浆分离器、避光注射器等）列入了国家重点火炬计划、国家863计划、国家高技术产业示范化工程、国家重点产业振兴计划等国家各类计划项目。

公司实施走出去战略，加强国际合作，与美国美敦力公司、新加坡柏盛国际公司、日本日机装株式会社、瑞士SMT公司等建立了战略合作关系，并在美国、日本、英国、德国、法国建有研发中心，吸收全球医疗先进技术。

威高集团积极参与社会公益和慈善事业回报社会。近几年开展威高光明行动、威高爱心工程、十大孝星评选、认购慈善基金、自然灾害捐助等活动，累计捐款捐物2亿多元。

威高以“携同白衣使者，开创健康未来”为使命，树立良心、诚心、忠心的企业核心价值观，打造百年常青基业，向“具世界竞争力、亚洲领先、最受人尊敬的医疗器械和医药企业”的愿景目标阔步前进，为促进我国医疗卫生事业健康发展而做出更大的贡献。

威高集团产品推荐目录

一、一次性输注耗材	**五、骨科产品系列**
1.一次性使用输液器（各种规格型号）	1.骨板、骨钉（各种型号规格）
2.一次性使用注射器（各种规格型号）	2.椎间融合器系统
3.一次性使用静脉留置针（各种规格型号）	3.各种人工关节（膝、髋）
4.各种一次性使用输注辅助耗材	4.骨科手术配套器械
5.预充注射器（各种规格型号）	**六、手术室耗材系列**
二、血液储存分离耗材	1.可吸收、不可吸收手术缝合线
1.塑料血袋（各种规格型号）	2.医用手术薄膜、伤口敷料
2.血小板保存袋	3.医用无菌瓶口贴
3.离心杯式血液成分分离器	4.一次性使用手术吻合器（各种规格型号）
4.血细胞分离器（各种规格型号）	5.各种麻醉呼吸耗材
5.真空采血器、管（各种规格型号）	6.体液收集处理耗材（各种规格型号）
三、血液净化耗材	**七、生物制剂系列**
1.血液透析器（合成膜）	1.各型肝炎检2测试剂盒
2.血浆分离器	2.HIV检测诊断试剂盒
3.血液净化装置体外循环管路	3.生物检测实验室耗材（发光板、培养皿等）
4.各类血液净化功能性药液	**八、医疗设备**
5.内瘘穿刺针	1.各种规格型号消毒、灭菌器
四、重症监护和心脏介入产品	2.医用超低温保存箱
1.中心静脉导管	3.血液采集仪器
2.压力传感器	4.生化检测仪器
3.热稀释漂浮导管	5.各种手术室、病房用病床及病人监护仪
4.PTCA球囊导管、导丝	6.手术室内吊塔、无影灯
5.各种体内管道支架	**九、药品：**羟乙基淀粉氯化钠注射液、葡萄糖、氯化钠注射液、西药成药等
6.药物涂层心脏支架	

威高集团聚砜膜透析器上市打破了长久以来国外产品对我国透析器市场的垄断

作者: 宋鹏　　工作单位: 山东威高集团有限公司

职称: 工程师　　职务: 研发主管

主要研究方向: 医疗器械相关材料与机件设计开发,医用高分子材料创新研究与改性,医疗电子设备的设计开发,研发管理与技术管理等

尿毒症患者依赖的血液透析器此前一直是国外厂家垄断。目前，威高集团自主产权产品聚砜膜透析器打破了国外的垄断局面。在09年4月19日，威高集团举行的聚砜膜学术报告会及新品发布会上，国内外的肾脏病专家学者对威高开发的聚砜合成膜透析器给予了高度评价。该产品列入了国家高技术产业化示范工程项目。“聚砜膜”透析器俗称“人工肾”，可以替代人肾脏的大部分功能。目前，国内市场对透析器的年需求量已达600万支，以往，国内患者使用透析器绝大多数依赖进口，透析费用一年高达十几万元。而“聚砜膜”透析器产品经山东省科技厅鉴定，技术上处于国际先进水平，是目前国内唯一的血液透析器自主品牌产品，价格却比国外同类产品大大降低。产品上市后，不仅投放国内市场，还将出口国外。

目前，世界上有超过400万慢性肾衰者，正在接受各种透析治疗的只有100万人。据统计，2006年，全世界消耗的透析器共约1.8亿支，国外市场主要是合成膜透析器，部分血仿膜及醋酸膜等纤维素膜正逐渐退出市场，而合成膜中以聚砜材料的合成工艺为主流。目前，国内市场基本被国外品牌如费森尤斯、金宝、旭化成、尼普洛等占据。国内市场年需求量已经达到600万支，但国产透析器主要是封装进口膜制成，技术落后，每年90%的透析器需要进口，患者透析费用很高。威高的聚砜膜透析器上市和相关技术的大规模推广，打破了国外跨国公司的技术垄断，惠及了国内患者。中国工程院院士、全军肾脏病研究所所长黎磊石介绍，09年3月24日至4月6日，他所在的南京军区南京总医院全军肾脏病研究所曾随机对51例患者进行了临床测试，患者在使用了价格比国外同类产品低得多的“聚砜膜”透析器后，各项指标丝毫不亚于使用国外同类产品。

几年前，威高集团开始研发“聚砜膜”产品，并与国内外专家联手进行科研攻关。经过临床验证，09年“聚砜膜”透析器获得了注册证。目前威高集团仅有的一条“聚砜膜”透析器生产线系投资2亿元从国外引进，是该集团单生产线投资最大的一条，年可生产“聚砜膜”透析器170万支。为保证供应，威高集团正在论证拟再引进两条生产线，届时年均可生产“聚砜膜”透析器500余万支。

作者：

重庆金山科技（集团）有限公司是集数字化医疗设备研发、生产、销售和服务于一体的国家级高新技术企业。公司以微系统MEMS技术为核心，承担了包括国家“863计划”、国家科技攻关计划、国际合作计划等数十项国家级科研计划，成功开发了胶囊内镜、胶囊机器人、pH胶囊、阻抗CT等数十项国际领先水平的医疗器械，是全球唯一成功开发出可控胶囊内镜的企业。公司自主研发的OMOM胶囊内镜是一种新型的无创、无痛消化道疾病智能诊断设备，是小肠疾病诊断的金标准，也是消化道体检的最佳手段，获得“国家信息产业重大技术发明奖”，被科技部认定为“国家自主创新产品”、“国家重点新产品”。公司持续开发“微创、一次性、智能化、集成化和网络化”的高新医疗器械，在医学影像、生化检验、有源植入介入器械、远程医学信息管理等领域广泛研究，是中国微系统MEMS医疗技术和市场的领导者。

联系人：王金山

电话：+86-023-86098111/8088

传真：+86-023-86098777/8012

邮箱：market@jinshangroup.com

网址：www.jinshangroup.com

地址：中国重庆市渝北区两路工业园区霓裳大道18号

邮编：401120

江西美宝利医用敷料有限公司1991年建立于“世界文化景观、世界地质公园”——九江庐山脚下，交通便利，开辟了九江至近洋的直达航线和无缝转运直达世界各地的国际集装箱货运航班。公司主要生产纱布片、纱布球、腹部垫、手术巾、绷带、四折卷、对折卷、平幅卷、匹装纱布、曲缩卷、手术衣、手术洞巾、组合包及其他无纺布系列产品。2006年已通过ISO13485：2003国际质量体系认证和CE认证。

联系人：陈剑璋（总经理）

电话：0792-4670988，4670387

传真：0792-4670020

网址：www.medwell.net

邮箱：cjz@medwell.net

地址：江西省德安县丰林镇

无锡祥生医学影像有限责任公司坐落于无锡市高新技术产业开发区，是专业从事医用超声波诊断仪研究、开发与生产的一家高新技术企业。公司自1996年初创建以来，长期致力于超声系列产品的技术探索与研发，勇于借鉴国内外同行的先进技术，推陈出新，新产品不断推向市场,并先后通过了CMD、ISO、CE及FDA等认证，成为国内超声波诊断仪企业中年出口量最大的龙头企业,在整个国内医疗器械行业出口中位居前茅。公司现拥有一整套的生产流水线和完善的检测设备，具备了稳定可靠的大批量生产医用超声诊断仪的能力，每年可生产线阵、凸阵超声仪8000台，现已形成数字彩超、黑白超、兽用超声三个大系列近十多个品种的超声诊断仪的生产规模。

联系人：吴建国

电话：0510-85310019 传真：0510-85310021

邮箱：sales@chison.com.cn

网址：www.chison.com.cn

地址：江苏省无锡市新区新辉环路9号

淮阴医疗器械有限公司是上海复星实业股份有限公司投资的子公司，主要致力于医用手术器械产品的研究开发和生产经营，是全国规模最大、技术水平一流的普外科手术器械生产企业，是国家普外科手术器械的定点生产基地。公司以“修身、齐家、立业、助天下”为企业经营理念，拥有雄厚的专业技术队伍和装备精良的生产、检测设施，主要产品有无菌手术刀片、医用缝合针（线）、不锈钢手术刀柄、不锈钢一次性使用采血针、钛合金眼科器械、电热煮沸消毒器等近千个品种和规格。公司早在97年就获得医疗器械产品进出口经营权，98年已经通过了国际标准ISO9002质量体系认证。目前，公司产品98%以上出口，畅销世界三十多个国家和地区，产品的生产能力和出口量居全国第一。

联系人：杨鸿

电话：0517-80868500 传真：0517-83806511

邮箱：hyyx@fosunpharma.com

网址：www.hy-medical.com 邮编：223003

地址：江苏省淮安市明远西路8号

2012 中国医疗器械贸易年鉴

权威　实用　专业

中国医疗器械进出口贸易分析

中国医疗器械产业及行业情况

国际医疗器械市场分析

国内外医疗器械监管法规和政策解读

为政府决策提供参考

为企业和机构提供最新数据

为促进医疗器械发展存史咨政

《2012 中国医疗器械贸易年鉴》编辑部

地址：北京朝阳门内大街南竹杆胡同6号

北京INN大厦3号楼11层

邮编:100010

网站：www.cccmhpie.org.cn

电话：0086-10-58036272

传真：0086-10-58036274

邮箱：md@cccmhpie.org.cn